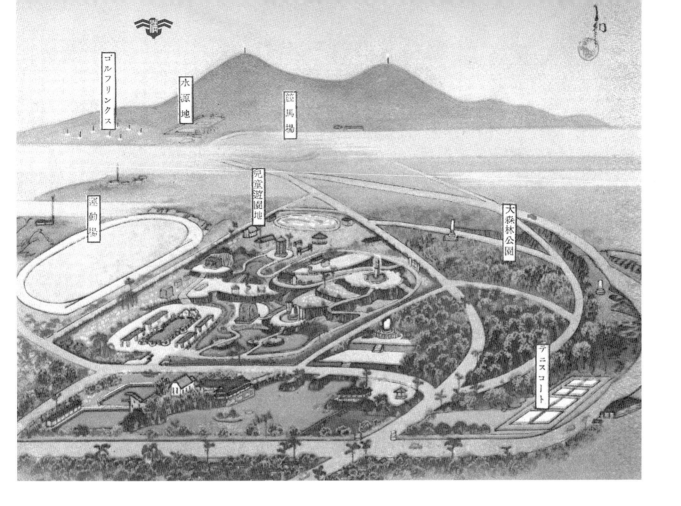

ゴルフリンクス
水源地
競馬場
運動場
兒童遊園地
大森林公園
テニスコート

新竹清華園 的
歷史現場

王俊秀 —— 著

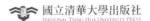
國立清華大學出版社
NATIONAL TSING HUA UNIVERSITY PRESS

獻給
過去、現在及未來的
清華人
新竹人
各校校友

以及
承載清華園的
地球台灣
竹塹赤土崎

目 錄

推薦序

細大不漏赤土崎
——社會學家尋覓的新竹清華園歷史現場

1948 年 12 月 14 日，在解放軍逼近、潰兵與難民如潮之際，梅貽琦校長（1889-1962）永訣了北平清華園。

翌日，清華園四大導師之一的陳寅恪（1890-1969），與胡適（1891-1962）同機南渡，途中有詩寄示親友：「去眼池臺成永訣，銷魂巷陌紀當時。」後來陳寅恪落腳廣州嶺南大學，推崇寅恪為「三百年僅此一人」的傅斯年（1896-1950）多次來電催往臺灣，以流求（臺灣古名）、小彭（澎）為女兒命名的大師，卻決定「堅決不去」傅斯年認命為歸骨之地的田橫之島。

枝條始欲茂，忽值山河改，清華師生誰主前程？

經過六年世局大動盪，韓戰之後，中（華民國）美簽訂共同防禦條約（1954），浮沉的島嶼有了前景。條約生效後九個月，負有任務的「清華研究院籌備委員會」設立，梅貽琦校長忙於尋覓復校立校之地，金開英校友（1924 級，1902-1999）建議來中油接收的日本海軍第六燃料廠舊地，「怎樣也不能夢想」與母校有如此奇緣的金校友主導了初期四十公頃校地撥用。從銷魂帝都清華園到竹塹二百年（1761-1956）舊土牛紅線邊區，新竹清華是這樣「夢想」般地落腳在新竹人經之營之葬之於斯的赤土之崎！

瞻彼淇奧，綠竹猗猗。赤土崎是一處猗猗奧區嗎？

赤土崎，歷年來清治、日治、華治下的地方志都有著墨；區域的歷史研究與敘述也基本說明了其空間及人文沿革。但土牛紅線邊區豐厚的歷史沉積；近七十年國史、鄉史交織的新竹清華校史、赤土崎志，一直在等候有志者的全志型書寫。

多年來，多次受邀清華演講，不論是系所課室，或是總圖大堂；不論講題為何，總會講述一段赤土崎的前世今生，也不忘引述開臺進士鄭用錫（1788-1858）的家鄉書寫、赤土崎描繪：仰天出粟、絲線過脈、風吹輦崎，期盼學子們知道腳下這一片校地的風土沿革。雖然曾經涉獵地方文史，也曾追尋六燃、天然瓦斯研究所的始末，但我的赤土崎認識，僅止於有限的文獻與實地的歷史地理經驗。

直到閱讀俊秀教授大作《新竹清華園的歷史現場》，我的赤土崎知識終於進階。

這是一部奠基性的清華校史書及赤土崎志書，俊秀兄以「歷史現場」為名，穿梭時

空，細遊赤土崎。其所依據文獻史料，部分是我熟悉的，但俊秀所見更勝一籌。例如，同樣是研讀《黃旺成日記》（黃旺成，1888-1978），我讀到的是日記中的人物群像、家族史脈絡；歷史事件的發生與過程；旅行見聞、時局感懷。俊秀兄則讀出旺成仙以赤土崎草厝村（清華園）為中心的交通足跡：水路、陸路、軌道路、輕便車的路徑，里程、地名、時間、地景；家族與非家族的清塚、墓場記事；以及菊仙社會參與的各個歷史現場。這是社會學家的慧眼。

電話帖與圖書章，更是我的新知識。有樂館、新竹座、塚酒家、公會堂、醉月樓、圖書館、警察署⋯⋯，俊秀爬梳出廿餘處日記與新竹州電話帖中的電話號碼及其歷史現場，是一篇生動的古城公用電信初史。求知識於圖書，清華園歷史現場中的清華研究院、六燃、竹師、天研及其承緒的聯工所、工研院，都有圖書室、館，藏書裡的圖書章、捐書章，俊秀覓得印裡乾坤。圖書章是圖書資產權的印記，可以見證政權滄桑、機關衍變、書主傳承，是書的印章傳緒，也是書的知識傳播功能。清華園的歷史現場，因此竟可以延伸至東北煉油廠、滿洲合成燃料株式會社、天主教耶穌會會院。

興味盎然地閱讀《新竹清華園的歷史現場》，甫開卷見有塹城歷史人物，乃信手記錄人名索引，不料一發不可收拾，讀畢之時已累積了多頁人名，姑且數數，竟達五百六十餘人，全書當更不止於此。驚喜於本書的豐盛內容，欽服於撰述的深入淺出，知其必有一番苦樂交雜的寫作過程。原來，俊秀兄為此寫作，北渡日本廿餘次，即使已是網絡時代，仍然非親歷不得見，東京的國會圖書館、臺大總圖五樓的特藏組書庫、臺日各圖書館、乃至府城聚珍臺灣書店，是俊秀教授的寫作足跡。

近三十五萬言、全志型的《新竹清華園的歷史現場》，留下諸多社會學、歷史學伏筆，有待進一步揭開。

俊秀嘗稱新竹清華園是「靈魂校園」。為了擴大校區，二十餘年來數萬座（實際數目待考）墳墓清塚遷葬，是一幕幕驚心動魄的靈魂大遷徙，牽涉到竹塹城的千家萬戶。施添福教授里程碑式的考證出土牛紅線位置與分佈，大體上說即是竹東丘陵、香山丘陵與新竹平原交壤的山根地帶，是竹塹子民逾三百年的墓葬區，其中雞蛋面塚區涵蓋數個小山面、山谷，規模龐大。日治時期為規劃十八尖山森林公園、新竹公園的清塚，規模較小，是一種微調整理；雞蛋面清塚是分階段的大面積全區清理。雖有李匡悌教授《靈魂與歷史的脈動》的調查研究報告，但只及於研究計畫範圍的地表無主墓葬、及地表清除疊葬部分。1905年波越重之（1853-1914）撰寫《新竹廳志》，感嘆：「墾地之氣勢每每凌駕於塚地之上，⋯⋯是在死地追逐利益者也。」2015年北川富朗在進入第十五年的第六屆「大地藝術祭」，提出「人間と自然、都市と地方、死者や他者との交歡」，以撫慰越後妻有760平方公里大地的生靈。密集又重疊的竹塹民人祖陵區，雖然即將被清理殆盡，但有諸多塹城故事似已隨風而逝或等待出土？

　　竹塹古城、清華園、「護國神山」，此時籠罩在地緣政治的風險氛圍中，俊秀追蹤記錄了冷戰時期、新竹清華園初創年代、以及做為越戰大兵度假地時代的美軍在地足跡，喚起我們的記憶，也提醒我們對時局的關心。

　　家藏一幅日本「鐵の神樣」本多光太郎（1870-1954）書法，俊秀在《南方有用植物圖書》一書的圖書章介紹他：曾任東北帝大、東京理科大校長，以發明「磁性鋼（KS鋼）」獲文化勳章。強大新鋼種的發明，是奠基於物理冶金學家「研究第一主義」的思想與方法。本多光太郎這幅在八十年前（1941）寫下的名言「細大不漏」四個大字，也正是社會學家王俊秀錘鍛赤土崎從土牛紅線邊區到工業中地的文獻材料，而細大不漏書寫出《新竹清華園的歷史現場》。

前新竹市市長　　蔡仁堅

2023 年 4 月 27 日

清華文物館「竹塹故事展」開展暨主題演講日

推薦序

水清木華歷史再現

　　王俊秀教授是清華有名的「點子王」，精力過人，創意十足；他的專長是環境社會學、環境規劃與管理、社區發展、校園文化、通識教育，從他一些特別的資歷，包括台灣聲景協會理事、台灣國民信託理事長、台灣第三部門學會理事、公民記者、「地球高峰會議」台灣民間代表及團長、新竹市公害防治協會理事長、台灣綠市集協會理事長、亞太環境社會學會會長、清華綠市集與輔大農學市集創辦人等，可看出他熱心公眾事務，並有領導執行力。同時他在清華大學研究、教學與服務主要以環境的人文社會面向（廣義的環境社會學）與社區（廣義的都市社會學）為主，研究主題多元豐富，出版多本專書，更可見其興趣的廣泛以及對社會的誠心關注，令人感佩。

　　很高興看到俊秀著力完成《新竹清華園的歷史現場》；本書共分八章，歷史現場包括新竹清華校本部、校外教師宿舍、一度為校區的宜蘭南機場，北京清華教授宿舍，以及清華鄰近機構。

　　前四章是關於新竹清華在台灣光復前的歷史現場沿革，也就是清華校園的前世今生，讓讀者了解原來清華校地前、中、後段分別為日本海軍第六燃料廠福利地帶、高爾夫球場與墓場，也曾經是是鹿場的一部分、抗日義軍古戰場等，而附近則曾為競馬場。

　　作者在第一章〈赤土崎的前世今生〉小結中說：清華所在地赤土崎是墓地與山林的地理學中地，而這卻來自其空間的邊陲。另外，如果以「工業新竹」而言，中地非赤土崎莫屬，當時新竹所建設的工廠大都在赤土崎。同時配合日本南向國策，可稱為亞州級的中地。但如將代表性人物在社會運動的角色作為中地足跡，那麼其所拓展的「人文社會中地」更讓赤土崎與新竹因而不凡。第二、三、四章則分別鋪陳清華校地前、中、後段。第五章則涉及一度成為清華校區的原宜蘭南機場基地，也是日治時期的海軍神風特攻隊的機場。讀之讓人興味盎然。

　　第六章〈那些院們清華人的歷史現場（南院、新南院、北院、東院）〉探討北京與新竹清華園的教師宿舍的歷史現場與歷史人物。作者在小結中說：「那些院們雖已消失而成為歷史現場，但在其中所發生的生活故事，卻是一般大學學術史所未見者。而教授宿舍是由一戶一戶的家庭所構成，至少夫妻的角色也不會見諸大學歷史中，因此本章也盡量凸顯師母或師丈的共同經營家的角色，再描述各家在那些院們的交流故事，為道貌岸

然的大學增添了另一種溫度。」其中穿插許多北京清華大名鼎鼎的學者與新竹清華多位熟悉同仁的故事，特別有臨場感。

　　第七章〈清華北院：新竹美軍顧問團宿舍的歷史現場〉：新竹清華園承北京清華園的宿舍命名傳統，命名了原新竹美軍顧問團宿舍為清華北院；該院在 2006 年走入歷史，新竹美軍顧問團宿舍和清華北院先後成為歷史現場。美軍顧問團到底如何和台灣與新竹結緣？又產生了什麼故事？留下什麼美國文化給新竹？此章探討在六燃與清華北院之間的新竹美軍顧問團宿舍之歷史。其意義在：「一個 34 戶的美軍眷村被周圍至少 12 個國軍眷村包圍，最近的一圈有四個國軍眷村，共 942 戶，待遇顯然天壤之別，以眷舍空間、薪水、交通工具、家電、幫傭、福利等，都是文化震盪。由於美軍顧問團是冷戰時期的產物，因此其與國軍眷村的交流鮮為人知，相對於國軍眷村的『竹籬笆的春天』，美軍眷村可稱之為『水泥牆的冬天』。」讓人動容。

　　最後一章〈圖書章中的歷史現場與人物（六燃、天研、清華研究院、竹師、附小）〉：「新竹清華園主要歷史現場的清華研究院、竹師、六燃與天研，因為從事研發工作而有了圖書室、圖書庫與圖書館。雖然隨著歷史演變，人事已非、空間已摧、機構已了，但是在圖書內的「圖書章們」與「捐書章們」卻繼續述說著不同年代的不同故事，這些圖書章見證了朝代更替、機構名稱的演變、捐書的歷史人物、借書者的前世今生等。換言之，浩瀚的圖書藏書中，深藏著歷史現場、歷史人物與歷史故事，書香因而不平凡。縱使六燃、天研、竹師、清華研究院已先後成為歷史現場，只剩某些片段與零碎的文化資產，但是圖書章證明了它們的風華，正所謂：我蓋，故我在。更由捐書者與借書者建構了另類的歷史，讓空間、時間、人物與書香的互動留下了無限的想像空間，歷史現場在圖書章中成為了現場歷史。」取材可謂別出心裁。

　　本書涵蓋面相廣泛，旁徵博引，天南地北，前因後果，鉅細靡遺，參考資料達一千六百餘筆，是記述清華歷史現場前世今生迄今最完整的文獻；對於一般讀者，作者或可就此皇皇巨著略做導讀，指出必讀與初讀時或可僅讀簡介或小結之章節。

　　本書之完成要得力於作者長年耕耘，又專注投入，才能克盡其功，未來必會成為傳世之作，為清華慶，也為俊秀慶。

台灣聯合大學系統校長、前清華大學校長　　陳力俊　　謹識於清華園
2023 年 4 月 23 日
校慶日

推薦序

鑑古知今「新竹清華園」
——一個環境社會學家的史實挖掘經典

　　拜讀完王俊秀老師《新竹清華園的歷史現場》的全書文稿，心中很是激動，確實是千呼萬喚始出來。此書無論從內容的深度和廣度都是經典之作，如同王老師在作者誌開頭所言，是一本「寫了很久的未竟之書」，此書的完成只是「階段性的任務」，依我個人的淺見，這本書像是一個套書的導讀本，每一章都可以再發展成一整本單獨的專書。

　　和王俊秀老師的結識，起始於 2006 年初，清大北院宿舍（前美軍顧問團宿舍）土地無預警的被新竹市政府拍賣，即將拆除交由建商開發，我曾受邀在某天夜晚和一批新竹地方的文史人士共商對策，王老師對文化歷史保存的熱忱和點子讓人感佩。很不幸的，那場美軍顧問團宿舍的保存戰並未成功，仍遭到全面拆除。然而，新竹美軍顧問團宿舍的拆除事件，激起了之後陽明山美軍顧問團宿舍保存的風潮，才衍生成今日陽明山美國村的榮景。

　　2010 年個人開始協助新竹市政府推動眷村文化保存，並以大煙囪工廠（原六燃緊急發電所）及其周邊眷舍向國防部申請保存；期間我曾經做過一個夢，夢境是我和王老師站在已經被夷為平地的大煙囪工廠廢墟上，廢墟已經堆成一個小丘，我們非常失望無言地望著。幸好那只是一個夢，之後我常在六燃保存的相關演講上提到這個夢，幾次王老師坐在下面，我還開玩笑的問他記不記得。

　　2015 年 4 月 6 日清明連假的早晨，我在中壢家中接獲緊急電話，得知寡婦樓（原新竹六燃異辛烷合成功廠＋北赤土崎新村）遭到五部怪手連夜偷拆，趕緊聯繫王老師一同趕到現場，看到那棟經歷二戰砲火與一甲子眷村歷史而倖存的指標性建築物被夷為平地，感到失望、傷痛與憤怒，沒想到當年為了保存大煙囪廠房的夢境，竟然真實的發生在此。在二戰結束 70 年的當年，新竹珍貴的二戰遺產竟遭遇到如此粗暴的下場；隔天王老師到新竹地檢署按鈴控告拆除者，各大媒體大幅報導，我們幾位為著那件重大的文資慘案跑過監察院、立法院、文化部陳情；之後雖然引起了文資法的修法，那個深沉的遺憾卻依然存在著。王老師不僅是學術涵養豐富的學者，更是跑在年輕人前頭的行動派改革者。

　　王老師的《新竹清華園的歷史現場》一書，書名中有三個關鍵詞，即新竹、清華園

和歷史現場，從第一章的赤土崎切入，界定了全書主要的地理範疇，並拉開竹塹與赤土崎的歷史序幕，第二章談新竹六燃，則是從 20 世紀初日本海軍的燃料進化與第二次世界大戰的燃料爭奪，回觀新竹六燃在燃料史觀下特殊的地理與歷史定位。因此，若是要了解為何今日新竹之所以成為台灣矽谷，全球 IC 產業的核心基地，護國神山台積電及其周邊龐大高科技產業的重鎮，其歷史脈絡遠非竹科管理局所載 1980 成立竹科如此之簡單，本書所鋪陳之大歷史與大地理，述說了當年新竹六燃成為日本海軍燃料研發生產最先進的高科技基地，1955 年清華大學在台復校的第一筆 40 甲土地，就是承接新竹六燃的部分土地而來，這些歷史脈絡與前因後果都是息息相關的。

　　站在 2023 年初的今日來閱讀王俊秀老師的這本書，有幾項特別的時代意義：

　　首先，生長在台灣的每個人，都應該對自己的土地歷史和文化認知具有基本的素養。是那些過去的種種，造就出今日我們所生長的城市和在其上生活的我們，失去任何一個歷史現場都會是失去一個重要的時空參考脈絡。在台灣，人們普遍對自己所生長的土地城市歷史無感，這本書提供了一個重要的反思起點，特別是對於提升新竹・清華園地區整體社會的文化內涵，大批高科技人才的文史素養應該可以得到相對應的提升。

　　其次，從全球化與在地化的角度來看，書中呈現新竹赤土崎地區在過去 80 年之中，曾經包容了日軍眷村、國軍眷村與美軍眷村，他們分別背負著二次世界大戰、國共戰爭與東西方冷戰三場不同的戰爭歷史，今天的清華園地區仍然共存著戰爭移民、學術移民、科技移民與外籍移工；當前全球的晶圓爭奪戰主戰場也與竹科有密切關係，第一批從護國神山遷往國外的科技移民，陸續離開了新竹；本書的內容佐證了新竹清華園地區是台灣一個高度在地又全球化的獨特地方。

　　最後，這本書除了非常豐富的史料和文獻之外，有許多精采的人和地方、人和物品、人和人的細膩記載，讓人讀起來特別有味道、有溫度，像是第二章 75 週年同學會裡的幾位六燃老同學像李錦上、王坤玉等，第三章新竹高球俱樂部陳清水與林萬福來的示範賽，第六章北平清華園的葉公超、王文顯、梅貽琦等教授，與新竹清華園的朱樹恭、王企祥、北院教授等，第七章美軍顧問團宿舍裡的 Rayle 中校及其兩個兒子 Bruce、Brian，與國軍眷村來做家務服務的鄭媽媽、董媽媽與曾媽媽的點點滴滴小故事。這些故事的記載，展現了王老師作為環境社會學者特別具有人文關懷的一面，凸顯了「人」才是文史記載的主角。

　　非常欽佩王俊秀老師能完成如此艱鉅的經典名作，它讓我們能夠鑑古知今，新竹、清華園真的不是個簡單的地方，讀了你就知道。

中原大學設計學院院長
2022 年 6 月 6 日
新竹六燃日

作者誌

理所不然的好奇心

　　這是一本想了很早，但寫了很久的未竟之書，在 35 萬字時先完成了階段性任務。雖然知道清華園原為大清的皇家庭園（專有名詞），也是清華大學（下稱清華）校名的由來，但是清華的校園亦可稱為清華園（普通名詞）。作者於 1987 年開始任教於新竹清華園的人文社會學院（紅樓圖書館，已成歷史現場，現電資學院台達館），1991 年人社院由紅樓搬遷至後山新院館，王秋桂代理院長在啟用時特別從宜蘭邀請跳鍾馗團舉行鎮魂儀式，並出巡各教室與研究室，自此啟動了作者「理所不然的好奇心」，那時知道了雞蛋面義塚，即為清華園的後段，號稱「靈魂校園」。1990 年作者搬入校外的清華北院宿舍，知道了它原為美軍顧問團（MAAG）宿舍，惜 2006 年清華北院搶救不及被拆。而後作者搬入光復國宅大樓，又知道了它為原日本海軍第六燃料廠合成部（新竹六燃）的行政中樞。當時作者開始加入「竹掃把行動聯盟」，參與新竹在地的文化資產保存運動，那時知道了清華園前段為新竹六燃的福利地帶。由於清華園的前世為赤土崎庄，因此也一併探討了該地區的競馬場、水源地、天然瓦斯研究所、新竹公園、東山森林公園等，更在文獻探討中發現了新竹高爾夫球場為校園中段，而梅園即為其中一部分。另外在寫作過程中，陸續出現清華「延伸歷史現場」，例如放手的宜蘭分校（後改稱園區）、合校的竹教大與附小，它們雖不在新竹校園的地理區位中，但卻是清華「延伸校園」的一環，也成為歷史現場。但由於竹教大的歷史始自日治時期，成為清華南大校區後，空間依舊，只是改了校名，因此以圖書章中的歷史現場來加以呈現，例如總督府新竹師範學校等。另外，清華宜蘭園區的歷史現場則為日治時期的海軍南飛行場，也以專章書寫了當時戰敗前的神風特攻隊歷史。

　　由上可知，新竹清華園承載了各種的歷史現場（含延伸者）與歷史人物，場域則包括了燃料廠、高爾夫球場、飛行場、鹿場、射擊場、墓場、火葬場、農場、戰場、土牛紅線、少棒隊集訓場、電動車研發場、那些院們等。而號稱在「十八尖山懷抱」中的赤土崎也成為歷史現場，包括競馬場、總督府天燃瓦斯研究所（中油新竹研究所）、海軍天然瓦斯實驗所、保甲修練所等。歷史現場當然伴隨著歷史人物，除了清華人之外，也探討了誕生在清華園內號稱「赤土崎人標」的社會運動家黃旺成，而在圖書章中也發掘各種歷史現場與歷史人物。

　　由於寫作過程漫長，陸續獲得了各界先進們的訪談、諮詢、資訊提供與授權等，謹以下表誌謝之。特別是清華的人文社會研究中心，啟動了「專書寫作工作坊」的計畫，首批共支持了 28 位作者寫作，本書亦為其中的一本，因而有機會讓各章節的初稿分送專家學者們先行審閱，特此感謝。

誌謝列表（第三列起依筆劃順序）

姓名	職稱	內容
Bruce Rayle、Brian Rayle	Colonel Roy E. Rayle（1917-1997）之子	提供其父的生平資訊，授權使用當年的彩色照片
李崇善、吳慶璋、莫松源、梅祥林、鄭炳熹、羅安雄、張立慶	2006 年接受口述歷史者	〈美軍眷村在新竹：口述歷史的觀點〉，《竹塹文獻雜誌》，2006 年協助口述歷史，重新改寫，再度申謝
王子碩	聚珍台灣書店總監	初稿審閱人，並多次協助提供資訊與授權使用台灣鳥瞰圖
王坤玉	六燃留學生與工員	六燃口述受訪多次，並提供六燃同學錄之資訊，並參加 75 週年同學會
王嶽陽	退休高中老師、黃提源教授夫人	提供清華北院住戶資訊（北院日誌），並協助校閱住戶表格
史欽泰	清華科管院教授、前工研院院長	接受訪談，提供光明新村相關資訊
早田宰	日本早稻田大學社　科學綜合學術院院長	協助尋找在日本的燃料廠圖書
朱玲珠	清華孫方鐸教授夫人	新南院住戶，提供相關諮詢
李金銘	前清華成功湖管理員（湖長）	接受訪談，提供成功湖划船資訊與圖片
李匡悌	中研院史語所退休研究員、清華人類所合聘教授	提供雞蛋面墓園初期調查資料
李錦上	六燃留學生與工員	六燃口述受訪多次，並提供俳句交流信函之資訊，並參加 75 週年同學會
李艾琳	原新南院住戶，李育浩教授女兒	新南院內容共筆及提供珍貴的手繪平面圖
李育浩	清華退休教授	新南院住戶，淡水受訪
李坤龍（老李）與其女兒李鳳美	台南勝興美軍傢俱行（老李電器行）經營者	台南美軍傢俱買賣之口述歷史
朱小姐 Julie	前台南 NEX 三年的祕書	台南美海軍賣場之口述歷史
呂銀海	六燃留學生與工員	六燃口述受訪，並參加 75 週年同學會
吳國聖	清華歷史所助理教授	協助提供新竹歷史地圖
林玉茹	中研院台史所研究員	接受 E-mail 與電話諮詢

姓名	職稱	內容
林炳炎	《第六海軍燃料廠探索》一書編譯者	初稿審閱人與六燃相關諮詢
林身振	《第六海軍燃料廠探索》一書編譯者	六燃相關諮詢
河口充勇	日本奈良帝塚山大學教授、《台灣矽谷尋根》作者	協助尋找在日本的燃料廠圖書
柳逸照	導遊領隊、竹塹义史愛好者	初稿審閱人及新竹歷史相關諮詢，協助製作古今對照地圖及三校前全面審閱
柳婉郁	中興大學教授	協助提供該校典藏日治時期的高爾夫學士論文電子檔
邱淑芬	清華圖書館特藏組同仁	支援《校史通訊》特藏版與老照片授權
邱鴻霖	清華人類所副教授	雞蛋面墓地調查隊成員，提供相關諮詢
吳慶杰	前金山里里長、地方文史工作者	金山面議題之諮詢
郭宣宏	文物、地圖收藏家	授權使用台灣鳥瞰圖
范綱城	宜蘭范綱城建築師事務所	授權使用南機場公工示意圖
倪瓊湘	清華退休行政同仁	參與清華人物口述歷史計畫
徐育明	清華退休教授徐道寧公子	提供「新南院小孩們」的聯絡資訊
徐道寧	清華退休教授	受訪談新南院
馬孟晶	清華通識中心／歷史所副教授	提供乙末戰爭入清華園示意圖
常東萍	清華退休行政同仁	提供 1971 年大登殿演出資訊
陳力俊	前清華校長，中研院院士	《水清木華》作者，互相切磋清華校史，寫序人
陳宜惠	陽明交大應藝所博士生	協助六燃 75 週年同學會，並將當年畢業團體照標上姓名
陳 華	清華退休教授	主持清華人物口述歷史計畫
陳志銘	文物、地圖收藏家	授權使用台灣鳥瞰圖
許明德	清華校友、校史書寫者	清華校史諮詢、初稿審閱人
黃一農	中研院院士、清華人社中心主任	支持新書寫作工作坊與日常討論、諮詢
黃同弘	湯姆部落格版主，地景判圖專家	提供空照圖、日治飛行場相關諮詢
黃提源	清華退休教授	原北院住戶，反李長榮污染運動主要人物，接受訪談
黃志成	《季刊薰風》發行人	提供清華北院拆除之後建材、樹木去處的資訊
黃鈞銘	前《園區雜誌》發行人、竹塹文教基金會董事	搶救及提供天研老書，河口充勇教授之連繫，竹掃把成員

姓名	職稱	內容
曾瑜文	曾德麟教授女兒	原新南院住戶，新南院內容共筆與接受訪談
楊正心	楊毓東教授公子	原新南院住戶，加入 Line 群組，分享與討論新南院資訊
楊基山	員山機堡創意總監	初稿審閱人，提供宜蘭南機場與神風特攻隊相關諮詢
鄭碧枝	黃光治教授夫人	接受電話訪問
傅仰城	六燃留學生與工員	六燃口述受訪多次，並參加 75 週年同學會
趙家麟	中原大學教授兼設計學院院長	六燃文化資產研究與保存的長期夥伴，並提供相關空照圖，寫序人
鄭培基	天研台籍員工	天研口述受訪
劉有台	前工研院副理	導覽原天研設施、提供赤土會誌影印本、工研院光復院區的圖書館資訊
劉明財	日治時期照片、地圖收藏家	授權提供日治時期新竹的都市計畫圖
廖明睿	明信片文物收藏家	授權使用「南進の據點台灣」繪葉書之封套圖
廖泫銘	中研院人文中心 GIS 部門副技師	協助製作疊圖與圖資諮詢
張德南	新竹中學退休教師	接受電話諮詢，初稿審閱人
張維斌	軍史研究者，《空襲福爾摩沙》作者	提供日治時期的機場資訊
蔡仁堅	前新竹市長、地方文史工作者	初稿審閱人、寫序人，寫作過程中多方諮詢
潘國正	前中國時報特派員、地方文史工作者	初稿審閱人，竹掃把成員
蔡俊彥	中山大學西灣學院教授	協助提供壽山高球場相關文獻
劉佑渤	劉仲凌教授公子	原新南院住戶，加入 Line 群組，分享與討論新南院資訊。
錢善恒	錢積彭教授長子	原新南院住戶，提供錢積彭所長紀念文集及相關諮詢
錢善華	錢積彭教授次子，台師大音樂系退休教授	原新南院住戶，提供錢積彭所長紀念文集及相關諮詢
賴雯淑	陽明交大應藝所副教授	新竹六燃保溫計畫主持人，提供共學及合作平台
鍾來春	清華退休事務員，廉誌玖夫人	接受口頭訪問，提供老照片

　　在此特別敬悼在致謝表中的梅祥林先生、徐道寧教授、楊基山堡主、李錦上先生、李金銘湖長，並將此書獻給在天上的諸位先行者們。

　　由於日治時期的資料分散各處，因此陸續有機會使用以下圖書館，特申謝意，他們是：新竹文化局文獻室、清華總圖（含特藏室）與人社院圖書館、台灣圖書館（六樓）、

台大圖書館五樓特藏室、台南市立圖書館、國家圖書館、國史館台灣文獻館與日本國會圖書館。特別的是台南市立圖書館有一批日治時期的文獻圖書，未見於其他圖書館，值得儘速保存維護。而日本國會圖書館則是當年作者就讀筑波大學書寫碩士論文之處，場景依舊（借還書櫃台與六樓餐廳），讓人懷念。

　　更因拜線上網路發達之賜，從大家共筆的維基百科到許多機構的網站與資料庫紛紛「上線」，還有許多地方文史與公民史學工作者成立各式各樣的網站與 FB 社團等，因而得以擴大本書的視野。承外審委員的寶貴意見，本書參考的各網站時間定在 2022 年 8 月 31 日，當天已將全部的網路資訊重新校正。另外，文中的「臺」字一律改成以「台」字呈現，而年代則以西元為主，有必要時在其後面加註年號。

　　本書的書稿於 2021 年即已完成交出，但為了增編書末的彩圖集，以致編輯與校稿延遲，自認為「好事多磨」，本書從 1991 年起心（好奇心）動念（理所不然）到交稿，前後 30 年，從在職到退休隔年的 2023 年才出版，成為作者的清華期末考，才知道原來在等「好事」：竹塹設治 300 年（1723-2023）、文治 200 年（1823-2023），正好呼應了本書書名的「新竹」與「清華園」。

　　寫作期間也和在台南市的聚珍台灣書店結緣，至少超過十次造訪，事先準備相關書籍，並得以坐在靠窗的唯一沙發上自由翻閱，並獲贈冰咖啡一杯，成為寫作過程中的難忘回憶，特別感謝。最後校稿階段，謝謝內人徐妙齡以讀者身分閱讀本書，三校前再請柳逸照先生協助全書審閱。最後，本書由清華出版社出版，前有多位審閱者分章初審，再依照學術規範，分送校外學者們匿名審查。後有本書編輯劉立葳小姐一路支持，特此申謝之。

　　本書更有幸邀請曾任新竹市長的地方文史工作者蔡仁堅先生、曾任清華大學校長的陳力俊院士以及持續推動赤土崎六燃研究的中原大學設計學院院長趙家麟教授，分別代表「新竹」、「清華園」及「赤土崎六燃」為本書撰寫推薦序，三位先生皆費心地閱讀了初稿，使得推薦序兼具導讀的功能，非常感謝。

　　本書的出版可視為「結束的開始」，期許讀者們與各校校友們發揮「理所不然的好奇心」，以增添校園與社區的「抓地力」；期待有更多的歷史偵探出現，承先啟後，實踐「校園史也可以是地方史及世界史」的願景。特以為序。

2023 年識於新竹清華園

2023 年：竹塹設治 300 年（1723-2023）、文治 200 年（1823-2023）

第一章
赤土崎的前世今生

　　新竹清華園位於號稱「十八尖山懷抱」中的赤土崎地區，本章開宗明義探討赤土崎的前世今生，從它的出現到結束而成為新竹市東區的幾個里，赤土崎的名稱只剩兩條路、一處公園及地下停車場可供憑弔，名稱雖漸次消失，但歷史不該被忘記。赤土崎在邊陲與中心兩邊擺盪，因為邊陲，赤土崎曾歷經以下的點與面的歷史現場：鹿場／獵場、戰場、牧場、墓場、火葬場、射擊場、競馬場、高爾夫球場、滑空場、農場等。因為中心，赤土崎容納了總督府天然瓦斯研究所、海軍第六燃料廠（合成部）、海軍瓦斯實驗所、保甲修練所等「工業新竹」與「燃料新竹」的歷史現場，甚至包括日軍、國軍與美軍的眷村的歷史現場。點與面的歷史現場之外亦出現了線的歷史現場，例如土牛紅線與台車線等。此外，總督府天然瓦斯研究所與竹師早有專書與專論探討之，因此本書在第八章〈圖書章中的歷史現場與人物〉以不同的角度來加以論述。

　　本章共有有五節，第一節概述赤土崎的歷史現場，但將新竹清華園內的六燃、高爾夫球場與雞蛋面義塚另章處理（參閱本書最末彩圖集圖 A1、B1、C1、D1）。第二節以次，探討了赤土崎歷史現場中的鹿場／獵場、乙未戰場、競馬場及台車線。

第一節
赤土崎歷史現場面面觀 [1]

　　清末到日治初期，新竹清華園的地理空間位於《台灣堡圖》所稱之竹北一堡中的赤土崎庄與一小塊的埔頂庄（現東院宿舍的最西側），而其西邊地區即為新竹街。簡言之，清華園的主場立地於一處地名稱為「赤土崎」與地段稱為「赤土崎段」的歷史現場，雖然這個地名早已被里所取代，且地段也被地號（0026）所取代，但還是留下幾處街道名、公園名與地下停車場名以茲緬懷。（參閱本書最末章彩圖集圖 A1、A2、A3）

　　本章開宗明義以「先成為赤土崎人，再成為清華人（或梅竹人）」作為書寫精神，企圖彰顯出「地方學，學地方」與在地全球化（lobalization）[2] 的內向與外擴的同心圓脈

1　本章初稿由張德南老師與柳逸照先生分別審閱，特此申謝。
2　在地全球化（lobalization）相對於全球在地化（glocalization），主張由在地的主體性，再向外發聲，例如珍珠奶茶。

絡,最後和世界接軌(參見圖 1-1-1 的台灣同心圓地圖例)。清治時期,竹塹城曾作為淡水廳治而成為北台灣的行政中心(1723-1876),拓墾與郊商成為主軸。日治時期,新竹作為「南進台灣」的一環,在燃料新竹、工業新竹、軍事(海軍飛行場)新竹等方面扮演重要角色。國府治理初期,眷村新竹成為主要景觀,赤土崎地區的原新竹六燃廠房生產區、原福利地帶宿舍生活區由日軍轉成國軍進駐,而新竹六燃大煙囪對面的丁醇化學合成工廠,受到美軍多次轟炸,之後部分成為國軍退輔會的大同農場,再成為美軍顧問團(MAAG)宿舍,其外圍更被許多的國軍眷村包圍。

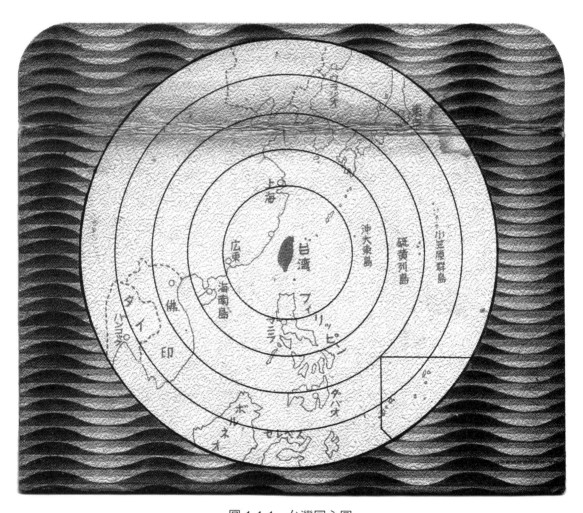

圖 1-1-1 台灣同心圓
來源:「南進の據點台灣」繪葉書(一套五張)之封套圖,廖明睿授權
(見本書彩圖集圖 E4)

　　在上述的脈絡下，本章先大略的探討竹塹（新竹）與赤土崎的歷史背景，包括移墾之過程以及日治時期的土地利用，發現當時「農林墓（牧）」成為赤土崎主要的土地利用。如前述般，清華園三大歷史現場另章處理（可同時參閱本書彩圖集圖 B1、B2、B3、B4），赤土崎四大歷史現場在本章的另節處理，因此本節先探討「三加四」之外的歷史現場，包括 1937 年新竹州電話帖中的赤土崎。本節後段則探討了「赤土崎人標」黃旺成，他的故居就在清華園內，因此也探查了人與地的互動情況，例如他的交通足跡、日記中出現的新竹歷史現場等。

1-1-1　竹塹與赤土崎的歷史背景

　　赤土崎上承的竹塹（或新竹）的歷史洪流中，分屬淡水廳新竹縣、新竹縣、台灣府新竹縣、竹北一堡、竹塹堡、新竹支廳、新竹縣（新苗兩支廳）、竹北一堡辦務署等階段。1901 年廢三縣四廳，改隸為 20 廳，新竹廳下設五個支廳。1909 年 20 廳再合併為 12 廳，苗栗廳分別併入台中廳與新竹廳，擴大廳界之後的竹北一堡新竹廳下轄十個支廳，直轄五個區：新竹區、香山區、舊港區、六張犁區、樹林頭區，其中樹林頭區包括 12 庄，內含赤土崎庄。新竹市在 1920 年為新竹街，1930 年升格州轄市，到 1935 年町名改正時，新竹市出現了 15 個町，惟赤土崎在市郊，並未成町，但有兩個町在旁邊，以鐵路和市中心隔開，他們是花園町與黑金町。但赤土崎的一部分地區卻被列入了花園町，當年稱為枕頭山地區，以新竹公園而命名。另一個町在現在後車站的地區稱為黑金町，頗有以火車鐵道作為町名意象而命名。[3]

3　參見國史館台灣文獻館，〈黑金町的由來〉，網址：https://www.th.gov.tw/epaper/site/page/8/315。黑金町本為日本的地名（移民原鄉地名），移用到日治台灣來。有多種說法，如火車的煤灰煙黑塵閃亮如金、火車鐵路附近的地名、與鐵相關的地名（黑金為鐵的古名），因此可能和鐵道的鐵有關。

表 1-1-1　新竹歸屬一覽表

時期	新竹歸屬	行政劃分	期間
荷西時期	淡水地方會議區 Pocael（竹塹社）[4]	大員加四個集會區 福爾摩沙十一郡省	1624-1661 年 78 戶 324 人
西班牙		聖薩爾瓦多城	1626-1642 年
大明王朝		澎湖巡檢使	竹塹社： 149 戶 523 人
鄭氏王朝 （東都王國）	天興縣（州）	台灣為東都與東寧 承天府、兩縣、兩路、澎湖安撫司	1661-1683 年 短期屯墾
大清帝國			1644-1895 年
	台灣府諸羅縣 竹塹社	福建省台灣府 一府三縣（台灣縣、諸羅縣、鳳山縣）	1684 年
	竹塹埔	竹塹地區設塘添兵 三塘：南崁塘、竹塹塘、中港塘。目兵 35 名 南庄：24 莊，北庄：13 莊	1718 年 王世傑入墾[5]
	台灣府彰化縣 （分防廳） 竹塹堡	四縣兩廳，另有鳳山縣、諸羅縣、彰化縣 （諸羅縣虎尾溪以北，設彰化縣） 淡水縣分防廳：捕務	1723 年
	淡水廳 竹塹廳治	淡水廳從分防廳變成屬廳（同知仍駐半線： 彰化） 下轄竹塹堡與淡水堡 竹塹堡東廂 64 莊、西廂 13 莊、南廂 14 莊、北廂 17 莊、東南廂 41 莊、東北廂 13 莊、西南廂 14 莊、西北廂 25 莊	1731 年 設竹塹巡檢 1733 年建竹城
	淡水廳廳署移來 竹塹城	由半線移到竹塹城	1756 年
	台灣府竹塹城	五縣兩廳，多了嘉義縣和噶瑪蘭廳	1812 年建竹城 1823 年建土城 1829 年建磚城
	淡水廳	下轄廳城、諸廂與 12 堡	1871 年

4　當時在頭前溪畔的竹塹社道卡斯族被以荷蘭語稱之為 Pocael 或 Pocaal，而竹塹（竹笭）如以閩南語發音則為 Tiksam 或 Texam。〈竹塹社〉，網址：https://zh.wikipedia.org/wiki/竹塹社。
5　王世傑在新竹城隍廟長生祿牌上寫的是「北庄」的「王興邦記」（即北庄業戶王世傑），另捐給台灣歷史博物館的古契文物上寫的也是「北庄業戶王世傑即王興邦記」。參見王世傑，〈完單〉，網址：https://bit.ly/3JBjFRh。

時期	新竹歸屬	行政劃分	期間
	台北府新竹縣 新竹縣治	兩府：台灣府與台北府。台灣府下有六縣二廳，原噶瑪蘭廳改稱宜蘭縣、淡水廳成為淡水縣與新竹縣。 新設恆春縣與埔里社廳、卑南廳	1875 年 新竹名稱出現
	淡新分治 竹北一堡新竹街	新竹縣轄竹北一堡、竹北二堡、竹南一堡、竹南二堡、竹南三堡、竹南四堡	1879 年
	台北府新竹縣	四縣，另有淡水縣、宜蘭縣、基隆縣	1887 年
	台北府新竹縣	（福建）台灣省有三府十一縣三廳一州：台北府、台灣府、台南府加上台東直隸州 新竹縣下轄竹塹堡、竹北堡與竹南堡	1887 年
	台北府新竹縣 竹苗分治 新竹街	原新竹縣的中港溪以南成為苗栗縣。新竹縣下轄竹南一堡、竹北上一堡、竹北下一堡、竹北上二堡、竹北下二堡等五堡 新竹縣保甲編制，分 21 保，新竹有 7 保。	1889 年
日治時期			1895-1945 年
	台北縣 新竹支廳 新竹街	三縣一廳（澎湖廳） 竹塹堡改為竹北一堡	1895 年 /5-8 月
	台北縣 新竹支廳	一縣一廳兩支部：台灣民政支部、台南民政支部	1895 年 8 月 - 1896 年 3 月
	台北縣 新竹支廳 新竹街	三縣一廳	1896 年 4 月 - 1897 年 6 月
	新竹縣 新竹辦務署 赤土崎庄出現	六縣三廳 新竹縣轄 7 辦務署	1897 年 6 月 - 1898 年 6 月
	台北縣 新竹辦務署	三縣三廳	1898 年 6 月 - 1901 年 11 月
	新竹廳 新竹街	廢縣設 20 廳 新竹廳下轄五支廳 轄竹北一堡、竹南一堡、竹北二堡	1901 年 11 月 - 1909 年 10 月
	新竹廳 新竹街	設 12 廳 新竹廳下轄 10 支廳 轄竹北一堡、竹南一堡、竹北二堡、苗栗一堡、苗栗二堡、橫東上堡（兩庄）	1909 年 10 月 - 1920 年 8 月 樹林頭區 赤土崎屬

時期	新竹歸屬	行政劃分	期間
	新竹州新竹郡 新竹街 （15 大字）	五州二廳（1926 增設澎湖廳） 三市（台北、台中、台南） 35 街 228 庄	1920 年 9 月 - 1945 年 10 月 州市街庄制 新竹州下轄 8 郡 1 市 8 郡 4 街 38 庄
	新竹州 州轄新竹市	新竹街改制為新竹市	1930 年
	新竹州	大字與町	1935 年
	新竹州	新竹市擴大轄區	1941 年

資料來源：國立台灣圖書館，作者整理。

　　在清末時期，新竹縣下轄竹塹堡、竹北堡與竹南堡。堡下有街莊，竹塹堡最主要的竹塹城內街如東門街、西門街、南門街、北門街、北鼓樓街、太爺街、衙門口街、暗街仔等。當然其它的大街如九芎林街、香山頂寮街、樹杞林街與北埔街也在堡內。當時，赤土崎的地名並未出現在竹塹堡內，但在東南廂的 39 個莊當中，出現了十八尖山腳莊（縣東南三里）與金山面莊（縣東南 10 里），兩個莊之間有一個莊名稱為草厝仔莊與赤土仔（縣東南五里），它們就是後來的赤土崎，草厝仔也出現在清華園校地的早期地圖中，也是一個村頭或庄頭（表 1-1-2）。之後十八尖山腳莊（仙公宮、雞蛋面）和草厝仔莊名稱不見了，但分別納入赤土崎與埔頂庄之內。頂東勢莊的廣含（瓾）頭與二五甲也納入了赤土崎。換言之，草厝仔（現清華東院，NOVA 對面）、赤土仔（現清華成功湖一帶）、廣含頭（東園國小和工研院光復院區之間）與牛路橋（現馬偕醫院一帶）為赤土崎庄出現之前的四個自然村莊。[6]

表 1-1-2 《淡水廳志》與竹塹堡街莊數一覽表

區位	街莊 《淡水廳志》 （1714）	街 竹塹堡 （1889）	莊 竹塹堡	竹北一堡 （1897） 新竹辦務署
竹塹城內	11 街	8		
縣城外土城內			9	
東廂	25 莊	1	64（下東店莊、潭後莊：73 戶、318 人）	

6 〈赤土崎〉，網址：https://zh.wikipedia.org/wiki/赤土崎。

區位	街莊《淡水廳志》（1714）	街竹塹堡（1889）	莊竹塹堡	竹北一堡（1897）新竹辦務署
西廂	10 莊	2	21	
南廂	2 莊		14（頂竹圍庄）	
北廂	17		17	
東南廂		2	39（草厝仔莊：59 戶、286 人）廣含頭、二五甲、十八尖山腳莊	赤土崎庄
東北廂	16		13	
西南廂			14	
西北廂	10		25	

資料來源：《新竹縣志（一）》，頁 296-301。《淡水廳志》，頁 167-171。陳朝龍，《新竹縣採訪冊》。作者整理。

1-1-2　赤土崎移墾

　　竹塹設治淡水廳（1723）到建城，從竹城（1733）、土城（1813）到磚石城（1829）各有階段性功能，建竹城以備廳署，建土城以防匪亂，建磚城則防東南丘陵的生番，意即赤土崎南部與金山面地區當年是番區，番區就等同於獵場。不過赤土崎雖然在城東南廂，但是王世傑與金廣福的拓墾似乎較少見諸於赤土崎區，因為它正位於土牛紅線與番界之間，屬於後述的「蛋白區」。

　　首先王世傑（1661-1753）於 1718 年率眾由金門來台，[7] 開始拓墾竹塹時，竹塹地區尚屬「猶玉之在璞」，即沒有人為的干擾，包括郁永河所謂「非人類所宜至」或「鹿豕所游、猿猴所宅」之處，其實就是野生動物的棲息地，例如鹿場等。而 1717 年的《諸羅縣治番俗篇》說明了當時竹塹社的生活型態為捕鹿及旱園耕作，且以鹿皮繳稅，[8] 即延用 1644 年荷治時期的瞨社制度，當時新竹地區使用的發瞨名稱為「竹塹與新港仔」。[9]

　　王世傑（閩籍為主）開墾竹塹埔的海濱到新竹平原處（鳳山溪與頭前溪間），又興建隆恩圳（四百甲圳），得以推動水田農耕，其墾地包括竹塹街的東西門地區、北庄 13 聚

7　張德南，〈王世傑史料析釋〉，韋煙灶主編，《新竹 300 年文獻特輯》（新竹：新竹市文化局，2018），頁 294、296。

8　林文凱，〈清代台灣熟番地權的創設與流失：以竹塹社為個案的歷史分析〉，詹素娟主編，《族群、歷史與地域社會：施添福教授榮退論文集》（台北：中研院台史所，2001），頁 140。

9　曾妤珊，〈與世界擁抱：荷蘭文獻熱蘭遮城日誌〉，韋煙灶主編，《新竹 300 年文獻特輯》（新竹：新竹市文化局，2018），頁 342。

落與南庄隆恩莊 24 聚落（由其侄子王佐開墾）。如果說王世傑墾地為蛋黃區，那麼蛋白區還是有其他人來拓墾，例如香山地區就有李祖（1735）、楊仕勸（1777）、[10] 陳仁愿（乾隆末年）等人。在赤土崎附近的有林欽堂／林先坤（1752）拓墾的六張犁（現水源里與千甲里）、林特魁（1772）的金山面（現金山里與仙水里）、劉光裕（乾隆末年）的土地公坑（現高峰里）。[11] 作為湳雅吳家「吳振利」郊商大墾號的小租戶，葉宜記公號拓墾了赤土崎庄。[12] 而當時佃農交給墾戶的每甲小租額，新竹廳竹北一堡的行情是：上田 45 石、中田 35 石與下田 25 石。[13]

　　當年王世傑拓墾的北庄 13 聚落之中，有六個聚落在 1901 年合併設置了東勢庄（現東勢里一帶），但牛路橋聚落卻併入赤土崎庄，形成了王世傑曾拓墾過赤土崎的印象，其實是東勢地區。[14] 但是在《台灣土地慣行一斑》一書中，也說明了在竹塹區域內記載最早的墾戶是王世傑，王在 1696 年（鄭氏王朝）就已取得後來稱為竹北一堡第三區與六區內的墾照，包括楊藔庄（楊寮庄）、浸水庄、油車港庄、十塊寮庄、糠榔庄、埔頂庄、赤土崎庄等地方，[15] 赤土崎庄的名稱首次出現在拓墾的名單中。不過拿到墾照和實際拓墾可能是兩回事，如果有拓墾（未發現墾號與地契等資料），在赤土崎地區的數個聚落如黃旺成家村的草厝仔、赤土仔等可能是其結果。如果只有「微拓墾」或未拓墾，那麼赤土崎的大片的義塚就扮演了煞車的角色。不過倒是從此發展至後來北庄 13 社，但 13 社中並沒有赤土崎。

　　不過透過《番頭家》一書中的「十九世紀新竹地區的漢墾莊、熟番地與三個人文地理區域圖」[16] 為基礎，再加料重繪之圖。[17] 竹塹社地有四區，其中社地四的 H 區包括了赤土崎、埔頂與金山面，在漢墾區之外，被稱為熟番保留區（土牛線界與屯界之間），該

---

10 楊仕勸的香山南勢山的請墾還和當地牛埔義山的 160 家佃農起了衝突，被控阻水源、不給葬。臨時台灣土地調查局編，《台灣土地慣行一斑（第三編）》（台北：南天書局，1998），頁 65-66。

11 台灣省文獻委員會，〈新竹市的漢民移墾〉，《台灣地名辭書（卷十八）・新竹市》（南投：台灣省文獻委員會，1996），頁 19，表 2。（資料來源：國家圖書館台灣記憶 https://tm.ncl.edu.tw/）

12 林玉茹，《清代竹塹地區的在地商人及其活動網絡》（台北：聯經出版，2000），頁 263，表 6-8。吳振利商號由吳嗣振兄弟經營，廈門設有總店，並進口鴉片。

13 臨時台灣土地調查局編，《台灣土地慣行一斑（第三編）》（台北：南天書局，1998），頁 86。

14 潘國正、羅際鴻，〈源頭〉，《頭前溪的記憶》（台北：時報文化，1999），頁 34。

15 臨時台灣土地調查局編，《台灣土地慣行一斑（第一編）》（台北：南天書局，1998），頁 13。另見楊勝傑，《清乾隆 25-53 年（1760-1788）間番界外之開墾》（台北：國立政治大學台灣史研究所碩士論文，2010）。

16 柯志明，《番頭家：清代台灣族群政治與熟番地權》（台北：中研院社會所，2001），頁 18。

17 林文凱，〈清代台灣熟番地權的創設與流失：以竹塹社為個案的歷史分析〉，詹素娟主編，《族群、歷史與地域社會：施添福教授榮退論文集》（台北：中研院台史所，2001），頁 141，圖 1。竹塹社最早在香山地區，後遷至東前街一帶。王士傑開墾後，竹塹社遷至舊社，而後再遷至新社（竹北）。

圖說明為漢佃郭陳蘇（郭勃、陳環、蘇春）隘墾地，卻是熟番社管業。水田旱田大租番租：「H 區郭陳蘇隘墾地」的赤土崎庄，除 2.20 石為隘墾戶貼納的番租外，其餘 152.71 石均為道光年間移隘後隘墾戶仍留存的墾底大租。[18] 但是郭陳蘇拓墾金山面與埔頂地區，後來和林特魁等人發生訴訟糾紛，纏訟多年，最後於 1828 年由官買地，成為義塚收場。

　　至於金廣福（粵籍為主，加上閩籍周邦正）於 1834 年進行了武裝拓墾（設隘寮，置隘丁），地區為生番所在的北埔、寶山與峨眉一帶，或稱土牛溝界外番山。最盛期間旗下有超過 3,000 佃農。總之，王世傑、金廣福（粵籍為主）開墾之後，失去了鹿場而成為另類戰場（爭奪墾地、墾權）。而竹塹社的原住民因建竹城與水災先後被迫遷到舊社與新社（現竹北采田福地地區），在歷史的描述上，竹塹社的道卡斯原住民被稱為生番，歸順之後稱為熟番，特別在協助平亂之後被賜姓，例如頭目就改名衛阿貴，再透過通婚，就融合成為台灣人了。

1-1-3　赤土崎的土地利用

　　透過《新竹市要覽》，1930 年赤土崎人口 885 人、171 戶。只占新竹市總戶數的 2%、總人口的 2.3%。1935 年新竹市（新竹大字）町名改正 15 個町，但位於郊外的赤土崎等 14 個大字並未改名或改町，只是有些接近城區的地方被劃入花園町與黑金町（本書彩圖集圖 A4、A5）。就土地利用而言，上述 14 個大字皆屬於市郊的農業區，那麼赤土崎在新竹市扮演何種角色？新竹市 64.9% 的山林、52.4% 的墓地與 31%（20.8%、10.2%）的池沼／水路用地在赤土崎，顯示出當時赤土崎的邊陲性格。如就其本身 473 餘甲的土地，墓地只佔 5.5%，山林 40.4%。而最多的還是農業用地的 45%（水田加旱田），如加上前述的山林，則有 85.4% 的「農林用地」，加上墓地與牧地（原野），「農林墓（牧）」成為赤土崎土地利用的主軸。雖然墓地只佔 5.5%，但建成（聚落住居）比墓地還少，只佔 2.1%，換句話說，當時在赤土崎「躺著的比站著的多、陰宅比陽宅多」。

---

18 張炎憲、王世慶、李季樺編，《台灣平埔族文獻資料選集：竹塹社》（台北：中研院台史所，1993），下冊，頁 686-695。

表 1-1-3　1930 年的赤土崎（大字）土地利用

	赤土崎	新竹市	比率%
戶數	171	8,291	2
人口	885	38,315（1925 年資料）	2.3
田	164.7356	1698.6412	9.7
畑	48.3655	557.0769	8.7
建成	10.3150	221.0238	4.7
山林	191.0562	294.2375	64.9
原野	7.8678	160.6600	4.9
墓地	26.1131	49.8502	52.4
鐵道用地	0	8.0041	0
池沼	15.1051	72.7444	20.8
祠廟	0.0355	5.6428	0.6
雜地	1.3413	16.2015	8.3
道路	2.1573	21.8093	9.9
水路	6.2544	61.4430	10.2
溝渠	0	0.0691	0
小計	473.3468	3182.9777	14.9

資料來源：《新竹市要覽》（1931）。

　　由於如表 1-1-3 的土地利用的分布，赤土崎最多的還是農業用地的 45%（水田加旱田），該面積佔新竹市農業用地的 18.4%。如表 1-1-4，農果作物中，超過全市產量 10% 以上者有鳳梨（12.5%）與甘蔗（11.4%），而居於 5%-10% 產量者為甘薯（5.4%）、桃（6%）與龍眼（6.6%），而甘薯在清末時期即是金山面庄、埔頂庄與柴梳山庄的主要農作物。[19] 巧合的是，所有的瓜類，包括西瓜、冬瓜、南瓜、越瓜與胡瓜，赤土崎皆未種植。反而畜產方面的產量比農業高，例如鳥禽類（雞）產量佔新竹市的 21.6%。在此基礎上，後來 1936 年還設立了赤土崎養雞場，號稱新竹州第一個現代化養雞場。

---

19 林玉茹，《清代竹塹地區的在地商人及其活動網絡》（台北：聯經出版，2000），頁 60，表 2-4。

表 1-1-4　1925 年赤土崎庄的農業生產一覽表

農作物	面積（甲）	總面積（甲）	比率	農作物	面積（甲）	總面積（甲）	比率
稻米	42.52	1151.92	3.7	莖菜	0	3.86	0
茶	6.5	227.97	2.9	甘藍	0.12	14.33	0.8
甘蔗	28.09	246.35	11.4	大芥菜	1	25.25	3.9
菜頭	0.6	16.03	3.7	茄菜	0	7.63	0
根菜	0	0.95	0	甕菜	0	3.72	0
薑	0	0.3	0	芹菜	0.13	9.54	1.4
芛仔	0.4	9.44	4.2	花菜	0.03	6.49	0.5
蔥	0.4	10.59	3.8	越瓜	0	8.51	0
韮	0.10	4.37	2.3	胡瓜	0	0.40	0
葫	0.12	7.46	1.6	菜豆	0.04	4.65	0.9
西瓜	0	14	0	荷蘭豆	0.5	10.23	4.9
冬瓜	0	5.94	0	其他果菜	0	3.96	0
南瓜	0	5.69	0	茄子	0.1	4.47	2.2
甘藷	13.6	252.05	5.4				

水果	棵數	總棵數	比率	畜產	頭數	總頭數	比率
柑橘	1	456	0.2	牛	94	1,144	8.2
椪柑	8	3.495	0.2	豬	181	2,817	6.4
桶柑	4	2,269	0.2	山羊	24	354	6.8
斗柚	13	1,366	1	鹿	0	2	0
雪柑	0	86	0	馬	0	2	0
文旦	0	21	0	鳥類	692	3,200	21.6
白柚	0	2	0				
鳳梨	10	80	12.5				
芎蕉	10	240	4.2				
枇杷	0	28	0				
李	10	214	4.7				
桃	19	316	6				
荔枝	0	48	0				
龍眼	6	91	6.6				
蓮霧	0	22	0				

資料來源：《新竹州街庄要覽輯存》（新竹：新竹街役場，1926），頁 99-143。二期稻作 3.3 甲未計入。

　　農業為重的赤土崎，居民們當然想參與「農田擴張改良計畫」，以 1942 年赤土崎 201 番地的改良案（由林地改農地）說明之，該案由總督府殖產局農地係（股）的小菅一夫技手認證，其設計書先描述了現況：相思林加上廢墓地，且傾斜 10 度，面積為 0.932 甲。而其目標為整平開墾為陸稻稻田，並列出預期收成 4,000 斤，每千斤 88 圓。本改良計畫共補助開田費 810.84 圓、整地開墾費 870 圓，撥款單位為新竹州農會（會長宮木廣大）。附件包括土地謄本（210、210-1 地目）與 1/1200 實測圖。[20]

1-1-4　赤土崎主要的歷史現場

　　由於赤土崎的近郊地理特性，如前述之「農林墓（牧）」成為赤土崎土地利用的主軸，後期更率先轉向，成為「工業新竹」的代名詞，包括天然瓦斯研究所與六燃等。由於清華園中的歷史現場：六燃、新竹高爾夫球場與雞蛋面義塚將另章探討，而鹿場、戰場、競馬場也在本章的另節處理，因此本節先探討其它的歷史現場，特別是以赤土崎為名稱者，以及較少被提及的海軍瓦斯實驗所和地址為赤土崎 192 番地的翠碧岩。

● 赤土崎陸軍射擊場（地）

　　因應乙未戰爭（1895 年 5 月 29 日到 10 月 22 日）之後的治安維持與守備，日本政府於 1896 年 4 月 6 日公布「台灣守備混成旅團司令部條例」，該司令部隸屬於總督府。依此條例，成立台灣守備混成第一旅團、第二旅團與第三旅團與基隆、馬公重炮大隊，總兵力約為 2 萬人。之後第一旅團改稱台北守備混成旅團、第二旅團改稱台中守備混成旅團、第三旅團改稱台南守備混成旅團。[21]

　　台灣守備混成第一旅團（台北守備混成旅團）下有兩個步兵聯隊、騎兵中隊、炮兵中隊、工兵中隊等，其中炮兵中隊將大湖口區的糞箕窩作為演習場。[22] 另外在 1896 年於赤土崎庄設置陸軍射擊場（步槍輕武器），射擊場為長方型共 2,466 坪（8137.8 平方公尺）的用地，長 444.4 間（約 808 公尺）、寬 55.5 間（約 101 公尺），[23] 範圍在現在十八尖

20　國史館台灣文獻館，「新竹州畑地擴張改良事業補助金下附願ニ關スル件」（1942-02-01），〈昭和十六年國庫補助永久保存第四卷之二殖產〉，《台灣總督府檔案・國庫補助永久保存書類》，典藏號：00010912001。

21　〈台灣守備混成旅團〉，網址：https://zh.wikipedia.org/wiki/ 台灣守備混成旅團。

22　糞箕窩為清治到日治期間的傳統街庄地名，約位於現在新竹縣湖口鄉湖南村地區：https://zh.wikipedia.org/wiki/ 糞箕窩。國史館台灣文獻館，「新竹廳下陸軍射擊用地トシテ民有地使用ノ件」（1905-09-30），〈明治三十八年台灣總督府公文類纂永久保存追加第三卷秘書外交地方財務〉，《台灣總督府檔案・總督府公文類纂》，典藏號：00001136007。

23　國史館台灣文獻館，「新竹廳下陸軍射擊用地トシテ民有地使用ノ件」（1905-09-30），〈明治三十八台灣總督府公文類纂永久保存追加第三卷秘書外交地方財務〉，《台灣總督府檔案・總督府公文類纂》，典藏號：00001136007。間為日本的長度單位，一間為 6 尺（180 公分）。

山山腳下的新竹高商到新竹中學地區，背向學府路。[24] 而乙未戰爭於 1895 年 8 月 8 日的枕頭山與雞蛋面之戰，戰場即在現清華校園內。因此戰場與射擊場也成為清華園另類的歷史現場。

● 赤土崎林業試驗場（現高峰植物園）

　　新竹州於 1932 年設立了林業所，當時的赤嵋鐵吉（1890-1908）知事考慮到新竹的天氣與地形，主張以試驗與種植熱帶及亞熱帶的經濟林木為目標，1938 年 4 月設立了林業試驗場，新竹州的林業試驗場有兩處：十八尖山森林公園一帶 150 甲與竹東郡山地 130 甲。試驗場共有六個分場：新竹苗圃（新竹市花園町）、新竹試業地（新竹市赤土崎）、北埔苗圃（竹東郡北埔庄北埔）、大坪試業地（竹東郡北埔庄大坪）、南坑試業地（竹東郡北埔庄南坑）、小坪試業地（竹東郡南庄紅毛館），其中位於赤土崎的新竹試業地，全名即為為「新竹州立赤土崎林業試驗場」。[25] 試驗樹種包括：白檀樹、油桐樹、咖啡、安南漆樹、廣葉杉樹、肖楠樹、松樹、造紙原料的樹種、帽椰子樹、樺樹以及可能的副產品如菌菇類、芥茉等。[26] 赤土崎的名稱維持到光復後的 1948 年，當時名稱為「赤土崎林業分場」，之後就成為歷史現場了。新竹州曾於 1941 年提出藥用植物園的規劃，地點為赤土崎的州屬山林五甲，企圖成為百種漢藥的生產地。[27] 該植物園是否為赤土崎林業試驗場的一部分，尚待探討。但現高峰植物園內丘陵上的「健康步道」為號稱百年古道的牛車路，當時新竹城通往東南的赤土崎庄與金山面庄的主要道路就是這條牛車路，即北有竹東街道，南有牛車路。[28]

　　另外，日本本土的主要大學也在台灣有演習林實驗林，包括東大、京都大、九州大、北海道大等，每一年會舉行全島林業試驗連絡會議，例如第五屆於 1943 年 9 月 9 日假台北市南門町植物園內的總督府林業試驗所會議室（現林務局）舉行。[29]

---

24 赤土崎射擊場原圖採用中研院百年地圖，經比對赤土崎地籍圖後得知範圍。
25《新竹州林業要覽》（1932），頁 76。另參見〈高峰植物園〉，網址：https://reurl.cc/7eqY39。
26 菅野秀雄，《新竹州沿革史（一）》（台北：成文出版社，1938），頁 416。
27《台灣日日新報》漢珍數位版，1941 年 4 月 25 日（下同）。
28 參見：《台灣堡圖》（1904）。當時寶山路尚未闢建。
29 台灣史檔案資源系統：aithda-arch-LW_02_028-0069-i.jpg。

表 1-1-5　日本主要大學在台灣的演習林概況表

大學名稱	面積（公頃）	地點	接收後
東京帝大	56,031	台中	第一模範林場
京都帝大	61,350	高雄、屏東	第二模範林場
北海道帝大	7,150	台中	第三模範林場
九州帝大	2.057	台北	第四模範林場
台北帝大	772	台中台南台北三處	

資料來源：《台林》第一期，1947 年，頁 109。

維基百科：https://zh.wikipedia.org/zh-tw/ 臺灣演習林。

● 赤土崎保甲修練所（赤土崎 2 丁目 5 番地）

　　號稱全島保甲訓練的第一所，成立於 1940 年 6 月 29 日，同時也是新竹州警察講習所，建設經費為 13 萬 6 千圓。依新竹州訓令 12 號，保甲需要調訓，每期一個月，企圖強化保甲制度，使其成為警察的補助機關。[30] 該所土地面積有 3,000 坪，木造兩層建 623 坪，內含大講堂一間、教室四間、圖書室兩間、宿舍四間（可住 120 人）、廚房兩間、食堂兩間。六燃留學二燃的見習科即在本所受訓八個月，再赴日。[31] 該所地址為新竹市光復路 729 號，惜未通過 2014 年 5 月之文資審議，之後於 2016 年被拆除，目前為停車場。

● 赤土崎的翠碧巖（或翠碧岩）（赤土崎 192 番地，現高翠路翠壁岩寺）[32]

　　以新竹寺為中心號召組成的「佛教道交會」，曾參訪新竹街各處的廟宇，其中有位於赤土崎的「翠碧岩」（或稱巖，後來改稱翠壁岩），俗稱仙公洞或仙公宮。翠碧岩又名三教堂或三聖祠，奉祀老子、孔子（中央）、釋迦（右）及關帝（左），係台灣寺廟三教混合的典型，由林暖建立於 1885 年，該廟附近則有創教人楊真人的義塚，後來也祭祀楊真人。1892 年由竹塹城人士捐建瓦屋三間及翼然亭，供人踏青或掃墓時休息，其東側為蜈蜞窩義塚（現分屬仙宮里與高峰里，仙宮里部分亦在清華校園內）。[33] 1895 年受到乙未戰爭波及損壞，經連茂林與杜漢淮兩人號召整修，後來規模漸大，許多詩人來此以詩聚會。信徒規模達 2,000 人。[34] 1927 年 12 月，由新竹街南門蔡木榮、蔡來進、蔡來福及西門吳信仲等 16 人陸續集資 7,000 圓，改建翠碧岩，[35] 由住持王進發監工，自 1928 年

30《台灣日日新報》，1940 年 6 月 30 日。

31 同上註，1939 年 9 月 13 日。

32 日治時期多稱翠碧巖或翠碧岩，後來改稱翠壁岩，兩者併用之。《新竹州要覽》（1926），頁 218。

33《採訪錄》卷 1，頁 208。

34〈台灣の寺廟を巡歷して（16）〉,《台灣警察時報》29，1921，頁 4。

35《漢文台灣日日新報》，1927 年 12 月 17 日。

8 月起開工，直到 1929 年 5 月 20 日落成。[36] 落成開光當天，鑼鼓隊、藝閣、陣頭、踏高隊、獅陣由南門關帝廟出發，先在市街遊行，午後二時舉行開幕式，由徐蒼柏致開幕詞、高華袞頌奉禧文，來賓有鄭養齋、[37] 葉文樞、陳鴻翔、黃潛淵、鄭蘂珠女士[38] 等在地名人祝福，號稱有一萬人參與沿街與廟前表演的活動。[39]

　　登山活動也會參訪廟宇，例如厚生登山第 192 回，就曾參訪新竹翠碧岩寺，該活動於 1942 年 11 月 8 日舉行，參加費用每人三圓。一早 5 時 55 分由台北站集合出發，到達後由新竹站步行到新竹神社、香山庄、新竹翠碧岩、再回新竹站。步行距離 15 公里，在地導覽者為小川清太郎。[40] 1906 年 7 月，台北黃東茂[41] 來竹，地方士紳李雪樵[42] 備佳肴邀請黃氏及朋友們，聚會於翠碧岩，號稱「聲歌侑酒，群鳥和鳴」。[43]

　　附近的枕頭山腳還有兩間廟宇，當時的地址皆為枕頭山腳 96 番地，其中大眾廟南壇（現竹蓮街南壇大眾廟），為義塚或共同墓地的陰廟。該廟建於清朝嘉慶年間（1812），信徒有 5,000 人，主祀地藏王菩薩，配祀大眾爺／媽、文判、武判、福德正神等。同址的另一座為三山亭（現竹蓮街三山鶴棲亭），建於 1781 年（乾隆 46 年），主祭觀音佛祖，信徒 2,500 人。而枕頭山腳 92 番地另有一間具日本脈絡的淨土宗新竹教會所（現竹蓮街淨土寺），於 1929 年 5 月創立，記載之信徒只有 50 人。[44]

---

36 《台灣日日新報》，1929 年 5 月 19 日。

37 鄭養齋（1872-1939）又名鄭以庠，為竹社社長，鄭用鑑之孫，鄭德珪次子。清光緒年間台北府學廩生，乙未之役時回清國避難，後再回新竹。

38 鄭蘂珠（1910-1997），原名鄭卻，出生於二十張犁，師從鄭家珍舉人，1939 年承接於 1908 年設立的紫霞堂（先天派齋教），擔任住持，1958 年紫霞堂由水天街遷到寶山路 380 巷 15 號：https://zh.wikipedia.org/wiki/紫霞堂。另參見張德南，〈人物專欄：鄭卻、陳進、李劉玉英〉，《竹塹文獻雜誌》34，2005，頁 97-105。

39 《台灣日日新報》，1929 年 5 月 20 日。《漢文台灣日日新報》，1929 年 5 月 22 日。

40 〈厚生登山 192 回〉：《台灣山岳彙報》11，1942。

41 黃東茂（1876-1929）生於廈門，1913 年遷居淡水，為知名實業家，號稱石油大王（為台灣殼牌石油代理商），也是煤礦主、彰化銀行大股東、蓬萊閣酒家店主，並曾組淡水興業輕鐵公司，建設淡水輕便鐵道線，他引進水筆仔防海浪，造成了今日所見的淡水水筆仔紅樹林，當然他也曾是當時唯一擁有汽車的台灣人，更是台灣高爾夫俱樂部的早期會員。當時江山樓、東薈芳、春風樓與蓬萊閣為台北四大酒家，號稱「江東春蓬」。

42 李雪樵（1876-1944）名祖寅，字嘉業，旌表孝子李錫金之孫。1878 年（光緒 4 年）出生於竹塹城內北門。1904 年（明治 37 年）被任命為保正，任職十餘年，為地方事務貢獻心力。1913 年（大正 2 年）授佩紳章，每年地方稅調查皆囑託為委員、義勇艦隊建設委員等，「凡地方事無大小，非君參與不為功」。終其一生，參與公務亦最盡全力：https://bit.ly/3oHYCUR。

43 〈新竹通信：山岩宴客〉，《漢文台灣日日新報》，1906 年 7 月 13 日。

44 新竹市役所，《新竹市要覽》，1931，頁 88-89、84-85。

● 赤土崎的「工業新竹」

在 1925-1940 年代，不少設施與工廠設於赤土崎，顯現當年的「工業新竹」的情況。最重要的當然是海軍第六燃料廠新竹合成部、海軍瓦斯實驗所與台灣總督府天然瓦斯研究所。其它工廠與公司如下：

- 南方電氣工業株式會社：成立於 1942 年 3 月 4 日，為台電的子公司，75 萬圓的資本額由台電提供。以活性碳製造為主的電氣化學工廠，並採用在地的硅砂與瓦斯，其地址為赤土崎 78-2。社長由台電副社長田端幸三郎擔任。[45]
- 日本化學工業株式會社（硫安工場）：[46] 竹東街道旁，面積 86 甲，有 1,000 位員工。母社為日本產業株式會社，以 1,500 萬圓於赤土崎設立硫安工廠。[47]
- 台灣高級硝子（玻璃）工業株式會社：成立於 1938 年 8 月，資本額 18 萬圓，社長為中辻喜次郎，該會社為「總督府度量衡所」的指定製造商與理化學醫療用玻璃製造商，其它產品包括航空用玻璃加工製品、顯微鏡附屬加工品、各種高級容器等，當時並以提供全台灣的玻璃用品為己任。該廠本來設於花園町（和海軍瓦斯實驗所為鄰：花園町 269-1），但因市區改正為住宅區，而搬遷至赤土崎 74-76 番地，就位於南方電氣工業株式會社的對面，1939 年還接收了日本鑛業株式會社的試驗工場。
- 台灣鑛業硝子（玻璃）試驗工場：120 坪的試驗工場內置有三個試驗爐，自 1937 年一月起運轉。並規劃硝子生產工廠與硫安工廠，朝生產人造石油的方向邁進，買收土地 13 萬坪，並有 2.5 公里的企業軌道連接到鐵道部的竹東支線。[48]
- 台灣煉瓦株式會社（新竹工場）：總公司成立於 1913 年，由後宮幸太郎（號稱台灣煉瓦王）以資金 300 萬圓創設之，全台灣共有 38 處工廠，其中新竹工場成立於 1921 年，也是製造招牌 TR（Taiwan Renga）磚的六處工廠之一，[49] 地址在花園町 77 番地（原來的赤土崎範圍）。
- 牛肉罐頭工場：[50] 基於輸出法令之制定[51] 與畜產加工的需求，由台北的杉原產業株式會

45 《台灣日日新報》，1942 年 2 月 24 日。
46 同上註，1936 年 7 月 20 日。
47 〈堂堂！工業州實現へ躍進する新竹州〉，《新竹州時報》，1938，頁 71。
48 《台灣日日新報》，1936 年 7 月 20 日。台灣鑛業株式會社為 1923 年由日本鑛業株式會社所成立的鑛業公司，但台鑛於 1939 年 4 月併入日本鑛業。
49 台煉製作的磚面上印有「TR」（台灣煉瓦）字樣，成品具網狀凹凸，燒好的成品每塊重量都是 4 台斤重且密度實在，長寬高分別為 23×11×6 公分，表面光整線條平滑，因出窯後會在磚的兩邊上油，又稱「油面磚」，出廠前還會用紙包裝。參見高雄市立歷史博物館展覽企劃組，〈起厝，磚瓦諸事會社〉，《高雄文獻》4（1），頁 141-152。「油面磚」詳見頁 146-147。
50 《台灣日日新報》，1937 年 12 月 4 日。
51 1937 年 11 月 19 日，總督府發布「畜牛および牛肉輸移出許可規則」，一方面中國的青島牛已無法輸入，本島的耕作牛與食用牛必需全盤規劃之。杉原產業因此在新竹與台東創設牛罐工

社出面投資，成立「杉原產業新竹罐詰工場」，使用州用地於赤土崎（後分出為花園町146 番地，電話 1018 號）建場，於 1937 年 12 月 20 日落成開工，[52] 當時聘請了三位日本內地的技術工人以及 30 位台籍普通工人（男 10 人、女 20 人），每日宰殺 28 頭牛製作罐頭，但只生產到 1938 年 3 月止。[53] 由於新竹州生產了全島三分之一的蔬菜、水果與家畜，因此經「新竹州立工藝試驗所」之研發，之後再轉成蔬菜、水果的罐頭，以外銷日本內地、外州與滿洲國，自 1941 年 9 月 15 日起開工生產。[54]

- 赤土崎養雞（種雞）場：[55] 為「不老園」的一部分，位於東山公園（十八尖山森林公園）的南端赤土崎地區（現高峰植物園旁），該園為城隍廟元寶珍商行店主劉濤山的私人庭園。1930 年代突然興起的養雞熱潮，由「新竹畜產組合」（合作社）的「育雛會」輔導之，打算提供 3,000 隻種雞在新竹市設立數個養雞場，以培養種雞為目的。[56] 新竹市還自許為「養雞王國」與「台灣的養雞名古屋市」，[57] 其中在不老園內的赤土崎養雞場率先於 1936 年 9 月 22 日設立，為新竹州第一個有現代化設備的養雞場，共有三個雞舍，每舍可養 500 隻種雞，[58] 佔了配額的一半。未來目標為年產 7,000 隻種雞，而且已陸續接到各地的訂單。此外，該養雞場將每年培養 20 位養雞專家或副業家。而在慶祝皇紀 2600 年（昭和 15 年、1940 年）的活動中，「不老園」沒有忘記它本來庭園的角色，曾發送 2,600 棵象徵大和精神的櫻花樹苗給新竹市民。[59]

- 新竹牧場：地址為赤土崎 313 番地，位於十八尖山山腳下，該牧場土地 1,200 餘坪，飼養 30 餘頭乳牛，為生產牛乳的畜牧場，供應新竹醫院、政府機關、企業與市民，由湯ノ口金次郎經營之。湯ノ口為鹿兒島縣人，其父湯ノ口市次郎於 1905 年渡台，在台中市販售牛乳，金次郎於 1913 年來台協助父親的事業，並在 1920 年於新竹設立牧場。[60] 光復後撥交「台灣農林公司」之畜產分公司經營，成為新竹牛乳供應站。1953

場。〈青島牛に代つて台灣牛の見參，軍需品としてお役に立つべく，大規模に牛罐計畫〉，《台灣日日新報》，1937 年 11 月 20 日。

52 〈堂堂！工業州實現へ躍進する新竹州〉，《新竹州時報》，1938，頁 78。該工廠位於現在光復路、公園路與八德路交叉路口處的全家福鞋店周圍地區。1941 年版，《新竹商工人名錄》。

53 〈杉原牛罐工場一月七日より製造着手〉，《台灣日日新報》，1937 年 12 月 5 日。

54 〈青果物の罐詰：新竹州で輸移出物生產〉，《台灣日日新報》，1941 年 9 月 11 日。

55 《台灣日日新報》，1936 年 9 月 23 日。

56 〈新竹養雞熱〉，《まこと》，1936 年 12 月 1 日。

57 〈養鶏王國を目指す新竹市の諸施設千五百羽收容の育雛場も竣成〉，《台灣日日新報》，1936 年 8 月 28 日。「養雞名古屋市」的來源：明治維新後，日本將名古屋的雞，與上海的九斤黃雞混種，養出肉質有咬勁且味道鮮美的食肉雞與雞蛋，該雞號稱名古屋交趾雞。

58 〈新設備を誇る育雛場竣功新竹市畜產組合の手で〉，《台灣日日新報》，1936 年 9 月 23 日。

59 台灣地方自治協會，《新竹州通信》6（3），1940，頁 149。

60 菅武雄，〈新竹牧場主人〉，《新竹州の情勢と人物》（台北：成文出版社，1938）。

年時，縣立新竹中學[61]（現建華國中）遷校，除了原來規劃的原牧場用地外，曾行文台灣省政府，請求再撥用赤土崎 313-9 等四筆土地（1.6315 甲），由於台灣農林公司將牧場列入民營估價資產。[62] 扣除了牧草用地外，仍撥給了縣立新竹中學 0.7226 甲。赤土崎在十八尖山下的歷史現場就連成一片了，並成為現在的學府路教育現場（本書彩圖集圖 A8）。

表 1-1-6　赤土崎在十八尖山下的教育歷史現場變遷表（參閱本書彩圖集 E1）

歷史現場	接續歷史現場	現在教育現場
赤土崎競馬場（1935）	新竹州立新竹商業學校（1940）	新竹高商
新竹州立新竹高等女學校（1924）	新竹州立新竹中學校（1922、1926 遷校）：赤土崎 126	新竹中學
新竹第二尋常小學校（1941）	東山國民學校（1941）	培英國中
原新竹州高等女子家政學校（孔廟）　新竹牧場：赤土崎 313	新竹初級中學（孔廟）　新竹縣立第一中學（孔廟）　縣立新竹中學（遷校牧場）	建華國中

資料來源：作者整理。

● **海軍天然瓦斯實驗所**（1934-1938）

　　六燃與海軍瓦斯實驗所因為屬於海軍，較不會出現在新聞版面上，常出現的是總督府天然瓦斯研究所。而成立於 1934 年的海軍天然瓦斯實驗所也在赤土崎，該所主力用於「液體燃料」的研發，其位置就在天然瓦斯研究所附近，當時的所長為藤尾誓，而天然瓦斯研究所的所長為小川亨。藤尾誓為技術將校（參見另章），以技術上校軍階擔任過六燃合成部部長。他於 1932 年獲京都帝大的有機化學博士，和小川亨同為小松茂教授為海軍燃料廠培養的 15 位理學博士之二，兩人為同門師兄弟，且在新竹相遇，故兩位所長曾一起聯名在新竹州的官方雜誌上恭賀新年。不過海軍瓦斯實驗所上了報卻是因實驗事故，1937 年 5 月 4 日，三谷龜繁與山本為親兩人在處理空氣幫浦時，壓縮機從上而降，壓到了兩人的手指，一人被截掉手指，送新竹醫院，當時報上的標題為「大怪我」：重傷。[63] 該所於 1938 年 1 月 21 日結束，將相關設備讓渡給前述之台灣鑛業株式會社，成

---

61 新竹縣立新竹中學（1950）的前身為日治時期的新竹州高等女子家政學校（1939），光復後改制為新竹初級中學，校址皆在孔廟，直到 1956 年改稱為新竹縣立第一中學，並遷校至現址，1968 年改名為建華國中。該「縣中」生出了不少學校，例如竹東高中（新竹初級中學竹東分校：竹東初中）、縣立二中：育賢國中（縣立新竹中學分部）、湖口高中（縣立新竹中學湖口分部：湖口初中）、香山高中（縣立第一中學香山分部：香山初中）。

62 國史館台灣文獻館，〈新竹中學徵用新竹牧場土地案〉（1953-10-26），《台灣省政府地政處》，典藏號：009-02738。

63《台灣日日新報》，1937 年 5 月 5 日。

為新竹試驗工廠，藤尾誓所長先率該所人員於 1 月 25 日搭乘蓬萊丸回日本，之後再回任新竹六燃合成部部長。[64]

1-1-5　1935 年《新竹州電話帖》中的赤土崎歷史現場

　　1933 年時，台灣當時的電話普及率為 31.2（每一萬人口），比起日本內地的 118 低了不少，但比朝鮮的 17.4 為高。當年台灣的電話戶數有 16,184，其中台籍戶為 5,061（31.3%）。而電話號碼（台北、高雄四碼，新竹三碼）的選擇也成為顯學，例如耳鼻科診所選了 3387 號：ミミハナ（耳朵與鼻子），藥店挑了 938：クスリャ（藥房），某葬儀社先挑了 4248：シリンセワ（死人世話：照顧）等。[65]

　　以新竹打到台北為例（1935 年 9 月），一個月共 2,275 通，通話量全台排名第六。反過來，台北打到新竹為 1,722 通。[66]當時新竹的查號台為 500（台北 100，高雄 114），障礙台為 60。所有市內、島內與長途電話（電話號碼前註明長字者，即現在的國際電話）皆需透過電話事務員（接線生）轉接，當時電話沒有撥話盤，只能轉把手接電話事務員，且多為女性。通話時間以三分鐘算一次計費單位，打到日本本土的內台（內地到台灣）長途電話，不分地點，一通三分鐘 6 圓，緊急（至急通話）12 圓（約現值 12,000 元），算是很貴的通信服務，當年提供服務的海底電纜線為 1910 年啟用的長崎到淡水者（長淡電纜線）。如果是島內（未稱長途），從新竹打竹東／北埔的 15 錢、關西／苗栗的 25 錢、台北 35 錢、台中 45 錢、嘉義 60 錢、台南 75 錢、高雄 90 錢直到最貴的台東 100 錢（1 圓）。不過在新竹市的「電話加入區」中，赤土崎、金山面、埔頂等都不在內，[67]又是邊陲的另一例證。

---

64 同上註，1938 年 1 月 23 日。台灣鑛業株式會社後來又納入日本鑛業株式會社。

65 蔡惠萍，《好美麗株式會社：趣談日治時代粉領族》（台北：貓頭鷹出版社，2013），頁 80。

66 台灣總督府交通局遞信部，《台灣の通信》（台北：台灣總督府交通局遞信部，1935），頁 58-59、71。

67 台灣總督府交通局遞信部，《新竹州電話帖》（台北：台灣總督府交通局遞信部，1935），卷頭附錄。

表 1-1-7　1937 年新竹州電話帖中的赤土崎

單位	地址（丁目與番地）	電話號碼
總督府天然瓦斯研究所	赤土崎 353	656
天研所長小川亨官舍	赤土崎 247-1	655
海軍天然瓦斯實驗所 [68]	赤土崎（花園町 269-1）	635
新竹ゴルフ倶樂部	赤土崎 126	719
台灣煉瓦新竹工場	赤土崎（花園町 77）	358
東洋コンクリート株式會社新竹出張所	赤土崎（花園町 120）	627
新竹市市營住宅	赤土崎（花園町 103）	631
新竹市獨身宿舍（單身宿舍）	赤土崎 247-1	654
新竹中學校	赤土崎 126	411
新竹中學校學生宿舍	赤土崎 126	235
新竹牧場	赤土崎 313	29

資料來源：《1937 年新竹州電話帖》（台北：台灣總督府交通局遞信部，1935）。

　　1935 年新竹市實施町名改正之前，海軍天然瓦斯實驗所與台灣煉瓦新竹工場在過年的雜誌（例如台灣建築會誌）的拜年詞，其地址都還是赤土崎，1935 年後地址就成為花園町。台灣軌道株式會社 [69] 的新竹發車所在花園町 158 番地，台灣煉瓦新竹工場在花園町 77 番地、變電所在花園町 91 番地。而第三公學校在埔頂 247-2 番地（電話：613），天然瓦斯研究所被中油接收後成為中油新竹研究所，它的住址登記在《石油通訊》創刊號（1951 年 6 月 25 日）時，其住址為：東區綠水里博愛街，電話 52 與 19 號，顯然當時大門仍維持於原來的門口，尚未移到光復路來。

1-1-6　1950 年代的清華園歷史現場：桃園大同農場

　　原六燃廠區由中油接收，其中位於赤土崎、東勢、埔頂段 123 甲的部分土地，有 43.5038 甲於 1955 年 3 月 16 日已撥交國防部退輔會 [70] 而成立了「桃園大同合作農場」，用以安置退除役官兵之用。在清華設校的 1956 年時，勘查者留下了下段的描述，他們看到的即為大同農場。

68　海軍天然瓦斯試驗所在興建時，其地址尚在赤土崎。

69　戰時因官方統制因素，1919 年成立的台灣軌道株式會社（當時號稱資本額 300 萬）原有通往各地的輕便車又適巧為自動車逐漸取代，使得原來依地域分割、由仕紳各自建構的路網整合為一，車站變為「樁腳」，客運路線變為跨越地域空間的傳播與動員網絡。

70　退輔會是以美援 4,200 萬美金而成立的單位（1954 年 11 月），組織非常龐大，超過 40 個附屬單位，包括地毯工廠、合作農場、農墾處、森林開發處、海洋漁業開發處、飲料工廠等，如同日治時期的台灣拓殖株式會社一樣，也是號稱「由冰塊到磚塊都有」與「包山包海」的單位。參見林炳炎，《保衛大台灣的美援》（台北：三民書局，2004），頁 314-315。

原日本海軍基地有草屋十多間，由軍官與民意代表佔住（退除役官兵），土地並有農民耕種，面積約 30 甲（大同農場）。另有池塘一座（成功湖），廢置已久。[71]

　　後來土地移轉給中國銀行、台銀，但赤土崎土地已被出售 5.3 甲，影響了榮民授田之工作，退輔會因此以輔業字 3922 號行文請求中銀捐回，當時退輔會主委為蔣經國。不過 1956 年 2 月，當清華選定在赤土崎復校時，新竹縣政府於 1957 年 8 月 15 日行文地政局，公文名稱為：為桃園大同合作農場移交清華大學赤土崎土地權屬情形乙案復請查照由，說明中有關清華使用桃園大同合作農場赤土崎土地一事，前經教育部於 1956 年 6 月 21 日召開會議決定，用紅毛機場（新豐青埔子機場）的土地交換，且由清華分期撥付 40 萬支持開墾、土地測量、水塘開設與農民補償費。[72]（本書彩圖集圖 A11）同時在赤土崎段農場賴以維生且住在「農場眷村」的榮民眷屬們也需要被遷離，因此出現了反對聲浪，還需要出動國防部次長高蓫鼎（1928 級校友）、陸軍副總司令賈幼慧（1925 級校友）協助勸導，再加上當時主持軍人之友社的校友洪同，由他出面協調折衝，完成了任務。[73] 之後，農場轉變成林場則是籌備處總務石讓齋的任務，石從 1926 年就在北平清華園的農事股工作，接著西南聯大，現在換成新竹清華園，到 1966 年過世前，石已在清華校園種了三萬棵樹，水清木華從此再現。[74]

　　而以紅毛機場（青埔子機場）土地交換，則依 1950 年 4 月 14 日有關「處理台區撤廢機場案」的行政院審查意見辦理，審查意見共五點，其中第四點為互換土地及補償事宜[75]，因此原來位於赤土崎的桃園大同合作農場，也成了清華在 1950 年代的歷史現場。不過 1958 年時，大同合作農場已開始開墾新竹海埔新生地，以「楊寮圍墾試驗區」的 1.5 公頃啟動，接著新竹海埔地第一實驗區，面積 83 公頃，最後共計 314.75 公頃。[76] 過程之中，出現了「金城雙包案」，第一位為台大農工系的金城（叔堅）教授（1908-1963），自 1957 年起引客雅溪之溪水淋洗海埔地之鹽分，因此開創出 300 多公頃之水稻田，並協助

71 趙賡颺編著，《梅貽琦傳稿》（台北：邦信文化資訊公司，1989），頁 145。
72 紅毛機場（青埔子機場）位於新豐鄉。新竹縣政府（46）8.15 府地用字第 08157 號公文。
73 洪同，〈懷風範，憶梅師〉，《清華校友通訊》39，1972，頁 32-33。
74 趙賡颺，〈懷風範，憶梅師〉，《清華校友通訊》39，1972，頁 38-39。
75 國史館台灣文獻館，「為桃園大同合作農場移交清華大學赤土崎土地權屬情形乙案復請查照由」（1957-08-15），〈大同合作農場有關界址測量等案〉，《台灣省政府地政處》，典藏號：009-02861-011。
76 國軍退除役官兵輔導委員會，「新竹海埔地開發成果統計表」，〈撤廢單位：新竹農場〉，《退輔會 60 周年特刊：流光遁影，再現風華》（台北：國軍退除役官兵輔導委員會，2014），頁 264。韋煙灶主編，《新竹 300 年文獻特輯》（新竹：新竹市文化局，2018），頁 68-69。

設計防潮堤，因此金城公園、金城路、金城湖與金城賞鳥區都是為了紀念他。[77] 另一位為榮工處的王金城，他是防潮堤的築堤工程師，在完工階段時，被退潮浪沖到外海而殉職，為此設有王金城先生殉職紀念碑。[78]

後來，桃園大同合作農場移往新豐原青埔子機場，但仍有農場在原六燃生產區內，稱為「第四輔導區赤土崎小組」，1960 年時曾和以台銀用地蓋成的美軍顧問團宿舍（後來的清華北院）有些交流，宿舍圍牆外面之地即為小組的耕作區，因地勢過低無法旱作稻田，只能種水稻，並被要求不施水肥，以免影響「中美友誼」。[79] 就因為有美軍顧問團宿舍，附近道路以「中美建功」命名，即建「中」路、建「美」路及「建功」路。

桃園大同合作農場於 1969 年 11 月 1 日與苗栗合作農場合併，改稱「退輔會新竹農場」，再於 1998 年併入彰化農場，不過場址仍在新竹：新竹縣新豐鄉青埔村 80 號。總之桃園大同合作農場先後玉成了三所大學，農場在台北的土地 9,000 坪玉成了中興大學法商學院（現台北大學合江校區），花蓮大同農場玉成了東華大學，而在新竹赤土崎的大同農場玉成了清華大學。

1-1-7　赤土崎人標黃旺成

黃（陳）旺成（1888-1979）出生於赤土崎四個村莊之一的草厝仔，他直到 1946 年，皆以陳旺成為名，陳為其本姓，黃的生父（陳送）入贅黃金瓜家之後改姓。其間的 1917 年當黃金瓜（1837-1917）過世時，曾提出「陳黃」複姓之議未果。直到 1946 年恢復其法律上的黃姓。黃先後在赤土崎與北門的私塾師承張鵬飛與周國珍學習漢文。為了就學將戶籍遷往北門 209 番地黃父所開設的陵豐號，[80] 並於 1903 年就讀當時仍位於明志書院的新竹公學校（現新竹國小）。[81] 那時上學的風氣不盛，仍以在書房（私塾）為學習主流，依據一項 1903 年的調查指出：新竹有 158 處書房，學生有 3,281 人，居全台第一，[82] 而當時新竹公學校的學生數為 350 人，但出席上課率不到一半。後來黃從總督府國

---

77 台灣水利環境科技研究發展教育基金會，〈客雅溪的英雄金城先生〉，《回顧 70 前瞻永續水利故事集》（台北：經濟部水利署，2017）。

78 彰化農場，〈王金城先生殉職紀念碑〉，網址：https://bit.ly/3uHQzes。

79 桃園大同合作農場桃業字 5518 號公文，1960 年 1 月 26 日。

80 又遷一次到附近的店面，為現在北門街 15 號，之後曾作為曾義豐號的商店。

81 赤土崎附近的埔頂公學校（第一公學校埔頂分離教室，現龍山國小）於 1911 年才成立，後來改稱第三公學校。新竹公學校後改稱第一公學校（現新竹國小），第二公學校為樹林頭公學校（現北門國小），第四公學校（原名住吉公學校，現民富國小），而日本人讀的學校為新竹尋常高等小學校（現東門國小）。1940 年住吉公學校更曾經是新竹師範附屬公學校。

82 台灣總督府學務課，《台灣總督府學事年報 2》，1903，頁 75-77。

語學校師範部乙科畢業後，[83] 回其母校任教時，學校已從明志書院遷到孔子廟。[84] 期間也曾借調到鹿場公學校（竹北一堡鹿場庄，現六家國小，但校址不同）任教。

　　陵豐號（1804-1923）在北門街（現 13 號）從事陶瓷器與布料之生意，最後兩年由布料延伸到吳服店，在 1923 年以跳樓大拍賣的方式結束營業。黃於 1911 年結婚，其妻家為郊商林泉興（管理人林泰），「林泉興」為來台祖林樸軒在竹塹所開之商號，和六家林先坤家族合組「林合成」墾號，於 1776 年請墾金山面與大坪頂（埔頂、赤土崎）地區，[85] 也就是黃的居住地區。林泉興為擁有水租權的 12 位郊商之一，例如建「泉興圳」供灌溉，收取水租。[86] 雖然後來無力經營，將「泉興圳」先轉讓吳振利，改名「振利圳」，之後再轉給「何錦泉」商號（管理人何汀甫），重修改名為「何勝圳」，成為十八尖山腳最重要的水圳，林泉興仍然有其先驅者功勞，「何勝圳」公共化後，由末代圳長何汀甫捐出，即為現在的「汀甫圳」。[87] 和水圳有關者為灌溉的水利組合（合作社），當時新竹州下共有 17 個組合，其中新竹水利組合引頭前溪與鳳山溪之水灌溉之，面積為 5,473 甲，涵蓋新竹市與周圍的香山、竹東、六家等六個郡庄。[88]

● 黃旺成的交通足跡

　　黃旺成在擔任新竹公學校教師時，其行動範圍在赤土崎老家（黃稱為村家，赤土崎庄草厝仔）、北門街陵豐號、公學校（新竹公學校：孔子廟、鹿場公學校）之間移動。起初主要的交通工具為雙腳，到校距離約 3.5 公里，而且在日記中常出現走路時路況不佳、天氣不好、風景不好等的描述。後來不同的交通工具陸續出現，例如火車（縱貫線）、輕便車（台車）、人力車（手車）、自轉車（自行車）、轎子等。其中輕便車就是手押台車軌道線（詳見另章），最近的線就在竹東街道（現光復路）上，當時該線由新竹製腦株式會社於 1909 年開始經營（後來由新竹拓殖軌道株式會社接手），由新竹街到樹

83 總督府國語學校成立於 1896 年，校舍在台北南門前（現台北市立大學），下設兩部：師範部與語學部。師範部又分甲乙兩科，甲科為日籍學生，而乙科為台籍學生（培養公學校教師）。1918 年該稱台北師範學校，後來陸續成為北一師、北二師、北女師，以及現在的北市大博愛校區與國北師，參見〈台灣總督府國語學校〉，網址：https://zh.wikipedia.org/wiki/ 台灣總督府國語學校。

84 新竹孔廟號稱文教發源地，許多學校由此開始，包括新竹公學校（現新竹國小）、州立公學校女子部（現民富國小）、州立新竹中學校（現新竹中學）、州立高等女學校（現新竹女中）、州立家政女學校（現建華國中）、州立新竹工業學校（現新竹高工），參見〈新竹市孔廟〉，網址：https://zh.wikipedia.org/wiki/ 新竹市孔廟。

85 張德南，《北門大街》（新竹：新竹市文化中心，1998），頁 47。

86 黃靖雯，《清代台灣地方望族的聯合與衝突：以竹塹地區鄭、曾、徐三家之莘豐庄田產爭訟為中心》（台北：台師大歷史系碩士論文，2012），頁 74。

87 張德南，〈十八尖山發展探尋〉，《竹塹文獻雜誌》28，2003，頁 35。

88 新竹州，《新竹州要覽》（新竹：新竹州，1933），頁 170。

杞林街（竹東），長 14.4 公里。日記中出現了「後押人夫」的名字如凸風溪、老王、水德、圓仔、清發、菓仔、坤城、水德、貓榮、城仔、榮仔以及人力車夫營仔、目仔的名字等，甚至提到了坤城與榮仔因輕便車的工作受了傷。[89] 他們正是社會學所稱「熟悉的陌生人」，他們讓社會「運轉」，但鮮少出現在歷史記載中。黃也搭輕便車經中港公學校、頭份公學校去參訪教學觀摩、[90] 搭輕便車到二重埔，走路去九芎林看教學觀摩，再從二重埔坐輕便車回村家。[91] 或又去樹林頭弔喪，來回皆搭輕便車。[92] 甚至用輕便車運送陶瓷貨品到陵豐號店面去。[93] 依照文獻，竹東人車軌道線沿途車站有東勢、赤土崎、埔頂、西關東、二重埔、竹東。後來延長經鹿寮坑、大肚、九讚頭、十分寮，前後共十站。顯然赤土崎有一站。日記中記載：到「赤土崎下」坐輕便車。[94] 另一說，「赤土崎下」指的是埔頂站（即現在光復路上的 Nova）。

至於火車的搭乘則更頻繁了，在擔任教師的 1911-1913 年期間，黃曾搭 7:30 早上的夜行列車 [95] 去大湖口參訪教學觀摩、搭去紅毛站到鹿場公學校、1934 年在火車的「滿員二等」車廂中和彭華英與蔡阿信夫婦相見等。[96] 三個月後搭火車到台中訪彭華英與蔡阿信夫婦，而且住在蔡阿信醫師所開設的清信醫院樓上。[97] 在此期間內，黃旺成於 1924 年 1 月客雅新居（或稱西門大厝，現清華附小前馬路上）落成，2 月 9 日新居宴客，生活中心從赤土崎村家移到新居，而且離火車站大為接近。也因此促成許多會議，例如 1925 年 6 月 8 日，新竹青年會和文化協會就在黃旺成家開會，林獻堂、葉榮鐘、楊肇嘉、蔡式

89 中研院台史所，《黃旺成先生日記》，台灣日記知識庫，頁 264。

90 同上註，1912 年 2 月 12 日。

91 同上註，1912，頁 208。

92 同上註，1934，頁 150。

93 同上註，1912，頁 64。

94 同上註，1912，頁 196。

95 1911 年 12 月 1，首班夜行列車由基隆開出：下午 8:20 出發，隔天上午 8:25 到。反過來北上者：下午 10:25 出發，隔天早上 10:54 到。北上夜行列車沿途停靠站與開車時間為：台南（下午 11:47）、嘉義（隔天上午 1:21）、台中（上午 4:08）、新竹（上午 7:30）、台北（8:55）、基隆（10:54）。因此稱早上 7:30 新竹發的夜行列車。

96 中研院台史所，《黃旺成先生日記》，台灣日記知識庫，1934，頁 57。

97 中研院台史所，《黃旺成先生日記》，1934 年 5 月 27 日。彭華英與蔡阿信為夫妻檔（1924 年結婚），彭華英（1895-1968）於 1921 年畢業自明治大學政治經濟科，留日起開始投入民族運動，加入啟發會、新民會以及回台後的台灣民眾黨。蔡阿信（1899-1990）1920 年畢業於東京女子醫專，為台灣第一位女醫生，先後任職與參與台北醫院、赤十字社，1926 年在台中開設清信醫院，曾培養 500 位產婆。他們和黃旺成在這一方面為長年夥伴。另見本書第三章。

穀、[98] 蔡惠如等文協大將們都在。[99]

　　相對於上述的「滿員二等」火車，黃在擔任清水蔡家西席（老師）結束後返回新竹時，火車 12 時 30 分台中發，二等車一室為予獨占，成為「獨占二等」。[100] 又例如從台中搭乘海線回新竹時，因為要從早上 10 時搭到下午 2 時 30 分，便中途在通霄站買了麵包當午餐。[101] 更多次在火車食堂[102]用餐，例如 1925 年 12 月 31 日，黃從屏東回新竹的路上，路途遙遠，便到車內食堂享用日式洋食チキンライス（日式茄汁雞肉飯）和咖啡。[103] 又如 1928 年 11 月 14 日，搭 10 時 45 分的火車從三叉出發（三義）回新竹途中，又在火車食堂用午餐，吃了日式茄汁雞肉飯、炸雞排與紅茶。[104] 甚至連火車開車時間亦有記錄，例如新竹頭班車 5 時 55 分、[105] 11 時 28 分艋舺發車、3 時 37 分桃園發車、[106] 10 時 27 分新竹發車、下午 4 時 46 分苑裡發車等，[107] 一再見證了時間的歷史現場。

　　其中去鹿場公學校（現六家國小，但位置不同）的路途隨著天氣、河水的變化而改變，分成水路、陸路與鐵路，且水路是必經之路。首先為陸路，步行可大分左線與右線，右線的距離約 4.5 公里（模擬路線：清華郵局到六家國小），從村家，經九甲埔[108]（現千甲里東側），過九甲埔溪時（頭前溪小支流或九甲埔），把鞋子脫掉赤腳過溪。再過頭前溪（有渡船頭），惟渡過河川時需要看天，有時可以搭渡船、有時可以走路渡河、

98　蔡式穀，號春圃（1884-1951），新竹人，日文姓名桂式穀。1903-1908 年台灣總督府國語學校師範部乙科畢業，任新竹公學校訓導。1907 年普通文官考試及格，1909 年教諭檢定考試及格。1909-1912 年間任桃園公學校教諭，後赴日本留學，1917 年畢業於明治大學法科，1923 年 2 月辯護士考試及格，5 月在台北市太平町開業，以律師身分參與政治、社會運動，如任台灣文化協會理事兼台北支部主任、台灣議會期成同盟理事、台灣民眾黨顧問、台灣地方自治聯盟常務理事兼台北支部常務理事、台灣辯護士協會理事等。1936 年 11 月以第一高票當選台北市會議員，又任台北市參事會員，1939 年連任台北市會議員。戰後，淡出政壇，1946 年任台北市市政建設委員會委員，1948 年任台灣省通志館編纂，1949 年任台灣省文獻委員會編纂。興南新聞社編印，〈蔡式穀〉，《台灣人士鑑》（台北：興南新聞社，1943），頁 88。張德南、蔡翼謀、陳月嬌編，《蔡式穀行迹錄》（新竹：新竹市立文化中化，1988），頁 15-25。

99　中研院台史所，《黃旺成先生日記》，台灣日記知識庫，1925 年 6 月 8 日。

100　同上註，1923 年 2 月 14 日。

101　同上註，1923 年 5 月 17 日。當時麵包一角錢，算是負擔得起。

102　火車食堂在 1912 年 6 月開始，是用餐的地方，也是聚會之所在。另有車站食堂與月台叫賣（呼賣人）。而鐵路飯店又是另一番風景了。

103　陳玉箴，〈台灣鐵道餐飲文化〉，頁 18-19。《黃旺成先生日記》，1925 年 12 月 31 日。

104　中研院台史所，《黃旺成先生日記》，台灣日記知識庫，1928 年 11 月 14 日。

105　同上註，1930 年 10 月 31 日。

106　同上註，1915 年 1 月 30 日。

107　同上註，1930 年 2 月 25 日。

108　早期拓墾的東興莊（1784），範圍約在頭前溪南岸一帶，後來形成二十張犁、白沙墩、溪埔仔、溪州仔、九甲埔等自然村。台灣省文獻委員會，《台灣地名辭書（卷十八）新竹市》（南投：台灣省文獻委員會，1996），頁 83-84。九甲埔設有堤防，建於 1920 年 9 月 30 日。

有時需要渡夫協助背過河,然後經六張犁庄(後來的六家庄)到達學校。1912 年 9 月 2 日從邦坡(崩埤溝:光明里)前進,幸好能渡水。因為大水,良運圳(隆恩)破了,變成一個石原。九甲埔川的水很少,脫了鞋過河。六張犁川(頭前溪)變成很廣闊的石原,搭著危險的竹筏過河。當天回程時,黃曾赤著腳走過兩溪(頭前溪、九甲埔溪),從埔頂回家。十二點過後到村家。[109]

另有步行左線,後庄[110](現台肥以南地區)到鐵道,渡過鐵橋:頭前溪第二代的烏樹林溪橋(159.9 公尺)與紅毛田溪橋(344.6 公尺),[111] 再經由中斗崙、上斗崙到(原紅毛田地區,現斗崙里)到校,這條步行的上班路線較遠(6.5 公里),但較不需要顧慮河川因素。步行的左右兩線皆為「水路兩棲」。水路最不穩定,包括排石頭走過河川、脫鞋涉水過河、被渡夫/學生/路人背過河,渡河工具包括渡船、竹筏、黃牛等,可見當年渡河的「驚濤駭浪度」。

第三種上班路徑為鐵道(含軌道),例如從村家(草厝仔)走到埔頂或赤土崎下站,搭手押台車到新竹車站,再搭火車到紅毛田站(1902 年名稱為紅毛田停車場:現竹北車站),從車站先走路再過紅毛田川(豆子埔溪),步行這一段距離 4.2 公里。可見縱使利用鐵道(坐上火車),一樣需要陸路與水路。只有一種方式不需要有水路,那就是先坐台車到火車鐵道,沿著鐵道徒步過鐵橋,經由中斗崙、上斗崙到學校,此段距離約 5.9 公里。[112]

因為探討了黃旺成的上班路線,因而察覺到赤土崎地區內有三條小河川,包括崩埤溝、石頭坑、潭後溝,它們都匯流至隆恩圳和汀甫圳,且和地區的灌溉溝渠有所互補,其中崩埤溝、石頭坑在清華校園內。崩埤溝發源於現光明里中部,黃旺成村家草厝仔聚落的居民們曾在上游築堰蓄水,常因暴雨而崩蹋,因而得名,現已成為頭前溪大排的一部分。[113] 石頭坑為發源於現清華大學梅園東側的小溪,目前已成為排水溝,成為東勢大排的一部分。[114] 潭後溝位於埔頂地區,發源自莿被仔(龍山里)與狗氳氤(科園里),因

109 中研院台史所,《黃旺成先生日記》,台灣日記知識庫,1912 年 9 月 2 日。

110 後莊(位於潭後莊之後稱之)為當年王世傑拓墾竹塹埔時,分設南北庄,北庄有 13 個聚落,包括下東店、後莊、牛路橋、潭後等聚落,它們本來在赤土崎外圍地區,但後來牛路橋成為赤土崎庄,其它則成為東勢庄。因為牛路橋,赤土崎也和王世傑的拓墾沾上邊了。台灣省文獻委員會,《台灣地名辭書(卷十八)新竹市》(南投:台灣省文獻委員會,1996),頁 90。

111 〈頭溪橋〉,網誌:https://zh.wikipedia.org/wiki/頭前溪橋。本橋為鐵路橋,縱貫路的鐵橋到 1926 年才通行。

112 中研院台史所,《黃旺成先生日記》,台灣日記知識庫,1912 年 6 月 21 日。

113 台灣省文獻委員會,《台灣地名辭書(卷十八)新竹市》(南投:台灣省文獻委員會,1996),頁 64。

114 同上註,頁 69。

溪溝在深水潭之後稱之，[115] 沿著小溪則有潭後路通竹北六家方面。而石頭坑以東與潭後溝的地區就是 1936 年日本徵收作為「石油瓦斯燃料專區」（六燃）的地方。

表 1-1-8　黃旺成來回鹿場公學校各種路徑表

時間	去程	回程	說明
1912/5/14	到田仔尾，往學校去。	離開鹿場回城裡，卻迷了路，走回村家。	6:50 出發，8:30 到校。
1912/5/15	和學生坐火車到紅毛田，下車後渡過紅毛田川。		轉任到鹿場公學校，8:25 到校。
1912/5/18	和學生用走的，到渡船頭時，被背過去。		因大安溪鐵橋壞掉，[116] 第一班車取消。六點多到車站，9:00 才到。
1912/5/21	和祖父尋找從邦坡到學校（鹿場公學校）的捷徑。	紅毛田車站到新竹車站，走路去新竹公學校。	同一天分別去兩個學校。
1912/6/6		12 時 30 分離開學校，在渡船頭碰到剛好路過的廣東人，他背黃過去。繞過潭后路，回到村家。	
1912/6/22	經過九甲埔溪時，把鞋子脫掉赤腳過溪，在渡船頭遇到四姨。叫渡夫背過河，溪水很大，所以渡夫很費力。		因為走得很慢，所以花了 1 小時 40 分才到學校。
1912/8/21		下午 1 時過後煩惱難以行走的下肢，半遊戲地走，3 時前走到家。	
1912/9/2	從邦坡前進，幸好能渡水。因為大水，良運圳破了，變成一個石原。九甲埔川的水很少，脫了鞋過河。六張犁川變成很廣闊的石原，但是看不到河流，往沒有路之處前進。沒有渡船，搭著危險的竹筏，在波濤洶湧的水上過河。穿過六張犁庄到了學校。	回來時，赤著腳走過兩溪，從埔頂回家。12 時過後到村家。	

---

115 同上註，頁 58。

116 大安溪鐵橋為三叉河（苗栗三義）與后里庄（台中后里）之間的鐵橋，完成於 1908 年 2 月 14 日，隨後 4 月 20 日縱貫線全線開通。不過之後常因洪水而導致鐵道中斷，1912 年 5 月中旬中斷，直到下旬才搶通，只有通苗栗到基隆。參見〈大安溪鐵橋〉，網址：https://zh.wikipedia.org/wiki/ 大安溪鐵橋。

時間	去程	回程	說明
1912/9/19	從后庄過鐵橋，拜託大溪的人，但是不讓我過去。之後，我隨著郵局的車後通過。過了 8 時 30 分後才到校。	12 時離開學校，搭竹筏回村家。	
1912/5/31	豆子埔溪（過河被背過去），背不過去，沿河走路（潭后路）。		
1912/5/15	輕便車到車站紅毛，渡船過紅毛田川。		頁 234
1912/6/20	後庄渡過鐵橋，經由中斗崙、上斗崙到校。		頁 293、301 去程 1 小時 48 分
1912/6/21	坐輕便車到火車鐵道，沿著鐵道徒步過六張犁鐵橋，經由中斗崙、上斗崙到學校。		
1912/6/27	從邦坡跨過溪谷、渡九甲埔溪（排石頭穿鞋走過）。	渡夫 4 錢（或學生蘇成家）背過河。	頁 299、302
	九甲埔店。牛車路。因隆恩，九甲埔溪水高漲、埔頭人背 2 錢、乘黃牛渡九甲埔溪。		頁 314、316
		渡船頭（船不能靠岸）：用背的。	頁 298、303
		九甲埔店。牛車路。因隆恩，九甲埔溪水高漲、埔頭人背 2 錢、乘黃牛渡九甲埔溪。	頁 314、316
	埔頭人背 2 錢、乘黃牛渡九甲埔溪、柳仔背。		頁 316、322
	去學校的小路：六張犁渡頭。	回來過邦坡尾的小山頭，沿著水。	頁 254
	大路去鹿場公學校：九甲埔、六張犁。		頁 256

資料來源：《黃旺成先生日記》，作者整理。

● 黃旺成的人生縮影

　　黃於 1918 年辭去教職，1920 年應台中蔡蓮舫（1875-1936）家族之邀，1920-1925 年間擔任家教並兼任資產管理人，與新竹同窗舊友齊力推行各項社會事業，並於 11 月加入文化協會。1926-1932 年間擔任《台灣民報》記者，1927 年文化協會分裂後，名列民眾黨五名創黨委員之一。1935 年 11 月，當選新竹市議會議員。1939 年被控宣傳反日言論遭拘禁近一年。1945 年戰爭結束後，擔任三民主義青年團新竹分團主任，並擔任《民

報》總主筆。1947 年 228 事件後《民報》被查封，避走南京、上海，至隔年年初才返台。同年 6 月，受邀修纂《台灣省通志》，並於 1949 年遞補為台灣省議員。1952 年 10 月，再受聘為新竹縣文獻委員會主任委員，負責編纂《新竹縣志》，1957 年 5 月退休，直到 1979 年去世，享年 92 歲。[117] 他也因此見證了家人、朋友的生離死別，例如 1921 年的父死（陳送）弟亡（二弟陳辛庚：1895-1921）兩妹（陳錢、陳寶）俱夭，[118] 接著大弟陳灶生於 1923 年過世，三弟陳乞食 1926 年亦往生。其子女繼周（1917-1918）、繼舜（1915-1937）、蕙蘭（1924-1942）亦相繼離世，造成白髮人送黑髮人的悲劇，特別其女蕙蘭更是戰爭的悲劇，和其夫婿楊思槐[119] 由日返台，準備就任台北帝國大學教授，1942 年 11 月 23 日其所搭之「熱田丸」遭美潛水艇發射魚雷擊中，導致夫婦兩人同時罹難。[120] 黃的元配林玉盞於 1965 年往生，而黃最看中的長子黃繼圖律師[121]（1912-1974）也比黃旺成早逝五年。當年黃在台中牛罵頭（清水）蔡家擔任西席，看盡人間百態，自許「樂天主義，淡薄生活」，[122] 但最後仍難逃子孫宅地糾紛，未能落實不給遺產的「淡薄生活」，留下遺憾。

● 黃旺成的社會參與

回到 1921 年台灣文化協會的成立，繼續主張當年台灣青年雜誌中論述之「台灣是台灣人的台灣」，[123] 歷經台灣議會設置請願運動（1921-1934，共 15 次請願）、1923 年文協會員遭遇治警事件取締、[124] 分裂出台灣民眾黨（1927-1931）、台灣地方自治聯盟（1930）

---

117 莊勝全，〈紅塵中由閒日月：1920 年代黃旺成的社會觀察、政治參與及思想資源〉，《台灣史研究》23（2），2016，頁 111-164。

118 張德南，《堅勁耿介的社會運動家：黃旺成》（新竹：新竹新竹市文化中心，1999），頁 44。

119 楊思槐為楊良之子，黃旺成與楊良兩家聯姻，主要基於政治理念相合。楊良（1892-1966）為新竹人，幼時受過漢學教育，後來進入商界，歷任隆順合資會社代表社員、龍潭製糖公司總經理、新竹信用組合監事等，並投資富士自動車。且對當時的社會活動非常有興趣，擔任《台灣新民報》與《興南新聞》的顧問，台灣文化協會理事與民眾黨黨員，並致力於設立台灣文化協會的新竹支部與贊助民眾黨新竹支部購置辦公室。

120 參見王世慶訪問，〈黃旺成先生訪問記錄〉。另黃富三、陳俐甫編，《近現代台灣口述歷史》（台北：台大歷史系、林本源中華文化教育基金會，1991），頁 77。

121 黃繼圖（1912-1974）為黃旺成之長子。1936 年畢業於京都帝國大學法學科，1938 年日本高等文官司法科及格，1940 年返回新竹成為開業律師（合夥人黃運金律師）。戰後取得中華民國律師執照，擔任執業律師。黃繼圖夫人阮木筆為阮朝日之女，阮朝日與黃旺成是《台灣民報》的同事，阮戰後擔任《台灣新生報》總經理。

122 張德南，《堅勁耿介的社會運動家：黃旺成》（新竹：新竹新竹市文化中心，1999），頁 46。

123 蔡培火於 1920 年在《台灣青年》中的論述，提出「台灣是台灣人的台灣」的主張。

124 莊勝全，〈紅塵中由閒日月：1920 年代黃旺成的社會觀察、政治參與及思想資源〉，《台灣史研究》23（2），2016，頁 121。1923 年 1 月 30 日，蔡、蔣等人向台北州北警察署提出期成同盟會的結社申請未獲同意，遂將活動移到東京，2 月 21 日在東京重新成立。然而總督府卻以「治

等，除了辦報，也展開分會（支部）設立與全台巡迴演講。於是 1925 年 10 月 9 日，文化協會新竹支部成立，林獻堂一行人來到了新竹，在北門林川家舉行儀式，晚上則由莊垂勝、[125] 黃旺成、邱德金 [126] 與蔡培火四位演講。[127] 其中，蔡培火（1889-1983）更是其中大將，上述「台灣是台灣人的台灣」的主張即由他提出。蔡於 1910 年畢業於總督府國語學校師範部乙科，之後（1910-1914）任教於阿公店庄公學校，但因參加同化會被迫辭去教職。1916-1920 年在林獻堂資助下，留學進入東京高等師範學校（現筑波大學）理科第二部就讀。先後參與並擔任東京啟發會幹事（1919）、新民會幹事（1920）及《台灣青年》雜誌社幹事。蔡於 1921 年 4 月回台後，積極參與文化協會、台灣議會期成同盟會、台灣議會請願等運動。還因 1925 年的治警事件入獄四個月。文化協會分裂後（1927），轉而擔任台灣民眾黨顧問、台灣地方自治聯盟顧問與台灣新民報社取締役（執行董事 /執行長）等。後於 1936 年再度赴日，且攜家庭同行，以「味仙料理店」為基地，[128] 繼續從事政治活動。戰後，蔡當選第一屆立法委員（1947）、任行政院政務委員（1950）與私立淡水工商管理專校（今真理大學）董事長（1965）等，一生精采。除了和林柏壽、陳逢源、吳三連、葉榮鐘等於 1971 年合著《台灣民族運動史》外，還於 1969 年編成《國語閩南語對照常用辭典》一書。[129]

　　1926 年 1 月，第七次議會請願委員會在新竹車站前大合照，為民主運動留下了印記。此時期，黃受邀擔任文協本部「講演團新竹駐在員」，展開為期一年的巡迴演講活動，當時演講者稱為「辯士」，和電影劇情解說員同名。1927 年 7 月，由黃旺成續任《台灣民報》[130] 新竹通信部主任（1930 年成為新竹支局長），前述的議會請願運動、

安警察法」第 8 條第 2 項為由，於同年 12 月 16 日展開全島大搜捕，共計有 99 人遭搜查、扣押或傳訊。遭扣押的有蔣渭水、石煥長、蔡培火、林幼春、蔡惠如、王敏川、蔡式穀等領袖人物。

125 莊垂勝（1897-1962），曾任林獻堂祕書，1924 年畢業於日本明治大學政經科，加入文化協會，並創設中央書局與中央俱樂部，成為台中地區的民主思潮中心。

126 邱德金（1893-1972）為醫師，畢業於總督府醫學校（1913）、留學日本京都帝大醫科大學（1914-1915），回台後在基隆開業。先後加入文化協會、台灣民眾黨、台灣地方自治聯盟，1937 年獲東京帝大醫學博士。

127《黃旺成先生日記》（十二），1925 年 10 月 9 日。

128 該料理店為高再得、吳秋微、侯全成醫師及其友人黃煥宗、李金生等五位共同投資，乃為蔡家居留日本取得適當而安定的住所及正式的職業。

129 中研院台史所，《楊水心女士日記》，台灣日記知識庫，1928 年 1 月 11 日，註 2。

130《台灣民報》起源於 1920 年留日學生於東京所辦的《台灣青年》雜誌，1923 年 4 月轉型為《民報》，在東京創設之，接著 1925 年 1 月 6 日在台北大稻埕發行。初為半月刊，接著改為旬刊，最高發行兩萬份。1929 年 3 月 13 日，《台灣民報》併入《台灣新民報》，先發行週刊，1932 年 4 月 15 日起，成為日報。1941 年改稱《興南新聞》，1944 年 3 月 26 日，六家報紙併為《台灣新報》。《台灣民報》一直以伸張民權為己任，光復後改組創立《民報》，在發行 605 號時被查封。

文化協會與《台灣民報》並列為非武力社會運動的三大主力，議會請願運動可視為外交戰，文化協會為陣地戰，而《台灣民報》則可視為思想戰。[131]

上述為期一年的文協演講，從 1925 年 11 月 13 日起到 1926 年 11 月 22 日止，黃共參加演講 34 場（三場在場但未登台演講，主要為演講接力），演講地點遍及台灣各地，而號稱台灣反殖民運動的指標人物如蔡培火、陳逢源、葉榮鐘、蔣渭水等人常在演講名單中，[132] 例如 1925 年 12 月 26-30 日的高雄巡迴演講，主要由蔡培火、陳逢源與黃旺成三人組為主講人。[133] 蔣渭水則出席了 1926 年 10 月 17 日於新竹公會堂的演講，該場次為文協第六回總會演講。[134] 黃參與的 34 場中有 14 場在新竹，地點包括新竹公會堂、媽祖宮（長和宮）、竹蓮寺等。1925 年 11 月 13 日的首場在內媽祖宮（天后宮），[135] 主講人為蔡培火、葉榮鐘與主場的黃旺成。各場演講期間，顯然警察特務們都在現場，因此也發生過五次的「正式臨監」（遭警方解散），禁止其演講活動，佔文協演講被解散 59 次中的 8.5%。不管如何，特務出沒如早川、岡部、木下、西島、陳、佐藤、兒塚、直塚、田島、橫光、小山、壕、佐藤、中川、知藤等，族繁不及備載，已成為黃旺成日記中的另類「熟悉的陌生人」，他們只出現姓氏，不但出現在社會運動的現場，也出現在黃旺成的日常生活中，一有風吹草動就有他們的蹤跡。

● 黃旺成日記中的歷史現場

在黃旺成的日記中，當然出現了許多其生活脈絡中的新竹地名與店家，例如有樂館（現影像博物館）、新竹座、塚酒家、新州屋、公會堂（現美學館）、錦珍香等（本書彩圖集圖 A6）。其中也出現了神秘的新竹俱樂部，還有當時住址與電話號碼。

131 黃美蓉，《黃旺成與其政治參與》（台中：東海大學歷史系碩士論文，2008），頁 63。

132 蔡培火、林柏壽、陳逢源、吳三連、葉榮鐘合著，《台灣民族運動史》（台北：自立晚報，1971）。

133 蔡培火與蔣渭水因治警事件判刑四個月，於 1925 年 2 月入獄，同年 5 月 10 日假釋出獄。出獄後加入巡迴演講。

134 莊勝全，〈紅塵中由閑日月：1920 年代黃旺成的社會觀察、政治參與及思想資源〉，《台灣史研究》23（2），2016，頁 157-158，表 3。1923-26 年間，文化協會共舉辦 798 場演講，其中 59 場遭警方解散。另參見周婉窈，〈台灣議會設置請願運動再探討〉，《台灣史料研究》，37，2011，頁 2-31；文章網址：http://140.112.142.79/teacher/upload/201106.pdf。

135 另有北門外的外媽祖宮，即為長和宮（1742），為竹塹水郊會集資興建。外媽祖宮則興建於 1748 年，再於 1972 年新建。

表 1-1-9　黃旺成日記中出現的新竹歷史現場一覽表

單位	當時住址	電話	說明
有樂館	東門 2-1	615	現影像博物館。
新竹座	南門 1-43	143 ＊	竹塹俱樂部（1908-1914） 明志書院舊址（現明志書院停車場） 武昌街與勝利路口（1918-1935） 新竹劇場（1935-1945）[136] 新竹大戲院（1946-1980）
塚迺家[137]	榮町 3-32	17 ＊ 726	只左善一郎、只左ヨネ為經營者。 站前旅館，1926 年 5 月 12 日火災燒毀，1926 年 11 月重修完工。 現站前廣場。
新竹ホテル	榮町 3-9	255 ＊	由張曾氏烏妹經營。
新州屋	東門町 2-242	431	洋貨店，由戴吳獅經營，也是黃旺成次子黃繼志工作處。
新竹藥局	榮町 3-1	451	野畑藤吉經營的藥局，曾為黃旺成次子黃繼志工作處。
公會堂	東門 3-67	211	1921 年建。 生活美學館，武昌街 110 號。 當時有食堂。
錦珍香	表町 3-277:	44	王禮煌經營的菓子店，現中山路新竹一信城中分社。
樂仙樓	南門 212 番地 榮町 3-52	219	新竹南門旗亭（酒樓），先後由李少枝與陳蟲經營。[138]
醉月樓	南門 1-52	569	店主為蔡曾氏桂女士。 台中有同名店，在站前（位於台中市橘町），業主為王川流。
松竹洋服店	東門 3-38	626	鄭兆享經營，西裝訂製店。
新竹昭和鐵工所	表町 3-100	437	張如准經營，黃旺成合夥的商業。

136 新竹劇場的社長為樋村龜作醫師，歷任新竹縣警察醫師、新竹州公醫師、新竹瘧疾防遏囑託醫師。新竹街協議會員等，他也是小出吳服店的共同股東，另一股東為小出傳次郎，店的住址為東門 2-20，電話 105。同時他也擔任第一屆新竹師醫生會的榮譽會長。其樋村醫院位在西門 364 番地。參見大園市藏編，《台灣人物誌》（台北：谷澤書店，1916），頁 138-139。

137 塚迺家是旅館，也經營餐廳，包括塚迺家本店（北門 157，西門町 1-239，電話 16）、湖畔餐廳（花園町 85，電話 16），先後經營者為宮松右衛門、只左善一郎與其家族。塚迺家支店旅館前身為 1898 年興建的群鶴樓（南門外），而北門後車路的本店則改建為新世界劇場。塚迺家的興勝號稱「鐵路終點時代」，詳見李維修，〈消逝的逆旅：竹陽軒與塚迺家〉，韋煙灶主編，《新竹 300 年文獻特輯》（新竹：新竹市文化局，2018），頁 207-227。

138 台北有同名的台灣料理店，位於台北市新起町 2-1（今西門紅樓附近）。新竹的樂仙樓店主為李少枝，本位於現南門街上，後於 1930 年遷店到城南橋邊的榮町 3 丁目（東門城附近）。

單位	當時住址	電話	說明
成記商行	表町 3-399	661 ＊	由張忠的父親張世開設，育有張忠、張傑、張榜等五兄弟[139]。
芳源商行本店[140]	錦町 191	64	鄭雅詩經營。
心心醫院	西門 1-68	261	張忠（順臣）開設，黃家的家庭醫師[141]。
同仁醫院	表町 3-324	46	鄭國川院長[142]，屬泉南鄭家（鄭卿記）。
台灣新民報	東門 2-119	128	源自新民會與台灣民報，號稱民間唯一喉舌。
新竹州圖書館	榮町 1-37	206	1925 年 8 月 31 日開館。
新竹警察署	表町 2-2	520	屬新竹州警務部，新竹事件黃旺成檢束 300 天之處。
新竹俱樂部	東門 3-67	211	設有新竹州立圖書館（1923-1925）。
南寮ケ濱海水浴場	蟹子埔 329	707	附設兒童遊樂園、林間學校。

資料來源：《黃旺成先生日記》、《新竹州電話帖》。作者整理。＊：可以撥打長途電話。

　　表中至少出現了兩家電影院，依《新竹市戲院志》，新竹曾先後有 28 間電影院，最早的當然是高松豐次郎於 1908 年開設的「竹塹俱樂部」（明志書院舊址，現西大路），為丁字型的兩層樓建築，面積 113 坪，可容納 900 人，還有演劇人員的宿舍。[143] 後改稱新竹座（劇院兼戲院），即演戲與放電影，當時如遇默片，還有辯士隨電影解說，[144] 有不少觀眾（辯士粉絲團）先挑辯士，[145] 再挑電影，有點類似後來日本卡通片的「聲優」。辯士是隨片口說的職業，但是能隨片登台的只有主演的主角了，新竹最轟動的隨片登台是 1941 年 1 月在新竹新世界館的李香蘭（山口淑子）。[146] 而電影票也從 10 錢到光復初期的舊台幣 12,000 元、新台幣的 1 元等。[147]

---

139 張忠（張順臣）為心心醫院院長，為其父張世開了成記商行，張世於 1915 年去世，再由其弟張榜接手。張忠五兄弟當時為黃旺成的好朋友，也成為聚會的地點之一。

140 芳源商行本店，由鄭雅詩（1880-1946）經營，主要內容為房地產（前為墾戶），但也釀酒，產品「竹葉紅」讓新竹也跟著聞名全台。曾任新竹市協議會員。

141 當時其他西醫院還有陳石光之從生醫院、北門有鄭邦吉之桔井醫院與石安勉之增世醫院、南門有郭東海之竹安醫院。

142 鄭國川於 1911 年畢業於台北醫學專門學校，除了開設同仁醫院，也投資昭和木材會社（李清秋家族加上鄭卿記商號），歷任方面委員、市協議員。

143 謝珊珊，〈被遺忘的劇院：竹塹俱樂部〉，《竹塹文獻雜誌》28，2003，頁 149-155。

144 日文名稱為「活動弁士」（活弁），台灣就使用漢字古字的「辯」而稱辯士。

145 例如新竹辯士鄭衍宗（1915-1995），16 歲開始了劇情解說員的工作，也會一起上電影海報。

146 李香蘭（山口淑子：1920-2014）為民國（遼寧省燈塔市）出生的日本影歌星，1941 年 1 月隨片（滿映電影：《冤魂復仇》）登台，來台灣巡迴公演，先在台北大世界館公演五天，接著巡迴新竹新世界館、台中座、嘉義座、台南宮古座、基隆座與高雄劇場。

147 葉龍彥，〈新竹電影大事記〉，《竹塹文獻雜誌》23，2002，頁 143-150。後來的新世界戲院，位於現長安街與世界街交會（約長安街 87 號），而該建地前則為塚迺家本店餐廳。

　　有樂館（市營）和新竹座有一段時間以兩片或三片同映的方式吸引觀眾，造成風潮。不過五、六百人的室內通風如何處理？包括開窗創造風道以及放置冰塊降低溫度等，直到 1931 年的台北放送局演奏所加裝了「冷房」：溫濕度調節裝置。有樂館在 1933 年興建時號稱有了台灣電影院中的第一號冷房（冷氣設備），但可能是換氣裝置，不過在 1938 年的廣告中，有樂館仍將冷房設備作為其賣點之一。但有另一種說法，謂第一號可能為 1935 年的台北國際映畫（國際館、國際戲院）。[148] 此外，號稱「關西有寶塚，關東有松竹」的東京松竹少女歌劇團（SKD、SSK）曾兩次受邀來台，首次於 1927 年 6 月巡迴七個都市演出，16 日即在新竹座演出，票價為：一等二圓、二等 1.3 圓、三等 60 錢、小孩 30 錢。第二次來台為 1937 年 4 月，當時正流行買商品送或抽入場券，因此由 Master 香妝品贊助，先以購買 50 錢以上的化妝品獲得優待券，到了表演會場再買一次，才能得到入場券。這種招商方式更早者，則為 1935 年 2-3 月由台灣專賣局邀請來台，也是松竹少女歌劇團，先買一圓以上的菸酒，方能拿到抽獎券，中籤者發表於《新民報》。[149]

表 1-1-10　東京松竹少女歌劇團來台巡迴演出時間表

演出地點	1927	時間	1937	時間（場次）
基隆	基隆劇場	6 月 13-15 日	基隆劇場	4 月 28 日（夜）
台北	榮座（共樂座）	6 月 6-11 日	新世界館	4 月 20 日（日夜）
新竹	新竹座	6 月 16 日	有樂館	4 月 21 日（夜）
台中	台中座	6 月 17-19 日	台中座	4 月 27 日（日夜）
嘉義	嘉義座	6 月 29-30 日	嘉義座	4 月 22 日（日夜）
台南	南座	6 月 20-23 日	宮古座	4 月 23 日（日夜）
高雄	高雄館	6 月 24-26 日	高雄館	4 月 24 日（日夜）
屏東	屏東座	6 月 27-28 日	屏東座	4 月 25 日（夜）

資料來源：《台灣日日新報》。作者整理。

　　有樂館還附設食堂喫茶部，因此在 1934 年 6 月 9 日，彭華英路過新竹，彭、黃、曾（曾瑞堯）三人一起在有樂館吃午餐：鰻魚飯及生魚片，最後還由彭付了 2.75 圓，[150] 彭與黃後來成為台灣民眾黨的五位創黨委員之二。太平洋戰爭開戰後，駐在新竹海軍飛行場的神風特攻隊隊員們，平常會去「明聲無線電研究所」聽唱片，[151] 而出征前的最後一

148《台灣日日新報》，1935 年 12 月 31 日。
149 陳柔縉，《廣告表示：從日本時代廣告看見台灣的摩登生活》（台北：麥田出版社，2015），頁 421、422、425。
150 中研院台史所，《黃旺成先生日記》，台灣日記知識庫，1934 年 6 月 9 日。
151 張炎憲等著，《新竹風城二二八》（新竹：新竹市政府，2002），頁 228-229。明聲無線電研究所

餐常會出現在有樂館。至於新竹座更曾作為三越百貨公司的出張販賣所，雖然已有各地
設立的百貨公司，例如同於 1932 年 12 月開幕的台北菊元百貨與台南林百貨等，但是日
本的主要百貨公司未曾在日治台灣開設任何分店，只用出張販賣所的方式，直到 1937 年
「百貨公司法」制定，出張販賣才被禁止。

　　塚洒家（屋）與田中屋為兩家新竹站前的旅館，林獻堂及大東信託董事們來新竹常
住塚洒家，甚至許多討論也在旅館進行。[152] 但 1926 年 5 月 12 日下午，塚洒家失火全
毀，附近的田中屋 [153] 與黃鼎三住宅 [154] 幸未被波及。1925 年過世的店主只左善一郎還曾是
新竹消防隊的隊長，沒想到自家不幸失火。回顧歷史，最有趣的是黃旺成作為在地人，
從台北回來太晚時，也曾住過塚洒家。[155] 顯見那是一家方便送往迎來的旅館，因此來新
竹演講者大都住在塚洒家，例如矢內原忠雄 [156]、田川大吉郎 [157] 與林獻堂等。當然塚洒家
也不只是住宿，它也是餐廳，因此忘年會、[158] 討論餐會、派遣藝妓侍酒、[159] 西洋料理等皆
能提供。更特別的是，塚洒家還販售「汽車辨當」（火車便當），號稱元祖，很可能是台
灣鐵路便當的創始者，其他車站如桃園、苗栗、台中、高雄車站也有販賣便當的記錄，
但真正豪華的鐵路便當則來自台灣鐵道旅館，預訂後送到車上。[160]

　　而新竹與台北同名的樂仙樓紛紛出現在黃的日記中，新竹的樂仙樓先在南門營業，
1930 年遷到榮町 3 丁目，在東門城附近。台北的樂仙樓開在新起町 2 丁目，在紅樓附
近。當時新竹的樂仙樓已有外賣，例如 1931 年 8 月 19 日下午，眾人在大東信託聚會，

　　為新竹五大怪咖之一的陳鴻銓所開設，也裝設了台灣第一輛選舉戰車。
152 中研院台史所，《黃旺成先生日記》，台灣日記知識庫，1929 年 9 月 1 日。灌園先生同一天日
　　記中出現陳旺成。
153 田中屋經營者為田中濱次郎，號稱「新竹消防之父」，其負責的「通運組」也曾是新竹運輸業
　　的牛耳。
154 黃鼎三住宅稱「珍香洋樓」，現林森路的東賓大旅社。
155 中研院台史所，《黃旺成先生日記》，台灣日記知識庫，1921 年 7 月 11 日。
156 矢內原忠雄（1893-1961）畢業於東京帝大法科，留學英國倫敦政經學院，於 1923 年擔任東大
　　殖民政策講座，成為殖民經濟學家，但他批評台灣總督府的專制。他於 1927 年 4 月 14 日來新
　　竹演講，翻譯者為蔡培火，但受到文協左派的鬧場。戰後矢內原忠雄擔任了東大第 16 任校長。
　　中研院台史所，《黃旺成先生日記》，台灣日記知識庫，1927 年 4 月 14 日。以及〈矢內原忠
　　雄〉，網址：https://zh.wikipedia.org/wiki/ 矢內原忠雄。
157 田川大吉郎（1869-1947）畢業於東京專門學校（早稻田大學前身），1897 年就渡台擔任「台灣
　　新聞」記者。以來歷任眾議員、東京市助役（副市長），且因批判當局被關三個月。也被歸類
　　為社會運動家。他於 1925 年 1 月 9 日到新竹來演講，翻譯者為蔡培火。參考〈田川大吉郎〉，
　　網址：https://ja.wikipedia.org/wiki/ 田川大吉郎。
158 中研院台史所，《黃旺成先生日記》，台灣日記知識庫，1925 年 12 月 19 日。
159 同上註，1926 年 5 月 19 日。當天新竹街長藏田壽吉在官邸招待新竹青年會代表八人，由街長
　　夫人親自掌廚，因此請了塚洒家的藝妓小菊來陪酒。
160 陳柔縉，《人人身上都是一個時代》（台北：麥田出版社，2016），頁 127-128。

討論蔣渭水（1888-1931）在新竹的追悼會事宜，叫了八碗麵來。[161] 再如為了兒子黃繼圖回日本讀書而送行，也到樂仙樓去吃麵、喝啤酒。[162] 而樂仙樓更是婚宴的熱門之地，例如 1931 年 12 月 16 日，黃記載了迎娶的汽車由新竹旅館[163] 出發到樂仙樓，下午 4 時 30 分舉行黃克淳[164] 與戴水桃之婚禮及宴客，席開 13 桌，下午 7 時結束。[165]

　　另一家也是同名的醉月樓，其在新竹與台中各有一家，台中的醉月樓似乎更為有名，醉月樓號稱當時的台中文化沙龍，有主館與別館，1926 年 6 月 30 日，中央書局成立大會亦在此召開，其他如文協大會、地方自治聯盟、議會請願團送別會、全島聯吟大會等都在此在此聚會，更是《灌園先生日記》中的主要歷史現場之一，例如 1928 年 11 月 13 日，為林獻堂旅歐返台而辦的洗塵會就在醉月樓盛大舉行。[166] 目前在宮原眼科二樓，醉月樓再現，並以沙龍為名。1925 年 3 月 2 日，黃旺成在台中的西席工作結束，準備回新竹，其送別會也在醉月樓舉行。

　　當時號稱新竹小小百貨公司的新州屋也值得一提，該洋（東洋）貨店由戴吳獅（1896-1972）[167] 於 1920 年開設，本來在新竹市東門市場內，1934 年遷移到現東前街 16 號的三層樓店舖，開展日本產品的進口生意，黃旺成之子黃繼志曾在此就職，工作包括以自行車送貨。戴吳獅、吳乞與魏清潭三人曾在東門市場內的三益雜貨店（或田村商行）工作，後來分別創業：戴吳獅成立新州屋；吳乞設立吳乞商行[168]（碗盤家庭用品）；魏清潭開設清潭食品料店，[169] 他們三人的店都在東門商圈內。1945 年新州屋改稱錦華

161 中研院台史所，《黃旺成先生日記》，台灣日記知識庫，1931 年 8 月 19 日。

162 同上註，1931 年 8 月 31 日。

163 新竹旅館、昭和旅館與鐵道旅館皆由張丁所經營，均位於新竹車站附近（榮町）。其中新竹旅館原名聚英旅館，於 1929 年 2 月改名。林獻堂來新竹時，亦多次投宿於該飯店，並和其女主人曾烏帽（曾任護士）在 27 年前有受其照護之緣，故相見歡。中研院台史所，《灌園先生日記》，台灣日記知識庫，1933 年 7 月 20 日。

164 黃克淳為黃鼎三之長孫，黃棟臣之長子，曾任竹南公學校訓導。歷任新竹市米穀統制組合書記、米穀局新竹米穀事務所雇員、食糧局新竹食糧事務所雇員、食糧部新竹事務所雇員等。其祖父黃鼎三（1863-1930）為新竹名人，車站附近的土地都是黃家的，經營墾業與商業，包括黃珍香號，項目有度量衡、阿片與樟腦業等。歷任新竹防疫組合長、新竹阿片煙膏承銷商、台灣彩票元大賣商、櫻井公司製腦會社取締役、殖產會社取締役、地方稅調查委員、義勇艦隊建設委員、總督府評議員、新竹製腦會社取締役。授佩紳章、一等有功章。

165 中研院台史所，《黃旺成先生日記》，台灣日記知識庫，1931 年 12 月 16 日。

166 同上註，1928 年 11 月 13 日。

167 戴吳獅（1896-1972），號遜文，其父吳基通曉醫術及漢學，在後布埔（現大同里）設書房授徒，也習漢學與日文，後入三益雜貨店工作，之後創業於新州屋。新竹文化局，人物誌。

168 吳乞（1895-1975）於 1921 年開設同名的商行，曾當選為新竹州日用品五金組合長（合作社理事長），光復後也擔任過東門里里長。新竹文化局，人物誌。該商店當時的住址為東門 3-113，電話 318 號。

169 當時清潭食品料店的住址為東門 2-1，電話 630 號，該店為東門市場內的攤店，另有東門店（東門 2-226，電話 362 及 630）；現在東寧宮旁大同路 57 號、新竹味噌釀造工場株式會社

行，兼開濟生藥局，後來結束營業。2020 年 8 月 20 日到 9 月 3 日，新州屋曾以「新竹州會客室」的名義短暫開放。

　　此外，新竹公會堂（曾委由新竹俱樂部管理）應該是出現頻率最高的公共集會所，[170]從衛生巡迴展、預防注射、總督公民茶話會、[171]音樂會、始政記念暨水道動工祝賀會、新竹市制實施運動會議、[172]新竹街協議會等，甚至成為電影院與無線廣播（放送）接收處。身為社會運動家的黃旺成，日記中更出現了社會運動和新竹公會堂的連結，例如文化協會的演講會、[173]文協第六回總會、[174]民眾大演講會、[175]新竹青年會成立總會、[176]台灣民眾黨第三次全島黨員大會[177]等。特別是於 1927 年 5 月 27 日舉辦的新竹木工工友會懇親茶話會，邀請了蔣渭水和王錦塗[178]來，木工 400 多人到新竹車站歡迎，下午就在公會堂召開籌備大會，晚上演講會，辯士（演講者）除了蔣渭水和王錦塗外，還有黃周。[179]台灣民眾黨所支持的「無力者們」（弱勢族群）聚集近 700 人，警方如臨大敵，制

（新興町 221，電話 904），三間店兼做住家及店面使用。

170 依 1924 年之《新竹州下の社會事業概況》，公會堂 1911 年 12 月 4 日興建完成，建築經費為 67,538 圓，由民間募捐。也作為新竹俱樂部的集會場所，並委由新竹俱樂部經營管理，使用第一年的情況為：演講會七次、祝賀會五次、其他 16 次。直到 1926 年由新竹街經營（新竹街公會堂）、1936 年改由新竹市役所管理之（新竹市公會堂）。依 1936 年的數據，公會堂使用率非常頻繁，共使用 283 次（集會所與食堂）。1896 年保良局解散之後，曾以「紳商俱樂部」的方式處理保安事務，為新竹地區首見之俱樂部。

171 中研院台史所，《黃旺成先生日記》，台灣日記知識庫，1926 年 8 月 19 日。上山滿之進總督（任期 1926-1928）上任後的出巡首站來到了新竹。

172 1927 年 4 月 10 日，開會討論新竹名稱到底要新竹郡新竹街，還是新竹市，參加的人很少。1930 年 1 月 12 日，新竹市制改為新竹市。

173 1926 年 10 月 17 日，台灣文化協會第六次總會在新竹公會堂舉行，黃旺成擔任議長（主席），那一天，林獻堂與蔡培火等人也出現在新竹公會堂。

174 中研院台史所，《黃旺成先生日記》，台灣日記知識庫，1926 年 10 月 17 日。該總會於下午召開理事會（27 人），再召開總會（會員 120 人），林獻堂總理為主席，出席的歷史人物包括蔡培火、賴和、蔣渭水等。之後召開宴會與演講會。

175 中研院台史所，《黃旺成先生日記》，台灣日記知識庫，1929 年 3 月 23 日。台灣民眾黨舉辦的演講會。

176「新竹青年會」由原「竹聲會」改組。於 1925 年 3 月 9 日舉行成立總會，1929 年 3 月 23 日解散。

177 中研院台史所，《灌園先生日記》，台灣日記知識庫，1929 年 10 月 17 日。台灣民眾黨第三次全島黨員大會在新竹公會堂召開，出席黨員 169 名，由陳（黃）旺成主持，主幹陳其昌報告黨務。「台灣民眾黨第三次全島黨員大會」，網址：https://reurl.cc/zz58Ap。

178 王錦塗畢業於台灣總督府工業講習所，來新竹時正擔任台北木工工友會委員長，他也是民眾黨黨員，持續支持無力者團體。

179 黃周（1899-1957）畢業於日本早稻田大學政經科，為台灣民眾黨黨綱起草的五位委員與黨執行委員之一，即創黨發起人。歷任台灣民報記者、台北總社漢文部主任、台灣新民報部長、解說委員、廈門支局長、上海支局長等。

服警察與便服特務數十人在會場監視，黃周被警告兩次後停止演講。[180] 1927 年 6 月 6 日下午二時，新竹木工工友會於公會堂正式成立，蔣渭水又來新竹表達支持之意並成為三位辯士之一，另兩位為台北木工工友會代表及黃旺成，當晚七時就在公會堂設宴祝賀，雖然當時公會堂設有食堂，但設宴可能是採用外燴形式，不管如何，公會堂已成為小型打合（搓商）聚會與大型活動的歡迎宴會場。

早期南寮ケ濱、崎頂與通霄曾號稱新竹州三大海水浴場，南寮海水浴場於 1936 年更新，使其成為海濱遊樂地，設備有林間臨海學校、瓦斯加熱的「潮湯」（海水溫泉）、旋轉木馬、河口釣魚與各種兒童遊樂設施等。[181] 1929 年 9 月 2 日，黃旺成曾帶領林獻堂一行人去了南寮海水浴場，林在日記中記載：

> 天際微雲，日光不熱，涼風徐來，夕潮將返，余等在海埔競走，入浴四、五十分間，海水溫和不寒，真是快事。[182]

新竹州立圖書館於 1925 年 8 月 31 日開館，隔壁的新竹州立商品陳列館（後改稱商工獎勵館）則於 1929 年 12 月 15 日開館，當時成為東門城旁邊的兩大公共建築。有閱讀習慣的黃旺成就成為新竹俱樂部附設圖書閱覽室：新竹街立圖書館（1923-1925）與新竹州立圖書館（1925-1945）的常用者，閱覽各種新聞與雜誌，例如專登社會主義與無政府主義文章的《改造雜誌》。[183] 而新竹俱樂部附設圖書閱覽室就位於公會堂後方與州廳附近，[184] 常是黃找人兼閱讀的地方，例如 1925 年 7 月 5 日，黃去州廳找勸業課長劉明朝（1895-1985）[185] 未遇，就去新竹俱樂部附屬圖書室看報。[186] 甚至到了台北，黃也曾

---

180 中研院台史所，《黃旺成先生日記》，台灣日記知識庫，1927 年 5 月 27 日。
181 新竹州，《新竹州要覽》（新竹：新竹州，1940），頁 215-217。
182 中研院台史所，《灌園先生日記》，台灣日記知識庫，1929 年 9 月 2 日。
183《改造雜誌》由山本實彥創刊於 1919 年，由改造社書店出版發行，該書店除了雜誌，也舉行各種演講，介紹新觀念與人物，例如愛因斯坦，啟發了湯川秀樹學習物理之路。1926 年更出版 63 卷的《現代日本文學全集》，同時也推動改造文庫的「圓本」：賣一圓的書。《改造雜誌》雖於 1955 年已停刊，但改造社書店仍在，共有 14 家（含羽田機場店與大倉飯店），總店在東京銀座 5 丁目（5-13-18），也成為文史愛好者的朝聖之地。〈改造社〉，網址：https://ja.wikipedia.org/wiki/改造社。
184 依 1935 年的新竹市電話帖，新竹俱樂部與新竹公會堂的地址一樣，同為東門 3-67。新竹俱樂部另有建築，在公會堂後方。推測早有新竹俱樂部，再由其號召捐款，建立公會堂，初期由俱樂部經營管理。
185 劉明朝（1895-1985）為日治時期台籍人士第一位官員，1922 年畢業於東京帝大政治科，隔年通過文官考試。
186 中研院台史所，《黃旺成先生日記》，台灣日記知識庫，1925 年 7 月 5 日。

於 1925 年 9 月 19 日到台灣總督府圖書館去閱報。[187] 而讀書會更成為 1937 年新竹事件的導火線，新竹州立圖書館可是提供場地的幫手，由州廳七位工友所組成的讀書會「七星會」（北門俱樂部）就是利用工作之餘在圖書館讀書討論。

至於新竹俱樂部，本為日軍原守備隊將校宿舍，後改建成為官辦之休閒場所，內設撞球、圍棋、附設圖書閱覽室、表演場、射箭場、商店、食堂等，於 1910 年 4 月 3 日開幕，隔年起負責經營及管理新建完成的公會堂，但到 1916 年才開放本島人加入會員。黃於 1914 年 11 月 1 日和朋友拿著入場券到俱樂部參加宴會，由於日記中寫道：內妓五六十，本妓十數人，推測宴會附帶的演出活動，但因宴會便當很鹹，黃晚上口渴難眠。[188] 後來黃及一些朋友陸續加入新竹俱樂部成為會員，該地也成為休閒兼談論各種議題之處，例如 1917 年 5 月 5 日，一些會員在俱樂部不期而遇，下棋兼談論鴉片與賭博之惡，黃還與眾人舌戰。[189] 可知該俱樂部還扮演演講場、電影院、會場的各種角色，例如 1916 年 11 月 4 日的第四回新竹通俗講演會，卻因軍隊宿營而停止。[190] 又 1928 年 3 月 1 日舉辦的新竹公益日演講會，黃曾去聽太田雄治郎（州立圖書館主任）的演講等。[191]

● 黃旺成參與選舉

1935 年，舉行首次民選市議會議員（共 28 席，官選、民選各一半），民選部分候選人共 21 人（含日本人），結果當選 14 名（其中 6 名日人）。當年 48 歲的黃旺成以 226 票最高票當選首屆民選市議員，[192] 同屆當選者還有鄭大明、許延壽、許振乾、何乾欽等人。鄭大明作為新竹鄭家的代表，具有指標意義，他為鄭拱辰的次男，1925 年畢業於日本同志社大學經濟科，回台入其兄鄭肇基的擎記興業株式會社任職，[193] 之後擔任新竹信用組合的理監事。[194] 而鄭家由鄭拱辰擔任 1920 年首屆的州協議會議員起，1924 年由鄭肇基接棒，1934 年由鄭大明當選首屆民選市議員。許振乾號稱「新竹客運掌門人」，從成立新竹運送株式會社（今新竹物流）、台灣鐵道株式會社到新竹客運等。[195] 何乾欽與許振乾有

---

187 同上註，1925 年 9 月 19 日。台灣總督府圖書館設立於 1915 年 8 月，地點為原彩票局（現博愛路、寶慶路口）。
188 中研院台史所，《黃旺成先生日記》，台灣日記知識庫，1914 年 11 月 1 日。
189 同上註，1917 年 5 月 5 日。
190 同上註，1916 年 11 月 4 日。
191 同上註，1928 年 3 月 1 日。
192 黃旺成監修，《台灣省新竹縣志稿（卷五）》（新竹：新竹縣文獻委員會，1957），頁 203-205。1920-1935 為新竹市協議會，1935 年開放民選，改稱市議會。
193 1935 年的住址為北門 243 番地，電話 118。
194 台灣新民報調查部編，《台灣人士鑑》（台北：台灣新民報社，1937），頁 289。
195 許振乾之父為許爾灶，熱心在地事務，例如竹蓮寺、大眾廟之宗教活動與捐獻，新竹救濟會之營運與促成新竹救濟院，歷任保正、新竹街協議員、方面委員等。因此獲當局的鴉片專賣權，

個共同興趣：高爾夫，因此會出現於本書第三章〈揮桿 link 清華：新竹高爾夫球場〉之中。何乾欽為明德醫院院長，1917 年畢業於台北醫學專門學校，先後在台北醫院、赤十字支部醫院與廣東博愛醫院行醫，1926 年自行以明德醫院開業。許延壽更是 1936 年首次民選新竹州議會議員的當選人，前亦曾擔任過數屆新竹州協議會議員，歷任共榮信用組合長、新竹拓殖株式會社社長等職。[196] 第二屆則由李延year當選，李曾擔任過教師，後來加入新高銀行，1926 年起任大東信託新竹支店長[197]。兩屆民選州議員皆連任的名單中出現了朱盛淇，[198] 先擔任過七年的教師，後來赴日留學，1934 年畢業於日本大學法學科，並考過律師執照，在日本就業，於 1936 年回台，在新竹表町開設律師事務所（住址：榮町 3-21，電話 702），他就是光復後首任的民選新竹縣縣長，支持了清華的復校事宜。而光復後的第一屆市議員選舉，議長為張式穀，副議長為何乾欽。[199]

　　前述首屆民選市議員中的許振乾同時也是負責赤土崎的方面委員，在社會事業上的制度中，各州均設有方面委員，例如新竹州於 1923 年聘有五位方面委員，漸漸增加到 15 位，到 1937 年時已增加至 174 人。但 1935 年本制度由州移到市，共有 20 位委員，分為七個「方面」，赤土崎、黑金町、花園町、榮町歸屬於「驛前方面」，委員有清水源次郎、石井員夫、許振乾等。[200] 1941 年因為行政區域的擴大，方面委員增加到 42 人，赤土崎和埔頂歸屬於「埔頂方面」，負責委員為陳輝地，為房仲業者（貸地業），住址為埔頂 206。[201]

　　在市政府內設有「新竹市方面委員助成會」辦公室，下經營兒童健康相談所、免費宿泊所、新富町與黑金町共榮住宅、愛護寮，以上業務被放在方面事業之中。依 1936 年資料，當年新竹市人口 53,469，戶數 10,645，其中 627 戶列為需受保護戶，又分兩種，第一種為遭離別、死別、高齡單身之戶（123 戶），第二種為單身未婚，就業不安定（504 戶）。赤土崎當時有 270 戶，其中有 10 戶（1 種 3 戶，2 種 7 戶）需要被關懷。

　　當時皇民運動興起改名風，同屆當選的市議員有六位改名，何乾欽連任了第二屆市議員時，名字改為松原欽三（如表 1-1-11），改日名有一些「若即若離」的思考，除了姓

　　後來由許振乾繼承之。另見李維修，〈消逝的逆旅：竹陽軒與塚迺家〉，韋煙灶主編，《新竹300 年文獻特輯》，頁 211。

196 台灣新民報調查部編，《台灣人士鑑》（台北：台灣新民報社，1937），頁 75。

197 黃旺成監修，《台灣省新竹縣志稿（卷五）》（新竹：新竹縣文獻委員會，1957），頁 199-201。

198 台灣新民報調查部編，《台灣人士鑑》（台北：台灣新民報社，1937），頁 175，頁 401-402。1935 年的《新竹州電話帖》中，其住址為榮町 3-21，電話 702。

199 黃旺成監修，《台灣省新竹縣志稿（卷五）》（新竹：新竹縣文獻委員會，1957），頁 224。何乾欽（1894-1972）開設明德醫院，歷任新竹市市協議會員、新竹市市會議員、台灣省參議員等。亦為新竹中小企銀（新竹國際商銀）的共同創辦人（另有詹紹華、姜振驤及吳鴻麟等人）。

200 新竹市役所，《新竹市社會事業要覽》（新竹：新竹市役所，1936），頁 3-4。

201 新竹市役所，《新竹市社會事業要覽》（新竹：新竹市役所，1941），頁 9。

名外，改日名必需改成日本姓，名字可以不改，因此吳遠裕與陳其祥「改姓不改名」，而陳添登的名字剩下一個字。蘇福將其名字轉成姓：由福成為福澤。何乾欽改了姓，但留下其中一個字（欽），再多增新字（三），推論和排行有關。但最有創意的改名為陳其祥，將陳分解為乃木田，而該姓在日本仍然存在，是一個族群不到20人的姓。連煥明改姓蓮見，同音多個艸蓋，名字仍保留本來的明。

表 1-1-11　1935 年改日名的新竹市市議員一覽表

本名	改名	說明
陳添登	宮川登	台灣拓殖蓪草會社總經理
連煥明	蓮見明成	明新醫院院長
吳遠裕	岩田遠裕	岩田內科
陳其祥	乃木田其祥	金泉發蓪草會社執行董事
蘇福[202]	福澤泰弘	東門保甲聯合會會長
何乾欽	松原欽三	明德醫院院長

資料來源：《台灣省新竹縣志稿》（卷五），作者整理。

● 抵抗的報導文學家

　　作為社會運動家，黃在身為記者、專欄評論家（例如竹塹旋風、冷言、不平鳴、熱語等專欄）的角色上屢有著力，使用了以下的筆名：（陳）菊仙、竹塹生、冷語子、噴泉生等，[203] 可稱為「抵抗的報導文學家」。不但常為「無力者」與時政不平而鳴，而且對許多名人的所作所為展開批判，例如新竹出身的謝介石（1878-1954）[204]，當時任吉林省交涉署署長，謝曾寄信稱：故鄉不得志的子弟，到吉林找他就業，因此新民報社接到了許多失業青年的來信。黃旺成回應於報上，表達報社不作介紹與推薦之事，並認為謝的信可能只是炫耀於故鄉父老之舉。[205] 另一方面，台灣總督府也託謝介石支持台灣高校畢業生就職滿洲國的官吏，不過還是以內地日本人優先，後來爭取到「三人之中，內地日本人一人」的原則，擴大了台灣人赴滿洲國就職的機會，前提是三條件：通北京話、漢文

---

202 1897 年生，1917 年自台灣總督府國語學校公學師範部乙科畢業。歷任鹿場公學校訓導、新竹公學校訓導、新竹女子公學校教諭、新竹女子公學校訓導、新竹第一公學校訓導、新竹州新竹市會議員、新竹警察署保甲聯合會長等。

203 張德南，《堅勁耿介的社會運動家：黃旺成》（新竹：新竹新竹市文化中心，1999），頁 57。

204 謝介石（1878-1954）曾任通譯（新竹國語傳習所畢業），為伊藤博文訪台時的翻譯者，之後由伊藤安排獎學金而赴明治大學就讀法律，之後追隨溥儀，成為滿洲國外交總長，駐日大使與實業部長。謝一生經歷過五個國籍：大清帝國、日本、滿洲國、中華民國與中華人民共和國。滿洲國為日本附庸國，看來沒有什麼外交，但最多時期仍有 23 國承認之。

205 中研院台史所，《黃旺成先生日記》，台灣日記知識庫，1931 年 12 月 17 日。另參見《台灣新民報》392，1931 年 11 月 28 日及《台灣新民報》395，1931 年 12 月 19 日。

素養、有力者推薦，當時有三十多位台灣人透過上述三條件任職於滿洲國政府，例如外交部科長林景仁、王溫石（謝原配王香禪的弟弟）、滿洲國駐泰國公使館一等書記楊蘭州、駐日商務官楊松等。[206] 總之，謝介石確實影響了當時「過滿洲」與「闖關東」的工作潮，估計超過五千人，其中五分之一是就讀醫學院者，例如滿洲醫科大學。[207] 黃也批判過謝介石的大頭症，自稱官做很大。另外亦批判辜顯榮利用公益會（有力者大會）壓抑議會請願運動與無力者大會、批判連雅堂的鴉片論點等。1927 年 2 月 20 日，黃旺成在《台灣民報》145 號上的評論，認為台灣人民族性有：第一，台灣人貪財愛錢，可用利益誘惑；其次，台灣人貪生怕死，得用高壓手段威脅；第三，台灣人非常愛面子，可用虛名攏絡。[208] 黃所批判的對象與議題常和上述論述有關，例如紳章制度、專賣權（酒與鴉片）等皆為誘惑與虛名，甚至讓其落選的「疏開買票」。[209]

● 新竹事件

　　黃旺成的社會運動家性格讓他捲入了 1937 年的「新竹事件」，上述在州立圖書館讀書討論的七星會（北門俱樂部）和另一批以施儒珍為首的「南門俱樂部」成員合流，常在黃旺成長子黃繼圖家中（現大同路上）聚會談論時政，共奉黃旺成為精神領袖，已成為當局眼中的異議分子。又逢不明人士在長和宮的外牆張貼「打倒日本帝國主義」的標語，因此於該年 9 月 7 日將此「兩門」俱樂部成員逮捕，依「違反治安維持法」分別判刑，被控告不只有思想，還有密謀行動，例如潛赴重慶加入中國的抗日戰爭號稱「間接射擊」，而這些想法供稱來自黃旺成，因此精神領袖的黃也自 12 月下旬被檢束 300 天，[210] 就被關在新竹警察署（現新竹市警察局）。其中施儒珍（1916-1970）被判刑七年，換了政權，又遇 228 事件，右腿殘廢，開始企圖推翻政府（農林廳檢驗局新竹分局案），並由鄭萬成介紹加入共產黨，自 1950 年起遭受通緝，回到香山老家躲藏 18 年後過世，被比喻為「台灣版的安妮法蘭克」，[211] 如果躲藏 18 年時有日記，那麼上述的比喻應該可改為「安妮日記的台灣版」。其他人刑期 2-3 年，關進新竹刑務所（現新竹少年監獄），其中南門俱樂部的詹德知身分特別，他的母親李招治 [212] 為新竹有名的助產士（產婆），同時也

206 張泉，〈台灣日據時期菁英的跨域流動與地方／世界的新視域：以新竹風雲人物謝介石為中心〉，陳惠齡編，《竹塹風華再現：第三屆竹塹學國際學術研討會論文集》（台北：萬卷樓圖書，2019），頁 182-185。
207「過滿洲」，〈謝介石〉，網址：https://zh.wikipedia.org/wiki/ 謝介石。
208《台灣民報》14，1927 年 2 月 20 日。
209 張炎憲等著，《新竹風城二二八》（新竹：新竹市政府，2002），頁 142。
210 張德南，《堅勁耿介的社會運動家：黃旺成》（新竹：新竹新竹市文化中心，1999），頁 69-72。雖沒有被起訴，但用每 30 天為期的檢束關起來。
211〈施儒珍〉，網址：https://zh.wikipedia.org/wiki/ 施儒珍。
212 李招治原為新竹公學校雇員，曾和黃在同一學校服務，家住新埔，夫為詹並茂，早亡，育有四

是黃旺成身邊的第二位女人。而這些人具反抗性格者戰後又聚在一起，反抗對象改為國民黨政府。

鄭萬成當年也是「南門俱樂部」的成員，「新竹事件」時，他在日本大阪的輕型飛機工廠工作，一樣被日本特務逮捕，關了三週後遣送台灣，被起訴判刑。兩年後出獄就到天然瓦斯研究所工作，戰後於 1948 年加入共產黨，並吸收改稱為中油新竹研究所的同事，包括呂榮發、陳水泉、[213] 曾水秀、鄭世璠、林嘉湧、劉坤泉、陳錦泉、李國璋等人，[214] 鄭申請了一間職員宿舍，和呂同住，並成為讀書會的會館。當組織上線的劉賽慧（工礦公司新竹紡織廠）被抓後，1950 年的 10 月鄭萬成展開逃亡，直到 1952 年年底出面自首。[215] 1951 年 7 月 4 日，陳水泉、曾水秀、曾鎮欽等人被從中油新竹研究所帶走偵訊，其中劉坤泉被判死刑，陳水泉、曾水秀、陳錦泉、李國璋被判 10 年，而之前呂榮發已喝氰酸鉀自殺。[216]

● 其他赤土崎的人物

鐘泉春，先後擔任區長、社會教化委員、農事實行小組合長、部落振興會、新竹防犯協會評議員、生活改善評議員、大眾廟管理人、米穀統制組合總代、保護者幹事、聚落振興會幹事等職，並出任保正 20 年以上。雖然未出現在黃旺成的日記內，但他除了專注於農事外，熱心地方公益，乃成為地方基層的中堅人物。

1-1-8　赤土崎的區域變遷

國府時期的 1945 年，新竹市為省轄市，將寶山與竹東兩鄉併入，分成七區、148 里，面積 222.5434 平方公里。1950 年取消省轄市，竹東、寶山與香山回歸為鄉，新竹成為縣轄市，下設 102 里，面積縮小至 52.1284 平方公里。接著陸續合併竹北鄉舊港村、香山鄉，1982 年再改制為省轄市，面積 102.0964 平方公里。1990 年新竹市分為三區：

子，詹德知為小兒子，日記中常兩人一起到黃家吃飯。除稱呼姓或名外，日記常稱英、K、愛樣、愛菊、愛卿、木子等，且日記中打○者代表相見、△代表在新竹過夜。黃元配產四子繼文時，助產士居然是李招治。中研院台史所，《黃旺成先生日記》，台灣日記知識庫，1931 年 12 月 24 日。

213 陳水泉當時的住址為赤土里 4 鄰 20 號，也是赤土崎具反抗思想的居民。赤土里為廢掉赤土崎古地名後之里，用於 1946-1953 之間，也成為歷史現場。他當時也是竹風體育俱樂部的會員，又是另一案件。

214 張炎憲等著，〈中油新竹研究所案〉，《風中的哭泣：50 年代新竹政治案件（下）》（新竹：新竹市政府，2002），頁 356。

215 同上註，頁 360-370。

216 同上註，頁 579。

東、北與香山，分別有 44、37 與 23 個里。[217] 現在新竹市東區已增加至 53 個里，原赤土崎庄包括了其中 11 個里。再往前看，東區轄區則包括了日治時期（1920-1929）的 18 個大字與小字，內有 14 個大字（水田、東勢、赤土崎、溪埔子、金山面、柴梳山、埔頂、枕頭山腳、客雅、二十張犁、九甲埔、番山庄、青草湖、古奇峰）與新竹大字下的四個小字（東門、東門外、南門、南門外）。[218] 清華大學主要在光明里與仙宮里，但當時的新竹高爾夫球場，從綠水里延伸到光明里。赤土崎中的六個里被連結為埔頂聯里，1935 年市區區劃時，新竹市分成 25 區，當時赤土崎在埔頂區內，但現在的埔頂聯里，埔頂里卻在外面。

表 1-1-12　赤土崎的區域變遷對照表

年代	保里	原街庄	說明（舊地名）
1874 年	竹塹城外東廂	下東店庄	人口 43
1894 年	竹塹堡東南廂	十八尖山腳莊 草厝子莊 （保生大帝村廟）	70 286 現鎮安宮（仙水里）
1895 年	竹北一堡	赤土崎庄	台北縣新竹支廳 114 街庄
1898 年	新竹辦務署	赤土崎庄	
1901 年	第六區	草厝仔庄 過溝仔庄 赤土仔庄	新竹廳
1909 年	新竹區	赤土崎庄	
1920 年	新竹街	赤土崎大字	新竹州庄改制
1930 年	新竹市	赤土崎大字	15 大字
1935 年	町名改正	赤土崎一部分（花園町）	15 町
1935 年	市區區劃	赤土崎 （埔頂區）	25 區
1946	廢赤土崎	赤土里	設四里：東山里、綠水里、仙宮里、赤土里

---

217 台灣省文獻委員會，〈新竹市的漢民移墾〉，《台灣地名辭書（卷十八）新竹市》（南投：台灣省文獻委員會，1996），頁 4。

218 竹北一堡下轄一街（新竹街）與 14 庄。1920 年的街庄改制為大字時，新竹街（1920-1929）下有 15 個大字，其中也有「新竹大字」，下有九個小字，其中四個小字後來成為東區的一部分。新竹於 1930 年成為州轄市後，陸續合併而下轄 30 個大字，新竹也是其中的一個大字，1935 年新竹大字再區分為 15 町，參見〈新竹市（州轄市）〉，網址：https://zh.wikipedia.org/wiki/新竹市_州轄市。

年代	保里	原街庄	說明（舊地名）
1953	廢赤土里		設豐功里、武功里、建功里、光明里
1990	綠水里	赤土崎	二五甲、十八尖山腳
	東山里	赤土崎	十八尖山腳、虎頭山腳
	仙宮里	赤土崎	雞卵面、仙公宮
	光明里西側	赤土崎	石頭坑、草厝仔
	頂竹里東側	赤土崎	
	建功里西側	赤土崎	草厝仔、埔頂
	立功里西側	赤土崎	草厝仔、埔頂
	軍功里	赤土崎	草厝仔、埔頂
	武功里	赤土崎	草厝仔、埔頂
	豐功里	赤土崎	草厝仔、埔頂
	建華里	赤土崎	虎頭山腳

資料來源：謝水森，《竹塹城日治時期至八十年代憶往》（新竹：國典出版社，2010），頁 60-61。

　　新竹清華園內與周圍的赤土崎丘陵地區曾有五個村莊：赤土仔、草厝仔、廣合頭、牛路橋、二五甲（陽明交大博愛校區到東南街一帶：東山里）。[219] 而新竹清華園內曾經存在最早的廟，為自清朝嘉慶年間開光在草厝仔（村）的保生大帝村廟。1895 年開始了日治時期，當時為台北縣新竹支廳竹北一堡，堡下有 114 個庄，赤土崎庄才出現。1936 年日治時期，赤土崎庄（大字）土地被徵收，作為海軍的瓦斯實驗所與高球場用地，草厝仔廢村，居民與神明往東移，該廟成為為新竹市仙水、科園、龍山與新莊四個里的都會型庄頭廟，直到 1943 年才安置神明設廟，並命名為鎮安宮：鎮居仙水，安和樂利。

　　1934 年為了設立高爾夫球場（現清華大學中段，含梅園），赤土崎庄實施了清塚，黃旺成的日記中也記載了該行動：因為水源地地區要設高爾夫球場而必需清塚[220]，其祖墳也在其中。清塚的數目為 1934 年 10 月 31 日前的 1,180 座及 1934 年 11 月 31 日前的 1,600 座，總共 2,780 座墳墓要從赤土崎地區清除掉。[221] 黃於 1934 年 8 月 17 日，和陳德先先到水源地去看祖墳，再到客山（客雅山）去參考張麟書與張式穀夫人的新式墳墓，[222] 打算實施「四墳合一塋」的作法，但仍然作風水。並在 8 月 29 日掘風水撿骨（雙連墓金斗：骨罐），挑至客雅山之陳公勝墓庭。再去太爺街塚（現今城隍廟附近），尋找祖媽

219 洪敏麟編著，《台灣舊地名之沿革》，冊 2（南投：國史館台灣文獻館，1980），頁 128-129。
220 黃旺成著，許雪姬編註，《黃旺成先生日記（二十）：一九三四年》（台北：中研院台史所，2019），頁 262-266。1934 年 8 月 15 日，陳家祖墳也在內。葉國霖通知，德先來商量遷墳事宜。
221〈總督府府報 2189 號〉，1934 年 8 月 31 日。〈總督府府報 2191 號〉，1934 年 9 月 4 日。
222 張麟書與張式穀為父子，張麟書也是黃旺成的漢學老師。

墳，依黃的日記該合成塋於 9 月 27 日謝土完成。[223]

1-1-9　新竹的赤土崎走入歷史

1946 年廢了赤土崎地名，改稱赤土里，1953 年又廢赤土里，赤土崎地名走入歷史，成為了歷史現場。此外，2017 年 12 月，一紙公文：台內地字第 1060448372 號函，註銷了許多新竹市的土地段與小段，其中包括了赤土崎段、金山面段、埔頂段、柴梳山段、九甲埔段、十塊寮段等具歷史意義的老地名，赤土崎段在地政中也走入了歷史。

那麼在新竹赤土崎的歷史現場到底還剩下多少赤土崎？如下表 1-1-13（同時可參閱本書彩圖集 A12、A14、A15）。其中最大的一塊為赤土崎公園，原為海軍第六燃料廠的正門口，赤土崎公園之下有赤土崎停車場。光復路上清華人最常利用的國光號車站，原來就是新竹客運的赤土崎招呼站，現在名稱也消失了。還好 2019 年 11 月 1 日通車的 83 號公車，除了連接了清華兩個校區，也在公車站牌上連結了「雞蛋面」的原來地名。另外 20 號公車，其第 15 站為雞蛋面，第 16 站為翠壁岩寺，[224] 也再次連結了原來的地名。雞蛋面本稱雞卵面，位於十八尖山南側，由金山面看往十八尖山，地形如雞蛋，故稱之。號稱風水寶地，早就成為義塚用地，也是土牛紅線之界線。後來雞卵面義塚和蜈蜞窩義塚在日治時期合併為十八尖山共同墓地，光復之後，原來的雞卵面義塚部分改稱市第一公墓，現為清華校地。

表 1-1-13　赤土崎頂埔留下的痕跡

項目	名稱	附註
公園	赤土崎公園	現光復中學對面
停車場	赤土崎停車場	公園之地下層
道路、門牌	赤土崎一路 赤土崎二路	六燃大煙囪附近
公車牌	雞蛋面、翠壁岩寺、水源地、頂埔庄	83 號、20 號、10 號（藍 1 區）、52 號公車
電柱	天研（天然瓦斯研究所）	水源街

資料來源：作者整理。

位在建功路與建新路間的聯勤北赤土崎新村為原六燃合成工場區主要建築（俗稱寡

---

223 黃旺成著，許雪姬編註，《黃旺成先生日記（二十）：一九三四年》（台北：中研院台史所，2019），頁 276、307。

224 現稱「翠壁岩寺」，老一輩人稱仙公宮，日治時期文獻寫翠碧岩。當時的對聯為：翠色滿中峰，碧巖傳寶悟。

婦樓），[225] 2015 年 4 月 4 日清晨遭大型機具連夜拆除，為自拆獎金而被迫捐軀，留下一片廢墟。原赤土崎地區擴大為現在的東區，內有 24 個各軍種的眷村，陸軍赤土崎新村與聯勤北赤土崎新村也一樣消失在地平面上，只勉強留下一塊忠貞新村的勒石，向後世說明以前真的有眷村。

　　至於工研院光復院區前身原隸屬台灣總督府殖產局的天然瓦斯研究所（天研），設於 1936 年 8 月 27 日，再於 1940 年 12 月 2 日因官制改正直屬台灣總督府而成獨立單位，員工 250 人左右（表 1-1-14）。在其落成的新聞報導中，一次將附近的設施都交待了，它們是在新竹市赤土崎的：水源地、高爾夫球場（ゴルフ リンクス）、競馬場、海軍天然瓦斯實驗所，[226] 也就是說，前述單位的住址都是赤土崎，例如天研的地址為：赤土崎 353 番地。而天研的歷史痕跡仍然留在電柱上，天研原來的正門在現博愛路底，自來水公司的附近，在那條原來正門的小路上，電柱上的註記仍為天研。

表 1-1-14　天然瓦斯研究所員額表

員額	1937	1938	1939	1940	1941	1942
技師	4	6	8	11	14	
技手	10	14	16	18	24	
屬	1	2	2	2		
預算				624,000	1,059,300	2,356,000

資料來源：《台灣日日新報》，1941 年 12 月 3 日。

1-1-10　台灣赤土崎相關地名

　　此外，台灣其他地方的赤土崎又如何？表 1-1-15 由於台灣的地名常與地形、地質與地理有關，清華園所在的赤土崎亦然，它與在地土壤顏色有關：紅壤，又俗稱紅土或紅赤土，乃通稱「赤土」，又多位於坡地或台地，故以「崎」稱之，故稱赤土崎。不過有些地方已改稱為赤塗崎，例如彰化花壇的地名沿革史中，從清乾隆中葉的赤土崎到清同治年間改成赤塗崎。併用者如後龍，赤土崎與赤塗崎混著用，最近也因石虎路殺事件，赤土崎名稱又上了媒體，另有赤土崎皇帝娘傳說的媽靈廟。[227] 此外、赤水崎園區位於南投

---

225 1949 年 50 軍 21 兵團的寧上校奉命帶領 50 多位眷屬由海南島撤退來台，住進六燃的煉油工廠場房中，該批眷屬分為兩類，一類為孤眷（戰死者之遺眷），另一類為失聯眷屬。後來因增建加蓋，而形成屋中屋之特殊景觀。

226 《台灣日日新報》，1936 年 8 月 8 日。

227 黃承甫，〈民間社會如何讓厲鬼轉為地方守護神？赤土崎皇帝娘的故事〉，《獨立評論》，網址：https://reurl.cc/5GNNXG，又稱大眾廟，主祭神之一為號稱赤土崎皇帝娘的王寶英（乾隆皇帝的第九位皇妃）。

縣名間鄉和彰化縣田中鎮交界處的赤水村，也屬於八卦山風景區的一處景點，赤水崎是一條溪的名稱，也就有水源區。各地有古地名（含赤土崎）的地段也陸續消失，就只有桃園市蘆竹區留下了坑子段赤塗崎小段的地段與地號，該區由老地名留下來的地段還有貓尾崎、草子崎等。彰化縣花壇鄉舊名之一的白沙坑雖被註銷，但卻增加了南白沙坑與北白沙坑，而赤塗崎地區則在目前的長沙地段內。

表 1-1-15　台灣赤土崎相關地名表

地名	現在位置	附註
赤土崎	新竹市東區中部	赤土崎公園、地下停車場、赤土崎一街
赤土崎、赤塗崎	苗栗縣後龍	西濱快速公路經赤塗（土）崎交流道 赤土崎半天寮好望角（風力發電機景點）
赤崎子（仔）	錦水	新竹州時期的日石錦水油田（48 口井）
赤塗崎	桃園市蘆竹區坑子里	海拔為 160-180 公尺 台北高爾夫俱樂部地址 赤塗崎溪生態園區 赤塗路、赤塗崎小段 赤塗崎公車站牌 [228]
赤塗崎	彰化縣花壇鄉長沙村 又稱中厝宅	白沙坑莊、碑底庄、白沙坑 日治時期台灣煉瓦株式會社花壇工場，生產 TR 磚 標高 83 公尺，立有一顆冠字宮（11）的土地調查 局圖根點
赤水崎	彰化縣田中鄉	赤水崎溪、赤水崎園區

資料來源：作者整理。

1-1-11　赤土崎歷史現場的變遷

　　本節探討了赤土崎地區在日治時期的歷史現場，特別是有赤土崎名稱者，進入國府時期，本文更探討鮮為人知的退輔會桃園大同農場，它就在後來的清華校園內，而美援時期的美國眷村（清華北院）則在本書第七章探討之。而最有傳承者莫過於各國與各軍種的眷村了，在赤土崎地區原有六燃的日軍眷村、六燃廠區內架構出來的 16 處國軍眷村以及六燃空間新建的美軍眷村（見本書彩圖集圖 A7）。其中在新竹市就有國防部列管的 46 個國軍眷村，屬空軍列管者有 26 個、陸軍 17 個、聯勤兩個、軍管區 1 個，還有解除列管與未列管的三個眷村，包括海軍新村、海南新村（海南籍退伍榮民）與信義新村（大陳義胞）等。赤土崎地區由於有海軍六燃與施設部，這個空間內一共集結了 16 個

---

228 桃園公車 5069 號：桃園到林口，經過赤塗崎。該站牌距離桃園捷運線的緊急停車站僅 300 公尺，因此被鐵道迷命名為赤塗崎站（私房站）。

眷村，分布在光復路兩側，[229] 雖然空軍列管眷村大多位於機場附近，不過還是有空軍工程聯隊的忠貞新村以及唯一的海軍（光）新村位在本區，後來因為海軍撤回左營，海軍（光）新村解除列管，就改建為現光復中學。可見清華園亦有眷村三國誌，包括六燃日軍眷村、大同農場的榮民眷村與美軍顧問團眷村（清華北院）。一般而言，國軍眷村坪數很小，只有陸軍金城新村（將軍村）的高階軍官眷舍的 100 坪面積可以和美軍眷村相比較了。

光復路（原竹東街道）上還有一處歷史現場，陸續有著日本、國府與美援的脈絡，即日治時期在「工業新竹」脈絡下所設的南方電氣工業株式會社，光復之後成為空軍 814 菸廠（下稱菸廠），當時住址為光復路 592 號，電話號碼為 578。[230] 專賣制度下，所有軍菸皆納入公賣局系統下生產，例如松山菸廠。但只有空軍 814 菸廠在專賣制度的灰色地帶撐了 15 年（1949-1964），[231] 1950 年曾首次企圖處理未果，只以改稱與維持現狀收場。即 814 菸廠改稱公賣局新竹菸廠，仍由空軍福利總社持續生產與經營，公賣局則提供封口籤的專賣憑証，[232] 因此公文檔案中最多的是每個月交回未用完的封口籤，勉強看到公賣局的角色。814 菸廠每一個月生產紅標與藍標之空軍 814 軍菸 52,000 條（1,040 箱），紅標（44,500 條）為軍官用、藍標（7,500 條）為士兵用，另外於三節各增產 8,400 條。814 菸廠每年盈餘 700 萬餘元，交空軍福利總社。顯見當時 814 軍菸為福利品，不得外售，因此每包香菸還印有流水號，但是仍有兩倍的黑市價，號稱「補貼家用」。

直到 1964 年再次處理接辦，814 菸廠於當年 9 月 30 日結束，10 月 1 日起，軍菸生產轉到公賣局松山菸廠，協定價格為紅 814 菸每包 2.3 元、藍 814 菸為 1.8 元，按月由空軍交款至公賣局，再向松山菸廠提貨。原生產機具與菸葉、原料亦由公賣局價購，人員資遣之。當時員工共 135 人（軍職 11 人、技士／技工 8 人、職員 18 人、僱工 98 人），其中台籍有 29 人（技工 4 人、僱工 25 人），軍職 11 人之外的工作人員組成為：遺族（13）、軍眷（49）、退伍軍人（12）、其它（50），而又以女性居多（77）。接辦後，軍職 11 人由空軍另行派職，技術人員 8 人安置於其它菸廠，職工 116 人則依辦法資遣。當時菸廠的主要主管、組長等皆為軍職，由新竹基地的空軍第 18 與 20 大隊中派員支援，廠

---

229 新竹市政府都市發展局編，《眷村人的生命故事：新竹市眷村人文史料調查彙編：輯一》（新竹：新竹市政府都市發展局，2002），頁 17。都發局的該彙編共有四輯，調查了 46 個眷村。46 個列管眷村中，新竹市東區就有 24 個眷村。

230 國史館台灣文獻館，〈接辦空軍 814 菸廠〉，《台灣省菸酒公賣局》，典藏號 017-21181。

231 設立 814 菸廠之緣由來自空軍 30 中隊隊長陳祖烈，他受命於 1949 年撤退來台時開辦工商業，以支持軍眷，在上海時曾見到中美菸草公司（美麗牌香菸）的經理，展開了製菸的任務，在新竹開辦 814 菸廠。參見〈814 香菸史料〉，網址：https://bit.ly/34tCXcm。

232 814 軍菸的封口籤有多種，基本上中間有空軍軍徽或環球圖，一端為：空軍專賣，轉賣充公，另一端為：台灣省菸酒公賣局新竹煙廠出品。封口籤上也會註明 20：20 支香菸。香菸外包裝的側邊會有反共標語：消滅共匪漢奸，底下也註明 20。

長包括楊道古（首任）、程士華、伍子鴻、湯達明（最後一任）等，不過副廠長屈酉生任期最長。[233]

　　但是協議過程中，814 菸廠所有員工提出了請願書，對接辦與資遣表達強烈不滿，要求安排所有員工到各菸廠，至少比照台北市三輪車工友轉職安置，如要資遣，亦要求比照唐榮鐵工廠遣散辦法，不過皆未能如願。最後接辦報告之結論為：自此本省菸酒專賣制度乃得完整，專賣法令之執行再無例外，[234] 結束了難得一見的「814 軍菸專賣例外」。

　　不過在該段「專賣例外」期間的 1960 年初，屈副廠長在了解「專賣例外」無法持久的情況下，鼓勵員工以年終獎金集資來購買製冰棒設備，就在菸廠內的福利社開始製作冰棒，採用了美援的奶粉作基底，[235] 生產出很有奶味的冰棒（相對於清冰棒），因而開始大賣，於是 814 軍菸大福利社下出現了賣 814 冰棒的小福利社。1964 年菸廠裁撤而走入歷史，但福利社卻移交給第二聯隊，原先被資遣的一些員工們由製菸轉成製 814 冰棒，並再次集資購買機器，學習製冰棒的技術。當時有超過百人的小販以自行車載著冰棒箱沿街叫賣 814 冰棒，雖賣得貴（五毛錢比兩毛錢）卻賣得好，此舉還引起了新竹地區 44 家冰店（含新竹縣 20 家）群起抗議「與民爭利」。當時在光復路上就有五家冰店：美淇冰店、東園冰店、清涼冰淇淋店、東光冰店、龍泉冰淇淋店。[236]

　　之後菸廠福利社解散，開枝散葉，新竹市各地出現了十多家 814 冰棒店，但也出現了八家仿冒店，因此原始店員工決議加上了「萬記 814 冰棒」（店面在現光復路與忠孝路口的中油加油站），當時只有四種口味：紅豆、綠豆、花生與鳳梨。[237] 後來因拓寬光復路，萬記搬到光復中學對面開店，之後又移到竹北六家地區的嘉興路上，直到結束營業。

　　「萬記 814 冷飲店」的股東為菸廠原始員工，包括柯芝芬（聘七級運務員）、楊國光（總務組組長：菸廠裁撤後退役）、元逢崙（僱 13 級登記員），皆為退役軍官，楊國光還是 814 菸廠裁撤時的點交人。他們賣冰棒賣到獲三等榮譽獎章，因為提供許多軍眷們的收入機會。此外，軍菸的 814 和冰棒的 814 雖皆來自空軍節，但書寫上略有不同，軍菸

233 屈酉生於 1936 年畢業於中央航校第六期機械科甲班。
234 國史館台灣文獻館，〈新竹菸廠菸類製造〉，《台灣省菸酒公賣局》，典藏號 017-40436。
235 台灣在美援時期（1951-1965），美國曾於 1954 年通過 480 公法（農業貿易發展與協助法案），將生產過盛的農產品（小麥、黃豆、油脂及奶粉等）銷售來台灣，並允許以當地貨幣購買。1964 年進行學童營養午餐計畫，該計畫由美方提供脫脂奶粉（約 2,800 餘噸），同時美援奶粉也用於社會救助，包括教會團體、救濟院等。當年還是有些人不適應脫脂奶粉，因此才有教會團體的剩餘而轉用於製作冰棒。
236〈風城的枝仔冰記憶：814 冰棒的故事〉，網址：https://bit.ly/3GBE3Qc。
237 林樹、潘國正等著，〈經濟生活的細部描述〉，《新竹市眷村田野調查報告書：竹籬笆內的春天》（新竹：新竹市文化中心，1997），頁 230-235。

的 814 的 8 與 4 兩個數字沒有開口如同專賣封口籤，不能外流，但是冰棒的 8 與 4 卻有開口，象徵多多益善，1963-1966 年為最高峰，每天生產三萬支冰棒。[238]

另一位後來於 1967 年自行創業者，為四位台籍技工之一的蘇添泉（僱 20 級技工），蘇於 1956 年進入菸廠工作，先擔任僱工，1962 年再升為技工，負責切絲工作，它是配葉、撕葉、蒸菸、烤菸、捲菸、包菸過程中的一環，後來接觸到 814 冰棒製作。目前在新竹大同路上的兩家 814 冰棒店係「蘇」出同門：大同與麗香冰店，過程中在機器調整與原料上歷經各種嘗試，包括試過多種奶粉與比例，直到生產出有濃郁乳香味的 814 冰棒，開始先作批發，後來決定開店，店名使用女兒之名：814 麗香冰果店，曾經歷了多年的「冷暖人生」，即冬天賣麵，夏天賣冰棒。[239] 目前共推出九至十種口味，原先的四種口味仍在，一路走來已成為新竹市飲食文化的一部分。

另外，曾是清華延伸校園的宜蘭園區，曾為神風特攻隊機場，當年附近員山的日軍軍用坑道後來住進了退伍的榮民，被稱為「碰坑兵仔舍」，碰坑即為坑道之台語。[240] 下表 1-1-16 列出了赤土崎地區各個時期空間的變遷情形並以各里區分之，以利參照，並可作為地方學「抓地田野」的地點。

表 1-1-16　赤土崎歷史現場變遷表

原赤土崎地區	17世紀前為鹿場	工業新竹、墓牧中地燃料新竹	科技聚落	成功湖的聯合國脈絡
現址	清	日治	國府	美援
光復路		竹東街道：手押台車線：新竹驛（車站）通竹東	命名光復路	外銷美國聖誕燈飾工廠與家庭工廠[241]
建華里				
建華國中		新竹牧場	台灣農林畜產分公司 縣立新竹中學 縣立第一中學	
東山里				

<hr>

238 同上註，頁 233-234。

239〈蘇添泉先生訪談記錄〉，2021 年 11 月 15 日。

240 楊基山，〈碰坑兵仔：枕頭山下，孤寂寫歷史〉老兵故事系列。

241 1966 年的統計，全台的聖誕燈泡和裝飾燈製造廠有八十多家，大部份集中在新竹地區。1970 到 1980 年代，台灣是全世界生產聖誕燈泡最多的國家，新竹家庭加工（客廳即工廠）有所貢獻，1950-60 年代，新竹早已成為聖誕燈飾工廠與家庭加工的重鎮，當時許多軍眷參與了家庭加工，出現的公司如華達、輝達等，到了聖誕節前三個月，家家戶戶都在家庭加工，成為另類的眷村景觀。頁 237-238，林樹、潘國正等著，1997，〈經濟生活的細部描述〉，《新竹市眷村田野調查報告書：竹籬笆內的春天》，新竹市文化中心。

原赤土埼地區	17世紀前為鹿場	工業新竹墓牧中地燃料新竹	科技聚落	成功湖的聯合國脈絡
現址	清	日治	國府	美援
新竹中學		赤土崎陸軍射擊場 新竹州立新竹中學校	台灣省立新竹中學 國立新竹中學	
綠水里				
新竹高商		赤土崎陸軍射擊場 赤土崎競馬場 新竹州立新竹商業學校 新竹州立新竹農業學校	台灣省立新竹商業職業學校 國立新竹高級商業職業學校	
陽明交大博愛校區	十八尖山腳二五甲		電子研究所 交大工學院	
工研院光復院區	十八尖山腳廣含頭	總督府天然瓦斯研究所	新竹研究所 聯合工業研究所	
帝國新象		台灣高級硝子工業株式會社	竹華新村 新菱針織廠	
新竹市警察局第二分局		赤土崎保甲修練所	新竹市警察局第二分局 修練所拆除成停車場	
光復里				
新竹馬偕醫院與中油加油站	牛路橋	南方電氣工業株式會社	新竹空軍 814 菸廠（1949 -1964）[242] 814 冰廠 南門綜合醫院	美援或 PX 奶粉為原料，製作 814 冰棒
豐功里				
新源街 - 水源街綠園道	放牧地	六燃生產區	陸軍赤土崎新村	
啟奧邦城		六燃丁醇化學合成工廠	台銀宿舍（中科院新竹宿舍） 清華北院	美軍顧問團新竹宿舍

---

242 當年三軍有「號碼軍菸」，空軍為 814、三軍為 77、陸軍為 93。空軍的 814 軍菸又分紅牌與藍牌。

原赤土崎地區	17世紀前為鹿場	工業新竹墓牧中地燃料新竹	科技聚落	成功湖的聯合國脈絡
現址	清	日治	國府	美援
仁德國宅		六燃廠房	衛生營 1979 年完工之192 戶國宅社區	
仁愛國宅		六燃生產區 （大煙囪旁）	1980 年建之 300戶之國宅	
武功里				
公學新城 （甲乙區）		六燃生產區	陸軍公學新村 1957 年完成之544 戶眷村 1998 年改建成甲區 1,308 戶與乙區 836 戶之社區	
軍功里				
赤土崎公園	紅土坡	六燃正門	陸軍赤土崎新村219 戶 復興電台[243] 通信監聽部隊	
孟竹國宅	牧牛黃土丘陵	六燃廠房	預鑄式組合屋建築，585 戶	
建功國小大圓桶 （油槽）		六燃廠房	陸軍子弟小學建功國小	
國軍福利站		六燃防空洞群	國軍福利站	
建新路電信局			衛生營操場	
指定歷建之 油槽、幼稚園、2號廠房（俗稱寡婦樓已被拆除）		六燃生產區 2 號廠房	空軍忠貞新村218 戶 聯勤北赤土崎新村 15 戶 都更計畫區	
光復社區大樓		六燃辦公廳舍區之總部	台肥員工宿舍1998 年落成之502 戶國宅社區	
蔣公廟（天宏宮）		六燃辦公廳舍區	由孟竹國宅移來	
建功路停車場		六燃行政區	陸軍北精忠新村31 戶 大三圓商圈	

243　復興電台原為基隆要塞下的九個分台之一，原稱赤土崎分台。

原赤土埼地區	17世紀前為鹿場	工業新竹墓牧中地燃料新竹	科技聚落	成功湖的聯合國脈絡
現址	清	日治	國府	美援
勝利堂		六燃廠房	光復路佈道所信義會	美國宣教士，美援物質發送點
建功路與光復路口		六燃通用門	宵夜街入口	
立功里				
建功高中（操場）		有水大山溝（建功河），水來自六燃消防湖及寶山山區	退伍官兵非眷村住戶，約15戶	
中油地下油庫群與土地公廟		六燃地下油庫群	2005年停用	
光復路停車場	過溝仔	六燃工員宿舍有信寮	海南新村（立功里）	
建功里				
仁風國宅	黃金洞山	赤土崎東端六燃福利地帶	1979年建之208戶之國宅	
文教新城		六燃生產區	文教三村69戶陸軍文教新村99戶1996年改建落成之360戶社區	
將軍村[244]		六燃工員宿舍有信寮	陸軍金城新村89戶現留下15戶規劃成為文化園區	參考美軍顧問團宿舍
世紀鑫城戰車公園		六燃福利地帶有信寮	陸軍日新新村25戶陸軍敬軍新村34戶[245]陸軍貿易二村148戶[246]陸軍貿易八村109戶	

244 原屬金防部團長以上幹部眷舍，故被稱為將軍村，後來改為陸軍206師眷舍。當時將軍村有89戶，號稱超過100顆將星。

245 1950年在本地區興建了兩處眷村，共300戶，其中20戶為上校級有20戶，稱為敬軍新村，另280戶為赤土崎新村（偉功里），屬於軍官戰鬥團。敬軍新村又分東西兩村，最後共有34戶。

246 因向台灣青果商社募款而成之眷村，故以貿易命名之，共有九村，新竹的赤土崎地區有貿易二村和貿易八村，分別於1959年與1960年興建。

原赤土崎地區	17世紀前為鹿場	工業新竹墓牧中地燃料新竹	科技聚落	成功湖的聯合國脈絡
現址	清	日治	國府	美援
光明里				
光復中學		海軍新竹施設部	海軍子弟學校 海軍海光新村 陸軍南精忠新村69戶 [247] 光復中學補校 上海大學籌備處	
光復中學東側（靠清華園）		海軍施設部		
光明新村		六燃軍官宿舍	新竹研究所、聯工所、工研院宿舍	
清華前段	草厝仔 赤土仔 保生大帝庄廟	六燃福利地帶（宿舍、消防湖、海軍共濟醫院、購買部） 六燃軍官俱樂部	新竹研究所 [248] 中油提供40公頃設校 桃園大同農場 清華研究院 南院	桃園大同農場
清華大禮堂		六燃軍官俱樂部	清華南院	
清華梅園	十八尖山義塚	新竹高爾夫球場	大同農場	
清華後段	十八尖山義塚	共同墓地	清華人社院	
陽明交大光復校區	金山面義塚一部	共同墓地一部	206師新兵訓練中心	
仙宮里				
清華後段	雞蛋面義塚	共同墓地、火葬場	清華仙宮校區	

247 該地之前為日本海軍施設部，為一支持六燃的後勤單位，因此戰後交接給我海軍，1949年起陸續設立海軍子弟學校（1949-1951）與海光新村，之後海軍歸建回左營。1951年原海軍子弟學校校地私設了未立案的光復中學，同時陸軍南精忠新村以原海光新村為基地修建進住。之後國民黨黨部介入設校事宜，光復中學補校於1953年立案成立，海軍要求光復中學還地，後來卻以11萬元賣地給光復，光復中學居然成為陸軍南精忠新村的房東，兩造和平共存，心照不宣：社會契約住到反攻大陸為止。1960年時，上海大學還曾以光復中學作為籌備處，教育部未准。後來光復中學擴大發展（且反攻大陸不成），就於1988年提起訴訟，1996年南精忠新村敗訴，住戶遷往文教新城。頁246-252，林樹、潘國正等著，〈眷村子弟的教育〉，《新竹市眷村田野調查報告書：竹籬笆內的春天》（新竹：新竹市文化中心，1997）。

248 中油的石油通訊第九期（1952年2月25日出版）的封面後頁（非封底）之照片，題字為：雲樹繞堤沙：新竹研究所成功湖。因此推論成功湖的命名來自新竹研究所，當時已陸續和聯合國有所合作，因此以原臨時聯合國所在地的Lake Success命名之。

原赤土埼地區	17世紀前為鹿場	工業新竹墓牧中地燃料新竹	科技聚落	成功湖的聯合國脈絡
現址	清	日治	國府	美援
風吹輦崎	風吹輦崎義塚	共同墓地	南校門 竹師教育學院 藝術學院 科技管理學院 謝宏亮現代美術館 清華文物館——捷英館 清華仙宮校區	
科園里				
新竹科學園區		金山面庄 帝國製糖株式會社甘蔗田	科學園區 金山面文化區	

資料來源：作者整理。柳逸照、潘國正校閱補正。

1-1-12　小結

　　由地理學的中地（central place）論之，赤土崎在生活、就學方面可能並非中地，例如就學要走到城裡，不在「電話加入區」之內等。但觀其土地利用，赤土崎卻是墓地與山林的中地，而這卻來自其空間的邊陲。另外，如果以「工業新竹」而言，包括軍事工業，則中地非赤土崎莫屬，當時新竹所建設的工廠大都在赤土崎。再進一步論「燃料中地」，則赤土崎所在的海軍六燃、海軍天然瓦斯實驗所與總督府天然瓦斯研究所，為了配合其南向國策，可稱為亞州級的中地。以上的中地特色更藉著後來的工研院、清華、交大，促成了新竹科學園區的發展，已成為世界級的「半導體中地」。此外，如將黃旺成在社會運動的角色作為中地足跡（footprints），加上各國眷村交織而成的眷村文化所累積的生命故事，即赤土崎也是「眷村中地」，那麼其所一起拓展的「人文社會中地」更讓赤土崎與新竹因而不凡。

第二節
鹿場、獵場與退場：梅花鹿的歷史現場 [249]

　　康熙台灣輿圖（1699-1704）[250] 中的鹿跡，中部只在大甲社（現台中市大甲區）、沙轆社（現台中市沙鹿區）與北大肚社（現台中市大肚區）的中間地帶發現，桃竹苗的鹿跡只出現在吞肖社（現苗栗縣通霄地區）山區以及澗仔力社（現桃園市中壢地區），而在該圖上出現的動物絕大部分為耕牛或拖著牛車的牛，包括竹塹社也產生了「鹿離牛入」的現象，說明了拓墾的進程（參閱本書彩圖集 A9）。但是勿忘竹塹社曾被標誌為「出暵部落」，也就是主要獵場。而新竹清華園所在的赤土崎地區位於土牛紅線與番界線之間，也是王世傑墾地與金廣福墾地之間，在輿圖上成為該地區最後的鹿場與獵場。本節探討了在鹿皮貿易的拉力與開墾鹿場的推力之間，梅花鹿如何從台灣（包括竹塹地區）退場，並成為站在赤土崎公園角落上的雕塑。

1-2-1　鹿皮貿易風

　　16-17 世紀，大航海時代的明朝，將漳州人與泉州人出海貿易所去的國家分成東西洋，[251] 並以婆羅州為界畫出東洋針路與西洋針路（航路），台灣以「東番」之名列在東洋之國中，更是東洋針路的必經之地，當時鹿類貿易與賦稅已出現在明朝，1589 年（萬曆17 年）的文獻中，可見鹿皮每百張稅銀八分、鹿角每百斤稅銀一分四釐、鹿脯每百斤稅銀四分等，[252] 1615 年（萬曆 43 年）鹿類的稅金調降，間接說明貿易量的增加，而且當時的鹿皮貿易，先運到唐山加工，再運往日本，主要作為武士甲冑製作的材料，因此也稱為「唐革」。當時的鹿皮的出口價格為 100 張 10 兩上下，而販賣價格約為 100 張 30 兩，可謂相當有利可圖。[253]

　　日本的戰國時代，鹿皮除了用於前述之武士甲冑、弓具、劍具刀柄與馬鞍等軍需用品外，也因階級而以不同獸皮用在裝飾與鞋底，如虎皮與豹皮供公方樣（幕府將軍與高

249 本節初稿邀請聚珍台灣書店的王子碩先生審閱，特此申謝。
250 康熙台灣輿圖在日治時期，都被稱為「黃叔璥台灣番社圖」，以為是 1722 年由巡台御史獻給朝廷者，後來經過考證之後，繪製時間介於 1699-1704 年之間。〈康熙台灣輿圖〉，網址：https://bit.ly/3HHWtA7。
251 張燮，《東西洋考》（1617）。明代的東洋乃是指南海東部及附近諸島，反之則稱西洋。本書原為明刻本，後有清四庫全書本。2000 年有中華書局的校注本，《東西洋考》，網址：https://bit.ly/3gEO3O2。
252 曹永和，《近世台灣鹿皮貿易考：青年曹永和的學術啟航》（台北：遠流出版，2011），頁 48。
253 同上註，頁 298。另參村上直次郎，《貿易史上の平戶》（東京：日本學術普及會，1917），頁 99。

等官職）使用，鹿皮則供平人（普通百姓）及一般軍人使用，[254] 顯見軍（武士）民皆有鹿皮之需，之後的江戶時代（1603-1867），軍用漸息，但民生用途大增，鹿皮仍大量的輸往日本。例如 1704 年（康熙 43 年、元祿 17 年／寶永元年）[255] 的 4 月及 5 月這兩個月，開往日本的台灣貿易船就高達 14 艘。

1-2-2　開墾的拉力與推力

　　那時起，日本成為台灣鹿場減少、鹿群絕跡的主要拉力，貿易的經濟規模（瞨社制度等）與軍民開墾（如屯田制、營盤田制等）則成為推力，雖然鄭氏王朝曾在督兵開墾的特諭中出現「不可斧斤不時，竭澤而漁」等生態用語，[256] 但是台灣的梅花鹿已在拉力與推力下往滅絕的方向邁進。鹿類成為當時台灣國際貿易的主角，透過西班牙與荷蘭的通商與殖民，台灣已成為了東亞轉口貿易的樞紐，其中荷蘭以東印度公司（VOC）為窗口，自 1602 年起展開各大洲的通商殖民，並曾於 1604 年佔領澎湖，自 1624 年在大員設立貿易據點，開始了 38 年的荷蘭殖民台灣。同一個時期，西班牙在 1626 年佔領雞籠（現基隆），但於 1642 年敗於荷蘭，撤離台灣。兩國的貿易貨品中都有鹿皮及鹿肉，更不用說日本自行派船（倭船）來收購。據估計，荷蘭據台時期，唐山私船運送與倭船運送的鹿皮每年就高達 20 萬張 [257] 或 VOC 數據中的 16 萬 1 千張。[258]

1-2-3　歷史中的鹿群

　　1650 年荷人的《旅台遊記》中即記載了鹿群數量：一群就有二三千頭雲集。[259] 1655 年 9 月 21 日的《熱蘭遮城日誌》[260] 中曾記載：因農田受到蝗害欠收，塔樓社、阿猴社和大木連社的長老們請求該區政務員代為懇求，准許他們裝捕獸器，以利獵鹿來換米。[261] 另一方面，在諸羅山與麻豆的獵場則禁止安設捕獸機捕鹿，若不予以禁止，不久那地區的鹿群將死光了。[262] 更將鹿皮加進了社會控制的範疇，例如上教堂與上學缺席的人，處

---

254 曹永和，《近世台灣鹿皮貿易考：青年曹永和的學術啟航》，頁 300。

255 1703 年的元祿大地震，因此改元寶永。即元祿 17 年就是寶永元年。

256 曹永和，《近世台灣鹿皮貿易考：青年曹永和的學術啟航》，頁 216。

257 同上註，頁 72。

258 彭茂中編著，《台灣歷史心影》（新竹：旭正家具藝品公司，2010），頁 21。

259 John Struys 於 1650 年旅台的遊記。

260《熱蘭遮城日誌》為 1629-1662 年間，荷屬東印度公司（VOC）逐日記載殖民地大小事所成的日誌，該日誌共有 5,474 篇，207 萬字，由台南市政府進行翻譯計畫，自 2000 年陸續出版中譯本，數位版則在中研院台史所的日記知識庫內。《熱蘭遮城日誌》，網址：https://bit.ly/3HLfYYq。

261《熱蘭遮城日誌》，網址：https://bit.ly/3HLfYYq，1655 年 9 月 21 日。

262 同上註，1650 年 10 月 20 日。

罰交一張母鹿皮。[263] 此外，越界捕鹿也成為衝突的原因，因此規定：除非獲得允許得以在共同獵場獵鹿外，其他各社只可以在自己社的鹿場內捕獵。[264]

1660 年德國人 Albrecht Herport 亦曾記載：數量龐大到不可思議的鹿群——被陷阱捕獲或喪生在獵槍之下。1661 年鄭氏王朝續獵，轉而與英國的東印度公司結盟，更在 1670 年簽定通商備忘錄，將鹿皮、生絲、砂糖、稻米輸出到日本，換從日本輸入陶瓷、軍械、銅與銀，鹿肉則輸出到大明王朝，換取生絲與陶瓷，也因此得以由英國輸入軍火、鐵與布料等。[265]

陳第於 1603 年所著的《東番記》曾記載台灣西部平原野鹿千百成群，主要為梅花鹿與水鹿，荷蘭佔領台灣之後，1633 年起引進漢人拓墾及獵鹿，號稱「共構殖民」，[266] 這些被引進的漢人被稱之為：「福爾摩沙島上唯一釀蜜的蜂種」，包括獵鹿。VOC 統籌發放獵鹿執照，收取狩獵稅，又稱為「贌金」。當年荷蘭也派遣傳教士來台灣宣教並成立教會，藉此推動統治與貿易，因此教會亦成為發放獵鹿執照的窗口。依中村孝志的研究，[267] 荷蘭船在 1633-1661 年所載運出口的鹿皮數量，較高量為 1638 年的 151,015 張、1639 年的 130,010 張、1634 年的 111,840 張等，如以數量區間觀之，則輸出 10 萬張以上者有年四年、5-10 萬張者有 17 年、5 萬以下有八年。而最少出口量者為 1661 年的 2,180 張以及 1649 年的 6,241 張。

1-2-4　鹿場與獵場

由黃清琦繪製的〈贌社稅制施行範圍及贌金比例圖〉（1647-1655）一圖中，[268] 可知竹塹社被標誌為「出贌部落」，也就是主要獵場。歷史上，「一府二鹿三艋舺」廣為人知，但其實還有接續的地方，那就是「四諸羅五竹塹六大里七笨港」，其中諸羅、竹塹與笨港都是主要獵場，該圖中列出了 1647、1650 及 1655 年度的贌金收入表，1647 年度的贌金稅收數據中，諸羅山社高居首位（8.8%），而第二名是竹塹社的 7.5%，到了 1655 年度，竹塹社的 7.2% 已落到第五位，而虎尾壠社則以 20.9% 高居首位，說明了獵場消長的現象。另外，與新竹地區（潤仔力社之南）[269] 有關的梅花鹿圖，出現在康熙台灣輿圖中，畫

263 同上註，1644 年 3 月 21 日。
264 同上註，1651 年 3 月 7 日。
265 曹永和，《近世台灣鹿皮貿易考：青年曹永和的學術啟航》，頁 40-41。
266 黃驗、黃裕元、黃清琦，《台灣歷史地圖》（台北：遠流出版，2018），頁 28。歐陽泰著，鄭維中譯，《福爾摩沙如何變成台灣府》（台北：遠流出版，2007）。
267 中村孝志，《荷蘭時代台灣史研究》上卷（台北：稻香出版社，1997）。另見曹永和，《近世台灣鹿皮貿易考：青年曹永和的學術啟航》，頁 80，表 1-3-8-1。
268 黃驗、黃裕元、黃清琦，《台灣歷史地圖》，頁 29。另原始資料亦來自中村孝志，《荷蘭時代台灣史研究》（台北：稻香出版社，1997），上卷。
269 潤仔力（壢），中壢的平埔名，被稱呼為中壢始自 1871（同治 10 年），意指在竹塹及淡水間之

出了三隻梅花鹿，[270] 可以推論該地區的平原與丘陵、山地更應該如前述《東西洋考》與《島夷志》所觀察到的：山最宜鹿，千百成群。

鄭氏王朝於 1683 年敗亡於施琅之手，也因此展開了是否納入大清版圖的論戰，論戰包括海浪說、孤懸海外說、遠在海表說等，不過施琅卻以膏腴之地為由，力陳應納入大清版圖，而該膏腴之地說的內容即包括鹿皮。[271]

郁永河於 1698 年所寫的《裨海紀遊》中，記載了他於 1697 年（康熙 36 年）4 月 7 日（陰曆）由台灣府治（現台南）搭牛車出發，一路北上淡水採硫礦的歷史，4 月 25 日過中港社（現竹南）到竹塹社，4 月 26 日自竹塹社至南嵌社，途中看見了成群的野牛與野鹿，還自己獵捕了三頭鹿，但前面路程未提及鹿群，不過嘉南與雲彰地區才是荷蘭時期的主要獵場，顯然獵場北移。1717 年（康熙 56 年）出版的《諸羅縣志》中所描寫竹塹到南崁的景觀也是一片荒蕪：一望無蕪、時有野番出沒，沿路無村落，行者亦鮮、遇陰雨天地昏慘，四顧淒絕。值得注意的是，竹塹到南崁描述者為海線（現台 61 線靠海側），且有丘陵繞延，如果靠內陸，就會路過竹塹聚落，還算人類宜居之地，但可能成為「非鹿類所宜居也」。

4 月 25：
山中野牛甚多，每出千百為群，土番能生致之。候其馴用之。

4 月 26 日：
自竹塹至南嵌，八九十里不見一樹一屋，求一樹就陰不得，途中遇麋鹿麏逐隊行，甚夥，驅獫猲獟獲三鹿——非人類所宜居也。

郁永河在觀察原住民的生活時所描述者：

山中多麋鹿，射得輒飲其血，肉之生熟不甚較，果腹而已。

而其竹枝詞 [272] 中也出現如下的情景：

堰地稱之中壢。當時澗仔力社、眩眩社（現新竹市樹林里、福林里、德林里一帶）與竹塹社（現新竹市北區）皆屬於諸羅縣（北路）。但澗仔力社和霄裡社似有空間相重疊之處，澗仔力社也有可能是霄裡社的其中一支。

270 曹永和，《近世台灣鹿皮貿易考：青年曹永和的學術啟航》，頁 118。

271 同上註，頁 462。

272 黃育智（Tony），〈三百年前台灣西部大旅行——讀《裨海紀遊》（下卷）〉，網址：https://reurl.cc/yQ8M8y；此包括竹枝詞的說明。

番兒以射鹿逐獸為生，腹大則走不疾

鹿皮藉地為臥具，遇雨即以覆體

番人射得麢鹿以付社商收掌充賦

1715 年（康熙 54 年）參將阮蔡文，巡視北路時，寫〈竹塹〉詩。詩曰：

竹塹周環三十里，封疆不大介其中——年年捕鹿邱陵比，今年得鹿實無幾——鹿場半被流民開，菽麻之餘間菽黍——鹿革為衣不貼身，尺布為裳露雙髀。[273]

再依《台海使槎錄》中的第 6 卷〈番俗六考〉[274] 所述，有北路諸羅番九之篇，包括大甲東社等崩山八社到竹塹礁磹巴。其中描述：

崩山八社所屬地（現台中、苗栗），橫互二百餘里。高阜居多，低下處少。番民擇沃土可耕者，種芝麻、黍、芋；餘為鹿場。

竹塹社離港十里，自北而南者，如鹿脯、鹿筋、鹿角、鹿皮、芝麻、水藤、紫菜、通草之類。[275]

平地鹿場因漢人開墾而漸次喪失，《台灣縣誌》的描述：

麢鹿舊盛產，今取之既盡，為難得，必求之番酋。

而在原住民的生活當中，作者記載了：衣鹿皮、醃鹿脯、生鹿肉為定（婚約）、男女老幼皆裸體用鹿皮包裹、用鹿皮展鋪如席（喪葬）、用鹿的脂肪當做髮油等。[276]

1-2-5　竹塹社也是鹿場

由上可知，直到康熙末年，道卡斯族的竹塹社人，在漢人移入竹塹之前，和土地的

---

273 參考竹塹地勢圖，整理自施添福，《清代台灣的地域社會：竹塹地區的歷史地理研究》，（新竹縣：新竹縣文化局，2001）。
274 該書為清朝巡台御史黃叔璥著，記載 1722-1737 在台灣的觀察。
275 康熙時期，台灣西部有 10 個港口，竹塹港往北有南崁港與八里分港（現淡水）。
276〈《台海使槎錄》〉，網址：https://zh.m.wikipedia.org/zh-tw/台海使槎錄。參見卷 6 北路〈諸羅番九〉。

關係是一個擇樹而棲，以狩獵為主，連十八尖山也是竹塹社鹿場。他們與自然生態保持和諧平衡的狀態，[277] 可以說竹塹地區大致是草原的景觀，除了竹塹社在此插竹為籬而居，逐獸捕鹿與游耕之外，一片荒蕪且人煙稀少，[278] 也就是草原鹿場了。當地的原住民以藜米為主食，鹿肉為竹塹社主要的肉類來源，逢祭典必供奉鹿肉湯，可見鹿肉是竹塹社的日常主食之一，結婚時竹塹社以生鹿肉為聘禮，死後以鹿皮包裹，由四位家屬抬至山上，再將鹿皮如草蓆一樣攤開，而生鹿肉更是傳統祭儀「田」的祭品。[279]

　　1622 年（康熙初年），竹塹社人年納番社餉 378 兩，為大甲溪以北諸社之冠，且遠遠超出許多。歸化的社番，設通事管理之，包括徵餉，當時所繳交之社餉以鹿皮計，50 張鹿皮折合銀兩 12 兩換算，竹塹社鹿皮年產量約為 1,800 張，表示當時竹塹地區生態環境尚未被破壞。但康熙中葉之後，漢人王世傑率一百多親族鄉里來台，開墾現今新竹市東門城一帶，使得竹塹社人狩獵鹿場範圍縮小，生活日益貧困。相對於當時的台南地區，鹿群已絕跡，鹿場已成荒地，等著成為被開墾的田園。[280] 1724 年（雍正 2 年）覆准「福建台灣各番鹿場閒曠地方可以墾種者，令地方官曉諭，聽各番租與民人耕種」之後，更邀起了閩粵移民前往竹塹地區開墾的意願。[281] 到了 1733 年（雍正 11 年），從一些古地契之中，可知竹塹社的鹿場大量轉移給漢人開墾者，也顯示出當時的情況已是「捕鹿稀少」、「鹿場悉為田」與「鹿場半被流民開」。[282]

　　但是原住民曾有的獵鹿文化（包括狩獵禁忌）與共生的生態平衡，在梅花鹿成為貿易商品之後，文化與生態也隨著獵捕數量的增加而漸漸消失，並不得不加入了「獵鹿共犯結構」之中。從 1633 年荷蘭的大肆捕獵，鹿皮年出口 5-7 萬張、鄭氏王朝 3 萬張、清朝 9 千張，逐年減少，到了清雍正期間已經不是出口貿易產品了，直到 1969 年最後一隻野生梅花鹿滅絕於台東山區，徒留 70 多個與鹿相關的地名，例如鹿寮坑／坪／仔、鹿草、鹿滿、鹿野、鹿谷、鹿港、鹿湖、鹿耳門、鹿窟、初鹿等。

1-2-6　小結

　　由土地利用的角度觀之，台灣在清朝時期，拓墾的方向由南而北，而在新竹地區

---

277 潘國正，〈竹塹社簡史〉，網址：https://bit.ly/3Jlr3Qi。

278 陳國揚，〈清代竹塹開發與信仰、文教之開展〉，《中興史學》1，1994，頁 87-151。「竹塹地區」詳見頁 97-98。

279 詹素娟、張素玢，《台灣原住民史：平埔族史篇（北）北台灣平埔族群史》（台北：中央研究院台灣史研究所籌備處，2001）。

280 曹永和，《近世台灣鹿皮貿易考：青年曹永和的學術啟航》，頁 220。

281 《清會典台灣事例》，網址：https://ctext.org/zh，頁 554。

282 伊能嘉矩，《台灣文化誌》（東京：刀江書院，1928），頁 674。曹永和，《近世台灣鹿皮貿易考：青年曹永和的學術啟航》，頁 222。另見施添福，〈竹塹、竹塹埔和鹿場半被流民開〉，《台灣風物》39（31），1989，頁 80。

則是由西而東，主要為漢人思維的移墾社會，將過去竹塹社的草埔地（鹿場）往「水田化」（也有部分旱田）與「水圳化」的方向開墾，接著進入近代的「水泥化」城鄉建設。[283] 因此在竹塹社的原住民脈絡以及逐水草而居的梅花鹿生態脈絡之下，當年的清華園也是鹿場的一部分，卻因大量捕獵而滅絕。在新竹地區，只留下芎林的鹿寮坑、竹北的鹿場里以及金山里的鹿仔坑等的地名。而新竹動物園再復育的梅花鹿只能向市民展示竹塹從鹿場、獵場與退場，然後成為歷史現場。隔著光復路，1977 年楊英風設計的清華園古冊竹簡型大門口，斜對著赤土崎公園在 2005 年再採用楊英風的梅花鹿（母子），由其兒子楊奉琛打造完成的雕塑作品，[284] 企圖表達詩經中「鹿能覓得甘泉，以鹿鳴呼朋引伴，共享清泉」的歷史情境，似乎在鼓勵清華大學從歷史現場回到鹿場（參閱本書彩圖集圖 A13）。

---

283 韋煙灶主編，《新竹 300 年文獻特輯》，頁 480-481。
284 梅花鹿為楊英風作品，初見於 1962 年的台中教師會館前。

第三節
乙未戰爭的歷史現場：新竹城外雞蛋面 [285]

　　1642 年荷蘭東印度公司（VOC）北上佔領西班牙的雞籠城堡與淡水地區，使得西班牙退出台灣，為了打通大員 [286] 到淡水的「荷屬縱貫線」，1644 年派兵征服竹塹與南崁。1895 年清朝戰敗割讓台灣，日本動用陸軍近衛師團的兩個旅團，五萬兵力，海軍主力軍艦 31 艘為主的共 233 艘艦艇，分成兩大船團：樺山總督船團（20 艘戰艦）與能久親王船團（11 艘戰艦），前者的旗艦為松島丸，後者為橫濱丸。兩船團會合後，於 5 月 29 日下午從北台灣三貂角澳底登陸，首先登陸的三艘運兵軍艦名稱為佐倉、姬路、豐橋。[287] 6 月 6 日，台灣總督於基隆海關開始總督府公務。之後遭遇到各地的反抗歷時五個月，直到同年 10 月 22 日發布台南地方戡定告示，[288] 史稱「乙未戰爭」，而日方稱為「台灣征討」或「台灣平定作戰」。[289] 因為遭到反抗，因此連 6 月 2 日的割讓移交手續也不得不在三貂角附近海域上的日方橫濱丸與清方公益號上面完成，[290] 大清帝國「永遠割讓」台灣給大日本帝國，當時橫濱丸因此被稱為「海上總督府」，船上除了總督之外，還有文武高官 29 名、判任官 56 名、憲兵 137 名，包括水野遵（1850-1900）公使兼通譯，他後來成為台灣總督府首任民政局長。[291] 而辜顯榮於 5 月底帶著陳情書上了橫濱丸，商量日軍入台北府事宜，值得一提的是，該陳情書是一項很國際化的共識，由德國、美國與蘇格蘭等在台人士合作完成之。[292] 另一方面，清朝割台船公義號的主角李經方，為李鴻章之子，只敢在船上而非陸上交接，可說父子聯手割台，成為割台史的歷史人物。此外，和橫濱丸一起的近衛師團船團有 20 艘運送船，6 月 11 日北路清軍投降者則由日軍用船送回大清帝國。

---

285 本節初稿邀請聚珍台灣書店的王子碩先生審閱，特此申謝。本文論及的地名「雞蛋面」，日本文獻稱之為「雞卵面」，除文獻引文外，本文通稱之為雞蛋面。

286 大員為荷蘭當時的統治中心，原來指稱在台江內海與熱蘭遮城（現安平古堡）一帶，統治者稱為大員長官，也成立了大員評議會，統籌四個會議區：淡水、北部、南部、東部，後來大員也成為全台灣的代名詞，另一說：大員的河洛話發音演繹為台員及台灣。

287 呂理政、謝國興主編，《乙未之役隨軍見聞錄》（台北：中央研究院台灣史研究所、國立台灣歷史博物館，2015），頁 62。

288 當時率先入台南城的是 10 月 21 日上午 9 時的第二師團，隔天（10 月 22 日）近衛師團接著入城。

289〈乙未戰爭〉，網址：https://ja.wikipedia.org/wiki/乙未戰爭。

290 呂理政、謝國興主編，《乙未之役隨軍見聞錄》，頁 83。

291 永岡涼風編著，《明朝より伊澤時代まで》上冊（台北：台北活版社出版部，1925），頁 38。https://ja.wikipedia.org/wiki/水野遵。其台灣全嶋圖，後來成為引起牡丹事件的導引圖。

292 林呈蓉，《見證乙未之役》（台北：五南圖書出版公司，2021），頁 30。美國代表為後述的隨軍記者達飛聲、德國為商人、蘇格蘭為學者。

1-3-1　台灣民主國

在日軍登陸前幾天的 5 月 15 日與 23 日，唐「準總統」先後發布「台民布告」與「台灣民主國自主宣言」之後，5 月 25 日，台灣民主國成立，揭黃虎旗，年號永清：永遠向大清，呼應前述的布告與自主宣言，例如遙載皇靈、戀載皇清、當再請命中廷等。[293] 但該民主國於 10 月 21 日滅國，政權共維持 150 天，一開國不久的 6 月 6 日，一批達官顯要與兩千清兵搭著德籍商船 Arthur 號潛逃離台，其中可能包括帶著國庫公款的唐總統，10 月 20 日第二任總統劉永福也逃了。[294] 所以 1895 年乙未年，台灣歷經三個政權，年初大清帝國、年中台灣民主國、年末大日本帝國。而在台灣民主國之下的行政組織，除新設總統府與議會外，仍然維持台灣道下轄三府、一州、三廳與十一縣，新竹縣屬於台北府，當時的縣知事王國瑞「換國留任」，為六位留任者之一，其防務包括四路共 22 個地方，而新竹防務則由統領吳湯興領兵四營駐防之。乙未戰爭期間，新竹雖著墨不多，但抵抗頗強，有些戰事發生在清華校園內與外圍，包括十八尖山、枕頭山與雞卵面，[295] 因此乙未戰場也成為新竹清華園的歷史現場。

1-3-2　日軍南下新竹

日軍於 1895 年 6 月 7 日佔領台北城之後，[296] 開始「分區始政」，且由軍政開始，不但出現了「民政支部」，也出現了日治時期唯一的副總督（高島陸軍中將），統領增派的另一師團，負責南進之征討。[297] 並開始由近衛師團派兵自台北府南下偵察，[298] 該偵察隊為近衛師團第一旅團第二聯隊第四中隊，期間為 6 月 12 至 17 日，開啟了乙未戰的新竹篇，首先 6 月 13 日首站到達中歷（壢），紮營於停車場（火車站）旁，當天要求居民將各種武器要集中到里正（里長）處保管，晚上令道路兩邊的店家需點燈。隔天（14 日）偵察隊繼續南下，大湖口地區的羊喜窩（現新竹縣湖口鄉湖口村一帶）遇上各路的客家籍義軍，分別由鍾石妹、徐泰新、姜紹祖與胡嘉猷率領進攻日軍，成為乙未的「新竹第

---

293 林呈蓉，《見證乙未之役》，頁 11-13。
294 同上註，頁 85。
295 清治與日治時期通稱雞卵面，光復之後稱雞蛋面，兩者並用之。
296 協助日軍進城的主要人物有陳法與辜顯榮，辜顯榮引前哨日軍往台北城，而陳法母子提供梯子給日軍爬過城牆開東門。陳法育有二男二女，協助提供梯子者為長男陳成，後來經營嘉義閣旅館。次子陳水土陪同近衛師團南下，1895 年隨細川瀏牧師赴日留學，被視為早期留日的台籍人士之一，且為小學留學。同行者還有教會系統的周天祐，留日後返台進台灣總督府醫學校，畢業後回嘉義開設全生醫館。參見林呈蓉，《見證乙未之役》，頁 35-36。
297 林呈蓉，《見證乙未之役》，頁 8-9。
298 除了偵察隊，其它陸續南下的有新竹枝隊、台北新竹間聯絡枝隊與兵站線路掩護隊。

一戰」，傍晚紮營於大湖口（現湖口鄉）停車場，就被吳湯興（1860-1895）所率的新苗軍突襲而幾乎全軍覆沒，史稱「大湖口之役」。該役也成為日軍首次的「征討挫敗」，雙方開戰之後，日軍漸趨弱勢，只有靠在外海的秋津州軍艦炮擊，[299] 逼迫客家籍義軍退散，日軍方可趁機撤退，且秋津州軍艦亦曾運步兵中隊與大炮由香山上岸。隔天的 6 月 15 日的偵察報告，[300] 繼續在新車地區（現新豐與竹北間）兩軍遭遇，[301] 義軍有 400 多人，只有30% 左右的人手持舊式火繩槍，且觀察到義軍的多樣化服裝，顯見不少民兵加入有制服的義軍，對於日軍有很強的敵意，[302]

　　那一兩天，日軍訊問了民眾，得知義軍的楊統領率 2,000 人、吳光亮領 500 人，加上林朝棟從彰化縣號召 5、6 營兵力（2,000-3,000 人），正往新竹集結，而在大湖口、鳳山溪、新車、古車（現新竹香山茄苳里）與新竹街道 [303] 等地遇到零星抵抗，義軍習慣吹奏喇叭、敲擊大鼓以提升士氣。概括而言，頭亭溪（現楊梅頭重溪地區）以東的民情較安定，而以西則不穩，家家閉戶，且有逃往山中的盜匪橫行，殺害良民，棄屍路旁。鐵道與電信線路受到破壞，例如桃仔園（桃園）到中歷（壢）間的鐵道有百多公尺的枕木被破壞，台北到大湖口間的電信線被切斷，甚至電線桿也被拔除，因此桃園到新竹間一方面佈線、另一方面修復被破壞的電信線，並沿線設置遞信哨（電信哨）。中歷（壢）以東較易獲取物資，但米價高騰，本來出外偵察以三天為一單位，因此每人攜帶三天份口糧（混合精米），如超過天數，必需由「副食物買辦小隊」在當地購買或徵集，並要求俘虜磨成精米。在其間，兩次偵察到新竹的城門開著，商業仍繼續著，且見到著清朝官服者似在執行公務，並探查到新竹城有穿著制服的鄉勇 150 人巡邏，主要是針對土匪。[304]

　　此外，當時台北南下的潰勇被安置在新竹城外觀音亭（今竹蓮寺），日軍受到棟軍、

---

299 秋津州軍艦（1894-1927）為首艘日本國產軍艦，於 1894 年 3 月 31 啟用，捨巨炮改四門速射炮，首任艦長為上村彥之承少佐（少校），曾在日清海戰中擄獲清國「操江號」炮艦，也參與過日俄戰爭。

300 亞洲歷史資料中心，〈明治 28 年 5 月 28 日至 6 月 9 日台灣北部近衛師團戰報〉，頁 0697-0698。該報告由將校斥候長步兵少尉戶川柳吉提供，他帶領一支 18 人的偵察小隊。

301 1902 年前的縱貫線只到新竹，新竹往北的車站有紅毛田（竹北）、新車、鳳山崎（新豐）、大湖口（老湖口）等。

302 火繩槍發明於奧地利，在 16 世紀成為歐洲的主要武器，該槍於 1543 年由種子島傳入日本（通稱南蠻貿易），該槍也被稱為種子島槍。長崎的平戶成為當時日本對外貿易的唯一窗口；推論明鄭時期該槍已輸入台灣。〈南蠻貿易〉，網址：https://zh.wikipedia.org/zh-tw/南蠻貿易。另一說為張之洞（1837-1909）在割台時，曾撥白銀 30 萬兩與槍械彈藥一批，是否也支持義軍。

303 推論為清治時期竹塹城通往艋舺、雞籠（基隆）之官路（官道），由淡水廳（後來之新竹縣）衙署（在今日西安街 46 號與土地銀行間）經北門街、水田街、竹巷、湳雅街、金門厝（渡船或涉水過頭前溪，又稱湳子河義渡）、竹北溪洲、新社一路往北。

304 亞洲歷史資料中心，〈明治 28 年 5 月 28 日至 6 月 9 日台灣北部近衛師團戰報〉，網址：https://bit.ly/3BgcvK9，頁 0681-0682。

客勇與廣勇的攻擊後，吳湯興受竹苗士紳推舉為義軍首領，但彼此貌和神離，最後雙方因軍餉問題而決裂，吳湯興率領的部隊主動自新竹退守。[305] 由於當時鐵路只到新竹，日軍南下沿途受到各路人馬的抵抗，因此在戰術上調派軍艦秋津州與大島號送部隊到南部（近衛師團第二次輸送），[306] 企圖先佔領台南、鳳山（當時劉永福的黑旗軍主力在台南），再北上夾擊，船上的部隊包括野戰炮廠輜重監視隊、步兵第二旅團、騎兵第二中隊、炮兵第二大隊、工兵中隊、山炮材料中隊、衛生隊、第二野戰醫院、獨立野戰電信隊、野戰工兵廠員、兵站監部員等，[307] 不過因台北府被各路義軍包圍，第二次輸送只好先在基隆上陸，馳援台北。此外，後勤輜重之運輸問題也因台灣的地形而無法使用制式車輛，其中的替代方案即為以馬匹運送，支援範圍包括架橋、醫院及常被破壞的電信設備（如表 1-3-1）。

表 1-3-1　日軍馬匹後勤輜重之運輸需求表

單位	需求（背：120kg）
彈藥大隊	646
輜重兵大隊	444
野戰病院	76
獨立野戰電信隊	80
大架橋縱隊	230
小架橋縱隊	75
小計	1,551

資料來源：〈戰鬥衛生記事〉，亞歷網，頁 203。

　　日軍在知道了台北與新竹之間有較頑強的反抗勢力後，於 6 月 19 日組成「新竹枝隊」（或稱阪井枝隊），由近衛師團第二聯隊阪井重季大佐（1847-1922）領隊，[308] 當時的枝隊已非前述偵察隊的編制，而是作戰部隊的編制，包括了炮兵、騎兵、衛生兵部隊等，出張軍醫包括山內、木村等人，而在戰場上，則有救護地、繃帶所、衛生隊勤務所等機動地點。「阪井枝隊」沿鐵路南下，見枕木被偷與鐵軌、電線杆被破壞，急招電信隊

---

305 李維修，《從素封家到社會菁英：日治時期新竹地區士紳的社會角色變遷》（新竹：新竹市文化局，2015），頁 45。
306 近衛師團的第一次輸送即為日軍登台（三貂角）的行動，時間為 1895 年 5 月 29 日，出現的船艦包括膽振、仁川、天津、大連、橫濱、松島、佐倉、豐橋、廣島。
307 亞州歷史資料中心，〈戰鬥衛生記事：明治 28 年 6 月 23 日 -7 月 10 日〉，網址：https://bit.ly/3BmsviQ。
308 〈阪井重季〉，網址：https://ja.wikipedia.org/wiki/阪井重季。阪井在山根少將病死後，接任旅團團長，後來又參加日俄戰爭，最終軍階為陸軍中將。

前來修復，有些段的鐵道甚至被義軍放置竹子引信的炸藥。由於鐵道沿線成兵家必爭之地，因此日軍也配置了多處赤十字（紅十字）的醫護站，及時醫治受傷的士兵。其中最大的事件之一居然是 6 月 25 日下午的台車翻覆（桃園與海山口：新莊之間），導致日軍 5 死、78 傷，其中 48 名傷者送台北第一野戰醫院，其他分送桃園兵站病院等。[309]

　　日軍南下途中陸續在中壢、安平鎮（現平鎮）、楊梅壢、崩坡庄（現楊梅區東流里）、大湖口等地和義軍交戰。例如 6 月 21 日下午到達大湖口火車站後，日軍就在大湖口郊外設立炮兵陣地，向該地區的聚落猛烈炮擊，執行焦土戰術，逼義軍退卻，其中一個中隊守在中壢到大湖口間，以免道路（含鐵路）被義軍破壞。6 月 22 日分別從新社（現竹北中部）、舊社與枋寮（現新埔）往新竹前進，通過頭前溪，並設立野炮與機關炮陣地，壓制散處在竹東丘陵間台地的義軍，該台地包括二十張犁與部分赤土崎地區。掃蕩之後，日軍第八中隊作為前衛部隊開往新竹城，而第四中隊往左經古車路到達古車村附近，接著佔領金山面，架設炮兵陣地，對準東門城，並掩護其步兵攻佔新竹城，包括使用雲梯攀爬入城。因此在當天（1895 年 6 月 22 日）的 11 時 50 分佔領新竹，[310] 日軍旋於新竹街設置新竹支廳，歸台北縣管轄，部隊先入駐北門鄭如蘭與西門林達夫宅第，[311] 之後再陸續進駐寺廟，例如東門的孔廟與文昌宮（台灣臨時派遣步兵第二十聯隊第三中隊）、南門大街的關帝廟（第八憲兵隊與第十分隊憲兵主力部隊）等。[312] 佔領新竹城的隔天（6 月 23 日），台北又派出另一支隊（澀谷在明支隊），維持台北及新竹間的兵站（含病院）與線路安全，反抗軍仍在桃園、中壢、楊梅等地攻擊日軍，其中日軍的衛生兵部隊則由高田軍醫長與相磯看護長（護理長）率領之。

　　再依照其 6 月 28 日的戰報，基隆兵站病院（第二野戰病院）就有超過一千的病患，而在台北的第一野戰醫院也有病患 428 人，其中南下新竹的枝隊就佔了 192 人。佔領新竹城的三天後（6 月 25 日），新竹衛生隊加設外科室、傳染病室、虎列拉（霍亂）隔離病室，本來重傷病者應送回台北的醫院，但途中會被義軍突襲，因此兵站病院更擴增於新竹支廳的民政廳廳舍，並特別加重衛生與消毒措施，包括內外大掃除、廁所灑生石灰

309 亞州歷史資料中心，〈戰鬥衛生記事：明治 28 年 6 月 23 日 - 7 月 10 日〉，網址：https://bit.
　　ly/3BmsviQ，頁 179。亞洲歷史資料中心下稱「亞歷網」。
310 呂理政、謝國興主編，《乙未之役隨軍見聞錄》（台北：中央研究院台灣史研究所、國立台灣歷
　　史博物館，2015），頁 96-99。當時新竹城內有清兵兩營，入城過城，日軍死傷 11 人（死 3、
　　傷 8），詳見亞州歷史資料中心，〈戰鬥衛生記事：明治 28 年 6 月 23 日 - 7 月 10 日〉，網址：
　　https://bit.ly/3BmsviQ。
311 李維修，《從素封家到社會菁英：日治時期新竹地區士紳的社會角色變遷》，頁 45。另見波越
　　重之，《新竹廳志》（台北：成文出版社，1985），頁 117。此為明治 41 年（1908）重印之排印
　　本。林達夫為林占梅之子。林達夫於 1987 年內渡避難，但於 1898 年 10 月返台。李維修，《從
　　素封家到社會菁英：日治時期新竹地區士紳的社會角色變遷》，頁 56，表 2-3。
312 李維修，《從素封家到社會菁英：日治時期新竹地區士紳的社會角色變遷》，頁 55，表 2-2。

消毒及井水過濾等。[313] 由於病患增加，因此大內、小山、林等「出張軍醫」南下支援，不足之處，只好以小倉丸將 400 名病患以海運北送。到了 7 月底，駐守新竹城的一個中隊，200 人之中就有 120 人染上霍亂。

上述入院者的名稱使用「病患」而非「傷兵」，那是因為水土不服與衛生情況使得患病者居然超過了戰爭受傷者，那些病包括霍亂、瘧疾、腳氣病等，[314] 因此在乙未戰爭的日軍裝備中有蚊帳。此外，日軍更向石黑野戰衛生長官打電報要求「醫衛增援」，包括增加現有兩個兵站醫院的醫衛人員：軍醫 10 名、看護長 10 名、護士 55 名，預先準備另四個兵站醫院的醫衛人員加上民間赤（紅）十字系統的五名醫師與 30 名護理人員。[315]

不管如何，日軍在其間領略到桃竹苗地區的反抗力道和台北很不同，特別是客家義軍，連查獲的武器也很不同，例如曾在新竹城東北方兩里處的新車（新豐與竹北間）村莊，查到埋在土裡的三門加農炮，兩門為 1871 年法國製、另一門為 1878 年清國金陵炮局製。[316] 另外一個困擾是日軍分辨不出一般民眾與義軍，連當時的樺山總督也坦承良民與匪徒（義軍）很難分辨，又加上傳染病，乃成為乙未之戰的兩大困難點，前者也導致後來的屠村行為。為安定社會，日軍採用軟硬兼施的手法，先在 1895 年的 5 月 29 日發佈「對台告諭書」，[317] 強調人民財產安全，但需交出武器。要求安分守己，如蠢動滋事，將會嚴辦。接著在 1895 年 7 月 6 日，台灣總督府公布了共四條的「台灣人民軍事犯處分令」，第一條的八項全為死刑，企圖嚇阻台灣民眾的反抗行動。[318] 兩週後，另一邊的反抗軍由新苗軍首領吳湯興陣營展開了政治作戰，假借日方名義發布了「日本條例」，包括禁吸鴉片、剪髮者優先編入日本籍、鼓勵婦女入日本籍、禁宗廟、改火葬制、門戶禁關閉、拆竹籬、入籍者可營業。[319] 此策略引起桃園與新竹地區更多人民的反抗，連女性也加入反抗軍，造成日軍南下的阻力，包括日軍戰敗的大姑崁與大湖口之役。

1-3-3　美國隨軍記者達飛聲

在上述台灣民主國的建國採訪與引日軍入城兩項台灣史的重要舞台上，達飛聲

---

313 亞州歷史資料中心，〈戰鬥衛生記事：明治 28 年 6 月 23 日 - 7 月 10 日〉，網址：https://bit.ly/3BmsviQ，頁 176。

314 腳氣病並非腳的病，而是人體缺維生素 B1 的病，甲午戰爭中，病死者為戰死者的四倍，日俄戰爭中，腳氣病病死者佔所有死亡者的 60%。

315 亞州歷史資料中心，〈戰鬥衛生記事：明治 28 年 6 月 23 日 - 7 月 10 日〉，網址：https://bit.ly/3BmsviQ，頁 183、190、198。

316 同上註，頁 197。

317 林呈蓉，《水野遵：一個台灣未來的擘畫者》（台北：五南圖書出版公司，2011），頁 95-97。

318 呂理政、謝國興主編，《乙未之役隨軍見聞錄》（台北：中央研究院台灣史研究所、國立台灣歷史博物館，2015），頁 251。

319 亞州歷史資料中心，〈7 月 20 日大本營陸軍參謀報告〉，網址：https://bit.ly/3HLgdmi，頁 035。

（James Wheeler Davidson：1872-1933）出場了，他又跟隨近衛師團的新竹枝隊南下，成為了乙未戰爭中首位的外國戰地記者，他來自美國紐約的《國際先驅論壇報》（International Herald Tribune），[320] 達飛聲在之前的 1895 年 3 月 25 日向清朝台灣巡撫唐景崧申請「觀戰護照」時，他的名字叫「德衛生」。5 月 25 日，台灣民主國總統唐景崧就任時，他也受邀採訪新國家的成立，但唐總統 6 月 5 日就落跑了，總統府也被放火燒了。而日軍於 6 月 7 日入台北城時，達飛聲則引前哨軍從北門進城，而辜顯榮引入東門，原因之一為潰散的五萬名民主國清勇搶劫引發治安敗壞，導致外商、使館與士紳們歡迎變天。接著 6 月隨新竹枝隊南下前，他已先取得臨時採訪證，而當他南下採訪時，居然是一個八人的小隊，包括翻譯久留島、僕役、轎夫三人與挑夫兩人等。[321]

之後他於 7 月 20 日獲近衛師團團長北白川宮能久親王的召見，並從他手中領受了「假從軍證」：暫時從軍，真正採訪，該證名字為如下的片假名：セームス，ダヴュリユー，ダビッドソン。[322] 接著 8 月 15 日，大本營（台灣總督府及各兵站司令部）再發出了一張支持令，支持的對象為：米國紐育（美國紐約）ヘラルド（Herald）新聞記者及其他 14 家新聞通信者，說明了《先驅論壇報》發的戰地報導供給另外 14 家媒體使用。名字一樣為片假名：ゼームス，ダウルユー，デァビソン，但和上者「假從軍證」的拼字不一致，因而發現了當時「軍民不一」的疏忽。不過達飛聲在短短的四個月內，先後成為三個國家的戰地記者，也讓他成為了乙未戰爭的歷史人物。他除了在 1903 年出版了經典之作 *The Island of Formosa Past and Present*，成為研究台灣的主要著作之外，他自己也出現在乙未戰爭下新竹的一張經典照片之中，場景為新竹關帝廟（兵站部），正由日軍徵招苦力以支援後勤事務，該照片由從軍攝影師遠藤誠所攝，他是八位隨軍的日本戰地記者兼攝影師之一。

1-3-4　細川瀏牧師（1857-1934）

1894 年，日本的各基督教派組成「戰時軍人慰勞會」，由細川瀏、[323] 吉川龜、[324] 武田

320《國際先驅論壇報》，網址：https://bit.ly/3GPdjvO。
321 呂理政、謝國興主編，《乙未之役隨軍見聞錄》，頁 234。
322 同上註，頁 237。
323 細川瀏（1856-1934），先後就學於致道館、高知縣英和學校，於 1876 年畢業於慶應義塾，曾擔任過中學校長與回鄉加入自由民權運動。之後踏入媒體界，成為東京日日新聞社的新聞記者。他的人生有一個大轉折，1885 年受洗成為長老教會基督徒，入學東京一致神學校（築地），1887 年畢業，成為傳道師，再於 1892 年就任牧師。1895 乙未戰爭年以慰勞師身分渡台，前後 97 天寫下日記《明治 28 年渡台日記》。之後數次渡台，1896-1897 年、1902-1910 年。之後 1917-1926 年間，第四度來台灣牧道，其中一個教會是他 1895 年曾牧道過的嘉義教會。他於 1926 年退休，1934 年在台灣過世，葬於三板橋共同墓地（現林森公園）。〈細川瀏〉，網址：https://ja.wikipedia.org/wiki/ 細川瀏。
324 吉川龜為了準備一場反基督教的演講而收集相關資訊，結果反被基督教的宗教理念所吸引，開

芳三郎 [325] 三位牧師擔任慰勞使，於 1895 年 9 月 28 日搭乘陸軍所屬的高砂丸渡台，前後 97 日，過程由細川瀏留下了日記。旅程從宇品港開始，經長崎到基隆，細川瀏由此再搭船到澎湖，最後由枋寮登陸，一路北上慰勞軍隊，並沿途和各地的教會交流，並在 10 月 28 日在台南新樓見到了巴克禮牧師（Rev. Thomas Barclay）與夫人，更因生病（急性胃腸炎）而在巴克禮家養病，病癒後繼續其慰勞與宣教之旅，直到 11 月 12 日北上。往北行程中的幾次禮拜，巴牧師也隨同參加，例如牛擔灣教會（11 月 14-15 日）、嘉義禮拜堂（11 月 17 日）、岸裡大社禮拜堂（11 月 24 日）等。依其日記，細川於 11 月 26 日由後龍出發前往新竹，在中途還拜訪了禮拜堂與遇見莊鼎州傳道者，於下午五時抵達新竹的兵站司令部，由留守的都築少校接待。隔天上午陸續見到了 15 大隊隊長山田積之、第一中隊長下一上尉、第二中隊長岡田利義、第四中隊長菊池保孝，洽談演說事宜。由於第一中隊執勤，因此將留守人員分配到第二與第四中隊隊部，共進行了兩場聽眾百人各 40 分鐘的演說。[326]

　　細川瀏牧師在新竹期間，還出手拯救了被密告家中藏有火藥的信徒楊合，[327] 經查可能是以金屬回收營生，因此收到了空彈夾與生鏽的舊刺刀，在新竹關說不成，再於 11 月 29 日於台北面見民政長官水野遵（1850-1900），再次陳情，拿到了一封介紹信，直接找到憲兵隊的荻原上校，楊合終於在一個月後獲釋。[328] 不過細川牧師在前一天（11 月 28 日）從新竹搭火車北上時，身在混雜的車廂中有了一次非常不愉快的乘車經驗，不知是否也有對水野長官陳情？

　　在台期間，細川和兩位信奉基督教的歷史人物有所交流。三位慰勞使來台之初，曾借住於高天賜（1871-1902）家，其父高耀在台南仁德開設西醫院「仁和堂」，從小接受基督教與西式教育。[329] 其次，11 月 30 日、12 月 9 日與 10 日三度遇見李春生（1838-1924），並在其所屬的大稻埕禮拜堂和郭希信傳道師進行本島人和日本人的禮拜，分別以英、日、台三種語言交叉牧道。[330] 這位乙未牧師，之後又於 1898 年、1902 年（1902-1910）、1917 年（1917-1926）來台，前後四次渡台在當時的 14 所教會傳道，其中第四次退休留台，最後於 1934 年死在台灣，成為乙未戰爭及傳道史中的歷史

　　始研究基督教，受洗之後，成為神戶聖愛教會的牧師。曾在 1890 年擔任神戶貧民救濟義會的創會院長，後來改名神戶真生塾。

325 武田芳三郎牧師為日本東京麻布教會的第四代牧師（1895-1898）。該教會前身為築地教會講義所、麻布教會，期間兼辦東洋英和學校。1941 年才改稱鳥居坂教會。〈鳥居坂教會〉，網址：https://ja.wikipedia.org/wiki/鳥居坂教会。

326 呂理政、謝國興主編，《乙未之役隨軍見聞錄》，頁 320-321。

327 楊合信徒所屬的竹塹禮拜堂。是由馬偕牧師（1844-1901）於 1878 年成立的。

328 呂理政、謝國興主編，《乙未之役隨軍見聞錄》，頁 323。

329 林呈蓉，《見證乙未之役》（台北：五南圖書出版公司，2021），頁 112-113。

330 呂理政、謝國興主編，《乙未之役隨軍見聞錄》，頁 326。

人物。[331]

1-3-5　新竹城外的抵抗

日軍在 6 月 23 日佔領新竹城，但新竹台北間的鐵道仍有零星突襲，因此日軍除向北掃盪外，並於 6 月 24 日北上進攻新埔及枋寮，行至荳埔溪橋（今竹北市）時，遭義軍埋伏襲擊。新竹城外仍有抵抗，之後才能往南進攻苗栗的尖筆山。而新竹城外的抵抗即來自十八尖、枕頭山、雞蛋面與金山面，多次「進出」赤土崎地區。就在新竹城佔領後的 6 月 25 日與之後的 7 月 11 日、23 日、24 日皆有日軍遭遇四次敵襲的戰報記錄，例如 6 月 25 日，日軍再大舉進攻枋寮庄，吳湯興與邱國霖則率數百名義勇軍自客雅山進攻新竹西門，一部分的義軍則自十八尖山向西門支援，不過雙方不分勝負，僵持數小時之後即各自收隊。日軍撤回新竹城，吳湯興的部隊撤回苗栗駐地。[332]

新竹被日軍佔領後，各路義軍回防養兵，楊載雲部隊駐香山、傅德星部隊駐尖筆山、吳湯興部隊分駐香山及尖筆山間與石屑崙、姜紹祖部隊駐水仙崙與枕頭山、鍾石妹部隊駐廣含頭、徐驤部隊駐雞卵面等丘陵地帶。7 月 7 日下午水仙崙就有遭遇戰，日軍負傷 94 人，因為擔架不夠，還用現場的樹木來製造臨時擔架。[333] 因此義軍們決定 7 月 10 日半夜一時反攻新竹，[334] 兵分三路，自各地進攻新竹城，棟軍敢字營正營都司姜紹祖攻東門，新楚軍傅德星與陳澄波攻西門，敢字營的營官徐泰新與吳湯興攻南門，[335] 楊載雲、徐驤與姜紹祖接應馳援，日軍在各城門堅守，以致攻防戰延伸至枕頭山與十八尖山，客家義勇姜紹祖（1876-1895）因此在此役中被俘虜後服毒自盡。之後的 7 月 12 日，為了南下苗栗，日軍另派一混成枝隊（山根信成支隊）由台北出發，計兵力 2,570 人，馬匹 320 頭。途中於瀧潭坡（現龍潭）遭遇胡嘉猷、黃娘盛率領之義軍，日軍以山炮逼退，義軍退守牛欄河（現關西）一帶，據稱胡嘉猷戰死於瀧潭坡之役。7 月 13 日水路運糧隊 39 人在三角湧（現三峽）遇襲，只有四人脫逃，號稱隆恩埔之役。[336] 此外，7 月 13-16 日，又在往大嵙崁（現大溪）發生另一分水崙戰役，日軍 894 人（後又增援 700 人）受到反抗軍 3,000 人的口袋戰術突襲，日軍死傷者為反抗軍的六倍，此戰役又見山根少將馳援，日軍戰敗數天後的 7 月 19 日，山根少將率軍隊由台北出發，沿路再回大嵙

331 林呈蓉，《見證乙未之役》，頁 101-103。
332 黃秀政，〈光緒乙未台灣中南部抗日運動史〉，《興大歷史學報》1，1991，頁 189。
333 亞州歷史資料中心，〈戰鬥衛生記事：明治 28 年 6 月 23 日 - 7 月 10 日〉，網址：https://bit.ly/3BmsviQ，頁 204。
334 苗中彰三縣文獻會，《台灣省苗中彰三縣文獻》（台北：成文出版社，1983），頁 117。
335 竹塹城以城隍廟為中心，建設四個城門，東門為迎曦門、西門為把爽門、南門為歌薰門、北門為拱宸門。
336〈隆恩埔之役〉，網址：https://zh.wikipedia.org/wiki/ 隆恩埔戰役。

崁（現大溪）、三角湧（現三峽）等地區進行報復性的無差別屠殺。[337]

另外在戰報中出現多次的地名或地區包括鐵道、頭前溪、新竹停車場（火車站）、十八峰山（十八尖山）等。新竹停車場（火車站）當時為火車的終點站（基隆到新竹），因此許多軍需品、輜重、馬匹等皆集中於此。而野戰醫院會隨著戰況移動，例如日軍佔領新竹時，近衛師團第二野戰醫院就設在新竹，之後移到苗栗後龍，同時有第一與第二野戰醫院。而新竹只設有兵站病院，院長為福井治昌一等軍醫，配有司令部的雇員山口肇與看護兩人。[338]

由戰報的「敵情」項目中，日軍藉由通譯官及俘虜收集了 21 點資訊，包括集結點的北埔、兵力兩營（約千人）、可能由東門潛入新竹城突襲、各軍服裝（青衣紅邊，胸前有正勇字樣等）、大砲種類、一哨 40 人（23 人持槍、17 人持洋刀）、彈藥（每人 120 發子彈，打完撤退）、軍餉（每兵月餉 12 元，如戰死 24 元給家屬）、戰死者送回各村落埋葬、負傷者回北埔姜宅處理、兵旗樣式、撤退路線（由金山面、水仙嶺回北埔）、截到來往書信（苗栗尖筆山）。

特別的是有一個表列出了反抗軍的各項資訊，例如參加軍隊包括新楚軍、義民營、棟字正營、頸勇營、飛虎營等，首領主帥列出了吳湯興、林朝棟、楊載雲、黎大府、景山、鍾石妹、鄭以金、吳光亮、姜阿永、林良得、傅協台（德星）、吳廷才等。其中林朝棟（1851-1904）為棟軍或棟字營的領袖，該軍團為清軍地方軍，1895 年時已擴編到 10 營的兵力，但林朝棟因東渡廈門而未參加乙未戰爭，改由其妹林篤順召集，棟軍仍然參戰，並成為乙未戰爭的主力之一。[339] 部分棟軍與湘勇由末代台灣知府黎景嵩（黎大府）整編，[340] 照楚軍舊制編成 14 營，新楚軍佔其中六營由部將楊載雲統帥（楊統領），駐守尖筆山，其中四營以「頸勇」為名，例如頸勇炮隊營、頸勇衛隊營等，義軍反攻新竹與雞卵面之役及尖筆山保衛戰時，新楚軍皆無役不與。另鄭以金屬棟軍棟字隘勇正營，為開台進士鄭用錫後人，後來曾率領新竹子弟兵參加八卦山之役。又如鍾石妹投誠後，被任用為樹杞林辦務署的參事與保正，後來也獲頒紳章。[341] 徐泰新則擔任首任北埔庄庄長

337 〈分水崙戰役〉，網址：https://zh.wikipedia.org/wiki/ 分水崙戰役。本戰役被視為日軍入主台北城後，規模最大，戰鬥最慘烈的一役。

338 陳怡宏，〈台灣總督府醫報第八〉，《乙未之役外文史料編譯（三）》（台南：國立台灣歷史博物館，2019），頁 487-490。

339 〈棟軍〉，網址：https://zh.wikipedia.org/wiki/棟軍。

340 黎景嵩將候補道楊汝翼逃回清國所遺留的湘勇千人，再加上其他外地壯勇千人，以及台灣、雲林、彰化三知縣及梁翽所募兵馬，共有六、七千人，交由楊載雲統領，號新楚軍，大本營在苗栗頭份。

341 李維修，《從素封家到社會菁英：日治時期新竹地區士紳的社會角色變遷》，頁 64。當時日人以參事與紳章作為懷柔工具。鍾於 1897 年日本皇太后去世宣布大赦時，向新竹支廳歸降。

（任期 1900-1915），也獲頒紳章。[342]

　　和日軍的敵情報告比較，實際上駐守在附近的枕頭山、雞蛋面一帶的義軍，共有徐驤、傳德星、邱國霖、張兆麟、陳超亮、黃景雲、陳澄波及新楚軍統領楊載雲、副將李惟義、[343] 義軍大統領吳湯興、姜紹祖等共 12 營隊，總兵力計約 7,800 餘人，[344] 其中四人為客家籍。

1-3-6　親王領軍的日方近衛師團

　　北白川宮能久親王（1847-1895）領軍任師團長，[345] 下轄司令部、第一旅團（1、2 聯隊）、第二旅團（3、4 聯隊）、騎兵大隊、野戰炮兵聯隊、工兵大隊、彈藥大隊、輜重兵大隊、野戰衛生部。[346] 再區分為左右兩翼隊、預備隊與新竹守備隊，右翼隊由步兵第一旅團長川村景明少將擔任司令官，下有步兵第二聯隊、騎兵小隊、砲兵聯隊山砲第二中隊、機關砲第三隊、工兵第一中隊等（參閱本書彩圖集圖 A10）。左翼由步兵第四聯隊長內藤政明大佐擔任司令官，下有四聯隊第一大隊、騎兵小隊、砲兵第一大隊山砲與野砲第一中隊、機關砲第四隊、工兵小隊等。預備隊包括四聯隊第一大隊的二個中隊、第二聯隊的一個中隊、騎兵大隊、工兵大隊、衛生隊等。至於新竹守備隊由步兵第二聯隊第五中隊長澤崎大尉擔任司令官，包括機關砲第四隊、輜重隊等，兵力約 9,000 多人，且有海軍吉野、浪速二艘巡洋艦在香山外海支援。[347]

　　雖然已佔領新竹城，但是台北與新竹間的各路反抗軍仍然實施游擊戰，給日軍很大的壓力，因此近衛師團於 7 月 28 日發布第二期作戰計畫，擔任師團長的能久親王於隔天（29 日）親自出動，率師團司令部所屬由台北府南下，外加右翼部隊（內藤政明枝隊）由海山口（現新莊）出發，左翼部隊（山根信成枝隊）則由大姑崁（現大溪）遲兩天出發。左右兩翼部隊一路在大姑崁溪左岸（現大漢溪）、瀧潭陂（現龍潭）、銅鑼圈（龍潭西南部）、三角湧（現三峽）、鹹菜硼（現關西之一部）遭遇反抗軍，並往新埔的方向接近。「土民即兵」的情況一樣在新埔街出現，居民緊閉門窗，從內放冷槍突襲。8 月 2 日，加上來自大湖口的援軍，日軍終於佔領新埔，接著兵分兩路，一路往苗栗尖筆山，

---

342 李維修，《從素封家到社會菁英：日治時期新竹地區士紳的社會角色變遷》，頁 72，表 2-4。
343 李惟義為新楚軍的主要將領，後來擔任台灣民主國的總兵。
344 黃秀政，〈光緒乙未台灣中南部抗日運動史〉，《興大歷史學報》1，1991，頁 182。
345 北白川宮能久親王於 1895 年 10 月病死於台南，之後他被神格化，先後在台灣各地興建 60 處神社，以他為主祭神，包括台灣神宮（現圓山飯店）、台南神社、通霄神社等。
346 亞州歷史資料中心，〈明治 28 年 5 月 28 日至 6 月 9 日台灣北部近衛師團戰報〉，網址：https://bit.ly/3BgCvK9，頁 0643-0644。
347 黃秀政，〈光緒乙未台灣中南部抗日運動史〉，《興大歷史學報》1，1991，頁 189。另見亞州歷史資料中心，〈1895 年 8 月 8 日枕頭山戰鬥詳報〉。

一路往水仙嶺（現竹東水仙崙）前進。而能久親王則率司令部於 7 月 31 日起八天駐紮在新竹御舍營所——潛園爽吟閣，後於 8 月 8 日移到牛埔山（即松嶺）露營地再停留六天，督兵參與了尖筆山之戰，且日本海軍的吉野、浪速與八重山三艘軍艦在外海支援砲轟。因此親王在新竹戰死也成為其中一種說法。

1-3-7　枕頭山與雞蛋面攻防戰

枕頭山（現新竹公園）因地勢居高臨下，可遠眺竹塹城，於 1895 年乙未戰爭時是日軍架設大砲打竹塹城的地方。[348] 1895 年 6 月，北白川宮能久親王率軍自台北南下，新竹的抗日人士得知消息後，姜紹祖、吳湯興和徐驤率於 1895 年 7 月 7 日領義軍數百人，鍾石妹從竹東募義勇軍二營駐紮二重埔（現新竹縣二重埔），苗栗黃南球進入十八尖山，多支義勇軍伺機反攻新竹城，包括襲擊新竹停車場。原計畫由傅德星攻東門、陳澄波攻西門、吳湯興所部攻南門，以姜紹祖、徐驤為先鋒，楊載雲在其後策應。但因傅德星兵敗退陣，姜紹祖被迫於 7 月 10 日在枕頭山投降，隔日於獄中吞食鴉片膏自盡。此外，在同一地區的十八尖山更曾是兩軍互相攻防之山頭，以此制高點發動火炮攻擊，在進攻與撤退之際，枕頭山、雞蛋面與十八尖山成為與新竹城對戰的乙未戰場。

早在 1895 年的 7 月 7 日，各路義軍反攻新竹城時，雞蛋面就是戰場的一部分，7 月 9 日的戰報中曾記載著將衛生隊左半部從別處撤回雞蛋面，並由野戰醫院送來五梱冰與鹽酸，以備接下來的對戰。那一天，日軍通過了雞蛋面北側（現清華園），往金山面集結。7 月 10 日義軍再於早上四時襲擊停車場，戰場擴及雞蛋面，直到下五 6 時 30 分戰事稍歇，日軍宣稱擊斃義軍 200 多人，自己死傷 11 人（死四人、傷七人），而當天的機動綁帶所（野戰醫療站）即於早上 10 時到下午 3 時開設於雞蛋面地區，支援人員包括三位軍醫、一位看護長與 12 位護士。[349]

同年 8 月 6 日，日軍由樹杞林（現竹東）推進至水尾莊（現寶山地區），且路過埔頂庄，過程中在管府坑（柯子湖、牛頭路）遭遇傅德星率領的新楚軍，而在的水仙嶺（崙）遭遇陳澄波為首的反抗軍。在〈枕頭山戰鬥詳報〉中，出現了「黑旗兵」的字眼，如眾所週知，當年台灣民主國的黑旗將軍劉永福所率之軍隊被稱為黑旗軍。[350] 該戰報稱攻擊水仙嶺時，雖然現場一片狼藉，但見其兵舍建築手法非常精細，認為是黑旗軍所為，而非一般義勇。劉永福（1837-1917）的黑旗軍可能也參與了新竹城外地區的反抗

348〈新竹公園〉，網址：https://zh.wikipedia.org/wiki/新竹公園。

349 亞州歷史資料中心，〈戰鬥衛生記事：明治 28 年 6 月 23 日 - 7 月 10 日〉，網址：https://bit.ly/3BmsviQ，頁 210。

350 黑旗軍原為廣西天地會起義的軍隊，在清法戰爭因擊敗法軍而聲名大噪，後成為台灣民主國的主要軍隊，劉永福並擔任第二任總統。

行動，依據史料，8月6日，黑旗軍統領吳彭年與李惟義亦應苗栗紳民之請，將軍隊移駐苗栗，與義民總軍統領吳湯興在竹苗地區協同抗日，可知在寶山與金山面地區於8月上旬即有衝突，黑旗軍亦參戰，該地區的五步哭山（新竹市最高山：海拔187公尺）的命名可能和該地區的激烈戰役有關。

　　1895年8月7日下午五時，近衛混成枝部隊（山根信成枝隊）[351]的右翼各部隊長組成雞蛋面前哨中隊，觀察地形，並將砲兵大隊（右翼四門野戰砲、左翼山砲兩門）安置以對付金山面的反抗軍，並故意測試砲擊，有意的宣告明天早上的攻擊。其攻擊規劃共有七點，以兩個步兵聯隊（第三與第四聯隊）為主力，另兩個預備中隊，再配合砲兵、騎兵與工兵。在此基礎上，師團準備於8月8日早上5時對枕頭山與雞蛋面發動攻擊。1895年8月8日枕頭山之戰，對戰單位為日方的山根枝部隊以及台方之新楚軍與客家籍義勇軍。

　　8月8日一早，日軍兵分三路（左中右路），中路由能久親王率領，準備主攻尖筆山，日軍右翼由川村少將指揮搶佔枕頭山，徐驤迎戰，左翼由內藤大佐領軍企圖搶佔雞蛋面，由吳湯興應戰，但兩路義軍戰況均不利，邊走邊戰，吳湯興當晚退至尖筆山。8月9日，山根少將攻擊尖筆山和頭份街，由李惟義及楊載雲出戰迎敵，楊載雲不幸中彈身亡，台南義軍管帶林鴻貴與袁錫清也陣亡，而李惟義不支敗走，日軍終於佔領尖筆山及頭份街。[352]

1-3-8　親王之死與神格化

　　近衛師團團長北白川宮能久親王（1847-1895）領銜參加了乙未戰爭，在新竹州就有十處遺跡。他7月31日至8月7日夜宿潛園爽吟閣，「潛園探梅」曾被列為新竹古八景。他再於1895年8月8日露營於牛埔山，當時炮兵陣地也在此，居高臨下對準竹塹城。後來牛埔山（現新竹市成德高中）設有「御露營紀念碑」，再由來祭祀的日方皇族栽種了兩棵紀念松樹，[353]因此該地也稱為松嶺（現松嶺路），這一個地區於1918年也成為新竹神社的一部分，[354]主祭神之一就是被神格化的能久親王，主祭日即為其忌日（10月28

---

351 山根信成少將（1851-1895），詳見：〈山根信成〉，網址：https://ja.wikipedia.org/wiki/山根信成。1895年乙未之戰主要的日本軍人，新竹之戰與雞蛋面、枕頭山與金山面之戰的指揮官，戰後同年的十月病死在台灣。

352 抗日烈士吳湯興，詳見〈乙未抗日烈士——吳湯興〉，網址：https://bit.ly/3oFx3f5。另見苗中彰三縣文獻會，《台灣省苗中彰三縣文獻》（台北：成文出版社，1983），頁118-119。

353 〈新竹神社〉，網址：https://zh.wikipedia.org/zh-tw/新竹神社。皇族前來參拜前後八次（1901-1938），可能有植松之舉，另一說為1903年，親王之子成九王前來祭拜所植。八次中的兩次（朝香宮鳩彥親王、賀陽宮恒憲王）行程中還包括了高爾夫球，另見高爾夫球場章。

354 1918年時，台灣的八間官設神社只有兩所為官幣社格，其中台灣神社（在現圓山飯店）為官幣大社，而台南神社（現忠烈祠）為官幣中社。其他為縣社，新竹神社亦同。此外，建功神之

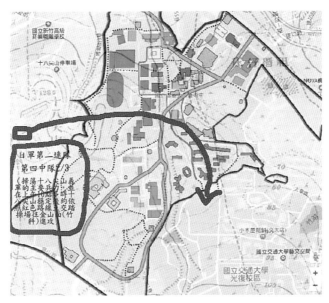

圖 1-3-1　1895 年 7 月 9 日，日軍路過清華園。
資料來源：清大文物館籌備處

日）。神格化的具體作為就是在廣設的各級神社中將能久親王列為主祭神之一，其它主祭神包括開拓三神、明治天皇、天照大神、豐受大神等。當時所設的 204 所神社之中，絕大部分的主祭神都列入了能久親王，但有些特別的「專業神社」則未列入，例如建功神社、台灣護國神社、黃金神社、台北稻荷神社、開山神社（現延平郡王祠）、佐久間神社等。[355]

　　近代日本的神社有不同之社格，包括官幣社（大中小）、國幣社（大中小）、別格官幣社、諸社（府縣社、村社、藩社）與無格社，[356] 其中無格社的神社就有 60,496 所，約佔所有神社的一半。[357] 台灣的 204 所神社中，只有兩個官幣社、三個國幣社，可以使用

　　社格社無主祀之神，因此無社格。其中六間神社的祭日皆一樣，為能久親王在台灣的忌日：10月 28 日。另參見：台灣總督府文教局，《神社與社格總覽》（台北：台灣神社社務所，1933）。

355 佐久間神社為祭祀「理蕃總督」佐久間左馬太（1844-1915）於 1923 年設立，屬於無格神社。佐久間為第五任台灣總督（任期：1906-1915），曾參與石門之役：牡丹社事件（1874）、西南戰爭（1877）、日清戰爭（1894），因有與原住民爭戰的經驗，被派任總督，推出五年理蕃計畫，任內發動理蕃戰役 60 多次，包括太魯閣之役，強力鎮壓台灣原住民。該神社被拆後，原址為中橫公路的天祥。佐久間在任時也推動花蓮的移民村、發行彩券、新建總督府等。詳見〈佐久間左馬太〉，網址：https://ja.wikipedia.org/wiki/佐久間左馬太。

356 〈近代社格制度〉，網址：https://ja.wikipedia.org/wiki/近代社格制度。藩社自廢藩置縣後已消失，並非原住民的番社。更早之前有敕祭社，即由天皇特派敕使主祭的神社，例如京都 22社、明治神官等，後來敕祭社的神社大都轉為官幣大社。

357 〈神社人〉，網址：https://reurl.cc/ZrkXlQ。日本的官幣社有 573 所，國幣社有 2,288 所，名神大

菊花徽章，官幣社置有神祇官主祭，國幣社則由地方官主祭。由表 1-3-2 可知台灣神宮
（現圓山飯店）為社格最高的神社，其次則為能久親王病逝之處所設的台南神社，國幣
社則有新竹、台中與嘉義三所。無格社則包括建功神社（現台北市南海園區植物園內）、
黃金神社（金瓜石的黃金博物館園區）以及一批鄉鎮村級神社。當時新竹州的九所神
社之中，無格社就有六所，例如中壢、竹東、頭份、竹南、大湖、通霄神社等，而桃園
與苗栗神社為縣社，只有新竹神社屬於較高社格的國幣小社，且為台灣第一所升格的神
社，最後也只有新竹神社被列為古蹟。

表 1-3-2　日治時期台灣官幣及國幣神社一覽表

名稱	成立時間	社格	說明
台灣神社（宮）	1901、1943	官幣大社	現圓山大飯店
台南神社	1923	官幣中社	現台南市公 11 停車場
新竹神社	1918、1940	國幣小社	原新竹靖廬，市定古蹟
台中神社	1911、1937	國幣小社	現台中市忠烈祠
嘉義神社	1915、1942	國幣小社	現嘉義市史蹟資料館

資料來源：維基百科，作者整理。

　　能久親王當年死在台灣，死因版本多達十種，包括戰死、狙擊死、病死等，「薨去」
地點由新竹、苗栗、彰化、大林、鹽水、善化、佳里到台南等。死因中還有一說為當時
親王已在戰爭期間中彈死亡，因為在 8 月 8 日有枕頭山戰，8 月 9 日有尖筆山（現竹南
苗栗與新竹界）[358] 之戰，另外也提及十八尖山的掃蕩與竹東街道雞蛋面有不少義軍聚集，
因此這個戰死的說法為被伏擊而亡，接著就以北白川宮的弟弟伏見宮貞愛親王率領的第
四混成旅團來替代他繼續南下的征戰。增強以上說法的另一個理由，乃為前述露營紀念
碑的造型與碑文具有墓碑的規格，因此也被推測為死亡之地。其次，民間傳說他被被反
抗軍用竹篙或卦菜刀狙擊而死，死的地方也分布於不同地方。

　　在戰死、狙擊死、病死的三種結果之中，新竹牛埔山（松嶺）作為能久親王陣亡之
地的強度，和在台南因病「薨去」者不相上下。[359] 如本節後述，在乙未戰爭中，日軍病

社（特別靈驗的神社）203 所。
358 永岡涼風編著，《明朝より伊澤時代まで》上冊（台北：台北活版社出版部，1925），頁 245。
359 同上註，頁 178-180。依其 10 月 28 日的記錄，當天早上 3 時 20 分脈搏不正常，心跳 135 且體
　　溫高到 39.6 度、四肢冰冷又冒冷汗。軍醫緊急施以皮下注射與灌腸之治療，仍於早上 7 時 15
　　分病逝。總督、貞愛親王、第二師團團長乃木希典皆隨侍在側。10 月 29 日棺木送到安平港，
　　搭西京丸回日本，但表面上說明親王回日本治病。碼頭送行者代表 24 人，其中 22 人為台籍人
　　士，但全部姓楊，包括總督府平議員楊吉臣以及在本書另章出現的清水街長楊肇嘉與梧棲街協
　　議會員楊子培等。

死者為戰死者的 28 倍，尤以瘧疾、霍亂為多，日本官方於佔領台南一週後，公布能久親王於 10 月 28 日因瘧疾而病死於台南豪族吳汝祥宅邸中，該宅後來改建為台南神社。接著全台展開能久親王神格化運動，使成台灣守護神，因此他來台所經之處皆陸續成為神社、紀念碑。此外，日軍征台卻被台灣的傳染病「反出征」，因此殖民政策特別主打衛生醫療，包括飲用水、下水道、街道改正等，可視為親王之死對台灣的貢獻。

1-3-9　日軍征台戰役的阻力

日軍征台戰役遭遇最大的阻力，並非抗日武裝勢力，而是感染傳染病的死傷。至 1895 年 11 月為止，日軍征台戰役的傷亡總計是：戰死 164 人、負傷 515 人、病死 4,624 人，以及患病者 26,094 人，後兩項總數超過日軍動員總數的二分之一，病死者更是戰死的 28 倍之多。就疾病分類統計，顯示日軍患病者以傳染性疾病為主，並以熱病瘧疾佔多數，而病死者則以霍亂為最多。上述的病死者之中，包括了日軍佔領澎湖兩天後（1895 年 3 月 25 日），集體染霍亂而亡者。如前述，近衛師團團長北白川宮也感染瘧疾，而於 10 月 28 日病死於台南，為死於台灣的第一位日本皇族，[360] 另外新竹之戰的司令官山根信成少將也於當年 10 月病死。

曾參加乙未戰爭的陸軍中尉石光真清，於 1895 年 7 月駐防於新竹城，他所屬的中隊 200 人之中，有 120 位染上霍亂，在其日記中寫道：

> 一直拉肚子，口渴喝水就吐。軍醫診斷後入院，就等於宣告死亡。戰友入院前謝謝我，並告訴我他的遺言，躺在擔架上運走。沒友什麼治療，只有躺在鋪滿石灰的草席上。說是病房，不如說是停屍間。死掉後，用草席一包，綁上麻繩與名牌，就運到東門外火葬。病死的超過戰死的十倍。[361]

1-3-10　小結

作為干支第 32 順位的乙未，和前一個甲午，在歷史上都成為戰爭的名詞，甲午為因，乙未為果，台灣與澎湖被大清帝國拋棄（4 月 17 日），台灣民主國成立了一下子（5 月 15 日 - 10 月 21 日），還是成為大日本帝國的殖民地（1895-1945）。民主國正規軍、[362]

---

360 范燕秋，〈醫療衛生歷史篇：日治時期〉，網址：https://tme.ncl.edu.tw/tw/醫療衛生歷史篇。

361 石光真清，《城下の人》（東京：中央公論社，1978），頁 290-291。另見胎中千鶴，《葬儀の植民地社會史》（東京：風響社，2008），頁 54-55。

362 台灣民主國的正規軍，包括 20 營的廣勇二萬人以及黑旗軍八千人，其中廣勇在日軍入台北府後成為逃兵潰勇，只有黑旗軍參與抗日，並有 1500 人陣亡。相對之下，日軍兵力有兩師團，

各路義軍和台灣瘟疫群起抵抗，「1895 乙未」不但成為台澎的歷史印記，其中客家義軍吳湯興的抗日故事也以它〈1895 乙未〉成為 2008 年發行的電影名稱。[363] 1893 年時，台灣鐵路已由基隆通行到新竹，因此乙未戰爭時，新竹成為日軍集結的必爭之地，日軍沿著鐵道掃蕩，義軍也反制來破壞鐵道。台鐵終點站的新竹停車場周邊的枕頭山、十八尖山、雞蛋面就成為兩軍對戰的地區，位於赤土崎地區的清華園也成為乙未戰爭的歷史現場。

計三萬七千人。

363 1895 乙未電影，詳見〈《一八九五》〉，網址：https://zh.wikipedia.org/wiki/一八九五。

第四節
馬不停蹄的歷史現場：從赤土崎到牛埔 [364]

日治台灣在馬政實施的期間，從軍馬生產地到賽馬（日文稱為「競馬」，除非為專有名詞，否則本節以「賽馬」通稱）的引入，曾風迷各地，包括新竹的兩處正式競馬場：赤土崎與牛埔。其中的赤土崎競馬場更在新竹遊園地計畫中被納入，和該區內的新竹公園、東山森林公園、新竹高爾大球場、新竹水源地等設施連成一氣。本節由馬政開場，由大歷史中漸次到小歷史，探討賽馬在日本、台灣與新竹的發展，而因赤土崎競馬場場地不合標準，而移到牛埔的標準賽馬場，使赤土崎競馬場也率先於 1938 年成為歷史現場，再於 1940 年成為新竹州立新竹商業學校（現新竹高商），校歌中的「東山蒼蒼」似乎還呼應了當年新竹遊園地計畫中的各項設施。

1-4-1　馬政在台灣

日本為了馬匹改良與培養軍馬而展開兩期的馬政時期，第一期為 1906-1923 年間，第二期為 1924-1935 年間，並成立馬政局總其事，先直屬於內閣總理，惟後來於 1910 年移到陸軍省，而賽馬為其業務之一。[365] 馬政兩期的施行期間（1906-1935）仍在日治台灣期間，因此馬產與賽馬也同時在台灣推動。不過作為日本南方的殖民地，台灣其實是在「水牛文化圈」內，並無馬匹文化，[366] 因此推動馬產曾被批為紙上作業，更因此產生了所謂「水牛撲滅論」之說。[367] 1933 年時的台灣畜產量統計指出：牛有 386,270 頭（其中水牛 302,249 頭）、馬 347 匹。與其他殖民地比起來，馬匹也是最少的，例如朝鮮 52,924 匹、樺太（庫頁島北部）13,434 匹、關東州（現中國遼寧省大連市的一部分）7,134 匹等。[368]

1936 年的第二期馬政開始，計畫生產 11 萬匹，台灣總督府不得不「馬」不停蹄，包括先後在花蓮吉野（1937）、宜蘭羅東（1939）與台南新化（1941）設立種馬所、淡水血清製造所、農試所畜產試驗支所與各州牧場，連移民村都成為養馬場。[369] 而在新竹州則為竹南崎頂牧場，1937 年的 5 月 3-5 日即舉行了馬事講習會，召集各郡的畜產關係

364 本文初稿邀請聚珍台灣書店的王子碩先生審閱，特此申謝。
365〈馬政局〉，網址：https://ja.wikipedia.org/wiki/馬政局。
366 清朝雍正曾設立台灣馬兵，從對岸運軍馬過來，林爽文之變時，亦再一次有馬兵的出現。
367 岡崎滋樹，〈殖民地畜產部門から再考する戰前昭和期の資源增產計畫：台灣馬政計畫（1936-1945）を中心に〉，《日本獸醫史學雜誌》53，2016，頁數 41-53。指 1936 年 5 月 28 日於鐵道飯店舉行的馬政座談會，台灣總督府農務課長一番ヶ瀨佳雄的主張。
368 日本農林畜產局《第八次馬政統計》（1935）。關東州為大連、旅順地區的日本殖民地。
369 台南州畜產會，《馬事便覽》（台南：台南南報印刷部，1941），頁 37-38。

人參加，講師由總督府的小川薰與高澤壽技師擔任，州廳則有勸業課長李讚生課長、東海林總技師（畜產科長）、今村龍三技手等列席。[370] 上述消息登在於《新竹州時報》的創刊號上，同期也刊載了〈競馬說〉一文，將軍國、軍馬與賽馬綁在一起。進而於 1937 年的 6 月 21 日由台灣競馬會獻上了一匹銅製神馬，放置於建功神社內（現南海園區的科學教育館區）。

1-4-2　賽馬的出現

台灣軍馬的生產來不及，還得從日本本土買馬來（包括賽馬），1938 年的台灣賽馬名單共有 278 匹，其中產自鹿兒島的有 89 匹、北海道 50 匹、朝鮮 2 匹等，並未出現台灣產的賽馬[371]。但是 1936 年的 3 月，中央研究所恆春種畜支所誕生了兩匹本土產賽馬，取名為恆春 1 號與恆春 2 號，並送到台北的川端競馬場（現台北市同安街河堤公園）調養，以備未來出賽。[372] 此外，台灣總督府曾數次組成購買班前往日本本土購買馬匹，例如第三次的台中州、高雄州與總督府血清製造所共同組成的購買班，於 1938 年 9 月赴九州，陸續在 10 月 2 日到 24 日間從 11 處養馬場購買了 270 匹馬（其中 6 匹為民間委託購買），價格由最高的 550 圓到最低的 270 圓不等，平均 370 圓。之後再分 16 梯次以火車運送到長崎、門司與鹿兒島三個港口，再船運到台灣的基隆與高雄港。最後一梯的船運（廣安丸）為 11 月 6 日由門司港出發，於 11 月 9 日下午一時到達基隆港，其中運送馬匹的船有些是台日間的定期客船，包括蓬萊丸、大和丸、東洋丸等。[373]

等到戰事吃緊，計畫趕不上變化，台灣馬政失敗收場，反是以賽馬來吸引注意力，也成為當時台灣的時髦活動了。更往後延伸，包括後來的新北與高雄的騎警隊。

表 1-4-1　台灣馬政推行結果表

時間	計畫	成果
1936	690	637
1937	990	924
1938	1440	1573
1939	2049	2559
1940	2822	3720

370 《新竹州時報》1，1936，頁 175。負責印刷的廠商名稱很特別：山中□○印刷所，推測用了佛號中的天地人（□○△）中的天與地。

371 〈競走馬馬名登錄〉，《台灣畜產會會報》1，1938，頁 84-105。

372 台灣農林新聞，1939 年 5 月 10 日。

373 台中州渡邊技師，〈台灣總督府馬購買九州班概況〉，《台灣畜產會會報》第 2 號，1939，頁 41-49。

時間	計畫	成果
1941	3771	3333
1942	4910	3227
1943	6256	2969
1944	7824	2311
1945	9633	1128

資料來源:《台灣總督府台灣馬政計畫》,歷次馬政統計。

1-4-3　賽馬文化由日本傳入

　　早在大正時期的 1923 年,日本本土「競馬法」的公布,馬票再度復活,台北武德會馬術部和日本久留米表演公司合作,帶入 23 匹日本引退的賽馬與若干位騎手,巡迴全台,首站即在台北舉辦示範賽馬活動。接著進入昭和時期的 1928 年 11 月 24-25 日,更在台北的圓山運動場試辦「優勝馬投票式」賽馬,並介紹軍隊馬術。[374] 所謂「優勝馬投票式」賽馬乃是因應 1908 年馬票被視為賭博而遭禁,1914 年改發行「勝馬投票券」,即押勝者換取同值的獎品,則不被視為賭博行為。

　　台北圓山的臨時場地一周長 400 公尺,寬 13 公尺,由台灣馬事協會主辦,台北武德會馬術部負責從全台灣找到 41 匹馬,以老馬與騸馬(閹割的馬)居多,並且發售一張 50 錢的馬票(勝馬投票券),當次營業額為 3,273 圓,即賣出 6,546 張馬票,標誌了台灣第一次的賽馬活動。[375] 從此到日本本土實施「種馬統制法」及「軍馬資源保護法」之前,台灣的七處賽馬場每年從本土引進「抽籤馬」140 頭及其他呼馬與速步馬,[376] 號稱在 1932 年之後「終於有賽馬的樣子了」,1937 年更引進日本本土產的賽馬,包括英國純種馬(Thoroughbred)與阿拉伯(Arab)種,直到賽馬末期的 1943 年,仍然繼續依賴本土的輸入。但如果以 1943 年台北北投競馬場與千葉中山競馬場[377]春季賽馬的成績來比較,則 1,800-2,000 公尺的賽程,台北的成績慢了 10 秒。

　　台北試辦賽馬的隔年(1929),台中、台南、嘉義、屏東陸續舉辦賽馬,他們採用了

---

374 西岡茂嗣,《台灣に於ける競馬の沿革現況》(台北:台北帝大農林學部農學科,1941)。該論文成為探討台灣競馬場的首篇學術論文(學士畢業論文)。

375〈台灣の競馬〉,網址:https://ja.wikipedia.org/wiki/台湾の競馬;同文中的營業額表為 3,275 圓,有 2 圓之差。

376 西岡茂嗣,《台灣に於ける競馬の沿革現況》。抽籤馬的制度是為了增加馬主選擇與減少其負擔。因此由賽馬營運團體購馬,再由馬主抽籤購得之。呼馬則是由馬主自行購買的賽馬稱之。速步馬為輕種馬,在本土有時作為繫駕速步競走賽之用,即後面有兩輪馬車與騎手的比賽。

377 中山競馬場成立於 1907 年,為日本四大競馬場之一,其它為東京府中競馬場、阪神寶塚競馬場與京都競馬場。

日本的標準，每張馬票為一圓，因此台中、台南、嘉義的總營業額就高達 57,000 圓。不過卻引起台灣總督府與農林省不同的意見，台灣總督府認為賽馬的賞金為賭博，農林省則認為賽馬是馬產獎勵的一環，最後的共識為：賭贏賽馬不能拿獎金，只能去特定商店換取同額之禮品（稱為「景品」）。

接著在 1931 年成立了台灣競馬協會，[378] 制定了「台灣競馬協會規約」及「競馬施行規程」等法令，賽馬的遊戲規則大勢底定，包括春秋兩季賽，每季四天，每天最多 12 場賽事、賽馬種類（駈足、速足及障礙三種）、[379] 馬體檢查、比賽項目、馬票一人一場只能買一張、獎金最多十倍、中獎只能換等額獎品等（景品規則），惟馬票從 1937 年後從一圓調漲為二圓。隔年（1932）協會就依上述新規約舉辦了春季賽馬，當時新竹並未在內。[380]

台灣競馬協會為了要趕上日本本土的腳步，希望在馬產獎勵與馬質向上的脈絡下來賽馬，而不是在警察管理下的賽馬，因此積極推動新的「台灣競馬法」，終於在 1938 年公布了「台灣競馬令」與施行規則，台灣的賽馬活動有了更明確的遊戲規則，包括每年兩次，每次七天、中獎改為獎金、馬票分成四種：20、10、5、2 圓、營業額超過 300 萬課稅 10%、賽馬場規格化：長 1,600 公尺、寬 30 公尺[381] 等。

1-4-4　各地的賽馬場

當然賽馬場的設立，就成為推動賽馬的重要事項，昭和元年的 1926 年，[382] 台灣之行政區為五州三廳，賽馬場分別位於台北州、新竹州、台中州、台南州（含嘉義）及高雄州（含屏東）等五州的七個地方，剛開始借用練兵場、公園等地作為臨時賽馬場，因此長度、寬度皆不合格。當時的觀眾也以日本人居多，後來隨著賽馬的制度化推動，台灣人慢慢增加，1935 年時賽馬場的觀眾有三到四成為本地人。另外馬主與騎師也開始有本地人，到了 1943 年獲有騎師證照者，本地人已達六分之五。[383] 另外，更多女性出現在賽馬場也成為話題，《台灣婦女界》雜誌就指名幾位女性帶動了參與賽馬的風氣，她們包括：辻本正春（台灣瓦斯株式會社）夫人、[384] 金子律師夫人、石堂律師夫人、井川律師

---

378 協會由六個團體組成，包括台北馬事協會、台中產馬會、嘉義產馬會、台南競馬會、屏東愛馬會、本為台灣競馬聯合會，後來正式立案改名為協會。

379 駈足、速足及障礙三種，駈足為普通的賽馬，1,400 公尺以上，速足為 2,400 公尺以上障礙為 2,500 公尺以上。

380〈競馬協會通信〉，《台灣之畜產》1，1933，頁 76-79。

381 戴振豐，〈日治時期台灣賽馬的沿革〉，《台灣歷史學會通訊》16，2003，頁 1-17。另見，〈台灣の競馬〉，網址：https://ja.wikipedia.org/wiki/台湾の競馬。

382 1926 年同為大正 15 年與昭和元年，且為「大正長、昭和短」，因為改元日為 12 月 25 日。

383 戴振豐，〈日治時期台灣賽馬的沿革〉，《台灣歷史學會通訊》16，2003，頁 15。

384 辻本正春（1892-），曾致力於台灣的採礦事業，之後於 1934 年擔任由台電分出的台灣瓦斯株

夫人等，可惜夫人們的姓名未出現，仍屬於「跟隨夫君參與賽馬」活動的層次。[385] 而當時時髦咖啡館的「女給文化」（女服務生）也和賽馬活動結合，有一陣子新竹競馬場的熱度僅次於台北，因為台北的女給團曾集結到新竹競馬場的會場，也成為賽馬場的另類景觀。[386]

　　1938 年「台灣競馬令」公布之後，標準賽馬場（長 1600 公尺與寬 30 公尺）成為法令，七個賽馬場紛紛跟進，並且先後換到新場地，早期 400、600、800 公尺周長與 13、15、25 公尺寬的賽道則紛紛出局。比較早期的賽馬場，例如新竹赤土崎競馬場周長 1,000 公尺，寬 25 公尺，在標準賽馬場的法令制定前，屬於最接近者，但腹地不夠，只得遷往香山牛埔，而成為台灣最大的競馬場。

　　當時在日本全國級的馬事團體包括帝國馬匹協會、日本競馬會、日本騎道會與軍用保護馬中央會，而台灣相對的團體則為台灣畜產會。其上中下游的關聯組織（馬匹檢疫、畜產、種馬、牧場）有台灣總督府淡水血清製造所／獸疫試驗所、恆春畜產試驗支所、嘉義春畜產試驗支所、台灣總督府花蓮港種馬所／新化種馬牧場、各州種馬牧場（新竹州崎頂牧場）。[387] 另外也制定相關法規，包括馬名登錄規程、馬場騎乘許可規程、台灣騎手會規約、馬場使用規程等。在以上基礎上，才有下表七個合格賽馬場的出現，並展開賽馬活動（表 1-4-2）。主辦單位的台灣畜產會與各州畜產會一起議定賽馬相關的遊戲規則，其會誌《台灣畜產會會報》也會報導馬政、馬事（含全島乘馬大會等）與賽馬的資訊與比賽結果，同時民間也出現了如《台灣競馬研究》的雜誌，分析馬況以利投注，很類似目前的樂透彩券。

表 1-4-2　日治時期台灣賽馬場變遷表

城市（最後名稱）	地點	周長*寬度（公尺）
台北競馬場 （北投）	圓山（1928, 1930） 陸軍練兵場（1930） 川端町或水道町（1934） 北投（1940）	400*13, 550 800 1000 1800*30
新竹競馬場 （牛埔）	新竹公園（1930） 十八尖山赤土崎（1935） 香山牛埔（1938）	450 1000*25 1600*30
台中競馬場 （覺日）	台中練兵場（1929, 1932） 大肚山練兵場：成功嶺（1936）	550* 15,800 1600*30

　　式會社的董事長。也是台灣高爾夫俱樂部的會員。

385〈秋は競馬から：競馬をめぐる女人群像〉，《台灣婦人界》8 月號，1935，頁 38-40。

386〈新竹競馬へ台北女給連の出動〉，《台灣藝術新報》11 月，1936，頁 15。

387 台南州畜產會，《馬事便覽》（台南：台南南報印刷部，1941，頁 36-38）。

城市（最後名稱）	地點	周長*寬度（公尺）
嘉義競馬場 （後湖）	公園（1929） 堀川町（1930） 後湖（1938）	410 800,1000 1600*30
台南競馬場 （後甲）	運河埋立地（1929） 練兵場（1931） 桶盤淺（1932） 後甲（1940）	400 800 1000 1800*30
高雄競馬場 （灣仔內）	苓雅寮海軍航空基地（1931） 入船町（1932） 前金大港埔（1935） 灣仔內（1939）	800 600,800*20 800*200 1,600*30
屏東競馬場 （六塊厝）	屏東飛行場（1929） 公園（1930） 六塊厝（1930, 1934,1935）	600 400 1,000, 1,600*30

資料來源：https://ja.wikipedia.org/wiki/台灣の競馬；《馬事便覽》（1941），頁 39。〈高雄競馬 竣工の新競馬場て〉《日日新報》，1939 年 1 月 28 日；〈高雄の春競馬　新競馬場で開幕〉（高雄灣仔內競馬場）《日日新報》，1939 年 2 月 5 日。

1-4-5　各地的賽馬大會

在 1920 年代的下半場開始，全台灣舉辦一場又一場的賽馬大會，並陸續在各地設置競馬場，也發生了不少相關事件，不妨先來看看台南賽馬的舞弊事件。台南市最初於 1929 年在「運河埋立地」（填河造陸）設置了臨時的競馬場地，並舉辦了春秋二季賽馬活動。隔年的 1930 年為台南風光的一年，主辦了台灣文化三百年紀念會，二月份則有開山神社與本地廟宇興濟宮合辦的繞境活動，同時舉辦賽馬活動，熱鬧非凡。同一年決定在大南門外設置綜合運動場及桶盤淺競馬場（位置大約在今台南高商南側一帶），1933 年之後賽馬活動就在這裡進行了好一段時間。更發生了 1934 年的疑似集體舞弊事件，[388] 六匹馬比賽，只有肥山所騎的 6 號率先抵達終點，其它五匹集體慢行，現場觀賞者還有台南州的今川知事及台南市古澤市尹（市長）等人，因此馬上將騎士們送去審訊，騎士來自各地，包括從台北來的林常一郎、嘉義郡的曾振、嘉義市的藪田昇、武田正敏以及新竹來的內池永保，理由居然為騎乘新馬不敢快騎。

到了 1930 年代尾聲，因應戰事逐漸頻繁，日本政府訂每年 4 月 7 日為「愛馬日」，並舉辦盛大的活動，甚至還派出飛機到市區上空飛行拋撒文宣。同時也為了符合新的競

---

388 1934 年台南桶盤淺競馬場的疑似集體舞弊事件，詳見《台灣日日新報》，1934 年 2 月 14 日。

馬場規範，1938 年台南州決定於後甲地區（今從東寧運動公園東側到南紡購物中心）這麼大的一塊區域設置更大規模的競馬場，在 1940 年 5 月 4 日舉辦了新競馬場開場式，這也就是現在南紡購物中心（「今生」）所在地為競馬場（「前世」）的由來。

1-4-6　新竹的賽馬大會

新竹的賽馬始於 1930 年秋季，臨時賽馬場地是在新竹公園內的運動場（練兵場），場地周長為 450 公尺，它在七個台灣的賽馬場中，只比高雄快 年，也就是起動第六慢的賽馬場。該場地又在 1931 年的春季辦了一次，當時主辦團體為新竹馬事協會，主辦代表為田中濱次郎。[389] 之後暫停舉辦（1931 年秋季賽 -1935 年春季賽），直到 1935 年才在十八尖山山腳下設立了赤土崎競馬場（現在的新竹高商），為一常態性的場地，周長 1,000 公尺，寬 25 公尺，加入了當年的秋季賽。當年（1935）舉辦了始政 40 週年（1895-1935）的台灣博覽會，新竹州為了擴大展覽內容吸引觀眾，特別舉辦了盛大的賽馬大會，為當時全島唯一將賽馬作為地方主題者。可以說始政 40 週年，新竹以賽馬為代表特色，就如台南辦歷史館、台中則是山岳館。

全新場地的赤土崎競馬場的賽馬先由新竹產馬期成會，次年改由新竹州畜產組合聯合會主辦，會長為新竹州的知事赤堀鐵吉。另外，賽馬還被北管子弟團借用於廟會對陣，成為新竹特別的「馬隊吹」活動。[390] 配合 1938 年的「台灣競馬令」，新竹州還邀請了東京大學松葉教授協助規劃，以七萬圓預算在當年 5 月 25 日於香山庄的牛埔新蓋了一座佔地 33 甲的標準競馬場（當時電話號碼為 863），[391] 設施包括豪華的三層木造看台（含辦公室）、馬舍四棟（1940 年又以二萬圓預算追加三棟 60 房）、休憩所一棟、馬裝蹄場一棟、病馬舍一棟等，後來又新建食堂、獎品交換所、洗馬場等。當天新竹神社還來舉辦了地鎮祭，6 月 18 日就舉行了春季賽。

接著當年（1938）的 10 月 15-17 日以及 21-23 日再舉行了秋季賽，該次共有 250 匹馬出賽，還混合日耳曼與阿拉伯等軍用馬，增加賽馬特色。又為擴大賽馬迷的參與，還和鐵道當局商量，該六天賽期中推出臨時賽馬列車，每天 8 時台北站出發，10 時到達新竹站，再由專車（巴士）接送到香山（牛埔）競馬場。反過來亦同，即賽後的晚上 8 時由新竹站出發，10 時回到台北，遇週六，中午還加掛臨時客車，每趟 1.5 圓（含巴士），並事先在乘車前發送「馬割表」：賽馬資訊表，供賽馬迷在車上研究如何投注。[392] 因為每天有 12 場比賽（第四天 11 場），1938 年的馬票票價為二圓，但是 1939 年之後皆調整為

---

389 田中濱次郎（1874-1937），曾擔任新竹消防組第三任組長，也是車站前旅館田中屋的老闆。
390 張德南，〈十八尖山發展探尋〉，《竹塹文獻雜誌》28，2003。
391 台南州畜產會，《馬事便覽》（台南：台南南報印刷部，1941），頁 39。
392〈新竹秋競馬展觀〉，《新竹州時報》11 月號，1938，頁 113-114。

五圓。為此,《新竹州時報》還在 1939 年 6 月號出版了〈馬產特集〉。

　　表 1-4-3 整理了新竹秋季賽六天中不同場次的冠軍比賽項目,企圖了解在新竹的賽馬生態。首先,依「台灣競馬令」的定義,未曾參賽的馬稱為「新馬」,而之前在日本、朝鮮與台灣參賽過馬稱為「古馬」,由馬主自行購買的馬匹稱為「呼馬」,而由畜產協會購買再抽籤賣出的馬稱為「抽籤馬」,在馬的血統上,則可見日耳曼、阿拉伯與英國系的馬匹。至於賽馬的馬步則主要分為速步與駈步等兩種跑法,前者為左右對稱,後者則為不對稱。[393] 第二天賽程有一場亮點,那就是六歲以下速步 4,200 公尺賽,冠軍由秋季賽打頭陣的突擊(松井)騎手組奪冠,獲得總督賞。總計新竹的秋季賽馬,六日共賣出馬券 28 萬 719 張,收入 56 萬 1,438 圓。[394]

表 1-4-3　1938 年新竹秋季競馬賽事摘要表

項目	獲勝賽馬名	騎手	時間場次	馬主
速步 3,800 公尺	突擊	松井清隆	10 月 15 日第 1 場	郭阿塗
抽籤 / 古呼馬 1,600 公尺	黑潮	川並鐵治	10 月 16 日第 1 場	
古呼甲班 2,000 公尺	櫻	藪田昇	10 月 17 日第 10 場	
阿拉伯系古呼馬 1,800 公尺	高山	許溪水	10 月 21 日第 11 場	李日烈
英系古呼馬 1,600 公尺	草笛	日掛善則	10 月 22 日第 9 場	
駈步 1,600 公尺	清盛	重松荒太	10 月 23 日第 1 場	佐久間門吾

資料來源:《新竹州時報》11 月號,1938,頁 113-117,作者整理。

　　上表除了看到賽馬的名字外,也看到了騎手的名字,特別是台灣人騎手,例如許溪水、林萬乞等,[395] 他們曾經同時在新竹競馬場參賽,許溪水也曾因為在 1941 年新竹秋季競馬的 11 月 2 日的第六回賽事中,因在發馬線(起跑線)起跑違規而被罰款五圓,該季賽事共有 11 位騎手違規被制裁並公布。[396] 在新竹州高產會的職員錄中,可以看到在 14 位騎手中有三位日籍騎手的執照號碼(見表 1-4-4),另有七位騎手為新竹人:鄭業金木、方錫圭、郭榮洗,林錫欽、吳瑞田、張靖、黃樹。薪水由 30-52 圓不等。[397] 新竹州畜產會也擁有多頭賽馬,其中一頭取名「新竹」,後來又有一頭取名「大新竹」(參見馬名登錄表)。

393〈馬術步法〉,網址:https://ja.wikipedia.org/wiki/步法 _ 馬術,還有常步、襲步等步法。

394〈新竹秋競馬〉,《新竹州時報》11 月號,1938,頁 117。

395 另有他州的台灣騎手如楊萬來(62 號)、盧賜州(63 號)。

396〈新竹競馬制裁事項〉,《台灣畜產會會報》1 月號,1942,頁 116。

397 日向順諦編,《新竹州下官民職員錄》(台北:台北實業興信編纂部,1939),頁 169。

表 1-4-4　新竹州騎手例

騎手執照號與姓名	背號	服色	帽袖色	住址
50：伊藤久雄	19	黑	白	新竹市榮町 3-29
51：高橋成實	35	白	黑	新竹市東門町 1-1-20
56：岸賢一				新竹州竹東街竹東 23

資料來源：〈騎手免許証〉,《台灣畜產會會報》第 8 號，1939，頁 20-21。

　　從 1939 年新竹秋季競馬抽籤的馬名登錄表中的 29 匹馬，可見新竹州的馬就多一些（12 匹），其中有三匹來自新竹市如表 1-4-5，可以知道馬匹登記的詳細資訊，當然最重要的是血統來源，明列「祖宗三代」。另外，馬的特徵描述採用了一些專有名詞，例如「星」即為馬匹額頭的白斑，白斑向下流的稱之為「流星」。兩眼上線與下線之間的旋毛稱為「珠目」，旋毛在其間的稱之為「珠目正」。腳下部的白斑稱為「白」，「左前後三白」即左腳、前腳與後腳之下部有白斑。594 號的馬匹擁有髮中、波分與芝引，「髮中」為馬鬃與耳朵之間的旋毛、「波分」為頸溝到頸礎之間的旋毛、「芝引」則為後腹部到後膝側面的旋毛，而該馬有雙倍的旋毛。至於 602 號馬匹則有特別的雙「沙流上」與「初地」，「沙流上」為後膝關節（飛節）到第一趾關節（球節）間的旋毛、「初地」為前膊到第一趾關節（球節）間的旋毛。[398]

表 1-4-5　1939 年新竹秋季賽馬新竹市參賽馬名登錄例

登錄號	馬名	性／毛色／年齡	產地	特徵	血統（種類、父母）	馬主
593	角丸	雌／栗（黃褐色）／4	宮崎	流星珠目正，左前後三白	內阿：萬武　內洋：昭三	山中義雄
594	大新竹	雌／栗（黃褐色）／4	鹿兒島	珠目二列，兩髮中波分兩芝引	內英阿：[399]萬淙　純種雜：Naga（那加或龍族）	范松炎
602	新樂手	雌／鹿（赤褐色）／6	鹿兒島	流星珠目正、兩沙流上、兩初地、左後一白	純種：[400]生來自由　內洋：紅寶石	藤川喜美與

資料來源：《台灣畜產會報》第 10 號，1939，頁 58-61。內：內地（日本本土）、阿：阿拉伯種、洋：其他洋馬。

398 名古屋競馬場，〈馬の毛色と特徵〉：https://reurl.cc/nE37Gl。
399 英阿（Anglo-Arabian）指稱英國純種馬和阿拉伯種混血之馬，詳見〈ングロアラブ〉，網址：https://bit.ly/33cYi96。
400 Thoroughbred，賽馬品種專指英國人工培育的輕種賽馬，詳見〈サラブレッド〉，網址：https://bit.ly/3oFr3D2。

　　除了賽馬，其間馬政思想仍然繼續推動，例如 1938 年 11 月 20 日，新竹秋季競馬之後就在原場地舉行「馬匹利用綜合競技會暨牧草品評會」，共有 49 匹馬與騎手參加，比賽項目有載重、拖重（10 束，每束 130 斤）、馬耕、牧草品評等。[401] 另外，1940 年 8 月 24 日，新竹市乘馬指導所在住吉町落成。1940 年 9 月 18 日，第二回全島馬術大會就在新竹牛埔競馬場舉行，70 位騎手同場競技，在八個賽項中，奪獎最多的單位為台北銀蹄會與台北市少年乘馬練習所，新竹市馬匹普及會只拿到一個獎項。[402] 直到 1942 年太平洋戰爭爆發，騎士與馬都被徵召入伍了，[403] 新竹的競馬場就成為了歷史現場了。

　　由營業額的表中得知三階段賽馬場的營收佔台灣所有賽馬場的比例（表 1-4-6），在新竹公園時代只賽過兩季，平均 11.6%，赤土崎賽馬場有六次，其中一次為台博紀念賽，因此五季平均為 10.1%，香山牛埔賽馬場的初賽就衝出 15.9% 的營業額，共出賽五次，平均 15.1%。

表 1-4-6　新竹競馬場的營業額表

年	場所	台北	新竹	年總營業額	新竹比例
昭和 3 年（1928）	春	3,275		3,275	（台北）
昭和 4 年（1929）	春			19,034	
昭和 4 年（1929）	秋			28,614	
昭和 5 年（1930）	春	32,629		94,388	
昭和 5 年（1930）	秋	37,636	15,844	148,079	10.7%
昭和 6 年（1931）	春	36,461	19,215	154,895	12.4%
昭和 6 年（1931）	秋	37,278		167,900	
昭和 7 年（1932）	春	86,540		227,199	
昭和 7 年（1932）	臨時			29,430	（台南）
昭和 7 年（1932）	秋	100,979		349,519	
昭和 8 年（1933）	春	132,878		403,098	
昭和 8 年（1933）	秋	124,231		385,544	
昭和 9 年（1934）	春	157,926		502,425	
昭和 9 年（1934）	秋	159,626		486,764	
昭和 9 年（1934）	紀念	122,996		122,996	
昭和 10 年（1935）	春	179,478		456,438	
昭和 10 年（1935）	台博紀念	194,257		194,257	（台北）
昭和 10 年（1935）	秋	209,076	42,450	615,430	6.9%

401 台灣畜產會，〈地方事情〉，《台灣畜產會會報》4，1938，頁 17-19。
402《新竹州時報》9 月號，1940，頁 128。
403 葉錦爐，〈新竹競馬場的故事〉，《竹塹文獻雜誌》50，2011，頁 118-123。

年	場所	台北	新竹	年總營業額	新竹比例
昭和 10 年（1935）	台博紀念		41,293	41,293	（新竹）
昭和 11 年（1936）	春	261,292	79,627	796,120	10%
昭和 11 年（1936）	秋	324,106	181,676	1,477,208	12.3%
昭和 12 年（1937）	春	559,161	219,149	1,919,698	11.4%
昭和 12 年（1937）	秋	631,262	220,629	2,178,150	10.1%
昭和 13 年（1938）	春	430,780	421,362	2,652,875	15.9%
昭和 13 年（1938）	秋	953,288	561,438	4,391,582	12.8%
昭和 14 年（1939）	春	1,026,245	663,925	4,409,646	15%
昭和 14 年（1939）	秋	1,079,255	689,255	5,027,925	13.7%
昭和 15 年（1940）	春	1,087,525	995,585	5,575,924	17.9%

資料來源：https://ja.wikipedia.org/wiki/台湾の競馬。總額由作者統計之。

1-4-7　始政四十周年紀念台灣博覽會中的馬產館

　　1936 年 10 月 10 日起舉辦了長達 50 天的「始政四十周年紀念台灣博覽會」，共吸引 3,346,972 參觀人次，分成第一會場台北公會堂區（今中山堂區）、第二會場台北新公園區（今 228 公園區）、大稻埕分場（今太平國小區）、草山分館（今北投區）與各地分館（含新竹案內所）。大稻埕分場以「南向」為主要展出意象，包括南方館、菲律賓館、暹邏館、演藝館及馬產館。

　　大稻埕分場的馬產館佔地 100 坪，外加一個兒童馬場。該館由馬政計畫相關單位所合辦，包括總督府殖產局、軍部、畜產協會、競馬協會等，而畜產協會與競馬協會就是在各地舉辦賽馬的單位，因此展出的馬事資料也包括賽馬。之後台北與新竹在 1935 年的秋季賽馬後，另外各舉辦了一場「台灣博覽會紀念賽馬」，這場紀念賽馬在新竹就使用了赤土崎競馬場，等於新竹以賽馬參與了台博會。

1-4-8　小結

　　在新竹歷史脈絡中，曾在古新竹八景（東山納涼、南寮試浴、湖畔泛舟、牛埔競馬、竹北虹橋、宮前昭旭、翠壁遊春、奇峰望海）當中的牛埔競馬，即為香山牛埔的競馬場。不過更早的新竹的鳥瞰圖，出現的競馬場都是赤土崎競馬場。新竹過去的三個競馬場先後成為歷史現場：新竹公園、新竹高商與香山工業區，剩下清華的馬術社，[404] 勉強連結了當年的賽馬盛況。

---

404 北京清華在 1945 年曾有短暫期間的馬隊，當時向駐紮附近的西苑軍營的馬隊借馬，每週六日由西苑軍營送 30 匹馬來，供同學騎乘，可騎到西山、頤和園與郊外等地。並藉一次寒假的長途旅行，遠赴包頭騎馬。參見葉衍鑫，〈清華園的馬隊〉，《清華校友通訊》59，1977，頁 15-16。

第五節
新竹軌道的歷史現場：手押台車軌道線 [405]

　　新竹曾經是鐵道縱貫線的終點站，1895 年日治之後，開始從兩端鋪設新竹到打狗（高雄）的軍用手押台車軌道（輕便軌道），並以該軍用手押台車軌道來鋪設鐵道，之後再由鐵道縱貫線向兩邊延伸出超過 1,600 公里的民營與產業手押台車軌道線（號稱官鐵民軌系統），原來的軍用手押台車軌道（陸軍路）功成身退，成為現縱貫公路的台一線。在此脈絡下，新竹站也不例外，成為鐵道、軌道、公路的轉運站，而其中一條主要的手押台車軌道線即經過竹東街道（現光復路）到竹東，並設有赤土崎／埔頂招呼站，而赤土崎地區竹東街道北側的六燃支廠內還有多條的軍用手押台車軌道線與軍用六燃鐵道支線（接飛行場鐵道線）。當時新竹六燃的住址為赤土崎 47 番地，承接其歷史脈絡，新竹清華園的住址先為光復路 397 號（現改為二段 101 號），光復路即為當年竹東街道手押台車軌道的歷史現場，清華園的前段校園更是新竹六燃的歷史現場。本節由鐵道與軌道的大歷史來探討新竹軌道的小歷史，企圖了解其在生活與生產中所扮演的角色，而新竹原舊港手押台車軌道線的槺榔站，加上「注意輕便車」平交道的交通標誌，突顯出再現歷史現場的重要性（見本書彩圖集圖 A17）。

1-5-1　台灣的鐵道與軌道

　　早在 1877 年時，基隆八斗子煤礦便已鋪設了輕便軌道以運送煤礦，為台灣的第一段軌道與鐵道，[406] 先由獸力、再由人力、最後由蒸氣火車運送。本文以軌道與鐵道區分人力與動力，因此以手押台車軌道或輕便軌道稱之，簡稱台車線。依 1933 年的台灣鐵道路線圖，可分為鐵道與軌道兩大類，鐵道包括局線（縱貫線等八線：883.3 公里）、營林所的阿里山線（77.7 公里）、私設鐵道（營業線與專用線），[407] 當時的台車線人車軌道長度為 1292.6 公里，複線 75.3 公里（雙軌），已從高峰往下走。不過台灣總督府於 1931 年推出了「台灣遊覽券」，在兩個月內，使用有折扣的航路、鐵路、軌道與公路，遊覽至少四個台灣景點，顯然它包括了手押台車軌道線。[408] 其中一個原因為官鐵陸續有所改進，包括

---

405 本節初稿由張德南老師審閱，特此申謝。

406 基隆八斗子煤礦輕便軌道，詳見〈台灣鐵道史〉，網址：https://zh.wikipedia.org/wiki/台灣鐵道史。

407 局線（官鐵或台鐵）的八線為縱貫線、宜蘭線、淡水線、台中線、集集線、潮州線、平溪線與台東線，共長 883.3 公里，複線 152.4 公里。營林所的阿里山線為 77.7 公里，私設鐵道的營業線長 530.7 公里，專用線長 1694.9 公里（糖線最多）。

408 小牟田哲彥著，李彥樺譯，《大日本帝國時期的海外鐵道：從台灣、朝鮮、滿洲、樺太到南洋群島》（台北：台灣商務印書館，2020），頁 94-100。

車廂改善、觀景車廂、臥鋪車廂、用餐車廂、新型蒸汽機關車（C55）等。[409] 不過，前述的局線或官鐵差一點成為民線或民鐵，因為 1896 年曾有台灣鐵道會社的發起，企圖接手新竹到打狗 177 哩（285 公里）的鐵路興建，由日本本土的公爵近衛篤麿[410] 等 265 人發起，列出了 19 項興建規劃，總經費為 11,914,722 圓，每一哩建設費用為 67,314 圓。[411] 惜後來入股金未能交齊，又回到官營的手裏。於是由民政長官後藤新平積極爭取發行 3,500 萬圓的公債，興建公共設施，包括鐵路、基隆港、土地調查、辦公廳舍與監獄等，其中 2,880 萬用來興建鐵路。[412] 1899 年 4 月，長谷川謹介受聘來台擔任台灣總督府臨時台灣鐵道興建部的技師長，指定鹿島組、大倉組、久米組、吉田組、澤井組、志岐組、佐藤組等建設公司，來台參與縱貫鐵路的工程。[413]

1-5-2　手押台車的出現

　　台車類似的交通系統在日本稱為「人車軌道」，最早記錄為 1882 年的仙台車站到仙台港之間的軌道，先人車軌道，後改成馬匹軌道。從 1891 年開業的藤枝燒津間軌道到 1932 年的銀鏡軌道，前後共 29 條路線，直到 1959 年的島田軌道停駛為止，手押台車軌道在日本正式畫下句點。[414] 人車軌道由於可拆解組合，因此曾用於甲午戰爭戰場的朝鮮[415] 以及滿洲國。另外，1920 年 8 月薩哈嗹（庫頁島北部）派遣軍就曾向陸軍兵器本廠提出 200 輛台車的申請公文，而該公文則以「輕便手押台車」稱之。[416]

　　那些用在海外戰場的鐵軌後來竟然運來台灣鋪設，於 1895-1898 年間共鋪設 15 條人車軌道線，其中包括新竹 - 苗栗線，完成於 1898 年 2 月。[417] 不過在日本本土都以トロッ

409 同上註，頁 82-85。
410 近衛篤麿（1863-1904）曾擔任日本貴族院議長、學習院院長，其子近衛文麿為日本第 34、38、39 任總理大臣。
411 該計畫有三大項：台北新竹間改良線鋪設（2,618,989 圓）、台南支線楊厝安平間鐵路（466,289 圓）、新竹打狗間鐵路。詳見：野田正穗、原田勝正、青木榮一，《台灣鐵道史》（台北：台灣總督府鐵道部，1910），頁 438-445。
412 蔡龍保，〈日本營造業最初的海外擴張：韓國京仁鐵路的興建兼論台灣縱貫鐵路發展的異同〉，《台灣史研究》24（1），2013，頁 37-76。「鐵路興建」詳見頁 63。另見陳文添，〈台灣總督府鐵道部設立經緯〉，網址：https://www.th.gov.tw/epaper/site/page/104/1453。
413 蔡龍保，〈日本營造業最初的海外擴張：韓國京仁鐵路的興建兼論台灣縱貫鐵路發展的異同〉，《台灣史研究》24（1），2013，頁 65。
414〈人車軌道〉，網址：https://ja.wikipedia.org/wiki/人車軌道。
415 野田正穗等編著，《日本の鉄道：成立と展開》（東京：經濟評論社，1986），頁 129。
416 亞洲歷史資料中心，〈手押輕便鉄道台車交付〉，網址：https://www.jacar.archives.go.jp/das/image/C07061017700。
417 台灣總督府鐵道部編，江慶林譯，《台灣鐵道史》上冊（南投：台灣省文獻會，1990），頁 206。

コ（Trolley）稱之，並未如在台灣所稱之「台車」，因為日本的車輛有屋頂，只是沒有窗戶，乘坐人數較多，後來成為觀光列車的代名詞，因此台車的稱呼也成為台灣特色（參閱本書彩圖集圖 A16）。

1-5-3　軍用輕便軌道

　　當年清朝所興建的官設鐵道只從基隆到新竹，1895 年割台時，台灣曾發生乙未抗日戰爭（5 月 29 日 - 11 月 18 日），當時官設鐵道就曾運送台灣民主國的抗日軍到基隆，後來鐵道為日軍掌控，隨即成立「台灣鐵道線區司令部」，不過 9 月隨即被陸軍的「臨時台灣鐵道隊」所取代，鐵道隊同時負責官設鐵道與軍用輕便軌道的興建及維護，主要由杉井組、有馬組及大倉組承包。[418] 為了促進軍隊運送，1895 年 12 月即由「台灣陸軍補給廠」負責建設軍用輕便軌道：新竹到打狗（高雄），分 16 區同時鋪設，第一段從台南安平到高雄，1898 年 2 月再分段鋪設北上接到新竹，總長達 385 公里，台車 1,580 輛，每輛台車由軍伕三人負責推送。這些軍伕即隸屬於上述的「臨時台灣鐵道隊」，該隊包括軍人、技師、技手 166 人與軍役伕 2,945 人。[419] 依 1895 年（明治 28 年）8 月 14 日的公文簽呈〈大藏大臣松方正義簽給總理伊藤博文〉，該隊成立之經費由臨時軍費支出，總理伊藤博文於次日 8 月 15 日簽准。雖未見附件，但主文中總數精確（到 45 錢），其概算如表 1-5-1：

表 1-5-1　臨時台灣鐵道隊預算

費用別	預算（圓）	說明
旅費	37,700 餘	139,500 餘（一次費用）
兵器彈藥費	47,900 餘	
被服費	30,700 餘	
其他費用（材料、準備金）	23,200	估算
糧食費	33,000 餘	137,700 餘（每月業務費）
傭給費	73,800 餘	
其他費用	30,900	估算
共計	277,326 圓 45 錢	簽呈主文

資料來源：國立公文館亞洲歷史資料中心，《公文類聚·明治 28 年·19 編·20 卷》。作者整理。

---

418 蔡龍保，〈日本營造業最初的海外擴張：韓國京仁鐵路的興建兼論台灣縱貫鐵路發展的異同〉，《台灣史研究》24（1），2013，頁 43。

419 亞洲歷史資料中心，《明治 28 年·公文類聚·19 編·20 卷》，網址：https://bit.ly/3GHra7d。

　　由於軍用輕便軌道（台灣陸軍補給廠輕便鐵道）在當時號稱全島唯一的公共交通運輸系統，雖以軍事為主，但於 1896 年 7 月 7 日起仍讓一般人民免費搭乘，此種便民措施卻在 1898 年（明治 31 年）受到會計檢查院的質疑為何不收費？為此於 1900 年（明治 33 年），台灣陸軍補給廠還提出了一般人民的「台車出借與收費方案」，收費納入收入科目。直到 1903 年，由當時台灣陸軍補給廠廠長大久保德明所上簽的公文，仍看得到輕便軌道的台車收費仍納入年度預算的收入科目內。同時也發現簽呈中提及台灣陸軍補給廠的台中支廠，為了各地輕便軌道的佈設、撤回與修繕，增加不少出差費，因此將本廠的出差費 650 圓移給台中支廠。

　　1899 年起，陸軍新竹補給廠所轄的軍事輕便軌道開啟了新竹到台南之間的郵務服務：郵便線路，為此台灣總督府還制定了「輕便軌道郵便操作手續」（12 條），台南郵便電信局（局長山木利涉）與新竹郵便電信局（局長中澤潤二）互相呼應，並由新竹郵便電信局制定了「輕便軌道台車使用規則及心得」（18 條）、「桐油與麻繩（台車用）取用手續」、「遞送人印鑑使用手續」等規範，包括新竹和頭份先準備十輛郵便台車、台車掛郵便旗與攜帶喇叭、會車規範、休息時間、載重與速度等。[420]也因此發起了郵便線路沿線郵便電信局的局長們討論如何防雨，並出現了不少郵便台車的示意圖。[421]此外，其他的單線規範也在輕便軌道業界中被訂定施行，例如同一軌道上迎面出現兩輛台車，則客運需讓貨運，如果兩輛皆為客運，那麼高級台車有優先路權，即普通台車需讓給一等或二等台車，如果兩輛台車等級相同（同為一等客運或同為貨運），則上行台車有優先通行權。以新竹到樹杞林（竹東）的手押台車軌道線為例，上行為往主要車站（新竹站）的路線，反之為下行。因此讓的一方就必需將乘客、貨物與台車移出軌道。[422]

1-5-4　陸軍路

　　1907 年（明治 40 年）陸軍省仍繼續支持台灣的輕便軌道（台車線），並將台車等設備轉成台灣總督府的財產，包括台車組合台九座、12 磅軌條用台車 5,637 台、9 磅軌條用台車 21 台。[423]這條台車線大致上是沿著日本陸軍整修過的清朝官道，而因為這條清

420 國史館台灣文獻館，「輕便鐵道郵便取扱手續制定（訓令第四號）、同上二付台南上申、同上中改正（訓令第三四號）、新竹輕便鐵道台車使用規則及心得二付民政局へ通牒」（1899-01-21），〈明治三十二年台灣總督府公文類纂甲種永久保存第十七卷交通〉，《台灣總督府檔案‧總督府公文類纂》，典藏號：00000364007。

421 國史館台灣文獻館，「郵便用桐油改良方二付各局長意見及防水布裏付行囊使用結果」（1899-08-01），〈明治三十二年台灣總督府公文類纂十五年保存第十一卷交通〉，《台灣總督府檔案‧總督府公文類纂》，典藏號：00004587017。

422 小牟田哲彥著，李彥樺譯，《大日本帝國時期的海外鐵道：從台灣、朝鮮、滿洲、樺太到南洋群島》（台北：台灣商務印書館，2020），頁 79。

423 亞洲歷史資料中心，〈輕便鉄道台車其他保管転換の件〉，網址：https://www.jacar.archives.

朝官道由日本陸軍經手過，故又被稱為「陸軍路」，隨著戰事逐漸減少及民間的需求，也在軍事用途之外開放民眾搭乘及接受託運貨物，直到 1927 年台灣總督府決定修築新的縱貫線鐵道。後來這條「陸軍路」變回道路，即後來的縱貫路（省道台一線）前身。[424] 簡言之，輕便軌道的發展也由軍政時期進入民政時期（民政部土木局），直到 1909 年 10 月 25 日，再進入台灣總督府鐵道部時期，成為民營化的緣起。各期當中陸續交接給地方政府轉民營，例如宜蘭於 1903 年籌組輕便鐵道組合（合作社），接收政府方的資材與台車，經營頭城到蘇澳 11 公里的台車線。[425] 其和桃崁輕便鐵道會社、台中中部運輸會社同為台灣最早設立之輕便軌道企業。

1-5-5　輕便鐵道補助法

　　日本更在 1911 年推出了「輕便鐵道補助法」，掀起了台車風，以人力為動力者稱之為人車軌道，另有以畜力為動力者，除了牛馬之外，在文獻中也出現犬車軌道與豬車軌道的例子，另外更出現過風車軌道。接著 1912 年，台灣的輕便軌道開始制度化，首先由台灣總督府制定了「台灣私設軌道規程」，鼓勵人力與畜力為動力來源的軌道運輸，施行不過三年的 1915 年，全台灣已有長達 997 哩（約 1,600 公里）的民營台車軌道，遠遠超過公營的 502 公里，由 5,363 輛的台車擔負起民營大眾客運與貨運運輸的責任，其中新竹州與台中州就佔了 1,000 公里，1919 年時台車數更達到高峰的 7,029 輛。[426]

　　1909 年仍是民政主導輕便軌道的時期，繼續在花蓮地區推動鋪設花蓮港到卑南間的台車線，該軌道整修一段舊的，再添設一段新的，舊的輕軌段由花蓮港到吳全城間，是由賀田組於 1907 年為了開墾而設，新的一段則由吳全城到馬太鞍。[427] 1910 年 3 月 1 日花蓮港到鳳林先開通，經過四站：荳蘭、吳全城、鯉魚尾、溪口。當時以台車出租的方式運行，因此開通年只有 1,592 車次。更特別的是兩段軌距不一，必需在吳全城換車，因為舊段為 609.6mm，新段則為 533.4mm。[428]

1-5-6　台車後押人夫

　　1914 年 8 月總督府制定了「台灣私設鐵道營業者及台車後押人夫取締規則」，出現了「後押人夫」的職稱，企圖在人的治理上著力，促使手押台車軌道更加發展。不過以

go.jp/das/image/C04014259400。

424 陸軍路，詳見〈台灣鐵道史〉，網址：https://www.wikiwand.com/zh-tw/台灣鐵道史。

425 陳家豪，〈從軍用到民營：台灣輕便車鐵道的發展（1895-1909）〉，《台灣文獻》64（1），2013，頁 79-106。

426 廣野聰子，〈植民地台灣において手押台車軌道か果たした役割とその位づけにする関檢討〉（東京：日本地理學會年度大會，2015）。

427 台灣總督府鐵道部，《台灣總督府鐵道部年報第十一報：明治四十二年度》，1910，頁 164。

428 同上註，頁 163-164。

1917 年為例，當年仍然發生了事故 179 次，死傷 247 人，事故原因之一為後押人夫超速而導致轉彎脫軌、其二為行人不注意而被撞等，[429] 甚至到了 1931 年，那年新竹州的台車事故有 31 件，造成 2 死 34 傷，其中 24 件的主要原因為後押人夫的疏忽所導致。[430] 因此後押人夫的管理與監督更行重要，首先，18-50 歲之間且身體健康者（犯罪者與精神狀態不佳者排除）加上五個月（後改為三個月）的實習經驗，方可申請「後押人夫證」，證上註明軌道區域與從業時間。台車線業者必需在起站與終點站備妥後押人夫名冊供查驗，後押人夫需穿著工作服，後面印著該員背號。而且後押人夫必需遵守以下事項：台車雙線通行時需靠左邊運行、台車最高速度在市街的時速不得超過 8 公里、在郊外不得超過 12.8 公里、保持車間距離、交通繁忙與視野不良時得鳴鐘與鳴笛、夜間行車需點燈、台車發生事故或脫軌時馬上通知最近車站與警察、人夫證攜帶備查、人夫證不得外借、穿著清潔的工作服、不得藉故多收費用、隨時注意行車間的突發狀態、拾獲乘客失物速送最近車站、不得拒絕警察的人夫證檢查、不得任意移動貨物到不同車站。[431]

　　搭乘台車亦有其規範，以 1905 年 12 月 1 日開業的台南廳新市街到大目降街的糖務局人押台車線為例，共長 4.8 公里，大目降街到甘蔗試作場的 0.8 公里為專營軌道，不開放營業。當年的台車票價如下：車夫一人負責之四人搭台車，一人搭乘為 15 錢、兩人搭乘 20 錢、三人搭乘 30 錢、四人搭乘則需車夫兩名，包車則為 35 錢。[432] 接著從普通車票的 15 錢起到一等、二等，價格加倍，每部台車只坐一或二人，加上車頂與籐或皮革製座椅。總之，手押車軌道乘坐經驗的其中一項為：乘坐的舒適性令人不敢恭維。[433] 手押台車線的軌距以 1 呎 7.5 吋為主，跟縱貫鐵路的 3 呎 6 吋有很大的一段差距，車速最快為下坡路段之每小時 16 公里（前為 12.8 公里）左右，平均時速只有 10 公里（前為 8 公里）。在運輸量方面，貨車載重量在平地路線以 375 公斤為限，而山地路線則以 313 公斤為限。

　　1906 年時，官鐵與汽車亦開始改善，例如官鐵（現台鐵縱貫線）於該年 1 月 20 日起新設一二等客車，新客車較一般車廂大，分前後兩部分：一半一等、一半二等、中間為販售處、車門邊設有廁所。一等客車鋪設坐臥兩用的茶色天鵝絨，改裝之後的一等車廂號稱貴族級，而二等則向上提昇為「平民級的一等車廂」。又如為直行列車，則沿途不得承載貨物，以節省停車時間。如連接台車線，則原二等車廂之旅客可搭乘一等之台車。另外，汽車亦有分等之情事，例如台北到新竹的汽車一等 2.72 圓、二等 1.81 圓、三

429 管野忠五郎，〈軌道業者に對する希望〉，《台灣鐵道》10 月號，1918，頁 6-10。
430 新竹州警察文庫，《昭和七年新竹州警務要覽》（1932），頁 224。
431 石川忠一，《台灣警察要論》（台北：新高堂書店，1915），頁 390-393。
432《漢文台灣日日新報》，1905 年 12 月 8 日。
433 小牟田哲彥著，李彥樺譯，《大日本帝國時期的海外鐵道：從台灣、朝鮮、滿洲、樺太到南洋群島》（台北：台灣商務印書館，2020），頁 90-91。

等 1.36 圓。[434]

　　同年（1905）亦有苓磚（鳳山廳苓雅寮到磚仔窯）輕便軌道線的籌設，礙於後押人夫難尋，因此改成大阪製造的石油發動機關車以及有蓋的八人座小車廂（小火車），可知它已非手押押台車線了。[435] 另外，有些人押台車線由競爭轉為合作，組成運輸組合（合作社），在運輸與後押人夫的服務品質上多所提升，也值得關注。

1-5-7　州廳時期的輕便軌道

　　1922 年 4 月鐵道部修正軌道規程，最後進入州廳時期（見表 1-5-2）。1925 年旅客首度超過 500 萬人，並在 1928 年達到高峰的 5,306,367 人次，1926 年輕便軌道長度再度超過 1,000 公里。[436] 可知輕便軌道是以官鐵縱貫鐵路的各站為中心，往兩邊發展的「民軌」交通系統，當然更是一項生意與產業（運人兼運貨），例如台灣五大家族的林獻堂於 1905 年就發起籌組「台中輕便鐵道株式會社」，[437] 另一家族顏家當年公私兩便，積極興建輕便軌道：基隆猴硐線、基隆金山線、瑞芳金瓜石線以及鶯歌三峽線，[438] 至於樟腦業則容後敘述之。

表 1-5-2　輕便軌道線長度與台車數概況表

年度	軌道長度（哩、公里）	台車數（台）	說明（主管機關）
1899	軍用輕便軌道拆除		軍政轉民政
1909	166.2（265.92）	1,902	民政轉鐵道
1915	997（1595.2）	5,362	高峰的軌道長度
1919	578.5（925.6）	7,029	高峰的台車數
1922	547.4（875.84）	4,692	鐵道轉州廳
1925	613.4（981.44）	5,245	旅客超過 500 萬人次
1926	635.2（1,016.32）	5,675	軌道再度超過 1,000 公里
1928	731.5（1,170.4）	5,740	高峰的 5,306,367 人次
1931	849.8（1,359.68）	5,321	州廳（地方）

資料來源：《台灣鐵道》10 月號（1926），頁 4-5。

434《漢文台灣日日新報》漢珍數位版，1906 年 7 月 22 日。
435 同上註，1906 年 8 月 15 日。
436 加賀山生光，〈私設鐵道漫談（8）〉，《台灣鐵道》10 月號，1932，頁 2-9。
437 陳家豪，〈日治時期台灣人力輕便鐵道〉，《台灣學通訊》106，2018，頁 18-19。
438 友聲會編纂，《顏雲年翁小傳》（基隆：友聲會，1924），頁 33-39。

1-5-8 新竹地區的輕便軌道

1930 的新竹州（包括現在的桃竹苗）年代，包括一市八郡四街 38 庄及蕃地，《台灣發達史》書中的交通提及新竹州私設輕便軌道有 481 公里（含複線）。[439] 當年新竹州有 12 間公司經營 17 條輕便軌道路線，1934 年時，全台共有 1,232.6 公里的台車輕便軌道，其中丘陵地較廣的新竹州就佔了 400 公里，約為當時全島的三分之一。[440] 主要營業公司包括桃園軌道株式會社、中壢軌道株式會社、台灣軌道株式會社、新竹拓殖株式會社等。1940 年的《新竹州要覽》中，載明 1938 年時，州下還有 15 條輕便軌道台車線，但長度已減少至 231 公里，台車線式微和公路運輸的興起以及官鐵的支線普及有密切關係。

但在新竹地區，最早是 1907 年由新竹製腦株式會社經營客貨兩用的手押台車線，[441] 包括其樟腦原料與產品的運送，亦可連結到金廣福在清朝咸豐與同治年間因樟腦而拓墾的脈絡。其高峰時共有四條路線 48 公里，台車 220 輛。相對於南台灣的糖鐵私營鐵道或軌道線，這樣的山林資源產業線在北台灣特別明顯。例如 1903 年以茶業運輸為目標而成立的桃崁輕便鐵道會社，啟動了這股「運送在地資源、也運送在地人」的台車軌道線。當時在北台灣共有 17 個公司與個人經營台車軌道線，[442] 新竹製腦株式會社即為其中之一，且其資本額 40 萬圓為最高者，比第二名的基隆輕鐵株式會社多出一倍。新竹製腦超過 100 股的股東共有 39 位，最大股為後來擔任社長的前新竹廳廳長櫻井勉（1,000 股），而當年抗日客家義軍的姜家與徐泰新（共 2,170 股）、當年協助日軍搜索北埔立功的黃流明（400 股），而日治初期新竹社會圈的三位主要人物黃鼎三、鄭拱辰、陳信齋（900 股），由一個公司的股東構成也看出了當時政治經濟型態。徐泰新縱使賣出他的腦場給新公司，其股份（970 股）也不能超過櫻井勉（1,000 股）。[443] 新竹製腦株式會社第一條 9.75 公里的手押台車線，從新竹到樹杞林（竹東），其軌距為 2 呎（609.6mm），擁有 100 輛台車（四人座、400 斤）。[444] 1912 年又整合成為兩條路線：新竹街到舊港、新竹街到內灣（由竹東延伸），那一條 9.75 公里的手押台車線就是經過竹東街道（現光復路）的輕便軌道。不過新竹最早的手押台車線是 1899 年的新竹（舊港）到新社（竹北）線，主要

439 林進發編纂，《台灣發達史》（台北：民眾公論社，1936），頁 348。

440 陳正祥，《台灣地誌》中冊（台北：南天書局，1960），頁 687-96。

441 新竹製腦株式會社資本額 60 萬，由前新竹廳廳長櫻井勉擔任社長，董事台籍與日籍各六人，監事三人，先買收了原抗日分子徐泰新的腦場。

442 陳家豪、蔡龍保，〈日治時期台灣現代交通建設與產業發展（1895-1908）〉，2016，頁 13，表 3，網址：http://homepage.ntu.edu.tw/~ntut019/tieha/Chen-Railway.pdf。

443〈新竹製腦會社大株主〉，《台灣日日新報》漢珍數位版，1907。

444 台灣總督府鐵道部，《台灣總督府鐵道部年報第十一報：明治四十二年度》，1910，頁 189。

為軍事需求的軍隊與物資的運送，並未開放民用。[445]

　　當時竹苗地區有六家公司與個人經營手押台車軌道線，他們為：新竹製腦株式會社、南日本製糖株式會社、苗栗輕鐵株式會社、紅新鐵道合資會社、銅鑼灣輕鐵合資會社與松本徒爾個人經營。[446] 松本徒爾（1869-1926）為軍人出身，歷經日清、日俄戰爭，但在 1895 年即渡台在新竹街經營雜貨店，後來陸續投入交通事業，先個人經營，後擔任中港軌道株式會社社長。松本也創立台灣製材株式會社與新竹電燈株式會社，1912-1925 年並為獅頭山煤礦的礦權人之一，其中即有命名「松本礦坑」者。不過松本徒爾一直居住於新竹街（市），多所參與公共事務，包括新竹州協議會議員、新竹公共團長、新竹消防組合長、新竹信用組合長等，[447] 當時為新竹民間代表人物之一。

1-5-9　樟腦相關的手押台車軌道

　　當年樟腦相關的運輸比率比起其它貨物如茶、米、鹽、糖等，更是其中最高者，從 1912 年的 35.66% 達到 1921 年的 70.62%，甚至其中兩年還高達 75.12 及 78.49%，[448] 1912 年的樟腦運輸量中，基隆輕鐵、桃園輕鐵與苗栗輕鐵三家佔了總運輸量的近 99%，更顯見台灣輕便軌道、鐵道和樟腦產業發展的密切關係。清代中葉以降便和台灣樟腦開發密不可分的基隆顏家、霧峰林家、北埔姜家、新竹鄭家、黃南球、陳慶麟、劉緝光、黃春帆等，他們共同參與了幾家手押台車軌道線的經營，軌道沿線或終點站即為樟腦產地。[449] 而更早之前黃南球還參與了 1885 年清朝台灣的鐵路興建，黃即為當時新竹士紳內渡群 101 人中的一人，但於 1898 年回台。[450] 他和陳瑞昌、林紹堂等人負責枕木的砍伐、製作、運送等工作，石材則委由新竹的林汝梅（1834-1894）負責。[451] 此外，黃南球和劉緝光[452] 於 1910 年合組了苗栗輕鐵株式會社與投資大安軌道株式會社（1916），當年的會

---

445 新竹州，《新竹州要覽》（新竹：新竹州，1923），頁 301。

446 新竹廳，《新竹廳第五統計摘要》，1913，頁 162。

447 獅頭山煤礦，詳見〈1030215 南庄 - 獅頭山煤礦、龍山煤礦〉，網址：http://ivynimay.blogspot.com/2014/02/1030215_15.html。

448 陳家豪、蔡龍保，〈日治時期台灣現代交通建設與產業發展（1895-1908）〉，2016，頁 16，表4。

449 陳家豪，〈殖民政府、地方開發與台灣人資本〉，《台灣史研究》22（3），2015，頁 97-138。「樟腦產地」詳見頁 120。

450 李維修，《從素封家到社會菁英：日治時期新竹地區士紳的社會角色變遷》，頁 56，表 2-3。另見「明治 29 年三月新竹支廳機密報告」，《公文類纂》12。當時以戶口異動之名義，內渡避難者有 101 人。由於黃名下的「廣泰成墾號」掌握樟腦主要產地，日人極力勸說回台。

451 林汝梅（1834-1894）為林占梅之弟，曾開墾南庄與三灣地區，亦協助建設大甲溪橋。晚年推動道教，號稱新竹的天師府。

452 黃南球（1840-1919）為乙未戰爭的戰將，更是苗栗地區主要的墾戶，陸續成立金萬成、金成協、黃南球等墾號，號稱新竹總墾戶。也和北埔姜家合組廣泰成墾號，開墾北埔地區。

社成立大會就在新竹俱樂部，持股最多（600 股）者則為號稱「台灣事業王」的荒井泰治，熱衷投資於鐵道與軌道事業。陳慶麟和劉緝光同屬黃南球成立的廣泰成墾號、而黃春帆[453]則為霧峰林家的樟腦總管。此外，陳慶麟還在 1913 年和新竹街的鄭神寶與李雪樵同獲紳章，政商關係可見一般。

霧峰林家投資的台中輕便鐵道株式會社，在 1912 年的全台樟腦運輸量還分別佔了 25.16% 與 21.23%，居於第一位與第二位。[454]新竹製腦株式會社也因連結了新竹車站，而在樟腦運輸方面扮演了重要的角色。其中於 1906 年 2 月發生了一件和樟腦、新竹與台車有關的車禍事件，話說蕃薯寮（旗山）採腦拓殖株式會社代表吉鹿慶太郎[455]由台中到新竹招募腦丁（採腦工人），共招到 60 人，搭乘手押台車回台中，路經大甲溪右岸轉彎之處，有皮箱掉落擋住去路，導致台車脫軌，後面的十多輛台車也陸續衝撞在一起，以致吉鹿慶太郎與另一位新竹商人重傷，腦丁們四散。所幸後面再來的台車有新竹廳總務課的官員白木一策與吉野新市兩人，正前往台中參觀農產品大會途中，因此號召乘客們協助送到葫蘆墩公醫處進行急救手術，再轉往台中醫院治療。同時也把腦丁們暫時安置於葫蘆墩，等待後續處理。[456]此外，人押台車線也會支援「討蕃隘勇隊」或「隘勇線前進隊」，可見樟腦資源線和隘勇線多所重疊，例如 1909 年 9 月 13 日，油羅山方面的隘勇線前進隊完成任務，在內灣舉行解散儀式，新竹製腦株式會社櫻井勉會長號召竹東官民一起歡迎，並在內灣車站立起凱旋歡迎門，前進隊隊員搭乘台車進站，台車軌道兩旁站滿了歡迎代表，包括小學生與愛國婦人會員、保正甲長、竹東官民們等。隔天晚上更在新竹站前的塚迺家舉辦宴會，共有 260 人與會。[457]

1-5-10 新竹製腦株式會社的手押台車軌道

1911 年，新竹製腦株式會社整合了兩條路線：北門到舊港、北門到內灣，其中北門到舊港線甚受歡迎，每輛台車四人，租金 34 錢。6 月 1 日適逢端午節，在地商人們提議在舊港舉行龍舟競賽，並募款製作一對獎盃，當天鑼鼓喧天將獎盃用台車送往舊港，一時「台台客滿」，港邊全是人，哪知龍舟準備不及，延至當月 15 日舉行，本事件是否為手押台車軌道線的行銷手法，不得而知（表 1-5-3）。[458]此外，1916 年的 4 月 10 日開始的「台灣勸業共進會」展覽，主要展館在總督府，共有 48 個展示單位，其中新竹廳在

453 黃春帆替霧峰林家掌管樟腦事業之後，移居至草鞋墩（草屯）獨立經營腦寮致富，熱心地方公益，倡設「草鞋墩公學校土城分校」與闢建「龍泉圳」。
454 陳家豪、蔡龍保，〈日治時期台灣現代交通建設與產業發展（1895-1908）〉，2016，頁 23。
455 吉鹿慶太郎其兄吉鹿善次郎為台北市南洋商會負責人。
456《漢文台灣日日新報》，1906 年 2 月 10 日。
457 同上註，1909 年 9 月 18 日。
458 同上註，1911 年 6 月 5 日。

第 17 室，具特色的展覽品居然是用在地木材製作出手押台車線在新竹廳分布的模型地圖。[459]

表 1-5-3　新竹製腦株式會社經營之手押台車線

起點	終點	長度哩	站數	開業年
竹北一堡新竹街	竹北一堡樹杞林街	14.4	5	1909
竹北一堡舊港庄	竹北一堡內灣庄	21.2	12	
竹北一堡樹杞林	竹北一堡北埔庄	4.6	2	1913
新竹街土名北門	竹北一堡水田庄	1.4	3	
新竹街土名西門	竹北一堡浸水庄	2.8	2	1913
羊寮庄	南油車港[460]	1		1913
小計		31	24	
新竹街土名北門	竹北一堡舊港庄	5.3		1911
新竹街土名北門	竹北一堡內灣庄	28.2		1911

《新竹廳第五統計摘要》（1913），頁 162；《新竹廳第七統計摘要》（1915），頁 255。

　　依照 1926 年的《新竹街要覽》（表 1-5-4），其中有四條路線在新竹市或由新竹市街發車，第一條為竹東線：新竹到內灣，長 26.8 公里，由新竹拓殖株式會社經營，第二條為南寮線：新竹到南寮（在舊港分支），長 8.1 公里，由方維玉個人經營。第三條舊港到長和宮，長 9.4 公里，它們的軌寬皆為 495.3mm，另一說為埔頂之前經過了東勢與赤土崎兩站。至於舊港線則沿著清朝以來竹塹的主要貿易路線，號稱「新竹絲路」，由郊商集散地的北門大街出北門到外媽祖的長和宮，再經過崙仔庄、樹林頭庄、苦苓頭腳庄、槺榔庄、船頭溪洲，直到頭前溪北岸的舊港（原 1731 年開港的竹塹港）。[461] 舊港線的正式車站只有四站，但卻經過了以下的文史路徑：北門、外媽祖、崙仔尾、鴨母寮、樹林頭、烏瓦窯、苦苓腳、大店、槺榔、鳧湖、牛埔、船頭溪州、竹塹舊港，[462] 復原一段的台車線稱為「槺榔台車線」，平交道並有「小心台車」的交通標誌。

　　後來隨著南進政策，竹東當時成為地理學所說的「中地」，處於新竹與物產豐富（含油田）的山區之間，成為竹塹地區的第二大城鎮，[463] 因此由竹東起站就有五線的人車軌

459《水木居主人日記》，中研院台史所日記知識庫，1916 年 4 月 16 日。

460 台灣總督府鐵道部，《台灣總督府鐵道部年報第十四報：大正元年度》，1913，頁 107。

461 新竹市文化局，《古輕便車：軌跡迴朔之旅導覽手冊》（2008）。

462 槺榔站與觀光台車曾於 2011 年復原，說名牌上有文史路徑。

463 林于煒，《竹東的聚落發展（1718~2000）——個案空間史的研究》（台中：中興大學歷史系碩士論文，2001），頁 50-55。

道，包括北埔、芎林、頭份林、十八兒與尖石，而由尖石再有兩線到普羅灣與那灣。[464]

1-5-11　新竹街的手押台車軌道與海水浴場

　　1940 年出版的《台灣鐵道旅行案內》中之基隆竹南間線路略圖，其間的海水浴場皆被標出，包括基隆、竹圍、南寮濱（南寮）、崎頂等，結果出現了該圖中唯一到達海水浴場的人車軌道路線：新竹到南寮。[465] 詳細的說，西門街有兩條手押台車線，往南到浸水，往西到舊港，再從舊港另分支線到南寮濱。1925 年時的票價如下：浸水 27 錢、舊港 34 錢、南寮濱 39 錢。[466] 但最重要的是表 1-5-4 及表 1-5-5 中出現 1919 年成立的台灣軌道株式會社（新竹客運的前身），由赤司初太郎（1874-1944）號召集資 300 萬圓（實收 75 萬圓），股東中有 12 人超過一千股，台籍人士三人（台中州吳汝祥：4,000 股、[467] 新竹州黃運和：3,400 股、[468] 台北州郭廷俊：1,150 股），[469] 22 日籍人士的九人中，發起人赤司初太郎擁有 20,170 股，其子赤司大介 4,070 股，另有煉瓦王後宮信太郎（1,240 股）與銀行派坂本素魯哉（2,000 股），後兩人還是台灣高爾夫俱樂部的創會會員（參見本書第三章）。在 1940 年因戰時管制，陸續購併新竹自動車商會、新竹拓殖軌道株式會社、茶茂自動車會社（周家修：西門證善堂周氏家族）、新通自動車商會（陳性）與台南輕便鐵道株式商會，後來於戰後成為新竹客運公司。

表 1-5-4　1926 年新竹街發車的手押台車軌道

新竹街發（站數）	起站	經營單位	說明	營運期間與里程（台車數）
新竹 - 竹東線（5）	南門	新竹拓殖軌道株式會社	新竹與竹東間複線 另有竹東 - 北埔、 西關東橋 - 芎林、 竹東 - 南河	1908-1938 26.8 公里 1922 年新竹到南河（內灣） （240）

---

464 黃榮洛著，陳板主編，《內灣線的故事》（新竹縣：新竹縣政府，1996），頁 98。

465 關正宗、張益碩，《台灣旅行寫真照片（1920-1930）》（新北：博揚文化，2017），頁 25。

466 柴山愛藏，《台灣之交通》（台北：台灣交通研究，1925），頁 154。

467 吳汝祥（1868-1941）為前清秀才，於 1905 年擔任彰化銀行頭取（總經理或執行董事），歷任風俗改良會長、台南新報社取締役（董事）、台中廳參事與台中州協議會員等。

468 黃運和為苗栗黃家（族長黃南球）的五子，黃南球於 1909 年參與籌組苗栗輕鐵會社，於 1911 年投資大軌道會社，早對人車軌道產業產生興趣，有助於其「廣泰成」墾號運輸在苗栗地區的資材與產品。黃運和亦為台灣地方自治聯盟的會員，曾到台中參加 1930 年 8 月 17 日的成立大會。

469 郭廷俊（1882-1944），先歷任土地調查局雇員、軍隊通譯、基隆廳雇員，1907 年赴日，於 1910 年畢業於專修大學經濟學科。1917 年起任職台灣商工學校，之後歷任台北市市協議會員、台北州州協議會員，並於 1930 年任總督府評議員。

新竹街發（站數）	起站	經營單位	說明	營運期間與里程（台車數）
新竹 - 新埔／關西線	公園入口	台灣軌道株式會社	東勢 - 新埔庄 - 梨頭山	8.3 公里
新竹 - 舊港線（4）	北門	新竹拓殖軌道株式會社（周春傳）（永和軌道）	對岸貿易魚產運送	1911-1941 9.4 公里 （45）
新竹 - 油車港線（4）	西門	新竹拓殖軌道株式會社（李帶魚）	專賣局鹽田產品	1923-1942 6.2 公里 （17）
新竹 - 浸水（3）[470]	西門	新竹拓殖軌道株式會社		1922-1941 4.5 公里 （12）
新竹 - 南寮	西門	曾由方維玉個人經營	舊港分支	8.1 公里

資料來源：《新竹街要覽》（1926），頁 150-151；〈新竹州第 1-4 統計書〉，《新竹縣誌》（1922-1925）。

表 1-5-5　1938 年新竹市人車軌道線

1923	1931	1938	里程（公里）	附註
新竹 - 竹東	新竹 - 竹東	新竹 - 竹東	14.5	有巴士
	新竹 - 六家		5.7	
竹東 - 內灣	新竹 - 內灣		26.7	
竹東 - 北埔	新竹 - 北埔		21.8	
		關東橋 - 芎林	6	
西門 - 浸水	新竹 - 浸水		5.9	
北門 - 舊港	新竹 - 舊港		7.2	
		新竹 - 南寮濱	5.9	有巴士
		新竹 - 油車港	6.1	
	新竹 - 新埔	新竹 - 新埔	15.7	
新竹 - 北門			1.9	

資料來源：新竹州，《新竹州要覽》（新竹：新竹州，1923），頁 42；《新竹市要覽》（1931），頁 18-19；《新竹市要覽》（1938），頁 9-10。

1-5-12　軌距的發展

　　軌距也是區分鐵道與軌道輕重的指標之一，分為標準軌、寬軌與窄軌。由於國際的標準軌的軌距為 1,435 公釐，[471] 且有全球 59% 的占有率，比它寬的如芬蘭的 1,524、印度

---

470 新竹州，《新竹州第一統計書》（新竹：新竹州，1923），頁 320，表 170。

471 台灣的高鐵與各地捷運均採用國際標準軌的 1,435 公釐。阿里山鐵路的軌距為 762 公釐。

及巴基斯坦的 1,676 公厘等，其占有率只有 23%。另外 16% 為窄軌，包括日本與台灣的 1,067 公厘、中南半島的 1,000 公厘、各種產鐵的 762 公厘等，軌距的轉換稱為 Break of Gauge。台灣過去台糖與台鐵共用路線，因此有 1,067 公厘／762 公厘雙重軌距線。

由於台灣與日本的官鐵之軌距一樣為 1,067 公厘，在國際上被定義為窄軌，但在台灣卻以寬軌稱之，因為它在台灣最寬，以此稱呼以用於相對比較。故窄軌者多用於社營軌道、私營軌道，例如主流的 495.3 公厘，但是另有其他三種規格。表 1-5-6 中的私營新店線和官鐵同為 1,067 公厘的軌距，經營它的台北鐵道株式會社一開始就想接官鐵成為支線，例如新店線與淡水線。該公司由 51 位股東出資 90 萬圓，於 1896 年 8 月 12 日在東京組成。[472]

表 1-5-6　私營鐵道與軌道不同軌距表

	經營單位	軌寬（公厘mm）	里程（公里）	附註
台北鐵路（新店線）	台北鐵道株式會社	1,067	10.4	1921/3/25-1949/6/1 汽油機關車
台中輕便鐵路	台中輕鐵公司	762	11.7	1924 汽油機關車
竹東線	新竹拓殖軌道株式會社	495.3	26.8	南門
關西、新埔線	台灣軌道株式會社	495.3	8.3	公園口
南寮線	方維玉個人經營	495.3	8.1	南門
舊港線	新竹拓殖軌道株式會社	495.3	9.4	北門
油車港線	新竹拓殖軌道株式會社	495.3	6.2	西門（鹽田線）
岡山線	烏樹林製鹽株式會社	546.1	7.7	
集南線等 5 線	南投輕鐵株式會社	609.6	18.3	
海口線	台糖株式會社	762		

資料來源：《新竹街要覽》（1926），頁 150-151；〈新竹州第 1-4 統計書〉，《新竹縣誌》（1922-1925）。

1-5-13　產業鐵道

1940 年代因軍事考量的鐵路支線也陸續建成，例如六燃的夥伴廠嘉義台拓的「台拓化學會社線」，[473] 該支線建於 1937 年（設北回歸線信號場為車站），由該站到台拓化學廠，長 4.5 公里，專門運送航空燃料，其和新竹六燃分工（合成及化成），生產「生質燃

---

472 野田正穗、原田勝正、青木榮一，《台灣鐵道史（上）》（台北：台灣總督府鐵道部，1910），頁 482-483。

473 號稱國策公司的台灣拓殖株式會社，於 1936 年成立，一共在台灣設立或投資 36 間公司，投資額超過 5 億日圓，一半以上投資於軍事相關的重化學工業；〈台灣拓殖〉，網址：https://ja.wikipedia.org/wiki/台湾拓殖，當時台電、台銀與台拓被稱為台灣三大特殊公司。

料型代用燃料」。該代用燃料由嘉南平原所種植的蕃薯作為原料，發酵後提煉有機溶劑，再分餾精製丙酮與丁醇以煉製成航空燃油。該支線也就後來的「中油嘉義溶劑廠支線」，原台拓化學會社先後改名為嘉義溶劑廠、高雄煉油廠嘉義分廠、煉製研究所、溶劑化學品事業部。而該支線則於 2003 年規劃成為「嘉油鐵馬道」（自行車道），[474] 同時北回歸線站也廢站，不過作為鐵道文化的復站運動仍在進行中。而新竹六燃支線接飛行場線也陸續廢線，另有嘉義儲煤廠側線與水泥側線也陸續廢線，還有未完成的新高臨港線等。

　　當年在新竹地區有不少產業鐵道線皆陸續廢線，包括竹北站：台鐵台北材料廠線、油庫線，新竹貨運站：台灣木材防腐線、頭前溪石碴支線（紅毛田溪支線）、台肥新竹廠線、前述的新竹六燃支線與新竹飛行場線，竹東站：台泥竹東廠、石油公司油礦探勘處線，合興站：台泥礦石側線等。碩果僅存者只剩九讚頭站：亞泥九讚頭廠以及內灣線、新豐站的內灣車輛側線。新竹地區的工廠專用線還有亞泥新竹廠線、新竹麵粉線。其中六燃新竹支廠的六燃鐵道支線，會先經過台肥鐵道，然後一路駛往末端的廠區與油庫。這條鐵道主要的路基，就是現在的公道五。[475] 上述 0.4 公里的台肥線（台鐵代辦產業支線），在 1955 年 5 月 1 日重新啟用，而 1958 年 10 月 1 日啟用的 1.6 公里中油新竹油庫線很可能是六燃支線（側線）的一部分。[476]

　　在原高雄六燃廠區則興建有專用鐵道以運輸軍需用油，包括楠梓站的中油側線、左營站的陸戰隊基地線、中油側線、高雄港站的酒精線、汽油線、中油公司高雄煉油總廠石化品儲運站線等線，亦陸續廢線。[477] 雖然該廠與台鐵連通的鐵道早已於 1992 年拆除，但是廠內仍保留一段 150 公尺的支線鐵道訴說著這段歷史（也是綠色隧道），這段鐵道肩負起保存文化遺產的使命，在 2020 年成為中油環境教育園區的一部分。[478] 而台灣最後的石油專用支線（1980 年 8 月 1 日啟用的花蓮北埔油庫支線，長 1.8 公里）也於 2015 年 4 月 29 日畫下句點。編號 3007 的長形油罐車，還曾經成為「空軍專用」，在機場支線運送飛機燃油，[479] 該拼裝火車頭暱稱為「湯瑪士小火車」。而接下來運油只能依靠 1,600 公里長的九條油管、油罐車與環島油輪了。[480]

　　由於新竹有軍用機場（海軍飛行場），當年日本在菲律賓戰事吃緊時，1944 年以新

474 嘉油鐵馬道，詳見〈中油嘉義溶劑廠支線（嘉油鐵馬道）〉，網址：https://bimeci.pixnet.net/blog/post/163392728-中油嘉義溶劑廠支線。

475 洪致文，〈中油鐵道，再見之後〉，《自由評論》，2015 年 4 月 23 日。

476 黃俊銘，《鐵道探源》（台北：行政部檔案管理局，2009），頁 130，表 6。

477〈台灣的支線與側線〉，網址：https://news-clippers.blogspot.com/2010/04/blog-post.html，2010 年 4 月 5 日。

478「中油環境教育園區」，網址：https://www.cpckor.com.tw/rbuPARK/building.html。

479〈花蓮最後運油列車停駛 鐵道迷送別〉，網址：https://reurl.cc/xOm745，2015 年 4 月 29 日；文引洪致文與駕駛彭俊順。

480 台灣 9 條油管，詳見〈管線輸送〉，網址：https://reurl.cc/rQq541。

竹機場為中繼基地，駐守著台灣海軍航空隊，又分為甲乙（號稱空地分離），甲隊為擁有戰機的攻擊部隊，乙隊為後勤支援部隊，1945 年沖繩戰後分割為南北兩隊，在新竹者為北台海軍航空隊。1945 年 1 月 8 日，日本第一航空艦隊神風特攻隊的部分主力由菲律賓遷到新竹，例如該艦隊第五基地的第 765 航空隊的 102 及 525 飛行隊在 3 月及 4 月先後移駐新竹飛行場，準備發起「橘號作戰」。因此有軍用軌道也就不足為奇，原稱為：北台海軍航空隊本部線（新竹飛行場線），該線使用國鐵 4100 型的蒸氣火車。

另外，礦、煤、糖、鹽、林等產業鐵路，也被視為是廣義的輕便鐵道與軌道，其中以糖軌道（糖鐵）較廣為人知，1909 年時已有 660 公里私營鐵道，[481] 到 1947 年時更增加至 2,939 公里，包括輕便軌道 1,159 公里（含可移動軌道 300 公里），台車 9,327 輛。[482]其中在新竹地區的前後兩個製糖會社線值得一提，[483] 其一的新竹製糖會社（1907），使用台南改良糖廍淘汰之機具，於南門外、香山、中港各設置一間，並興建輕便但有動力的鐵道，取代牛車來搬運原料。[484] 其二的帝國製糖歷經南日本製糖新竹工廠（1913）、帝國製糖新竹製糖所（1917）、大日本製糖（1940）等，動力鐵道（小火車）於 1926 年由帝國製糖新竹製糖所鋪設，一線由新竹到波羅汶，[485] 另一線由溪州到下山，之後又增加一線到香山。直到 1952 年 10 月 30 日結束營運。新竹到波羅汶的私營鐵道經過以下各站：溪州、麻園、白地粉、[486] 貓兒錠、山腳、坑子口、新庄子及中崙。[487] 而溪州到下山的中間各站名為：本新竹、北新竹、紅毛、東海窟、隘口。[488]

1909 年各公司糖鐵的路線共有 72 條（表 1-5-7），其中以台糖最多，達 39 路線，客運線也是以台糖的 8 線最多。當時帝國製糖尚未出現，因此新竹也未躍上歷史現場。不過，糖鐵以機關車動力為主（包括煤炭與石油），當年行駛里程高達 274,520 哩，因此人力的台車相對少。而在其員工職稱表中，見到了驛夫、火夫、掃除夫、點火夫、注油夫、線路工夫、保線工夫等，但未見後押人夫的職稱。[489]

---

481 台灣總督府鐵道部，《台灣總督府鐵道部年報第十一報：明治四十二年度》，頁 32。

482 張澤南，《台灣經濟提要》（台北：天眾出版社，1948），頁 154，表 127。

483〈新竹糖廠〉，網址：https://zh.wikipedia.org/wiki/新竹糖廠。

484 李維修，《從素封家到社會菁英：日治時期新竹地區士紳的社會角色變遷》，頁 128。

485 波羅汶在現湖口鄉境內（含波羅村），當年曾為竹堡波羅汶庄。同名的波羅汶山仍在本地區西部，詳見〈波羅汶〉，網址：https://zh.wikipedia.org/wiki/波羅汶。

486 白地粉為現竹北市白地里北部，當年曾為竹北一堡白地粉庄，北有貓兒錠庄、東有麻園庄、南為溪州庄與新庄子庄；詳見〈白地粉〉，網址 https://zh.wikipedia.org/wiki/ 白地粉。

487 大日本雄辯會講談社，「台灣部分」，〈日本遊覽旅行地圖〉，1934。該地圖為講談社隨月刊《キ
　　ング：King》所附之地圖，該地圖除了台灣外，還包括朝鮮與滿洲國等殖民地。King 月刊
　　（1924-1957）為當時日本第一份銷售超過百萬本的雜誌；詳見〈キング〉，網址：https://bit.
　　ly/3oFLaAK。

488〈台灣鐵道路線圖〉，1933 年 12 月 1 日。

489 台灣總督府鐵道部，《台灣總督府鐵道部年報第十一報：明治四十二年度》，頁 187。

表 1-5-7　1909 年糖鐵私營鐵道一覽表

公司名稱	路線數	客運路線	專營路線
大日本製糖	7	0	7
東洋製糖	10	0	10
鹽水港製糖	7	1	7
明治製糖	7	2	5
台灣製糖	（39）	（8）	（28）
橋頭系統	8	0	8
阿猴系統	12	5	10
後壁林系統	12	3	10
車路墘系統	7	空白	空白
新興製糖	2	2	0
總計	72	13	57

資料來源：《台灣總督府鐵道部第 11 年報》（1909），頁 169-172。

1-5-14　小結

　　在台灣多普地圖中的赤土崎地區仍有手押台車軌道線的痕跡，手押台車工作者的職稱為「後押人夫」，到 1932 年時，新竹州仍有 1,546 位「後押人夫」服務於「手押台車」的公共運輸系統。[490] 新竹六燃正門及通用門前的竹東街道（現光復路）也有手押台車軌道線（新竹到竹東），新竹六燃廠區（現公道五）有六燃專用支線，連接新竹車站，再接新竹飛行場線（1937-1997）。而從甘蔗田（現在的科學園區）到六燃場區間的運甘蔗台車線，由海軍施設部（現光復中學）負責鋪設與維護。大部分的軌道系統陸續在清治與日治時期，因產業與軍事考量而被規劃設置，新竹地區目前只剩棕櫚觀光台車段與「小心輕便車」交通標誌供後人緬懷（參閱本書彩圖集圖 A17），前竹東街道的手押台車軌道線的赤土崎段目前也成為新竹高架捷運的路段。新竹這些手押台車軌道的歷史路線，很適合在原路線上畫出，甚至可結合自行車道，使成「文化資產街道」的一環。

---

490 新竹州警察文庫，《昭和七年新竹州警務要覽》（1932），頁 433。

第二章[1]
「燃」出新竹歷史與清華園

　　日治時期「工業新竹」中的重點之一為日本海軍第六燃料廠的新竹支廠（合成部），後來也成為新竹清華園復校時接收自中油的前段校地（新竹六燃福利地帶部分，參閱本書彩圖集圖 C2、C3、C4），包括了現在清華園地標的成功湖。由於六燃立地於新竹赤土崎地區，帶動了戰爭工業的產業化，也連動了後來盟軍的多次空襲：燃燒了新竹，後來更「燃」出了科學園區的源頭。本章以同心圓的寫作方式，企圖在燃料史觀的脈絡下，突顯當時新竹、台灣和日本與世界對話的角色。因此本章第一節即以燃料史觀下的六燃開始，第二節再連結到當時日本陸軍與海軍的燃料廠歷史，更可了解新竹、台灣在「燃料版圖」中的相對位置。接著讓燃料展開和大學的對話，因此第三節論及技術將校制度，包括六燃廠「穿上軍服的大學生們」以及第四節的六燃留學生們。

第一節
燃料史觀下的六燃

2-1-1 「虎虎虎」也是「油油油」

　　燃料本應用於民生，但戰爭讓民用轉軍用，燃料成為戰爭的標的，也讓煤炭時代轉向石油時代。日本發動太平洋戰爭的主要理由之一為：沒有石油，導致戰爭持續不下去，因此為了石油，不得不找尋新的敵人（美國），繼續戰爭，[2] 因此偷襲美國珍珠港的暗號「虎虎虎」，其實也是「油油油」了，甚至太平洋戰爭也可以說是石油戰爭了。尤其日本海軍的「軍艦至上主義」，很早就看到燃料的重要性。

　　在日清戰爭（1894-1895）時，軍艦蒸氣鍋爐所使用的煤炭主要來自福岡縣的赤池炭坑，也就是會產生黑煙的「赤池炭」，當時軍歌中也出現了軍艦黑煙代表勇敢出征的意象，不過黑煙也代表著行蹤容易被發現以及燃燒效率不佳。接著就展開了無煙炭的煉炭之旅，除了在山口縣大嶺炭坑找到了無煙炭之外，也從法國進口了煉炭製造機。後來海

1　本章初稿邀請林炳炎先生審閱，特此申謝。
2　藤井久，〈戰史に見る燃料兵站の重要性〉，《軍事研究》12 月號，2007，頁 72。

軍買下了上述的大嶺炭坑，於 1904 年 4 月成立了煉炭製造所，但沒趕上用在日俄戰爭（1904-1905），而該所也就是後來的德山海軍第三燃料廠。接著進行的「燃料殖民」，包括（殖民地）韓國於 1922 年 4 月，在平壤東郊的寺洞設立礦業部，陸續改組更名為德山燃料廠支廠、平壤燃料廠，最後成為海軍第五燃料廠，而殖民地台灣則在進入石油時代的 1943 年新設了海軍第六燃料廠。「南方佔領」主要標的也是燃料：油田、煉油廠。

2-1-2　軍艦的燃料進化

　　當年在日本海軍軍艦的燃料進化階段中，就出現石炭（煤炭）專燒鍋爐、油炭混燒鍋爐及重油專燒鍋爐。日俄戰爭的海戰也成為最後使用石炭（煤炭）專燒鍋爐的戰事，而且煤炭也是混合了有煙的「和炭」與無煙的「英炭」，包括了當時聯合艦隊的旗艦「三笠」也不例外（表 2-1-1），其最大裝載量為 2,500 噸，只能以人工裝載，而且無法在航行中補炭，雖有補炭艦，也只能在停泊時作業。由於是以人工裝載為主，當時曾在門司港，號召民間的「裝載達人」們，創下了 10 小時裝載 3,000 噸的記錄。為此，三笠艦還號召了海軍軍伕們來挑戰該記錄，計 268 人在 45 分鐘期間裝載了 240 噸煤炭，如果連續十小時，裝載量推估可達 3,180 噸煤炭，但因比較基準不同，無法分出高下。更有甚者，裝載途中，如被通知迎戰，裝上的要趕緊裝進下甲板，來不及的只好丟到海中。[3]

表 2-1-1　「三笠」旗艦基本資料

項目	內容	附註
排水量	15,140 噸	
馬力	15,000 匹	
最高速度	18 節	
人員	830	一半為機關員（操作 25 座鍋爐）
需要煤炭量	2,500 噸	9-10 節速度，一天消費 100 噸

資料來源：維基百科。網址：https://zh.wikipedia.org/zh-hant/三笠號戰艦

　　接著輪到「油炭混燒鍋爐」階段的登場，1905 年 10 月新造的英國軍艦無畏號（HMS Dreadnought）[4] 裝備了石油與煤炭一起混燒的 18 座水管鍋爐與四座高低速蒸氣渦輪發動機（steam turbine），具有 23,000 匹馬力，速度達 21 節，混燒的最高裝載量包括煤炭 2,900 噸以及重油 120 噸。而在日本海軍，第一艘採用活塞引擎（reciprocating or

---

3　藤井久，〈戰史に見る燃料兵站の重要性〉，《軍事研究》12 月號，2007，頁 75。
4　無畏號開啟了軍艦的新標準與新分類，包括戰力與航力，後來的軍艦分類有前無畏型、準無畏型、無畏型、超級無畏型等。詳見〈ドレッドノート（戰艦）〉，網址：https://bit.ly/3rFJmcX。

piston engine）混燒鍋爐（20 座）的軍艦為 1908 年 3 月完工服役的「生駒號」巡洋艦，具有 25,000 匹馬力，最高裝載量為煤炭 1,920 噸及重油 160 噸。至於搭配渦輪發動機及 20 座混燒鍋爐的軍艦則為 1909 年 11 月服役的「伊追號」巡洋艦，也是 25,000 匹馬力，最高裝載量為煤炭 2,000 噸及重油 218 噸。

最後則是「重油專燒鍋爐」軍艦的出現，1912 年 10 月起造的英國軍艦伊莉莎白皇后號（HMS Queen Elizabeth），屬於超級無畏號級。[5] 該艦裝備有渦輪發動機與重油專燒鍋爐 24 座，具 56,000 匹馬力，燃料裝載為 3,400 噸重油，標誌著石油時代的來臨。早在 1911 年，日本海軍驅逐艦「海風號」曾裝備有雙系統：重油專燒鍋爐二座以及混燒鍋爐六座，具 25,000 匹馬力，燃料裝載煤炭 2500 噸以及 178 噸重油。直到 1923 年，渦輪發動機與專燒重油的鍋爐（大型六座加小型二座）的新造「夕張號」巡洋艦才出現，已具有 57,900 匹馬力，裝載重油 916 噸。[6] 接著開始由原本的混燒鍋爐改裝成重油專燒鍋爐，例如「榛名號」巡洋艦從 1912 年的混燒鍋爐、1928 年的混燒與專燒鍋爐併用到 1938 年的專燒鍋爐 11 座（大型 3、中型 6、小型 2：裝載重油 6,678 噸），[7] 改裝後的馬力也從原來的 6,400 匹升高到 13 萬匹，速度也超過 30 節。另外，大型戰艦裝備重油專燒鍋爐者的第一號則為 1941 年 12 月服役的大和戰艦（航空母艦），[8] 擁有 12 座專燒鍋爐與 15 萬匹馬力，裝載重油達 6,300 噸。

2-1-3　燃料運輸艦與油輪的出現

依據日本偷襲珍珠港的戰爭史料，該任務主要由海軍第一航空艦隊負責執行，其下有三個航空戰隊、兩個軍艦戰隊、一個水雷戰隊與潛水隊、特殊潛水艇及二個補給隊。補給隊即是較少被提及有關提供戰鬥燃料的隨隊油輪（油槽船），一共有七艘：極東丸、健洋丸、國洋丸、神國丸、東邦丸、東榮丸及日本丸。[9] 其中日本丸屬於山下汽船公司所有，是一艘於 1936 年 6 月新造的油輪（9,971 噸），後被海軍徵用，稱為 B 船，[10] 陸續於庫頁島、婆羅州與北美等地區執行運油任務。該船於 1941 年 9 月被徵召參與海上補給訓練，準備參加珍珠港任務。另一艘東邦丸也是在 1936 年 12 月新完工的油輪（9,997

5　該艦曾參兩次世界大戰，號稱近代戰艦的領頭艦。詳見〈クイーン・エリザベス（戰艦）〉，網址：https://bit.ly/3Jh5PDi。
6　〈夕張_（輕巡洋艦）〉，網址：https://ja.wikipedia.org/wiki/夕張_(輕巡洋艦)。
7　該艦號稱金剛型戰艦，也就是超級無畏號型。詳見〈榛名_（戰艦）〉，網址：https://ja.wikipedia.org/wiki/榛名_(戰艦)。
8　大和型戰艦的規畫包括 1 號大和、2 號武藏及 3 號信濃，皆為航空母艦。詳見〈大和型戰艦〉，網址：https://ja.wikipedia.org/wiki/大和型戰艦。
9　川崎型油輪，詳見〈極東丸〉，網址：https://ja.wikipedia.org/wiki/極東丸。參加偷襲珍珠港的七艘油輪都在川崎造船所製造，所以被稱為「川崎型油輪」。
10　陸軍徵用船為 A 船，海軍徵用船為 B 船，民生用船為 C 船。

噸），屬於飯野商事，專門從事由美國西岸運油回日本。1941 年 8 月受海軍徵用，和日本丸與東榮丸（10,020 噸）被編入第二補給隊，一起參加了珍珠港任務。這七艘被海軍徵用的民間油輪（B 船），山下汽船有三艘、飯野海運兩艘，另日東礦業汽船與神戶棧橋各一艘，這些油輪的建造皆接受了 1929 年「油輪助成促進措置」的補助。補助的油輪標準為：1 萬噸、16 節以上、滿載時可達 14 節、輸油能力每小時 100 噸等。當年海軍徵用的 B 船總噸數達 27 萬噸，[11] 大部分的油輪皆為上述促進措置補助下的產品。參加珍珠港任務的船艦，加滿油可以來回日本和夏威夷者只有航空母艦加賀（艦上油槽容量 7,200 噸）、翔鶴、瑞鶴（同為 5,500 噸）以及戰艦有霧島、比叡（同為 5,500 噸）等幾艘，其他船艦如沒中途加油回不來，可見油輪的重要性不言而喻。小型船艦過去已有中途加油的經驗，但航空母艦的中途加油，就是 1941 年 9 月海上補給訓練的重點，決定了航空母艦採用在後隨行加油（稱為縱曳），而小型船艦（巡洋艦、驅逐艦等）仍採用並行加油（稱為橫曳）。中途加油的速度由 9 到 12 節，縱曳作業時，兩艦距離 70-80 公尺，每小時輸送 100 噸，橫曳作業則相距 30 公尺，每小時輸送 200 噸重油，珍珠港任務前後共執行了九次中途加油作業。[12]

　　不過參加偷襲珍珠港的七艘油輪，其中二艘在 1943 年、五艘在 1944 年先後被擊沈，「油輪先敗」已顯露出日本戰敗的先兆。例如前述的日本丸油輪在 1944 年 1 月 14 日滿載航空燃料開往菲律賓克拉克基地途中，被美國潛水艇擊沉。東邦丸也逃不了被美國潛水艇擊沉的命運，那是 1943 年 3 月 29 日，地點在開往新加波（當時稱為昭南島）途中的馬六甲海峽。

　　前述的飯野商事可以說是一家油輪專門的船運公司，該公司藉著 1932 年的「第一次船舶改善助成施設」制度，申請起造「東亞丸」的新型油輪，也就是民間油輪。同時間，海軍也有自己的特務艦（給油艦），除了自造外，也於 1919 年緊急自英國購買一艘中古油輪（War Wazir），改命名為「野間號」，民間也隨即購買三艘 War 型的中古油輪，命名為御津丸（War Gaekwar）、北喜丸（War Begum）以及大神丸（War Khan）。[13] 野間號的運油任務常常由打拉根島（印尼）運油回德山（海軍第三燃料廠），平均一年七次，1921 年還曾運油到澎湖馬公。1928 年該船除役，賣給飯野商事（後改名飯野海運），送到播磨造船所大改裝，新命名為「日本丸」，繼續從事美日間的運油事業，1933 年 5 月，日本丸在美國西岸觸礁沉沒。該公司以其保險金 50 萬日圓為前金，再新造一艘新油

11　太平洋戰爭時，日本有 49 艘油輪，總噸數為 44 萬噸：軍方有 8 萬噸、陸軍徵用的 A 船有 6 萬噸、海軍徵用的 B 船有 27 萬噸、民間 C 船 3 萬噸。

12　藤井久，〈戰史に見る燃料兵站の重要性〉，《軍事研究》12 月號，2007，頁 79。

13　海軍軍方從因英國輸入的油輪，詳見〈野間_（給油艦）〉，網址：https://ja.wikipedia.org/wiki/ 野間_（給油艦）。

輪命名為「極東丸」（10,051 噸）。原來的日本丸名稱再被使用於 1936 年新造的油輪，參與了偷襲珍珠港的任務。

2-1-4 石油時代新景觀

進入石油時代，找尋油源成了日本發動侵略戰爭的理由之一，接下來設立陸軍與海軍燃料廠（例如台灣的六燃及南方的 101、102 燃），而建造新油輪與油槽就成為石油時代的新景觀。海軍於 1906 年 7 月，由橫須賀鎮守府開始著手興建儲油槽，[14] 在 1909 年輸入 3,700 噸重油時首次派上用場，當時的第一個鋼製油槽的容量為 6,000 噸。接著佐世保（1911）、吳（1913）與舞鶴（1914）等鎮守府陸續興建儲油槽，總儲油量曾達到 24,500 噸。到了 1926 年，儲油槽能容納的油量已高達 159 萬噸。1941 年 12 月發動珍珠港突襲時，海軍的「燃料戰力存量」包括原油 143 萬 5 千噸、重油 362 萬 4 千噸、航空用油 47 萬 5 千噸，佔了全日本儲備量的 80%，還有陸軍的燃料用量尚未計入，但可知已達「全燃皆兵」的情況，高雄警備府隨後也加入這個「戰爭供油鏈」，主要就是六燃。日本戰敗的 1945 年 8 月，燃料庫存剩下航空燃料 10 萬公秉、普通揮發油 6.5 萬公秉、重油 16.2 公秉以及潤滑油 4.6 萬公秉，已無燃料戰力可言。[15]

2-1-5 運油航路與禁航

南方的海軍 101 與 102 燃料廠當然是尋油戰爭的佔領結果，運用油輪將南方的石油運回日本本土共有八條海上油路，其中三條經過高雄。一般而言，蘇門答臘的產油先送新加坡，婆羅州的產油先送西貢蓄積後，再送往日本的門司港。1944 年 8 月之後，組成「石油船團」以方便護衛，A 船團的航行速度在 13 節以上，B 船團則為 13 節以下者。以最長的 1 號油路：門司、高雄、馬尼拉、西貢、新加坡，用 13 節的速度，每一趟航程約 20 天，一年往返十趟，一艘萬噸級油輪預估可以運送 16 萬噸石油。去程當然順便運送軍人、石油軍屬與補給品，回程則主要為石油。但實際上，回程常常為空船，因為南方的燃料廠已成為盟軍轟炸的目標，南方運送油從 1943 年的 264.6 萬公秉降至 1944 年的 106.6 萬公秉，甚至 1945 年的 0 公秉。[16] 一樣，油輪也成為受攻擊的目標，因燃料而戰，但也敗於燃料。特別是 1945 年 1 月 20 日發動的所謂「南號作戰」，主要是搶運燃料

---

14 鎮守府為日本海軍分區的總管單位，且都有艦隊駐港。依 1886 年的海軍條例，日本海面分設五海軍區，分別為橫須賀、佐世保、吳及舞鶴鎮守府。詳見〈鎮守府_（日本海軍）〉，網址：https://ja.wikipedia.org/wiki/鎮守府_(日本海軍)，同級的是警備府，但沒有艦隊駐港，共有六處，高雄為其中一處。

15 藤井久，〈戰史に見る燃料兵站の重要性〉，《軍事研究》12 月號，2007，頁 78。

16 同上註，頁 77-78。

與重要物資，所以油輪成為主角，參加者在胸部貼上「油輪送特攻乘組員」的標章，96
船團成為「油輪特攻船團」，從 1 月的「南號作戰」到 8 月敗戰為止，30 艘油輪從新加
坡出航，只有六艘回到日本本土，共搶運了七萬噸石油。其中一艘油輪「光島丸」雖受
到空襲受創，於 3 月 27 日仍回到了德山，將 3,000 噸重油輸送給大和航空母艦，接著該
艦於 4 月 6 日開往沖繩參戰。[17] 最特別的是，大和航空母艦曾經在 1944 年 10 月的「捷
一號作戰」時，於婆羅乃（現汶萊）作為「空母油輪」，輸油給第二艦隊的巡洋艦與驅逐
艦。

　　回到 1930 年後半，「ABCD 包圍圈」開始對日本的侵略行為展開經濟制裁，ABCD
指的是以下國家的第一個英文：美國（A）、英國（B）、中國（C）、荷蘭（D），而又以
美國為首。1937 年 12 月，美國總統羅斯福的「隔離演說」，意指以各種方式隔離日本、
義大利與德國。1939 年 12 月，美國實施道義禁輸（moral embargo），[18] 禁止輸出航空汽油
製造的相關技術與設備給日本，之後陸續禁輸主要戰略物資：特殊工作機械、辛烷值 87
以上的航空燃料、航空汽油添加劑、航空潤滑油製造裝置等。1940 年 6 月至 8 月，美國
陸續實施「國防強化促進法」、「石油輸出許可制措施」與「特定石油輸出許可制」等，
開始部分實施石油禁輸，更在 1941 年 8 月 1 日，美國石油全面禁運日本，12 月 7 日，
日本偷襲珍珠港，與美國開戰。

2-1-6　燃料國策

　　早在 1925 年，日本在商工部長之下設有燃料調查委員會，接著 1933 年設立石油國
策審議會，1934 年，「石油業法」與「石油獨佔販售法」立法，一方面用以反制外國石
油公司，另一方面則培養本國的石油公司。終於在 1937 年，日本的商工省內增設燃料
局，同年號稱「燃料國策三法」通過施行，它們是：「酒精專售法」、「人造石油製造事
業法」、「帝國燃料興業株式會社法」。依據該三法，1938 年陸續設立了帝國燃料興業、
日本石油、共同企業（18 間民間石油公司組成的國策公司）、東亞燃料工業。其中，帝
國燃料興業負責人造石油業務，東亞燃料工業則負責航空汽油業務，但其積極爭取的高
辛烷值（92 與 100）航空燃料製造法，卻被美國實施的前述「道義禁輸」打了回票。[19]
日本的海軍陸續於 1936 年成功製造出了辛烷值 86 的汽油，又在太平洋戰爭時生產了辛
烷值 92 的航空汽油，海軍燃料廠更於 1938 年試作時生產出辛烷值 100 的汽油，但因設

17　同上註，頁 83。
18　道義禁輸（moral embargo）的原意為：沒有正當理由，對平民空襲或機關槍掃射的國家，實施
　　航空石油製造技術、裝置與專利權的禁止輸出。當時主要對象為蘇聯空襲芬蘭的事件，後來延
　　伸到日本。
19　岩間敏，〈2006，戰爭と石油（1）：太平洋戰爭篇〉，《ESSAY》40（1），頁 49。

備中特殊鋼的問題，無法量產。另一方面，美國早在 1936 年時，辛烷值 92 汽油已成常識，而飛機一直使用辛烷值 100 的航空汽油，顯見日本的技術力和美國仍有一段差距。

更不要忘記台灣各糖廠的「燃料國策使命」，台灣本來就被日本稱為「最甜蜜的殖民地」，除盛產糖之外，也生產酒精（94 度、95 度、變性與無水酒精）。當時台灣的四大製糖株式會社下有 42 家糖廠，其中就附設了 15 處酒精廠，其中台中製糖還投資了酒精輸送株式會社，其東京出張所還有酒精係，以配合燃料國策，[20] 這也說明為何各地糖廠也遭到美軍轟炸，因為酒精廠也被視為燃料廠。

石油爭取引發了日本發動戰爭與南進的其中一個原因，包括燃料的開發與確保，因此其所佔領之地與殖民地皆有燃料廠（陸軍與海軍），例如滿洲（陸燃）、朝鮮（海五燃）、南方（海 101,102 燃）、台灣（海六燃等）。而在日本本土，1942 年五家公司的採油部門整合為帝國石油，30 家精製公司也合併為八家。朝向日本所稱的「東亞石油自給圈」邁進。[21]

石油在日本的古文獻中出現時，以燃水、臭水、草生水稱之，明治之後，在燈用油成為主要照明燃料時，就以中國在 11 世紀所稱之「石油」為名使用至今。[22] 也為了生產燈油，明治 32 年即設立了製油所。之後，石油從照明源往動力源方向邁進，也成為戰爭標的與輸贏指標。

日本在太平洋戰爭期間，軍隊中原來就有挖井提供地下水的 20 個作井部隊，其中直屬陸軍大臣者有八個野戰作井中隊，並成立了第一野戰作井司令部，[23] 之後都轉成挖油部隊，每一中隊有 132 人，配備兩部動力挖井機與 30 輛卡車的機械化工兵部隊，號稱一夜可以深挖 100 公尺，[24] 當年在中國的華北平原，就挖過 800 處。最後他們也不得不轉成為戰鬥部隊，例如在南方戰場的作井第 15 中隊就奉命赴戰場。此外，民間企業的帝國石油也在戰時體制下，被動員參與各地的挖油與燃料廠建設及生產工作。

日本敗戰後，陸軍（51）與海軍（47）共有 98 處軍事工廠陸續轉為民間企業，海軍有 13 海軍工廠、10 海軍航空廠、六燃料廠、三衣糧廠、三火藥廠、二海軍航空技術廠、二療品廠等。[25] 其中高座工廠曾徵用了 8,400 的台灣少年工，[26] 61 航空廠在台灣岡

---

20 許毓良，《台灣在民國：1945～1949 年中國大陸期刊與雜誌的台灣報導》（台北：前衛出版社，2018），頁 406-407。另參伊藤重郎編，《台灣製糖株式會社史》（東京：台灣製糖株式會社，1939），頁 326。

21 〈燃料事情〉，《燃料協會誌》22（245），1942，頁 213。

22 中國宋代科學家沈括稱之。

23 亞歷網，〈陸軍大臣直屬部隊編制人數表〉。

24 石井正紀，《陸軍燃料廠》（東京：光人社 NF 文庫，2013），頁 22。

25 〈海軍工廠〉，網址：http://www.asahi-net.or.jp/~un3k-mn/kaigun-tec.htm。

26 林景淵，《望鄉三千里：台灣少年工奮鬥史》（新北：遠景出版社，2017）。

山，以及本章主題的第六燃料廠分設於高雄、新竹與新高（現清水），台灣也成為「燃料生態圈」的一員。

2-1-7　國民航空教育中的燃料

由當時台灣總督府所審定的公學校及國民學校五期的國語課本（1912-1944），與「航空」相關的課程內容，從輕氣球到飛機、模型飛機、滑翔訓練、空戰英雄等，共有25課，[27] 特別的是與燃料有關者，共有四課。

表 2-1-2　國語課本（1912-1944）與「燃料」相關的課程

期別	卷別	課別	課本內容	說明
第四期	第六卷（1939/3/15 發行）	第三課	ヒマ（蓖麻）	潤滑油原料
第四期	第十二卷（1941/8/30 發行）	第十一課	製糖工廠	糖業副產品酒精與飛機燃料介紹
	第十二卷（1941/8/30 發行）	第十二課	代用品	飛機燃料代用品介紹
第五期	《初等科國語》（二）（1944/3/28 發行）	第十六課	ヒマ（蓖麻）	航空用潤滑油原料

資料來源：表 4-1，曾令毅，《日治時期台灣航空發展之研究教育：1906-1945》

例如在第四與第五期的「國語科」課程內容中，四課出現的燃料項目皆和飛機燃料有關，不管是代用燃料、生質燃料、酒精燃料，例如兩次出現的「蓖麻」以及糖等。至於代用燃料則包括了松根油、木炭車與瓦斯車等多元燃料。

2-1-8　皇族旅行中的燃料視察

燃料作為「國策事業施行」的一環，[28] 甚至排入皇族來訪的行程當中，成為視察重點，表 2-1-3 共列出六位皇族曾來訪的國策事業。如按照熱門視察程度，其中一處有三位皇族視察者，那就是日月潭水力電氣事業，另有一位視察太魯閣水力發電事業，即上述四位皇族造訪的兩處皆為台電的「電力國策事業」，反應近代以來的趨勢：煤炭轉石油，再轉電力。排名第二熱門者，就是三位皇族視察的錦水天然瓦斯產出所，其中梨本宮守正王於 1934 年 10 月 11 日訪該產出所時，搭乘輕便軌道的手押台車前往，留下了照片。此外，兩位皇族視察了在新竹赤土崎的總督府天然瓦斯研究所以及台鑛會社的竹東油業所，研究所可視為當時台灣燃料的國策研究單位，而台鑛會社則是負責採礦、探油

---

27 曾令毅，《日治時期台灣航空發展之研究教育：1906-1945》（台北：淡江大學歷史系碩士論文，2008），頁 122-123。

28 陳煒翰，《日本皇族的殖民地台灣視察》（台北：台師大台史所碩士論文，2011），頁 65。

與瓦斯的燃料開發企業,視其為「燃料視察」亦不為過。最特別的燃料視察為 1938 年竹田宮恒久王妃昌子之旅,她雖以探視傷兵之名義訪台,卻安排一天(6 月 30 日)搭火車來訪新竹的四個地方,後來更於 7 月 8 日訪視日新公學校,視察「蓖麻栽培實作」,以呼應上述的國語課本所出現的蓖麻生質燃料,其可用來提煉潤滑油以提供飛機使用。皇族視察的單位中,出現了另一間國策會社(公司):台灣拓殖株式會社(簡稱台拓:1936-1947),該會社與台電、台銀並稱為台灣的三大國策會社。台拓是一家為推進台灣工業化與開拓南方資源而設立的半官半民的國策企業,燃料部分包括帝國石油、南日本化學、台拓化學、台灣石炭等子公司。[29] 皇族所視察者為台拓(嘉義化學工場),以嘉南平原所生產的蕃薯為原料,經過醱酵蒸餾製造丁醇、丙醇及酒精,和六燃新高支廠為夥伴單位,果然是生質燃料與酒精燃料的國策事業。其中燃料視察最多者為閑院宮春仁同妃的五個單位,除前述單位外,還有日本製鋁會社的高雄工廠,該工廠生產飛機機身的鋁材,減輕重量以節約燃油,生產的鋁材中的 79-100% 支持軍用飛機。[30]

此外,六位有燃料視察的皇族們,其中有四位也進行了高爾夫球場訪視或下場打球,請參見本書第三章〈揮桿 link 清華:新竹高爾夫球場〉。

表 2-1-3 皇族國策事業視察行程(燃料篇)

時間	皇族名稱	視察行程
1931/6/5-18	賀陽宮恒憲王 *	6/16 錦水天然瓦斯產出地、新竹公園
1934/10/1-15	梨本宮守正王 *	10/9 日月潭水力電氣事業 10/11 造橋車站→錦水天然瓦斯產出所
1935/1/17-2/1	昌德宮李王垠 *	1/20 錦水天然瓦斯產出地 1/29 日月潭水力電氣事業
1937/6/8-17	東久邇宮稔彥王 *	6/12 水上機場(飛行十四聯隊檢閱)→阿里山、澎湖島飛行視察 6/15 東機場(飛行第八聯隊檢閱)→鵝鑾鼻方向飛行視察

---

29 台拓國策會社,詳見〈台湾拓殖〉,網址:https://ja.wikipedia.org/wiki/台湾拓殖。
30 北波道子,〈戰前台湾におけるアルミニウム製錬業について〉,《關西大學經濟論集》64(1),2014,頁 27-46。「日本製鋁會社的高雄工廠」詳見頁 43-44。

時間	皇族名稱	視察行程
		6/10 台灣鑛業會社竹東油業所 總督府天然瓦斯研究所 6/11 日月潭水力電氣事業 6/16 乘第八聯隊軍機：屏東飛花蓮，再飛台北
1938/6/27-7/10	竹田宮恒久妃昌子	6/30 新竹車站→新竹州廳→新竹州自治會館→新竹神社→新竹愛國婦人會會館→新竹車站 7/2 日月潭水力電氣事業 7/8 台北市日新公學校
1941/3/10-26	閑院宮春仁王暨真子妃	3/12 總督府天然瓦斯研究所 台灣鑛業會社竹東油業所自治會館 新竹自治會館 3/16 嘉義車站→台拓嘉義化學工廠 3/19 日本アルミニュウム會社高雄工廠 3/23 （太魯閣）水力發電事業→（太魯閣）砂金採取事業

資料來源：頁 139-158，附錄一，陳煒翰，2011，《日本皇族的殖民地台灣視察》。

＊：註記的這四位皇族也訪視了高爾夫球場或下場揮桿。

2-1-9　民間燃料

　　相對於軍事燃料，民間燃料又如何？新竹州可是山炭、火車炭、[31] 剝皮木炭、引擎用木炭等代用燃料的重鎮，並曾推出「石川窯」。全盛時期，新竹州有 500 多家業者，2,000 多位燒炭夫，1,000 多座炭窯，轉翠綠山林為暗黑木炭，[32] 可謂「黑薪、黑金加上黑煙」的燃料組合。因為如此，新竹州還率先制定木炭移出檢查制度與成立木炭合作社

---

31 新竹炭運到台北去，成為火車最大的貨源，故稱之。且台北炭價隨新竹炭而變動，新竹產量大，佔 30-60%，後來還外銷日本本土，號稱木炭王國。

32 王學新，〈日治末期新竹州木炭業的發展（1937-1945）〉，《台灣文獻》68（4），2017，頁 81-116。唐先柏、鄭智殷，〈新竹地區炭窯業始末初探〉，《竹塹文獻雜誌》29，2004，頁 44-63。

（組合），號稱「木炭地方自治」了。首先新竹州的製茶業與水產業（漁船）使用木炭引擎的貨車，接著也出現木炭公車以及天然瓦斯公車，也就是代燃車的時代。依 1946 年的汽車年鑑，當時 13 萬輛車中的代燃車比率高達 44%，包括木炭車（24%）、煤炭瓦斯車（11%）、木材瓦斯車（7%）與其他（2%）。[33] 特別在前陸軍燃料廠所在地的岩國市，目前仍有兩輛木炭車展示與運行，很有燃料脈絡。另外還有神奈川中央交通公司的「三太號」與北海道中央巴士公司的「まき太郎號」代燃車。

因為日本石油會社在新竹州開採石油與天然瓦斯，當年還設立了祭祀石油主神的錦水神社，分香連結到日本越後（現新潟縣）的彌彥神社。[34] 依歷史記錄，寶田石油會社於 1903 年先在新竹州公館庄的出礦坑開始石油探勘，並在 1913 年噴出石油，稱為「出礦坑油田」。後來日本石油會社接手，[35] 在 1926 年時，已有 2,160 萬公升的油產量。接著於 1930 年及 1932 年陸續於出礦坑油田以及北方錦水油田的 8 號與 12 號井，開採到日產 1.5 億與三億立方英呎的天然瓦斯。天然瓦斯所製成的揮發油除了內用，也運到日本本土，所以曾有天然瓦斯公車在新竹市街上跑也就不足為奇了。

2-1-10　六燃成為太陽旗降下前最後的歷史現場

依據最後一期的機密文件《六燃情報》（1945 年 7 月號），可視為日本戰敗之前最精確的六燃（高雄、新竹與新高）人員資料，在戰爭期間，除了軍職外，其他都歸類為軍屬，更有一種說法，在交通運送排序上為：軍人、軍馬、軍犬、軍鴿、軍屬。[36]

表 2-1-4　1945 年六燃員工數

職別	人數	說明
軍職	92	軍官 86，士官兵 6
文官	55	高等文官 2，判任文官 53
囑託	33	奏任官待遇 16，判任官待遇 17
雇員、傭人	93	
工員	5,272	徵用工員：追加徵用（140 日，137 台）、現員徵用（376 日，1682 台） 非徵用工員：男（314 日，2,268 台）、女（170 日，141 台） 徵召入營工員（軍籍）：191

資料來源：《六燃情報》7 月號，1945，頁 3-4。註：建設中囑託有 71 人。

---

33 日本 Toyota 博物館。

34 〈新竹州錦水神社〉，網址：https://reurl.cc/Wkm0oy。

35 1908-1912 年間，寶田石油與日本石油兩家公司的製油量就佔了全日本的 60-80%，成為獨佔事業。

36 秦郁彥編，《日本陸海軍綜合事典》（東京：東京大學出版會，1991），頁 692。

　　在石油飢渴又逢禁運的年代，六燃透過蔗糖、番薯、樹薯、蓖麻等，加上天然瓦斯，發酵製造酒精與異辛烷，混合生產航空 87、91 汽油。台灣的地理中地與生質原料產地的雙重特色，使得六燃成為海軍燃料廠中最後新建者。也就是在石油飢渴的年代，所以才有「燃料詐騙集團」的出現，一案為水汽油事件：水可以變成汽油，詐騙師本多維富說服了海軍高官，並在海軍航空本部的地下室建立實驗室，大西瀧治郎（神風特攻隊創始人，當時任海軍航空本部教育部長）等 30 人還成立了委員會支持，後來被渡邊伊三郎大佐[37]（當時任職於軍需局，後來曾擔任六燃新高化成部部長與德山海軍三燃廠廠長）識破送辦。第二個燃料詐騙案為富士山石油探勘計畫，宣稱挖到油井，於是名人、旅行團、見學團絡繹不絕，海軍燃料廠也去見學，並將石油帶回化驗，發現原來是鑽油井的潤滑油，才戳破了謊言。[38]

2-1-11　小結

　　由燃料史觀來看，因應煤炭轉石油的時代，燃料成為軍國日本的國策，台灣的戰略中繼位置加上六燃（連同台鑛、台拓）的生產鏈，台灣成為了「燃料中地」。從最後一年的預算觀之（表 2-1-5），新竹六燃已成總部，其預算佔 60.94%，預算就是「國策」，企圖力挽狂瀾作最後一搏，終於六燃成為太陽旗降下前台灣最後的「燃料歷史現場」。

表 2-1-5　昭和 20 年度（1945）六燃各廠會計預算

單位	預算數（日圓）	百分比
高雄	6,190,980	22.18
新竹	17,005,680	60.94
新高（清水）	4,709,100	16.88
總預算	279,05,760	100

資料來源：《六燃情報》7 月號，1945，頁 26。

37　大西瀧治郎於 1913 年 12 月 1 日初任海軍少尉以來，在飛行艇、燃料、特攻隊等多所著力，最終於 1945 年 8 月 16 日因戰敗而切腹自殺，最後官階為中將，敘勳由從四位變成正四位。

38　渡邊伊三郎，〈化学に弱かった日本海軍〉，燃料懇談會編，《日本海軍燃料史》（東京：株式會社原書房，1972），頁 1197-1198。

第二節
二戰期間的日本陸軍與海軍燃料廠史話

日本在戰爭期間的「石油中心與管制主義」之下，燃料事務包括了佔領油田與煉油廠、開發油田、挖井石油部隊、國策石油公司（如帝國石油）、油輪、代用燃料、燃料技術將校及陸海軍燃料廠等，而其中尤以陸海軍燃料廠扮演樞紐的角色，將原油或生質原料轉成機艦用油。因此本節探討了陸海軍的燃料廠，並由其中了解台灣六燃的相對位置，以呼應「燃料中地」的論述。

2-2-1 倫敦海軍條約

1930 年 4 月 22 日由英國、義大利、美國、日本與法國締結的〈倫敦海軍條約〉，[39] 實質名稱為：限制和削減海軍軍備條約，以限制締約國海軍主力艦的數目、噸數與武器裝備等為目標，此條約的限制對日本很不利，因此日本曾在此限制內以重巡洋艦「高雄號」為範本設計出最上級輕巡洋艦：輕中帶重的巡洋艦。後來軍國主義高漲的日本，於 1936 年廢約，準備擴張軍備，掀起戰事。同時期，石炭（煤炭）轉向石油的時代也來臨，因此海軍與陸軍（日本沒有空軍，航空隊分屬陸海軍）也開始籌設燃料廠，煤炭與石油併設，包括無煙炭、航空用揮發油、艦艇用重油、人造石油（包括失敗的松根油）、生質能源等。

2-2-2 燃料廠之風

燃料國策之下，1941 年 4 月 21 日趁著四日市製油所的開工，以「海軍燃料廠令」將海軍所設置的八個燃料廠，冠上編號，四日市海軍燃料廠（製油所）成為第二海軍燃料廠。可知第 3、4、5 廠本來就是煤礦所，1、2、6 為石油導向的新設廠，101 及 102 廠為油田所在地，八個廠中有四個在殖民地或佔領地。陸軍燃料廠四個中有兩個在殖民地或佔領地，南方廠其實就有六個支廠。而且海軍燃料廠還有三個未完成者：樺太海軍燃料廠（第四海軍燃料廠的延伸）、鹿兒島海軍燃料廠（第三與第六海軍燃料廠之間）與屋久島海軍燃料廠（異辛烷專廠）。

不管如何，人才需求孔急，如同 1943 年的學徒出陣（一般大學生也要上戰場）的政策，更早的 1919 年就建立了技術將校制度，[40] 1940 年代燃料技術將校更是大量出現，以

---

39 歷史上至少有 19 個倫敦條約，本條約有關軍縮事宜。
40 1919 年 8 月 6 日第 368 號令：〈陸軍技術將校令〉，為技術將校制度最早的文獻，亞洲歷史資料中心，〈陸軍技術將校令制定の件〉，網址：https://bit.ly/3uJ6dX8。

陸軍燃料廠的 1,409 位將校為例，44.3% 來自一般大學，又以東大為多，如以燃料技術觀之，則以京都大學為最多，後來於 1981 年得到諾貝爾化學獎的福井謙一教授，1941 年就曾以京都大學研究生身分加入了技術將校的燃料工作。[41]

　　由上可知陸海軍「石油導向」的燃料廠皆為新設廠，那麼到底由誰負責建設？當時類似的工廠被歸類為「軍需工場」，由陸軍部、海軍部、軍需省等單位發注（招標），受注者（得標者）負責建設，例如小林組得標負責興建陸軍燃料第一工廠（後改稱岩國陸軍燃料廠），花了四年時間（1941-1945），不過落成不久的 1945 年 5 月就被美軍 200 多架轟炸機空襲，燒了三天三夜。當年招標的「軍需工場」全部用暗號稱呼，岩國陸軍燃料廠稱為「マネ」（模仿），完成之後，所有設計圖與文件全部繳回。[42] 小林組也在 1940 年於台北設立出張所（分店），在台灣得標建設者包括台電天冷電廠、圓山發電所、高雄的旭電化工廠、台灣肥料廠等，在海軍部分有高雄海軍軍港工程、海軍醫院、地下油槽、第六燃料廠石油精製工場、台南飛行場。陸軍部分有台中州鹿港飛行場兵舍、台北南區的資材倉庫隧道、台灣軍司令官指揮所隧道等。[43]

　　為整合力量，陸軍於 1941 年 2 月組成了「軍建協力會」，海軍則於 1942 年 3 月組成了「海軍施設協力會」。不過 1945 年隨著戰局急轉直下，1 月依國家總動員法另組「戰時建設團」，前述的協力會解散，此時只號召了四家主力建設公司：大林組、熊谷組、鴻池組與松村組。其中由福井縣開始發展的熊谷組，創立於於 1898 年，並於 1938 年登記成為株式會社（公司），在日本以建設隧道聞名，號稱「隧道老熊」，也因為地盤在福井，因此得標興建了號稱「原發銀座」的核電廠群。而在戰時，陸續建設西部軍司令部地下設施（16 方面軍）、北海道、靜岡、長野陸軍航空本部、海軍地下設施、陸軍地下設施、松本陸軍飛行場等。[44] 而在台灣部分，熊谷組參與了六燃的高雄與新竹油槽的製作與定位，高雄的 12 座一萬公秉的油槽由上海與漢口解體後運回重組與定位，後來只完成十座。[45] 六燃興建時，由於是國家優先項目，不但經費優先，撥款五億，為當年國家預算（83 億）的 6%，而且「囑託」人數與廠商也有相當陣容，[46] 共有 70 位（2 位勅任、68 為奏任待遇），2 位勅任囑託為荒木拙三（台灣鐵工業統制會理事長）與安藤一雄（台

41 福井謙一（1918-1998）在 1941 年以技術將校制度進到燃料研究所，後來在燃料化學領域著力，1981 年獲諾貝爾化學獎。詳見〈福井謙一〉，網址：https://ja.wikipedia.org/wiki/福井謙一。
42 石井正紀，《石油技術者たちの的太平洋戰爭》（東京：光人社，2008）。
43 〈大林組 80 年史〉，網址：https://reurl.cc/oeM8Mj。
44 〈熊谷組社史〉，網址：https://reurl.cc/k7enAb。另參見熊谷組《熊谷組社史》（1968）。
45 高雄舊城文化協會，《半屏山日治時期戰備設施先期調查計畫成果報告書》（高雄：壽山國家自然公園，2018），頁 39。
46 在日本諮詢與協力制度中有所謂「囑託制度」，即由天皇任命或奏請任命擔任之，屬於特約式聘任。

北帝大教授），熊谷組與台拓化學各佔六位。依接收目錄，新竹六燃接收的油槽共有 118 座、[47] 未完成者 363 座，[48] 容量從 2 公秉到 200 公秉，皆屬輕質油槽，和高雄的萬公秉級油槽不同。由有限的資料中得知，大林組承建了第六燃料廠高雄的石油精製工場，而熊谷組負責高雄與新竹的油槽興建事宜，推測新竹六燃由大林組興建或轉包的可能性很高。

表 2-2-1　日本陸軍燃料廠概況

名稱	成立時間	地點	說明（廠長）
陸軍燃料廠 陸軍燃料本部	1940/8/1 1944/3/1	東京都府中市	1940：長谷川基少將（陸士 24 期） 1944 年本部長：秋山德三郎中將 [49]
陸軍燃料第一工廠 岩國陸軍燃料廠	1942 1945/4/27	山口縣岩國市	1945：柳成利少將（陸士 25 期） 1945/5/10 美 B-29 空襲，355 人罹難， 現三井化學岩國大竹工廠（興亞石油，美資）
陸軍燃料第二工廠 四平陸軍燃料廠	1941/5 1945/4/27	滿洲奉天省	1941：磯邊義正中佐 1945：小川團吉少將
南方軍燃料廠 南方軍燃料本部	1942/3/30 1945/4/27	總部設在昭南島（新加坡），六個支廠（南方三島）	1942 及 1944 年本部長：山田清一少將（陸士 26 期） 千代田化工建設

資料來源：石井正紀，《陸軍燃料廠》（東京：光人社，2013）。作者整理。

表 2-2-2　日本海軍燃料廠概況

名稱（1941/4/21）	成立時間	地點	說明（廠長）
第一海軍燃料廠 海軍燃料廠實驗部	1941/4/21 1938/4/1	神奈川縣大船（本鄉台） 17 萬坪，年研究預算 700 萬圓，設有地下實驗室	1939：柳原博光中將（海機 20 期） 1943：小畑愛喜中將 1945：山口信助中將 火箭戰鬥機秋水的製作，含燃料 松根油代替燃料 1952 美軍的大船 PX

---

47 〈六燃新竹施設引渡目錄〉，日本國立公文書館；詳見「亞洲歷史資料中心（JACAR）」，網址：https://www.jacar.go.jp，簡稱亞歷網。

48 《六燃情報》，1945，頁 24。

49 石井正紀，2006，《技術中將の日米戰爭》，東京：光人社。本書的主角即為秋山德三郎。

名稱（1941/4/21）	成立時間	地點	說明（廠長）
第二海軍燃料廠 四日市製油所	1941/4/21 1941	三重縣四日市（塩浜、日永、山手地區）65萬坪，建設費4億圓，設有員工宿舍、囚犯工作房、將校會議所、茶室	1941：別府良三少將（海機21期）建廠委員長 1942：小畑愛喜少將 1943：夏（木字邊）本隆一郎少將 1944/7：山口真澄中將 1944/9：並河孝少將 現：四日市石化專區（昭和石油，英資）1936/3/9山中廠長曾訪問長崎縣立圖書館，留下歷史足跡
第三海軍燃料廠 海軍煉炭製造所 海軍燃料廠	1941/4/21 明治38年（1921/4/1）	山口縣德山 20萬坪，當年由山九運輸（thank you），從韓國到德山，曾用到台灣的廢糖蜜	1935：山中政之中將（軍須局第二課課長：1926-1929）1939：鍋島茂明少將（軍須局長）1941：御所靜中將（海機19期）1944：沢達中將 1945：渡邊伊三郎技術少將（海機26期）生產松根油，失敗收場 1941/4/6大和艦最後給油 1945/5/20: 美軍空襲 現：德山石化專區（出光石油，日資）
第四海軍燃料廠海軍預備碳山採碳所（新原採礦所）德山：海軍燃料廠新原採炭部	1941/4/21 1890/3/25	福岡　糟屋郡須　町新原	1941：上田儀右衛門少將（海機20期）1943：倉富朋五郎主計少將 1945：豬俁昇技術少將
第五海軍燃料廠 朝鮮總督府平壤礦業所 德山：海軍燃料廠平壤礦業部	1941/4/21 1923/4/1	朝鮮平壤 五個礦坑（無煙炭）：寺洞、栗里、高坊、大成、梨木與鎮南浦貯炭場 鑛員養成所 青少年大寄宿舍	1937：石井常次郎中將（海機18期）1941：紺野逸　主計少將 1943：野宮三郎少將 1944: 小川得一少將（海機24期）無煙碳：三井物產10萬噸給海軍，3萬噸給朝鮮
第六海軍燃料廠 台灣海軍燃料廠 本部遷新竹	1944/4/1 1945/2	高雄、新竹、新高（清水）年產40-60萬公秉	1944/4：別府良三中將（海機21期）建廠委員長 1944/6：福地英男中將 1945：小林淳少將（先新竹合成部長，海機26期）渡邊伊三郎技術少將（新高化成部部長，後三燃廠長）

名稱（1941/4/21）	成立時間	地點	說明（廠長）
海軍 101 燃料廠（採油）	1942/1	印尼沙馬林達（Samarinda）四個支廠年產 260 萬公秉	1941：和住篤太郎少將 1943：沢 達少將 1944：黑原退藏少將（海機 22 期）
海軍 102 燃料廠（製油）	1942/1	印尼巴里巴板（Balikpapan）	1942：森田貫一少將 1944：野宮三郎少將（海機 22 期，1943 年之五燃廠長） 生產飛機用高級潤滑油之廠

資料來源：燃料懇話会，《日本海軍燃料史》（東京原書房，1972）。作者整理。

2-2-3　燃料的南進拓殖

　　日本在二次大戰以「大東亞共榮圈」的目標展開軍事侵略行動，1941 年開戰時，日本國內的石油保有量海軍為 650 萬公秉，民間 70 萬公秉，陸軍 120 萬公秉，計 840 萬公秉，處於水平線下。為了油田，看上了南方（婆羅洲、蘇門達臘、爪哇），陸軍於隔年的 1942 年 1 月展開佔領行動，其中婆羅洲（Borneo Island）為世界第三大島，面積 725,000 平方公里，包括印尼、馬來西亞與汶萊等國家，當時西北部還是英國的殖民地，南部則是荷蘭的殖民地（日稱蘭領印度或蘭印），直到 1945 年 5 月才由盟軍的澳洲軍隊收復。其背景有兩項，其一為：1939 年 12 月美國對日本進行經濟制裁，包括石油禁運。其二為：1940 年啟動日蘭印會商，先後兩次洽談石油未果。因此日本以軍事行動，佔領了南方油田，為此日本還成立了傘兵部隊以及採油部隊（獨立工兵第 25 連隊）。[50]

　　佔領期間日本在印尼東加里曼丹省的兩個港口城市沙馬林達（Samarinda）與巴里巴板（Balikpapan：又稱巨港）由海軍分別設立 101（百一）與 102（百二）海軍燃料廠，以及總部設在新加坡的陸軍南方燃料廠，下轄六個支廠。另外，婆羅洲東北角的打拉根島（Tarakan Island），也成為石油與後勤補給的中繼基地。

　　雖然佔領了南方（廣義應包括台灣、菲律賓與香港等佔領區），陸軍與海軍分別派遣 4,900 及 1,800 人的石油部隊，在很短期間重啟製油生產線，陸軍並在 1942 年 3 月用「橘丸」油輪運送出產油，海軍也在同年 6 月以「御堂山丸」油輪自巴里巴板（Balikpapan）運出石油。但是因為日本無法確保其海上通行線（日本稱 Siren：希臘海神），國際通用語為 SLOC（Sea Lines of Communication），[51] 油輪陸續被美海軍擊沉，上

---

50 獨立工兵共有 52 個連隊，其中有數個採油連隊，包括第 25 連隊派往南方油田。
51 SLOC，詳見 "Sea lines of communication"，網址：https://reurl.cc/xOmNnE。各國港口段之間的海上航行段，因通商等而互相開放，但遇戰爭則封閉，海上航行的安全即不受保障。

述橘丸油輪就在 1944 年 10 月在呂宋島西方被魚雷擊沉，御堂山丸油輪也在同年 12 月被美國潛水艇擊沉。除了油輪，運送石油工作人員的船也不能倖免，1942 年 5 月 8 日，日本郵船「大洋丸」往印尼途中在九州外海被美國潛水艇的魚雷擊沉，[52] 817 人罹難，其中有 660 人為石油開發的重要幹部，包括三菱商事、住友商事與三井物產等石油部門，而台灣烏山頭水庫的設計者八田與一也在這艘船上。1944 年 4 月 1 日另一艘日本郵船「阿波丸」在台灣海峽被攻擊，2,048 人罹難，內有 480 人是奉命從南方回國的帝國石油公司的技術人員。包括 21 位百一（101）海軍燃料廠的徵用奏任囑託（燃料國策顧問）[53] 該船雖被定位為綠十字船，以運送人道救援物資為主，如同紅十字船，是國際上共同遵守不會攻擊的船隻，且有通知美方，但美潛水艇聲稱未接到指令，因此視它為軍艦而發射魚雷，造成不幸。但日方後來承認，該船來程時也違規運送飛機零件與彈藥 600 噸。而回程船上運有大量軍事非（救援）物資，包括石油與重油 2,500 噸、各種金屬鑄塊 5,000噸、生橡膠 2,000 噸。美方偵察機已察覺該船的吃水不正常，加上前述美潛水艇聲稱未接到指令，因此造成被擊沉的結果。

　　如上述，當時由南方運油（航空揮發油）支持戰事至為關鍵，但也被盟軍鎖定，因此效率越來越低，由 1942 年的 60% 低到 1944 年的 15%。其中一個原因為油槽船（油輪）不足，並常故障修理或被擊沈，因此於 1943 年 11 月成立海上護衛總司令部，以保護油槽船團，不過也發生過護衛艦也被擊沈的事件。不得不於 1944 年提出以潛水艇來運送燃料（航空揮發油），有以イ型潛水艇運送過數次的記錄，高雄為其中一次。[54] 最後規劃以七艘航母（包括雲龍、千歲、瑞鶴、神鷹等）來往北運送航空燃料，每艘運送重油 500-600 公秉、輕油（航空揮發油）1,000-1,400 公秉，稱為「北號作戰」。[55] 參與本規劃者的其中一人就是後來擔任六燃建設委員的大山正義中校。戰後的 1947 年 2 月，一艘6,000 噸的英國油輪「英國工業號」從中東伊朗運來了原油，停泊在苓雅寮 18 號碼頭，以配合高雄煉油廠第二蒸餾工場的修復完工。[56]

---

52 大洋丸（原名 Cap Finisterre）是一艘 1912 年建造 14,458 噸的德國籍客船，後來陸續成為美國與英國的船籍，1920 年作為賠償船給了日本，由東洋汽船營運，改名大洋丸後航行日本到舊金山的航線。詳見 "SS Cap Finisterre"，網址：https://en.wikipedia.org/wiki/SS_Cap_Finisterre。

53 阿波丸為一艘 11,249 噸的客貨輪，1943 年才新建完成，屬於日本郵船公司，被美潛水艇皇后魚號（USS Queenfish, SS-393）擊沉。1977 年發現沉船位置，中國並開始打撈作業，於 1980年陸續尋獲各種物資與 368 具屍骨，分三批移交給日方，目前奉祀於東京的增上寺。詳見〈阿波丸事件〉，網址：https://ja.wikipedia.org/wiki/阿波丸事件。

54 齊藤昇，〈南方の還送〉，燃料懇談會編，《日本海軍燃料史》（東京：株式會社原書房，1972），頁 966-974。

55 木山正義，〈最後の南方油還送物語〉，燃料懇談會編，《日本海軍燃料史》，頁 975。

56 微之，〈高雄煉油廠的另一面〉，《高雄煉油廠廠史文粹》第一集（高廠廠史編輯委員會，1979），頁 579。

在另節中論及六燃見習科赴二燃工員養成所留學，回台擔任六燃工員。但是南方的百一與百二（101 及 102）海軍燃料廠與台灣高砂族原住民的燃料南進國策皇民化關係密切。1942 年 9 月，由總督府東京出張所，配合燃料國策而成立「特燃補給部」，再由該部徵召高砂族青少年為特設海軍燃料廠要員。要員遴選與訓練委由皇民奉公會執行，第一期 100 人，經兩個月的教育訓練，於 1943 年 2 月搭船赴印尼的百一與百二海軍燃料廠。前後三梯次，共 300 人。1944 年 1 月 1 日，第三期配屬在百一海軍燃料廠的希蘭島（Seram）支廠者 70 人，加上第二期已在現地的 83 人，就在運送船的億洋丸上舉行新年祝賀儀式中，受到美軍攻擊，153 人全部戰死。另有新幾內亞油田調查隊受到盟軍（美澳）反攻而有 34 人戰死，加上其他原因者，總計 300 名特設海軍燃料廠要員原住民中有 229 人命喪南方。[57]

2-2-4 台灣的燃料戰略位置

台灣位在日本南進的戰略位置上，真正的南方（印尼區域）還是很遠，因此在此殖民地上設置第六燃料廠、神風特攻隊基地等具「中途特性」的軍事設施，很理所當然。甚至神風特攻隊的主力還曾由菲律賓移防新竹基地（後來成為了國共內戰延伸的黑蝙蝠中隊基地）。高雄總廠被美軍轟炸之後，總廠遷移至新竹，海軍機關學校 26 期畢業的小林淳少將成為末代廠長，之前他也是新竹合成部部長，因此小林淳少將任職於六燃期間可能都在新竹廠。當時的任務之一為利用在地植物或農作物，發展如酒精石油等的生質燃料，而總督府天然瓦斯研究所（後來的工研院化工所、現工研院光復園區）及海軍天然瓦斯實驗所也在附近（同一條竹東街道），協助研發了異辛烷、丁醇等高辛烷值的航空用油。不過日本軍國主義因油而戰，也因油而敗，被稱為「完敗的太平洋戰爭」。[58]

日治時期的燃料國策下，陸海軍努力於海外油田開發、精煉技術向上、煤炭液化成功、代用燃料實用化研究，其中陸海軍的燃料廠們是其中的主角，敗戰後，留下了「國破山河在，軍敗燃料在」的評語。[59] 六燃轉型成為高雄煉油廠、二燃成為石化專區，許多燃料人轉到民間企業。

2-2-5 小結

300 公頃上下的新竹六燃區，也受到美軍的轟炸，大煙囪及部分廠房逃過一劫，後來陸續成為眷村的共生結構體：忠貞新村。日本戰敗，該地區由中油接收，陸續改建為

57 燃料懇談會編，《日本海軍燃料史》，頁 239-1240。
58 岩間敏，《石油で読み解く完敗の太平洋戦争》（東京：朝日新聞社，2007）。
59 野ケ垣清次，〈海軍燃料廠勤務の回想〉，燃料懇話會編，《日本海軍燃料史》，頁 822。

學校（清華、光復中學、建功國小等）、眷村（陸、空軍眷村）及賣場等。其中因美援而來的美軍顧問團（MAAG）宿舍就在大煙囪對面，由路名建中路、建美路及建功路可以得知是「中美建功」的脈絡。因此六燃地區先後有日軍、國軍、美軍的歷史軌跡，再者當年的先進能源生產技術及設備已被視為是後來科學園區的科技源頭。依照 2012 年的 UNESCO 的「台北宣言」，六燃屬於極少數碩果僅存的燃料廠產業遺址，大煙囪及部分廠房已被國防部指定為 13 處文化資產之一，但更應結合油槽群及相關設施，以文化公園來取代充滿爭議的都更（實質只是改建），使之成為具有歷史記憶的全民公共財。

第三節
技術將校制度中的大學與教師

　　日本在明治維新時，隨著軍隊現代化的需要，新兵器的技術研發與人才培養，即以東京帝國大學為中心，建立了所謂「軍學體制」，也開始了在大學校園內出現「穿著軍服的科技人」。[60] 而當陸軍、海軍建設航空技術廠、燃料廠與研究所時，這些大學的教師與畢業生就被以軍人身分派到現場，發揮軍學技術力。因此東大陸續成立造船、造兵、火藥、航空學系、礦山學系（石油採礦講座）等，其他大學（如京都帝大）也陸續加入「軍學體制」。現役軍官或具有軍校生資格及委託學生被選派來就讀，在學大學生就讀後入伍服役，雙方皆成為有軍階的「技術將校」。

2-3-1　1919 年的陸軍技術將校令

　　陸軍的將校依職能分成七兵科六部（表 2-3-1），早在 1919 年 8 月，就制定了「陸軍技術將校令」，持有特別技術者以技術將校分類之，該當人員主要來自大學的理工學系學士，以軍官任用之。其中技術部是在 1940 年 12 月整合而成，其技術主要分為航空技術與兵器技術，例如九州帝大畢業、東大電氣學系工學博士的遠藤永次郎到陸軍航空技術研究所時，是以「航技大佐（上校）」任用之，遠藤永次郎的最終軍階為陸軍燃料技術研究所技術少將。另一方面，海軍則為兩兵科十部，分工較細，並早已有技術將校五種的分類：造船、造兵、造機、水路及設施。

表 2-3-1　日本陸海軍兵科與部門分類表

	陸軍	海軍	說明
兵科	兵科 憲兵	兵科 機關 航空	兵科將校（-1937） 各部將校（1937-）
兵種	步兵 工兵 輜重兵 炮兵 騎兵 航空等 17 種		該六種加上憲兵本為 7 兵科，1940 年成為 2 科 17 種

---

60 內藤初穗，《海軍技術戰記》（東京：圖書出版社，1976），頁 19。

	陸軍	海軍	說明
部門（科）	經理 衛生 獸醫 軍樂 法務 技術	主計 法務 技術（造船、造兵、造機、水路、設施） 軍醫 衛生看護 藥劑 齒科醫科 軍樂	將校擔當官（-1937） 各部將校（1937-）

資料來源：維基百科，作者整理。

● 穿著軍服的科技人：軍學型與學軍型

　　「穿著軍服的科技人」分成兩大類：現役軍人到大學學習科技（軍學型）以及大學科技人穿上軍服（學軍型）。軍學型包括陸軍的員外（員額之外）學生制度，以及學軍型的海軍委託學生制度。陸軍的員外學生制度是以兵科軍官學校畢業，後又到陸軍砲工學校進修的現役軍官為對象，再選送成績優秀者到東大工學院所有系所就讀，從開始推動的 1900 年到 1940 年間，陸軍共選送 177 人到東大。其中燃料技術將校有 15 位，全部先都是陸軍士官學校（陸士：軍官）畢業，後來獲得技術相關學系的學士學位，可說文武兼備。陸軍燃料廠在 1944 年改組成為燃料本部，重要人物全都是當年員外學生制度的畢業生，例如秋山德三郎技術中將（東大土木）為本部部長、石河竜夫技術中將（東大火藥）為本部整備部長、勝村福次郎技術少將（京大化學）為本部研究所所長、中村隆壽技術少將（京大工業化學）為本部技術部部長等。此外，淺野剛技術少將（東大航空）為南方燃料本部南蘇門答臘廠廠長等，其他人分別派在當時滿洲的錦州、四平燃料廠、第一工廠（原岩國燃料廠）、四國燃料廠、福岡燃料部等。15 位燃料技術將校中有兩位獲工學博士，包括上述之淺野剛技術少將（東大航空）與明石正水技術上校（東大應用化學）。[61]

　　海軍的委託學生制度最早始自明治時期的軍醫，對象為一般大學的醫科學生，提供獎學金與軍籍，後以軍醫中尉任用之，最高軍階到軍醫中將，可視為廣義的技術將校。昭和時期的技術將校委託學生，則是從大學工科的在學生選拔成為海軍學生，提供獎學金，畢業後以技術將校（海軍技術中尉）任用，共有 300 人。另外還有大學畢業成為軍屬（文官）的技師與技手，以及從軍的技術軍官（武官）。陸軍的技術將校制度於 1939 年 7 月新增一項臨時制度：技術候補生制度，以補充技術軍官的不足，該制度從大學與

---

61 石井正紀，《陸軍燃料廠》（東京：光人社 NF 文庫，2013），頁 113。

專校相關科系選訓兩個月，合格後以現役尉官任用。前項如果只是短期服役（如兩年），則簡稱為「短現」：短期現役制度。但如果短現者希望成為「長現」（長期現役）或「常現」（常備服役）。則可以加入委託學生制度。最後還有穿著軍隊工作服的工員（技術工作兵），是採用自大學與專校相關理工科系的畢業生。

1886 年 11 月，海軍為了造艦技術，初次挑選由工部大學校畢業的 25 位有技術背景的文官，轉成技術武官任用，當時又依帝國大學令，於 1877 年創校的東大改稱東京帝大，同時合併工部大學校，[62] 海軍開始選送軍官到東大就讀，啟動了技術科軍官培養制度，以及後來的海軍委託學生制度與技術候補生（見習尉官）制度等。這些技術武官在明治時期以造船官、造兵官稱之，大正時期之後以造船、造兵、造機加上軍階稱之，直到昭和時期的 1942 年，就皆以技術加軍階稱之。為了建制，海軍將 1911 年的技術武官之任官者視為第一期，直到 1944 年敗戰前的第 34 期。海軍委託學生制度與技術候補生有分專科學校與大學，1940 起開放專科畢業生參加，如是文官，就以技手與技師任用，武官則以技術少尉任用，大學則以技術中尉任用（表 2-3-2、表 2-3-3、表 2-3-4、表 2-3-5）。

表 2-3-2　海軍技術部門中將軍階者之大學相關學歷表

海軍技術中將名字	大學相關	就職
有坂鉊蔵（1868-1941）	東京帝大造兵學系第一屆海軍委託技術學生	東京帝大教授
福田馬之助（1856-1936）	工部大學校（後來的東京帝大工學院）造船學系第二屆	工學博士 子福田啟二為大和戰艦設計者
近藤基樹（1864-1930）	工部大學校（後來的東京帝大工學院）造船學系	工學博士
平賀讓（1878-1943）	東京帝大造船學系	東京帝大教授 東京帝大校長（1938-1943）
◎德川武定（1888-1957）	東京帝大造船學系	海軍技術研究所所長、艦政本部 工學博士 東京帝大教授
向山均（1891-1978）	東京帝大電氣學系	艦政本部 貴族院男爵議員
伍堂卓雄（1877-1956）	東京帝大造兵學系	工學博士 軍需省顧問 貴族院議員

---

62 工部大學校是在 1871 年由政府的工業部（工部省）設立以用來培養技術文官的學習機構。詳見〈工部大学校〉，網址：https://ja.wikipedia.org/wiki/工部大学校。

海軍技術中將名字	大學相關	就職
◎名和武（1892-1972）	東京帝大電氣學系 海軍技術學生	特 D 型蓄電池 獲海軍技術有功獎 第 2 技術廠電波兵器部長 松下電器顧問
◎朝熊利英（1892-1987）	東京帝大造兵學系 海軍技術學生	酸素（氧氣）魚雷 獲海軍技術有功獎 艦政本部兼吳鎮守府 東京帝大兼任講師
◎福田啟二（1890-1972）	東京帝大造船學系	艦政本部技術監 參加邱吉爾會創作大和戰艦 油彩畫素描戰艦建造書寫
◎江崎岩吉（1890-1986）	東京帝大造船學系 海軍技術學生	海軍技術研究所 艦政本部

◎記號為正式官階為「海軍技術中將」者，其他則為是造兵、造機中將之稱謂。

資料來源：山口宗之，《陸軍と海軍：陸軍將校史の研究》（清文堂，2005）

表 2-3-3　海軍技術科部門少將軍階者之大學相關學歷表

技術少將名字	大學相關	就職
藤本喜久雄（1888-1935）	東京帝大造船學系 海軍技術學生	艦政本部
◎山田幸五郎（1889-1982）	東京帝大實驗物理學系與研究所	兵器光學 理學博士 東京電機大學教授 東京寫真大學校長

◎記號其正式官階為「海軍技術少將」者，其他可能是造兵、造機少將之稱謂

資料來源：同上表。

表 2-3-4　海軍技術科部門校級軍階者之大學相關學歷表

技術校級與尉級名字	大學相關	就職
德川達成（1899-1961）上校	東京帝大造兵學系	航空技術廠、伯爵
牧野茂（1902-1996）上校	東京帝大船舶工學系 海軍技術學生	艦政本部 三菱重工顧問
友永英夫（1908-1945）上校	東京帝大船舶工學系 海軍委託學生	兩次獲海軍技術有功獎，唯一一人
松本喜太郎（1903-1983）上校	東京帝大船舶工學系	東京帝大助教授 大和電機社長

技術校級與尉級名字	大學相關	就職
山名正夫（1905-1976）中校	東京帝大航空學系與研究所	空技廠飛行部設計課設計主任 彗星戰鬥機設計者 工學博士 東京帝大教授
福井靜夫 （1913-1993）少校	東京帝大船舶工學系 海軍委託學生	海軍技術研究所 艦政本部 軍艦研究專家
永野治（1911-1998）少校	東京帝大機械工學系 海軍委託學生	噴射引擎
宇治家彥（1920-2008） 上尉	京都帝大	伯爵、皇族
內藤初穗（1921-2011）上尉	東京帝大船舶工學系	海軍航空技術廠 文學家

註：本表最終官階為「海軍技術、校尉」。

資料來源：同上表。

表 2-3-5 陸軍員外學生制度燃料技術將校的畢業大學與科系

畢業大學	工學院學系	人數	最高軍階
東京帝大	土木、火藥、化學、 應用化學、航空	10	技術中將
京都帝大	工業化學、機械	4	技術少將
九州帝大	機械	1	技術少校

資料來源：石井正紀，《陸軍燃料廠》（東京：光人社 NF 文庫，2013），頁 137-38。

2-3-2 燃料技術將校

　　戰事吃緊，日本的國防總動員法（1938）與學徒出陣（1943），民間企業與大學文科系學生也被徵召，更多民間技術人員與大學理工科師生投入軍事科技之中，其中大學理工科系與工專的學生，更多以技術候補生（特別是短現）的方式加入技術將校的行列。陸軍燃料廠（府中市）也一樣號召技術候補生，大都為短現型（兩年為原則），1944 年的技術將校最多達 439 人，是整廠將校總數 1,397 人的 31.4%，439 人中短現的技術上尉（研究所）、中尉（大學）、少尉（專科學校）與見習官共 377 位占了 86%，包括了九所大學的 20 種理工科的學科別，從機械、土木、化學、地質、採礦到物理。最特別的是燃料學系的出現，京都帝大於 1939 年新設燃料化學系（後改為石油化學系）、東工大於 1941 年新設燃料工學系、1942 年北海道帝大新設燃料工學系、早稻田大學於 1944 年分

設石油工學系（後改為燃料化學）等，其中，燃料學術背景的短現技術候補生共有 27 人（7%）。

　　陸軍 377 位短現技術將校中，最有名的就是 1981 年以量子化學獲諾貝爾獎的福井謙一，1941 年自京都帝大工業化學系畢業後，入研究所期間，由其兩位恩師喜多源逸教授（大學部老師）與兒玉信次郎教授（研究所指導老師），推薦給陸軍燃料廠長谷川基廠長，並以技術候補生制度的技術上尉指定進入陸軍燃料研究所，研發航空汽油異辛烷（辛烷值 100）。他參加的五人研究團隊在 1944 年以異辛烷研究獲得了最高研究獎的「陸軍技術有功賞」。擁有軍階的同時，他在 1943 年受聘為京大燃料化學系講師，並在 1945 年升任助理教授，在戰時生活中，還可以在東京京都之間通勤，可說是非常特別的例子。戰敗投降的 1945 年，福井謙一獲頒博士學位，並在 1951 年升任教授，燃料化學系也改名為石油化學系。

● 其它短現技術將校

　　而兩年的短現除了技術科外，還有軍醫科、齒科、藥劑科、法務科與主計科。有名的包括擔任三任日本首相（1982-1987）的中曾根康弘，1941 年東京帝大政治系畢業，參加海軍短現的主計科（第六期 208 人）而成為主計中尉。1942 年（太平洋戰爭）之後，更是大量採用各科短現軍官，許多人還成為「常現」（常備現役軍官）直到戰敗，中曾根康弘即為其中一人，退役時為海軍主計少校，並曾在高雄警備府的海軍施設部（1943 年 4 月 1 日設立）擔任主計上尉，而該部即負責建設六燃，並在 1944 年 4 月 1 日開廠。

　　一般而言，主計主管會兼任酒保委員，下有軍屬的「酒保員」，負責提供該部隊、工廠與軍艦所屬人員的各種嗜好品與日用品，[63] 特定地點還可設立「酒保庭園」。因此「酒保員」大都是從軍隊委託的商家中徵員而來，且領有「從軍免許」（執照），由於野戰部隊更有需要，因此設有「野戰酒保」，[64] 這些酒保穿著日式制服，其領子處有英文 Canteen（從法文 Kantine 而來）。而酒保的貨源常會和偕行社（陸軍）與水交社（海軍）連結，[65] 例如軍服（含軍刀）與紀念品等。這個酒保制度後來與美國軍隊的 PX（Post Exchange）結合，日本的陸上自衛隊也有 BX（Base Exchange）、海上自衛隊有 NEX（Navy Exchange）、海軍陸戰隊則有 MCX（Marine Corps Exchange）。

---

63 軍隊酒保員，詳見〈酒保〉，網址：https://ja.wikipedia.org/wiki/酒保。

64 1937 年修訂的「野戰酒保規程」，本來只有在師部設有酒保，但因為野戰部隊（師部以下）散處各地，因此許多二級單位也可以增設野戰酒保。

65 台南機場為海軍航空隊機場，因此當年設有海軍脈絡的水交社，作為日本海軍航空隊的會館及購買部（嗜好品、紀念品、日用品、軍服品專賣店），現在仍為當地郵局的分局名。

2-3-3 燃料廠的研究脈絡

1920 年，東京帝大的礦山學系成立了「石油採礦講座」，1922 年東北帝大的高橋純一發表一篇〈海底腐泥起源說〉的論文：石油是由海底腐泥所形成的。此種錯誤結論，讓日本的陸上油田採礦及研究停滯多年。論及日本陸軍與海軍燃料（廠）的研究脈絡，海軍的燃料研究部門在大正年間時的煉炭製造所時代即已成立，剛開始針對船艦燃料多所研究與發展，1921 年起即開始研發航空燃料。1925 年，德山海軍燃料廠（後為三燃）陸續聘請京都帝大的小松茂教授、東京帝大的大島清教授、九州帝大的安藤一雄教授、明治專門學校（後來的九州工業大學）栗原鑑司教授提供燃料化學、製油技術的指導。[66]後來海軍燃料廠的研究部移到大船，成為海軍第一燃料廠，小松茂教授在擔任一燃首席勅任囑託（高等官待遇，年俸等同部長級）的 20 年期間，就指導了 15 位燃料研究者獲得京都帝大理學博士，號稱「燃料博士製造所」，其中有幾位與六燃及新竹有關，例如渡邊伊三郎（六燃新高化成部部長），後來擔任德山（第三）海軍燃料廠的末代廠長。

此外，小松茂教授更進而在海軍燃料廠研究部中延續早期海軍「技手養成所」的傳統，[67]從技生與工手（或工員）中選拔優秀者到京都大學就讀（京大留學），後來得以升任技手與技師，培養高等技術文官。其中一位山岡篤史就是以工員身分到京都帝大有機化學科留學一年，後來升任技師，之後更成為小松茂教授所培養的 15 位燃料理學博士之一。

海軍的研究重點以煤炭液化為主，航空汽油為輔。1940 年，小松茂教授領銜的「煤炭直接液化法研究」還獲「朝日文化獎」，[68]不過到了 1943 年，煤炭液化的產業化已被全面放棄。另一方面，該研究的副產品 98 式水添法，可以生產高辛烷值的航空汽油，且開始在海軍第二燃料廠（四日市）與第三燃料廠（德山）與第六燃料廠（新竹）裝置設備。

陸軍急起直追，在 1938 年籌設燃料廠時，邀請了東大的田中芳雄、東工大矢木榮、京大的兒玉信次郎、理化學研究所磯部甫等教授成立了研究專家團，加上企業專家如笠原脩（日本石油）、中原延平（東亞燃料工業）、玉置明善（三菱石油）與加納壯介（三菱礦業），組成了強大的顧問委員會，其中笠原脩與玉置明善兩人為九州帝大應用化學系畢業生。

後來 1944 年整合成為陸軍燃料廠本部，原來的陸燃研究所也成為第六科，但同一年卻有兩項研究獲得了最高研究獎的「陸軍技術有功賞」，都和航空汽油有關：接觸分解法

---

66 石井正紀，《陸軍燃料廠》（東京：光人社 NF 文庫，2013），頁 232。
67 1919 年率先在橫須賀設立之，後來於 1928 年遷至吳海軍工廠，1943 年在大船設立第三海軍技手養成所，以燃料技術人員為養成標的。
68 該獎由七人共同獲得，其中小川亨博士後來成為台灣總督府天然瓦斯研究所的所長。

與異辛烷。1938 年的科學審議會新增了四個委員會：鐵、金屬、燃料、化學品。東大教授田中芳雄與大島義清，京大教授喜多源逸與小松茂，皆為燃料委員，東大教授田中芳雄與京大教授喜多源逸又同時是化學品委員。可見上述的大學教授們號召其學生成為技術將校，並一起推動燃料研發工作。

　　海軍的燃料研究比起陸軍起步早 20 年，結果卻沒有預期的理想，原因之一為海軍的「軍艦第一主義」，使得航空燃料的研究並非主流，許多技術人才集中於雷達與聲納的研發，戰後反而對於日本電子產業有很大的貢獻。其二為海軍雖然擁有較高的技術力，但研究組織僵化且多頭馬車。此種情境類似東大和京大的學風，東大的工業化學系的創設比京大早 30 年，形成以教授為主軸的研究團隊，教授研究室就是山頭，且組織性強。反之京大則產生了較自由的學風。以海軍技術研究所（1923-1944）為例，前後十任所長之中，有大學學歷的技術將校佔六位，全都是東大畢業，背景分別為造兵、造船、機械與電氣，軍階為四位中將與兩位少將。[69]

2-3-4　技術將校溫存策略

　　當時有所謂的「技術將校溫存策略」，主要由陸軍燃料廠（本部）的兩任廠長所強調的理念：技術將校應留在後方，不應送到前線。當然南方燃料前線，技術將校成為炮灰的也有，例如乘阿波丸被美軍潛水停艇擊沉的燃料人（石油）也有技術將校，不過溫存策略仍然為戰後日本留下了不少人才（表 2-3-6）。他們在戰後貢獻於如下的民生產業：

- 電子顯微鏡：風戶健二（海軍機關少校），海軍技術研究所電波研究部。
- 新幹線：三木忠直（海軍技術少校），東大船舶工學系畢業，入海軍航空技術廠，任技術將校，曾設計櫻花特攻機。夥伴松平精為其東大的同系學長，也入海軍航空技術廠，擔任海軍技師。
- Subaru 360 國民車：百瀨晉六（海軍技術中尉）東大航空工學系畢業，入海軍航空技術廠，任技術將校，派到中島飛行機製造廠服役，負責偵察機「彩雲」的設計，戰後就職富士重工，先後設計 Subaru 1500、1000 以及 360。
- Nikon 照相機鏡頭：更田正彥，東大造兵學系畢業，入日本光學公司，為軍鑑設計射擊指揮裝置及 98 式速測定盤。

---

69 河村豊，《旧日本海軍の電波兵器開発過程を事例とした第 2 次大戦期日本の科学技術動員に関する分析》（東京：東京工業大学博士論文，2001）。

表 2-3-6　石油燃料技術將校戰後就職情況表

就職別	石油公司 管理者	石油公司 技術者	石油工程 公司	政府	大學	化學公司	其他
人數	12	13	8	1	17	5	4

資料來源：野口晴利，〈軍服を着ていた技術者と戰後初期の研究・技術開發活動〉，《国際公共政策研究》11(1)，2006，頁 17-29，表 5。

2-3-5　新竹六燃的技術將校

　　回到新竹六燃（合成部）的技術將校，在 1945 年的職員配置表中，共有 28 位技術將校，還有兩位廣義的技術將校（主計與醫術），七位技術文官（一位技師及六位技手）。28 位技術將校之中，有 19 位技術中尉與一位技術少尉，也就是剛從大學或專科的理工科系畢業，初任軍官。另有六位上尉，不是升任，就是從研究所畢業的任官。其他為一位技術少校與一位藤尾誓技術上校（合成部部長）。

　　藤尾誓上校是前述京都帝大小松茂教授為海軍燃料廠培養的 15 位理學（有機化學）博士之一（1932 年畢），1920 年代的就學期間已在海軍燃料廠（德山）研究部，並開始從事代用（人造）石油的研究，[70] 後來也從事天然瓦斯與化學產業的研究。1921 年，以「液化石油」為研究領域的小川亨技師加入研究部，兩人成為同事與同門師兄弟。師兄小川亨博士，後來就在新竹的天然瓦斯研究所擔任所長，藤尾誓上校則成為海軍天然瓦斯實驗所所長與新竹六燃合成部的部長，又在新竹相遇。另外，發酵丁醇工場的主任小林四郎技術上尉（1916-2018），本來是海機學校畢業的造機中尉，後來以海大選科生名義，送到京都大學電氣系就讀，1938 年畢業後曾先派到第二海軍燃料廠合成部，擔任副部員，後來又改派六燃合成部，改稱技術上尉。他戰後加入 TOKICO（東京機器工業公司，也是都市棒球對抗賽的隊名），早期專門生產戰鬥機的化油器，連有名的中島飛機廠也採用，之後成為日立集團的一員，主力於汽車零件的研發與生產，如液壓煞車系統等，之後擔任住友電設社長。

2-3-6　小結

　　台灣的日治燃料設施在戰後歷經 137 天（1945/11/12-1946/3/28），先後由海軍、資源委員會接收，而代表日方交接簽名的代表為上野長三郎與山田尚德，其中上野長三郎的最後軍階為日本海軍高雄警備府直轄高雄海軍施設部部長的技術上校，[71] 1924 年自京都

---

70 藤尾誓，〈乙炔生產代用石油の研究〉，《工業化學雜誌》31(2)，1928，頁 77-86。
71 〈海軍部隊最終位置〉，網址：https://reurl.cc/Y9a37L。

帝國大學土木系畢業，之後擔任東京市港灣部技師，1938 年成為海軍的技術將校。1941年由於戰爭需求，日軍急欲擴建台南飛行場供海軍航空隊使用，卻面臨美英荷等國的經濟制裁，缺少鋪設飛機跑道的瀝青。當時，主導興建的上野長三郎技術大佐靈機一動，利用台灣本地製糖業的大量糖蜜取代瀝青來鋪設跑道：甜蜜跑道。[72] 他於 1950 年 10 月進入川崎製鐵工作，擔任營繕部長及董事。[73]

　　不管是軍學型（軍人到大學）或學軍型（大學生穿上軍服），還有一批人回到大學擔任教授，大學、教授與學生當年在軍國主義下，成為戰爭加害者與受害者，燃料在戰爭與和平中的角色，更值得反省。

72 故事，〈台南人嗜甜如命，居然到了用糖蜜鋪成一條飛機跑道的程度〉，網址：https://reurl.cc/KpW9Kp。
73 米倉誠一郎，〈戰後日後鉄鋼業におさる川崎製鉄の革新性〉，《一橋論叢》90 卷 3 號，1970。

第四節
另類留學：六燃造機設計的公費留學

2-4-1　教育的海軍

在「教育的海軍」脈絡下，海軍燃料廠（原採碳所）率先於 1921 年成立「見習職工教習所」，1940 年改稱「工員養成所」，陸軍燃料廠（東京都府中市）也跟隨於 1941 年設立了「技能者養成所」，培養第一線的燃料技術人員。因應石油時代的新設海軍燃料廠（1、2、6 燃）共三廠，一燃為研究部，六燃在台灣，由於六燃的制度及設備師法二燃，因此在台灣的六燃去留學的目標就只有二燃（四日市）了。本節探討了石油時代的燃料技術需求，因此陸海軍的燃料廠陸續出現，還因此佔領了南方印尼的油田，成為 101 及 102 燃料廠。再來探討兩個類似的「燃料人」培力機制：拓南工業戰士訓練所（下稱拓南所）與第二海軍燃料廠工員養成所（下稱二燃所）。最後透過「六燃造機設計公費留學」（下稱台六燃班）四位學員的口述歷史，了解當時留學的情況。

2-4-2　工業化、皇民化與南進

1939 年第 17 任軍人台灣總督小林躋造（任期 1936-1940）宣示治台三大方向：工業化、皇民化與南進，其中皇民化運動則號召，軍伕（例如高砂義勇隊）、軍屬（陸海軍之文官與僱員、從軍看護婦、少年工、各種工員等）、[74] 軍人（陸軍、海軍特別志願兵、陸軍少年飛行兵等）。[75] 戰事吃緊，126,750 名被徵召的台灣軍伕與軍屬們，許多人被迫「在地入役」，因此在南進的戰場上造成台灣人的重大傷亡。[76] 日本在 1945 年一月起全面徵兵之後，卻形成了「軍人在後方，軍伕與軍屬在前線」的現象。依相關數據之推估，整體陣亡率 15%，其中軍伕與軍屬陣亡率三分之一，原住民三分之二。[77]

工業化、皇民化與南進三者皆有關的軍屬召募之一為燃料廠，其一它為石油工業化的重要基地，包括在台灣的海軍第六燃料廠以及在南方的 101、102 燃料廠，其二為皇民化志願兵制度的一環，且為專業培訓，其三為了南進所需而掌握的能源。兩個類似的例

---

74 例如岡山的 61 航空廠，招收修飛機的工員，到鹿屋航空基地受訓。

75 陸軍少年飛行兵學校，1942 年 338 名（台灣人佔 161 名），1943 年更激增至 1,151 名（台灣人佔 384 名），分別在東京、大津與大分設校與分校。另有陸軍少年戰車兵學校、陸軍少年通信兵學校、陸軍少年重砲兵學校等。另台灣少年工在日本最多者為高座的陸軍兵器學校，曾在 2018 年 10 月 20 日於大和市舉行 75 週年大會。

76 周婉窈，〈歷史的記憶與遺忘：台籍日本兵之戰爭經驗與省思〉，《當代雜誌》107，1995，頁 34-39。

77 同上註，頁 42。

子，一為拓南工業戰士訓練所（1942-1945），致力於培訓南洋石油開採及提煉之工作人員，[78] 許多軍屬後來派往南方的 101、102 海軍燃料廠。二為在日本三重縣四日市的海軍第二燃料廠工員養成所（1942-1945），由台灣的海軍第六燃料廠（下稱六燃）選派人員研修，再回六燃服務。和陸軍軍風比起來，海軍號稱「教育的海軍」，因此對於人才培養較為先進與積極，早在 1921 年海軍燃料廠一開設時，即成立了「見習職工教習所」，直到 1940 年才更名為「工員養成所」，該所見習科為三年的課程，之上還有補習科（一年）、選科（一年）、青年科等，相當有制度，另外如海軍空技廠也有類似的養成制度。[79]

工員養成所採全部住宿，早上六時起床，晚上九時就寢，在戰時狀態中，可以定時吃飯與沐浴算是一種幸福，但由先期生擔任寢室室長。此外，還有夜間防護勤務，每個寢室輪番值勤，因此每一位學員一週之間會有一次的「不寢番」（不睡覺站崗的勤務）。不過也還是準學校的生活，因此會舉辦遠足式行軍獵鹿行動與海邊游泳，有時晚上還有演藝會。[80]

2-4-3 拓南所與二燃所

拓南訓練所有工業、農業與海洋三個訓練所，其中與資源（含能源）拓殖有關者為「拓南工業戰士訓練所」，1942 年 6 月第一次招生，前後招收四期，共 700 人，先後分發派往南方，由於面臨日本敗戰邊緣，常有就地徵召而成為前線的戰爭受害者，前述之軍伕與軍屬陣亡率三分之一，但拓南生卻高過五成（260/500）。[81] 表 2-4-1 將拓南所與二燃所的基本情況作了比較，一樣招收當時台灣的優秀人才，一樣投入能源（石油燃料）相關的軍屬工作，一樣是為了南進（六燃是為了成為南進基地而設）。最後真正南進的軍屬們卻是拓南 1、2、3 期的 500 位拓南生，六燃軍屬們並未南進到南方，反而「北進」日本「內地留學」再南進回台灣，因此命運大不同，造成拓南生的重大傷亡。不過，1943 年 9 月 2 日，220 位 1、2 期的拓南生曾搭富士丸到日本神戶 20 天，[82] 南進之前也有北進了。此外，當時在日本有一所名稱類似的「拓南塾」，由拓務省於 1941 年 5 月所開設，以培養南方民間人才為重點，主張與南方融合，而非帝國主義，因此之後加入「鍊成」的字眼。第一期招收 100 位（結業 97 人），報名者超過 2,000 人，學習內容還包括森林求生術等，第二期該業務移到大東亞省，因此多一名稱：大東亞鍊成院（第三部

78 吳淑真、吳淑敏，《拓南少年史》（台北：向日葵文化出版社，2004）。
79 石井正紀，《陸軍燃料廠》（東京：潮書房光人社，2013），頁 168。
80 同上註，頁 170。
81 吳淑真、吳淑敏，《拓南少年史》，頁 37。
82 同上註，頁 53。

為拓南），第二期 184 人、第三期 162 人、第四期 187 人、第五期 104 人。[83] 1941 年 12 月，太平洋戰爭爆發，部分學員仍以軍屬身分到南方，當戰情激烈時也就地被徵召入伍。

表 2-4-1 拓南所與二燃所比較表（燃料相關者）

項目	拓南工業戰士訓練所	海軍第二燃料廠工員養成所
招募期間	1942-1945	1942-1945
研修地點	台灣台北馬場町	日本三重縣四日市塩浜
資格	18-23 歲 高等科畢業、兩年以上實務經驗、甲等體格	16-18 歲 高等科畢業 身體健康
研修時間（每期）	六個月	兩年
研修科目	土木科、建築科、機械科與電氣科（第 3、4 期增設） 實習：大同製鋼所、台灣電力株式會社、開南工業學校、市役場土木科、馬偕病院	台燃普通科、見習科（造機設計） 實習：廣島吳市海軍工廠、東京山武輕計器會社、日立製作所、橫河電機會社、大阪化學會社、大阪大學等
所長（主事）	原賀定一（灣生）	小山清行（大阪軍需部長）
第一期結業	1942/12/20	1944/3/19
招收人數	四期 700 人	見習科三期：246 人 普通科五期：300 人 其中有 10 人到三燃實習
月薪	70 圓	就讀期間 10 圓
服務地點	南方 101 海軍燃料廠 102 海軍燃料廠 打拉根（Tarakan Island）[84]	台灣六燃 高雄 新竹 新高（清水）
乘坐船舶	淺間丸、億洋丸、富士丸、龍鳳空母、大成丸、辰春丸、亞歷山大號	富士丸、明隆丸（2000 噸貨船）、高砂丸

資料來源：吳淑真、吳淑敏，《拓南少年史》（2004）。〈六燃口述歷史檔案〉。作者整理。

---

83 JACAR（亞洲歷史資料中心：亞歷網），Ref.B04011749600、在外日本人学校教育関係雑件／各学校卒業者及在籍者名簿 第三卷（I-1-5-0-1_23_003）（外務省外交史料館）」。另見拓南塾史刊行委員會，《拓南塾史：拓南塾大東亞錬成院記錄》（1978）。
84 位於婆羅洲東北角，也成為石油與後勤補給的中繼基地，等於是 101 海軍燃料廠與 102 海軍燃料廠的延伸。

2-4-4 台（六）燃班的內地二燃留學

台燃班主要分為見習科 3 期（國校高等科畢業者）、普通科 5 期（分國校高等科畢業者與中等學校畢業者）、特別幹部技術員科 1 期。普通科 5 期之中，有一期 10 人赴第三海軍燃料廠（山口縣德山）實習，回台後皆在高雄六燃的精製部服務。

台六燃班第一期見習科 46 人，1942 年以國校高等科學歷通過考試後（全台灣分五區），先在新竹保甲修練所受訓八個月，期間更曾行軍至竹東的井上溫泉。[85] 主要講師來自天然瓦斯研究所的技手們，每天早上還齊唱〈六燃廠歌〉，顯然還是以高雄廠主體的作詞，因此歌詞中出現了「半屏山」及「廍後」（現左營區），唱久了，就有人改成「新竹版」，即「半屏山」改成「東山」（十八尖山），而「廍後」改成「赤土台」了。之後再準備赴日本的海軍第二燃料廠工員養成所（三重縣四日市）就讀，之前還由該所所長小山清行前來台灣面試每一位學員，再由西山廣美主任帶隊前往內地留學（見本書彩圖集圖 C7）。[86] 台燃班如期在基隆的海軍招待所等候搭乘高千穗丸赴日，不過該船於 1943 年 3 月 19 日，由神戶開往基隆途中，在彭佳嶼附近海域遭美國潛水艇擊沉，部分獲救者曾暫收留於基隆海軍下士官宿泊所，台燃班待船學員看到了該事件的獲救者，後來改搭富士丸前往日本，於 1943 年 4 月 4 日入學。上課內容包括國語、代數、化學、化學實驗、教練（軍事訓練與劍道）、製圖設計等。上課期間還有安排團體旅遊（伊勢神宮）與獵兔活動。

見習科第一期於 1944 年 3 月 30 日畢業，再分發實習半年，地點有廣島吳市海軍工廠（19 人）、東京的山武輕計器會社（3 人）、日立製作所（7 人）、橫河電機製作所（6 人）、大阪化學會社、大阪大學（3 人）與其他單位等，其中以去吳市海軍工廠的人數最多。實習結束的 9 月至佐世保等船，分別搭高砂丸（大阪實習者）與明隆丸回台，[87] 於 10 月 5 日回到台灣。10 月 10 日入左營海兵團受訓，身分為「海軍工作科預備補習生」，再分發至六燃各廠（高雄、新竹、清水）或協力廠商，例如李錦上先生分發至嘉義的山崎公司，其為高雄六燃整備部的協力廠商，專門製造酒精。王坤玉則回到新竹，擔任六燃合成部的設計製圖工員。

85 〈王坤玉口述歷史記錄〉，2017 年 5 月 10 日。現場演唱了〈六燃廠歌〉。
86 西山廣美主任原為六燃建設事務所最早的 11 位委員團隊中的一人，當時別府少將為委員長，地點在四日市的第二燃料廠，也是西山廣美原來的工作地點。
87 葉景昆、王坤玉，〈六燃之見習科一期生〉，林身振、林炳炎編，黃萬相譯，《第六海軍燃料廠探索》（高雄：春暉出版社，2014），頁 352-354。

表 2-4-2　海軍第二燃料廠工員養成所相關人員 [88]

職稱	姓名	軍階
所長	小山清行	海軍大佐、二燃總務部部長
主事	杉原春了	公民教師
教務主任	森井慶太郎	幾何教師
	龜井乙	化學教師
	目黑	化學實驗教師
	松本	代數教師
分隊隊長	寺本	物理教師
	田村昇	英語教師
	南角清	國語教師
	中村清	地理教師
	清水	劍道教師
	橋本	機械製圖
	崛	上等兵曹，旗語教師
	和田	一等兵曹，游泳教師
	野村	上等兵曹
	小泉	二等兵曹
技術科	水科	技術大尉，機構學
	吉田	技術大尉，電器工程學
	茂木	技術少尉，機械工程學

資料來源：《第六海軍燃料廠探索》，頁 363-364。

除了見習科的留學時間較長外，還有時間較短的台六燃普通科，直接赴日實習，例如第三期有 200 人，於 1943 年 11 月 25 日在台燃建設事務所（高雄六燃籌建處）報到，12 月 5 日搭乘淺間丸從高雄港出發，14 日抵神戶港，當晚到達二燃工員養成所的小古曾寄宿舍。接著分配到實習場所，包括二燃廠、日本油脂之各工場與日立製作所等，實習到 1944 年 9 月，團體旅遊及參觀工場後，於 27 日由佐世保搭明隆丸回台後，10 月上旬分配到三個廠工作，包括潤滑油、脂膏製造的 625 工場。[89]

基於前述「教育的海軍」理念，六燃本部也設有工員養成所，位於東門旁，有一間事務所與四間教室，後期就是在地入學，並由第一期結業者擔任助教，包括傅仰城，後來傅擔任台籍工員聯合會召集人，於 1946 年為爭取權益而發動罷工，頗有當年各海軍工

---

88 蔡龍溪，〈二燃工員養成所見習科二期生〉，林身振、林炳炎編，黃萬相譯，《第六海軍燃料廠探索》（高雄：春暉出版社，2014），頁 363-364。

89 普通科三期生，〈普通科三期生之回憶〉，林身振、林炳炎編，黃萬相譯，《第六海軍燃料廠探索》，頁 310-311。

廠勞動組合（工會）的傳統，因事未成而離職，只在六燃轉高廠期間任職一年。[90]

　　在燃料導向的另類留學其間，見習科一期的李錦上先生因為參加了「寫信給前線戰士運動」、短歌／俳句的參與與連結，留下了一批「武訓中的文學」資料，包括明信片上的當年住址與郵戳，如表 2-4-3：

表 2-4-3　明信片上的當年住址與郵戳

地點	當時地址	郵戳日期或收到日期	寄送者	檢閱者
春田電機社	台灣台中州彰化郡鹿港街字菜市頭820 番地 808	1943/9/13 1945/3/29 1942/2/3	蘇門達臘派遣富3810 部隊	山本 佐藤榮一郎
鹿港第一國民學校	1. 台灣台中州彰化郡鹿港第一國民學校高二 2.鹿港街高等科二年	1941/11/3 1941	佛印派遣部隊山縣部隊 佛印派遣西村部隊清水（一）部隊	高木 山本
鹿港第一公學校	台灣台中州彰化郡鹿港第一公學校高一 高一所有同學	1941/3/31 1941	東京市品川區西品川 2 丁目明電舍品川工廠設計室 中支派遣田村部隊內蘇部隊今關隊	民間郵件女性寄與佐藤榮一郎 佐藤榮一郎今關
鹿港第二公學校	台中州彰化郡鹿港第二公學校六年仁組	軍事郵件，沒有郵戳		有章無名
新竹州保甲修練所	新竹市赤土崎 2-5	1943/1/23	台中市千歲町 1-21	民間郵件
海軍第二燃料廠	四日市塩浜町工員寄宿舍 2-3 三重縣四日市塩燃料廠工員寄宿舍 2-3 海軍工員宿舍第二寮參號宅 三重縣四日市海軍燃料廠工員養成所台見第一分隊	1944/4/23 1944/6/7 1944/8/28 1944/4/23 1944/2/4	函館郵便局私書函 250 號 -1 淡路三原郡福良町東谷川 吳海軍港務部第一分隊	相澤 民間郵件 山根

90〈傅仰城先生口述歷史〉，2023 年 4 月 25 日。

地點	當時地址	郵戳日期或收到日期	寄送者	檢閱者
	三重縣下海軍 200 廠工員養成所第九分隊	1944/7/10	中支 48 野戰呂字第 6129 部隊	吉藏
	三重縣下海軍燃料廠工員養成所第九分隊	1944/10/20	哈爾浜第二軍事郵便所滿州第 7770 部隊	雙檢閱 野崎 井上
	三重縣下海軍燃料廠工員養成所 台燃第一分隊	1944/1/14	豐中市麻田 448	民間郵件
	三重縣下海軍燃料廠工員養成所 台燃第一分隊	1944/1/24	滿洲國東滿總省平陽 6960 部隊山下隊	山下
	三重縣四日市塩浜町海軍燃料廠六燃四日市出張所	1944/9/4	吳海軍港務部第一分隊	山根
	三重縣下海軍燃料廠工員養成所第九分隊寄宿舍第一寮 12 號室	1944/10/29	山東	
	三重縣四日市塩浜町第二海軍燃料廠	1944/10/12		
	台見第一分隊	1944/10/17	三重郡千種村陸軍演習場中部 38 部隊鼎隊	檢閱（名字不清楚）
	工員寄宿舍第 12 班	1944/4/8 1944/5/25 1944/6/17	東京市本所東駒形 3-23	民間郵件 同一人 （佐藤榮一郎）
山武工業株式會社	東京都浦田區西六鄉 3-48	1944/7/23		1906 年創立 2008 年改名為 Azbil 株式會社
高雄六燃	1. 高雄市六燃楠梓宿舍 31-13 2. 工員宿舍	1944/12/14 1944/11/15	台南州北門郡佳里街子良廟 682 番地	民間郵件 林金莖
新竹六燃	新竹市赤土崎 47 六燃新竹出張所			

資料來源：李錦上先生收藏之明信片，作者整理。

　　上表由李錦上先生獲前線戰士回信的鹿港家中與就讀學校開始，李父所開設的春田電機社感覺很先進，但地址中的菜市頭卻又很鄉土。考上台燃班第一期見習科的同學

報到受訓處的新竹州保甲修練所，其住址出現了赤土崎，新竹六燃的住址也同樣是赤土崎，它是新竹六燃地理的主要關鍵詞。留學二燃之後，郵寄住址更是多樣化，海軍燃料廠工員養成所是共通的語彙，二燃塩浜町等於六燃赤土崎。其它透露的就是收信人屬於台燃或台見（見習科）第九分隊（台灣學生分屬第八與第九分隊）、第一分隊（台灣學生內部有五個分隊）第 12 班等，而宿舍為 2-3、二號寮三號宅、第一寮 12 號室等。結業後的實習地之一為山武工業株式會社，在現東京都大田區。回到高雄六燃，出現了楠梓宿舍 31-13，而寄信者為其小學同學，後任駐日代表的林金莖（1923-2003）。其它通信者有軍人，從滿洲國到佛印（現越南）與印尼，也有民間俳句文友，從北海道到台灣。其中有一位佐藤榮一郎，先為民間俳句文友，後徵召服役，派往中國，仍然繼續通信。由於戰時體制，大部分的軍郵都經過檢查蓋章，有一郵件還經過兩人檢查，其中一個檢查章為部隊代名：今關，而非個人（參閱本書彩圖集圖 C8、C9）。

2-4-5 小結：75 週年同學會 [91]

台六燃班第一期見習科 46 人中的 5 人，於 2018 年 6 月 10 日取得聯絡，臨時起意舉辦了一場 75 週年（1943-2018）的同學會，[92] 他們是李錦上（92）、[93] 傅仰城（92）、[94] 呂銀海（92）、[95] 王坤玉（91）與王批（94，後來不克出席），年齡都是九字頭。舉辦地點為原日本第六海軍燃料廠福利地帶，後為清華大學前段的蘇格貓底二手書咖啡屋（現為水漾餐廳），其中兩位曾於 1973 年台燃同學會上相見（當年在新竹天祥大飯店），另兩位畢業之後第一次見面。除了相見歡，焦點座談將留學的各階段：報考、新竹保甲修練所受訓、等船赴日、二燃就學、實習，另外透過他們，指認團體照片中的同學、地圖上的原設施，也指認了海軍共濟醫院（清華校園內）。李錦上先生還彈起了高慈美教授留下來的鋼琴，號稱該咖啡屋迄今最資深的演奏者。四位還受邀簽名在牆上，也成為另類的清華校友，更見證了能源（六燃合成部、天然瓦斯研究所）作為新竹科技源頭的脈絡（參閱本書彩圖集圖 C10）。

---

91 本書校對期間，王批與李錦上兩位先生先後離世，謹此敬悼之。
92 〈六燃 75 週年同學追相見歡錄音檔〉，2018 年 6 月 10 日。
93 〈李錦上先生口述歷史〉，2017 年 3 月 21 日、2018 年 3 月 21 日。
94 〈傅仰城先生口述歷史〉，2018 年 6 月 7 日、2023 年 4 月 25 日。
95 〈呂銀海先生口述歷史〉，2017 年 3 月 19 日。

第五節
新竹六燃接收檔案中的歷史現場

台灣行政長官公署與警備總部為當年國府的日產接收單位，日本海軍軍事設施則由警備總部海軍組接收，對口為日本海軍高雄警備府，在日治台灣時期，高雄警備府等於是海軍司令部，在軍國主義獨大之下，與台灣總督府平起平坐，皆為府字輩。因此在1945年戰敗移交（日文稱引渡）時，代表日本海軍交出各項軍事設施，如機場、港口等，國府的接收單位則為台灣行政長官公署與警備總部，警備總部海軍組接收的主持人為第二艦隊司令李世甲，自1945年11月11日起，展開新竹地區的接收。[96] 不過海軍第六燃料廠及新竹施設屬於工礦設施，則由台灣行政長官公署的工礦處負責接收。本章承接黃萬相、林身振、林炳炎之2013文有關之〈戰後移交資料〉部分，[97] 往下發展。其引渡目錄包括七項：兵器、軍刀、國有財產、機器資材、車輛及燃料與自活等。[98] 以下分項探討新竹六燃的各項交接目錄。

2-5-1　兵器引渡目錄

新竹六燃為海軍的燃料研發生產單位，並非戰鬥單位，因此在兵器方面，並未發現交接槍炮等武器，而只有42個防毒面具，放置的地點為總務部庶務係。反而在地文學校的新竹中學與新竹師範學校分別有2與10支的38式步槍，屬於教練用槍。[99]

2-5-2　軍刀引渡目錄

反倒是軍刀的交接共有41把，唯交接期間也是兵慌馬亂，是否有些軍刀被帶回日本或遺失，不得而知。日本陸海軍皆有將配刀作為軍人服裝一環的傳統，主要對象為軍官（含技術將校），但也包括高等文官的軍屬，例如技師。配刀包括長劍、軍刀（含改造日本刀）、短劍、異種軍刀與指揮刀（禮儀刀）。[100] 長劍型軍刀於明治到昭和時期（1935）被陸海軍使用，但海軍並未有陸軍的實戰考量，裝飾性更強，而成為非常華麗的配刀。

---

96 軍事接收由警備總部負責，共分八組：陸軍三組、空軍二組、海軍組、憲兵組與軍政組。參見楊護源，〈國民政府對台灣的軍事接收：以軍事接收委員會為例〉，《台灣文獻季刊》67（1），2016，頁39-79。「軍事接受」詳見頁56-59。

97 黃萬相、林身振、林炳炎，〈新竹第六海軍燃料廠之美軍空中拍照及戰後移交資料〉，《竹塹文獻雜誌》56，2013，頁71-90。「戰後移交資料」詳見頁74-77。

98 亞洲歷史資料中心，〈六燃新竹施設引渡目錄〉，網址：https://www.jacar.go.jp（下簡稱亞歷網）。

99 1942年1月27日，台灣總督府文學字107號：教練用槍撥校文件。

100〈軍刀〉，網址：https://ja.wikipedia.org/wiki/軍刀。

軍刀於 1937 年正式被制定，陸續生產出昭 9（94 式軍刀）、昭 13（98 式軍刀）、昭 18
（三式軍刀）等。[101] 短劍更早於 1883 年就制定，配劍者為軍校生、見習官、士官長，
其中以「三笠刀」特別有名。[102] 異種軍刀由舊日本刀（打刀與太刀）改造，再加上海軍
裝飾而成。指揮刀（禮儀刀）則用於典禮、正式場合與演習時用。另有特殊兵種的官給
刀，例如陸軍的騎兵與輜重兵種，成為官兵的標準配備。陸海軍的軍刀多由陸軍造兵廠
製造，號稱工業刀，又因材料、製作方式的不同而產生了造兵刀、昭和刀、滿鐵刀、振
武刀、群水刀到近代刀與現代刀。之後，現代刀生產出鍛鍊刀、靖國刀、菊水刀等，菊
水刀則專為海軍軍官生產，後來菊水也成為海軍神風特攻隊的隊名及作戰代號。

2-5-3　國有財產引渡目錄（參閱彩圖集圖 A2）

　　交接土地包括工場地帶（759,220 平方公尺）與福利施設地帶（1,370,000 平方公
尺）（參閱本書彩圖集圖 C5、C6），出現的地名有新竹市赤土崎、東勢、埔頂以及新竹
縣的大平地等，大平地（現橫山鄉北部）原指竹北一堡新竹廳的大平地庄，1920 年改隸
新竹州竹東郡橫山庄大平地大字。[103] 埔頂有六燃的製桶工廠、大平地有茶工廠以及放置
廠，並作為疏開地。在大平地的茶工廠，引渡目錄出現了 1,500 茶筵（戶外喝茶用的藺
草席）。城隍廟也在赤土崎地區擁有土地，因此會在六燃的土地清冊中出現。由上可知福
利施設地帶（64.34%）的面積遠比工場地帶（35.66%）要大，清華園就在竹東街道（台
車線）以南的福利施設地帶。

● 建築物（以棟交接，共 86 棟）[104]

　　廳舍、廳舍附屬家（暗室、工具養成所、理髮室、職員食堂／廚房、電話交換所）、
廳舍附屬倉庫、自動車置場、守衛所（正門、東門、西門）、招標場（第一扎場、第二
扎場）、哨所、商人控所（投標等待室）、消防車車庫、觸煤工場 5 棟（脫水觸煤裝置
室、異性化觸煤裝置室、蒸氣室、乾燥爐室、觸煤材料庫）、鍋爐室、白土處理室、觸
煤工場附屬廁所、輕質油槽幫浦室、輕質油槽倉庫、合成工場（附屬電氣室、附屬幫浦
室、異性化電氣室、重合電氣室、重合唧筒室、重合幫浦室、重合計器室、附屬高壓原
動罐、附屬廁所）、水添工場（上家詰所）、水添工場附屬廁所、第一變電所、水道中繼
幫浦室、應急發電置場、附屬現場員工待命室、煤碳放置場、包裝工場製品倉庫、注入

---

101 昭和 9 年為日本皇紀 2594 年，故稱 94 式，以下類推之。

102 由三笠戰艦退役後的大炮溶解再造的短劍稱之。

103 橫山鄉，詳見〈大平地〉，網址：https://zh.wikipedia.org/wiki/大平地。

104 黃萬相、林身振、林炳炎，〈新竹第六海軍燃料廠之美軍空中拍照及戰後移交資料〉，《竹塹文
　　獻雜誌》56，2013，頁 74-77。

工場、塗裝貯罐場、洗滌工場、材料庫、修理工場、碳化物（Carbide）倉庫、現場員工待命所與器具庫、混油幫浦室、運油車注入場、包裝工場附屬廁所、辛烷值（Octane Number）測定裝置、水道設施（過濾池幫浦室、清水幫浦室、淨水幫浦室、中間幫浦室、放流水幫浦室、水源地、辦公室、要具庫）、會計部倉庫、原料資材卸下場、原料倉庫、發酵工廠 5 棟（溶解槽、發酵槽、幫浦室、加熱殺菌所、粕：例如甘蔗渣處理所）、發酵分工廠（主發酵室、大豆粕倉庫、12 號倉庫）、原動罐（煤碳為主的蒸氣發電汽罐）、現場員工待命室與測驗室、作業部倉庫、碳酸瓦斯除去裝置廠、修理工廠 6 棟（鑄造工場、機械工場、銅工工場、鍛冶工場、計量器具工場、印刷工場、器具庫、熔接場、材料庫）、製罐（汽罐）工場、製罐（汽罐）工場附屬倉庫、第一工員宿舍、第一工員宿舍（盥洗室）、第一工員宿舍（廚房）、第一工員宿舍（公共浴場）、第一職員寄宿舍、第二職員寄宿舍、第二職員寄宿舍（走廊）、第二職員寄宿舍（附屬倉庫）、伊（イ）號宿舍（90 戶，45 棟：1-121 號，缺 119、118、112、111、104、103、102、94、84、79、78、74、64、54、49、48、47、46、45、44、43、42、41、40、34、24、14、4）、後文用呂（ロ）號宿舍（120 戶，60 棟：1-252 號：沒有 4、13 號）、會計部倉庫用、榻榻米倉庫、電機工具倉庫、理髮室、建具倉庫、廚房、餐廳）、第二工員寄宿舍、第二工員寄宿舍（盥洗室）、第二工員寄宿舍（廚房）、第二工員宿舍（公共浴場）、第二工員宿舍（辦公室、廚房、倉庫）、第二工員宿舍（倉庫）、波（ハ）號宿舍（439 間，111 棟：全壞 50 棟 199 間、半壞 27 棟 59 間）、物品倉庫、醫務部廳舍、醫務部（病房）、醫務部（手術室）、醫務部（廚房）。

　　另外依六燃情報（1945 年 7 月號），發酵工場有兩處分工場：新竹州竹南郡銅鑼圍與台中州能高郡國姓分工場。合成工場的竹東分工場就是塩野化工。

● 設備

　　觸煤裝置、合成裝置、輕質油槽（50）、水添裝置、應急發電裝置（機械室、樓上及樓下配電室、蓄電池室、補機室）、應急發電裝置（作業部倉庫、710 工場、餐廳、唧筒室、配電盤室、原動汽罐）、輕質油包裝裝置、發酵裝置、碳酸瓦斯除去裝置、修理工廠設備、滾桶製罐裝置、50 KL 油槽（埔頂與竹東）、10 KL 油槽（十分寮）、試驗設備、配管設備、水道設備、受電配電設備、通信裝置（電話交換機：100 回線一套，50 回線二套、電話 57 台）、第 1-6 群油槽、溶解槽（溶解室、倉庫、殺菌室、粉醉室、電氣室、發酵室、分析室、空氣過濾室、粕分離室、培養室、蒸餾裝置、蒸餾唧筒室）、播音裝置（總部屋頂的電動發音機）、燃料廠專用鐵路（2,620 公尺）。

　　至於軍事保密編號，高雄以 6、新竹以 7、新高以 8 開頭，即六燃的 678 系列裝置（表 2-5-1）。

表 2-5-1 新竹六燃附編號的裝置

編號	設備	附註
735	發酵丁醇裝置：台北帝大的丁醇（馬場菌）	新高 835
735-1	發酵	
735-2	蒸餾	高雄 620
710	緊急發電	新高 810
717	罐裝（油桶）	
718	罐裝、製桶	
719	輕質油槽	
733	異辛烷製造	
736	碳酸瓦解除去	
738	異辛烷水添	
753	觸煤製造	
761	甲醇製造	Methanol

資料來源：《第六海軍燃料廠探索》，頁 224-225。

表 2-5-2 觸媒工場

	裝置
脫水觸煤裝置室	小型觸煤試驗裝置 液體燃料噴射器 押出成型機
異性化觸煤裝置室	培燒爐 蒸氣乾燥爐 混和機 壓濾機 押出成型機 溶液稀釋槽 溶液反應槽 小型活性化裝置 溶液移送唧筒 溶液洗滌槽
蒸氣室	
乾燥爐室	石灰低溫乾燥爐 混和機 押出成型機（含手動式）
觸煤材料庫	
鍋爐室	
白土處理室	

資料來源：《新竹六燃引渡目錄之三》，亞歷網，作者整理。

在廳舍（即總部）的交接目錄中，亦可了解其相關單位，包括廠長室、合成部長室、總務部長室、會計部長室、合成部（工務係、庶務係）、總務部（庶務係、勞務係、運輸係、警務係、植樹班、建設班、文具倉庫）、當值室、會計部（控室）、生產課、電氣課、試驗室、圖書室等。另外，出現了東門、有信寮、山手倉庫、第一變電所、第二變電所、發電所、中間卿筒所等新的歷史空間。

2-5-4 機器資材引渡目錄

機器資材中最有燃料脈絡的是原料，包括砂糖、硫安、蓖麻粕（渣）、石灰氮（氰氨化鈣）、樟腦、大豆粕（渣）、椰子核（Copra meal）、切千竿（番薯絲）等。另外還有一批保管在其他地方的原料，包括樟腦油、檜油、牛樟油（高砂化學公司）、3281 公斤樟腦一批（日本樟腦公司）、砂糖（竹東帝國石油公司）、蘇打（南日本鹽業公司）。

表 2-5-3　接收的各種生質能源原料表

接收原料	數量（單位：公斤）	存放位置
砂糖（黑與白）	2,508,638 1,124,667 3,9757 345,933	原料倉庫 2 號 1-5 室／1 號 5 室 有機合成倉庫 會計倉庫 2 號 荷造倉庫 1、2 號
硫安	158,600 23,000 2000 20,000	原料倉庫 1 號 2、4 室 735 發酵工廠 大平地 新埔
蓖麻粕（渣）	47,880	原料倉庫 1 號 3 室
椰子核（Copra meal）	47,602 14,000	原料倉庫 1 號 5 室 735 發酵工廠
切千竿（番薯絲）	157 袋	原料倉庫 1 號 3 室
大豆粕（渣）	24,818	原料倉庫 1 號 3 室
樟腦	70 箱	733 工廠
石灰氮（氰氨化鈣）	123,699 60,000	原料倉庫 1 號 4 室 735 發酵工廠

資料來源：《新竹六燃引渡目錄之三》，亞歷網，作者整理。

依據新竹六燃山根嘉人技術中尉的口述歷史：[105]

——這是突然把丁醇發酵改為乙醇發酵，735 裝置全負荷操作開始後不久。一般是以砂糖（淨制糖）為主原料，副原料為硫酸銨（肥料用）加大豆粕的糖液，把醇酵母（叫種母）種入培養發酵。但是隨著戰局惡化，日本產的硫酸銨、大豆粕輸入困難，所以受命研究可否用台灣的石灰氮（lime nitrogen）、椰子殼粗粉（copra meal）、米糠代替——

當年受到石油禁運，日本發起人造石油（合成石油）運動，1940 年起民間已開始煉製，而由陸海軍於 1944 年 3 月發起的松根油生產，就成為全民運動了，1944 與 1945 年的敗戰前兩年，生產目標為 100 萬公秉，總共動員了 695,800 人（表 2-5-4）。1945 年 8 月 15 日投降前的 11 天前（8 月 4 日），朝日新聞出現的標題為：松根油就是決戰燃料。而在海陸軍內部會議時，居然喊出「松根油就是神風」與「200 支松根，支持一架飛機飛行一個小時」的口號。[106] 不過 1944 年的產量只有目標值的 43%，1945 年更只有 9.2%。但由六燃所交接的原料，仍可以論證人造石油或生質能源的研發生產也是其主要業務。

表 2-5-4　人造石油松根油產量與目標值

年度	產量（1千公升）	目標值（1千公升）
1940	133,254	
1941	194,142	
1942	2404,14	300,000
1943	272,290	400,000
1944	215,583	500,000
1945	45,894	500,000

資料來源：《日本海軍燃料史》，頁 89。

● 歷史現場
　　在資材的交接目錄中，出現了 22 處的歷史現場：廳舍、洗滌工場、包裝（荷造）工場（倉庫 1、2 號）、修理工場、原料倉庫 1、2 號（1-5 室）、會計倉庫、有機合成倉庫、施設部、733（異辛烷製造裝置）、710 裝置、735 發酵丁醇（Butanol）裝置、718 裝置、

105 林身振、林炳炎編，黃萬相譯，《第六海軍燃料廠探索》，頁 348-350。山根嘉人技術中尉，1943 年官立島取高農專（後來的島取大學農學部）畢業，退役後任職於丸食品工業株式会社鳥取工場。
106 石井正紀，《陸軍燃料廠》，頁 205-206，表 7-4。

碳酸瓦斯除去裝置、作業研究室、應急發電置場、側線附近、新埔、大平地。用以放置各種材料，例如鋼材、管材、鐵屑、水泥、杉木等，其中鋼板就有 999,763 公斤。而 22 處存放資材的歷史現場中，有些以棟或設備為單位者，也已列在前述國有財產交接目錄中，但也出現了如焦炭（Coke）堆置場、煤炭堆置場、第一堆置場、第三堆置場、側線附近（鐵路線）、新埔、大平地等未被列入交接的歷史現場。

有些資材因為委託企業製作，尚未交貨而列入交接，這些企業包括：台灣精機工業株式會社、東洋鐵工株式會社、南方鐵工株式會社、台北鐵工所、台灣錨釘株式會社、共榮鐵工所、日本通運株式會社、興南工業株式會社、日立製作所、東邦金屬製鍊株式會社、高砂鐵工所等。

2-5-5 車輛引渡目錄

依目錄，共交接堪用 75 輛及報廢 11 輛，包括乘用車、作業車、貨車、油槽車、消防車、機車、自行車與拖車等。75 輛堪用者中數量最多者為深具燃料廠取向的 21 輛油槽車，而其歷史現場為鐵路專用線，其附註中說明：有的油槽車借給鐵道部。轎車（乘用車）大多是美國品牌，主要為 1937 年出廠的別克（Buick）、雪佛蘭（Chevrolet）、福特（Ford）與龐帝亞克（Pontiac：1933-2010），不過也出現了一部 1934 年的 Nash 牌汽車，該牌汽車只在 1917-1938 年間生產，後來併入 AMC，續用 Nash 品牌，直到 1957 年。[107]

另外也出現一部 1937 年英國 Humber 的轎車，該車後來成為英國軍用武裝卡車的主要提供者。轎車中唯一的日本品牌為 OHTA：太田（1922-1958），以創立者太田裕雄（1886-1956）的姓命名，除了生產小型車之外，也推動當時的賽車，後被日產併購，成為日產工機子公司，但在 1955 年一批員工加入富士重工（即包括前述的技術將校海軍技術中尉百瀨晉六），設計出有名的速霸陸 360 汽車。[108] 新竹六燃的 OHTA 轎車推論為 1937 年出廠的 OD 型，736cc 排氣量。

貨車則有美國福特與雪佛蘭品牌各一輛，其他則為日製品牌如豐田與五十鈴。作業車則為大發，而消防車皆為日產品牌。有趣的是美國車的年份以西元年度表示，而日本車則用皇紀，[109] 例如其中一輛豐田貨車年份為 2604 年，換算成西元 1944 年，當時算是新車到廠了，隔年戰敗，列入移交目錄中，今天看來，那批車輛都可列為戰爭文化資產的「移動文化資產」了。

---

107 Nash 牌汽車，詳見〈ナッシュ・モーターズ〉，網址：https://ja.wikipedia.org/wiki/ナッシュ・モーターズ。

108 OHTA 牌汽車，詳見〈オオタ自動車工業〉，網址：https://ja.wikipedia.org/wiki/オオタ自動車工業。

109 以日本神話的第一代天皇即位年起算，比西元早 660 年。二戰後已被棄用，成為歷史名詞。

　　11 輛報廢車輛中，出現了英國車品牌 Hillman（1907-1976）、[110] 另一個美國車品牌 Plymouth（1928-2001）轎車以及 Dimond T（1911-1967）卡車。以上三個品牌加上前述的美國 Nash 與英國 Humber 品牌的汽車皆已消失在市面上，也屬於消失的歷史品牌了。其中 Dimond T 卡車號稱卡車界的凱迪拉克，1936 年曾賣出最多的 8,750 輛 Model 80 型卡車，[111] 而在新竹六燃的這部報廢卡車即是其中一輛，報廢說明為：汽缸及排擋嚴重故障。另外，由目錄中的汽車英文品牌，卻發現許多拼字錯誤，是否為視美國為敵國的反射動作？特別是由 Baby Ford 變成 Bad Ford，本文透過當時日本本土軍方徵用民間企業與個人車輛的調查，[112] 發現了ベビー・フォード（Baby Ford）Model Y 的車型，[113] 該車是由英國福特廠開發的小型轎車，排氣量 933c.c.，因此稱為 Baby，定位為大眾車，在 1932-1937 年間曾生產 157,000 輛，最高市佔率高達 41%，[114] 故它不壞（bad），只是小（baby）而已。新竹六燃的那兩輛 Baby Ford 為 1936 年與 1937 年出廠，並被記錄了引擎號碼：13169、668917。而在當時石油饑渴的年代，汽車使用的燃料為二號酒精燃料。

　　當時英語被稱為「敵性語」（表 2-5-5），[115] 許多本來使用英文外來語的運動項目皆被修改，例如 Rugby 改成鬥球、Golf 改成芝球、American Football 改成米式蹴球、Ski 改成雪滑、Skate 改成冰滑。其他如 Piano 改成洋琴、Record 改成蓄音機與唱盤等。不過 Toyota 寫成 Toyoda，推論是用了創業者豐田喜一郎（Kiichiro Toyoda）的姓，因為本田汽車（Honda）也是用創辦人本田宗二郎的姓命名，一樣是田，有 ta 與 da，兩者皆可以用。

表 2-5-5　交接目錄中的敵國情結

汽車品牌名稱	交接目錄中的名稱	說明
Buick	Buik	少一個 c
Plymouth	Plimus	自行拼字
Chevrolet	Chevoet	少一個 l
Pontiac	Bontiak	自行拼字
Baby Ford	Bad Ford	小型車成為壞車

資料來源：《車輛交接目錄》，作者整理。

---

110 1907 年創立的汽車製造公司，先以製造自行車起家，後來被克萊斯勒併購，品牌用到 1976 年。
111 〈Dimond 卡車〉，網站：https://bit.ly/34DiwcK。
112 亞歷網，〈地方買上自動車現況一覽表〉，Ref.C12121567400、地方買上自動車現況一覽表（防衛省防衛研究所）。
113 「日本自動車博物館」，網站：https://bit.ly/3LqXQFB。
114 〈英國福特〉，詳見〈イギリス・フォード〉，網站：https://bit.ly/3Lq9h06。
115 英文成為敵性語，詳見〈敵性語〉，網址：https://ja.wikipedia.org/wiki/敵性語。

在車輛交接目錄中，也看到了車輛的車號與引擎號碼，依日本自衛隊的軍車編號，前兩個數字由 01-99，分別代表不同車種，目前的海上自衛隊編號為 39-43。[116] 由「二燃內規」中，[117] 發現其車輛車號由 101 開始，特別的是自動三輪車，[118] 分屬各部（總務部、精製部、合成部、化成部、整合部、會計部、醫務部等七部），車號由 201 到 801。當時新竹六燃交接車輛的車號由 01 到 18，由於轎車與貨車有同號者，推論是前兩個號，後面應有另外的號碼，其中有一輛特號車，為 1937 年的 Buick，推論為廠長座車（同理特號宿舍為廠長宿舍），並掛有將軍旗（海軍少將旗），就如軍艦　樣會掛上上將、中將與少將旗。另外，在車庫倉庫中留下了一批（142 種）各種車輛零件，最多者為 3,940 個車輛燈泡。

2-5-6　燃料引渡目錄

燃料廠交接的原料與燃料最能說明當年的業務與生產項目，如用 IPO 架構（input-process-output）來看，那麼前述交接的原料為 input，各種裝置為 process，而航空原料揮發油、航空 87 揮發油、異辛烷（isooctane）等為 output（表 2-5-6）。其中主角燃料的異辛烷共交接了 104,790 公升，最多的六萬餘公升（475 桶）放在南河，另有油槽在十份寮，又出現了六燃新的歷史現場。兩個地點都在現在新竹縣的橫山鄉，日治時期，分別為竹北一堡的南河庄與十份寮庄，1920 改為大字，隸屬於新竹州竹東郡橫山庄。[119]

表 2-5-6　新竹六燃交接燃料表

燃料項目	數量（公升）	地點	桶數
2 號酒精	1,171,800	輕質油槽	
2 號酒精	48,130	南河	371 桶
航空原料揮發油	5,400	輕質油槽	
航空 87 揮發油	4,320	荷造（包裝）工廠	24 桶
異辛烷（isooctane）	27,540	油桶放置場	153 桶
	8,400	帝國石油	
	8,100	荷造（包裝）工廠	45 桶
	60,750	南河	475 桶
乙醇（Ethanol）	15,000	油桶放置場	50 桶
丙酮（Acetone）	67,680	油桶放置場	376 桶
	7,740	荷造（包裝）工廠西	43 桶

---

116 日本的車牌編號系統，詳見〈日本のナンバープレート〉，網址：https://bit.ly/3BfJCCJ。
117〈二燃〉，《第二海軍燃料場內規》（1944）。共包括 15 類。
118 主要為三輪貨車，不需駕照，當時主要生產廠商為東洋工業（馬自達）、大發、三菱等。
119〈新竹縣橫山鄉南河〉，網址：https://zh.wikipedia.org/wiki/南河_(新竹縣)。

燃料項目	數量（公升）	地點	桶數
苯（Benzene）	3,600	荷造（包裝）工廠西	20 桶
	8,460	會計倉庫東	47 桶
潤滑油	4,140	卸貨場東	23 桶
	12,780		71 桶
丁醇（Butanol）	2,112,500	輕質油槽	
	4,320	荷造（包裝）工廠西	24 桶
廢油	12,680	荷造（包裝）工廠西	76 桶
	1,620	753 裝置西	9 桶
變壓器油	13,500	卸貨場西	75 桶
	3,420	卸貨場東	19 桶
	1,260	卸貨場東	7 桶
	2,340	卸貨場東	13 桶
桐油	10,260	油桶放置場	57 桶
樟腦油	76,860	油桶放置場	427 桶
	1,980	荷造（包裝）工廠西	11 桶
雜油	14,580	油桶放置場	81 桶
	1,080	會計倉庫西	6 桶
選礦油	1,620	753 裝置西	9 桶
Mullein（毛蕊花）	720	正門邊	4 桶

資料來源：《新竹六燃交接目錄》，亞歷網，作者整理。

　　燃料的容器主要有油桶與油槽，因此有油桶生產工場（埔頂），油槽更是燃料場的主要景觀，依交接目錄，可以看出油槽的種類與大小，如下表 2-5-7。

表 2-5-7　交接的油槽

油槽種類	體積大小（mm）	數量	地點
200 公秉	直徑 4,500、長度 14,470	47	輕質油槽地帶
50 公秉	直徑 2,700、長度 9,000 直徑 3000、長度 7,100	3 2	輕質油槽第一群 埔頂部落、竹東街入口
5 公秉	直徑 1,430、長度 3,000 直徑 1,430、長度 1,500	3 36	736 裝置 半成品，未完成
5 公秉	直徑 1,430、長度 3,000	20 2 1	埔頂部落 竹東街南方水泥公司 新竹市台灣玻璃公司
2 公秉	直徑 1,200、長度 1,750	3	竹東街木材公司
10 公秉	直徑 2,000、長度 3,000	1	橫山庄十份寮

資料來源：《新竹六燃交接目錄》，亞歷網，作者整理。

　　由一份當時列為軍極祕的《六燃情報》7 月號文件，編號 2067 號之 3，只發出 45 份，發行日期為 1945 年 7 月底，第 32 份（32/45）送達三燃的德山事務所時，簽收日已是 8 月 17 日：日本投降後的第三天。該情報中揭示了正在製作的 323 座輕質油槽，除了 70 座由新竹本部（1945 年 2 月，行政中心由高雄遷往新竹，新竹施設改稱新竹本部）自行製作外，其他委外製作，包括日立、東洋鐵工等公司。

　　在日本諮詢與協力制度中有所謂「囑託制度」，重大建設可由天皇任命或奏請任命擔任之，六燃興建時，由於是國家優先項目，不但經費優先，撥款五億，為當年國家預算（83 億）的 6%，而且囑託人數與廠商也有相當陣容，共有 71 位。[120] 熊谷組有最多的六位囑託，專門協助油槽建造，所以六燃第一批的油槽皆由熊谷組負責，再找下包，例如首批油槽即委由在台南的台灣工業株式會社製作，[121] 包括高雄 24 座的 300 公秉輕質油槽以及新竹五座的 200 公秉輕質油槽，當時新竹工地就有 700 人。[122] 其它在新竹的小型油槽的製作單位如表 2-5-8，主要由日立與東洋鐵工製作。另外，1952 年 2 月 4 日，新竹研究所還挖出了三個 50 噸的油槽，兩個運往士林儲油庫，一個運去烏日儲油庫。[123]

表 2-5-8　1945 年未完成的油槽

油槽	座	預定完成日	發包製作工廠
6 公秉	14	8 月 20 日	台北日立
5 公秉	29	8 月 20 日	台北東洋
5 公秉	20	8 月 20 日	新竹昭和鐵工所
5 公秉	100	9 月 15 日	台中東洋
5 公秉	100	9 月上旬	新竹東洋
5 公秉	50	8 月末	本部修理工場 *
5 公秉	20	8 月中旬	本部荷造工場

資料來源：《六燃情報》7 月號，1945，頁 24。* 本部：1945 年 2 月後的新竹六燃

120 林身振、林炳炎編，黃萬相譯，《第六海軍燃料廠探索》，頁 157-160，表 2-8。
121 台灣工業為台南望族辛家所設立，家長為辛西淮（1879-1951），歷任通譯、保正、區長、莊長、台南市與州協議會員與總督府評議會員等職，並獲頒紳章。他於 1921 年共同創辦台灣輕鐵會社，擔任社長，1940 年創辦台灣工業株式會社，由其子辛文蘭主其事。台灣輕鐵後來成為台南人耳熟能詳的興南客運。辛西淮共有九名子女，長子辛文炳（1912-1999），曾任台南市第四屆民選市長，么女辛永秀為聲樂家。詳見〈辛西淮〉，網址：https://zh.m.wikipedia.org/wiki/辛西淮。
122 辛文蘭，〈六燃建設與台灣機械〉，林身振、林炳炎編，黃萬相譯，《第六海軍燃料廠探索》，頁 281。
123《石油通訊》10，1952，頁 44。

2-5-7　自活物品目錄

　　交接目錄中，另有一項很特別的「自活物品目錄」，共有 11 項，包括食衣住行、水電、圖書與厚生用品製造用器材。自活為「自立生活」的簡稱，即由戰敗交接到遣送回國之期間，所需要的維生物品。這些自活物品包括 459 袋米、142 魚罐頭、棉被 151 件等。居住則集中在伊（イ）依號宿舍 19 棟（1、3、6、8、9、10、11、12、13、15、16、18、20、27、51、52、61、66、70）。自活車輛轎車三輛、貨車五輛，最多的是九輛自行車。農耕用品與肥料則集中於伊（イ）號宿舍 31 號，準備種菜自活。自活燃料留下了煤碳、酒精（含汽車用）等，不過出現了燃料交接目錄中未出現的歷史現場，例如塩野化工。其中，自活印刷機三台與活字 2,101,300 個卻在台北，印刷機三台在古亭町 116 番地的林水木處，而活字在新富町中南商會朱萬金處，活字部分特別註明：只有 3、4、5、9 號，6、8 號尚未完成。圖書的自活項目主要是一套百科全書與其他書籍共 300 本。自活的造修器材五花八門，最後乾脆在修理工場設立了自活倉庫，有不少器材還放在橫山九讚頭，又出現了新的歷史現場。

　　厚生用品製造用器材的自活意義在於利用相關技術與設備（如化工），製造化妝品、肥皂、藥品、食品、飲料等來自用或販售。化妝品與肥皂的自活材料主要來自 710 工場與合成工場。食品製造的自活從分析室與培養室拿走了至少 350 種的材料，藥品製造的自活在高雄總部試驗室就留下了 180 種的器材與原料。

　　當然六燃廠的高雄總部與新高化成部皆有不同的引渡目錄，但高雄六燃最有特色的歷史現廠首推半屏山內的山洞的「洞中廠」，其次宿舍群，另有帝祥丸、日香丸、照南丸、黑潮丸等貨運（含運油）成為船上倉庫，也出現在交接目錄中，成為另一種移動的歷史現場，以黑潮丸為例，1938 年新造之後為海軍徵用，成為重油補給與運油船，多次在馬公與高雄進出。最後還出現清水組、大林組、中園組、北川組、大華組等參與整建與搶修的協力建設公司，又一次展現「燃料生態系」的多樣性。

2-5-8　海軍施設部引渡目錄

　　另一項被忽視的引渡目錄為海軍新竹施設部（現光復中學），是新竹六燃非常重要的後勤單位，移交是由日方高雄海軍施設部（上野長三郎部長）交給我方海軍（海軍中將李世甲），時間為 1946 年 3 月 28 日。該部共有赤土崎本部（事務所、第一、第二守衛室、餐廳）與 11 個倉庫，其他還有一些放置場，包括積物場、燃料場用地置場、頭前溪採沙場、植松置場、新竹新興國校前置場、台新鐵工所前置場、日本製糖所前置場、工程特殊公司置場、合發商行置場、空軍用地置場、金興商號置場、崙子置場、南雅置

場、九甲埔置場、香山置場等，交接內容有各式各樣的資材與設備，包括各種電線、食材與烹調用具、各種機具材料（鋼板、條鋼）、零件、上萬片煉瓦、一批香杉與松原木材等，但數量最多的卻是數以萬計的螺栓，且規格各異。表 2-5-9 特別將交通相關者列出，企圖推論出六燃廠內有輕便軌道與台車。

表 2-5-9　海軍新竹施設部交接目錄中有關交通項目表

項目	數量	地點
台車五金	2,072 個	10 號倉庫
汽車零件	21 箱	8 號倉庫
台車箱	1,100 個	2 號倉庫
台車軸承	6,000 個	1 號倉庫
黃牛	1 頭	赤土崎本部外場
牛車	5 台	同上
車輪	800 個	同上
油桶	252 個	同上
鐵車輪	21 個	同上
汽車	18 輛	同上
啟字 1 號車、汽字一號車	2 輛	同上
廢車	7 輛	同上
機關車（火車頭）	4 輛	頭前溪採沙場
內燃機 空氣壓縮機 輾壓機 壓均機	9 台 6 台 4 台 3 台	新竹新興國校前置場
輾壓機	2 台	台新鐵工所前置場[124]
輾壓機	1 台	日本製糖所前置場
內燃機 空氣壓縮機 捲揚機 軌條（6 公斤＊4.5 公尺） 軌條（6 公斤＊5.5 公尺） 轉轍器 牛車用台車 分歧線 車輪 黃牛 牛車	5 台 2 台 5 台 485 段 897 段 8 台（9 公斤級） 154 台 16 組 73 個 26 頭 28 輛	合發商行置場

124 台新鐵工所位於錦町 180 番地，負責人為彭烏秋。見《新竹商工名人錄》（1941）。

項目	數量	地點
舊台車 分歧線 軌條	313 台 17 組 9834 公斤	空軍用地置場
軌條 轉轍器 分歧線	341 段 1 台 1 組	金興商號置場 [125]
軌條	1359 段	崙子置場（現長和里）
軌條 轉轍器	3386 段 1 組	南雅置場
軌條 木製台車 木製台車台	1453 段 36 台 12 台	九甲埔置場
軌條	105 段	香山置場

資料來源：《海軍新竹施設部交接目錄》，亞歷網，作者整理。

那些交通資材除了放在新竹設施本部與其四個倉庫外，也在其他 11 處地方放置，其中有四家協力廠商，各有兩家日本與台灣廠商。輕便軌道台車相關資材特別多的是合發商行，該商行於 1931 年由陳火生在新竹創辦，設有工事部，從事土木建築及木材業。[126] 早於 1924 年左右，陳火生名字就出現在新竹市的土木建築請負業組合（合作社 33 位業者）中，[127] 但是其商行位於錦町 237 番地（現竹女附近）。[128] 因此受海軍新竹施設部的「請負」去負責海軍相關輕便鐵道的工程，而最可能的地方就是同屬海軍的新竹六燃。從放在該商行的相關資材觀之，條軌、台車、轉轍器等一應具全，更特別的是還有 26 頭黃牛與 28 輛牛車，準備運送資材。

2-5-9　福利地帶（參見本書彩圖集圖 B2）

由前述接收之數據中可知：新竹六燃的福利（生活）施設地帶（64.34%）的面積遠比工場（生產）地帶（35.66%）要大，包括東部地區廣大的宿舍區（例如工員宿舍的有信寮，現將軍村一帶）、東南部的廠長與高階主管宿舍區（現光明新村）等，而清華園的

---

125 經查《新竹商工名人錄》1941 年版，並無金興商號，但有金鍊興、金泰興、金聯興、金萬興商店。

126 該商行於 1946 年改名建國營造廠，1990 年再更名為建國工程，納入建國企業集團，營運總部遷到台北市，主要工程計畫為石門水庫與衛武營文化中心。

127 台灣文官、武官、民間職員錄發行所，《台灣文官、武官、民間職員錄》（1924），頁 180。

128 材木，新竹商工會議所，《新竹商工人名錄》（1941），第 20 項。組合住址為東門三番地，電話呼叫號碼為 369，但另一說，其木材商店後來住址為東門 1-6，電話 512。

前段就在竹東街道（現光復路）工場以南的福利施設地帶。圖 2-5-1 由富中三郎技師（高雄海軍施設部之新竹與新高燃料廠工事事務所所長）所繪的清華園部分的福利施地帶示意圖，[129]為目前文史資料中僅見的手繪地圖，雖並未合乎比例尺的尺度，但圖中最大池的成功湖可作為座標，它的南北縱向兩邊座落著兩個俱樂部，靠近竹東街道（現光復路）者為判任官俱樂部（現光明新村內），另一個為士官（軍官）俱樂部，即後來的南院與現人禮堂，而當時的竹東街道，中間有台車線（新竹到竹東）經過，街道兩邊種值有茂盛的尤加利（Eucalyptus）行道樹。另兩個小池，一個後來填掉，但其中一個池留下成為東勢大排的源頭。圖中的三條路，右邊之路進高級軍官宿舍，路口為現建功一路與光復路交叉口。中間那一條路後來沿用為原清華大門（現化工館位置，原行政大樓所在地），它的位置在六燃正門（圖之左上方）與通用門（圖右方）之間，因此生協（合作社）購買部就位於其間，以便利員工們採購。左邊道路很接近六燃正門口（現建新路與光復路交叉處），海軍共濟病院（醫院）就位在路邊。道路其中就分布了不少宿舍，推測為判任官宿舍。正門口劃有兩側的門柱以及圓形的機槍陣地（現赤土崎公園的梅花鹿雕塑處），其斜對面為海軍新竹施設部（先成為海軍新村，後成為光復中學）。左上方的水道即為汀埔圳，為隆恩圳的一環。圖中清華園部分共有以下的設施：宿舍區、三個池、醫院、購買部、士官（軍官）俱樂部、生態湖等，以下依次探討之。判任官俱樂部在生態湖另一邊，也一併探討。

● 判任官宿舍

宿舍區皆建於福利地帶，包括現在的清華前半部、光明新村、經濟部訓練中心、金城新村一帶，其中包括雙拼與四拼宿舍：伊（イ）號、呂（ロ）號與波（ハ）號群，應為為官舍（如表 2-5-10）。日本的官舍與職務有相對關係，文武官舍主要分為高等官官舍與判任官官舍，再依官等高低分級。海軍武官的上將為親任官，中將為勅任官一等，少將為勅任官二等，上校為奏任官一等（高等官三等）直到少尉奏任官六等（高等官八等）。士官則為判任官。至於技手（判任官）與技師（奏任官與勅任官）屬有技術專業的文官。因此現光明新村為高等官宿舍，屬於勅任官與奏任官的居住區域。而現清華前段則為部分判任官宿舍。[130]且主要建材之一為竹子，在資材全作為軍用的時代，竹子除建房舍外，也出現竹製鋼筋與竹製電線杆，甚至有些鐵軌也被徵用去製造武器，因此被稱為「鐵軌出征」。

129 富中三郎，〈施設部技師之台燃建設〉，林身振、林炳炎編，黃萬相譯，《第六海軍燃料廠探索》，頁 299。
130〈王坤玉先生口述歷史〉，2017 年 5 月 10 日。

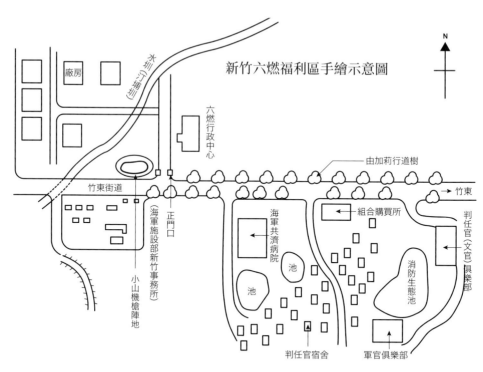

圖 2-5-1　清華園部分的六燃福利設施手繪圖

資料來源：高橋武弘，《第六海軍燃料廠史》（第六海軍燃料廠史編輯委員會，1986），頁 256。圖中中文名稱為筆者所加。

表 2-5-10　判任官官舍一覽表

型號	使用者	形態	坪數	房間疊數[131]
甲	二級俸以上	雙拼	25	8、8、6
乙	五級俸以上	雙拼	20	8、4.5、4.5
丙	六級俸以上	四拼	15	6、4.5
丁	巡查	四拼	12	6、4.5

資料來源：台灣總督府官舍建築標準。[132]

　　伊呂波為早期平假名 47 順的前三音，也編有伊呂波歌，[133] 後來才改成目前的 50 音順，因此採用古典伊呂波排序，就等於英文的 ABC 或阿拉伯數字的 123。此外，燃料廠

---

131 雖然為判任官官舍設計標準，但仍有有所不一，例如台灣總督府的判任官在自傳中提及其官舍為 6、4.5、3 的格局。參見柴公也，〈日本統治時代台灣生活誌（VIII）〉，《海外事情研究》42（2），頁 41-57。「判任官官舍」詳見頁 45。

132 辻原万規彥，〈旧南洋群島における日本委任統治時代の官舎・社宅に関する研究〉，《住宅総合研究財団研究論文集》33，2006，頁 195-206。「台灣總督府官舍建築標準」詳見頁 203，表 7-2 及表 7-3。

133 伊呂波歌，詳見〈いろは歌〉，網址：https://ja.wikipedia.org/wiki/いろは歌。

的宿舍採用伊呂波命名也有其海軍燃料動力的脈絡，它們是海軍艦政本部（艦本）開發的艦艇鍋爐編號，伊（イ）號艦本式鍋爐、呂（ロ）號艦本式鍋爐、波（ハ）號艦本式鍋爐。[134] 另一個觀察為，宿舍編號有 4 者全部跳過，其日文發音和死的發音同，因此也成為編號禁忌，特別在戰爭期中。

● 診療所（海軍共濟病院）

共濟組合為海軍的傳統，而且是勞動組合（勞工合作社）的延伸，並另有國民儲蓄組合（儲蓄合作社）與購買部。早在 1890 年就有吳海軍工廠的共濟組合，由當時的廠長山內萬壽治擔任組合長，並特別重視勞工權益，曾在 1912 年號召了海軍的勞工 50,334 人，爭取勞工的福利，該勞動組合性質的組織後來就成為了海軍共濟組合。[135] 此外，德山（第三）海軍燃料廠也於 1926 年成立了「德山燃工會」（勞動組合），反應了大正時期的民主思潮。因此各海軍燃料廠皆有勞動組合，設施部分則設有海軍共濟病院、購買部與會館，例如設在吳海軍工廠地區的會館，1921 年時本來為吳組合購買部的附設單位，稱為海軍共濟俱樂部或廠友會，後來於 1923 年獨立而成為海軍共濟組合的直營單位，吳會館面積 316 坪，二樓水泥結構，設有日用品配給的購買處、圖書閱覽室、娛樂室、酒保（海軍軍人購買部）、[136] 餐廳、大講堂（可容納 2,000 人）、理髮所、就業諮詢所、屋外運動場等。[137]

此外，日本軍種包括了陸軍共濟組合（1919）與海軍共濟組合（1912），1924 年的組合費（合作社社員年費）依職稱與階級，從 40 錢到 5.5 圓，集合了大家的錢，來從事合作與保險事宜，例如救濟金給付（退職年金、癈疾年金、遺族扶助金、特別死亡救濟金、普通死亡救濟金、傷病救濟金、特殊病症救濟金、療養救濟金、脫退救濟金、勤續救濟金、葬祭金）等，而最常出現的設施則是診療所與購買所。海軍共濟組合的參加單位分為兩大類：造船造兵事業廳與支援廳，前者有 11 個單位，例如各海軍工廠、火藥廠、四個工作部（馬公在列）與艦政本部，後者有 19 個單位，例如軍需部、建築部、港務部（馬公在列）與燃料廠（本廠、礦業部、採炭部）。以 1924 年為例，當時的組合員數為 102,241 人，接受救濟金給付者，共有 16,966 人次獲各類救濟金，其中德山

---

134 艦本式鍋爐，詳見〈艦本式ボイラー〉，網址：https://ja.wikipedia.org/wiki/艦本式ボイラー。

135 吳共済病院創立百周年記事業企画委員会，《吳共済病院 100 年史》（廣島：吳共済病院，2006）。

136 酒保（法語 Cantine）為軍隊自營之賣店，不同於組合購買部，其所提供的商品包括日用品、輕食／下酒菜、糕點、飲料（含酒類）、軍用香菸、大小軍旗與紀念品。詳見〈酒保〉，網址：https://ja.wikipedia.org/wiki/ 酒保。

137 海軍省艦政本部，《大正 13 年度海軍共濟組合事業成績》（1924），頁 69。另見「吳海軍工廠探索」：https://reurl.cc/Dd2OqO。

燃料廠有 160 人次，只佔 0.9%。[138] 再以 1924 年德山燃料廠之海軍共濟病院觀之，一樣有八科，當年看病的組合員數為 12,269 人次，家庭成員為 15,413 人次，佔總看病數的 4.6%。[139]

　　陸軍共濟組合於 1923 年 4 月設立了直營的陸軍造兵廠診療所（東京），接著在小倉與平壤兵器製造所、岩鼻與宇治火藥製造所亦設立診療所，但名稱上未見共濟之稱呼。[140] 海軍在 1924 年的共濟組合事業報告書之中，當時共有 12 間購買所（生活合作社或福利社）與 11 間診療救濟設備（六家診療所與五家共濟病院），12 間購買所與 11 間診療所中，各有一間在馬公，一間在平壤。[141]

　　1920 年代時，海軍共濟組合的 11 間診療所之中，已有共濟病院的名稱，[142] 例如 1904 年橫須賀海軍工廠設立了職工共濟會病院（現 KKR 的橫須賀共濟病院）、[143] 1904 年吳海軍工廠也設立了職工共濟會病院（現 KKR 的吳共濟病院）、吳海軍工廠廣分廠（後來含 1941 年併設的第十一海軍航空廠）於 1921 年設立海軍共濟組合廣病院（現三木谷醫院）、[144] 佐世保海軍工廠的職工共濟會病院（現佐世保共濟病院）等。

　　陸海軍的「共濟組合令」先於 1945 年廢止，當年的陸軍共濟組合有組合員 506,000 人，而海軍共濟組合員有 883,000 人，由當時的政府公務員連合會（KKR 前身）接手。而上述的組合員數可知海軍的共濟組合制度比陸軍早七年實施，雖然陸軍軍人數比海軍多，但海軍有八所海軍工廠、九所海軍航空廠（台灣為第六十一廠）、六所海軍燃料廠（台灣為六燃）、三所火藥廠、三所衣糧廠、兩所療品廠等人數不少，[145] 以致海軍的組合員數比陸軍多出 37.7 萬人，因此海軍留下來的建制也較多，例如當年的海軍共濟組合之下就有十家醫院，後來也陸續轉型，留在新的共濟組合制度中，有些名稱仍使用共濟組合，又如舞鶴（原專門生產驅逐艦的海軍工廠）繼續以海軍共濟組合的名稱，下加第 X 住宅組合，興建了至少 21 批的「合作社住宅」。[146]

---

138 海軍省艦政本部，《大正 13 年度海軍共濟組合事業成績》（1924），頁 40-41。
139 同上註，頁 62-63。
140 佐藤昌一郎，〈陸軍造兵廠の形成とその再生產機構：軍縮期の陸軍造兵廠機構分析試論〉，《經營志林》35（3），1998，頁 61-84。「陸軍共濟組合」詳見頁 67。
141 海軍省艦政本部，《大正 13 年度海軍共濟組合事業成績》（1924），頁 61。
142 共濟病院的名稱歷經多次名稱更動，以吳海軍工廠為例，從吳海軍工廠職工共濟會病院（1904）、吳同濟會病院（1912：明治）、吳職工同濟病院（1912：大正）、（財）吳職工同濟病院（1913）、海軍共濟組合吳病院（1919）、吳海軍共濟組合病院（1927）、吳海軍共濟病（1942）。其它海軍工廠或燃料場亦有類似改稱。
143 當時的員額為：院長 1、內科、外科、耳鼻咽喉科醫師 3、護士 14，現為 KKR 的吳共濟病院。
144 吳軍港因設有海軍鎮守府，另設有吳海軍病院，這所病院於 1944 年徵用了甲子園旅館成為分院，後來於 1945 年獨立為大阪海軍病院，現為武庫川女子大學的甲子園會館。
145〈海軍工廠〉，網址：https://ja.wikipedia.org/wiki/海軍工廠。其它稱為軍需工廠。
146〈舞鶴海軍工廠〉，網址：https://ja.wikipedia.org/wiki/舞鶴海軍工廠。

　　舊的共濟組合接著先於 1950 年依特別法改組為共濟協會，[147] 之後再併入 1958 年的國家公務員共濟組合連合會（KKR：簡稱國共會）中，並連接上厚生年金。該特別法同時也處理了外地（即原殖民地）關係的共濟組合，共有六個原總督府的組合（朝鮮兩個，台灣四個），台灣的包括總督府的專賣局、營林、交通局遞信、交通局鐵道等共濟組合，共有 3.3 萬名社員。

　　當年的海軍共濟組合的十家醫院，包括第一海軍燃料廠於 1939 年設立的大船海軍共濟組合病院（現橫濱榮共濟病院）、第二海軍燃料廠的塩濱海軍共濟病院、第三海軍燃料廠的共濟病院（現德山中央病院）、第四海軍燃料廠的濟生會病院（新原）。當時的海軍體系中，全日本有四個鎮守府，五個警備府，高雄則為警備府，因此設有海軍病院，不過六燃高雄總廠依海軍燃料廠的傳統，從 1943 年 9 月以醫務部名義籌設醫院，再循橫須賀共濟病院（1909 年率先設立看護婦養成所）的模式。[148] 六燃總廠在 1944 年 9 月設立了「高雄海軍共濟病院暨附屬看護學院」，護士宿舍並命名為浩美寮：浩大而美，而當時的護士尹喜美後來成為台大醫院的護理長。[149]

　　新竹六燃的接收包括了醫務部廳舍、醫務部（病房）、醫務部（手術室）、醫務部（廚房）等就在廠區對面的福利地帶（現清華校園前段），後來在 1945 年 2 月成為本部之後，醫務部的診療所就整合成為「海軍共濟病院」，高雄醫務部部分人員也轉到新竹來（表 2-5-11）。本來在二燃海軍共濟病院服務的水流義雄軍醫中佐（中校）也調到新竹六燃來，成為院長。但在表中少見護士的名單（只有一位）。前述之橫須賀共濟病院率先附設的看護婦（護士）養成所，曾先後培養 2,846 位護士，其中包括代訓的 102 位紅十字護士，成為培養海軍護士的重鎮。因此可知當時的護士系統大分為二，陸海軍與赤十字（紅十字）系統，紅十字系統屬於民間，遇戰爭期間則以「戰時召集令」，編成救護班支援各陸海軍醫院與海外戰地醫院及醫療船等。1918 年起，陸海軍開始以雇員（補助官吏級的正式員額）聘用護士（包括有執照的紅十字護士），有系統的配屬到海軍醫院。不過 1923 年海軍又將護理長與護士分階，護理長維持雇員，而護士改為傭人（補助雇員；女子軍屬），配屬到海軍相關設施，包括燃料廠。1926 年的「全國職業婦女調查」數據中顯示，當時的職業婦女 110 萬人，[150] 其中醫務 9.8 萬人、官廳事務 4.5 萬人。醫務 9.8 萬人中有很大的一部分為護士，官廳事務 4.5 萬人就包括佔很高比率的打字員，[151] 職業婦女

147 依 1950 年第 256 號法令：〈舊令共濟組合年金給付之特別措置法〉。
148 創立 100 周年記念企画委員会編，2006，《橫須賀共濟病院 100 年史》。先後培養 2,846 位護士，其中包括代訓的 102 位紅十字護士，成為培養海軍護士的重鎮。
149 曾我立己，〈高雄醫務部之建設〉，林身振、林炳炎編，黃萬相譯，《第六海軍燃料廠探索》，頁 284。
150 1945 年時的職業婦女數為 313 萬人，依國民勤勞動員令，有 47.2 萬女性被編成挺身隊。
151 平野敏政、平井一麥，〈女性をめぐる社会的環境の歴史的展開〉，《帝京社会学》23，2010，頁

在軍隊與官廳的職位大都在少數雇員與多數傭人的光譜中。雖然 1906 年通信省出現了第一批 16 人的女性判任官，1922 年出現了女性首位勅任官：東京女高師喜多見教授，但是能見度較高的職業別則為看護婦（護士）。[152] 1939 年之後財團法人海仁會 [153] 更陸續在各鎮守府的海軍醫院增設看護婦養成所，有系統地培養海軍護士，養成期間兩年，畢業後義務服役兩年。

表 2-5-11　新竹六燃海軍共濟病院（原醫務部）主要工作人員

單位/職稱	姓名	軍階
醫務部部長兼院長	水流義雄	軍醫中佐（中校）
醫務部主任	八木實	醫術大尉（上尉）
醫務部部員	工藤	衛生兵曹
醫務部部員	竹上義憲	不明
醫務部部員	山本治	不明
醫務部	松林	護士

資料來源：「六燃正式人員名簿」，林身振、林炳炎編，黃萬相譯，《第六海軍燃料廠探索》，頁 192、398-488。

　　由於六燃在許多制度與設備方面多師法四日市的第二海軍燃料廠，包括另類留學，也是由六燃留學到二燃，醫療實務的制度亦同。[154] 從二燃的「四日市海軍共濟病院規則施行細則」29 條中，[155] 可以大約想像六燃的海軍共濟病院情況。二燃的該細則開宗明義：本院為共濟組合員（勞健保合作社社員）及其家屬提供診療服務。另設有「看護婦養成所」，培養護士，和「工員養成所」相呼應。該病院設有八科（內外兒婦科、物療、眼鼻齒科等）。另有更詳細的內規 9 章 83 條。包括第四章的護理人員的寄宿規則，從早上 5 時 30 分（夏季）起床、體操、用餐、洗澡到晚上 8 時就寢，都有規定。還規定了診療費、住院費、藥價、住院飲食、採購會計等。例如組合員及家屬住院一天一圓，外面

　　1-45。「職業婦女之職業」詳見頁 20。

152 同上註，頁 7-11，表 2-1。

153 財團法人海仁會海軍軍人軍屬援護扶助調查會改編而成，屬於海軍省的外圍單位，成立時間為 1938 年 10 月 3 日，首任會長就是當時的海軍省大臣（稱海相）米內光政大將（上將），並在各鎮守府設立支部。以吳鎮守府為例，海仁會陸續整合了吳下士官兵集會所、吳下士官兵家族共勵會、海友社，該稱（財）海仁會吳集會所。敗戰後，吳集會所改成美軍的將校俱樂部（稱為吳 House）。

154 高雄六燃醫務部的軍醫曾我立己，1943 年年末曾以一個月的時間奉命出差到四日市的二燃醫務部，了解海軍共濟病院的操作方式，並在那裡遇到了水流義雄軍醫中佐，他後來由二燃調到六燃，成為新竹六燃海軍共濟病院的院長。曾我立己，〈高雄醫務部之建設〉，林身振、林炳炎編，黃萬相譯，《第六海軍燃料廠探索》，頁 281-84。

155 1941 年 3 月 25 日，海軍省艦政本部通過：14-1547 號。

醫師轉介住院一天 2.5 圓，藥價則在 10-30 錢之間，診療較貴者為牙齒（口腔外科），金牙 3-8 圓，假牙 15-25 圓等。[156]

　　新竹的海軍共濟醫院也會人滿為患，例如 1944 年 10 月 14 日的美軍轟炸，32 人罹難（軍官 5 人，軍屬 27 人），由醫務部員清理屍體、裝棺，再送往新竹火葬場火化，遺骨罐就集中在部長室旁的臨時祭壇，之後再轉往高雄送回日本的親人手中。還有許多人被機槍掃射到，需要治療，加上那時登革熱、臭蟲、瘧疾肆虐，常會發燒而打針。[157]

● 組合購買所

　　集體「團購」日常生活用品與食品以壓低價格常被視為是合作運動的濫觴，1844 年 12 月 21 日在英國率先成立的羅岱爾先鋒合作社（Rochdale Pioneers Co-operative）剛開始的品項只有四項民生必須品：麵粉、奶油、砂糖及燕麵。而海軍共濟組合於 1924 年所提供的品項為：米、麥、糯米、砂糖、醬油、木碳、其它生活必需品等，類似前述羅岱爾先鋒合作社的「生存用品項」，當年海軍共濟組合所購買的總額高達 685 萬圓，先由海軍公開招標或指名招標，標到之後再分配給海軍共濟組合的購買部，例如 1933 年的購米招標，每次招標量由 21 至 800 噸不等，其中第 15 次標的平均米價為一公斤 0.169 圓，當時的市價則為 0.1852 圓。[158] 前述總額的 685 萬圓之中，食品以外的其它雜品項配給額為 125.8 萬圓，佔了 18%。其它雜品項可能包括日用品類（衛生用品、文具、衣物）、罐頭類與醬菜類等。

　　六燃購買所所師法的二燃，制定了共四章 24 條的「四日市海軍共濟物質部規則施行細則」，在第三條中以「配給所」稱之，並在四日市內設置若干處，以服務組合員家族。第五條規範了經營團隊，包括部長、副部長、部員、主事、書記各一名以及雇員備人若干名，而副部長及部員則指定由會計部同仁擔任之。第八條說明了配給物質的十大種類：穀類、薪碳類、食料品類、服飾品類、傘履物（傘及鞋）類、藥品類、化粧品類、文具類、煙草郵票類、其它日用品雜貨類等。[159] 第 13 條還明示了各配給所的營業與休業期間，例如夏季為早上八時到下午六時，冬季為早上九時到下午六時，休業日為每月第一及三週的週日及八個重要節日及新年假期。該施行細則的最後並附上五種表格，包括

---

156 第二海軍燃料廠，《第二海軍燃料廠內規》（1943），頁 527-534。當時的廠長為小畑愛喜少將（1892-1955），海機 21 期，升任中將後擔任海軍第一燃料廠廠長。

157 鄭石鍍，〈40 年前之回憶〉，林身振、林炳炎編，黃萬相譯，《第六海軍燃料廠探索》，頁 340-342。鄭石鍍為六燃招聘的海軍特別幹部一期生。

158 雙木俊介，〈軍港都市橫須賀における商工業の展開と「御用商人」の活動：橫須賀下町地区を中心として〉，《歷史地理學野外研究》14，2010，頁 55-80。「公開招標生存用品之價格」詳見頁 69。

159 第二海軍燃料廠，《第二海軍燃料廠內規》（1943），頁 537-548。

配給申請表等。

　　表 2-5-12 彙整了馬公與德山燃料廠的購買部品項一覽表，可知組合團購的力量，用市場價 10-12% 的折扣買到生活必需品。而 1923 年發生了關東大地震，組合的力量更是派上用場，特別海軍工廠主要人力的雇員當時的月俸為 35-40 圓，遠低於消費者物價指數。[160] 當年吳海軍工廠的組合員最多，達 20,968 人，橫須賀海軍工廠次之，達 11,109 人。相對之下，馬公的組合員只有 288 人，德山海軍燃料廠則有 1,159 人。吳海軍工廠購買部還發行各種幣值（5 錢到 1 圓）的購買券，正面有分開的吳與工兩個大字，背面為吳海軍工廠職工共濟會的全銜與印章，該購買券在拍賣網站上的標價高到一張 18,000 元日幣。

表 2-5-12　1924 年海軍共濟組合購買部品項例

品項	馬公要港部購買所			德山海軍燃料廠購買所		
	配給量	市價	組合差價	配給量	市價	組合差價
米	796.27 石	32,808	3,266	2,171.2	95,533	7,900
麥	0	0	0	0	0	0
糯米	12.16 石	754	85	1,113.3	5,411	355
砂糖	1,437.12 貫	3,101	411	37,392	11,194	1,179
醬油	37,788 石	3301	663	48.19	2,701	694
木碳	818 俵	1,906	201	1,706	3,019	480
其它	21,465 圓	26,157	4,292	17,751	21,021	3,170
小計		68,027	8,918		138,879	13,788

資料來源：海軍省艦政本部，《大正 13 年度海軍共濟組合事業成績》（1924），頁 66。

　　不過海軍共濟組合購買部也會對當地的工商業造成了影響，例如號稱軍都的橫須賀，職業別的一半為軍人與軍屬，主要的海軍單位包括鎮守府、海軍工廠、水交社、海軍下士官集會所等，更不用說那些入港的海軍們，他們購買紀念品、伴手禮、刻印章、紀念照等。接著 1918 年橫須賀成立了海軍共濟組合，在上述單位與市內開設購買分部，1929 年的數據顯示，橫須賀的營業額為 2,300 萬圓，組合購買部就佔了一半。[161] 類似的情形也發生在吳軍港，吳海軍工廠先於 1916 年成立職工購買組合，1918 年成為海軍共濟組合的購買部，接著在市內廣設 15 家分部，[162] 包括吳下士官集會所的購買部，主賣參

160 石井茲，《非官吏制度の研究：戰前期日本における雇員・傭人・待遇官吏の成立および変遷》（東京：早稻田大學社會科學研究科博士論文，2016），頁 87，圖 9。
161 雙木俊介，〈軍港都市橫須賀における商工業の展開と「御用商人」の活動：橫須賀下町地区を中心として〉，《歷史地理學野外研究》14，2010，頁 62-63。
162 購買分部包括吉浦、廣、阿賀、海軍工廠內的第一、第二、第三與第四，工廠附近的神原、四

觀軍港者的便當、伴手禮、用餐等。如此使得在地業者群起向商工會議所抗議，所得到的回應是：號召自治體與軍方共存共榮，且認為海軍內部的消費組合是時代的趨勢。另一方面，連提供海軍軍糧的御用商人們早在 1897 年就成立了組合，例如橫須賀海軍糧食組合，1926 年又成立商友會的組合，提供海軍軍糧以外的服務，包括衣料、機械與器具等，[163] 可見當年的組合運動是合法且受到鼓勵的。

● 士官（軍官）俱樂部與判任官俱樂部

由日本的文武官階的構成觀之，大分為勅任官（含親任官）、奏任官與判任官（1-4 級），並由官階而造成空間的區分，包括官舍與俱樂部。士官俱樂部只限軍官及其家庭成員使用（文官的技師亦可使用）。判任官俱樂部則為技手、醫務部的各等看護手（護士）、主計部的各等主帳、兵科的准士官與各等軍曹（類似於國軍的士官）與其家庭成員使用，因此雇員與傭人並不能使用。在其它的案例一樣有福利地帶的規畫，例如官營八幡製鐵所的生活基盤與福利設施包括宿舍、[164] 遊樂園、圖書館、郵局、購買所、公園、學校，外加一處高見俱樂部，設有運動場與網球場，提供給職員們交流使用。[165]

海軍的艦艇常有機會到各國的港口，因此也會互惠的使用當地的士官俱樂部，例如馬爾他共和國首都的瓦勒他（Valletta）港，日本海軍的第二特務艦隊司令部就曾宣布於 1918 年 3 月 21 日到港後，歡迎特別潛水艇隊的所有次士官（少尉）們使用該港的英海軍軍官俱樂部（GOC），[166] 並特別強調 GOC 是專為年輕軍官，特別是海軍少尉們而設的俱樂部，服務項目有簡餐、酒吧、撞球、浴室等，尤其浴室更是港口俱樂部的標準設施。

此外，陸軍的偕行社與海軍的水交社有時也成為文官與軍官的俱樂部，日治時期台灣的偕行社有三處：台北、北投與台南。台北偕行社為後來的婦聯會（現長沙街一段 27 號），天成飯店前身的勵志美軍招待所，接受自日產的昭南閣旅社；海軍俱樂部，也是水交社脈絡。

海軍水交社成立於 1867 年，其命名來自莊子：君子之交淡如水，總社在東京港區（現東京 Masonic 共濟會大樓），[167] 分社設於各守備府與要港部，專營海軍軍官旅館與喫

ツ道路、東本通、神田、二河、音戶、鍋等，如加上鎮守府、水交社與海軍下士官集會所內的購買部，至少有 17 家購買部。

163 雙木俊介，〈軍港都市橫須賀における商工業の展開と「御用商人」の活動：橫須賀下町地区を中心として〉，《歷史地理學野外研究》14，2010，頁 64-66。

164 特別建設有外國人宿舍，提供給來協助煉鐵技術的德國專家居住。

165 里奉明，〈官營八幡製鉄所創立期の住宅政策〉，《経営史学》46（2），2011，頁 28-48。「官營八幡製鐵所的生活基盤與福利設施」詳見頁 28。當時日本的 26 處官營工廠包括專賣局 12、陸軍工廠 4、海軍工廠 4 等。

166 亞歷網，Ref.C10081179800、ＣＯＰＹ（防衛省防衛研究所）。

167 1944 年 6 月 5 日，海軍大將山本五十六的葬禮，即停柩於水交社，再此由此步行至 2 公里外

茶店（類似咖啡廳），採會員制，後來還包括高等文官與軍官候補生（海軍軍校生）。[168]
1928 年 11 月 16 日，馬公要港部負責主辦昭和天皇即位禮（大嘗祭）的地方大饗宴，
同時間在饗饌場的水交社會議室、鳳山無線電信所士官室、宇治艦後甲板與菊、葵、江
風、大井等艦的士官室內舉行，一共 302 位賜饌資格者參加，包括高等官 38 人、判任官
二等以上者 101 人等。早上 11 時 30 分到午後 12 時 40 分行禮如儀，[169] 從高喊三聲天皇萬
歲開始到賜饌。日治時期台灣的水交社有二處，除了上述的馬公外，還有台南（原汐見
町：可以看到大海），目前水交社繼續成為台南的名稱，例如水交社郵局及水交社文化園
區。馬公水交社在 1911 年新設時，已在規畫設計書中明言：水交社視同軍官俱樂部，設
有五間住宿用房間、撞球場、大浴室、大食堂等。由設計平面圖中，水交社和要港部似
乎連接在一起，旁邊還有海友社。

　　除了軍官與判任官俱樂部外，其實還有下士卒俱樂部（集會所），依 1906 年吳下士
卒集會所的改建圖，可知其相關設施，包括通舖型下士寢室三大間（20、18、18 疊）、
下士娛樂室三間、下士食堂（20 疊）、下士談話室一間（24 疊）、下士共同浴室、通舖型
卒寢室二大間（20、24 疊）、卒娛樂室三間、卒食堂（26 疊）、卒談話室兩間（20、25
疊）、卒共同浴室、酒保（12 疊）、物品販賣所（七疊）、物品陳列所（24 疊）等。[170] 由
上可知，階級在俱樂部中也展露無遺，吃飯、睡覺、洗澡、娛樂、談話全部分開，只有
酒保與物品販賣所不分：只認錢了，由於物品販賣所是由海軍共濟組合經營，因此物品
陳列所（24 疊）特別大，顯見生意興隆。

　　新竹六燃未發現俱樂部相關公文與設計圖，只能從海軍的其它俱樂部興起「歷史現
場的想像」，但六燃的廠長別府良三中將曾有設計發想，提議軍官俱樂部結合附近蟠踞
的樹木造形，製作戶外庭園的石洗手缽，庭園中亦可搭配茶室（數寄屋）等，益發引起
「歷史現場的想像」。不過另一處的判任官俱樂部（在現光明新村內，成功湖另一邊）較
早落成，外牆採用烤杉板（燒杉），[171] 還教會台灣工人一起燒杉，並受到來視察的海軍省
人員讚賞一番，不過也因作得太好，留下了以下的評語：其它軍官俱樂部如往上加碼，
就會奢侈無上限了。結果就影響了正在建築中的軍官俱樂部，設計全面變更，導致規模

　　的日比谷公園，舉行國葬。
168〈水交社〉，網址：https://ja.wikipedia.org/wiki/水交社。
169 亞洲歷史資料中心，「馬公要港部地方饗饌狀況」，C04016103000，網址：https://www.jacar.
　　archives.go.jp/aj/meta/MetSearch.cgi，1928。
170 亞洲歷史資料中心，「吳下士卒集會所改築」，C07090254400，網址：https://www.jacar.archives.
　　go.jp/aj/meta/MetSearch.cgi，1906。
171 日本處理房屋木材的傳統技術，造成表面的碳化層，顏色與表面有層次感，並增加了耐久度。
　　詳見〈燒杉〉，網址：https://ja.wikipedia.org/wiki/燒杉。

縮小與樸素程度加大，[172] 石洗手缽與茶室（數寄屋）也就雲消霧散了，形成了特殊的翻轉現象：即官階比你小，但俱樂部比你讚。

● 三個池

　　由富中三郎技師所手繪的清華園部分的福利施地帶示意圖中，出現了三個池，一大兩小，大池為現成功湖，中間的池為現昆明湖，最左邊的池已被填掉。當年新竹六燃廠的廠長別府良三中將，對景觀有自己的理念，例如不砍樹，讓樹木繼續成長，讓水流動，並主張大水池周圍公園化，可以養魚兼顧景觀與食用。[173]

小結

　　從接收檔案中，可以了解燃料作為戰略物資的重要性與優先性，六燃規劃當時有兩處候選地：鹿兒島與台灣，[174] 決定台灣之後，以 5 億圓預算（當年日本總預算 83 億日圓）在很短的期間內裝置完成六燃的大部分煉製設備。另外一方面，接收檔案也看得出許多工作尚未完成（例如油槽）、許多材料留下來。特別是本文也探討了海軍施設部（新竹）的接收檔案，可以了解它如何支援六燃，例如為數不少的台車與軌道。不過於 1943 年 6 月 1 日成立的六燃東京出張所也值得探討，該單位是六燃非常重要的後勤單位，共有五係（組），最大組為裝置組。程序上先從商工省取得配給券，那些設備與器材才可以由大阪的海軍事務所運來，甚至包括護士服裝。[175] 該所直到 1947 年 4 月才正式為六燃的歷史閉幕。

　　此外，接收檔案還有自活的項，以讓日方人員可以自謀生活，包括以蛆為餌在附近水圳中釣食石斑魚、吃蛇肉與狗肉、組農耕隊、養豬、養雞等。留守的技術將校們應用了簡單的化學知識，調製乙醇製作威士忌酒，[176] 真是「燃料飲料化」了，反正都是化學變化。或用 625 油脂工場來製作肥皂、鞋油、髮油等，還應用台糖的蒸氣火車頭來提供蒸氣供 625 裝置運轉。[177]

---

172 富中三郎，〈施設部技師之台燃建設〉，林身振、林炳炎編，黃萬相譯，《第六海軍燃料廠探索》（高雄：春暉出版社，2014），頁 298-299。

173 同上註，頁 297。

174 另二處燃料廠雖已開始購地，但最後終止，它們是樺太（庫頁島）與屋久島。

175 杉山正治，〈東京出張所服務之痛恨事〉，林身振、林炳炎編，黃萬相譯，《第六海軍燃料廠探索》，頁 379-380。

176 吉岡晴雄，〈停戰當時的新竹〉，林身振、林炳炎編，黃萬相譯，《第六海軍燃料廠探索》，頁 356。

177 藤野勇三，〈與普通科三期生在一起〉，林身振、林炳炎編，黃萬相譯，《第六海軍燃料廠探

　　而被新竹六燃的成員稱為「綠色山丘」的赤土崎，[178] 指的是清華園前段的福利地帶以及中段的新竹高爾夫球場，而新竹六燃當時徵收土地時，也包括部分的高爾夫球場土地，雖然高爾夫球場那時因應戰況已成為農作物生產基地、保健行樂地與滑空訓練場，但是山丘的綠色景觀仍在，可以說「綠色山丘」的地理與歷史都是清華園的一部分。

索》（高雄：春暉出版社，2014），頁 308。

178 陳玉璞，〈回憶的事，回憶的人〉，林身振、林炳炎編，黃萬相譯，《第六海軍燃料廠探索》，頁 336-340。

第三章
揮桿 link 清華：新竹高爾夫球場
（Golf Links）[1]

新竹清華園的中段地區為日治時期（1935-1945）的新竹高爾夫球場（ゴルフ リンクス：Golf Links），屬於當時 1932 年「新竹遊園地大計畫」的一環，由水源地（現自來水公司第三區管理處）[2] 往西的丘陵地建設了球道長度 3,600 英呎 9 洞的高爾夫球場 後來成為清華的校園，包括棒球場、運動場、體育館、梅園及部分學生宿舍區。

類似的個案包括台南山上高爾夫球場，亦與台南水道結合（1922-1982），山上淨水池區後來成為國定古蹟，高球場後來成為「山上花園苗圃」，號稱內有當年日本裕仁太子手植的二葉松，接著結合水道博物館成立了「山上花園水道博物館」，於 2019 年 10 月 10 日開幕。

第一節
高爾夫球場的歷史背景

3-1-1　高爾夫球起源

屬於西洋休閒與運動的高爾夫球起源於中世紀時的荷蘭與英格蘭[3]，雖然中國聲稱：在《丸經》一書中記載了一種類似高爾夫的遊戲，稱作「捶丸」，年代甚至早了三百年，還推論隨著成吉思汗，把捶丸帶到歐洲，而成為了現在通稱的高爾夫（Golf）。不過高爾夫球這個洋名稱，卻是來自蘇格蘭的方言（Goulf）：「打與擊」。

而高爾夫球場稱為 Golf Links，與英格蘭有關，Links 來自古英文的 Hlinc，意指海陸交錯之間的起伏土地，由砂丘（dunes）與草地構成，被視為為具有英格蘭特色，即「可看海」的海景高爾夫球場。另外，英格蘭愛丁堡高爾夫球俱樂部與聖安德魯皇家古典高爾夫球俱樂部，決定了高爾夫球比賽的遊戲規則，因此說英格蘭定義了現代高爾夫球運

1　本文初稿邀請潘國正先生審閱，特此申謝。
2　水源地與取水口為新竹水道的主要部分，1914 年開始規劃，直到 1929 年才完工通水，水源地位於博愛街一號，十八尖山入口處的左邊，2011 年兩處皆被指定為新竹市市定古蹟。
3　依歷史記載，西元 1297 年 12 月 26 日，在北荷蘭的 Loenen Aan Vecht，已有人玩這種「類高爾夫」的遊戲。

動並不為過。

隨著大不列巔帝國的擴張與殖民，高爾夫球也跟著「出口」到世界各地，例如香港在 1899 年於快活谷成立了高爾夫球場及皇家香港高爾夫球俱樂部，[4] 顯然是殖民地歷史的一環。[5] 中國直到 1931 年，方由中國、英國和美國商人合辦南京高爾夫球俱樂部，球場位於南京陵園中央體育場附近。不過依歷史文獻記載，1850 年，租界的上海第一跑馬場（老公園），曾經有包括高爾夫球、網球、足球、板球等社團，一起使用該場地，[6] 也就是賽馬為主，其它為輔，但當時未見高爾夫球場的興建。

日本國內也有租界，因著 1858 年的安政五國條約，日本在五國列強（美國、法國、英國、荷蘭、俄羅斯）的壓力下，出現的外國人居留地，就是租界，[7] 可以行使所謂的治外法權，當時的外國人居留地包括東京（築地）、橫濱、大阪、神戶、長崎、函館，這個不平等條約直到 1899 年才廢止。

在此脈絡下，居住於神戶的英格蘭人 Arthur Hesketh Groom（1846-1918）發起規劃，於 1901 年完成了 4 洞的六甲山高球場，擴大至 9 洞後，在 1903 年設立了神戶高爾夫俱樂部，當時日本人將它稱為「孔球」或「杖球」，很是傳神，接著是 1904 年神戶橫屋球場、1906 年的橫濱 NRCGA 俱樂部、[8] 1914 年的東京高爾夫俱樂部等。[9] 由於 Groom 先生也有功於六甲山的整體保護與發展，因此被暱稱為「六甲市長」。[10] 當年日本各地陸續設立的高爾夫球場，它們都被稱為 Golf Links（日文外來語即為：ゴルフ リンクス）。

3-1-2　台灣高爾夫球場的出現

延續了日本的 Golf Links 推動的脈絡，日治時期的 1914 年（大正 3 年），日本人在淡水開發了 3 洞的球場：淡水球場（台灣高爾夫俱樂部前身），距今已超過百年了，是台灣最古老的高爾夫球場，之後經由 6,9,12 及 18 洞的擴大，成為標準的高爾夫球場。老

4　〈香港哥爾夫球會〉，網址：https://zh.wikipedia.org/zh-hk/香港哥爾夫球會。

5　1845 年，英國從〈上海租界章程規定〉中取得第一塊租界，至 1902 年奧匈帝國設立天津租界，前後共有 27 塊租界。其中兩處為公共租界：上海（英美）及鼓浪嶼（十國），即多國共營。

6　〈上海英租界〉，網址：https://zh.wikipedia.org/zh-tw/上海英租界。

7　〈安政五力国条約〉，網址：https://ja.wikipedia.org/wiki/安政五力国条約。

8　NRCGA（Nippon Race Club Golfing Association）又稱根岸俱樂部，1906 年成立，當年即展開神戶橫濱兩個俱樂部的高爾夫球對抗賽，是在根岸競馬場賽道中間所加設者，所以有 Race 字眼，於 1943 年閉場。

9　當時日本的九洞球場，還有東京駒澤村球場、長崎的溫泉嶽球場、大連星ケ浦球場（租界）。

10　Arthur Hesketh Groom，詳見〈アーサー・ヘスケス・グルーム〉，網址：https://ja.wikipedia.org/wiki/アーサー・ヘスケス・グルーム。

淡水球場後來稱為「台灣高爾夫球場」，1974 年淡水地區再設「新淡水高爾夫球場」，[11]
但是台北高爾夫俱樂部則是設在桃園的赤塗崎，和清華園所在地的赤土崎算是「地質兄
弟檔」。據石井光次郎之〈台灣高爾夫雜談〉記載，[12]1918 年 5 月，號稱南洋王的松岡富
雄、[13]總督府之民政長官下村宏、[14]台灣銀行總經理櫻井鐵太郎 [15] 及台灣總督府石井光次郎
課長等人一起在梅屋敷餐敘，松岡富雄談到在菲律賓馬尼拉的高爾夫球運動已成為上流
社會的時尚。當時松岡富雄帶來了兩組高爾夫球具與球鞋，獻給民政長官下村宏與石井
課長，並先於 5 月 18 日在下村宏官邸試揮一下。[16]更在 6 月 5 日於井上信來台時，[17]在台
北馬場町練兵場（現建國中學）動員人力建造一條長 600 公尺寬 120 公尺的臨時球道，
加上埋入三個茶葉罐（球洞），以用來示範並教導七位總督府官員們揮桿，並順便勘查適
合建高爾夫球場的場地。[18]從此各地高爾夫球場與俱樂部就成為官僚與財經界的主要接觸
點，但仍以淡水球場為最，主要為台灣總督府官僚與日台財經界人士的交流處，[19]另一個
有趣的重點則是林獻堂自家興建的萊園迷你高爾夫球場與陳啟川在高雄自家所建的高爾
夫球練習場，可和後述的太田政宏總督官邸的高球練習場相互輝映了。

　　隨後經當時淡水稅關長原鶴次郎的推薦與藤野幹的現場勘查，[20]建議採用清朝時代之

11 中華民國高爾夫協會，《台灣高爾夫發展史》（台北：中華民國高爾夫協會，1999），頁 262-
　263。
12 石井光次郎（1889-1981）在 1913-1922 年間曾擔任台灣總督府秘書課長兼外事課長，1949 年
　擔任日本高爾夫協會會長。1967-69 年間為眾議院議長。被認為是一位致力於體育推動的日本
　政治家。詳見〈台灣高爾夫球俱樂部的起源〉，網址：http://www.golf.net.tw/course/taiwan/mark-
　2.asp。另見石井光次郎，《回想八十八年》（東京：カルチャー出版社，1976），頁 202-208。
13 松岡富雄（1870- ？），1903 年受台灣總督府之託，遍查大東亞共榮圈中的「殖產」狀況，號
　稱南洋王。先後創立松岡製糖所、松岡拓殖合資會社，1906 年在台中創立帝國製糖株式會社
　並擔任常務董事、後再創新竹製糖株式會社，1917 年任台灣新聞社社長等職，公職方面主要
　者有台中州協議會議員（1920）、總督府評議員（1921）。參見興南新聞社編，《台灣人士鑑》
　（台北：興南新聞社，1943）。
14 下村宏（1875-1957），筆名下村海南，1915-1921 年間起先後擔任台灣總督府民政長官與總務
　長官，之後歷任大阪朝日新聞執行董事、副社長、貴族院議員、日本體育協會會長等。1945
　入閣擔任國務大臣，後被列為戰犯。
15 櫻井鐵太郎（1865-1945），東京帝大法學部畢業，先後擔任縣參事官、東京關稅局長、大藏省
　（財務部）主計局長、關稅局長、永藏省次長、台銀頭取（總經理）、台灣勸業共進會協贊會
　會長、神戶市市長（1920-1922）。
16《台灣日日新報》，1924 年 3 月 24 日：另有一說井上信來台前，練兵場亦曾試揮桿，參加者有
　櫻井鐵太郎、藤野幹、下村宏、南新吾（台銀理事）、佐田家年（台銀理事）等人。
17 楊玉姿，〈高雄體育史個案研究：一生熱愛運動的陳啟川先生〉，《高雄文獻》8（1），2018，頁
　45。井上信為三井物產紐約支店店長，高爾夫球界名人，曾獲 1918 年第一屆業餘高爾夫公開
　賽冠軍。另見林玫君，《淡水鎮志：第九篇觀光志》（新北：淡水鎮公所，2013），頁 225-226。
18 三卷俊夫，〈台灣ゴルフ沿革誌〉，竹村豐俊編，《台灣體育史》（台北：台灣體育協會，
　1933），頁 583-619。另見石井光次郎，《回想八十八年》（東京：カルチャー出版社，1976）。
19 王鉄軍，〈近代日本文官官僚制度の中の台湾總督府官僚〉，《中央法學》129，2010，頁 266。
20 藤野幹為台灣總督府事務官（糖務課長、權度課長、代理移民課長），曾配屬於民政部殖產局

練兵場舊址，但當時該地（砲台埔）屬陸軍用地，故必須經陸軍方面的同意，乃於 1918
年 7 月 9 日由櫻井鐵太郎以書面申請之，再於 8 月 18 日石井、菊池與藤野三人到現場作
最後確定後，[21]1919 年初獲得軍方的土地使用同意書，同時也獲當時台灣總督明石元二郎
之支持，即由櫻井與藤野設計建成 6 洞的球場，除草整地的費用均由櫻井鐵太郎出資，
另委託台銀淡水出張所所長之姬野安夫及技師安田儀之助來監工，工頭市川孫七與陳根
土帶領十餘位工人，一起完成 6 洞球場（1,224 碼）及一間杉木屋頂的小會館。[22]

　　同年 5 月 28 日發出 120 張邀請函，定於 6 月 1 日開場，首屆台灣高爾夫俱樂部的名
譽會長為下村宏民政長官，會長則為台灣銀行總經理櫻井鐵太郎，正是總督府官僚與財
經界代表的組合。1922 年 3 月開始擴張至 9 洞與新蓋會館時，球場封閉，只剩一批死忠
的「維持會員」：續交會費但無法揮桿。[23]1924 年時，俱樂部會員為 74 人，包括官僚 19
人、民間 47 人、外國人 8 人，[24]民間會員當中銀行 12 人、三井物產 13 人、[25]其他企業 18
人、個人 4 人。最高峰時的 1939 年時，會員有 272 人。

　　總督來巡視淡水球場似乎成為一種不成文的儀式，例如 1922 年 6 月 4 日，田健治郎
（任期 1919-1923）帶著殖產局長與祕書官突然造訪，並和在場來訪的廈門藤井領事與廈
門大學的萊特教授一起打了 1 洞的體驗賽。[26]而總督帶著官員加入會員始於 1924 年 11 月
2 日，新任（第十任）的伊澤多喜男總督帶著平山祕書官沒有通知就前來淡水球場，觀
看現場的情況，並於 11 月 6 日一共四位申請入會，他們為：伊澤多喜男總督、[27]後藤文夫
長官、坂本森一警務、木下信內務局長，號稱「總督府高爾夫四人組」。

　　之後上山滿之進、川村竹治、石塚英藏、太田政宏「總督們」與內務、總務長官們
陸續加入，太田政宏總督（任期 1931-1932）甚至在其官邸（現迎賓館）設置高爾夫球練
習場。就是不打球，也會來頒獎，例如內田嘉吉總督（任期 1923-24）到淡水球場頒發了
1923 年第二屆的伏見宮盃高球賽的獎盃（第一屆優勝者把獎盃交回），兩張照片並出現

　　糖業試驗場。
21 菊池武芳為台灣總督府事務官，配屬於財務局主計課。
22 三卷俊夫，〈台灣ゴルフ沿革誌〉，竹村豐俊編，《台灣體育史》（台北：台灣體育協會，
　　1933），頁 584。「台灣高爾夫數位典藏館」，網址：http://www.gcs.org.tw/golf/course/cs_01.html
23 《台灣日日新報》，1922 年 9 月 14 日。
24 外國人會員名單如下：D. G. Bruce, R. B. Orr, E. Thomas, C. B. Leatham, B. T. A`Bear, A. L. Pink,
　　G. H. Phipps, C. S. Averill, F. C. Hogg, R. J. Kay. 名單上不只 8 人，包括後面加入者。
25 三井物產株式會社台北支店位於現台北市館前路台博館的左前方街角，隔壁為土銀。建築主體
　　仍在，但被拉皮成為平凡的外觀。
26 三卷俊夫，〈台灣ゴルフ沿革誌〉，竹村豐俊編，《台灣體育史》（台北：台灣體育協會，
　　1933），頁 585。
27 伊澤多喜男（1869-1949），東京帝大法科畢業，歷任和歌山、愛媛、新潟三縣的知事，1924 年
　　擔任台灣總督，一年後轉任東京市市長。

在《台灣日日新報》上，第二屆的冠軍為總督府鐵道部的白勢黎吉。[28]1924 年的 5 月 11 日舉行第三屆，內田總督再來頒獎，冠軍為外國會員 Campbell（第二屆的冠軍白勢把獎盃交回）。[29] 不過也被稱為「高爾夫黨」的高官們也受到興論批評，因此石塚英藏總督曾組織讀書會，發動總督府官員們一起讀書，而不是去揮桿打小白球。[30] 其他批評還包括水源地設球場、《台灣日日新報》除了報導高球比賽外，也有批評之聲，包括台灣的高爾夫病、反對草山建球場、高爾夫亡國論等。

在「台灣高爾大俱樂部」設立之前的 1911 年，一個名字相似的「台灣俱樂部」成立，會址在東京，主要由卸任總督擔任會長，前者是以「球會」，而後者則以「午餐會」為中心的社交機關。例如台灣總督府官報的《台灣時報》就曾以〈台灣俱樂部消息〉的專欄報導其活動情形，1942 年更報導了 10 月 30 日第 13 任總督現任會長石塚英藏（1866-1942）的追悼午餐會，當時的副會長為高木友枝。

台灣高爾夫俱樂部到了 1926 年的 6 月 27 日，會員已達到 100 人。更在 1928 年 5 月 7 日申請社團法人通過，[31] 依法人規程第 26 條，會員變社員，最多時有 220 人，正是台灣政商名流的集合體，比台北俱樂部的層面還廣。[32] 在球場發展的過程中，1924 年 6 月，台北州高田富藏知事（任期 1921-1924）與東內務部長，一起來勘查並討論在其附近地區規劃「台北州遊園地」。[33] 超過 200 位會員的台灣高爾夫俱樂部除了會館外，又在哪裏聚會呢？召開總會（會員大會）主要會場在鐵道飯店（北車對面的新光大樓與亞州廣場大樓），[34] 忘年會（年終聚會）則主要在梅屋敷（現逸仙公園）舉行。[35]

28《台灣日日新報》，1923 年 11 月 13 日。

29 同上註，1924 年 5 月 11 日。Campbell 當時擔任 Samuel 商會的台灣代表，該商會由英國猶太人 Marcus Samuel（1853-1927）於 1876 年在橫濱所創立，以日本貝殼加工飾品回銷英國，之後經營燈油與石油事業，委託製造了世上第一艘油輪，該企業就是後來的貝殼石油公司。因此 Samuel 商會在日治時期也到台灣來，在樟腦、燃油方面多所著力。〈ロイヤル・ダッチ・シェル〉，網址：https://ja.wikipedia.org/wiki/ロイヤル・ダッチ・シェル。

30 前田莊吉編，《台灣ゴルフ俱樂部二十年史》（台北：台灣日日新報社，1928），頁 357-358。

31 法人事務所設於台北州淡水郡淡水街油車口 61 番地，並制定俱樂部規程 26 條與細則 28 條。

32 1912 年俱樂部成為 Lion 咖啡館，直到 1933 年，從官商名流的集會所轉成時髦文化的帶領者。

33 三卷俊夫，〈台灣ゴルフ沿革誌〉，竹村豐俊編，《台灣體育史》（台北：台灣體育協會，1933），頁 587-588。

34 台灣鐵道飯店位於表町（現台北車站對面的新光與廣場大樓），落成於 1908 年，由台灣總督府鐵道部直營，為台灣第一間西式飯店，所有內部用品都從英國進口，有餐廳與 30 間客房，房價由 3 到 27 日圓（現值約一晚 3,000 到 27,000 元），林獻堂的《灌園先生日記》中曾多次出現鐵道旅館。1945 年 5 月 31 日的台北大空襲中被炸毀，詳見〈台灣鐵道飯店〉：https://bit.ly/3GK4nHI。

35 梅屋敷為一間 1900 年開幕，由大和辰之助夫婦經營的日式旅館與料理屋，位於御成町（中山北路靠北車的區域），就在豪宅區大正町（中山北路條通區）的對面，開業時，曾由新竹州運來白梅古木 200 棵，故以梅屋敷稱之。因為孫文革命期間於 1913 年 8 月入住該旅館而更有

3-1-3　日治時期高爾夫運動中的台灣人

　　1919 年 6 月 1 日當日，由下村宏長官舉行開場儀式，共有 40 餘人與會，但前一年（1918）的 11 月 3 日即已開始籌組台灣高爾夫俱樂部，招收會員，[36] 不過開幕式參與的 40 餘人之中已有 13 人率先入會，後來不少人成為 1920 年成立之「台灣體育協會」的幹部，[37] 其中有一位台灣人李延禧（1883-1959）為「台灣烏龍茶之父」李春生的孫子（表 3-1-1）。1896 年李一行七人[38] 的小留學生們即到日本就學於明治學院，[39] 李於 1905 年高中畢業後，再赴美國紐約大學，1910 年獲商學士畢業後，入哥倫比亞大學研究所，於 1911 年回台，他是台灣最早留日又留美的學生。[40] 回台後陸續創辦新高銀行（1915）與大成火災海上保險公司（1920：與日人益子逞輔共同創辦），[41] 並擔任台灣總督府評議員。而五

名，也因此後來成為國父史蹟館（逸仙公園）。

36 〈台灣最早的高爾夫球場〉，網址：http://www.gcs.org.tw/golf/course/cs_01.html，中華民國高爾夫球場學會。

37 參加 1919 年 6 月 1 日淡水球場開幕式的 40 餘人，後來下村宏總務長官成為台灣體育協會的首任會長，常務理事為新元鹿之助（鐵道部長）、理事羽鳥精一（三井物產台北支店長、台灣倉庫株式會社取締役）、監事李延禧（新高銀行常務取締役）、田徑部長青池諭（日本郵船會社基隆支店副店長）、服部仁藏（1920-1921 首任新竹州知事）、田徑部幹事／部長與理事三卷俊夫（台灣倉庫會社專務取締役）、總務部幹事與理事小山三郎（鐵道部監督課長／交通局汽車課長），而三卷俊夫與小山三郎就是「高爾夫三人幫」的其中兩人。

38 第一批留日學生，除李延禧外，還有林崇智、林履信、林熊光等人，至少有兩位成為台灣高爾夫俱樂部會員。

39 賀本傳教士（James Curtis Hepburn,1815-1911），於 1859 年來到神奈川，曾出版首部的和英辭典，後來將版權轉讓給丸善書店，其售書利益捐給 1887 年創立的明治學院，現為明治學院高校與大學。詳見〈ジェームス・カーティス・ヘボン〉，網址：https://ja.wikipedia.org/wiki/ジェームス・カーティス・ヘボン。

40 〈台灣最早留日又留美的學生──李延禧〉，網址：https://zh.wikipedia.org/wiki/李延禧。日治時期，台灣人拿的是日本旅券（護照），去本土讀書才是正確說法，留學一般指的是去外國讀書，但留在日本讀書也是留日的一種說法，近年來的國內留學就是類似說法，因此仍保留「留日留美」的書寫方式。李延禧等七人的留學為私費留學，而台灣總督府的官費留學的第一人為楊世英（彰化地方名士楊吉臣的次男），楊吉臣後來擔任台灣文化協會協理。楊世英於 1897 年已先以私費留學富士見學校，1899 年轉為官費，富士見學校有兩項推測，其一為現長野縣富士見町立富士見小學校，該校為 1889 年成立的富士見尋常小學校（四年制）與 1891 年併設的富士見高等小學校（二年制）。其二為現東京都富士見市立鶴瀬小學校、水谷小學校、南畑小學校等，它們都在 1889 年前後設立，1892 年改稱尋常小學校，後來併設高等科。

41 益子逞輔（1885-1979），1908 年畢業自早稻田大學經濟系，並於 1911 年渡台，先在台灣日日新報工作（記者），後來替台銀柳生一義總裁連線李春生籌組台灣人自己的銀行，委由其孫李延禧出面於 1915 年年底成立新高銀行。接著說服李延禧投資設立大成火災海上保險株式會社（公司），於 1920 年 4 月 1 日成立，社址在李延禧的家：台北大稻埕六館街 2-27，之後總部設於表町 2-11。李明輝編，《近代東亞變局中的李春生》（台北：台大出版社，2010），頁 247-249。

大家族：基隆顏家顏欽賢、板橋林家林熊祥、霧峰林家林獻堂、高雄陳家陳啟貞、鹿港辜家辜顯榮、辜振甫都是大成火災海上保險公司的董事，[42] 李延禧多次出現於《灌園先生日記》之中，[43] 甚至在日本東京，例如與林獻堂、董事們商量大成火災的總部是否遷到東京、靜岡火災理賠 60 萬（現 6 億）之事宜等。[44]

表 3-1-1　1930 年法人化後台灣高爾夫俱樂部的台籍社員（原稱會員）一覽表

社員姓名	職場	地址	附註
張園	大永興業株式會社	台北市日新町 2-20	
陳朝麟	永裕茶行	台北市日新町 1-190	
李延禧	新高銀行	東京市外澀谷町谷戶 51	島外社員
林熊徵	華南銀行	台北市大正町 1-17	
林熊光	大成火災保險株式會社	台北市御成町 3-4	
林松壽	大成火災	台北市大正町 2-13	
林伯壽	大成火災	台北市永樂町 1-23	
李奎壁	淡水信用組合	淡水街協興 47	
顏國年	台陽鑛業	基隆市田寮港	台北州下社員
許丙	大永興業株式會社	台北市下奎府町 165	
饒永昌	東台灣無盡會社	花蓮港廳鳳林區	他州社員

資料來源：宮川次郎，〈台灣ゴルフ俱樂部會員名簿〉，頁 474-486。

　　在一戰結束後的 1920 年代興起一波留學美國的潮流，基隆的陳炳煌、三芝的杜聰明、士林的郭馬西、萬華的吳錫源、大甲的陳炘、埔里的羅萬俥、鹽水的黃朝琴、[45] 府城台南的劉清風與林茂生、萬丹的李昆玉等，先後到美國游學或留學。[46] 許多人都和林獻堂家族有商業、婚姻、民主運動的交流，並出現在其《灌園先生日記》中，例如大甲陳

---

42 新竹鄭家鄭肇基也是大成的董事，持股 3,000 股，和板橋林家的林景仁和林柏壽並列第二大股東群。

43 林獻堂著，許雪姬等註，《灌園先生日記》（台北：中研院台史所，2006）。以下略稱頁數與書名，如《灌園先生日記》，頁 10，或加上年月日。

44 發生於 1940 年 1 月 15-16 日的大火災，共燒毀 47 町、半毀 38 町，27,518 人無家可歸。詳見〈靜岡大火〉，網址：https://ja.wikipedia.org/wiki/靜岡大火。

45 黃朝琴（1897-1972）於 1923 年畢業於日本早稻田大學經濟科，1926 年畢業自美國伊利諾大學政治學研究所，歷任中華民國駐舊金山、加爾各答總領事、台北市長、台灣參議會議長、一銀董事長等職，夫人郭佩雲亦畢業自美國伊利諾大學，也是早期留美的女生。

46 依洪德青，《華府毋驚：排灣族與國務院、林獻堂與櫻花考、大使館與黨外圈，你所不知道的 60 個台美故事》（台北：貓頭鷹出版社，2019）。另據吳文星研究，1915 年周再賜赴美進修神學為最早。惟李延禧在 1905 年高中畢業後赴美國紐約大學，於 1910 年獲商學士畢業，時間較早。

炘（1893-1947），又是另外一位留日又留美的人，先於 1922 年畢業於日本慶應大學經濟系，再於 1925 年畢業於美國哥倫比亞大學商學研究所，獲碩士學位。1922-1923 年期間，中國去的留學生有 158 人，一部分為清華留美預備部之學生，[47] 當時羅家倫與馮友蘭也在該校。[48] 陳炘畢業回台時，正好同為大甲同鄉的黃清波（1891-1966）正在興建新居，陳提供意見，加上英文的自由（Liberty）與平等（Equalitty）兩字在正門牆兩側，加上正面山牆的題字「風月襟懷」，形成了「東方遇到西方」的特色。後來大甲的黃清波故居在整修時，居然用到了清華北院的 60 根柱子。後來陳炘和林獻堂於 1926 年 12 月共創並長年一起服務於大東信託株式會社，為當時唯一由台灣人出資的金融事業[49]。1944 年大東併入台灣信託後，擔任總經理。

基隆的陳炳煌（1903-2000）先留中再留美，1927 年畢業於上海光華大學，1930 年獲美國紐約大學商學碩士，除了專業，他也出版了台灣第一本漫畫集，筆名雞籠生（基隆生），並先後擔任上海日報經理、台灣新民報上海支局長等。

至於三芝的杜聰明（1893-1986）[50] 則於 1914 年畢業於台灣總督府醫學校，[51] 與賴和（台灣文化協會理事）為同班同學、蔣渭水（台灣文化協會理事）為學弟。他於 1922 年獲日本京都帝大醫學部博士學位，為台灣首位醫學博士，並於 1937 年任台北帝大醫學部教授，也是當時唯一的台籍教授，並在治療鴉片癮上多所貢獻。[52] 他於 1925 年擔任總督府在外研究員，並赴歐美遊學研究。杜聰明娶了霧峰林家林朝棟次子林資銓（號仲衡）的女兒林雙隨，[53] 之後其女兒杜淑純嫁給板橋林家的林衡道。林雙隨為早期台灣留日的女

47 吉田莊人，《人物で見る台灣百年史》（東京：東方書店，1993），頁 79。

48 馮友蘭（1895-1990），1920 年留美入哥倫比亞大學，指導教授為杜威，1924 年獲博士學位。1928 年起任清華哲學系主任與文學院院長。羅家倫（1897-1969），1920 年留美，之後在四國五校留學七年，1920-1923 年先後在普林斯頓與哥倫比亞大學，1928 年擔任國立清華大學首任校長。

49 取名信託，卻因信託法問題，多次被刁難，也多次陳情。1922 年日本通過信託業法，雖然號稱「內地延長主義」，但卻不適用於台灣的民族資本企業，害怕台灣的資本集中於大東，因此百般刁難。

50 〈杜聰明醫學博士〉，網址：https://tamsui.dils.tku.edu.tw/wiki/index.php/杜聰明。

51 台灣總督府醫學校於 1897 年成立，為官辦醫學教育機構，預科一年，本科四年，現為台大醫學院。

52 總督府「台北更生院」成立於 1930 年 1 月 15 日，由杜聰明博士負責，專門治療鴉片癮者，前後 17 年，共治療 1498 名患者。

53 聚珍台灣，〈台灣第一位醫學博士 - 杜聰明的愛情故事〉，網址：https://www.gjtaiwan.com/new/?p=23411。在一次返鄉探親的亞美利加丸輪船上遇見出身霧峰林家的林雙隨，並對她一見鍾情，由於不符門當戶對，被林家提出四條件：要當上高等官、取得博士學位、要會作詩、聘金五千日圓（現值 500 萬），他一一達成。他是日本明治維新以來第 955 號醫學博士。同時期在台北帝大附屬病院的台籍人士還有楊東波（1256 號）、黃克東（1182 號）、蔡垂卲（1266 號）、徐傍興（1275 號）。杜為唯一的教授。

學生，她在 1908 年前後就學於東京市西小川尋常小學校（1903 年開校，與錦華、小川三校於 1992 年整合成為現御茶の水小學校）。

　　埔里的羅萬俥（1898-1963）於 1922 年畢業於日本明治大學法學高等科，再於 1924 年赴美留學，1928 年畢業於賓州大學政治系，又是一位先留日再留美的台灣知識分子。他回台創設台灣民報（後來的台灣新民報），1929 年 1 月 13 日正式發刊，成立地點為號稱「台灣運動金庫」的大東信託株式會社，[54] 林獻堂為為兩邊的社長，羅萬俥為新民報總經理。士林的郭馬西牧師（1892-1966）為留日留美的台灣人中，學習神學的第一人（只算留美者，最早為 1905 年的周再賜），先於 1921 年畢業自明治學院神學部，之後留美先後就讀於奧本協和神學院（Auburn Union）與哥倫比亞大學，攻讀神學、人類學與南島語言。[55] 1947 年任台北中山基督長老教會（日治期間的聖公會大正町教會）首任牧師，其妻葉水樹（1898-1972）特別致力於女宣（婦女宣道）的活動。

　　府城台南的林茂生（1887-1947）先後於 1916 年與 1929 年畢業於日本東京帝大與美國哥倫比亞大學，獲哲學博士。歷任高中教師、台北高商、台南高工教授，戰後受聘為台大教授並擔任台大文學院代理院長，於 228 事件中遇害。[56] 其子林宗義於 1940 年入東大醫學部，林獻堂曾贊助其每月之生活費。[57] 此外，台灣文化協會的發起人包括了上述的陳炘、羅萬俥與林茂生，後來林擔任成立時的評議員。

　　之後加入台灣體育協會的理監事中也出現了高球俱樂部會員的台灣人，包括林熊徵（總督府評議員、林本源第一房事務所主人）、[58] 許丙（總督府評議員、高砂製糖會社取締役）（表 3-1-1）。林熊徵（1888-1946）為板橋林家的成員，先後創立林本源製糖株式會社、華南銀行，曾為台灣首富，被稱為銀行家與慈善家。[59] 另外值得一提的是，他也是台灣建物土地株式會社的董事，[60] 而該公司就是在 1912 年規劃興建豪宅區大正街（大正町）的推手，大正町的區域就是現在台北市中山北路一段 1-9 條通的範圍，經兩次擴建，1919 年時已有 256 戶，當時的淡水線（現捷運淡水線）還設有「大正街乘降場」。除了豪宅外，此區還有美國領事館與台灣第一個兒童遊園地（1927）。林熊徵也在此置產：大

54　李筱峰，《林茂生、陳炘和他們的時代》（台北：玉山社，1996），頁 52-53。

55　沈紡緞，〈堅持傳福音是唯一職責：郭馬西牧師小傳〉，《新使者雜誌》85，2004，頁 21-24。

56　〈林茂生〉，網址：https://zh.wikipedia.org/wiki/林茂生。

57　林獻堂著，許雪姬等註，《灌園先生日記（十二）一九四〇》（台北：中研院台史所，2006），頁 135。

58　林本源為房號名稱，1910 年成立林本源總事務所，還有長男林熊徵負責的第一房事務所。另有第三房事務所、柏記事務所、訓眉記事務所、維記事務所與松記事務所等。

59　林熊徵號薇閣，薇閣教育系統即為紀念林熊徵而設；詳見〈林熊徵〉，網址：https://zh.wikipedia.org/wiki/林熊徵。

60　該公司主要金主為煉瓦王後宮信太郎，董事還有基隆顏家與鹿港辜家。

正町 1 丁目 17 番地，其他台籍住戶還有杜聰明（大正町 1 丁目 30 番地）與林松壽。[61]

　　許丙（1891-1963）先擔任林熊徵祕書兼林本源第一房事務所掌櫃，後參與不少企業的合資經營，例如顏家的台灣興業信託監察人、台陽礦業株式會社的董事、板橋林家的華南銀行監察人、振南貿易株式會社監察人、台北州自動車運輸株式會社監察人等。[62]除了是企業家外，公職方面也先後出任台北市與台北州協議會議員（1927）、總督府評議員（1930）、貴族院議員（1945），育有五男五女，後來林許顏三家聯姻，1932 年許丙的長女許碧霞嫁給了顏雲年的三男顏德修，[63]顏德修的五女兒顏珣美（許丙長女許碧霞的女兒）嫁給了林熊徵的獨子林明成，[64]其中一共通點是他們的家長當時都是台灣高爾夫俱樂部的會員。

　　另外，許顏兩家於 1938 年配合國策計畫而共組的台北州自動車運輸株式會社時，投資人中出現了顏德修之兄顏欽賢[65]與後稱「高爾夫三人黨」的三卷俊夫及竹內虎雄，三卷俊夫擔任社長，竹內虎雄擔任常務董事，許丙則為監察人，四人皆為台灣高爾夫俱樂部的會員，又是高爾夫的一條線索。[66]竹內虎雄還和引入高爾夫球的南洋王松岡富雄一起擔任台灣炭業株式會社的監察人，他們個人各持 1,000 股（該公司共有股東 251 人，總股份 12 萬股），林熊徵 2,500 股。[67]

　　在首屆有台籍人士加入的台灣總督府評議會之中，[68]幾位支持高爾夫球運動的推手也在列，包括引進高爾夫球運動的南洋王松岡富雄、淡水球場推手與首屆台灣高爾夫俱樂

61 林松壽（1899-1938）為板橋林家林維源之五子，留日畢業自學習院高等科，後赴中國發展，曾任北京交通署長，1924 年返台，創立林本源松記建業株式會社。

62 振南貿易株式會社合資者包括霧峰林家、板橋林家、基隆顏家與鹿港辜家。

63 許碧霞（1914-1984），早年畢業於台北第一高等女子學校，當時日本人就讀的學校，現在北一女，後來曾擔任基隆市婦女會副會長。

64 林許家聯姻，詳見〈許丙〉，網址：https://wiwiki.kfd.me/zh-tw/許丙，許丙的長孫為創立新象的許博允，許丙的秘書劉天祿，曾經營高爾夫球場。

65 顏欽賢（1901-1983）為顏雲年長子，日本京都立命館大學經濟系畢，先後在礦業、造船業、公會等發展。

66 陳慈玉，〈日治時期顏家的產業與婚姻網絡〉，《台灣文獻》62（4），頁 2-54。「高爾夫三人黨」詳見頁 31。

67〈台灣炭業 1921 年股東大會報告書〉，網址：http://www.suzukishoten-museum.com/footstep/area/docs/07568_010台灣炭業.pdf。

68 1896 年成立的「台灣總督府評議會」，早期只有日本官員參加（25 人：不含會長與副會長），自 1922 年起，開始遴選部分台籍人士加入，有拉攏台灣人的意圖，首屆台籍委員有林熊徵、李延禧（台灣文化協會評議員）、顏雲年、黃欣（1885-1947：文協評議員）、簡阿牛、辜顯榮、林獻堂、藍高川、許延光等九人，首屆仍為 25 人，次年之後起擴大為 30 人。顏國年於 1927 年取代 1923 年過世的顏雲年，擔任評議員。藍顏家也有聯姻，1928 年藍高川之女錦綿嫁給顏雲年次子德潤。1930 年再次擴編為 40 人，內有七位台籍人士。

部榮譽會長的下村宏總務長官（評議會副會長）、台灣體育協會常務理事新元鹿之助、[69]
台灣體育協會監事李延禧，以上人士皆為是台灣高爾夫俱樂部的首期會員。而俱樂部的
發起委員名單中，當然包括了推動淡水 6 洞球場的其他主要人士：櫻井、石井、菊池、
藤野、三卷等人。另一個高爾夫連結為扶輪社，當時台灣只有台北、基隆與高雄三社，
三卷俊夫為台北社員、顏國年為基隆社員、陳啟川為高雄社員，該社就曾在 1938 年 12
月 11 日於淡水球場舉行高球賽。[70]

　　作為少數的台籍俱樂部會員，除了交會費，積極參賽，列入差點排行榜外，還要捐
款支持高球場，以強化其「高爾夫政經地位」，表 3-1-2 列出了 1922 到 1936 年間台籍會
員們的捐款，總數 4,255 圓。其中板橋林家的 3,285 圓最大宗，佔總捐款的 74.8%，如再
加上林家掌櫃許丙的部分，則泛林家的比率更高達 80%。其中林熊徵更以林本源商號與
大成火災的名義捐款，而林本源商號捐款為兩筆最大宗者（1,000 圓）之一，另一筆為林
熊徵與許丙者（共 1,000 圓），而兄弟捐款者則為林熊徵與林熊光了。顏國年代表基隆顏
家的捐款，兩次共 600 圓，陳啟川則代表高雄陳家。代表在地淡水的兩位會員黃東茂與
洪以南也不落人後，還好有代表新竹的劉明朝以及新竹出身但代表花蓮的饒永昌在名單
上。當然日籍會員的捐款更多，主要用於會館修繕新建與球場的擴張等。

表 3-1-2　台籍高球會員捐款一覽表

時間	捐款者	金額	說明
1922	林熊徵	500	House 及 links 擴張
1922	許丙	100	
1922	黃東茂	100	
1922	洪以南	20	
1924	許丙	20	休息處增建
1927	大成火災 林熊徵 益子逞輔	150	House 新建
1927	顏國年	300	
1927	林本源	1000	
1927	林熊徵	500	

---

69 新元鹿之助，除了支持高爾夫球與其他體育運動之外，他也於 1913 年推動成立了台灣登山
會，擔任副會長，會長為當時的民政長官內田嘉吉，後來繼任第九任台灣總督。新元鹿之助
1897 年任台灣總督府土木局技師，之後歷任總督府鐵道部工務部長、監督課長、花蓮港出張
所長、移民事務委員，以及台灣總督府阿里山作業所技師等職。

70〈ロータリー月報〉1 月號，1939，頁 4。該球賽由後藤曠二與池田又四郎提供獎品。另外，八
田與一亦為台北社員，曾受邀在會員演講，題目為：貯水池、發電與河川流量。

時間	捐款者	金額	說明
1927	林熊徵 許丙	1000	
1927	林熊光	35	20 人集資 700
1928	顏國年	300	
1936	林熊光	100	
1936	陳啟川	50	
1936	饒永昌	50	
1936	劉明朝	30	
小計	16 人次	4,255	

資料來源：「表 14：寄附金品」，前田莊吉編，《台灣ゴルフ俱樂部二十年史》，
頁 319-331。作者整理。

3-1-4　日治時期台灣各地的高爾夫球場

　　協會的體育項目部門從 1920 年的四部（網球、棒球、田徑與相撲）到七部（另增游泳、球技與硬式網球），但是並未出現高爾夫球部門，因為另有台灣高爾夫俱樂部，而且兩單位的首任會長都是台灣總督府的下村宏總務長官。當時的日本本土已有十處高爾夫球場。接著日人續在台灣的北中南闢建了七座高球場及其他簡易球場，例如不含馬公的松島館、川端球場及屏東南朝等簡易球場。

表 3-1-3　日治時期台灣各地的高爾夫球場

Golf Links ゴルフリンクス	啟用年	規模	當時的地點	現在的地點
淡水球場	1919/6//1 1922 1929/4/21	6 9 18	練兵場	老淡水球場、會員一日 80 錢、非會員平日 2 圓、假日 3 圓、6,530 碼、桿弟費 35 錢（18 洞）、法人俱樂部
新竹球場 （水源地球場）	1935/6/30	6 9	市郊赤土崎東山坡地	14 甲、3,000 碼 十八尖山側坡地、清華大學棒球場、梅園、運動場等區域、新竹高爾夫俱樂部
中台灣球場 （台中大肚山球場）	1926/1/10	9	大肚山	位於成功嶺 中台灣高爾夫俱樂部（法人俱樂部）

Golf Links ゴルフリンクス	啟用年	規模	當時的地點	現在的地點
嘉義山仔頂球場	1936	6	嘉義神社後遊園地	山子頂 24,000 圓（建設經費）、3,240 碼、入會費 50 園、平日 1 圓、假日 2 圓、桿弟費 15 錢（9 洞）、嘉義高爾夫俱樂部
台南宮の森球場（水源地球場）	1926	9	水源地之山上（新化郡山上庄）	（1924 台南練兵場）今台南市山上區上山苗圃（山上花園水道博物館）、13 萬 5 千坪、2,929 碼、山 12,000 圓（建設經費）、入會費 50 圓、桿弟費 15 錢
高雄前金球場高雄壽山球場[71]	1926/8/27 1934/11	9	清朝營盤遺址壽山宮之台	前金競馬場轉壽山公園、15 萬圓（建設經費）、3,240 碼、入會費 50 圓、平日圓 2 圓、假日 2.5 圓、桿弟費 15 錢（9 洞）、嘉義高爾夫俱樂部
花蓮港球場	1928	9 18	米崙	花蓮港 15 萬坪、入會金 20 圓、花蓮港高爾夫俱樂部海邊公園會館 2019 年被指定為文化資產
簡易球場（練習場）				
台北川端球場	1937	3	水道町 古亭練兵場	青年公園溪之南
屏東南朝球場[72]	不明	3	屏東遞信局附近	兩處簡易球場（Baby Golf Links）還有末廣 paradise
馬公松島館球場	1928	3-6	松島館	日本松島軍鑑紀念公園
台中水源地練習場	1926	3		特設高爾夫練習場
台中末廣町練習場	1931	3		私人迷你高爾夫練習場
關子嶺練習場	1932	3		清香館附設 現嶺頂公園內
萊園練習場	1931	3		迷你高爾夫（baby golf）練習場
草山賓館練習場		3		供住宿貴賓使用

資料來源：《台南州觀光案內》，259-261；〈屏東便り〉，《台灣遞信會雜誌》，1932 年 8 月 17 日。作者整理。

---

71 高雄壽山高爾夫球場，由折下吉延設計，日本造園界先驅，也是庭園營造大師，曾設計明治神宮內外苑。

72 〈屏東便り〉，《台灣遞信會雜誌》，1932 年 7 月 17 日與 8 月 17 日。根據此篇文章的報導，5 月 13 日與 6 月 18 日，南朝高球場先後舉辦高球賽，屏東遞信局的同仁分 AB 兩組比賽，優勝者全為自己人。5 月 13 日為排行賽，九位同仁參加，得點從 49 到 63。6 月 18 日之比賽，A 組獲二等獎者有小泉與服部，B 組獲二等獎者系洲，三等獎為成瀨。

3-1-5　新竹遊園地大計畫

　　1932 年推出的「新竹遊園地大計畫」，打算以七年的時間來完成，[73] 由市與州的經費來執行，初年度就以預算 30 萬（現幣值約 3 億台幣）來規劃 135 萬坪的區域，企圖將運動與娛樂設施集中在一起，30 萬預算中有 11 萬為賣掉其他地方的市有地的收入，用以買下新竹遊園地與水源地周邊用地（州有地 300 甲與私有地 35 甲），所以 135 萬坪包括新公園 5 萬坪、森林公園 40 萬坪與其他運動與娛樂設施，委由總督府關野謙三技師來設計，[74] 設施如下表：

表 3-1-4　新竹遊園地大計畫內容

運動與娛樂設施名稱	內容	附註
新竹高爾夫球場（Golf Links）	有地形變化的 18 洞球場，並可遠眺台灣海峽	水源地丘陵 10 萬坪 豬股松之助知事特別支持。[75]6 洞與 9 洞收場
赤土崎競馬場	森林公園與新公園之間，1,600 公尺長、20 公尺寬的賽道 觀賽席看台也兼用棒球場看台	地形影響，南北彎度太大，規劃直線賽道有上坡（一寸），彎度變小。1,000 公尺收場 1938 年另移香山競馬場
陸上競技場（體育場）	利用競馬場北邊 200 公尺賽道的另一邊設置	和競馬場共用看台
棒球場	在陸上競技場（體育場）的北側	靠中學校側為本壘側，下午比賽有西曬的問題，丘陵林木稍減少此問題 [76]
演藝館	新公園正面入口兩側，將孔廟移來，新建西式演藝館，中西合壁	
噴水塔	置於新公園北口，大型噴水塔	成為放射狀個設施的中間地標

---

73 《台灣日日新報》，1932 年 2 月 6 日。

74 關野謙三技師（1875-?）畢業自東京帝大農學科，歷任農校教師，1917 年渡台，配屬總督府民政部土木局土木課，歷任台灣產業技師、台中州產業技師、花蓮港廳產業技師等職。

75 豬股松之助（1884-1939），1908 年畢業於東京帝大史學科（系），歷任台北州警務部長、台中州內務部長、花蓮港廳長，於 1931-1932 年間擔任新竹州知事（州長、縣長）。詳見〈豬股松之助〉，網址：https://zh.wikipedia.org/wiki/豬股松之助。

76 1922 年創立的新竹州立新竹中學校，1926 年遷到十八尖山址，原址由新竹高女取代，新竹中學校為五年制中學，日人為主（100 人），台人為輔（50 人）。詳見〈國立新竹高級中學〉，網址：https://bit.ly/34C1zzr。

運動與娛樂設施名稱	內容	附註
圖書館	規劃於新公園無量壽碑旁的松林中，以此圖書館為中心創造「學校町」	日本大都市流行圖書館設於公園內，學校町為學府路的原型
兒童遊戲場	現存相撲場附近的公園中央地區舖上草坪、花壇，加設溜滑梯、旋轉塔、鞦韆、騎馬場、木馬、滑砂場、兒童高球場	小動物區成為後來動物園的濫觴（何國華華僑的捐助）
網球場	舊游泳池改建為雙 court 球場	四周有看台與更衣室
音樂堂	設於邊緣地區，增設戶外座椅、跳舞場	連結兒童遊戲場、游泳池

資料來源：《台灣日日新報》，1932 年 2 月 6 日，作者整理製表。

　　「新竹遊園地大計畫」先後由新竹州知事豬股松之助與內海忠司大力支持，但卻遇到了 1935 年 4 月 21 日的台中新竹大地震（關刀山大地震），[77] 該計劃縮小了規模，不過佔地 8,500 坪的兒童遊樂場在地震之前已開工（1935 年 1 月 27 日），還是努力的在 1936 年 6 月 5 日開幕。另外，新竹高爾夫球場則以 9 洞規模收場，但「可看到海」的高球場指標，再一次因「可看到海的彼岸」而確定後來梅園的選址（見本書彩圖集圖 D4）。

---

77 該地震 7.1 規模，造成 3,276 人死亡、12,053 人受傷，又稱關刀山地震、屯子腳地震。詳見〈1935 年新竹－台中地震〉，網址：https://zh.wikipedia.org/wiki/1935 年新竹－台中地震。

第二節
高爾夫球俱樂部

3-2-1　淡水高球場

　　如前述初期的淡水球場是由台銀總經理櫻井鐵太郎出資支持，後來櫻井總經理、石井光太郎、與下村宏民政長官先後於 1920 與 1921 年調職或退休離台，[78] 群龍頓失首，一陣子，高爾夫球場門可羅雀，只在送別賽時有些人潮。[79] 還好之後出現了三位積極推動者，號稱「高爾夫三人黨」：三卷俊夫、酒井雪介與小山三郎。接手後陸續於 1922 年完成 9 洞球場（1,770 碼）與新會館啟用、[80]1924 年延長 9 洞至 2,682 碼與 1927 年的十二洞。而當年的六月到七月間《台灣日日新報》舉辦了「台灣八景」的票選，淡水在行銷時則將高爾夫球場與海水浴場打包為大遊樂場，結果票選淡水入列了台灣八景，[81] 後來的〈台灣鐵道旅行案內〉均會提到淡水地區，而高爾夫球場也是其中的景點（見本書彩圖集圖 D17）。[82]

　　淡水球場終於在 1929 年迎來了標準球場的 18 洞（6,000 碼），並於該年 4 月 21 日十週年時開場啟用，球場總坪數共為 121,400 坪，1934 年再擴大為 6,530 碼的 18 洞，由赤星四郎協助設計的「冠軍球道」終於完成。其間行有餘力，三人黨還於 1926 年 8 月 26 日前往高雄，由高雄州三浦碌郎知事陪同探勘高爾夫場址，確認壽山 20 多甲的場地很適合，[83] 另外亦設計了嘉義高球場與諮詢過台中的大肚山高球場等。壽山本名打狗山、打鼓山與高雄山，因 1921 年 4 月裕仁皇太子訪高雄住在山上的貴賓館並登山攬勝而改名為

---

78 下村宏民政長官後來擔任總務長官，同時也是台灣體育協會會長，於 1921 年 7 月 22 日退休返日。

79 如 1920 年 11 月 14 日，石井光太郎渡歐送別賽，1921 年 10 月 16 日，菊池武芳送別賽，1923 年 3 月 11 日，渡部會長送別賽等，有時還分紅白兩組比賽。

80 原來小屋成桿弟休息處，1922 年 4 月 16 日慶祝新會館落成，分八組舉行球賽，共有 106 人參加，其中有 18 位會員，33 位家族成員，中午並舉辦野餐大會。下午賽後搭乘淡水稅關的「海鷗號」交通船：油車口（現滬尾炮台地區）到淡水站，當天又招收了 13 位會員。

81 同時票選公布的有三類：別格、台灣八景與台灣 12 勝。其中別格（特選）為台灣神社與新高山（玉山）。《台灣日日新報》，1927 年 8 月 27 日。

82 林玫君，《淡水鎮志：第九篇觀光志》（台北：淡水鎮公所，2013），頁 184-187。

83 《台灣日日新報》，1926 年 8 月 28 日。三浦碌郎（1882-1969）於 1919 年轉職到台灣總督府，歷任新竹州內務部長、高雄州知事、台中州知事、台北州知事等職。詳見〈三浦碌郎〉，網址：https://ja.wikipedia.org/wiki/三浦碌郎。

壽山，[84] 後來本多靜六 [85] 在 1925 年的《高雄壽山公園計畫》之中增加了紀念性空間，例如壽之峰、宮之台等，它們和高爾夫球場連成一氣，加上兒童遊園地、海水浴場、林間廣場，其山海公園的特色儼然呈現。[86]

另外，在台的外籍人士早在 1919 年 6 月時，就開始詢問如何加入會員，由於軍方有疑慮，加上球場尚未完善，因此直到 1922 年的 7 月 4 日才接受外籍會員。[87]1927 年時，台灣高爾夫俱樂部已運作順暢，組織也漸擴大，除了有名譽會長、理事會長、理監事七位、名譽顧問（三卷俊夫）、評議員 10 名外，還增設了隊長，下設五部的委員會包括果嶺、差點、競技、桿弟、會館、公關與會計。[88]

在 1927 年的《運動年鑑》中出現了會員差點的名單，其中出現了兩位台籍會員，林熊光列在差點 23 之列，而劉明朝列在 31 處，可說林熊光為中段班，劉明朝為後段班。劉明朝（1895-1985）於 1922 年畢業自東京帝大政治系，隔年被任命為台灣總督府文官，同年高考（高等文官考試）及格，為日治時期的首位台籍政府官員與高考及格者，[89]先後擔任總督府水產課、山林課課長以及「一天高雄稅關長」，期間更在 1924 年於新竹州擔任過內務部勸業課長，1930 年任新竹州種蓄場場長，在東京期間曾參與新民會、啟發會與籌組台灣文化協會，[90] 也是霧峰林家的女婿。

「差點」的極致當然是一桿進洞了，台灣高爾夫俱樂部二十年歷史中共有九次一桿進洞。[91] 首次為 1927 年 1 月 23 日，白勢黎吉（1883-1938）在淡水球場的第四洞（後

---

84 蔡佩蓉，〈現代化、日本化與殖民化：日治時期壽山公園的地景形塑與文化意涵〉，《高雄文獻》3（4），2013，頁 51-83。「壽山」詳見頁 61。

85 本多靜六（1866-1952）畢業於東京農林學校（現東京大學農學部），留德於 1890 年獲經濟學博士，1899 年再獲東京帝大森林學博士，1893 年起歷任東京帝大助教授與教授，期間規劃設計諸多公園，包括東京日比谷公園、明治神宮、京都嵐山公園、高雄壽山公園等，號稱日本公園景觀設計之父。此外，本多以力行「收入的四分之一儲蓄與投資，每天寫作一頁」聞名，其累積的財產後來捐出，其中包括捐出 2,700 公頃的土地給埼玉縣，另外更出版了 370 本的著作。在他設計的日比谷公園，還有因他力抗東京市政府而保留下來的銀杏老樹，號稱「拼你死我活的銀杏」。詳見〈本多靜六〉，網址：https://ja.wikipedia.org/wiki/本多静六。

86 蔡佩蓉，〈現代化、日本化與殖民化：日治時期壽山公園的地景形塑與文化意涵〉，《高雄文獻》3（4），2013，頁 65，圖 3-2。

87 三卷俊夫，〈台灣ゴルフ沿革誌〉，竹村豐俊編，《台灣體育史》（台北：台灣體育協會，1933），頁 585-586。

88《運動年鑑》（大阪：朝日新聞社，1927），頁 519-520。

89 日本文官考試分普考與高考，日治台灣時期，共有 52 位台籍人士高考及格，另有 19 人為普考及格。第一位普考通過的台籍人士為嘉義賴雨若（1878-1941），先擔任法院通譯，而在 1905 年通過普考，任法院書記，後再赴日，畢業於中央大學，1923 律師資格考及格，曾任嘉義街協議會議員、台南州協議會議員，後來在嘉義擔任律師。參見許雪姬，〈日治時期台灣的通譯〉，《海峽兩岸台灣史學術研討會論文集》，頁 446-468。「劉明朝」詳見頁 458。

90〈日治時期首位台籍人士政府官員——劉明朝〉，網址：https://zh.wikipedia.org/wiki/劉明朝。

91 三卷俊夫，〈台灣ゴルフ沿革誌〉，竹村豐俊編，《台灣體育史》（台北：台灣體育協會，

來的第 12 果嶺）打出了一桿進洞，留下了歷史記錄。白勢 1909 年畢業於東京帝大政治系，高考及格後到台灣總督府就職，歷任書記、鐵道部長兼總務部長、交通局總長等，退官之後，留在台灣發展，歷任台灣青果社社長、台灣乘合自動車事業組合理事長，[92] 尤其後者號稱「國策事業」，他擔任的組合理事長（合作社理事長）顯然和其前總督府的經歷有關。白勢黎吉為台灣高爾夫俱樂部的創會會員，並參加了淡水球場於 1922 年 11 月 5 日所舉辦的首次正式球賽，結果為 77 桿，同桿的三人進入了季軍的決賽，另兩人為後述高爾夫三人黨其中的兩位：三卷俊夫與酒井雪介，結果由同為東大政治系的學弟酒井雪介獲得季軍。[93]

而台籍會員的一桿進洞者為高雄陳家陳啟川，他也是台灣高球俱樂部會員，有兩次記錄，一次為 1934 年 11 月 4 日，於淡水高爾夫球場的第二洞。[94] 另一次在台南上庄（水源地）高球場一桿進洞：標準 3 桿的第四洞。[95] 後來又加入壽山高爾夫俱樂部，[96] 並爭取創立了澄清湖高球場。陳啟川（1899-1993）為陳中和的六子，1912 年赴日本慶應義塾留學（初中普通部三年、高中商工部三年、大學二年），[97]1920 年回台結婚而於大二輟學，1921 年轉學至香港大學，於隔年畢業，在日就學期間展現出全能的運動天賦。[98]

例如他在 1920 年 4 月 25 日參加了日本奧林匹克第二次預選 400 公尺接力賽項目的選拔會，成績為 47.52 秒，打破了日本記錄，[99] 雖然最後因故不能參賽，但已是台籍人

1933），頁 333-334。

92 〈白勢黎吉〉，網址：https://ja.wikipedia.org/wiki/白勢黎吉。

93 三卷俊夫，〈台灣ゴルフ沿革誌〉，竹村豐俊編，《台灣體育史》（台北：台灣體育協會，1933），頁 586。

94 前田莊吉編，《台灣ゴルフ俱樂部二十年史》，頁 357-358。

95 劉革新，〈消失的山上高爾夫球場〉，劉克全編，《永遠的劉瑞山》（台南：劉克全出版，2004）。楊玉姿，〈高雄體育史個案研究：一生熱愛運動的陳啟川先生〉，《高雄文獻》8（1），2018，頁 35-54。「陳啟川一桿進洞的紀錄」詳見頁 46。劉瑞山為劉青雲之父，劉青雲為日本慶應大學第一位台籍畢業生，和陳啟川不但是慶應的前後期學生，且為高爾夫球友，因此才有劉青雲在台南山上水源地球場見證了陳啟川的一桿進洞。前述的劉清風（台灣第一位留美醫學博士）和劉青雲為堂兄弟。

96 1934 年 11 開幕，首屆俱樂部會員 117 人。

97 陳啟川留學慶應大學期間也參加了攝影社團，購買相機，特別喜歡使用 Leica 相機，成為早期民間攝影家，同期間還有三位醫師也熱衷此道，包括台南劉清井、高雄三塊郭法、左營曾中達。當年 Leica 相機和高爾夫球具都比房子貴，1940 年代初期 Leica 相機要價 1,000 圓，樓房一棟 800 圓。陳啟川先生文教基金會，《懷念老市長陳啟川先生》（高雄：陳啟川先生文教基金會，2012），頁 67-68。

98 楊玉姿，〈高雄體育史個案研究：一生熱愛運動的陳啟川先生〉，《高雄文獻》8（1），2018，頁 47。

99 400 公尺的四棒為山田俊雄、陳啟川、廣兼篤郎、土居彌生吉。楊玉姿，〈高雄體育史個案研究：一生熱愛運動的陳啟川先生〉，《高雄文獻》8（1），2018，頁 40。

士最接近奧運者，[100] 因此其興趣只寫著：運動。1934 年 11 月 23 日舉行高雄壽山球場的開幕賽，當時的俱樂部會員有 117 人，陳啟川是參賽的唯一一位台籍人士，而他在五天前的 11 月 18 日，在淡水球場的俱樂部盃賽中得了冠軍，應該也是台籍人士的第一人。另外，1939 年 11 月 17 日的淡水球場的俱樂部盃，他也獲得亞軍。甚至 1940 年 7 月 26 日，淡水球場舉行南北對抗賽，南包括台南和高雄的球友們，陳仍然是參加的唯一台籍人士。雖然最後結果台北勝，但其雙打（與和田一組，以 7-5 勝神木與井上組）與單打（6-5 勝佐佐木）皆勝。[101] 當時為了高爾夫球技，陳啟川曾多次北上向陳金獅討教，後來更在自家的庭院自建高爾夫練習網 [102]，和林獻堂的萊園迷你高球場有異曲同工之妙。

表 3-2-1　1927 年台灣高爾夫俱樂部會員差點（Handicap）公布

差點	會員人數	差點	會員人數
9	2	23	9
10	3	24	5
12	3	25	4
13	3	26	6
14	2	27	9
15	2	28	5
16	3	29	5
17	8	30	6
18	5	31	4
19	9	32	5
20	7	33	2
21	3	34	4
22	11		

資料來源：朝日新聞社，《運動年鑑》（1927），頁 517-519。作者整理。

3-2-2　高爾夫三人黨

「高爾夫三人黨」之第一人為三卷俊夫（1879-?），1904 年畢業於京都帝大經濟系，先任職於台灣銀行，後於 1916 年轉任台灣倉庫株式會社社長與台灣運送荷役統制株式會

100 楊玉姿，〈高雄體育史個案研究：一生熱愛運動的陳啟川先生〉，《高雄文獻》8（1），2018，頁 53。
101 前田莊吉編，《台灣ゴルフ俱樂部二十年史》（台北：台灣日日新報社，1928），頁 221-223。
102 楊玉姿，〈高雄體育史個案研究：一生熱愛運動的陳啟川先生〉，《高雄文獻》8（1），2018，頁 47-48。

社社長，期間擔任台北商工會副會長及台灣高爾夫俱樂部會長。他曾書寫過《淡水高球場沿革誌》，為淡水球場留下寶貴的歷史文獻。並曾於 1937 年出版短文集，其中就有六篇觸及高爾夫球，[103] 並對當時的「高爾夫亡國論」提出反論。[104] 六篇中的一篇特別對於高雄壽山高球場規劃的探勘留下深刻印象，例如 1931 年 3 月 19 日曾和高雄的平山知事一起去舊城區的廢墓地尋找球場預定地，之後才發現壽山循環道路附近的適合場地。再經 7 月 2 日的深入探勘（後來的第 1 與第 4 洞地區），決定了該場地。[105] 最特別的是，三卷在 1938 年的《日本蒐書名家簿》中列名，他收藏的書為《高爾夫文獻及紀行文》。[106]

「高爾夫三人黨」之第二人為酒井雪介（1884-1936），1911 年東京帝大政治系畢業，[107] 歷任台灣總督府土木部書記（工事部書記）、專賣局書記與參事、代理專賣局局長、稅關事務官、州事務官等職，1928 年 9 月因病自請退休。「高爾夫三人黨」之第三人為小山三郎（1885-?），1911 年東京帝大政治系畢業，1913 年高考及格後，任職於台灣總督府事務官（阿里山作業所技師、鐵道部技師）、台中廳事務官、州警視官等，之後擔任台灣總督府鐵道部改良課長與監督課長。1938 年 5 月 31 日以台灣總督府交通局技師退官，包括退出幾個審查委員，例如總督府營林共濟組合、鐵道職員共濟組合等合作社組織以及都市計畫委員會委員等。[108]

由於酒井與小山為東大政治系的同班同學，興趣相投，因此一起推動高爾夫球運動。而小山三郎技師因鐵道規劃之故，先後擔任宜蘭與花蓮港鐵道出張所所長，[109] 在花蓮港時成為花蓮港高爾夫俱樂部的創會會長。1929 年 1 月 2 日，花蓮港高爾夫球場為小山三郎會長舉行送別高球賽，在 9 洞賽中，小山以平標準桿獲亞軍，當晚於俱樂部會館送別宴，推舉小山為榮譽會長。[110] 接任會長者為花蓮港廳廳長豬股松之助（任期：1929-1931），[111] 他促成了國會通過興建花蓮港。豬股廳長在台中州內務部長任內即大力推動高爾夫球，其高球差點為 18，比起第二名的 21 及第三名的 25（吉村佐平、淺井、古賀朝

103 三卷俊夫，《貓の髭》（台中：台灣新聞社，1937）。本書共 86 篇，其中 11、13-16 以及 40 篇論及台北與高雄的高球場。

104 三卷俊夫，〈我輩のゴルフ亡國論〉，《實業之台灣社雜誌》1 月號，1925，頁 1-8。

105 三卷俊夫，《貓の髭》（台中：台灣新聞社，1937），頁 158-160。

106 日本左書通信社，《日本蒐書名家簿》（1938）。

107 1897-1919 間的法學院稱為：東京帝國大學法科大學，法律系與政治系在內。

108 台灣總督府府報，3330 號，1938 年 7 月 13 日。

109 蔡龍保，〈總督府鐵道部技術團隊（2 之 2）：特出人物舉隅〉，《台灣人物誌》，頁 10-11。

110《台灣日日新報》，1929 年 1 月 2 日。

111 豬股松之助（1884-1939），先後於 1908 與 1915 年於東京帝大獲歷史與法律學位，並高考及格，渡台歷任台州警務部長、台中州內務部長，後接任第七任花蓮廳廳長，對興建花蓮港貢獻卓著，花蓮有豬股山以紀念他，該山標高 2,496 公尺。https://bit.ly/3BlCDbt。

一郎），[112] 揮桿功力頗佳。他更鼓勵女性參與高爾夫球運動，包括中村五久介、[113] 玉置彌四郎 [114] 與指宿昌陽等會員的夫人及女兒們。[115] 而這樣的脈絡更出現在 1931 年時，高爾夫會館的旁邊規劃出了小高球場（Baby Golf Course）以供初學者與女士們入門，[116] 且提供兩套女性專用的高爾夫球桿。高爾夫三人黨之首的三卷俊夫夫人三卷春楓並撰文討論婦女與高爾夫，鼓勵女性也來從事高爾夫運動。[117]

3-2-3　日治時期台灣的高球賽

1921 年 5 月 27 日，鐵道部技師渡部英太郎接任台灣高爾夫俱樂部會長，[118] 展開規章改造，當年 9 月，高爾夫三人黨的第二人酒井雪介從紐約返台，加入軟硬兼施的改造行列，包括球賽禮儀、會員內規、會員差點制度（Handicap）等增修，[119] 同時 9 洞的球場也已完成。於是在 1922 年的 11 月 5 日舉辦了首次的正式高球賽：9 洞重覆兩次使成 18 洞賽，參賽者 30 位，有四位外籍人士（R. B. Orr, Bruse, A. L. Pink, A. Bear）[120] 與兩位台籍會員人士：[121] 洪以南、黃東茂。[122]

● 洪以南

洪以南（1871-1927）出生於艋舺，曾考取秀才，為台灣知名士紳，先後擔任台北縣辦務署參事、艋舺保甲局副局長、台北廳參事、淡水區長、街長等職，並促成淡水信用

---

112 古賀朝一郎，歷任花蓮港電燈董事、朝日組總經理、東台灣新報董事、花蓮港電氣專務、花蓮港物產董事、花蓮港木材董事、花蓮港荷役倉庫董事、東台灣運送社長、東部電氣常董、花蓮港自動車運輸社長、東海自動車董事、東台灣股份無限公司監事、古河工業總經理。

113 中村五久介，歷任花蓮港物產合資會社社長、花蓮港電氣會社董事、朝日組董事。

114 玉置彌四郎，歷任花蓮港物產專務與社長、東台灣新報董事、花蓮拓殖社長。

115〈花蓮港とゴルフ〉，《台日グラフ》創刊號，1930，頁 3。

116 毛利之俊，《東台灣展望》（1933）。圖像來源：台灣大學圖書館。

117 三卷春楓，〈婦人とゴルフ〉，《台灣婦人界》，7 月號，1934，頁 105。

118 渡部英太郎（1871-1924）畢業於東京帝大土木科，先任職於日本鐵道會社，後於 1899 年渡台，陸續擔任臨時鐵道敷設部技師、總督府鐵道部技師、掛長、工務課長、打狗出張所所長、代理鐵道部長等職。

119 差點（Handicap）用來衡量高球運動員潛在能力的指標，數字越大，潛能越低：需要打更多桿數，才能完成 9 洞、18 洞等。例如 18 洞標準桿為 72，那麼差點 20 的球員可以用 92 桿打完 18 洞。

120 R. B. Orr 與 A.L. Pink 為 1922 年 11 月 5 日淡水球場舉辦了首次的正式高球賽的兩位外籍人士，也是初期的俱樂部會員，他們是英國德記洋行（Tait & Co.）的員工，R. B. Orr 則為該洋行駐台經理。當時的洋行還有美時洋行、義和洋行、新華利洋行等。而在 1927 年俱樂部公布的差點表中，R. B. Orr 為 13，A.L. Pink 為 22，顯然 R. B. Orr 實力不錯，是所有會員的第九名。

121 入會費 100 圓，球具一組 200 圓，當時 300 圓可以在淡水街上買一間店面。

122 三卷俊夫，竹村豐俊編，《台灣體育史》，頁 586。

組合（合作社）的成立，且在淡水購置達觀樓（1913-1927），收藏文物，自稱「達觀樓主」，並召集詩人 150 人組成「瀛社」，擔任首任社長。[123] 由於洪以南在 1920-1924 年間擔任首任淡水街長，因此參加了 1921 年 10 月 16 日的小西菊次郎送別賽，也和許丙一起參加 1920 年 11 月 14 日的了石井光次郎送別賽。更參加了 1922 年 11 月 5 日的台灣首次高爾夫球的正式比賽，也算非常盡職的「會員級主人」了，可惜只打了一半 66 桿就停了（打完應該在 120 桿左右），後面未參賽。

● 黃東茂

　　黃東茂（1876-1929）生於廈門，[124] 1913 年遷居淡水，為知名實業家，號稱煤油或石油大王（為荷蘭皇家殼牌石油的台灣代理商或買辦），本來台灣的煤油市場是由李春生所獨家代理的標準石油（販售美國煤、石油），後來俄羅斯石油開始進入台灣，代理權落入黃東茂手中的三美路商會（Samuel, Samuel & Co.），再納入殼牌石油，興建倉庫與儲油槽。[125] 他也是煤礦主、彰化銀行大股東、蓬萊閣酒家店主，[126] 並曾組淡水興業輕鐵公司，建設淡水輕便鐵道線，他引進水筆仔防海浪，造成了今日所見的淡水水筆仔紅樹林，當然他也曾是當時唯一擁有汽車的台灣人。[127] 前述的 1922 年首次高爾夫球賽，黃東茂打了 91 桿也停了（黃一半），後面未參賽。雖然如此，他們應該在台灣高爾夫球歷史中留名，因為參加（一半）了台灣有史以來的首次高爾夫球 18 洞的正式比賽。他的首次還有台灣第一批的國際扶輪社社員，當時由美國駐台領事達飛聲所創，首批社員包括日籍 30 名及台籍 25 名。[128]

　　1923 年 4 月 1 日，第一屆俱樂部盃高球賽正式舉行，冠軍為鈴木謙則。[129] 接著 1923 年 7 月 8 日，第一屆伏見宮貞愛親王盃高爾夫球賽於淡水球場舉行，由台銀的伊藤正人掄元，後續還有更多定期舉行的高球賽（如表 3-2-4），成為球場傳統，直到 1945 年。主要推手的三卷俊夫除了在 1924 年 7 月 20 日起寄贈了高球賽三卷盃，更在 7 月 27 日舉辦

---

123 〈洪以南〉：https://tamsui.dils.tku.edu.tw/wiki/index.php/洪以南。其子洪長庚為留日台灣首位眼科醫生（1920），曾孫洪致文為台灣鐵道專家，台師大教授，曾擔任鐵道博物館籌備主任（2019-2021）。洪以南在更早的 1920 年 11 月 14 日曾和許丙一起參加了石井光次郎送別高球賽，洪以南接著於 1921 年 10 月 16 日再參加了小西／菊池兩人的送別賽。當時台灣三大詩社：瀛社、櫟社、南社。

124 淡水知名實業家〈黃東茂〉：https://tamsui.dils.tku.edu.tw/wiki/index.php/黃東茂。

125 林呈蓉，《見證乙未之役》（台北：五南圖書出版公司，2021），頁 117-118。

126 當時地址為台北市日新町 1 丁目 168 番地。

127 陳柔縉，〈最早的台灣人車主洋派又傳統〉，《名人堂電子報》335，2014。1919 年時，台灣有汽車 23 輛，黃東茂是唯一一位台灣人車主。

128 林呈蓉，《見證乙未之役》（台北：五南圖書，2021），頁 37-38。

129 鈴木謙則曾擔任台銀理事，後來轉任滿洲國中央銀行理事、滿洲製鐵監事、僑民會事務局長。

了「高爾夫女性招待日」，有 13 位會員帶著夫人與女兒來揮桿，但未見台籍人士。但在林獻堂的《灌園先生日記》中，則其女性家人多見揮桿，其中一個原因為自家萊園有迷你高爾夫球場。

3-2-4　台籍人士高球賽

此外，在日治時期舉辦的台籍人士 72 洞高球賽（正式名稱：全島 Pro 競技會）也值得一提，該比賽首次於 1935 年 2 月 5-6 日舉行，由林萬福掄元，第二屆於 1936 年 1 月 24-25 日舉行，由郭金順摘下冠軍盃。同一年的二月與五月舉辦了兩次的桿弟排名賽，分別有 32 與 33 人參加。第三屆於 1937 年 2 月 9 日 -11 日在淡水球場舉行，當時旅日職業選手陳清水正好返鄉，因此號召參賽的台籍職業球員如下表，結果由陳清水奪冠[130]。

表 3-2-2　1937 年台籍球手高球賽

高爾夫俱樂部	參加者	說明
淡水	陳清水、郭金順、陳金獅、張春松、林萬福	皆為早期的桿弟，1937 年有 90 位。
新竹	陳乾坤	前兩場代表台南
台中	陳火順	
台南	陳振封	
高雄	楊石頭	
花蓮港	武藤一雄	

資料來源：李澍奕，〈台灣職業高爾夫球手先驅者陳清水〉，《國史館台灣文獻館電子報》165，2017，網址：https://www.th.gov.tw/epaper/site/page/165/2382。前田莊吉編，《台灣ゴルフ俱樂部二十年史》，頁 302。

由上表中，可知被稱為「高爾夫五大金剛」的陳清水、郭金順、林萬福、陳火順與陳金獅等五位球師全部入列參賽。陳金獅（1911-1992）為淡水球場附近的大庄人，因此有機會成為球場桿弟、[131] 球場職員與首席球師（1940），而進入高爾夫球界，曾於 1933 年赴日本橫濱的程ケ程高爾夫俱樂部短期留學，和陳清水在一起，並開始在日本參賽，惟成績不甚理想，但回台參賽曾獲 1939 年中台灣職業高爾夫選手權冠軍。1940 年陳曾赴中國江灣高球俱樂部工作，當時林萬福已在該球場工作。1946 年回台，陳金獅號召郭金順、陳火順、林萬福等人協助恢復老淡水球場，當時出錢整修者還包括林獻堂與陳啟川

---

130 前田莊吉編，《台灣ゴルフ俱樂部二十年史》（台北：台灣日日新報社，1928），頁 299-302。
131 1925 曾短暫到台中的彰化銀行擔任工友，當時總經理為坂本素魯哉，高爾夫幫，也是台灣高爾夫俱樂部的早期會員，可說是高爾夫脈絡而來的工作。

等會員，國府時期重新改組的台灣高爾夫協會，會長為廖文毅，理事有林猶龍、陳啟川等人，[132] 皆為林獻堂社會、民主與高爾夫脈絡中的親友。

老淡水球場先整理了 1 至 9 洞，後來美軍顧問團接續整修 9 至 18 洞。陳金獅並開始參與高球場的設計建造，包括新淡水、大屯、松柏嶺、花蓮、礁溪與林口等六處球場。[133] 後來致力於高球選手的培養，包括陳清波、謝永郁、涂阿玉、謝敏男、呂良煥、許溪山、郭吉雄等球員。更特別的是，陳金獅的六個兒子全都成為高爾夫選手（四位職業、二位業餘），堪稱高爾夫家庭。[134] 另一個為郭金順家族，他是台灣高爾夫俱樂部的開場元老之一，其子郭吉雄與郭榮樹皆在高球界，郭榮樹長年任職於台灣高爾夫俱樂部，其孫也服務於高球界，當年郭吉雄與謝敏男、呂良煥皆被尊稱為「亞洲球王」。

陳清水長陳金獅一歲，兩陳同為淡水球場第一批的桿弟，曾自製球桿練球，當年一組高爾夫球具等於一棟樓房（都市人觀點）或 7,000 公斤稻穀（農夫觀點），後來會員許丙還捐贈球具給桿弟們練習，傳為美談。[135] 陳清水在日本比賽的成績佳，曾號稱「清水旋風」。陳後來留在日本發展，研發「清水號高球桿」，並設計了 21 座球場。同時期在日本發展的林萬福（後改名林益三；1914-1986），於 1935-1942 年間擔任東京高爾夫俱樂部的首席球師，在日本參賽先後獲得 1937 年的關東職業賽冠軍、1938 年日本公開賽冠軍與高球最優秀選手獎、1939 年關東公開賽冠軍等。

3-2-5　職業選手來台

當然邀請職業選手前來示範與教學更是匯集人氣的方法，例如村木章職業選手曾於 1925 年 12 月 28 日到 1926 年的 1 月 9 日間受津久井誠一郎之邀到台灣，[136] 分別在津久井邸、淡水球場與圓山運動場示範與教學，引起迴響，更因此多留一個月，住在鐵道飯店（現在台北車站站前的新光百貨），繼續教學，2 月 10 日起更應中南部球友之約南下教

---

132 李淑奕，〈台灣職業高爾夫球手先驅者陳清水〉，《國史館台灣文獻館電子報》165，2017，網址：https://www.th.gov.tw/epaper/site/page/165/2382。

133 雷小娟、王誼邦，〈陳金獅對台灣高爾夫運動的貢獻：以《中央日報》與《聯合報》的新聞報導為例〉，《身體文化學報》17，2013，頁 47-68。另見王誼邦、雷小娟，〈台灣高爾夫之父陳金獅〉，日期不詳。

134 雷小娟、王誼邦，〈陳金獅對台灣高爾夫運動的貢獻：以《中央日報》與《聯合報》的新聞報導為例〉，《身體文化學報》17，2013，頁 60。

135 王誼邦、雷小娟，〈台灣高爾夫之父陳金獅〉，日期不詳。

136 村木章（1908-1985）為日本第一位職業高球選手福井覺治的外甥，獲 1930 年的日本高球職業賽冠軍，比第二名的成績少了 19 桿之多（304 對 323），成為史上記錄，而當時的第二名有兩位同桿數者，其中一位即為當年受教的陳清水。邀請者為津久井誠一郎，當時為三井物產台北支店長，除了積極推動高球外，也在 1923 年號招組成台灣桌球協會，擔任首任會長。1927 年曾參與首屆台展（台灣美術展覽會）的評議員，還包括台籍人士顏國年、林熊徵、辜顯榮等。

學，直到 2 月 16 日才回日本，先後有五十餘人受教，其中還包括了板橋林家的林熊徵、林熊光[137] 與大掌櫃許丙。[138] 而在淡水球場的比賽記錄中，林熊光卻是早期得獎的台籍人士，他參加了 1931 年 3 月 1 日的久宗理事送別賽中，他以 74 桿獲三等獎，[139]1931 年 8 月 30 日舉行的下村、石井歡迎賽中，[140] 在 B 組賽中以 87 桿獲得一等獎。

村木章職業選手的另一位受教者則為當時的桿弟陳清水，[141] 之後的 1927 年 4 月 19 日，這一位淡水球場桿弟搭蓬萊丸啟程前往日本橫濱程ケ程高爾夫俱樂部，[142] 展開技術磨練與球具修繕的實習，先後受教於淺見綠藏與赤星六郎，[143] 被期許成為島內的職業高球員，[144] 後來獲 1942 與 1953 年日本高球職業賽冠軍。依《灌園先生日記》記載，1932 年的 1 月 21 日，林獻堂二男猶龍與愛子夫婦曾赴淡水球場找陳清水指導。[145]

1934 年，另一位美國的職業高球選手 Water Hagen（1892-1969）來台訪問淡水高爾夫球場，當時他已獲兩次美國公開賽冠軍、四次英國公開賽冠軍、五次 PGA 賽冠軍。[146] 陪同的日本赤星四郎（1895-1971）為淡球場冠軍球道與後來新淡水球場（1969）的設計者，他和其弟赤星六郎皆為球員與球場設計家。赤星四郎畢業於美國賓州大學，1924 年獲在地的高球賽冠軍，不過當時他卻著迷於美式足球。其弟赤星六郎畢業於美國普林斯頓大學，加入高爾夫社團，1924 年曾在全美業餘高球賽的分組賽中奪冠。

---

137 林熊光（1897-1974）字朗庵，林熊徵之弟，1923 年畢業於東京帝大經濟系，回台創朝日興業株式會社，並和林熊徵共創大成火災海上保險株式會社，性喜讀書，雅好書畫骨董，有極高之鑑賞收藏能力，曾連任三屆台北州協議會議員、總督府評議員：資料來源：國家圖書館 台灣記憶 https://tm.ncl.edu.tw/。

138 三卷俊夫，〈台灣ゴルフ沿革誌〉，竹村豐俊編，《台灣體育史》（台北：台灣體育協會，1933），頁 589。

139 三卷俊夫，〈台灣ゴルフ沿革誌〉，竹村豐俊編，《台灣體育史》（台北：台灣體育協會，1933），頁 610、612。

140 台灣總督府下井宏總務長官於 1921 年退休返日，石井光太郎於 1920 年赴歐履新，兩人皆為淡水高球場與台灣高球俱樂部的主要推手。1931 年再回台灣，因此舉行高球歡迎賽。

141 三卷俊夫，〈台灣ゴルフ沿革誌〉，竹村豐俊編，《台灣體育史》頁 589。

142 橫濱程ケ程高爾夫俱樂部於 1922 年成立，為日本第一家 18 洞冠軍球道的高球場（6,707 碼），先後舉辦 1926 年第一屆全日本高爾夫選手權賽和 1927 年的第一屆日本高爾夫公開賽。

143 淺見綠藏為第二屆（1928）與第五屆（1931）日本高球公開賽的冠軍。赤星六郎則為第一屆（1927）的冠軍，比賽場地就是陳清水留學的橫濱程ケ程高爾夫俱樂部。淺見綠藏到目前仍為得獎者最年少記錄保持者，1928 年得冠時 19 歲 10 個月。

144《台灣日日新報》，1927 年 4 月 13 日。蓬萊丸號稱萬噸級客船，於 1924 年 6 月 12 日首航抵達台灣基隆港。6 月 19 日由台灣首航到日本，船上有台灣議會設置請願團的成員蔣渭水、蔡培火等團員。莊永明書坊，〈蓬萊丸首航〉，網址：https://bit.ly/3rDKga2。蓬萊丸與扶桑丸、瑞穗丸，被稱為台灣航路三巨船。另有日本郵船公司的基隆神戶線，包括香取丸、大和丸、富士丸。

145 林獻堂著，許雪姬等註，《灌園先生日記 (一) 一九二七年》（台北：中研院台史所，2000），頁 156。

146 "Walter Hagen": https://en.wikipedia.org/wiki/Walter_Hagen。

　　赤星兄弟回國後致力於推動高爾夫並設計高球場。赤星四郎獲 1926 與 1928 兩屆的全日本業餘高球賽冠軍，赤星六郎則獲 1927 年日本公開賽冠軍。赤星四郎設計的球場包括淡水球場、函館球場、箱根鄉村俱樂部、御殿場鄉村俱樂部等。[147] 在 1941 年時，有人將高爾夫比照日本的圍棋、將棋等轉成段數，日本人最高者為五段，列出在本文中出現者的段數如下表，可見赤星家的四、五、六郎兄弟們全在列，

表 3-2-3　高爾夫選手的段數表例

段數	姓名	說明（和台灣之關係）
5	赤星六郎、赤星四郎	赤星四郎為淡水球場冠軍球道與新淡水球場設計者
4	成宮喜兵衛	關東關西之爭 [148]
3	赤星五郎	赤星四郎之弟
2	石井光次郎	著有《台灣高爾夫雜談》、台灣高爾夫俱樂部會員
1	井上信、朝香宮	井上信為三井物產紐約支店店長，曾來台灣推動高爾夫　朝香宮號稱高爾夫的皇族，曾來台巡視時赴淡水揮桿

資料來源：《吳越同舟》，頁 332-334。[149] 作者整理。

3-2-6　各種高球賽事

　　淡水球場的規格與會館陸續完善，也推出各種正式與特別的賽事（參見表 3-2-4），最重要的當然是俱樂部盃，其次為紀念皇族或皇族來訪球場後捐贈的賽事盃，例如伏見宮貞愛親王盃為紀念參加 1895 年乙未戰爭、朝香宮盃為訪問球場之後捐贈者與代表皇太子的東宮盃、久彌宮盃等。再來為政治人物如首相盃、總督盃，企業如三菱盃、砂糖盃、台銀盃、勸銀盃、華南銀行盃、貯蓄銀行盃、三四銀行盃、攝津商船盃、台灣運輸盃、台灣倉庫盃、台灣電力盃、台日（台灣日日新報）盃等，外籍企業或人士如 Morris

---

[147]〈赤星四郎與六郎兄弟〉：https://ja.wikipedia.org/wiki/赤星四郎。
[148] 成宮喜兵衛為 1932 年日本業餘高爾夫選手權比賽的冠軍，是本賽事自 1907 年以來首位關西的選手，對照關東的強勢，這次冠軍具有東西之爭的指標意義。揮桿者而言，關東有中央政府、銀行總店，因此球場也有落差：關東有 18 處球場（12 處為 18 洞），而關西有 10 處高球場（5 處為 18 洞）。比照當時的台灣南北之差，北部有總督府、銀行總部，淡水球場的台灣高爾夫俱樂部掌握了大部分的主導權。
[149] 下村海南（下村宏），《南船北馬》（四條書房，1932）。下村海南（1875-1957）亦為東京帝大畢業生，1915-1921 年間歷任台灣總督府民政與總務長官，1921 年辭官入朝日新聞社，成為媒體人，後來於 1930 年擔任副社長，1943 年接任日本放送協會（NHK）會長、1945 年入閣任國務大臣，他促成了日本投降的廣播與天皇「玉音放送」。書中的頁 303 提及錦水的油氣發展希望有助於新竹市，因為新竹市的高物價僅次於馬公與台東，發展之後，新竹的物價下降，也可以改善旅館品質，也可建設森林公園與高爾夫球場。

盃、OSK 盃、英國人盃、MBK 盃等。不過有一種盃的冠軍不好爭，例如 1935 年 2 月 27 日舉行的久彌宮殿下奉迎賽，參加者 25 人，其中一位就是皇族，盡量用冠軍歡迎他，高爾夫三人黨之一的小山三郎以同桿獲一等獎。[150] 此外，還有一種稱作「墓標競技」的紀念高球賽，例如 1927 年 8 月 7 日舉行了紀念過世會長井村大吉的比賽。[151] 當時還流行株式會社盃，例如台電盃，連社長們也紛紛加入號稱台灣最大政商社交機關的台灣高爾夫俱樂部，松木幹一郎（1872-1939）於 1929 年 12 月就任台電社長，雖然其他的長年興趣為撞球，但為了日月潭水力電氣建設，隔年五月即加入俱樂部成為會員，甚至參加台北電交會（電力交流）會舉行的高球賽，還得到了優勝，留下了兩張在淡水球場「電交盃」高爾夫賽的合照，其中一張有四個人的合照，包括河村徹（台灣日日新報社社長與高爾夫俱樂部會長）、中川健藏（台灣總督：任期 1932-1936）、後宮信太郎（煉瓦王、台灣商工會會長），見證了政商媒體在高球場的交流。而他們當然都是俱樂部會員，其中後宮信太郎為「在台日本人商工業者の日月潭發電所建設運動」與後來「臨時台灣經濟審議會」的主要人物，和河村徹同為在京台灣俱樂部的成員。[152] 台電松木社長更在同年七月被任命為總督府評議會會員，連任四屆（1930-1938），1936 年擔任高球俱樂部評議委員。[153] 而以上四位皆曾舉辦過有自身脈絡的高球賽盃，例如台電盃、後宮盃、中川總督盃與台日（台灣日日新報）盃。

150 前田莊吉編，《台灣ゴルフ俱樂部二十年史》（台北：台灣日日新報社，1928），頁 211。

151 台灣體育協會，1927，《台灣體育協會 10 周年特刊》。

152 宮川次郎，《台灣常識》（台北：台灣實業界社，1930）。該書附錄有「在京台灣俱樂部」與「台灣高爾夫俱樂部」會員錄。在京台灣俱樂部的台籍甲種會員有辜顯榮、陳中和、李延禧，乙種會員有陳啟峰（文協評議員）、林熊光、許延光、許丙、顏國年等人。該會會址為東京市丸の內的昭和大樓。而兩個俱樂部的台籍與日籍成員高度重疊，包括高爾夫三人黨的酒井雪介、引進高爾夫的南洋王松岡富雄、煉瓦王後宮信太郎、下村宏高球俱樂部榮譽會長等，值得進一步研究。

153 松木幹一郎傳記編纂會，《松木幹一郎》（東京：三省堂，1941）。該書最後附有九頁的年譜，1899 年東京帝大法科大學（現東大法學院）英國法律科畢業，歷任遞信省事務官、東京郵便電信局課長、通信局郵務課長、廣島郵便電信局局長、橫濱郵便電信局局長、帝國鐵道運輸部課長、東京市電信局長、山下汽船會社總理事／副社長、帝都復興院副總裁，58 歲時才赴台接任台電社長。任期內的 1931 年讓日月潭計畫再起動，1934 年日月潭第一發電所完工。期間也發生了「在台日本人商工業者の日月潭發電所建設運動」。

場フルゴ水淡灣臺

氏徹村河　　氏藏健川中　　氏郎一幹木松　　氏郎太信宮後

圖 3-2-1　在淡水球場「會友」的四巨頭
資料來源：國立台灣圖書館，《松木幹一郎》紀念集。

　　最多者為個人捐贈的紀念盃如高爾夫三人黨的三卷（俊夫）盃、櫻井（鐵太郎）盃與木下（信）盃等。在高球賽事多樣化的情況下，1930 年 9 月台灣高爾夫俱樂部（TGC）加入日本高爾夫聯盟，此消息刊登於 1931 年 4 月 1 日出版《TGC 會刊》。淡水球場的各種賽盃中，比較有趣的是 1926 年 7 月 12 日舉辦的總督府及銀行團的對抗賽、[154] 7 月 18 日總督府及會社團對抗賽及 7 月 26 日的南北對抗賽。此外，台日社（台灣日日新報社）懸賞賽，由球場或自我舉證進步桿數最多者，予以獎勵之。

　　也因此《台灣日日新報》多所報導各地高爾夫的消息，甚至提供稱之為「高爾夫速描」的版面來勾勒出俱樂部會員的主要人物，例如出現者包括「總督府高爾夫四人組」的木下信內務局長與後藤文夫總務長官、「高爾夫三人黨」的三卷俊夫、台日社社長的井村大吉等。[155] 此外，《台灣日日新報》還有〈高爾夫通信〉，報導總督府高官們入會、

154《台灣日日新報》，1926 年 7 月 13 日。7 月 11 日先有英國人盃高球賽，由管八郎（台灣製腦）得到冠軍，木下信總務長官與妻木粟造得到亞軍。之後展開對抗賽，總督府與銀行團各派 9 人參賽，結果 5 比 4，總督府險勝，參賽者包括木下 信總務長、坂本森一警務局長、阿部滂財務局長等。

155《台灣日日新報》，1926 年 9 月 23、24 日與 25 日。插畫者的筆名為舜。

揮桿消息、及高球場找地消息等。[156]《台灣日日新報》熱衷於高爾夫報導的其中一個原因為兩任社長井村大吉[157]與河村徹皆為台灣高爾夫俱樂部的會員，且先後擔任過會長。河村徹於 1937 年 7 月就任俱樂部會長，其第一個政見即為成立「台灣高爾夫聯盟」，以結合台灣各地高爾夫俱樂部與球場。[158]不過之前已在淡水球場舉辦過幾屆的全島高爾夫大會，第一次於 1933 年 11 月 3-5 日舉行，邀請了台南 12 位、台中五位與花蓮港三位的地方俱樂部會員參賽，台籍人士陳啟川列在台南隊，而賴木生在台中隊，再加入台灣俱樂部的會員後分組比賽。兩位都在 A 組比賽（50 人），另有 B 組（18 人），結果台中的賴木生進入最後八強。第二次全島高爾夫大會於 1934 年 9 月 23-24 日舉行，但地方俱樂部參加人數較少，計有台中三人、台南三人與高雄一人，台籍人士代表只有代表台南的陳啟川，顯然陳加入的俱樂部為台南上庄高爾夫球場，也是他再次一桿進洞的球場。比賽一樣分兩組（A 組 28 人、B 組 12 人），陳進到 A 組的最後八強，可惜輸給了冠軍的中山義信。[159]兩次比賽的懇親會都在台北鐵道旅館舉行，這裡也是台灣高爾夫俱樂部召開大會的地方。

　　特別是各種賽盃中也有以台籍人士為名者：林津梁寄贈盃，林津梁為霧峰林家家族成員，頂厝系五位堂兄弟（紀堂、烈堂、獻堂、澄堂、階堂）之中，津梁為林獻堂（1881-1956）堂兄林紀堂（1874-1922）的二子，他由林獻堂帶動而接觸了高爾夫球運動。在林獻堂 27 年（1927-1955，少了 1928 與 1936 年份）的《灌園先生日記》中，常見林支持各項體育活動（包括其所號召建立的台中一中的台籍學生棒球隊等），也出現了觀賞棒球與舉辦運動會的記錄，[160]但由於林獻堂親自參與了高爾夫球運動並在自家萊園建了迷你球場，因此對高爾夫球運動的描述相對多。

156《台灣日日新報》，1924 年 11 月 8 日。

157 井村大吉（1837-1927）畢業於東京帝大法科大學（現東大法學院），1906 年渡台任職於台灣總督府，歷任參事官、通信局長、台北廳長。1916 年辭官赴大連發展，1921 年再來台，擔任《台灣日日新報》社長，在社長與台灣高爾夫俱樂部會長的任內病逝。

158 前田莊吉編，《台灣ゴルフ俱樂部二十年史》（台北：台灣日日新報社，1928），頁 75。

159 同上註，頁 44-51。

160 棒球部分參見張永昇，《台中地區棒球運動之研究（1914-2012）》（台中：中興大學歷史所碩士論文，2016），頁 55-58。其中有趣的是台灣籍留學生的早慶戰，於 1938 年 11 月 27 日於台中舉行，林獻堂代表楊肇嘉（當時赴日）參加開幕式，楊肇嘉為棒球迷，並曾推薦具棒球天分者赴日留學。

表 3-2-4　淡水球場發展的早期定期賽例表

高球賽盃名稱	首屆開始時間	高球賽盃名稱	首屆開始時間
俱樂部盃	1922/11/5	砂糖盃	1925/6/4, 17
秋季俱樂部盃	1923/11/4, 11/7	ホッグ（F. C. Hogg）盃 [161]	1924/10/19, 26, 11/2
伏見宮盃	1923/7/8	英國人盃	1925/7/5
昌德宮殿下盃	1927/6/27	伊澤總督盃	1927/10/9, 23
忘年盃	1923/12/23	朝香宮盃	1928/1/15, 2/5
西村盃	1924/2/24, 3/2	井村盃	1928/3/11, 21
三卷（俊夫）盃	1924/7/13, 7/20	OSK 盃	1928/12/9, 16
東京盃	1924/11/16, 12/28	佐藤盃	1926/5/30
櫻井（鐵太郎）盃	1925/3/1	後藤盃	1929/1/13, 20
台灣盃	1925	田中首相盃	1929/2/10, 24
伊藤總督盃	1926/10/3, 21	富士丸紀念盃	1927/4/11
小林總督盃	1927/3/7	高砂丸紀念盃	1927/7/4
川村總督盃	1929/9/22, 29	海野（裴雄）寄贈盃 [162]	1928/7/1
Morris 盃	1927/9/11, 24	木下信氏寄贈盃	1928/11/4
川村盃	1930/10/12, 19	河原田盃	1929/11/17, 24
台灣日日新報盃 台日社懸賞賽	1931/3/8 1931/4/26, 6/14	人見盃	1931/9/20
官民對抗紅白賽	1931/1/15	後宮（信太郎）盃 [163]	1931/11/15
大朝盃	1931/12/6	東宮盃 [164]	1931/11/29
台銀盃	1932/5/8	林津梁寄贈盃 [165]	1932/6/12

---

161 F. C. Hogg 為德記洋行台北店長。

162 海野裴雄為台灣總督府鐵道部技師（1918-1924）與交通局技師，曾擔任鐵道部工務課瑞芳建設事務所所長，負責三貂嶺鐵路隧道、第三基隆河橋、宜蘭線之興建，也是 1927 年淡水球場擴建為 18 洞的果嶺委員。

163 後宮信太郎（1873-1960），於 1901 年為鮫島商行接班人，並於 1913 年改組為台灣煉瓦株式會社（生產 T.R. 磚頭），號稱煉瓦王，1925 年收購金瓜石礦山，後轉賣給日本礦業株式會社，又被稱為金山王。1927-39 年間接任高砂麥酒株式會社社長（現華山園區）；詳見〈後宮信太郎〉，網址：https://zh.wikipedia.org/wiki/後宮信太郎。

164 西元 1923 年（大正 12 年）日本裕仁皇太子蒞臨台灣巡行，皇太子稱東宮。

165 林津梁（1907-1962）和其兄林魁梧（1900-1954）兩人皆透過台中廳長枝德二（1863-1932）的牽線，1911 年就以小留學生名義留學日本，就讀誠之小學，寄宿在曾擔任台灣總督府國語學校（現建國中學）校長的田中敬一（1858-1930）家，中學畢業後回台，1929 年林津梁娶了呂漱石的女兒呂婉如。林紀堂，《林紀堂日記》（台北：中研院台史所，2017）。另外，田中敬一當校長時的 1906 年組成了台灣第一支棒球隊。詳見〈田中敬一〉，網址：https://twbsball.dils.tku.edu.tw/wiki/index.php/田中敬一。

高球賽盃名稱	首屆開始時間	高球賽盃名稱	首屆開始時間
太田盃	1932/6/26, 7/3	皿谷廣次盃[166]	1932/6/26
木下盃	1932/7/24	MBK 盃	1932/7/3
太田總督盃	1932/7/3	台灣電力盃	1926/6/28
阿部盃	1926/9/6	倉庫盃	1926/11/1
Captain 盃	1926/11/15	荒木老齡盃	1926/10/17
三菱盃	1927/2/7	華南盃	1927//2/21
日通拓殖盃	1927/7/11	台灣運輸盃	1927/7/25
台灣瓦斯盃	1927/8/22	台灣銀行盃	1927/8/15
小林總督盃	1937/3/7	桿弟盃	1935/11/20
中川總督盃	1933/5/7	糖業聯合盃	1934/9/9

資料來源：三卷俊夫，〈台灣ゴルフ沿革誌〉，頁595-618；前田莊吉編，《台灣ゴルフ俱樂部二十年史》，頁239 表。作者整理。

3-2-7　皇族巡台的高爾夫之旅

　　有了象徵「承平殖民」意義的高爾夫運動與球場，當然也會成為皇族視察的地點，從1901年到1941年共27位皇族進行了34次的皇族訪台行程中，內有十人14次訪問過高爾夫球場（如表3-2-6），比率為41%，內還有父子檔。依陳煒翰文，皇族的殖民地台灣視察可分成：皇族的榮光、軍力的視察、特殊的需求、統治的展示、國策事業的施行等五大項。不過看來高爾夫並未放在此五大項目之中，可說是皇族在台期間唯一不受趕鴨子式行程表拘束的休閒活動，場地則因交通與區位考量，多安排於淡水高爾夫球場[167]，但也訪問過高雄壽山與台南的球場，甚至意外出現馬公松島的簡易高爾夫球場，連接了1908年的松島軍艦爆炸事件。[168]既然其中11次皆訪問了淡水球場，依照皇族出巡的規格，淡水的人士（例如中小學生）拿著太陽旗沿街歡迎就成為義務，且飽吸沙塵，[169]可稱

---

166 鹽水港官員，為台南州協議會議員。

167 陳煒翰，《日本皇族的殖民地台灣視察》（台北：台師大台史所碩士論文，2011），頁69。另已出書，陳煒翰，《日本皇族的台灣行旅：蓬萊仙島菊花香》（台北：玉山社，2014）。

168 1908年4月30日，日本松島號軍艦運送海軍士官學校（海軍官校）學生航海實習，在澎湖馬公港風櫃地區海域，軍艦因內部的火藥庫發生爆炸沉沒，造成師生與船員222人罹難。1909年8月進行打撈，1912年設立「軍艦松島殉職將兵慰靈塔」與松島紀念館。松島紀念館後來成為日治時期澎湖的三大景點之一，該館的外面還有簡易的高爾夫球場。此外，1910年10月澎湖規劃興建的大智山妙廣寺（臨濟宗教派），亦為松島艦殉職將兵慰靈之寺。松島號軍艦事件，詳見顏妙幸，〈1908-9年澎湖馬公港日艦松島號之爆炸及處理〉，《澎湖研究第九屆學術研討會》（2009）。

169 周明德，〈淡水高爾夫球場小史〉（一、二、三、完結篇），《滬尾街》1-4期，1990-1991。此文亦見網址：http://tamsui.yam.org.tw/hubest/hbst1/hube161.htm，檢索日期：2011年8月28日。

為「高爾夫副作用」。

　　皇族來訪早期搭客船、軍艦，後期也搭飛機，但皆有軍職。原來 1873 年日本發出徵兵令，[170] 其中包括皇族一樣有從軍義務。到 1945 年戰敗止，徵兵令共徵招了所有 62 位中的 49 位皇族（陸軍 28，海軍 21）。[171] 訪台高爾夫之行的九位皇族中，陸軍五位與海軍四位。軍階最高者有軍令部總長與元帥，例如伏見宮博恭王（1875-1946）先後擔任艦隊司令、海軍軍令部長、軍令部總長，也被稱為「特攻兵器」的推動者。[172] 其父為伏見宮貞愛親王，其子為伏見博義王，一家都喜歡高爾夫球運動，例如伏見宮貞愛親王盃即為淡水球場皇族推動的賽事。伏見博義王來台訪問球場三次，父子皆在訪台期間去了球場，換言之，伏見宮皇族祖孫三代皆和台灣的高爾夫運動有關。

　　另一對高爾夫皇族為高松宮宣仁親王與其夫人德川喜久子公爵，高松宮 1926 年訪台時，曾安排了淡水高爾夫球的行程，後來因故取消。高松宮夫婦以喜歡高爾夫與滑雪出名（也是滑雪皇族），天氣溫暖時，到日本各地的高球場揮桿，天氣冷時，則遍遊各地的滑雪場滑雪。夏天就在東京高輪地區自家的游泳池游泳，並開放某些時段給附近的兒童使用。[173] 因此位於神戶的有馬皇家高爾夫俱樂部仍有高松盃高球賽，他以名譽會員的身分分別於 1977 年 4 月（五週年）與 1982 年 9 月（十週年）到該球場參加週年慶，自 1977 年起舉辦高松盃高球賽。高松宮更是唯一一位出版日記的皇族，在其中有一段：一起開車去高球場揮桿，路程中超速被交通警察攔下開單，還上了新聞。

　　根據《台灣日日新報》的記載，1933 年 7 月的一個月內，三位日本皇族：高松宮殿下搭乘重巡洋艦「高雄號」、伏見宮殿下搭乘「天霧號」驅逐艦、久邇宮殿下搭乘「榛名號」戰艦先後來到台灣巡視。而後面兩次都去了高爾夫球場，伏見宮博義王（1897-1938）為博恭王（1875-1946）之長子，1917 年海軍兵學校第 45 期畢業，先後服役於扶桑、島風、波風、出雲、那珂等戰艦或驅逐艦的水雷長，1928 年擔任軍艦「樺號」的艦長，1932 年再擔任「天霧號」驅逐艦的艦長，[174] 他以艦長身分搭著「天霧號」於 1933 年 7 月 8-13 日來訪台灣，因此全程居住於艦上。他於 7 月 11 日趕兩場高爾夫，先到台南山上水源地的宮之森球場，下午再去壽之峰的西子灣壽山球場。而前面 1923 年與 1929 年

170 明治時期（1873-1885），發布法令規定稱太政官佈告與太政官達，後者有法律約束力，徵兵令為後者。詳見〈太政官布告・太政官達〉，網址：https://ja.wikipedia.org/wiki/太政官布告・太政官達。

171 小田部雄次，〈昭和初期の皇族軍人の政治的活性化〉，《明治聖德記念学会紀要復刊》5，頁 291-312。「徵兵令」詳見頁 296-298。

172〈伏見宮博恭王，軍令部總長〉，網址：https://ja.wikipedia.org/wiki/伏見宮博恭王。

173〈高爾夫皇族高松宮宣仁親王〉，網址：https://ja.wikipedia.org/wiki/高松宮宣仁親王。他是唯一出版過日記的皇族。松宮宣仁親王，《高松宮日記》（東京：中央公論社，1998）。

174〈高爾夫皇族博義王〉，網址：https://ja.wikipedia.org/wiki/博義王。

兩次訪台，伏見宮博義王都去了淡水球場。

　　而 1923 年那一次有了較詳細的記載，[175] 該次訪問與揮桿並未出現在正式安排的行程記錄中，而是以臨時連絡的方式開始。話說 1923 年的 4 月 16 日，伏見宮博義王的軍艦到達基隆港，提出希望在 4 月 19 日訪問淡水高爾夫球場，於是俱樂部開始準備。4 月 19 日早上 9 時 40 分，皇族一行搭汽車抵達球場的會館，隨從與從港口迎接前來的人包括博義王武官今泉少校、馬公要港飯田久恒司令官、[176] 淡水街佐藤金丸課長、台北州野口事務官、高橋警務課長、津井久誠一郎夫婦等。進了會館，二卷俊大、海野裴雄與酒井雪介獲得召見，並由身穿禮服、頭戴禮帽的三卷俊夫向皇族一行簡報了球場概況後，馬上來個 9 洞球敘，由博義王和飯田司令官開打。

　　會館午餐後，揮桿分組再戰兩回合，第一回合，博義王和酒井雪介一組、飯田司令官和江崎真澄（台銀理事）一組。第二回合，博義王和海野技師一組、飯田司令官和山中義信（華南銀副總經理）一組。成績如下：第一回博義王低於標準桿一桿（One Down），第二回雙方平手（All Square），賓主盡歡。下午三時，20 人大合照，結束了博義王的高球之旅。同年 6 月，三卷俊夫到東京公出，依約去取了伏見宮盃，於 6 月 24 日回台，此盃即用於 1923 年 7 月 8 日的首屆伏見宮盃高球賽。

　　在迎接博義王的眾人之中出現了一對夫婦：津井久誠一郎夫婦，雖然參加了大合照，卻未下場揮桿，他們準備在賽後迎接博義王回家，因為接著七天博義王下榻在津井久邸。津久井誠一郎在台灣七年（1921-1928），[177] 當時擔任三井物產台北支店長，積極推動體育運動，不但是台灣高爾夫俱樂部會員，也是台灣體育協會理事，1924 年成立的台灣桌球協會首任會長，更擔任台北商工會的副會長，曾介入日月潭發電事業。

　　在其他企業方面，津久井也參與了 1927 年台灣炭礦株式會社的創立，和顏國年一起擔任董事，而他們兩人的家皆曾經作為皇族來台巡視的住所。另外，1935 年朝鮮王族昌德宮李王垠訪台，曾經徵用陳啟川的轎車接送（車牌：高字 88 號，1934 年生產的美國克萊斯勒 Airflow 車），[178] 由於參訪壽山高球場，陳啟川亦有可能陪同參加。順便一提，當時汽車代理商如表 3-2-5，[179] 也是國產車對上美國進口車之戰，甚至有油耗比賽，1938 年

---

175 三卷俊夫，〈台灣ゴルフ沿革誌〉，竹村豐俊編，《台灣體育史》（台北：台灣體育協會，1933），頁 586-587。

176 飯田久恒（1869-1956），於 1921 年 12 月至 1923 年 6 月間擔任馬公要港中將司令官，所以在 4 月時有機會和博義王在淡水球場一起揮桿。

177 津井久誠一郎，《在台七年》（台北：津井久誠一郎出版，1927）。

178 陳啟川先生文教基金會，另見頁 140 照片，陳啟川與愛車合影。金湘斌，《日本時代台灣運動員的奧運夢》（台北：秀威資訊科技公司，2020）。經比對車型，推測為 1934 年生產的美國克萊斯勒 Airflow 車，8 缸，5300CC。另豐田 1936 年量產的 AA 型車曾參考上車，因此流線造型頗像。

179 蔣朝根編著，蔣寶漳、蔣朝根譯，《御大典記念：台北市六十餘町案內（復刻）》（台北：蔣渭

2 月，由台北到高雄（445 公里），結果豐田的每加崙 19 公里勝過美國車的 14 公里。[180]
汽車代理商中的高球俱樂部會員包括板橋林家的林熊徵，他的日星商會率先成為福特代
理商，每月可以賣出 35 輛，林的高爾夫人脈似乎有助於其汽車銷售，可惜 1932 年代理
權被美方收回。[181]當時的平均月薪為 30 圓，國產汽車售價為 2,000 圓，進口汽車則為
3,000 圓起跳，可見汽車屬於夢幻商品。而代理商的分店所在地中並未出現新竹市，買車
必須去台北的總代理店，顯然當時的「汽車中地」在台北。

表 3-2-5　1930 年代時的汽車代理情況表

汽車品牌	代理商、特約	當時地址	電話	當時價格
日　產（DATSON、DATSUN）	海野商店自動車部台灣日產自動車株式會社	台北市建成町 4-1	318 2720	2,000 圓 1937 年日產直營店
豐田（TOYOTA）	台灣國產自動車株式會社	台北市表町 2-14 台北市中崙 233（維修廠）	4830	1937 年 廣告以比較油耗、輪距、價格為主軸[182]
雪佛蘭（CHEVROLET）	柴田自動車部商會	台北市表町 2	334 834	2,450-2,605 圓
旁地亞克（PONTIAC）	柴田自動車部商會	台北市表町 2	334 834	3,225-3,425 圓
別克（BUICK）凱迪拉克（Cadillac La Salle）	巴自動車商會	台北市大和町 2-8	845 3135	4,900-8,400 圓
福特（FORD）	日星商會日本自動車株式會社	台北市表町 1 台北市上奎町 2-28,29	216 3876	2,850 圓 1932 年代理權轉變 1700-2400 圓 貨車 1,150 圓
OLDSMOBILE PONTIAC	張東隆商行	台北市太平町 2	1539 2677	
ELCAR[183]	廣福公司	台北市大正町 2	2920 1428	4,450-5,350 圓

　　水文化基金會，2020），頁 168-169。
180 陳柔縉，《廣告表示：從日本時代廣告看見台灣的摩登生活》（台北：麥田出版社，2015），頁
　　201。
181 同上註，頁 212。
182 同上註，頁 204-207。
183 ELCAR 為美國汽車品牌，只在 1915-1931 年間生產，EL 為 Elkhart Carriage Company 的簡稱，
　　其實是印弟安那州的一處地名。詳見〈Elcar〉，網址：https://en.wikipedia.org/wiki/Elcar。

汽車品牌	代理商、特約	當時地址	電話	當時價格
NASH[184] 400 型	都自動車商會 廣洋商會	台北市京町 3-7 台北市太平町 3-9	3201	

資料來源：《御大典記念：台北市六十餘町案內（復刻）》，作者整理。

如前述，除了上述的津井久誠一郎邸之外，另一位提供住宅供皇族來台居住者為基隆顏家的顏國年（1886-1937），他輔佐其兄顏雲年，一起創造了開礦產業，主要的合作對象為三井，因此和津井久誠一郎有了交集。再進而延伸到其他產業（大成火災海上保險會社、華南銀行、南洋倉庫等），也就會連結其他的台灣四大家族的成員，而多為高爾夫俱樂部成員。顏國年所提供的「陋園」本來為日本人木村久太郎的別墅，原稱為「木村御殿」，1918 年木村返日後轉售給顏家，再由顏國年改名為「陋園」，內有庭園與宗祠。在日治時代，和板橋林家花園、霧峰林家園邸並列為台灣三大名園。

另一場較詳細的描述為 1927 年朝香宮鳩彥親王訪問淡水球場，[185] 淡水球場事先收到來訪通知，因此俱樂部召開委員會籌備招待事宜，正好第二代俱樂部會所在新建中，趁此機會將水電（電燈、電話）、道路等基礎設施整建好，讓初代會所完成階段性任務，另外更把正在增設中的 17 與 18 洞，先行試用。11 月 14 日晴空萬里，朝香宮一行於早上 9 時 15 分抵達新會所，隨即和後藤文夫長官先打 9 洞，由陳清水擔任桿弟，[186] 接著和後藤長官、木下信交通總長、三井台灣代表的津久誠一郎三人一起揮桿比遠：只打一桿比距離。用完午餐，再和後藤長官與津久誠一郎繼續球敘。

第二天的 11 月 15 日，朝香宮鳩彥親王早上又來球場了，和後藤長官與山崎良邦[187]一起打球，中午往北投繼續其行程。朝香宮鳩彥親王（1887-1981），[188] 為久邇宮朝彥親王的第八子，使用朝香宮的初代（也是最後一代），1908 年陸軍士官（軍官）學校畢業，

---

184 NASH 為美國汽車品牌，只在 1917-1938 年間生產，工廠在威斯康辛州，由曾任別克與 GM 汽車董事長的 Charles Williams Nash 創立，以其姓氏命名，為當時的中價車種，以「物超所值」知名。詳見〈ナッシュ・モーターズ〉，網址：https://ja.wikipedia.org/wiki/ナッシュ・モーターズ。

185 三卷俊夫，〈台灣ゴルフ沿革誌〉，竹村豐俊編，《台灣體育史》（台北：台灣體育協會，1933），頁 590。

186 後藤文夫（1884-1980）擔任總督府總務長官（1924-1928），他因趙明河暗殺事件而辭職，返日後歷任貴族院議員、農林大臣、內務大臣、內閣事務總長、副總理大臣等職。詳見〈後藤文夫〉，網址：https://zh.wikipedia.org/wiki/後藤文夫。

187 山崎良邦，1915 年畢業於札幌農學校林學科（現北海道大學農學部），1917 年來台擔任台灣總督府營林局技手，先後擔任專賣局技手、技師（腦務課）、台灣製腦技師長、台灣林業執行長。北海道大學，〈渡台した札幌農学校・東北帝国大学農科大学・北海道帝国大学農学部卒業生一覧〉，《北海道大学大学文書館年報》6，2011，頁 130-147。

188〈朝香宮鳩彥王〉，網址：https://ja.wikipedia.org/wiki/朝香宮鳩彥王。

1914 年陸軍大學校畢，更於 1922 年赴法國留學，因發生車禍，駕駛的北白川宮成久王死亡，他自己受重傷，卻因養傷續留法國而看到了 1925 年的巴黎萬國博覽會，見識了裝飾風藝術（art deco），影響了其於 1933 年興建的目黑宮邸建築風格（現東京都庭園美術館）。

朝香宮親王回日之後，歷任旅團長、司令官、師團長、貴族院議員等，最高軍階為陸軍大將，1947 年脫離皇籍之後，名字改為朝香鳩彥。被稱為「高爾夫皇族」的朝香宮鳩彥親王，本來就是東京高爾夫俱樂部的皇族會員，回日後不久，就先後擔任東京高爾夫俱樂部總裁與名譽會長。1932 年時，為了 1938 年的東京奧運會，東京高爾夫俱樂部由都內轉移到崎玉縣的膝折村，正遇行政疆界的合併，膝折村也被認為不雅，似有運動傷害的隱喻。正好朝香宮為當時的俱樂部名譽會長，本來地名想改成朝香，但當時還是有名諱的議題，因此取名朝霞（現朝霞市）。[189]

隔年 1928 年的 5 月 20 日，輪到朝香宮鳩彥親王的哥哥久邇宮邦彥王（1873-1929）[190] 來訪淡水球場，他也是陸軍就學模式，先後畢業於陸軍士官（軍官）學校與陸軍大學校，1923 年已是陸軍大將，因此以陸軍特命檢閱使的身分來巡視台灣。當天的下午 3 時 30 分，久邇宮邦彥王一行抵達俱樂部會所，後藤長官與三浦知事出迎，之後到大榕樹高點遠眺四方，在第 4 洞附近散步，三卷俊夫解說球場的情況，接著觀賞一下兩位會員的示範賽。[191] 其實在幾天前的 5 月 14 日，久邇宮親王剛在台中遭受到韓籍人士趙明河的暗殺未遂，[192] 隔年病死於日本熱海。不過韓方研究認為趙明河的短刀有上毒才是死亡的原因，因此將此事件視為朝鮮獨立戰爭的出發點，並於 2019 年 5 月 14 日將趙明河立像於台北韓國學校內。

如前述伏見宮博義王 1923 年來台時借住津井久誠一郎邸，1929 年 5 月伏見宮博義王再來台於基隆地區參與演習時，因此就借住顏邸「陋園」，[193] 因為五晚全程居住，顏國年還為此更新屋內設備，包括更換日式房間內的 190 片榻榻米。待博義王抵台，總督府在當晚即聘請樂團於顏邸庭園演奏，顏家後來獲賜紋章與花瓶等。此次博義王於 5 月 13 日訪淡水球場，總督府的河原田長官 [194]、白勢交通總長 [195]、大久保警務、[196] 石黑文教局

189〈朝霞市〉，網址：https://ja.wikipedia.org/wiki/朝霞市。
190〈久邇宮邦彥王〉，網址：https://ja.wikipedia.org/wiki/久邇宮邦彥王。
191《台灣日日新報》，1928 年 5 月 21 日。
192〈趙明河〉，網址：https://ja.wikipedia.org/wiki/趙明河。
193 顏家陋園已物換星移，今已成為「建國新村」。
194 河原田稼吉（1886-1955）為 1928-1929 年間的總督府總務長官，回日後歷任內相、貴族院議員、文部大臣及大阪府知事等。
195 白勢黎吉擔任總督府交通總長（任期：1929-1932），台灣高爾夫俱樂部理事。
196 大久保留次郎（1887-1966）為總督府警務局長（任期：1928-1929）。

長[197]等陪同，民間也有河村（台日）[198]與荒川（台銀）等會員前來，由博義王與河原田長官打一回合。當天俱樂部獲得「賜金」，得以購買獎盃，做為第二個伏見宮盃之高球賽。[199]

1934 年伏見宮博恭王巡台時也曾以顏宅陋園作為休憩所，並舉行「國語演習」（即日語）發表會供博恭王欣賞。[200] 顏國年獲得的回饋就包括參與 1926 年北白川宮能久妃巡台之總督官邸賜茶會、1927 年朝香宮鳩彥王巡台時在總督官邸單獨拜謁、1933 年久邇宮朝融王巡台時為台灣人拜謁代表等。[201]

表 3-2-6　皇族訪台的高爾夫球之行

訪台期間	皇族成員	參訪高爾夫球場日期
1923/4/16-27 （陪同裕仁皇太子來台）	伏見宮博義王（海軍） （伏見宮博恭王的長子）	4/19 淡水高爾夫球場打球 津久井誠一郎邸住七晚 + 軍艦 + 寢台列車
1926/4/5-17	高松宮宣仁親王（海軍）[202] 昭和天皇之弟	淡水高爾夫球場（中止） 扶桑號軍艦
1927/11/1-16	朝香宮鳩彥親王（陸軍）[203]	11/14 及 11/15 淡水高爾夫球場 11/14 住草山賓館 [204] 瑞穗丸

197 石黑英彥於 1927 年由朝鮮總督府調任為台灣總督府首任文教局長（1926 年文教課升格為文教局）他的第一個任務是開辦首屆的台灣美術展覽會。1931 年回日後，歷任岩手縣知事（縣長）、北海道廳長官、文部省次官等。

198 台灣日日新報社社長河村徹（1884-），1911 年東京帝大法科畢業，同年文官高考及格，1912 年來台任職，歷任台灣總督府警部、民政部蕃務署／地方課、台北廳事務官、通信局監理課長等職。1919 年辭官進入實業界，先擔任台灣製腦會社經理，1920 年任台北州協議會員，並一直致力於樟腦事業。1927 年擔任台灣日日新報副社長與社長。林肇，《伸び行く台灣》（高雄：經政春秋社，1936），頁 269-270。

199 三卷俊夫，〈台灣ゴルフ沿革誌〉，竹村豐俊編，《台灣體育史》，頁 591。

200 陳煒翰，《日本皇族的殖民地台灣視察》（台北：台師大台史所碩士論文，2011），頁 99。另陳煒翰，《日本皇族的台灣行旅：蓬萊仙島菊花香》（台北：玉山社，2014），頁 196-259 之附錄。

201 陳煒翰，《日本皇族的殖民地台灣視察》，頁 99。

202 高松宮宣仁親王（1905-1987）為昭和天皇的弟弟，1925 年海軍少尉任官，隔年 4 月搭軍艦「扶桑號」來台訪視，1932 年又再度服役於扶桑艦，擔任分隊長，後來於 1942 年擔任海軍大臣。

203 朝香宮鳩彥親王曾在 1928 年擔任東京高爾夫俱樂部總裁，當時的會員制度包括皇族會員、名譽會員、特別名譽會員、特別會員、正會員等，甚至還引進名譽書記與名譽會計。

204 草山賓館在皇族巡視時，常常作為到淡水球場的住宿地，較不為人知的是該賓館設有高爾夫練習場，供預習之用。引用資訊：國史館台灣文獻館，「草山貴賓館ゴルフ練習場新築外壹廉工事（九年）」（1935 年 01 月 01 日），〈昭和十年度假建物異動報告書類綴〉，《台灣總督府檔案》，典藏號：00011332012。

訪台期間	皇族成員	參訪高爾夫球場日期
1928/4/2-4/17	久邇宮朝融親王（海軍）	4/16 澎湖松島紀念館 （簡易球場在旁） 陸奧軍艦
1928/4/27-6/1	陸軍特命檢閱使久邇宮邦彥親王（陸軍大將）	5/20 淡水高爾夫球場 （5/14 發生朝鮮人趙良河刺殺事件） 5/24-26 松島紀念館（簡易高爾夫球場）
1929/5/12-17	伏見宮博義王（海軍）	5/13 淡水高爾夫球場 全程五晚住顏國年邸「陌園」 軍艦樺號
1931/6/5-18	賀陽宮恒憲王（陸軍）[205]	6/8 馬公松島紀念館（可能打球） 6/12 與 6/13 高雄壽山高爾夫球場 6/17 淡水高爾夫球場（取消）
1933/7/4-13	久邇宮朝融親王（海軍）	7/5 淡水高爾夫球場 7/9 在飛機上鳥瞰高雄壽山高爾夫球場 7/12 馬公城外高爾夫球場（松島紀念館旁之簡易球場） 軍艦榛名號
1933/7/8-13	伏見宮博義親王（海軍）	7/8 馬公松島紀念館（簡易高爾夫球場） 7/11 宮之森台南上庄高爾夫球場， 壽之峰壽山高爾夫球場， 軍艦天霧號

---

205 賀陽宮恒憲王（1900-1978），陸軍大學畢業，最高軍階陸軍中將，1920-1946 年間任代表皇族的貴族院議員，1947 脫離貴族身分，以賀陽恒憲為姓名。

訪台期間	皇族成員	參訪高爾夫球場日期
1934/9/23-28	伏見宮博恭王（海軍）	9/25 馬公松島紀念館（簡易高爾夫球場） 9/26 高雄壽山高爾夫球俱樂部 軍艦比叡號
1934/10/1-15	梨本宮守正王（陸軍）	10/4 高雄壽之峰（可能參訪壽山球場） 10/14 淡水高爾夫球場
1935/1/17-2/1	昌德宮李王垠（陸軍。朝鮮王族）	1/25 參觀高雄壽山高爾夫球場 1/27 馬公松島紀念館（簡易高爾夫球場） 1/31 於淡水高爾夫球場打球
1935/2/26-3/3	朝香宮正彥王：音羽正彥（海軍）[206] 朝香宮鳩彥親王之二子	2/27 淡水高爾夫球場 3/2 馬公松島紀念館（簡易高爾夫球場） 軍艦八雲號（全住）
1935/2/26-3/3	久邇宮朝融王（海軍）	2/26 與 2/27 淡水高爾夫球場暨頒發比賽冠軍獎盃 / 體協呈獻俱樂部紀念領帶 草山賓館 2 晚 3/2-2/3 馬公松島紀念館（簡易高爾夫球場） 軍艦八雲號
1937/6/8-6/17	東久邇宮稔彥王[207]	6/9 淡水高爾夫球場 6/13-15 壽山館

資料來源：陳煒翰，〈附錄一皇族實際訪台行程一覽〉，《日本皇族的殖民地台灣視察》，頁 139-158；[208] 前田莊吉編，《台灣ゴルフ俱樂部二十年史》。作者整理。

---

206 朝香宮正彥王（音羽正彥：1914-1944）為朝香宮鳩彥親王的次子，62 期海軍兵學校畢業，曾擔任航空母艦赤城號分隊長，1944 年於瓜加林環礁（現馬紹爾共和國）戰死。〈音羽正彥〉，網址：https://ja.wikipedia.org/wiki/音羽正彥。

207 東久邇宮稔彥王（1887-1990）和朝香宮鳩彥親王為兄弟，是唯一擔任過總理大臣的皇室成員，且是任期最短者（54 天），不過其壽命 103 歲，和中曾根康弘同列世界各國首腦中的 100 俱樂部。〈東久邇宮稔彥王〉，網址：https://zh.wikipedia.org/wiki/東久邇宮稔彥王。

208 陳煒翰，《日本皇族的殖民地台灣視察》，頁 139-158，附錄一。另陳煒翰，《日本皇族的台灣行旅：蓬萊仙島菊花香》，頁 196-259 之附錄。

皇族的高爾夫之行，特別成為淡水行銷的重點，例如 1930 年的《詩美の鄉淡水》，13 張照片中就有三張以淡水高球場為賣點，頁 56-60 報導了高球場，皇族四次的「台臨」成為重點。連台灣高爾夫俱樂部的成立與會長、理監事、各委員會的名單也以兩頁來披露。[209] 同書中的頁 87-91 甚至由「高爾夫三人黨」的三卷俊夫提出淡水街景與淡水港復興論，以連接未來以高球場、紅毛城、海水浴場為中心的大遊園地與州立公園計畫。

3-2-8　下村宏的高爾夫經歷

前面各節探討了台籍人士與皇族的台灣高爾夫經歷，其中林獻堂的《灌園先生日記》在各種現存日記與遊記中，提及高爾夫的比例為最高，[210] 其中仍有當時台灣高爾夫主要推手的民政長官下村宏到台中的高爾夫足跡（1931 年 9 月 5 日：林猶龍和松岡富雄在大肚山球場為下村宏舉行高爾夫歡迎會）。他在 1915-1921 年間擔任台灣總督府民政與總務長官，大力支持淡水球場的設立，並為該球場開球（1919 年 6 月 1 日）。

1921 年退官回到日本成為媒體人（朝日新聞、NHK 協會），開始以「下村海南」的筆名著書，包括《南船北馬》、《吳越同舟》等，其中出現了不少高爾夫足跡，顯然他繼續參與了官商紳的高爾夫社交機關，例如 1930 年 9 月和其早期遞信省同事的湯川寬吉的團體舉行高爾夫球敘：朝日新聞 vs. 住友商事，當時下村宏為朝日新聞副社長，而湯川寬吉為住友執行董事，賽事於寶塚高爾夫俱樂部舉行，[211] 還記得當年他在台灣任職時所舉辦的台灣總督府對銀行團的高爾夫球賽。

下村宏於 1931 年 8 月 26 日回到久違十年的台灣，來程搭朝日丸，歸途搭蓬萊丸。三週間書寫了 35 篇的旅遊經歷，命名為《台灣遊草》，[212] 也可以說是高爾夫遊記。首先，8 月 30 日淡水球場舉行了下村宏、石井光次郎歡迎賽，留下了一張在俱樂部會所前的 61 人團體照。文中提到他所催生的 6 洞淡水球場，在觀音山與大屯山之間的淡水河畔，右鄰古砲台與紅毛城。

如今改造成 18 洞的球場，仍忘不了當時一起催生的夥伴，包括台銀總經理櫻井鐵太郎與「高爾夫三人黨」的三卷俊夫。因此免不了比較起了其他高球場，包括朝鮮大邱元山、平壤、釜山、京城、滿洲安東奉天、長春、撫順、鞍山沾、旅順、大連星ガ浦等球場，看來淡水數一數二。作者在文中有感而發，感謝高爾夫（藍天、綠草加白球）對他

---

209 柯設偕編，《詩美の鄉淡水》（台北：台灣評論社，1930），頁 56-60。

210 湯川寬吉（1868-1931），第五代住友本社執行理事。歷任大本營野戰高等郵便部部長、遞信省外信課課長、東京郵便電信學校校長（1895）、東京郵便電信局長（1898）、東京通信管理局長（1903）等職。

211〈寶塚高爾夫球場〉，成立於 1926 年，詳見網址：https://reurl.cc/pWNoZZ。

212 下村海南（下村宏），《吳越同舟》（東京：四條書房，1932），頁 289-377。他在朝鮮的見聞錄，收於其《落穗集》。

生活與健康的正面影響。

　　他更熱心的到處推廣高爾夫球場的設立，例如 9 月 12 日在台南公會堂的歡迎會上，下村宏鼓勵台南除了有一流的棒球場外，也要有一流的高爾夫球場。他提及紐約與倫敦市郊就有 200 多處高球場、美國每一天新增一處高球場、東京大阪也有約 20 處球場，更強調紐約有近 70 處公共高球場，勞工們也能享受揮桿的樂趣。如果台南有了高球場，那麼台北、台中的高爾夫愛好者就會來台南旅遊與打球，甚至舉行台南高爾夫遠征之旅。[213] 為了應證這個「路過揮桿」的可能性，他點名台灣製糖（1900 成立）的武智直道去屏東工場時就會路過台南揮桿、[214] 明治製糖（1906 年成立）的相馬半治會從麻豆來打球、[215] 鹽水港製糖（1903 年成立）的橋本貞夫也會從新營來揮桿，[216] 三位當時皆為各製糖會社的社長，也都是淡水台灣高爾夫俱樂部的會員。其中相馬半治在日本的別墅「和樂莊」設有簡易高球場，皇族的久迷宮邦彥王、北白川宮成久王與各界名人等曾在此一起揮桿。

　　訪高雄壽山時，由高雄州平山泰知事（任期 1931 年 1-9 月）以汽車上山導覽，得知丘陵地區將建設高爾夫球場，覺得選址的眼光獨到。加上西子灣海濱又有海水浴場，可謂在大自然中保健兼行樂。[217] 談及飛機場時，回想當年促成淡水高球場時，用到了練兵場與一小部分水上機場的用地。下個行程，由台南州橫光吉規知事（任期：1931-1932）與台南市尹菱村彥十郎（任期：1931-1932）陪同前往烏山頭珊瑚潭泛舟，之後到上游眺望，又想到高爾夫球場與水源地的連結，並以東京水源地的村山池為例，規劃可以泛舟與游泳，兼顧水源與行樂功能。珊瑚潭位於台南郊外，似可規劃為高球場再加上潭的一半或三分之一成為行樂地。[218]

---

213 下村海南（下村宏），《吳越同舟》，頁 313。

214 武智直道（1870-1962）入贅於美國實業家 Robert Walker Irwin（1844-1925）家，Irwin 於 1870 年娶武智イキ (1857-1940)，號稱日美通婚的第一號，膝下有女無子，因此武智（本姓林）直道入贅繼承家業。Irwin 曾任夏威夷王國駐日總領事，1885-1894 年間執行了大規模的移民事務，共有 26 梯次的 29,000 位日本人移民夏威夷。接著其義父 Irwin 帶著武智投資台灣製糖，之後成為社長。詳見〈ロバート・W・アーウィン〉，網址：https://ja.wikipedia.org/wiki/ロバート・W・アーウィン。

215 相馬半治（1869-1964）留學德國與美國，於 1903 年獲美國密西根大學理學碩士（砂糖化學專業），回國後任教於東京高等工業學校（現東工大），1906 年辭教職渡台加入創立明治製糖的行列，相馬負責設立蕭壠、蒜頭、總爺製糖所，1915-1932 年間擔任社長。詳見〈相馬半治〉，網址：https://ja.wikipedia.org/wiki/相馬半治。

216 鹽水港製糖也有子公司：台東拓殖製糖（1912），橋本貞夫為常務董事，1914 年併入鹽水港製糖，公司名稱增加拓殖。詳見〈台東拓殖製糖〉，網址：https://zh.wikipedia.org/wiki/台東拓殖製糖。總部於嘉義廳新營庄。橋本貞夫為總經理，後來升任社長。

217 下村海南（下村宏），《吳越同舟》（東京：四條書房，1932），頁 320。

218 同上註，頁 330。

　　接著下村於 9 月 4 日到達中部地區，先到日月潭搭船遊湖，再搭汽車與台車，並在汽車內吃便當，中午過後抵達台中，參訪了台中神社、台中州廳、芭蕉市場，並參加了「地方自治聯盟」在醉月樓舉行的茶話會與市民館的歡迎會，[219] 之後到公會堂演講，晚餐在富貴樓（應為富貴亭）。[220] 隔天一早，到大肚山高球場參加由林猷龍與松岡富雄號召舉行的高爾夫歡迎會，回想起 1918 年 5 月的梅屋敷餐敘，號稱南洋王松岡富雄帶來了高爾夫球具與球鞋，獻給民政長官下村宏與石井課長，之後並於 5 月 18 日在下村宏官邸試揮桿一下，揮出了台灣的高爾夫運動。在大肚山雖然只待了一個小時，看到了當年的石井光次郎課長老仍在球場傳授球藝、也見到了林獻堂與已故山移定政 [221] 的兒子，山移定政曾擔任台灣新聞報首任社長（任期：1907-1917），接任者即為松岡富雄（任期：1917-1944）。

　　由該報前身的名稱「台中每日新聞」與「中台灣日報」可知它是台灣中部最重要的新聞媒體。與高爾夫老友松岡富雄的大肚山再相會，更有過去滿滿的回憶。再由大肚山球場連想到了北平郊外八方山的高球場，由八方山可遠眺西山群峰，而大肚山則可眺望中央山脈，清掉墓區後球場還可擴張到 18 洞。反倒提案彰化八卦山新設高球場，交通更方便，因此下午就去視察一下現場了。[222]

　　本次遊台還有一件插曲值得一提，嘉農（Kano）在 1931 年 8 月 21 日獲日本夏季甲子園高中棒球賽的亞軍，於 8 月 30 日回台，由台灣體育協會出面歡迎，下村宏作為該協會的創會會長與甲子園的主辦單位朝日新聞的代表，居然在台灣致賀詞。而當下村宏於 9 月 2 日南下訪問嘉義時，嘉農棒球隊更在農林學校前列隊歡迎。[223]

　　小結其台灣之旅，三週內參加 33 次歡迎會，其中包括四場演講、二次廣播受訪與二場高爾夫歡迎會（淡水與台中大肚山），期間提案或參訪球場可能地點，包括高雄壽山、台南市區、烏山頭珊瑚潭、彰化八卦山、新竹市等，後來高雄壽山（1934）與新竹水源地高球場（1935）建設完成。總之，《台灣遊草》的結論仍然以高爾夫收束之，先比較其

---

219 醉月樓號稱當時的台中文化沙龍，有主館與別館，1926 年 6 月 30 日，中央書局成立大會亦在此召開，地方自治聯盟也多次在此開會。目前在宮原眼科二樓，醉月樓再現，並以沙龍為名。中城再生文化協會 FB。

220 當時位於台中新富町通的著名餐廳：新富町 2-6，經營者為山中龜次郎，在現在中山路與三民路交叉口處。

221 山移定政（1866-1922）畢業於明治法律學校（現明治大學），1895 年來台，歷任總督府文官、台南縣通譯、台中縣辦務署（日治時期最先的低地區行政官署）主記等，與台中結緣，擔任台中地方法院律師、律師公會會長、執業律師、台灣新聞社社長、海南製粉董事、台中製糖董事、日本拓殖董事等，和南洋王松岡富雄、霧峰林家在政商方面常有連結，1920 年當選眾議員。詳見〈山移定政〉，網址：https://ja.wikipedia.org/wiki/山移定政。

222 下村海南（下村宏），《吳越同舟》（東京：四條書房，1932），頁 336。

223 同上註，頁 334。

他運動的生命週期與特色，評斷出高爾夫的優點：生命周期長、環境賞心悅目。其次鼓勵高球場公共化，讓大家皆可參加，因此再舉出日本東都柏（千葉縣柏市）公共高爾夫球場的例子，推出交通、午餐與揮桿的一日行程。最後以號召大家巡遊台灣各地的高球場，以用來保持身心健康來總結其再訪台灣之旅。

　　台灣之旅結束回日之後的 10 月 18 日，下村宏受邀參加了藤澤高爾夫球場 9 洞完工試打的開場活動，該球場的興建和興信銀行合併關東銀行有關，總經理坂井孝為高爾夫愛好者，因此藉著新設高球場來振興在地經濟，球場的主要設計者為赤星四郎。除了下村宏與坂井孝，其他開場試打者還包括赤星四郎、鳩山一郎、[224] 阿部大六、[225] 石井光次郎等名人與老友。其中鳩山一郎則被稱為「高爾夫政治家與總理」，當時擔任文部大臣（教育部長），也是高爾夫的主管機關首長，在其輕井沢的別墅設有高爾夫球道。

　　1932 年 5 月 29 日藤澤高爾夫球場正式開幕開球時，迎來了久邇宮朝融王、朝香宮妃等高爾夫皇族。該球場於 1943 年被徵用成為藤澤海軍航空隊基地，因此只維持了 11 年（1932-1943）。有趣的是，藤澤海軍航空隊所屬的第 20 連合航空隊的司令官正是當時前來開球的海軍少將久邇宮朝融王，而他的指揮所正是俱樂部會館，該俱樂部會所後來成為文化保存與再利用的標的。[226]

　　1932 年 6 月 26 日，鷹之宮（千葉市）高球場開幕，[227] 又見鳩山一郎出席，開球貴賓為朝香宮鳩彥王，當時擔任東京高爾夫俱樂部名譽會長。如此的場景再一次說明了高爾夫皇族、高爾夫高官與高爾夫企業家在高爾夫球場的政商網絡，而《台灣遊草》作者的下村宏正是其中一人。

3-2-9　林獻堂高爾夫球行列中的女性

　　另外值得一提的是女性加入高爾夫球的行列，主要出現在霧峰林家的女性們，霧峰林家由於林獻堂的大力支持，努力推動女性地位的提升，由其夫人楊水心領頭帶動，例

---

224 鳩山一郎（1833-1959）為職業律師與政治家，歷任三次總理大臣（第 52、53、54 代），1931 年高爾夫揮桿時，擔任文部大臣（教育部長）。詳見〈鳩山一郎〉，網址：https://ja.wikipedia. org/wiki/鳩山一郎。

225 阿部大六為阿部泰藏（日本第一家保險公司：現明治安田的創始者）的六男，和其雙生兒的弟弟阿部英兒同為慶應義塾大學柔道隊，1948 年兩兄弟同獲柔道 8 段，他們排行第 8 與 9 的兩個弟弟分獲 7 段，因此一個家庭成員共有 30 段，至今仍保持著記錄。詳見〈阿部英兒〉，網址：https://bit.ly/3GIAmYT。

226 藤澤高爾夫球場俱樂部會所，該會所由 William Merrell Vories（1880-1964：日文姓名一柳米來留）所設計，另一為神戶高爾夫俱樂部會所。但他設計建築最多者為教會（35）與學校（65）。詳見〈ウィリアム・メレル・ヴォーリズ〉，網址：https://bit.ly/37DIRcv，網址：https://ja.wikipedia.org/wiki/グリーンハウス_(藤沢市)。

227 該球場由清木一郎所設計，屬於英式內陸型球場，18 洞長 6,720 碼，當時為日本最長。

如 1932 年創立的「霧峰一新會」，其日曜講座（星期天講座）持續舉辦，在 1932-1936 年之間至少二百場，每一場邀請男女各一位講者，女性講者的講題大都與婦女議題有關。[228]

在此脈絡下，自家萊園建了迷你高爾夫球場，林家女性成員前來揮桿就成為家族體育運動，出現者包括愛子（林猶龍夫人藤井愛子）、敏子（林松齡夫人神長倉敏子）、關關（林獻堂女兒）、雪霞（林雲龍夫人）等人。甚至打出興趣，而往台中大肚山高爾夫球場揮桿，例如在《灌園先生日記》中，多次出現：猶龍與愛子往大肚山球場打球去。1932 年 1 月 12 日，猶龍與愛子夫婦還北上淡水球場找陳清水指導高爾夫球技等。

228 李毓嵐，〈日治時期台灣傳統文人的女性觀〉，《台灣史研究》16（1），2009，頁 87-129。「婦女議題」詳見頁 114。

第三節
高球場的台籍人士續篇

　　當年日治時期的高爾夫休閒與運動並非全民運動，只作為上層官商紳的社交場合，因此其中出現的台籍人士就值得探討，包括俱樂部會員、比賽得冠的職業球員、捐贈賽盃者、興趣為高爾夫者、林獻堂親友團的「萊園盃」賽、台籍人士的比賽等。

　　首先探討由林津梁引出來的其他台籍高爾夫人士，依《台灣人士鑑》當中以高爾夫為興趣者共有 13 人，[229] 包括鹿港辜家辜振甫等的多位商業董事長，包括鄭根井：東台灣畜產會社取締役、[230] 張仲護：仲護商行主、[231] 基隆顏家顏德修：南邦交通株式會社社長、高雄陳家陳啟琛：陳中和物產會社社長及兩位總督府台灣人高等文官（林益謙、[232] 劉茂雲）、醫生（劉清風、[233] 馮子明、[234] 林金池）、[235] 還有地方官員與議員（饒永昌：[236] 鳳林區長、林木根：[237] 台南州議員），如果加上淡水球場的台灣高爾夫俱樂部與各地區俱樂部的台籍會員，那麼台灣五大家族 [238] 外加大稻埕李家，就全部「高爾夫在一起了」。

---

229 林丁國，〈從《灌園先生日記》看林獻堂的體育動〉，許雪姬總編輯，《日記與台灣史研究：林獻堂先生逝世 50 週年紀念論文集》（台北：中研院台史所，2008），頁 791-840。

230 鄭根井，1899 年生於新竹，曾任新竹街書記，1923 年移居花蓮港發展，先以代書為業，歷任花蓮港街書記、東台灣新報社特派員、花蓮港商工會幹事、東台灣畜產會社取締役、花蓮港街協議會議員等。台灣新民報調查部編，《台灣人士鑑》（台北：台灣新民報社，1937），頁 517。

231 張仲護曾在戰後參加 1953 年 9 月 12 日舉行的全台高爾夫球團體錦標賽，共有九隊參加，包括中華隊、日本隊、美國隊、美軍顧問團隊（MAAG）、美國大使館隊、民航隊等。張仲護為中華隊代表，還有林萬福（林益三）及張東燦，是陳啟川在高雄的球友兼球師。

232 林益謙（日名林益夫：1911-），新竹州大園庄人，為留日小小留學生的代表個案，從留學幼稚園開始：東京市神田區三崎幼兒園。林於就學中的 1932 年高考及格（司法科），次年從東大法律科畢業，再一次高考及格（行政科），曾任曾文郡郡守、總督府書記官。

233 劉清風（1900-1978），台南劉錫五長子，為當年少見的美國醫學博士（印第安那州立大學畢業），先後任教與任職於上海復旦大學、北平協和醫院，並在台南自營青峰醫院，1941 年曾接手前馬偕醫院院長戴仁壽（Dr. George Gushue Taylor：1883-1954）的八里痲瘋病患自給自足的樂山園。林獻堂在其 1929 年 1 月 15 日的日記中，記載著陳朔方醫師、劉振芳牧師與黃仁壽牧師前來勸募樂山園之建設費用，他承諾捐 1,000 元。林獻堂著，許雪姬等註，《灌園先生日記（二）一九二九》（台北：中研院台史所，2001），頁 19。另外，劉清風也是興南新聞社的股東之一，又和林獻堂有所交流。

234 馮子明，1916 年赴日的小留學生，1929 年畢業於日本大學齒科醫專，回台後在花蓮港開設齒科醫院。台灣新民報調查部編，《台灣人士鑑》（台北：台灣新民報社，1937），頁 521。

235 林金池於 1906 年出生，畢業於東京齒科專校，在台中執業牙醫師，興趣為馬術與高爾夫。

236 饒永昌（1880-），新竹人，曾擔任新竹廳陸軍補給廠通譯、花蓮賀田組通譯、鳳林區區長等，為早期台灣人在總督府系統外的通譯前輩。

237 林木根（1893-），歷任嘉義公學校訓導、台灣商工銀行、大分水泥、昭和新報南部支局長（1930）、嘉義市協議會議員（1931）、台南州協議會議員（1936）。

238 日治時期的台灣五大家族：霧峰林家、板橋林家、鹿港辜家、基隆顏家、高雄陳家。

● 板橋林家

　　板橋林家的林熊徵、林熊光與大掌櫃許丙為淡水球場台灣高爾夫俱樂部的首期會員，如前述他們還一起參加了日本高爾夫職業選手來台灣的教學，並參加了比賽，林熊光還得過獎。作為盛宣懷的女婿，[239] 林熊徵與日本及清朝的政經連結，造就了林本源製糖會社與漢冶萍煤鐵廠礦公司，除了自己的大永興業之外，也積極配合國策事業，例如南進國策的華南銀行，林熊徵以大永興業出資 22,100 股，成為最大股東，第二大股東為台灣總督府的 9,500 股。[240] 另一家國策事業為南洋倉庫，則網羅了四大家族（高雄陳家另設台灣倉庫）的資金，仍以板橋林家為最大股東。

● 鹿港辜家

　　鹿港辜家的辜振甫（1917- 2005），畢業於台北帝大，先工作於大和興業，後來辜續炫娶了林熊祥的外甥女嚴倬雲，其父親辜顯榮所創設的大和興業與大和拓殖靠著日本關係而來的食鹽及鴉片專賣、製糖與農產等獲利，累積了財富與土地。之後辜振甫接力再設三大關係企業：大裕茶行、大查殖產與大和物產，1934 年伏見宮博恭王蒞台時在總督官邸舉辦午餐會，除各式軍政人士外，辜顯榮是唯一被邀請的台籍人士。[241] 在高爾夫球的傳承方面，辜振甫之兄之子辜濂松（1933-2012）與辜振甫之弟辜寬敏曾代表台灣參加 1958 年舉行的第一屆世界業餘艾森豪盃高球錦標賽。[242]

● 基隆顏家

　　基隆顏家顏德修（1907-1991）為顏雲年（1874-1923）的三子，顏欽賢之弟，亦為小留日學生，七歲時赴日，1930 畢業於京都的立命館大學經濟系，1932 年與板橋林家大掌櫃許丙的女兒許碧霞結婚。顏雲年與顏國年（1886-1937）兄弟打下了礦業基礎，成為台陽礦業，且與板橋林家的林熊徵有所合作。其間因應開礦的運輸，兩兄弟先後開設基隆輕便鐵道與海山輕便鐵道，更進而參與台灣興業信託、基隆信用組合（合作社）的投資與經營。顏國年多年受聘為總督府評議會議員（任期：1927-1936），顏家的高球脈絡延續到下一代，而顏德修和岳父許丙繼續以高爾夫結緣：姻緣與廣結善緣。

239 盛宣懷女兒五小姐盛關頤嫁給林熊徵，後來離婚，林再娶日籍女子高賀智惠子。

240 司馬嘯青，《台灣五大家族》下冊（台北：自立晚報，1987），頁 5。

241 陳煒翰，《日本皇族的殖民地台灣視察》（台北：台師大台史所碩士論文，2011），頁 100。另已出書，陳煒翰，《日本皇族的台灣行旅：蓬萊仙島菊花香》（台北：玉山社，2014）。

242 中華民國高爾夫協會，《台灣高爾夫發展史》（台北：中華民國高爾夫協會，1999），頁 298。

● 高雄陳家

　　高雄陳家的陳啟琛（日名熊野啟造：1901-1993）為陳中和的七子，1925 年畢業於慶應大學政治系，先任職於日本的三菱商事多年（1927-1939），於 1940 年回台接任家族企業的陳中和物產會社社長，其興趣為：足球、游泳、高爾夫。其兄即為前述一桿進洞的陳啟川（1899-1993）。

● 其他台籍人士

　　林義夫（林義謙）1911 年出生於桃園，為林呈祿之子，1932 年東京帝大畢業及高考及格，是當年擔任過郡守（1937 年曾文郡守）的六位台籍人士之一，後來擔任總督府金融課課長。另外，首位台籍郡首李讚生在 1926 年任海山郡守，之後 1931 年曾任職新竹州的勸業課課長，號稱「新竹州勸業之父」。劉萬（新港郡守）於 1934 年擔任過新竹市助役，林旭屏（竹南郡守）也曾擔任過新竹市助役、新竹州地方課長／總務課長。[243]

　　劉茂雲（豐岡茂雲：1895-?），台中州豐原街人，於 1924 年畢業自東京商科大學（後來的一橋大學），同年高考及格，次年起任職於總督府，先後擔任地方理事官、稅關事務官、營林所課長、殖產局課長，也在高雄州與新竹州任職，分別擔任勸業課長（1925）與產業部長（1940）。

3-3-1　霧峰林家高球史

　　接著由津梁盃回到霧峰林家的掌門人林獻堂（1881-1956），號稱台灣議會之父、文化與社會運動提款機，在非暴力抗日運動中扮演關鍵角色，和蔣渭水一起成立台灣文化協會（1921）與持續推動台灣議會設置請願運動（1921-1935）等之事蹟最為人知。但他與兒子們也是高爾夫俱樂部的會員，1926 年 9 月 12 日台中大肚山高爾夫球場創設，共有 25 名創始會員與會，[244] 但其高爾夫俱樂部於兩年後才正式成立，台中州廳地方官員、在地富商與士紳皆先後加入為會員，包括林獻堂，其高球史見表 3-3-1。

　　不過在 1926 台中大肚山高爾夫球場創設之前的同年初的 1 月 10 日，由台中州本山文平知事（州長）、[245] 豬股松之助內務部長、遠藤所六市尹（市長）、坂本素魯哉、松岡富

243 「台人郡守概況表」，參見藍奕青，《帝國之所 - 日治時期台灣的郡制與地方統治》（台北：台師大台史所碩士論文，2010），頁 96，表 4-2-4。六位中有五位東大畢業，一位為京大畢業。最年輕出任郡守者為楊基銓，在 23 歲就出任宜蘭郡郡守。
244 《台灣日日新報》，1926 年 9 月 12 日。
245 本山文平（1882-1908），1910 年自東京帝大法科畢業，同年八月渡台，歷任總督府專賣局書記、殖產局課長、警視、民政部課長、新竹州內務部長、台中州知事、大分縣與熊本縣知事等職，1936 年又回台擔任青果株式會社社長、台中商工會會長、台灣商工會副會長，1939 年任總督府評議員。

雄號召大家來練習如何揮桿，並邀請了淡水球場（台灣高爾夫俱樂部）的理事們三卷俊
夫、津久井誠一郎與妻木栗造來台中指導，地點就在台中水源地特設的 3 洞練習場，共
有台中地區的 50 人參加，下午 2 時 30 分，先由前述「高爾夫三人黨」的三卷俊夫詳細
說明高爾夫的緣起與規則，接著三人指導練習並實際試打，4 時暫時在水源地貯水塔下
稍事休息，之後再練習一回。[246] 該水源地自 1927 年起陸續規劃為水源地遊園地、運動場
與野球場（棒球場），[247] 委由折下吉延設計。[248]

　　前兩天的報導中，更刊出了三卷俊夫對於大肚山球場的評論，提及新球場面積約
13 甲，和淡水球場大小相同，本為墓地，移除整理需要經費，但購地經費不會太高，高
原丘陵的地形，景色宜人但可能缺水。雖然地形有所變化，但大概只能規劃 7 球道（7
洞），另外交通較不便，需要有台中車站到球場的接駁。[249] 不過，推測林獻堂可能會很有
興趣參加 1926 年初的練習與 9 月的台中高球場開幕，但其《灌園先生日記》從 1927 年
開始，前一年 1926 年無佐證資料，後一年 1928 年日記付之闕如。

　　當時台中州的豬股松之助內務部長後來擔任新竹州知事，先後大力支持了台中及
新竹高爾夫球場的興建。松岡富雄是台灣高爾夫運動的推手，坂本素魯哉為台銀高爾夫
派，皆為台灣高爾夫俱樂部的創會會員，後來兩人的事業重心來到台中，和林獻堂在事
業與高爾夫多所交流。當時松岡富雄還被稱為「中台灣政商第一人」，[250] 他擔任台灣新聞
社社長時，坂本素魯哉為監事，高爾夫球的新聞出現率大為增加。甚至在增資時，還引
進坂本素魯哉的外甥坂本登擔任總經理，負責財務與改革，其一為 1927 年 5 月 15 起，
該報每週一有新竹版。[251]

　　依其日記《灌園先生日記》，林獻堂在 1927 年 8 月 2 日初次提到高爾夫之議題，[252] 當
時他正帶著兒子環遊世界，那天正在倫敦，受日籍俱樂部會員茂木惣兵衛之邀，[253] 參訪了

246《台灣日日新報》，1926 年 1 月 11 日。
247 運動場現為國立體育運動大學的田徑場，水源地野球場為台中棒球場。
248 折下吉延（1881-1966）畢業於東京帝大農學科，為日本的造園家與都市計畫家，歷任宮內省
　　內苑技手、明治神宮造營局技師、內務省復興局公園課課長等，設計了不少公園與高爾夫球
　　場，其中赫赫有名的作品為明治神宮外苑的銀杏大道，號稱世界十大樹道，台灣的作品則包括
　　了台灣的高雄壽山高球場與台中水園地公園。〈折下吉延〉，網址：https://ja.wikipedia.org/wiki/
　　折下吉延。小川拓馬，〈造園家・折下吉延による近代綠化思想の転換と実踐〉，《法政大學大
　　學院記要》2，2013，頁 1-8。
249《台灣日日新報》，1926 年 1 月 8 日。
250 椿本義一，《台灣大觀》（東京：大阪屋號，1923），頁 42。
251 蔡秀美，〈1917 年台灣新聞之改組與松岡富雄〉，《日本交流協會成果報告書》（2018）。
252 林獻堂著，許雪姬等註，《灌園先生日記（一）一九二七》（台北：中研院台史所，2000），頁
　　156。
253 茂木惣兵衛（1893-1935），同名第三代（原名良太郎），為大正時期橫濱生絲與茂木合名會社
　　的企業集團成員，後來陸續創立帝國蠶業與 74 銀行，號稱茂木財閥，不過在 1920 年倒閉。茂
　　木惣兵衛為了再起，於 1923 年赴英國倫敦大學留學，學到企業家也應該關心社會運動，所以
　　當林獻堂環遊世界停留於倫敦時，結緣相見。詳見〈茂木惣兵衛〉，網址：https://ja.wikipedia.

室外的高爾夫球場及皇家自動車俱樂部，內擁有各種休閒運動設施，例如游泳池、擊劍場、撞球、圖書館、餐廳、宿舍（含會員住宿）、銀行、郵局、保險事務所。也談到會員要受推薦、會員大會的情況與會費等，看來對俱樂部的組織很有興趣，也開啟了其高爾夫球史。

　　1931 年 5 月 1 日，林獻堂號召猶龍與愛子夫婦、[254]雲龍與雪霞夫婦、[255]六龍、[256]子培夫婦一起至大肚山球場展開他人生中的高爾夫初體驗，當天日記提到大肚山高球場原為墓地，凹凸不平稍為不便，開打在午餐之後，八人打球，請了六位桿弟，由於林獻堂和子培夫婦為初體驗，因此常為「空手到」：揮桿打不到球，該球場共 9 洞，但打到第 5 洞，已費了一個小時之久。而且看來當天天氣不佳，大雨將至。一下起雨，大家紛紛躲到休息處，只剩下猶龍堅持在雨中繼續揮桿打完 9 洞，全身濕透。林獻堂的日記中留下

org/wiki/茂木惣兵衛_(3 代目)。
254 林猶龍（1902-1955），為林獻堂之二男，1911 以留日小留學生赴日就學，並入東京高師校長嘉納治五郎門下學柔道，直到 1926 年在東京商科大學（現一橋大學）畢業，回台後歷任霧峰庄長、霧峰信用組合長、台中州協議會議員，以及華南銀行常務董事、公股董事、董事長等職，於 1927 年娶藤井愛子（1909-1940）為妻，愛子畢業於東京錦秋高女，非常入鄉隨俗（台灣化），積極參與如霧峰「一新會」的社會教育活動，並長期擔任林獻堂的翻譯。當年他們的婚姻被稱為「內台通婚」，1920 年代的統計，共有十對，皆為台灣夫，日本妻，藤井愛子為其中一組，被稱為「灣妻」，在台灣受到日本人的敬遠（歧視）。而林猶龍早年想娶林雙吉（1913-），其父林季商（1878-1925）為霧峰林家第七代子孫，棟軍首領林朝棟之子，和林獻堂（原名朝琛）同為朝字輩，因此他們的婚事被反對。不過後來還是嫁給姓林的印尼華僑：林天祥。李毓，〈林獻堂生活中的女性〉，《興大歷史學報》24，2002，頁 59-98。「林雙吉」詳見頁 72-73。亦見林獻堂著，許雪姬等註，《灌園先生日記（一）一九二七》（台北：中研院台史所，2000），頁 2。
255 林雲龍（1907-1959），林獻堂之三男，也是小留日學生，1930 年畢業於法政大學政治系，歷任台灣新民報記者、董事、營業局長、霧峰庄長、興南新聞社董事兼業務局長等。娶楊子培之長女楊雪霞（1911-），楊雪霞頗有文才，惜患有肺炎，導致林雲龍離婚另娶日籍女子鈴木竹（林多惠）為妻。楊雪霞的妹妹楊碧霞則嫁給林魁梧。楊子培（1889-1960），為梧棲楊合順家族成員，歷任梧棲協議會員、梧棲街長、五福圳水利組合評議員等，楊子培在漢學與象棋方面的興趣與林獻堂相似，有不少互動，其妻為林青鸞，林竹山長女。楊雪霞之兄為楊肇嘉（1892-1976），也是林獻堂的民主與社會運動長年的夥伴。楊子培的次女楊繡霞嫁給新竹開台進士鄭用錫之侄曾孫鄭肇基之子鄭鴻源。當年（1934）楊子培曾在台中市西區（當時地址明治町 1 丁目 3 番地）建了一棟佔地 430 坪的三樓洋房，耗資 6.8 萬圓（時價 2.3 億元）的豪宅，在林獻堂的《灌園先生日記》中，常見該宅是他歇腳之處（包括打完高爾夫之後），因為林家菜園在霧峰。亦見林獻堂著，許雪姬等註，《灌園先生日記（一）一九二七》（台北：中研院台史所，2000），頁 3。
256 林六龍（或陸龍：1905-1938）為林階堂長子，畢業於慶應大學法學部。惜腦溢血過世，最後遺骨葬於菜園的萬梅崦納骨塔中，等於和迷你高爾夫球場長相左右了。一桿進洞的陳啟川和高爾夫球冠軍的賴墩皆為治喪委員，高爾夫在其短短人生當中也扮演了重要角色。其妻為楊素英，生有一女英子（林英梓）。

了「其頑強之氣概頗使人不易學也」之語。[257]

　　之後林獻堂玩出興趣，乾脆就在自家萊園[258]興建了迷你高爾夫球場，這可是台灣第一座私人家庭高爾夫球場（見本書彩圖集圖D13）。由表3-3-1可知，從1931年5月17日起勘查與開工起，林獻堂共號召家人與友人去了現場五次，如將初體驗的5月1日與迷你高球場落成啟用的7月6日一起算，共有七次，其中除林獻堂外（七次），並列頻率最高者為五次的林猶龍、溫成龍[259]與林六龍（五次：前後兩次加上勘查三次），林猶龍為其次子，本身也是球員，需要他的「使用者意見」。溫成龍隨侍在側，因為他是林獻堂的通譯兼祕書，因此迷你球場的建設由他執行。當然特別的是林六龍，因為早逝，所以其短短的人生（1905-1938）在歷史洪流之中，最常出現在林獻堂日記的運動記載中（棒球、高爾夫）：我萊（萊園）過，我揮過。

　　1931年7月6日落成之日，即在萊園召開迷你高爾夫球場啟用之球敘，共有日人警部（警察副主管）和林家親友30餘人參加。其後每逢訪客前來，林獻堂總邀其在自家球場較量一番。1931年8月至翌年7月間，在萊園一連舉辦了三場迷你高爾夫競技大會，參加者第一次49人（1931年8月15日）、第二次27人（1932年2月7日）、第三次28人（1932年7月16日），林獻堂並自備獎品獎勵前十名，企圖將此種貴族化的運動，透過改良為迷你的方式，與更多同好分享。[260]而「高爾夫」此詞出現四次的最高峰，是在1931年8月13日的《灌園先生日記》中，包括為了8月15日的萊園首次競技大會，該日一早林獻堂帶人去迷你高爾夫球場討論如何修繕以迎接比賽、早上猶龍夫婦到大肚山球場打高爾夫、林獻堂找三子雲龍去台中的小山商店購買迷你高爾夫比賽獎品、下午3時，林獻堂去看迷你高爾夫球場的修繕情況。[261]

　　1931年8月15日在霧峰林家萊園所舉辦的迷你高爾夫競技大會，很值得放在台灣體育史上，特別在「私人興球」的意義上：私人興建的高爾夫球場（雖然迷你6洞）、私人舉辦的高爾夫比賽。比賽時間由下午2時到6時30分，共有49人參加，親友團佔多

257 林獻堂著，許雪姬等註，《灌園先生日記（四）一九三一》（台北：中研院台史所，2001），頁141。

258 萊園為霧峰林宅三大建築群（頂厝、下厝、萊園）的一群，現為明台高中（原名萊園中學）的校園。該園於1893年因林文欽（林獻堂之父：1854-1899）中舉人而建，並師法老萊子「彩衣娛親」之精神而取名萊園。園內有櫟社碑、萊園一家碑、林竹山夫子頌德碑、林家祖墓、萬梅崦。2000年增設林獻堂文物館。萊園迷你高爾夫球場推測在現明台中學的校舍內（見本書彩圖集圖D13）。

259 溫成龍，如果不說姓，許多人會誤會他也是林家子弟，他可是林獻堂不可或缺的人物，因為他在1929到1937年間擔任林獻堂的通譯兼祕書。

260 李毓嵐，〈日治時期台灣傳統詩人的休閒娛樂─以櫟社詩人為例〉，《台灣學研究》7，2009，頁51-76。「迷你高爾夫競技大會」詳見頁70。

261 林獻堂著，許雪姬等註，《灌園先生日記（四）一九三一》（台北：中研院台史所，2001），頁256。

數，但其中有五位日籍人士，例如霧峰公學校校長荒井留一。比賽分初賽與複賽，初賽門檻 90 桿，留下 40 人，複賽 70 桿，剩下 17 人，之後比桿數少者勝出，結果第一名陳炎成（60 桿）、第二名賴木生（61 桿）、第三名河野（62 桿），獲得獎品，而第四到十名則獲贈毛巾各一條。[262]

　　而在台中地區的日人當中，兼顧商業與運動者，以坂本素魯哉（1867-1938）與松岡富雄為代表人物。而坂本在更早前 1904-05 年的日俄戰爭期間，正好擔任淡水台銀支店長，因後藤新平長官交辦事務，而和辜顯榮有所連結，那就是坂本給辜 12,000 圓，編組巡邏船隊，從事海上偵察工作，後來日俄戰爭之後也協助清除水雷工作。[263] 所以坂本本為銀行派，早已是淡水台灣高爾夫俱樂部的創會會員，並曾透過其人脈引入 1929 年的總理大臣盃高球賽，並由坂本赴東京領取獎盃。[264] 因為擔任彰化銀行經理、董事與董事長，重心移到台中地區，也擔任多家企業的社長與監察人，包括海南製粉株式會社的社長。其公職則包括台中州協議會議員（1920）、日本眾議員（1920）、與總督府評議員（1921），因此和林獻堂一直有商業、政治與運動的緣份，商業部分的海南製粉株式會社與彰化銀行皆為林獻堂主要投資標的。[265] 再如 1912 年創立的台灣製麻株式會社，資金 140 萬圓，社長為林獻堂、五位董事中的三人（坂本素魯哉、松岡富雄與坂本治郎）[266] 皆為球友。

　　此外，1919 年資本額 1,000 萬圓設立的日本拓殖株式會社（國策事業），總部在中壢街，董事有林熊徵、煉瓦王後宮信太郎，監事有坂本素魯哉，就是在高爾夫球場可以召開董監事會的概念。號稱南洋王的松岡富雄如本章前述，為將高爾夫球引進台灣者，由於其經營重心（前為帝國製糖，後為台灣新聞社）在台中，因此也常出現在林獻堂的《灌園先生日記》之中：財經因高爾夫而多所交流，包括松岡想去海南島投資事業，也曾來向林獻堂借二萬圓（現約 2,000 萬）。[267] 不過後來松岡富雄返日時已年邁且家道中

262 同上註，頁 258。

263 許介麟，〈兒玉、後藤如何利誘辜顯榮〉，《台灣日本綜合研究》，網址 http://www.japanresearch. org.tw/Column/Column_Hsu_017.html。

264 坂本素魯哉透過鳩山一郎（1883-1959）內閣書記官，向當時的田中義一首相（第 26 代首相，任期 1927-1929）要求首相高球盃。後來鳩山一郎擔任了第 52, 53 及 54 代的首相。另見《台灣日日新報》，1928 年 11 月 8 日。

265 彰化銀行的發起人吳汝祥（1868-1941），彰化秀才，1895 年北白川宮能久親王曾在他家路過休息，因此捐屋使成為北白川宮紀念處，日本政府因而發放補償金，吳汝祥以此母金號召成立彰化銀行，大股東當然包括辜顯榮、林獻堂等家族成員，1914-1935 年間，吳汝祥皆擔任頭取（總經理），不過後來由坂本素魯哉來擔任，高爾夫幫進駐，坂本素魯哉在 1938 年過世，接班人坂本信道亦然。

266 台灣製麻株式會社取締役。

267 林獻堂著，許雪姬等註，《灌園先生日記（四）一九三一》（台北：中研院台史所，2001），頁 24。

落，1949 年 10 月與 11 月兩度曾想賣掉以前寄放在林宅的七件東西以求現金，因為林獻堂不知其內容，故先後兩次拿出現金（美金 50 元、日幣一萬圓）支助，七件寄物內號稱有松岡家傳家寶的金屏風，出價 130 萬元，惟林獻堂允諾回台後託人帶回返還之。[268]

1931 年 11 月 8 日於大肚山球場，早上林獻堂先和坂本素魯哉、猶龍一組先打一回 9 洞，中午以麵包當午餐，休息後，再和坂本來一回。[269]1932 年 5 月 1 日，林獻堂又應坂本素魯哉之邀，與台中州知事竹下豐次等人球敘，竹下豐次（1887-1978）於 1932-1935 年間擔任台中州知事，等於是台中地區最高行政長官。和在政商界的台日兩位有力人士一面打球、一面聊聊了，不要忘了林獻堂還是當時台灣的政治、文化與社會的 NGO 代表（例如霧峰一新會在台中地區的影響力）。坂本素魯哉與竹下豐次兩位還真的是高爾夫的愛好者，也都是台灣高爾夫俱樂部的會員，他們在《台灣人士鑑》的興趣只寫高爾夫，而另一位前台中州知事森田俊介也是高爾夫球迷。

1932 年 2 月 16 日，另一位日籍人士仁田利助出現在萊園，描繪出了台灣銀行、南洋倉庫與華南銀行的南進連線，[270] 南洋倉庫為一家設在台北的日系倉庫公司，配合南向的國策事業而設，大股東為台灣銀行，但以華南銀行為主力來籌設南洋倉庫。1919 年 10 月 3 日，由華南銀行發起人的板橋林家林熊徵領銜發起籌組南洋倉庫，並在 1920 年的 1 月 15 日於台北設立，號召五大家族全部入股，[271] 如此的模式之後也會出現在台中一中的興學方面。

南洋倉庫的總經理為霧峰林家的林獻堂、副總經理為基隆顏家顏雲年，董事包括板橋林家林熊徵與其華南銀行在東南亞與中國的代表，例如盛宣懷家族的盛重頤，監事則包括煉瓦王後宮信太郎。南洋倉庫的所有董監事、顧問等共 36 人，其中華南銀行 19 人、台灣銀行 12 人，其中有台灣高球俱樂部會員的林熊祥與高球三人黨的三卷俊夫。南洋倉庫大張旗鼓的開張，但是初期的業績並不好，於是在 1929 年納入石原產業海運的傘下，將倉庫與海運連手。

因此仁田利助作為石原產業海運在台北的代表，加入了南洋倉庫，這時顏國年再加入成為董事，而許丙成為監事。而一開始就是股東的三井和台灣銀行，這兩群人正好是台灣高球俱樂部的主力會員，再一次見識高爾夫球場與商場之間的關係。當然仁田也是高爾夫俱樂部的會員，先獲得 1926 年俱樂部盃冠軍，[272] 接著 1928 年的賽事，他幾乎場場

---

268 林獻堂著，許雪姬等註，《灌園先生日記（二十一）一九四九》（台北：中研院台史所，2011），頁 375、422。

269 林獻堂著，許雪姬等註，《灌園先生日記（五）一九三二》（台北：中研院台史所，2003），頁 350。

270 久未亮一，〈南倉庫の軌跡：日系倉庫會社の興衰から見る南進の一側面（1920-1945）〉，《アジア經濟》LX-1，2019，頁 37-67。

271 板橋林家 4,100 股，霧峰林家 2,200 股，鹿港辜家 1,000 股，基隆顏家 1,000 股，高雄陳家 792 股。

272《台灣日日新報》，1926 年 9 月 24 日。

參加，也獲得 9 月 2 日的 Morris 盃的冠軍、11 月 4 日木下信贈盃賽的亞軍、1931 年 1 月 11 日後藤盃的冠軍等。[273]

表 3-3-1　林獻堂高爾夫球史表

時間	內容	地點
1926/1	台灣高球俱樂部津久井、妻木、三卷受邀來台中教學	台中水源地簡易球場
1927/8/2	皇家自動車俱樂部旁設有高爾夫球場	環遊世界中（1927/5/15-1928/11/8） 英國倫敦
1928/1/11	淡水台灣高球俱樂部派 9 位會員，參加台中的高球賽[274]	大肚山球場
1929/9/3	大東新竹支 9/2 開張，晚上公會堂 隔天劉明朝來導覽新竹公園、水源地、森林、游泳池	新竹水源地 住塚乃家
1930/8/8	石塚總督訪林家，其女登新高山	
1930/10/7	猶龍、雲龍打球，晚上九時回	大肚山球場
1931/3/26	林雲龍去打球，晚上才回	大肚山球場
1931/5/1 11:20	林獻堂（初次）找猶龍、雲龍、六龍、愛子、雪霞、子培夫婦打球	大肚山球場
1931/5/17 16:00	林獻堂召集伊若[275]、遂性、根生[276]、猶龍、雲龍、六龍去看迷你高球場計劃場所	萊園 （也稱 Baby 高球場）
1931/5/28 16:30	林獻堂參加新任總務長官下木信[277]招待會，遇南洋王松岡富雄（引進高球者）	台中公會堂

273 三卷俊夫，〈台灣ゴルフ沿革誌〉，竹村豐俊編，《台灣體育史》（台北：台灣體育協會，1933），頁 603、609。

274 參加會員：木下信、白勢黎吉、海野斐雄、妻木栗造、何村徹、久米孝藏、高須時太郎、加藤恂四郎、三卷俊夫，〈台灣ゴルフ沿革誌〉，竹村豐俊編，《台灣體育史》，頁 590。

275 莊伊若（1880-1938）亦為林獻堂的國學同好，同為櫟社社員，在霧峰青年會、一新義塾教授國學 30 餘年，並共創大吟詩社，擔任過社長。其大姊莊賽金（1874-1919）嫁給了林紀堂，莊賽金早逝，林紀堂（1874-1922）再娶陳岑（1875-1939），林津梁為其二子，惜其和大哥魁梧皆為玩綺子弟，婚姻亦不美滿，且林魁梧更是因繹樂社而「嗜戲敗家」，後來曾由蘭生慈善會接濟：而蘭生為紀念其父之妾許悅（1892-1990）所生之子於 1932 年早逝而設，蘭生為同父異母之弟，並長期訴訟爭財產。亦見林獻堂著，許雪姬等註，《灌園先生日記（一）一九二七》（台北：中研院台史所，2000），頁 24。另有兩本相關日記：《楊水心女士日記》與《陳岑女士日記》，林魁梧居然成為這三本日記的最大交集。見張素玢〈序〉，許雪姬編註，《陳岑女士日記》（台北：中研院台史所，2017）。

276 林根生（林資樹：1900-1976）為霧峰林家林文察之孫，林朝雍之子（林熙堂長男）。畢業於日本大學，歷任霧峰信用組合理事、新光產業社長、昭合興業社長等，亦為台灣自治聯盟的主要成員。

277 台灣總督府總務長官木下信，任期為 1931 年 4 月 15-1932 年 1 月 13 日。

時間	內容	地點
1931/6/5 17:00	林獻堂找成龍，勘查新建迷你球場的場所	萊園
1931/6/15 15:30 下午	林獻堂及其他八人[278]到知事官邸拜見賀陽宮恒憲王殿下（1931/6/5-6/18 來台）猶龍和雲龍去打球	知事官邸 大肚山球場
1931/6/25 16:00 前	林獻堂招久保、[279]根生、六龍、猶龍和雲龍去看高爾夫球場的位置	萊園
1931/7/1 17:00	林獻堂和成龍散步，去看迷你高爾夫球場施工情況，尚未完工 猶龍和雲龍去打高爾夫，午後 9 時才回	萊園 大肚山球場
1931/7/2 午後	林獻堂和猶龍、六龍、根生、資彬，[280]視察迷你高爾夫球場建設情況，還需三天	萊園
1931/7/6 16:30	Baby 高球場啟用，30 多人與會打球，包括猶龍、成龍、六龍（三龍組）、兩位家庭醫生（林春懷、[281]施純綻[282]）與林階堂[283]	萊園 林獻堂成績 101 桿
1931/7/7	林獻堂與水木[284]一組，成績 90 桿，稍有進步	萊園
1931/7/15	猶龍、愛子夫婦去打球	大肚山球場
1931/7/16 16:00	兩對父子檔：林獻堂、猶龍、偕堂、六龍等九人打球	萊園
1931/7/18 15:00	堤郡守帶台北帝大杉山茂顯[285]與律師遠山景一來訪，林偕堂與三龍組邀打球	萊園

278 其他人包括櫛部荒熊（台中律師）、二瓶源五（台中工商支會會長）、大里武八郎（台中地方法院院長）等。

279 久保基樹（1888-），歷任台中州警部、大甲街協議員、大肚庄長。

280 林資彬（1898-1947），霧峰林家下厝林輯堂之子，先後擔任霧峰庄助役（相當於副鄉長）、霧峰宏業株式會社社長、大東信託監事、台灣新民報及興南新聞董事。惟林資彬仍是公子哥兒的個性，以致其妻吳素貞另找出口，在培力婦女議題方面大有表現，參與台中婦女親睦會、霧峰一新會、一新義塾等，成為早期的婦女主義先驅者。頁 87，同前李毓嵐文。

281 林春懷（1889-1967），1917 年畢業於台北醫學校，歷任赤十字台灣支部醫院、阿猴廳（現屏東）公醫，後在霧峰開設懷仁醫院，積極參與一新會與櫟社之活動。

282 施純綻（1903-1970）為林獻堂外甥，畢業於東京醫專，回鄉開設博愛醫院，林獻堂需要注射時，常見其出現。

283 林偕堂（1884-1954）為林獻堂之弟（稱五弟），歷任霧峰庄長、大東信託與大安產業董事、台灣文化協會評議員、總督府評議會評議員，並創立東華名產，將台灣水果銷往日本與中國，娶施金紗（1883-1945），育有林六龍（陸龍、誕生：1905-1938）與林夑龍。上述之大安產業株式會社由林澄堂（1882-1929）之遺產於 1930 年所成立的家族企業。

284 吳水木（1900-1968），歷任豐原街助役、豐原街協議會員、豐原製紙株式會社董事、豐原商工會副會長。

285 杉山茂顯為台北帝國大學的第一任法律哲學講座（1929-1936），1930 年在帝大組織教師的曲棍球俱樂部，共有會員 18 人，1939 年曾有著作法屬印度支那華僑相關書籍傳世。

時間	內容	地點
1931/7/19	下午林獻堂找成龍打球，林偕堂（五弟）、莊伊若等七人已在球場 早上參賽，林猶龍得優勝銀盃	萊園 大肚山球場
1931/7/20	午後，林獻堂觀看五弟、伊若、六龍打球	萊園
1931/7/21 16:30	林獻堂打球，五弟、莊伊若等五人在場	萊園
1931/7/31	楊肇嘉[286] 家族 10 餘人與楊景山來訪，[287] 邀請去打球	萊園
1931/8/10	林獻堂和猶龍、成龍打球	萊園
1931/8/13	林獻堂找成龍、金水（林金水為萊園園丁） 勘查並討論修繕高球場 愛子與猶龍夫婦去打球 林雲龍到小山商店購買 15 日比賽之獎品 下午林獻堂去看高球場修繕情況	萊園 大肚山球場 萊園 萊園
1931/8/14 15:00	林獻堂找猶龍、成龍打球 林獻堂找五弟林偕堂打球	萊園
1931/8/15 14:00	第一次競技大會共 49 人參加	萊園
1931/8/19	三龍組（猶龍、成龍、六龍）打球	大肚山球場
1931/8/28	林猶龍去打球	大肚山球場
1931/9/3	林獻堂邀蔡培火、[288] 謝廉清、王富卿打球	萊園
1931/9/5	林猶龍和松岡富雄為下村宏舉行高爾夫歡迎會	大肚山球場
1931/9/6	葉榮鐘和夫人與妻弟來訪，參觀萊園	萊園
1931/9/8	林猶龍夫婦去打球	大肚山球場
1931/9/11	林獻堂和其三子林雲龍到末廣町見張煥珪、[289] 莊垂勝，[290] 他們興建了另一處新迷你球場	另一處新迷你球場（末廣町迷你球場）

---

286 楊肇嘉（1892-1976）為清水人，日本京華商業學校畢業（1897 年創立的高商），歷任清水街街長、民眾黨駐日代表、台灣新民報監事等，也參與了台灣議會設置請願運動、共同催生台灣地方自治聯盟。戰後歷任省府委員、民政廳長、中國醫藥學院董事長、國策顧問等職。
287 楊景山，1932 年畢業於早稻田大學政經系，為台灣民報的主要人物之一，歷任該報台南、台中、彰化支局長，後回本社任地方部長。
288 蔡培火（1899-1983）在日治時期曾參與台灣同化會的運動，之後受林獻堂支助赴日留學，就讀於東京高等師範（現筑波大學），當時（1917）留日學生約有 415 人，提出：台灣是台灣人的台灣之主張，蔡培火、林呈祿、王敏川、蔡式穀、鄭松筠、吳三連等人為其領導分子。林獻堂在東京的寓所也成為留學生的聚會所。
289 張煥珪（1902-1980）於 1923 年畢業於日本明治大學，回台後加入文化協會，和其兄張濬哲與其他協會會員支持莊垂勝的倡議，一同創辦中央書局，後來進入金融業，歷任台中興業信用組合長、豐原水利組合評議員等，更於 1936 年和岳父林烈堂、林澄波等人一起創辦台中商業專修學校（現新民商工）。林烈堂（1876-1947）除了致力興學外，也是台灣文化協會長期贊助者。
290 1925-1926 年的台灣文化協會時期，有兩位垂勝：莊垂勝與林垂勝，莊垂勝為中央書局的倡議人，20 位發起人皆為台灣文化協會的會員，包括林獻堂。林垂勝則為霧峰林家人，為中央書局的監事。

時間	內容	地點
1931/9/12	林猶龍夫婦去打球	大肚山球場
1931/9/18	到末廣町看雪霞（林雲龍夫人），猶龍、雲龍、愛子俱在，猶、雲將往大肚山打高爾夫	大肚山球場
1931/9/20 13:30	照山博士來訪，與猶龍、六龍、雲龍打球	萊園
1031/9/25、9/27	在迷你高球場舉行觀月會	萊園
1931/9/29	林猶龍、高天成與林關關[291]去打球 愛子未參加，因高錦花來教鋼琴[292]	萊園
1931/11/4	蔡培火、猶龍、愛子去打球	大肚山球場
1931/11/8	林獻堂又找了猶龍、雲龍，外加六龍，一起赴彰化銀行專務取締役坂本素魯哉之大肚山球場之球敘，在場球友包括坂本治郎、吉市、[293]山移、木生、照山與賴墩[294]等20多人。	大肚山球場
1931/11/9	林獻堂觀看猶龍與成龍打球	萊園
1931/12/2	林六龍找猶龍、愛子、天成、關關、靈石、秋海去打球	台中末廣町迷你球場
1931/12/16	製麻會社派石井對馬來畫球場，以便規劃會社高球場	萊園
1931/2/17	松齡、敏子夫婦新婚祝賀之高球賽，猶龍、六龍、雲龍、根生參加（林獻堂參加總督府評議員會不能參加）	大肚山球場

291 林關關（1906-1997）為林獻堂之獨生女，九歲即赴日留學，寄居迦納治五郎之家，先就讀淑德高女，後回台插班畢業於長榮女中。1930年嫁給台南高家的高天成醫師，婚後和夫婿一起赴日再留學，高天成入東京帝大，林關關入東京女子大學就讀。

292 高錦花（1906-1988）為台南高家高篤行（1879-1962：高長傳道師之二子，高再祝之兄）的女兒，1929年畢業於日本武藏野音樂學校，主修鋼琴，因此受邀來霧峰林家教授林猶龍夫人藤井愛子鋼琴。高錦花並熱心參與慈善音樂會，例如為1935年台中新竹大地震而舉行的震災義捐音樂會，共舉辦37場，其間其他的高家音樂人高雅美、高慈美姐妹（高再祝之女）也積極參與音樂會。其中高慈美（1914-2004）從1919年即留日就讀幼稚園，當時陪同者為蔡培火，之後也就學於下關的梅光女學院，該校為日治時期台灣基督教長老教會送女生就讀的主要學校，後來畢業自帝國音樂學校（現東京音樂大學），1948年起於現台灣師大擔任教職，1970年升等為教授，為台灣第一位女性鋼琴教授，由於其早期的講師與副教授證書為梅貽琦（當時教育部長）所發，因此由清華蕭媽媽教授牽線結緣，將高慈美所使用過的山葉牌演奏一號鋼琴賣給了清華蘇格貓底二手書咖啡屋。詳見〈高慈美〉，網址：https://zh.wikipedia.org/wiki/高慈美。

293 吉市醫院負責人吉市米太郎，後來加入彰化銀行，戰敗返日交接期間，吉市和彰化銀行總經理坂本信道與林獻堂討論，設立了「蘭芬會」以聯絡彰銀同事，後曾在日本代代木的初花亭，召開第二屆聚會。

294 賴墩（1881-　），1928年全島高爾夫秋季賽台灣盃冠軍，歷任台中乘馬會會長、台中協贊信用組合長（現台中二信）、台中樂舞台公司長、台中協議會議員、台中商工協會長等。《灌園先生日記（四）一九三二年》，1929年1月30日，頁39，大信託會社開股東大會時，賴墩為受邀來賓之一。1927年他曾擔任中部台灣高爾夫球俱樂部理事。

時間	內容	地點
1932/1/3	到清信醫院赴 Golf 聚會：陳萬、彭華英（輪值）、蔡阿信[295]、猶龍、雲龍	高爾夫俱樂部聚會 大肚山球場
1932/1/21	召成龍看修繕中的高球場 猶龍、愛子夫婦找陳清水指導	萊園 淡水高球場
1932/2/6（農曆元旦）	多人（40餘人）來拜年、寫生兼打球。 林獻堂號召雲龍、愛子、惠美、津梁、松齡、[296]敏子、六龍、阿微、以義打球	萊園
1932/2/7	第二次競技會，27人參加。打兩回合算桿數： 冠軍賴其德（108桿）、亞軍林猶龍（109桿），其他龍（攀龍、成龍、六龍）都在十名內，有賞。	萊園
1932/2/13	朋友來訪遊萊園，在高爾球場遇王少篪、林建文[297]	萊園
1932/2/14	第三次俱樂部無名會，[298]高爾夫賽（1-5名）：莊遂性、張聘三、張煥珪、張深鑄、彭華英	萊園
1932/2/16	仁田利助[299]來訪打球，認識猶龍	萊園
1932/3/3 10:30	林根生、林六龍找林獻堂去打球，經台中又找雲龍，松齡早到，打9洞	大肚山球場
1932/5/1	亦應坂本之邀，至與台中州知事竹下豐次（1932.3-1935.1）[300]等日人名流打高爾夫	大肚山球場

---

295 彭華英與蔡阿信為夫妻檔（1924年結婚），彭華英（1895-1968）於1921年畢業自明治大學政治經濟科，留日起開始投入民族運動，加入啟發會、新民會以及回台後的台灣民眾黨。蔡阿信（1899-1990）1920年畢業於東京女子醫專，為台灣第一位女醫生，先後任職於台北醫院、赤十字醫院，1926年在台中開設清信醫院，曾培養500位產婆，也是台灣文化協會理事。

296 林松齡（1910-1987）為林紀堂之三子，林津梁之弟，前台中縣長林鶴年（1914-1994）之兄。敏子為林松齡的日籍夫人：神長倉敏子。

297 王少篪，1922年台北師範學校畢業，公學校教師，為櫟社成員。林建文，1926年日本中央大學畢業，曾就職於日本建築會社建築部主任，1930年回台於台中開設建築事務所。林獻堂著，許雪姬等註，《灌園先生日記（二）一九二九》（台北：中研院台史所，2001），頁71。當天兩位是否遊園或打球，無法確定。

298 1931年12月由楊肇嘉發起的無名會（Club），每月集會一次，目的為交誼兼知識的交換。第三次由林獻堂作東，故其交誼活動乃有遊萊園、登萬梅崦與高爾夫球賽等。

299 仁田利助為南洋倉庫常務董事特助。

300 竹下豐次州知事，1928年才到台灣任職，先任總督府社會課長，1932-1935年擔任台中州知事。也是總督府的高爾夫球幫的一員，曾獲1930年忘年盃冠軍。

時間	內容	地點
1932/7/16	第三次高爾夫競技會，參賽者 28 人，今日預賽最低桿 12 人，7/17 決賽。林獻堂邀郭朝成牧師（1927 年在地受封者）前往參觀比賽	萊園
1932/7/17	第三次高爾夫競技會決賽	萊園
1932/8/27	赴日期間（反對台米限制請願團），在東京發生車禍（8/24），右腳因去年在大肚山球場跌倒，注射十次才好，如今再痛，找張梗來注射。	東京丸之內旅館
1932/10/7	猶龍打球	大肚山球場
1933/4/4 10:30	松齡／敏子夫婦找林獻堂、猶龍／愛子夫婦去揮桿，再找瑞騰，分組賽，瑞騰初體驗（88 桿）林獻堂（76 桿）、林松齡（41 桿）。	大肚山球場
1933/4/6 9：00	林獻堂和松齡、敏子、愛子、根生、六龍、磐石、[301] 津梁一起打球，松齡贈盃給優勝者，津梁優勝。	大肚山球場
1933/6/7 15:00	四人前往清秀館[302] 訪陳慶雲，[303] 並一起登山看迷你高爾夫球場，近來未整頓，十之八九不能用。	關子嶺
1935/11/4	訪花蓮，參訪花蓮港與高爾夫球場。歡迎會 20 餘人之中有花蓮廳廳長藤村寬太與馮子明。	花蓮港
1937/9/7	在日本東京，猶龍去打高爾夫球	林家位於東京都中野區野方，離新宿 7.1 公里 西武新宿線有野方站
1939/2/26	林獻堂獨自攜杖往萊園散步（膝蓋受傷）	萊園
1940/2/21	家族五人遊伊東，到川奈觀光旅館，午餐後散步參觀庭園與高爾夫球場[304]	日本靜岡縣伊東市川奈
1951/4/25	林獻堂和廖文毅、陳梧桐、林瑞池同遊球場。友人下場揮桿，林獻堂手痛，	相模高爾夫球場

資料來源：《灌園先生日記》各冊，作者整理。

---

301 呂磐石（1898-1959）為神岡三角仔呂柄南家族第四代，林獻堂外甥，早稻田大學商學系畢，受聘霧峰林家擔任大安產業株式會社的支配人（經理）。

302 清秀館為日治時期關子嶺老街上的溫泉旅館，內有泥漿溫泉出水的麗湯，因此 2004 年起改名為麗湯溫泉度假山莊。林獻堂到訪多次，也住過洗心館。

303 陳慶雲，長年擔任台中州永靖庄的信用購買販賣利用組合長，後來被推舉任永靖庄庄長，卸任後任庄協議會議員，亦為櫟社成員。

304 日本靜岡縣伊東市川奈觀光旅館所經營的高爾夫球場，面向海灣，號稱當時東洋最美與最難打的高爾夫球場，打進大海的球不盡其數。

1933 年 4 月 6 日，林獻堂號召高爾夫親友團七人去大肚山球場友誼賽，由於林津梁捐贈了賽盃，故也有了比賽氣氛，林獻堂在此日記中首次提到他的標準桿為 75，[305] 應屬於「標準球友」，不過第一回合的成績為 84 桿，下午因手痛而棄權，結果由林津梁獲得了自己致贈的冠軍獎盃，還記得他也在 1932 年 6 月 12 日也致贈了獎盃給淡水高爾夫球場。4 月 6 日那一天，另外一組人也在大肚山球場打球，他們是照山禎造（蘇文禎）、[306] 賴墩與劉茂雲。照山禎造為醫生、[307] 劉茂雲為少數任職於台灣總督府的高等文官，也是在《台灣人士鑑》當中把高爾夫當作興趣的 13 位台籍人士之一，賴墩更是高爾夫正式比賽的台籍高爾夫球選手。

3-3-2　林獻堂訪花蓮港

1935 年 11 月 4 日，林獻堂一行人訪問了花蓮港，去看了 1928 年設於米崙的花蓮港高爾夫球場，新的俱樂部會館剛剛好在 1935 年新建完成，建築外型長得很特別。[308] 由下圖 1931 年所繪的鳥瞰圖中，可見高爾夫球場已開始經營，但花蓮港當時正在興建，要到 1939 年 10 月 2 日才完成開港，花蓮港的名稱未出現，但已劃出願景。因此林獻堂一行人訪問了正在興建中的花蓮港以及在附近米崙的花蓮港高爾夫球場（參閱本書彩圖集圖 D16）。

此行對方出現了兩位高爾夫之友，藤村寬太廳長來花蓮港前的上一個職務為新竹州民政部長，他於 1934 年推動了新竹高爾夫球場的建設，擔任發起人。另一位馮子明醫師，則是在《台灣人士鑑》當中把高爾夫當作興趣的 13 位台籍人士之一。

值得注意的是，林獻堂在該《台灣人士鑑》當中的興趣為：旅行、登山、象棋與音樂，因此他並未標記高爾夫球，但他卻是高爾夫俱樂部會員，而他的高爾夫親友團的一些人在《台灣人士鑑》的興趣又如何？例如其子林猶龍與林雲龍為運動、林資彬為馬術／撞球／網球、林春懷為登山、呂磐石為運動等。簡言之，沒有一個人是以高爾夫為興趣者，而其子林猶龍與林雲龍都是俱樂部會員。

林獻堂以養病為由避居日本（1949 年 9 月 23 日），[309] 仍然無法忘懷高爾夫球，

---

305 一般高爾夫球 18 洞是由 4 個短洞、4 個長洞及 10 個中洞所構成，標準桿為 72。但因為各球場的地形不同，因此標準桿介於 69-75 之間。

306 照山禎造（蘇文禎）於 1902 年出生，台北醫學校畢業，執業醫生，其興趣為馬術、網球、自行車。

307 林獻堂的日記中很常出現的「注射」，包括出國時，因此其身邊不能缺少的是醫生，有些是家人，包括林春懷、施純綻等，還先後聘有專門護士豐子、河野久惠子。

308 該會館（招待所）於 2019 年 12 月 2 日被提報而登錄成為花蓮縣的縣定古蹟。本會館為日治時期唯一存留的高爾夫球會館，屋頂為圓弧造型。日治高爾夫球場繼續運作者有老淡水球場與花蓮球場。

309 赴日養病後，先由其熱海別墅移到鎌倉市林以文別墅靜養，再於 1950 年 5 月移到逗子市久木

不能打球也要找朋友參訪高球場，看朋友打球，[310] 值得注意的是，林獻堂在日記中的 Golf 已隨著政權輪替，而由「ゴルフ」變成「高爾夫」。例如 1951 年 4 月 25 日，台獨運動先驅的廖文毅[311] 與夥伴陳梧桐[312] 來邀林獻堂與其祕書林瑞池到相模高球場，[313] 因此路過高座，日記中提及徵用台灣少年工在海軍工場製造飛機之事，[314] 也提到日本戰敗，無力處理台灣少年工，他們自力救濟，將高座變成梁山泊，看來台灣少年工們曾經佔領過日本。他們到達球場後先一起午餐，再一起散步，見「綠草如氈，令人可愛」。其他人去揮桿了，林獻堂手腕痛而旁觀，不過林獻堂倒隨著日記又多作了兩首詩，一首為〈過高座感作〉，另一首為〈遊相模高爾夫球場〉，[315] 本首成為詩文界中少見的高爾夫之詩，詩文如下：

> 綠草如氈百畝餘，參天翠柏日斜切。
>
> 境佳望去精神爽，病久行來體力舒。
>
> 自笑無能聊一試，不時偶中得虛譽。
>
> 拾球少女勤來往，汗濕春衫尚婉如。

24 番地，自稱「遁樓」，可以表達其心境：林獻堂著，葉榮鐘編，《林獻堂先生紀念集》卷 1（台中：林獻堂先生紀念集編纂委員會，1960），頁 82-83，林獻堂先生年譜。林獻堂著，葉榮鐘編，《林獻堂先生紀念集》卷 2（台中：林獻堂先生紀念集編纂委員會，1960），頁 25。

310 林獻堂著，許雪姬等註，《灌園先生日記（二十三）一九五一》（台北：中研院台史所，2012），頁 161。

311 廖文毅（或名溫義：1910-1986）為美國俄亥俄州立大學工學博士，歷任浙大教授、軍政部技正、企業董事長、台北市工務局長等，受 228 之累偷渡日本，當選台灣民主獨立黨主席（1950）與台灣共和國大統領（1955），1965 年受國府招降返回台灣。其兄廖溫魁（1905-1952）為芝加哥大學社會學博士。兄弟倆曾於 1932 年 7 月 17 日晚間在嘉義溫泉參加歐美同學會，共 14 人參與，當天廖文毅新加入為會員，林獻堂為名譽會員，其他會員如劉清風、林茂生、陳炘、杜聰明、羅萬俥等人皆先後出現在本文之中。林獻堂著，許雪姬等註，《灌園先生日記（五）一九三二》（台北：中研院台史所，2003），頁 291。

312 陳梧桐為台南人，居住在民權路（號稱台獨街），曾在東京的華僑聯合會工作。林瑞池（1873-1947）為林獻堂祕書。另見張炎憲，《台灣獨立運動的先聲：台灣共和國》（台北：財團法人吳三連台灣史料基金會，2000）。

313 所提及之相模高球場，正式名稱相模鄉村俱樂部，1931 年落成的古典球場，位於神奈川縣大和市，設計者為淡水球場設計者赤星四郎的弟弟赤星六郎，號稱：以結合幾何與藝術的作品。

314 1942 年海軍省在神奈川縣座間市與海老名市的地區，興建高座海軍工場，主要生產裝配「雷電戰鬥機」（預定 6,000 架），徵用了 8,400 名 12-19 歲的少年工。

315 林獻堂著，葉榮鐘編，《林獻堂先生紀念集》卷 2（台中：林獻堂先生紀念集編纂委員會，1960），頁 31，軼詩。另林獻堂著，葉榮鐘編，《林獻堂先生紀念集》卷 2（台中：林獻堂先生紀念集編纂委員會，1960），頁 26，蘭芬會之詩。另刊於《東遊吟草》之中。

第四節
新竹城市演變與遊園地運動

日本在本土與殖民地台灣推動遊園地，其歷史脈絡從 1583 年開園的丹麥巴根遊樂園（Dyrehavsbakken）算起，接著於 1873 年的維也納萬國博覽會中，日本推出木製遊園車與旋轉木馬的遊戲設施，之後日本所舉行的各種博覽會皆有遊戲設施，包括雲霄飛車、搖擺船、旋轉木馬等，例如 1903 年在大阪舉行的「第五回勸業博覽會」首次於會場中安排餘興遊樂設施，如滑水艇、馬戲團、大林高塔（電梯）等。[316] 而遊園地主要推手之一的「台灣勸業共進會協贊會」會長正是前述台銀總經理的櫻井鐵太郎，也是台灣高爾夫球俱樂部的推手。1916 年 4 月 16 日，張麗俊（水竹居主人，1868-1941）前往台北參觀「台灣勸業共進會」，該會是為紀念始政 20 週年而辦，號稱「世界性的南洋博覽會」，是日本統治台灣以來第一次大開門戶，讓台灣被看見的大型展示活動，[317] 張留下了詳細的日記記錄。

日本常態性的近代遊園地則是於 1911 年設立的寶塚新溫泉（現改名為寶塚 Family Land），名稱中有遊園地者則以在 1887 年於大阪設立的「小林遊園地」為始。最特別的是「電鐵系遊園地」，東京早期的七大私鐵，每一條路線皆有遊園地。其他有名者還有東京巨蛋的後樂園遊園地（1955）以及淺草松屋百貨的屋上遊園地（1931）等，非常吸引家族與兒童的目光。[318]

因此在 1930 年代，日治台灣也興起了遊園地的（特別是兒童樂園）的風潮，1925年 6 月的台南花園遊園地、1927 台北新公園兒童遊園地、1930 年 6 月高雄西子灣兒童遊園地、[319]1934 年 3 月台北圓山動物園附屬兒童遊園地、1934 年 6 月嘉義兒童遊園地、1938 年 7 月 21 日台北圓山遊園地（新設電動機械遊樂設施）的陸續開園與更新。[320] 新竹、台中與屏東等地，均加快腳步規劃之。

3-4-1　竹塹的城市演變

日治期間，新竹歷經台北縣新竹支廳（1895）、新竹縣新竹辦務署（1897）、台北縣

---

316 彭慧媛，《日治前期「殖民台灣」的再現與擴張——以「台灣勸業共進會」（1916）為中心之研究》（台南：成大歷史所碩士論文，2005），頁 34。

317 呂紹理，《展示台灣：權力、空間與殖民統治的形象表述》（台北：麥田出版社，2011），頁 216-217。

318 遊園地在世界與日本的歷史脈絡，詳見〈遊園地の歴史〉，網址：https://ja.wikipedia.org/wiki/ 遊園地の歴史。

319 漢珍雲端藏書閣，〈日治時期兒童樂園大車拼〉：https://www.tbmc.com.tw/blog/?p=2254，2015。

320 1938 年在圓山動物園北側增設 6,000 坪的圓山遊園地，除了新設電動機械遊樂設施，還有當時台灣最長的溜滑梯。

新竹辦務署（1898）、新竹廳新竹辦務署（1901）、新竹廳（1909）、新竹州新竹郡新竹街（1920），新竹成為州廳所在地等。並於 1930 年新竹街升格為市，設置市役所，此為新竹設市之始 [321]，並開始分期實施市區改正計畫、市區計畫與都市計畫。

　　在「新竹大遊園地計畫」之前，1902 年變更地名，由清式轉日式，成為九個街區，而新竹公園這一區有：「南門外街區」（包含原南門外、園中央、巡司埔、爾雅家）及「枕頭山腳街區」（包含原枕頭山腳、頂竹圍庄）。[322] 新竹郡新竹街在 1905 年 5 月 9 日公告市街市區改正與市區計畫，[323] 為第一期五年計畫，實施面積為 170 公頃，包括街路計畫、衛生排水計畫與公共設施計畫。其中公共設施計畫事先指定未來新竹州廳的區域，以此為中心來配置學校、市場、公園、醫院等設施。而台灣總督府的不少相關法令也率先用在新竹，例如街道騎樓。[324] 不過 1907 年卻將西門到南門的城牆拆除作為街道改建的建材，也成了文化資產的破壞者。

　　1910-1915 年又續推動第二期六年計畫，該期間的主要業績除了 1914 年落成的新竹車站與新竹郵便局外，另外就是制定了「新竹公園管理規程」（1915），當時主要對象為位於新竹州廳與東門城之間的公園預定地與市區內的幾個小公園。以上所述者，由 1905-1915 年的二期計畫統稱「新竹第一次市區改正計畫」。

3-4-2　新竹公園

　　1916-1930 年的「新竹第二次市區改正計畫」，又逢 1920 年的地方自治制度，新竹公園卻在 1917 年的市區計畫變更中出現了大轉折，[325] 公園預定地已由市區改到市郊的枕頭山地區，面積為 16,500 平方公尺。當時新竹正展開兩大主要計畫：以州廳為中心的規劃以及新竹公園綠帶區（枕頭山與後來加入的十八尖山區域）計畫。[326] 新竹公園綠帶區的範圍為清朝時期竹塹城南門外的小丘，稱作「枕頭山」，即新竹公園（公二公園）加上後來 1927 年設立的十八尖山森林公園（公一公園），連貫起來成為一片近郊綠帶，這一區名副其實地被稱作「花園町」。綠帶尾端連接了火車站及新竹市區。

　　新竹公園完工後於 1921 年 4 月 1 日開放，1923 年新設第一游泳池，再於 1926 年加設第二游泳池，1930 年新設兒童游泳池（市制 5 週年）。第二次市區改正計畫期間，其他的主要建設有新竹神社（1922）、新竹中學（1922：後來成為新竹女中的校地）、公

---

321 新竹市政府，〈新竹沿革〉，網址：https://www.hccg.gov.tw/ch/home.jsp?id=32&parentpath=0,18
322 黃俊銘，《新竹市日治時期建築文化資產調查研究》（新竹：新竹市文化中心，1999），頁 20。
323 1930 年以前稱為新竹街，之後稱新竹市，分別為州轄市、縣轄市、省轄市等。
324 黃俊銘，《新竹市日治時期建築文化資產調查研究》，頁 27。
325 同上註，頁 44-45。
326 日本本土在 1919 年通過都市計畫法，台灣到 1936 年才通過。

會堂（1921）等。但 1923 年 9 月 1 日，日本發生關東大地震，之後幾年的市區改正計畫未能有較大建設，但仍完成新竹州圖書館（1925）、新竹水道（1929）、新竹刑務所（1929）與新竹州商品陳列館（1929）等。

　　1931-1937 年啟動了「新竹第三次市區改正計畫」，主要建設為新竹醫院（1932）、新竹有樂館（1933，後來稱國民戲院）、新竹警察署廳舍（1935）、總督府天然瓦斯研究所（1936）、總督府專賣局新竹支廳廳舍（1936）、新竹州自治會館（1936）等。1935 年新竹街區分成 15 町與 14 大字，15 町中包括東門町、西門町、南門町、北門町、旭（州廳）、榮町（車站前）、黑金町（後車站）、花園町（新竹公園地區）等，而 14 個字包括赤土崎、金山面、埔頂等。而新竹清華園當時的區域主要在赤土崎及埔頂。此外，1935 年 4 月 21 日新竹、台中州大地震（又稱關刀山或屯子腳大地震），促成了新竹州下 11 街庄的市區計畫，新竹市的計畫規模也因而縮小，包括 1932 年提出的「新竹大遊園地計畫」。日治時期的「台灣都市計畫令」始於 1936 年，所以 1938-1945 年執行首次新竹都市計畫，並於 1938 年 2 月 20 日公告實施，內容包括街道計畫、水路計畫、公園計畫與學校計畫等四大項。[327]

　　慶祝新竹街改制為新竹市的五週年（1930）時，市民捐款在新竹公園內另闢「兒童遊園地」，增設各種運動器具，並於園內附設小型動物廄舍與鳥籠，飼養台灣獼猴、兔子、綿羊、孔雀等兒童友善動物區，是新竹市動物園草創的開始，1936 年 6 月 5 日新竹兒童遊園地開園，兒童遊樂園的入場費為大人五錢，兒童三錢。[328] 因為連接了新竹公園，而成為全台最大的 8,000 坪兒童遊園地，設有溜冰場、溜滑梯、鞦韆等設施。遊園地內還有池、花壇、小丘（赤山），成為園中有園的赤山公園。外加附設的動物園，設有動物舍 16 棟，該遊園地於 6 月 19 日展出伊索比亞來的兩頭獅子，掀起話題，更輝映當時的園區大門兩旁門柱上的兩頭獅子。該大門仿德國漢堡動物園的雕花鐵門，兩旁的門柱上有獅子與大象，這個門後來成為新竹市動物園的舊大門。而從《台灣日日新報》1930-1939 年間的新聞，查詢到了 76 筆相關資料，可見當時各地有過激烈的兒童遊園地大車拼。[329]

3-4-3　南寮海水浴場

　　如前述，在 1932 年時，新竹市更積極提出「新竹大遊園地計畫」，[330] 當時新竹南寮海

327 黃俊銘，《新竹市日治時期建築文化資產調查研究》（新竹：新竹市文化中心，1999），頁 97-98。
328 新竹市役所，《新竹市社會事業要覽》（新竹：新竹市役所，1936），頁 42。
329 漢針雲端藏書閣，〈日治時期兒童樂園大車拼〉：https://www.tbmc.com.tw/blog/?p=2254，2015。
330《台灣日日新報》，1932 年 2 月 6 日。

水浴場已有附設遊園地，包括旋轉木馬、飛行塔、兒童小汽車、雙人盪鞦韆等設施。[331]
《台灣公論》月刊曾分別在 1936 年 7 月與 1937 年 5 月兩度刊出南寮海水浴場的彩色鳥瞰
圖，前者有更多海景，連海中兩處木棧台上的海上商店也出現：麒麟咖啡廳與葫蘆料理
店，更有牽罟的體驗活動。該鳥瞰圖亦遠眺了市內，包括了東門城、有樂館（現影像博
物館），且有交通路線的示意：台車與巴士（茶茂自動車商會）（見本書彩圖集圖 D14）。
後者將「海之樂園」連接到更遠處的新竹公園、水源地與競馬場等赤土崎地區，到南寮
海水浴場的巴士路線由縱貫公路分支，經水田、樹林頭、苦苓腳、舊港（見本書彩圖集
圖 D15）。[332]而茶茂自動車商會由新竹武功周家二房周家修（1878-1953）於 1916 年創
立，之前的茶茂商行經營南北雜貨與紡織品，[333]新光創辦人吳火獅曾為其伙計。三房周敏
益（1906-1951）的故居即為北門街上的「周益記」，2013 年自薦成為市定古蹟。[334]

---

331 徐聖凱，《日治時期台灣的公共休閒與休閒近代化》（台北：台師大博士論文，2019）。
332 李玉瑾主編，《台灣公論鳥瞰圖選集》（台北：國立台灣博物館，2015）。另見彭東烈、韋煙
　　灶，頁 110。
333 後來店家名稱為周家茂商行，地址為表町 3-194，電話 47，註明「長」，可以打長途電話。參
　　見台灣總督府交通局遞信部，《新竹州電話帖》（台北：台灣總督府交通局遞信部，1937），頁
　　8。
334 陳百齡，《石碑後面的家族史》（新竹：新竹市文化局，2015），頁 115-116。陳百齡〈從舊港到
　　南寮：南寮地區區域核心的轉移〉，韋煙灶等編，《與海相遇之地：新竹沿海的人地變遷》（新
　　竹：新竹市文化局，2013）。

第五節
籌設新竹高爾夫球場

　　依 1932 年的新竹大遊園地計畫，新竹高爾夫球場從 1934 年起籌建，由當時的新竹州內務部長藤村寬太（1892-）[335]以「近代都市該有的設施」為支持理由，經過物色與測量，找到了新竹公園附近的水源地，先以 6 洞的建設開始，留下擴充的空間，並編列預算展開第一期的整地工程。[336]再於 6 月 17 日由藤村內務部長邀請淡水高爾夫俱樂部的西村伴經理、[337]青木市尹（市長）一起實地現勘，認為適合建設為 9 洞 2,500 碼的球場。順便一提，如前述高爾夫球場（Golf Links）的規劃設計元素包括了丘陵、海景（近海或可看海）等，但在台灣又多了一項水源地元素，除了新竹球場外，至少還有兩個球場在水源地附近，一為花蓮港球場，另一為台南上庄球場，而新竹球場則是三者兼具（見本書彩圖集圖 D7）。表 3-5-1 中，八位發起人中有四位為台灣高爾夫俱樂部的會員（淡水球場），其中高原逸人於 1933 年 7 月 23 日舉行的太田盃高球賽還得過冠軍。[338]

表 3-5-1　新竹高爾夫俱樂部發起人名單表

職務	姓名	說明
新竹州內務部長	藤村寬太	發起人總代表，淡水俱樂部會員 1934、1935 年新竹州協議會議員
新竹郡守	中平昌[339]	幹事
新竹州內務部地方課長	西村德一[340]	主管課長，淡水俱樂部會員

---

335 藤村寬太，1916 年東京高師畢業，擔任過高中教師，1922 高考及格，進入公務體系，1931 年來台灣，先後擔任警察署長、新竹州內務部長（1934-1935）、花蓮港廳長（1935-1938）、台北市長（1941-1943）與新竹州知事（1943/3-8）。他在《台灣人士鑑》的調查中，其休閒運動的興趣為弓道、游泳及高爾夫。

336《台灣日日新報》，1934 年 6 月 16 日。

337 西村伴（1895-），日本高梁中學畢業，淡水街協議員，台灣新民報調查部編，《台灣人士鑑》（台北：台灣新民報社，1937），頁 310。他自 1930 年起受聘為台灣高爾夫俱樂部的經理（支配人），夫人西村貞子也在球場工作，該球場前後共聘用 23 人，包括陳清水、郭金順、林萬福等人。陳清水於 1926 年 10 月受聘為桿弟管理人（月薪 18 圓），郭金順、陳萬財與郭金於 1927 年 11 月受聘為桿弟。西村伴其在《台灣人士鑑》的興趣為高爾夫。

338 前田莊吉編，《台灣ゴルフ俱樂部二十年史》（台北：台灣日日新報社，1928），頁 192。

339 中平昌為明治大學畢業，1925 年高考及格，隔年擔任高雄州稅務課長，再擔任新竹郡守，時年 31 歲，為郡守任用改革下的「有資格者派」，而非以前的「特別進用派」，之後擔任台南州地方課長及總督府事務官：財務局稅務課長、專賣局庶務課長等。

340 西村德一（1899-）1923 年東大法學部畢業，歷任台南州與新竹州的地方理事官、警務部長、地方課長、淡水郡守，後調總督府，歷任內務局土木課長、官房人事課長以及末代文教局長。

職務	姓名	說明
新竹市尹	政所重三郎 [341]	任期：1932-1934
台銀新竹支店長	大江退三 [342]	幹事，淡水俱樂部會員 1934、1935 年新竹州協議會議員 1934 年新竹市協議會議員
大磯內科小兒科病院院長	大磯友明 [343]	1931-1935 在新竹 1933 年新竹市協議會議員
明德病院院長	何乾欽 [344]	南門町 1-99 1935 年新竹市議會議員（民選）
新竹州警務部部長	高原逸人 [345]	淡水俱樂部會員 1934、1935 年新竹州協議會議員

資料來源：《台灣日日新報》，1934 年 8 月 2 日，作者調查與整理製表。另見台灣總督府，〈新竹州〉，《台灣總督府及所屬官署職員錄》，1935，頁 403-405。

　　新竹高爾夫球場的第一期工程完成後（6 洞），同時籌設高爾夫俱樂部，招收會員，入會費 20 圓（但 1934 年 6 月前申請免入會費）、會費每月 2 圓、桿弟費一次 20 錢、球具租借 1 圓（普通的 50 錢）（表 3-5-2）。[346] 新竹的入會費比起淡水的 100-300 圓，算是「平民價格」了。但是更貴是球具，球具一組 200 圓（約現值 20 萬元），高爾夫球一打 9 圓（約現值 9,000 元）。士普齡牌球桿一套更高達 500 圓，普通牌子 300 圓，當時台北城內一戶房子平均賣 500 圓，高雄鹽埕埔的二層樓店舖一棟約 800 圓，[347] 可知「高」爾夫的「高」門檻了（參閱本書彩圖集圖 D7-D11）。

---

341 政所重三郎，1909 年東京高師畢業，1919 年高考及格，先後擔任於台灣總督府山林課長、嘉義市尹、新竹市尹、花蓮港廳廳長等職。

342 大江退三（1890-），東京帝大畢業，歷任台灣銀行台南支店長、新竹支店長。其在台灣人士鑑上的興趣為高爾夫。

343 大磯友明（1902-）在新竹出生，畢業於台北醫專，日本熊本醫大醫學博士。自宅開業，地址為東門外 29 番地，電話 456 號。

344 該報報導為何明德院長，經查證，可能是明德醫院的何乾欽院長（1894-），日名松原欽三，1917 年畢業於台北醫學專門學校，先後在台北醫院、紅十字支部醫院與廣東博愛醫院行醫，1926 年自行以明德醫院開業。公共事務方面曾擔任新竹市參議會副議長、新竹縣議會副議長、新竹市醫師公會理事長、新竹師範學校校醫等，又出現一位清華歷史現場相關的歷史人物。台灣新民報調查部編，《台灣人士鑑》（台北：台灣新民報社，1934），頁 22。當時明德醫院地址為南門 1-99，電話 6 號。

345 高原逸人（1899-1977），1925 年畢業於東京帝大政治系，在學中即高考及格，畢業後就來台灣總督府就職，擔任新竹州警務課長之後，先後擔任高雄州知事及花蓮港廳廳長等職。

346《台灣日日新報》，1934 年 6 月 9 日。楊玉姿，〈高雄體育史個案研究：一生熱愛運動的陳啟川先生〉，《高雄文獻》8（1），2018，頁 45。另一說：入會費 50 圓（中下級公務員兩個月薪資），非會員打球平日一次 1 圓，假日 2 圓，桿弟費一次 15-35 錢不等。

347 也是會員的陳啟川之口述歷史。

　　1934 年 7 月 31 日下午一時於新竹州食堂舉行高爾夫俱樂部發起人會議（八人），新竹州知事內海忠司當天也出席，並捐出 5,000 圓工程費，接著由發起人代表藤村寬太內務部長報告球場建設與俱樂部籌組情況，由於球場位於水源地，因此決議不大興土木，而以現有水源地俱樂部作為球場俱樂部，一處兩用。[348] 依 1938 年的《會社銀行商工業者名鑑》，新竹高爾夫俱樂部的地址為赤土崎 126 番地，電話號碼為 719。

　　接著來探討表 3-5-1 中的新竹球場主要推動者和台灣高爾夫俱樂部（淡水球場）的關係，他們陸續出現在球場的差點排行表之中，最早出現（1929）在排行榜中的為兩位新竹州知事的內海忠司（任期：1932-1935）與赤崛鐵吉（任期：1936-1939）。接著 1931 年的差點排行榜，共列出 89 位會員，差點（越低代表越安定與厲害）從 11 的仁田利助[349] 到 34。可見新竹高球場的檯面上支持人士與籌備委員皆在列，包括當時在任（1932-1935）的新竹州知事內海忠司（29）與前一任（1931-1932）的豬股松之助知事（21），豬股知事就是新竹大遊園地計畫的推動者，而高球場即為其中一環。籌備委員則出現西村德一（24）與大江退三（28）。隔年的 1932 年再分成 AB 組，以差點 25 為界線，B 組有新竹州官員劉明朝（34）與籌備委員高原逸人（34），而劉明朝則從 1931 年至 1937 年持續列入排行榜。到了 1933 與 34 年，差點排行榜出現了另一位新竹州知事田端幸三郎（任期 1929-1931），1935 年則出現了籌備委員之首的藤村寬太（新竹州內務部長），他於 1943 年擔任新竹州知事。

表 3-5-2　高爾夫俱樂部會費表

項目 / 地點	入會費	會費（月費）	打球費（平、週）	球具租借	桿弟費
新竹球場	20	2		1 圓，50 錢	20 錢
嘉義球場			1	免費	
花蓮港球場[350]	20	5			
台南球場[351]	30	8, 6（台南在地會員）			
台中球場	30	4	1, 1.5	50 錢	40 錢（18 洞）

348 1929 年 3 月 15 日，新竹街水道正式落成，通水典禮正午時於水源地舉行，280 名全島知名的仕紳齊聚一堂。《台灣日日新報》以半版篇幅報導之。因此高爾夫球俱樂部的會館不得於水源地興建。
349 仁田利助先後獲 1926 年俱樂部盃冠軍、1928 年 9 月 2 日的 Morris 盃冠軍、11 月 4 日木下信贈盃賽亞軍、1931 年 1 月 11 日後藤盃冠軍。在商業上（如南洋倉庫）和球友林獻堂、顏國年、林熊徵等人合夥。
350〈花蓮港とゴルフ〉，《台日グラフ》1，1930，頁 3。
351 前田莊吉編，《台灣ゴルフ俱樂部二十年史》（台北：台灣日日新報社，1928），頁 362-363。

項目 地點	入會費	會費（月費）	打球費 （平、週）	球具租借	桿弟費
淡水球場	100 150 300 （1937）	3（1919） 5（1925） 8（1937）	會員 1（1937） 非會員 3, 5（1937）	30 錢[352] 80 錢	A 級：35 錢 B 級：30 錢 C 級：25 錢
淡水球場 地方會員	24, 12 （1937）	7,12,6[353]	5, 3[354]		45 錢
淡水球場 2			3, 1（平）		
其它球場	50		2, 1		15-35 錢

註：「淡水球場 2」代表 1928 年社團法人化後。作者整理。

3-5-1　球場開幕

　　1935 年 6 月 30 日，隨著工程完成，球場與俱樂部同一天開幕，加入的會員共有 67 人，開幕由新竹州知事內海忠司舉行開球儀式[355]，還難得出現了照片，新竹高爾夫球場（暱稱水源地球場）展開了它十年的短短歷史（見本書彩圖集圖 D5 及 D6）。[356] 內海在擔任台北州警務部長時，曾於 1929 年 4 月 21 日參加淡水台灣高爾夫俱樂部十週年典禮，5 月 13 日於陪同伏見宮博義王視察淡水高球場時初體驗，從此迷上高爾夫，常和台北州片上三郎知事（任期：1929-1931）一起打球，內海 1929 年 12 月調任台南州內務部長後，在中學運動場、大肚山球場、淡水球場打過球，並參與新化郡山上水源地高球場、嘉義高球場的會勘與建設。1931 年 5 月任台北市尹（市長），更是淡水球場的常客，計 42 次。1932 年調任新竹州知事，新竹尚無高球場，因此會開車去淡水打球，但積極支持建高球場，散步或騎馬時也常往水源地高球預定地，在高球場落成開球後，就和新竹的台銀大江退三支店長打了兩輪，從開幕的 6 月 30 日到卸任的 9 月 7 日止，內海到水源地球場揮桿 19 次，淡水 3 次，[357] 赴高雄州擔任知事後，官邸離壽山球場不遠，揮

352　1934 年俱樂部新購男女球具組，租金每天一圓，女用每天 50 錢。另有租用置物櫃服務，每個月 70 錢。見前田莊吉編，《台灣ゴルフ俱樂部二十年史》（台北：台灣日日新報社，1928），頁 318-319。

353　年會費分地區而不同，台北與淡水地區者 7 圓，其他地區 12 圓，海外居住者 6 圓。

354　當時駐場選手手有陳金獅、郭金順，想跟選手手打一輪要付 1.2 圓，見李澍奕，〈台灣職業高爾夫球手先驅者陳清水〉，《國史館台灣文獻館電子報》165，2017，網址：https://www.th.gov.tw/epaper/site/page/165/2382。

355　《台灣日日新報》，1935 年 6 月 30 日。

356　台灣總督府交通局遞信部，《新竹州電話帖》（台北：台灣總督府交通局遞信部，1937），頁 10。

357　近藤正己、北村嘉惠、駒込武編，《內海忠司日記》（京都大學學術出版會，2012），頁 417-628。

桿次數更頻繁，堪稱「高爾夫知事」了。

　　新竹水源地高爾夫俱樂部的 67 位會員中有各行各業，例如其中一位為佐藤敏醫師，1897 年東京帝大醫學部畢業，1928 年渡台擔任總督府技師，1936 年時擔任新竹醫院院長，之後調任松山療養所院長。另一位為在地士紳許振乾（1908-1963），為 1922 年新竹中學首屆學生，經營丸益商行與泰益商行（地址榮町 2-19，電話 53），1935 年起當選兩屆新竹市協議會議員，加入俱樂部成為會員，[358] 他也是當時在《台灣人士鑑》中的 13 位「以高爾夫為興趣者」台灣人，且是其中的兩位新竹人之一。[359] 另外，天然瓦斯研究所小川亨所長，在其家族史中的趣味中包括了高爾夫，而研究所（地址為赤土崎 353 番地）當時大門的正對面就是新竹高爾夫球場，參加會員與打過球的可能性不小，[360] 因為天研發起人之一的台北帝大加福均三教授是淡水俱樂部的會員。

　　1935 年 9 月 3 日下午一時，新竹州與新竹郡共有六人調職，包括新竹州知事內海忠司調任高雄州知事與新竹郡守高木秀雄調職為屏東市尹，因此特別舉行高爾夫球賽送別會，由內海知事提供獎盃（一人二役，現知事與即將調職的知事）展開送別賽，比賽結果依成績為大江、藤尾、永田、下村、西村、藤村，[361] 由在新竹的台銀支店長大江退三獲得知事冠軍盃。不過更早之前的 1931 年 10 月 31 日，大江曾在淡水球場的俱樂部盃秋季賽中獲得 A 組冠軍（18 洞 91 桿），同年 10 月 11 日在淡水球場舉行的山中義信送別賽中，也以 68 桿得到冠軍，[362] 可知各球場皆有互相交流，不過是以淡水球場的台灣高爾夫俱樂部為龍頭，其舉辦的比賽較多，且是唯一具冠軍球道的 18 洞球場。而在 1928 出版的《台灣の新人舊人》一書，將台灣高爾球俱樂部其中的 62 位會員逐一介紹了一輪，該節先定義：台灣高爾球俱樂部為一大「社交機關」，會員上至總督，下到三井的課長，[363] 惟這段並未介紹台籍會員，否則社交圈會更大。

　　而此「社交機關」用語也再一次出現在花蓮港：促進官民融合的「社交機關」，花蓮港高爾夫俱樂部對於花蓮港建設有諸多貢獻。[364] 而當時某些民間人士被稱為「民間勅任

358 許振乾也號稱「新竹客運掌門人」，從成立新竹運送株式會社（今新竹運輸公司）、台灣鐵道株式會社到新竹客運。另見黃旺成著、許雪姬主編，《黃旺成先生日（二十）：一九三四》（台北：中研院台史所，2019），頁 43。

359 楊玉姿，〈高雄體育史個案研究：一生熱愛運動的陳啟川先生〉，《高雄文獻》8（1），2018，頁 46。原表為附錄 8：《台灣人氏鑑》以運動為休閒運動者名單，見林丁國，〈觀念、組織與實踐：日治時期台灣體育運動之發展〉（台北：政大歷史所博士論文，2009）。

360 小川宣，〈父の思い出〉，《赤土會會誌》4，1984，頁 25-27。

361《台灣日日新報》，1935 年 9 月 4 日。

362 三卷俊夫，〈台灣ゴルフ沿革誌〉，竹村豐俊編，《台灣體育史》（台北：台灣體育協會，1933），頁 612-613。

363 田中一二，《台灣の新人舊人》（台北：台灣通信社，1928），頁 190-202。

364《台灣日日新報》，1943 年 11 月 10 日。

官」（簡稱民勳），即在民間也享有勅任官（高等官一及二等）相同的待遇者，[365] 被點名者包括台灣日日新報社長的井村大吉（曾擔任台灣高爾夫俱樂部的會長）、三井產物台北支店長津久井誠一郎、台灣製腦株式會社總經理妻木栗造等人，都是高爾夫俱樂部的會員。

3-5-2　球場的媒體報導

　　1936 年 6 月，新竹高爾夫俱樂部又邀請了淡水球場的西村經理，討論由 6 洞擴大為 9 洞規模的可能性，並建議另在新竹神社附近新設 9 洞或以上的新高爾夫球場，顯然該處也可以看到海，具有 Links 之性質，後來因故未執行，但已擴大至 9 洞，成為中型的高爾夫球場。雖然在《台灣日日新報》對新竹高爾夫球場偶有報導，但資料比起淡水球場相對少，更不用說影像資料，因此只留下幾張難得一見的照片，其中一張為《新竹市志》（卷首上）圖 168（頁 102）。因此轉向有地緣關係的《新竹州時報》，有專文報導的運動多以田徑、棒球與賽馬為主，例如 1938 年 11 月舉行的州陸上競技大會、1940 年 10 月舉行的州廳各課棒球對抗賽與 1938 年 10 月的秋季賽馬等。唯一出現的高爾夫球賽為 1940 年 10 月 26 日者：下午一時於赤土崎高球場，那是慶祝日本皇紀 2600 年新竹神社落成的系列活動之一，該系列活動從 10 月 23 到 29 日，共有 72 項目。[366]

　　1940 年 2 月 11 日，新竹高爾夫俱樂部邀請了陳清水與林萬福來表演 18 洞的示範賽，他們兩人當年都是淡水球場的桿弟，先後於 1937 與 1938 年獲得日本公開賽冠軍，掀起了台灣的高爾夫旋風，吸引了許多球員到日本去發展，接著有 1959 年的陳清波與 1979 年的郭吉雄再獲日本公開賽冠軍。順便一提，當時在新竹使用俱樂部（Club）名稱的以撞球業最多，共有 15 家，包括名稱為竹塹クラブ（Club）者。[367] 同時，1920 年開設的洋品百貨店「新州屋」，於 1934 年遷到東門町 2-242（現東前街 16 號），搭配著 1935 年 6 月 30 日新竹高爾夫球場的開幕，在 1936 年《新竹州職員錄》的廣告中，[368] 主打高爾夫用品，且強調各種貨品齊全（圖 3-5-1）。

365 宮川次郎，《新台灣人の人》（台北：拓殖通信社，1926）。

366《新竹州時報》，1940 年 11 月號，頁 109。

367 撞球業，「第 21 項」，《新竹商工名人錄》（1941）。

368 國分金吾，《新竹州諸官公署、諸種團體、產業組合、銀行會社職員錄》（新竹：新竹圖書刊行會，1936），頁 13。該職員錄厚達 440 頁，加上 21 頁的廣告。

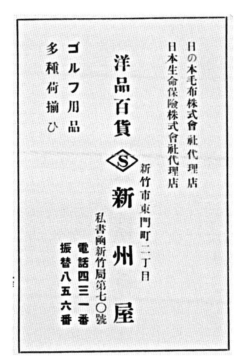

圖 3-5-1　1936 年新州屋的高爾夫廣告
資料來源：《新竹州職員錄》（1936），頁 13。

3-5-3　林獻堂與新竹球場

　　先回到 1929 年 9 月 3 日，那一天是林獻堂最接近新竹高爾夫球場（預定地）的一天。話說林獻堂為了大東信託在新竹設立分店事宜，[369] 而在 9 月 1 日下午抵達，住進火車站前的塚迺家旅館，[370] 下午並訪問在地人如新竹鄭家的鄭神寶、[371] 鄭肇基 [372] 與民眾黨支部，晚上在東門凌雲閣酒家 [373] 由鄭養齋作東宴請林及在地人士 70 餘人，包括鄭肇基之

---

369 大東信託當時地址為：榮町 3-19，電話 325。見台灣總督府交通局遞信部，《新竹州電話帖》（台北：台灣總督府交通局遞信部，1935）。

370 當時新竹有 14 家旅館，其中有兩家為高價位旅館：塚迺家與白水館。車站前面的兩家旅館為塚迺家與田中屋。塚迺家的住址為榮町 3-32（電話 17 與 726），田中屋為榮町 3-34（電話 18），中間 3-33 為新竹白粉（化妝品），見《新竹州電話帖》，頁 12-14。該區域於 1943 年被轟炸炸毀。謝水森，《發生於新竹市的地方小故事彙集》（新竹：國興出版社，2010），頁 80。

371 鄭神寶（1880-1941）為新竹鄭家鄭如蘭（1835-1911）次子，鄭拱辰之弟。故輩份上鄭神寶為鄭肇基之叔叔，雖然只年長 5 歲。鄭神寶與鄭肇基曾一起出現於祭孔大典、一起參加新竹水道開工日、昭和天皇登基日的慶祝活動等，鄭家更是新竹諸多廟宇重建的主要金主。鄭神寶歷任新竹廳聯合保甲會長、新竹州協議會員、總督府評議會員等。也是竹社、瀛社、桃社等聯合詩社副社長。其父鄭如蘭為新竹北郭園吟社的創辦人。在商業上，鄭肇基參與經營朝日建築購買利用組合、犖記興業株式會社、台灣藺草拓殖株式會社（社長）、新竹電燈株式會社，而鄭神寶也在台灣藺草拓殖株式會社擔任監事，另參與經營鄭珍記興業合資會社。

372 鄭肇基（1885-1937）為新竹鄭家開台進士鄭用錫的侄曾孫，鄭拱辰（1860-1923）之長男。

373 凌雲閣酒家位於新竹車站前，由王榮枝經營，當時電話為 165，由於該飯店和塚迺家旅館都在

子鄭鴻源（1906-1982），他也是台灣高爾夫俱樂部的會員，後來改日名為「北園鴻」，頗有連結鄭家「北郭園」之意。在宴會中，由林獻堂與陳炘報告大東的經營方針，宴會結束回旅館，劉明朝來訪，當時擔任新竹州內務部勸業課長。而當天號稱「赤土崎人標」的黃旺成（1888-1978）也在現場，包括到車站歡迎與晚上凌雲閣之宴。[374] 此外，第二天（9月2日）黃旺成也陪林獻堂到南寮海水浴場去「海跑」了。[375]

9月2日為大東信託新竹支店的開業日，由張式穀[376]任支店長，開業典禮之後就去拜訪在地官員，例如新竹州田端幸三郎知事、本間善庫內務部長、尾佐竹堅警務部長及前一晚已見面的劉勸業課長。下午三時，黃旺成[377]帶著林獻堂一行人（陳炘、溫成龍、林維梁）去了南寮海水浴場，[378]天氣很不錯，還在海灘快走一番，再去以天然瓦斯為燃料的「公共潮湯」泡個40餘分鐘，日記中如此記載；海水溫和不寒，真是快事。[379]晚上六時，在公會堂[380]招待在地的紳商人士，共有新竹州田端幸三郎知事[381]等140人參加，賓主盡歡。

9月3日早上，劉明朝帶領林獻堂一行搭汽車參觀公園、水源地、森林、游泳池，其中水源地的新竹水道剛在同年3月15日通水，而水源地往西的丘陵地後來成為新竹高爾夫球場，森林即為十八尖山的東山公園，公園為新竹公園，內有游泳池。

車站前，就是喝醉也可以走回旅館，當然往返台北與台中都方便。

374 黃旺成著，許雪姬編註，《黃旺成先生日記（二十）：一九三四年》（台北：中研院台史所，2019）。

375 同上註。

376 張式穀（1890-1977），新竹人，歷任公學校教師、香山庄庄長、離職後就任大東信託新竹支店長（1929-1933），之後擔任新竹商工協會會長、新竹市協議會員、新竹州會議員等。期間熱心組織在地青年活動，例如成一會、香山尚風會、竹聲會等。詳見〈張式穀〉，網址：https://bit.ly/3uDPRPD。另一位同名的新竹人蔡式穀（1884-1951），於1913年畢業自明治大學法學科，為台籍人士首位通過日本律師資格者（1923），常出現於林獻堂的《灌園先聲日記》之中。

377 陳旺成（黃旺成）為赤土崎庄人，和清華園在同一塊歷史現場的社會運動者，先後參與台灣文化協會、台灣民眾黨，且為創黨委員。歷任台灣民報記者、新竹支局長與總主筆、新竹市議員。中研院出版的《黃旺成先生日記》，跨越49年，是新竹當時生活史的重要史料。

378 南寮海水浴場是新竹另一處消失的歷史現場（1916-1981），因興建新竹漁港而被迫關閉，當時林獻堂造訪時正是全盛時期，有自動車（汽車）與台車可達，有用天然瓦斯燒海水的公共溫泉／旅館（公共潮湯、濱屋敷）與規模不小的兒童遊園地。〈南寮海水浴場〉，網址：https://bit.ly/3swD8vd。另見謝水森，《發生於新竹市的地方小故事彙集》（新竹：國興出版社，2010），頁127；自動車交通（汽車）由茶茂自動車商會經營。

379 林獻堂著，許雪姬等註，《灌園先生日記（二）一九二九》（台北：中研院台史所，2001），頁241。

380 新竹公會堂於1921年落成，現為國立生活美學館，2011年列入歷史建築。當年建築費用74,593圓，其中一萬圓由新竹鄭家鄭拱辰號召十人捐獻。詳見〈黃旺成〉，網址：https://zh.wikipedia.org/wiki/黃旺成。

381 田端幸三郎（1886-1963），東京帝大英法科畢業，1927年任台北市尹，當時提議設立路面電車。後來歷任新竹州知事（19290-1931）、總督府專賣局長、殖產局長。詳見〈田端幸三郎〉，網址：https://zh.wikipedia.org/wiki/田端幸三郎。

第六節
高球場成農場與飛行場

　　1942 年 12 月 23 日為了慶祝皇太子生日，午後一時起於新竹高爾夫球場舉行了模型機競技大會，對象為國民學校的兒童與職員，兒童組以輕型滑空機（滑翔機）與 A 級野外輕航機，每校五機參賽，職員組則每校三機。比賽依大日本飛行協會[382] 制定的規則，同時台灣模型飛行機配給組合（合作社）[383] 也派技術員來現場指導製作技術，並且示範飛行。[384]

　　1943 年 8 月時，隨著戰局的不利情勢，高爾夫源起國的英國成為敵國，英文（Golf）翻譯成的日文（ゴルフ）也成為敵性語，因此改名為「打杖」或「杖球」，高爾夫俱樂部改名「打球俱樂部」。其次以「增產戰線、食糧總進軍」的名義，高爾夫球場陸續成為農作物生產基地，並以「夢幻農場」形容之。首先由淡水球場號召作起，俱樂部會長加藤恭平組織淡水郡的青少年團，鼓勵會員們「以農具代替球具」，在球場上開始種植番薯，更因地形之故，淡水球場被徵用為軍事要塞。

　　同時期，高雄前金競馬場之高爾夫球場四萬坪轉成高雄州農事指導訓練所的甘藷栽培實習地農場、[385] 嘉義山仔頂高球場由專修工業與商業學校耕種三甲、嘉義市青少年團則耕種 34 甲，從此高爾夫球場成為農場。[386] 此外，花蓮港高爾夫球場將場地還給花蓮港廳，以作為學徒奉公隊的糧食增產田以及本島士兵（已是徵兵制）的訓練場。[387]

　　在新竹部分，台灣體育協會州支部也停止了每年 600 圓的補助，該補助往年用來贊助高爾夫出外（主要為淡水球場）的比賽。另外，新竹球場的一部分改成了滑空訓練場，由學生們開始整地。以前只有俱樂部會員被允許進入的球場，因為戰情變化以及台灣高爾夫俱樂部所發起的自律公約，新竹高球場也對全民開放成為保健行樂地，包括種植番薯及其它農作物，新竹被迫暫停高球活動。[388]

---

382 1940 年 9 月由帝國飛行協會轉型而成的財團法人，以致力「國民航空」為目標。

383 曾令毅，〈日治時期台灣的學生航空教育〉，《台灣文獻》58（3），2007，頁 29-78。「台灣模型飛行機配給組合（合作社）」詳見頁 70-71。台灣模型飛行機配給組合於 1943 年成立，結合滑空機製作工場及模型機材製作場，提供航空教育的各種材料。

384《台灣日日新報》，1942 年 12 月 12 日。

385 同上註，1943 年 9 月 2 日。

386 同上註，1943 年 7 月 18 日、1943 年 8 月 11 日、1943 年 9 月 2 日。

387 同上註，1943 年 11 月 10 日。

388 同上註，1943 年 8 月 12 日。

3-6-1　航空教育與飛行表演

　　日治時期航空教育的推動，從課本、模型機製作、飛行表演、航空日、飛機捐獻運動、成立航空團／學校社團／協會、模型飛行機競技大會、設立滑空訓練場等，企圖吸引少年飛行兵加入戰局。其中 1932 年的台灣飛機捐獻運動跟隨「為滿洲而捐」的愛國 1 號與 2 號，台灣方面先捐了兩架：愛國 25 號與 26 號，於 6 月 12 日搭乘高雄丸由日本運抵高雄港。並於 7 月 10 日在台北練兵場舉行捐獻儀式，後來獻機出現了各種稱號，例如保甲號、台灣學校號、壯丁號、製糖號、台中一中號、義勇專賣號等。愛國 25 號與 26 號於 7 月 12 日回航屏東過程，飛過主要市街，表達對捐獻者的謝意，當日早上 9 時 55 分飛到中壢上空，該地的中壢公學校號召全校師生與居民在大操場揮手與揮旗，大操場中央還擺放了一面特大號太陽旗，為此，愛國 25 號的飛行員國枝中尉還特別在中壢上空繞了三圈。之後才飛往新竹，兩機會合於 10 時 20 分在新竹上空撒下了印有飛機造型的感謝傳單。[389] 至於日台之間的民航（兼郵便）則於 1934 年 7 月 25 日由「麻雀號」展開試飛：從福岡太刀洗飛到台北，中間停鹿屋與那霸加油，飛行時間為 10 小時 34 分。該機順便於 7 月 28 日試營運由台北到台中、台南與高雄的郵便，共送了 1901 封航空信件，惜未包括新竹，只依記錄得知該機於當天 7 時 43 分通過新竹，高度 600 公尺。[390]1935 年 2 月 19 日，新捐獻的「義勇專賣號」與「義勇學生號」兩機，由鹿港飛來新竹的湖口（11:35 到），有兩萬的觀眾在現場，新竹州藤村寬太內務部長代表歡迎佐倉、塚原兩位飛行員，並由新竹州知事內海忠司的女兒內海睦子獻花，之後展開四次的遊覽飛行，上青天者包括新竹市的青木健一市長等人。[391]

● 野島銀藏

　　其間更舉辦了多場「航空飛行表演」，最為知名的則有 1914 年 3-5 月來台的飛行家野島銀藏駕著美製寇帝斯雙翼機「隼鷹號」於台北、台中、嘉義、台南表演，初次表演的 3 月 21 日就成為「台灣飛行紀念日」，而在 4 月 8 日於台南的數場表演，也使得該日成為「台南飛行紀念日」。[392] 接著 1915 年的高左右隆之（1886-?）在新竹、屏東與花蓮以

---

389 大竹文輔，《台灣航空發達史》下冊（東京：松浦屋，1939），頁 243-245。
390 同上註，頁 365。
391 同上註，頁 463。
392 參考〈野島銀藏〉，網址：https://www.gjtaiwan.com/new/?tag= 野島銀藏，留美日本民間飛行士並取得國際飛行駕照第一人為武石浩玻，於 1913 年 4 月購買 Curtiss Pusher D 型飛機回國，命名「白鳩」。1914 年 1 月，該飛機讓售給野島銀藏，亦為留美（聖地牙哥的 Curtiss 飛行學校）的日本民間飛行士，他將飛機改裝並命名為「鷹」，在 1914 年 3 月，和川邊佐見、大口豐吉、玉井清太郎、玉井藤太郎一起來台灣，主要任務為理蕃飛行（示威飛行），順便於台北、台中、嘉義、台南從事飛行表演。

及 1916 年 6 月美國飛行士史密斯（Arthur Roy Smith: 1890-1926）於台北、台中、嘉義等人的飛行特技表演，許多參觀的中小學生受到啟發，至少包括謝文達台中場與陳金水台北場，之後謝文達成為台灣第一位拿到飛行執照的飛行士（表 3-6-1）。

● 陳金水

　　陳金水（1905-1995）為新竹人，在赴台北就讀中學時，觀賞到了 Smith 的飛行表演，並於 1927 年赴日本立川飛行學校學習飛行，獲三等飛行士執照。隔年（1928）的 3 月 2 日，陳金水和岩田正夫飛行士攜帶阿波羅 504K 型練習機回台，並在新竹相關人士的後援下（包括其兄陳成的贊助），於 4 月 17 日上午 10 時假新竹公園舉辦鄉土訪問飛行大會，號稱集結數萬人，新竹市區各公學校和小學校師生都被通知到現場觀看，這場表演又影響了一位小學生周宜德，他因而立志要到日本學開飛機，雖然他赴日學習後，並沒有擔任飛行士，而是擔任輔助飛行的機械技術人員。

　　不過飛行表演因起飛時勾到電線，墜落在公園東北方的小河，所幸陳金水和岩田正夫飛行士僅受輕傷，卻因而出現一句「陳金水，插入水」的俗諺。後援人士不再支持，陳金水就在北門派出所附近開了一家自行車店。[393] 不過飛行夢想繼續召喚，陳金水遠赴中國就讀中央航空學校第一期，並於 1931 年畢業，該期共 97 人，同期者有徐煥昇、陳嘉尚等，陳金水由日本民間飛行士轉為中華民國的空軍飛行員。後來國共內戰劇烈時，蔣介石和宋美齡夫婦來台，在松山機場降落時，即是由陳金水等人接機。

表 3-6-1　日治時期台籍民間飛行士

姓名	飛行學校	新竹州出身地	說明
謝文達 （1901-1983）	伊藤飛行機研究所 （1920）	台中豐原	台北號 台中鄉土飛行
徐雄成	三等飛行士	新竹州在台朝鮮人	1927 年 5 月 8 日第二回全國飛行操縱士競技大會，獲一等獎
陳金水 （1905-1995）	立川飛行學校（1927 年三等飛行士執照）	新竹市北門	新竹鄉土飛行
彭金國	立川御國飛行學校 （1931 年二等飛行士執照）	嘉義郡小梅庄	1932 年發起阿波羅飛機鄉土訪問飛行計畫，沒有成功

---

393 陳金水年少時先後就職於新竹在地的先覺自轉車店（自行車）與台北由王廣生開設的自行車店。而先覺自轉車店為首先帶動新竹自行車家用與自由車比賽的店家，日治時期的地址為東門町 3-73。謝水森，《發生於新竹市的地方小故事彙集》（新竹：國興出版社，2010），頁 21-22。

姓名	飛行學校	新竹州出身地	說明
楊清溪 （1908-1934）	立川日本飛行學校（1933 年二等飛行士執照）	高雄州左營庄	台灣第一 架私人飛機，命名為「高雄號」(Salmson 2A2 退役偵察機) 民航機編號：J-BEQF 台北到屏東 1934/11/3 上午 9 時 26 分台北練兵場失事
賴春貴	名古屋飛行學校（1933）	台南州後壁庄	1934 年回台，飛行募款計畫未成功
黃慶	名古屋飛行學校（1933）	台南州後壁庄	1934 年回台，飛行募款計畫未成功
張坤燦 （1918-1993）	名古屋飛行學校	台中州大雅庄	台中號（AVRO 504 型） 民航機編號：J-DBBA) 台中到台北 1936 楊清溪弔問飛行

資料來源：大竹文輔，《台灣航空發達史》。戴寶村，〈日治時期殞落的台灣飛行士：楊清溪（1908-1934）〉，《台灣人物誌》。作者整理。

表 3-6-2　新竹市學校滑空社團例表

校名	社團名稱	成立	說明
新竹商業學校	新竹商業學校報國校友會滑空班	1942 年	1943 年成員約有 30 名
新竹中學	新竹中學報國校友會滑空班	1942 年	1942 年由新竹州教育課購入一架初級滑翔機供新竹中學、桃園農校及新竹師範學校滑空社團共同使用
新竹師範學校	新竹師範學校報國校友會滑空班	1942 年	1942 年由新竹州教育課購入一架初級滑翔機供新竹中學、桃園農校及新竹師範學校滑空社團共同使用

資料來源：摘錄自曾令毅，「日治時期台灣各中等學校以上航空、滑空社團及活動表」，〈日治時期台灣的學生航空教育〉，《台灣文獻》58（3），2007，頁 56，表五。

3-6-2　十年的高球場

　　日治時期原名新竹ゴルフ リンクス（Golf Links）的新竹高爾夫球場（1935-1945）只使用了十年，從風光開幕、擴遷未成、農作物生產基地、保健行樂地、滑空訓練場，最後成為台灣高爾夫球界、赤土崎、新竹市與清華大學的歷史現場。相對於淡水高爾夫球場（台灣高爾夫俱樂部）的總督府級的官商交流圈，其他球場多屬於地方層級的官商交流圈，新竹球場亦然。

　　由日本皇族來台巡視之行程觀之，共有 10 人 14 次訪問過高爾夫球場，其中淡水球場高居首位，新竹球場、台中大肚山球場、嘉義球場、花蓮球場皆未入列。隨著戰局變化，各地高爾夫球場都像新竹球場一樣往農用、滑空用（國民航空）的軍事用途改變（表 3-6-2），具指標性的淡水高球場更於 1940 年 9 月 9 日發起自律（自肅）運動，主張回復高爾夫的「運動性格」，而不只是社交機關或官商交流圈的「政商性格」，因此提出四點的自律公約：[394]

　　◆不再提供比賽的獎品與獎牌
　　◆謝絕學生與 30 歲以下人士來場打球
　　◆週間（週一到週五）球場不開放
　　◆俱樂部的生活簡樸化
　　◆來場請勿搭乘自用車

　　高爾夫自律公約一出，其他球場與俱樂部全部比照辦理，之後學生高球賽與地區間的高球對抗賽也全部停止，連在日本本土預定舉行的關東與關西業餘高球選手權比賽也停止，只剩下全日本高球選手權仍繼續舉辦。[395] 雖然如此，但高官過境打球的新聞與照片仍出現於報紙上，例如赴佛印（法屬中南半島：現越南）擔任特命全權大使的芳澤謙吉（1874-1965），[396] 過境台灣，於 1941 年的 11 月 4 日早上到淡水球場揮桿。[397] 因此當學生與 30 歲以下人士再進場時，已是農場與滑空場的時代了。

394《台灣日日新報》，1940 年 9 月 10 日。
395 同上註，1940 年 10 月 3 日。
396 芳澤謙吉（1874-1965）畢業於東京帝大英文科，妻為犬養毅總理大臣的女兒犬養操，歷任外務省亞細亞局局長、歐米局長、兩度駐中華民國特命全權大使（1923, 1952）、駐法特命全權大使、外務大臣等職，1941 年被任命為駐佛印特命全權大使，因此過境台灣打球。詳見〈芳澤謙吉〉，網址：https://ja.wikipedia.org/wiki/芳澤謙吉。
397《台灣日日新報》，1941 年 11 月 5 日。

第七節
鳥瞰圖中的新竹高爾夫球場

　　本節從鳥瞰圖、地圖與與文獻當中找尋新竹高爾夫球場的蹤跡，[398] 首先金子常光 [399] 於 1935 年所繪的〈台灣鳥瞰圖〉完整地畫出當時全台灣的六處高爾夫球場，並以高球場的小紅旗作為標誌（見本書彩圖集圖 D1）。他作為始政 40 週年而受邀來台的鳥瞰圖繪師，將被視為文明進步指標的六處高球場畫入為政績。當然最受注目的還是淡水高爾夫球場，從〈台灣全島鳥瞰圖〉（吉田初三郎：1930 年代）、〈台灣案內圖繪〉（西川榮一：1942）、[400]〈台北州大觀〉（1934）、〈台北市大觀〉（金子常光：1934）、〈台灣俯瞰圖〉（見元了：1931）、〈淡水郡要覽〉、〈大台北鳥瞰圖〉[401]（大窪四郎：1935）、〈大屯山彙〉（金子常光：1935）、〈台灣鐵道旅行案內〉（1940）、〈台灣鐵道路線圖〉（1933）[402] 都只有出現淡水球場，它當時代表了台灣的文明指標。連 1937 年 6 月的《台灣公論》雜誌的淡水海水浴場鳥瞰圖中，也出現了淡水高爾夫球場（見本書彩圖集圖 D17）。[403] 但是最有特色的是〈台灣案內圖繪〉，它以揮桿意象來標示淡水高球場的位置。另外值得注意的是，海水浴場和高爾夫球場一起成為鳥瞰圖地標者共有三套，他們是台北、新竹及高雄。而由金子常光所繪的〈台灣鳥瞰圖〉往各州郡市的地方鳥瞰圖觀察時，也會出現高爾夫球場，例如 1935 年所繪的〈觀光の高雄市〉與〈觀光の花蓮港〉（見本書彩圖集圖 D12、D16）。此外，1940 年出版的《台灣鐵道旅行案內》中之〈竹南彰化間線路略圖〉，出現了台中大肚山高爾夫球場，而〈彰化高雄間線路略圖〉出現了台南山上高爾夫球場，但未見高雄壽山高爾夫球場，〈台東線路略圖〉則出現了花蓮港高爾夫球場。[404]

　　如從前述〈台灣鳥瞰圖〉來看新竹高爾夫球場，可知它是新竹四項資訊中的一項，其它為新竹（站）、南寮濱（海水浴場）及苧麻，可以說新竹高爾夫球場的份量很重。其次為〈新竹州鳥瞰圖〉（繪者與年代不詳：1935），由於新竹州（一市、八郡）的行政區

398 莊永明，《台灣鳥瞰圖：1930 年代台灣地誌繪集》（台北：遠流出版，2013）。

399 金子常光本為吉田初三郎的弟子，後來於 1922 年自行設立日本名所繪圖會社，成為師父的主要對手，但仍於 1934 年一起受邀來台。

400 繪者西川榮一為攝影師與鐵道作家，曾於 1941 年出版《台灣風景》作品集，並在《台灣鐵道》雜誌上撰文報導。

401〈大台北鳥瞰圖〉為《始政 40 周年紀念台灣博覽會（1935/10/10-11/28）導覽手冊》的地圖。本圖作者為大窪四郎（1906-1984），他是出生於台北市的灣生，曾服務於日治時期鐵道部與戰後的台灣鐵路局。

402〈國立台灣圖書館〉，網址：https://bit.ly/33cRvfB。

403 李玉瑾主編，《雜誌台灣公論鳥瞰圖選集》（台北：國立台灣博物館，2015）。

404 闞正宗、張益碩，《台灣旅行寫真照片（1920-1930）》（新北：博揚文化，2017），頁 32、38、60。

劃分在 1920-1945 年間，因此以新竹市的市街地為中心向桃園與苗栗擴散，市中心出現新竹州廳（1927）、商工獎勵館（1932）、帝糖新竹工場（1917）等，而市郊則出現了新竹高爾夫球場（1935）、赤土崎競馬場（1935）、新竹公園（1926），往右邊出現了新竹神社（1922）與爽吟閣（1919），而更南的海邊出現南寮海水浴場（1916）（見本書彩圖集圖 D2）。由於最新的景點為 1935 年出現的赤土崎競馬場與新竹高爾夫球場，因此繪圖時間很可能也是始政 40 周年的系列作品，它們都是「新竹大遊園地計畫」的主要內容。另一幅由中島一晴繪製的鳥瞰圖〈新竹州大觀〉，只出現森林公園（1927）與中學校（1926 搬遷），上述三處亮點並未出現，市區則出現了公會堂（1921）與少年刑務所（1926），因此繪製時間在 1927-1934 年間。

　　1935 年繪製的〈新竹郡大觀〉鳥瞰圖，出現了新竹公園與新竹郡役所（現新竹高工）等。吉田初三郎（1844-1955）[405] 於 1930 年代所繪製的〈新竹市鳥瞰圖〉之中，出現了新竹公園、競馬場與森林公園等，本圖中共有 33 個代號來顯示多種處所景點，在競馬場那一區中用了四個代號，即新竹中學（ヘ）、水園地（チ）、高爾夫球場（リ）與第三公學校（ヌ）：現龍山國小，所以新竹高爾夫球場並未消失，而是藏在片假名的代號之中（見本書彩圖集圖 D3）。吉田初三郎更「近」一步繪製了〈新竹公園〉鳥瞰圖，共出現七項資訊：高爾夫球場、水源地、競馬場、運動場、兒童遊園地、大森林公園與網球場（見本書彩圖集圖 D4）。而官方地圖中出現者為 1936 年 1 月由總督府內務局土木課所製作的「新竹都市計畫圖」，在「公一」公園與綠地計畫區內（森林公園）出現了ゴルフ字樣，就在新竹水源地的右邊，水源地的左邊即為競馬場與中學校（竹中），而這一區即為赤土崎。[406] 1937 年以後《新竹州要覽》的新竹市景點介紹中，森林公園項會順便帶入水源地、新竹公園與高球場，而且出現了球場照片。[407] 但在 1938 年的《新竹市要覽》中，終於單獨列出了高球場，雖然只有三行，它如是說：位於市內赤土崎地區十八尖山山麓，附近有風光明媚的森林公園，球場面積約 14 甲，球道全長 3,000 英呎，9 個洞，而由新竹車站搭汽車前來只要五分鐘。[408]

405 吉田初三郎為大正到昭和時期的鳥瞰圖繪師，一生作品達 1,000 件，別號「大正廣重」，以〈京阪電車案內〉鳥瞰圖成名，受委託製作滿洲與台灣的鳥瞰圖，連歷史事件也納入鳥瞰圖，歷如東京大震災與廣島原爆。他於 1935 年受台灣日日新報之邀來台，繪製了一系列的鳥瞰圖，包括台灣八景十二勝、台灣大鳥瞰圖系列計畫、始政四十周年紀念台北市鳥瞰圖等。詳見〈吉田初三郎〉，網址：https://ja.wikipedia.org/wiki/吉田初三郎。

406 總督府內務局土木課，《新竹都市計畫圖》（台北：南天書局，1936）。

407 新竹州，《新竹州要覽》（新竹：新竹州，1937），頁 224-225；頁 212。

408 同上註，頁 58。

清華口述歷史中的高爾夫

　　清華在口述歷史的文獻中，劉遠中擔任物理系主任（任期：1969-1970）與理學院院長（任期：1979-1982）期間曾多次陪同閻振興與徐賢修校長去打高爾夫球，[409] 推測為 1968 年啟用的 9 洞新豐高爾夫球場（1971 年成為標準 18 洞球場），[410] 而於 1960 年代末期，清華校友會開始舉辦校友高爾夫球賽，例如 1967 年 4 月 23 日的首次正式賽：校慶盃，由張光世和呂鳳章（1936 級）發出 15 張邀請函，地點在林口高球場。閻振興（1934 級）捐銀盃、俞國華（1934 級）捐球一打及球衣一件、裴元齡（1938 級）捐球一打、莫德全捐球一打、呂鳳章／石爾瑚（1947 級西南聯大校友）捐華隆西服料兩匹、王慎名（1927 級）捐球帽一頂。參賽者共九人，包括金開英等校友，分三組比賽，結果最低淨桿由閻振興與李榦同桿，因為閻振興捐的獎盃，不便拿回去，最後公推李榦得獎盃，但明年得獎人需提供比本次更大的獎盃。[411]1971 年的 60 週年校慶，特別於校慶前一週的 4 月 25 日選在學校附近的新豐高爾夫球場舉行，台北來的校友較少，但學校教職員有九位參加。淨桿冠軍為運動好手張齡佳、第三名葉錫溶、第五名劉遠中、第八名閻振興、第九名金開英、第十名王松茂、第 13 名徐賢修、第 16 名王企祥、第 17 名陳蔡鏡堂。可知校慶盃高爾夫球賽已成新竹清華園的傳統，但他們可能不知道校園的一部分（特別是梅校長長眠之處）原來為高爾夫球場。

---

409 徐賢修由任教的普度大學轉到伊利諾易理工學院，新居很廣，草地可練習高爾夫球。

410 陳華、倪瓊湘，〈劉遠中教授訪談稿〉（2008）。

411 呂鳳章，〈慶祝母校 60 年校慶，高爾夫友誼球賽記〉，《清華校友通訊》37、38，1971，頁 51-52。

小結

　　當年天研在研究過程中，和台北帝大的野副鐵男研究室[412]與大山義年研究室成為夥伴關係，[413]野副鐵男接手加福均三教授，擔任台北帝大的有機化學講座，而加福均三教授即為天研的發動者之一，由於加福為台灣高爾夫俱樂部的會員，其差點為 27（1931）、20（1935、1936）與 19（1937），可歸類為前段班，可以想像加福均三教授曾在新竹高球場揮桿，兼顧天研與高爾大。

　　1936 年 2 月 14 日當「台灣總督府天然瓦斯研究所規程」頒定時，附帶的說明指出：該所位於高爾夫球場與競馬場之間，海軍天然瓦斯實驗所就在旁邊。[414]更特別的是天然瓦斯研究所工作同仁所成立的赤土會所印製的《赤土會誌》，在回憶的文章中多次出現了新竹高爾夫球場，因為天研所在地連接了水源地、高爾夫球場、東山（十八尖山）、赤土崎競馬場、新竹公園等地，年輕的天研人將當時的時光號稱為「赤土崎的青春」。而新竹在地的民間文史工作者謝水森又進一步連接到清華大學與梅園，新竹高爾夫球場終於成為新竹清華園的歷史現場。

　　——十八尖山的山坡地——在其山麓之水源地，有著平緩起伏的高爾夫球場——[415]

　　十八尖山的相思林、公園的池與柳樹、天研內筆直砂道兩旁的木麻黃行道樹、水源池的草地、高爾夫場的坡地起伏——。[416]

　　——高爾夫球場的附近廣場，新設總務會計的辦公室，大家正在忙著搬家。[417]

---

412 野副鐵男（1902-1996），於 1926 年畢業於東北帝國大學，同年渡台先後就職於總督府專賣局、中央研究所，1929 年就任台北帝國大學化學科助教授（1937 年升等教授），以有機化合物的研究見長，特別是以台灣檜木為研究對象，留任台大至 1948 年，之後任東北大學教授。其研究先後獲朝日文化賞、學士院賞及文化勳賞，1979 年亦獲台灣的文化獎。此外，日本化學會於 2016 年的第七回化學遺產認定之中，野副鐵男的「非苯類芳香族化合物相關資料」獲認定第 36 號化學遺產。

413 大山義年（1903-1977）畢業於東京帝大工學部造兵學科，1931-1940 年間擔任台北帝大助教授，號稱當時粉末工學的第一人，之後歷任東京工業大學教授、理化學研究所主任研究員、東京工業大學校長、國立公害研究所所長、原子力委員會會長等職。詳見〈大山義年〉，網址：https://bit.ly/3JicMUD。

414〈台灣總督府天然瓦斯研究所規定の發布と其內容〉，《台灣礦業會報》4 月號，1936，頁 77。

415 河口充勇著，何連生譯，《台灣矽谷尋根》（新竹：園區生活雜誌，2009），頁 82。

416 佐多敏之，〈天研時代の思い出と近況〉，《赤土會會誌》4，1984，頁 29。

417 日下部善雄，〈我が青春〉，《赤土會會誌》4，1984，頁 15。

天研——山麓的水源地，緩坡起伏的高爾夫球場，深綠的相思樹林和亮綠的高爾夫球場產生了令人賞心悅目的對比——。[418]

——天研工作四年餘期間，後半段戰爭激化，每天研究與生活都在緊張中度過，但前半段則多快樂的回憶，午休期間常在高爾夫球場與十八尖山遊玩，整片紫色三色菫配上綠色高爾夫球場與藍天白雲——。[419]

穿過麵包樹走向水源池，就可看到緩坡起伏綠草如茵的高爾夫球場，仰望碧藍的天空，深深呼吸到新綠草香，小草花、公園等在腦中縈繞，無法忘懷。[420]

——上班經過俱樂部前的小河與河畔的相思樹——、舊館前噴水池畔投球的年青人們、屋頂上的遠眺、在東山（十八尖山）與高爾夫球場的散步——。[421]

——看到赤土會的名冊，20年前的回憶歷歷在目，森林公園、高爾夫球場以及大家的容顏如跑馬燈般的在腦中浮現——。[422]

——水源地其再上峰之現今清華大學梅園一帶，昔為高爾夫場——[423]

國立清華大學為日治時期的新竹高爾夫球場——在台復校，選擇該地建校，校內之梅園為紀念復校校長梅貽琦而設，該處正是昔時高爾夫球場中心處。[424]

418 松山千代春，〈私の勤めた頃〉，《赤土會會誌》2，1974，頁28。另見河口充勇著，何連生譯，《台灣矽谷尋根》（新竹：園區生活雜誌，2009），頁82。
419 林文喜，〈私の研究所〉，《赤土會會誌》4，1984，頁22-25。
420 佐藤淑，無題，《赤土會會誌》1，1968，頁11。
421 岩田良惠，〈天研の思い出：雜感〉，《赤土會會誌》1，1968，頁6。
422 藤木れい子，無題，《赤土會會誌》1，1968，頁21。
423 謝水森，《竹塹城日治時期至八十年代憶往》（新竹：國典出版社，2010），頁27。
424 同上註，頁50。

第四章
土牛紅線與墓場的歷史現場：雞蛋面[1]

早在 1665 年的明鄭時期，因為屯田而和番人有所衝突，當時的文獻已出現：乃築土牛以界之——或曰紅線——此即所謂番界是也，土牛紅線的名稱首次出現。[2] 1722 年「築土牆高五、六尺，深挖濠塹，永為定界」，以立石為番界，共 54 處立石為界，在竹塹地區有兩處：斗罩山腳與合歡路頭。[3] 而自 1684 年大清帝國領台後，開始陸續繪製各種輿圖，也被稱為「山水畫地圖」，其中有一幅 1760 年所繪輿圖之題詞內有「民番界址」的內容，南部地區畫有「民番界紅線」、北部地區為「民番界藍線」、中部地區兩線並存。[4] 由於原來紅線為舊有的民番界址，藍線與紫線[5]為修正者，因此紅線成為通稱，再加上後來由「以石立界」到「挑溝堆土」的土牛溝，[6]合起來稱為土牛紅線。雖說土牛紅線號稱為人文界線，但歷次更新行政疆界，仍用到土牛溝，例如 1875 年淡水廳裁撤之後分設新竹縣與淡水縣時，即以現楊梅境內的頭重溪與土牛溝為分界線，接著於 1889 年，新竹縣分出苗栗縣時，再以土牛溝與中港溪之間為苗栗縣。[7]

土牛紅線是當年界定種族界線的其中一種稱號，該線用來區隔漢人與原住民的生活領域，以避免衝突。另有土牛藍線、紫線與綠線，原先使用人為或部分天然屏障的土牛溝：土堆如牛狀，加上深溝，但顯然效果有限。後來日治時期新設置「隘勇線」，設有隘口，駐有隘丁，例如 1908 年 6 月在新竹地區設立了隘勇線，包括內灣線、上坪線與南庄線等，避免雙方越界與衝突，也可以說是漢人拓墾逼迫原住民往山區後退的一條線，並造成了平埔族四次大遷徙（1804、1823、1829、1853）。現在的台三線可視為土牛紅線的意象，且其中桃園至苗栗路段與過去的隘勇線重疊。[8]此外，某些地名仍留下土牛意象，

1　本章初稿由張德南老師審閱，特此申謝。本文中的雞卵面與雞蛋面併用之，文獻以外者通稱雞蛋面。

2　台灣省文獻委員會，《台灣省通志稿》（台北：台灣省文獻委員會，1999），頁 57。

3　藍鼎元，《東征集》台灣文獻叢刊第 12 種（台北：台灣銀行經濟研究室，1959），頁 40。斗罩山腳（竹北一堡犁頭山下庄），另一則為合歡路頭（竹南一堡尖山下庄，即今頭份尖山里）。

4　魏德文，〈台灣民番界址圖概說〉，《原住民族文獻》2（1），2012。

5　1784 年曾進行一次界外清丈，修正番界，稱為土牛紫線。例如員山仔從界外變成界內。參見楊勝傑，《清乾隆 25-53 年（1760-1788）番界外之開墾》（台北：政大台史所碩士論文，2010），頁 61。

6　「土牛」指稱以挖出的泥土所築成的土堆，「土牛」體積高八尺、頂寬六尺、「溝」則深六尺。

7　葉爾建，〈新竹縣分界〉，網址：http://nrch.culture.tw/twpedia.aspx?id=1373，2009 年。

8　王商益，〈台三線〉，網址：https://bit.ly/3oI0T2l，2016 年。在 1829 年之後，南部原住民族（主要以大武壠族與馬卡道族為首）在 1839、1874-1875、1892 等年又逐次向花東縱谷進行多次大遷徙。

例如土城區、石岡土牛里與土牛國小、竹北市隘口里、新埔土牛溝古道、新竹客運土牛溝站牌（新竹到新埔線）等。最特別的是，「土牛溝楊梅段」更於 2014 年被審議成為桃園市文化景觀。[9] 此外，早期各地有手押台車軌道（輕便鐵道）時，在台中地區就有兩條路線由葫蘆墩軌道會社經營，起站名稱為土牛（前述之石岡土牛里），一條為土牛到水底寮（8 公里），另一條為土牛到橫流溪（22.3 公里）。[10] 土牛站並設有貯木場與貯水池，以運送八仙山順著大甲溪流下來的木材。[11]

《淡水廳志》的隘寮，從火炎山隘到三貂嶺隘計有 29 處，離廳治最近且範圍最廣者為金廣福大隘，整合了十處的小隘，包括原有的金山面、鹽水港等。[12] 1761 年，福建分巡台灣道楊景素於卸任前「馳赴彰化、淡水，親率廳、縣督理工所匝月，而深溝高壘，疆土井然」，在北台灣的大地上開挖了一條土牛溝，重新劃定漢番界線，而這條土牛溝經過竹塹地區的部分為「……枋寮、犁頭山、十塊寮、芒頭寮、番仔寮、隘口、七份仔、員山仔、金山面和柴梳山接壤處、埔頂、石頭坑、雞蛋面、蜈蚣窩、巡司埔、隙仔、內外獅山、牛埔、香山、鹽水港、茈衢崎……」（表 4-1），[13] 由這些土牛溝經過地區，大致可瞭解此時拓墾進行的狀況。而這條紅線在現在新竹市的路線為光復路與介壽路（金山面和柴梳山接壤處）、光復路南側的科園里（埔頂）、斜向西南經清華園棒球場（石頭坑）、新竹市第一公墓（雞蛋面、蜈蚣窩）、寶山路與食品路交會點（巡司埔）、向西南而下（隙仔、內外獅山、牛埔、香山）（見本書彩圖集圖 E5、E6）。此線以外即被保留為竹塹社墾獵之處，即為鹿場。[14] 其中石頭坑是清華梅園東側小溪，雞蛋面是現清華園南校區仙宮里西北的十八尖山後坡，可知清代的土牛紅線經過十八尖山（清華園），[15] 在地表上是山溪（十八尖山與石頭坑溪）為界線的漢番界線，也是移墾的界線，頗有現代「國境線」的味道。[16] 基本上，一條紅線的兩邊就是兩個世界，除了種族之界外，還包括生死之界，十八尖山右邊全是墳場，[17] 也是生態之界，十八尖山右邊為鹿場，更是城鄉

9　桃園市政府府文資字第 1030065587 號。

10　土牛起站的輕便鐵道，詳見〈台灣輕便鐵道〉，網址：https://zh.wikipedia.org/wiki/台灣輕便鐵道。

11　台灣總督府營林局，《營林局事業一斑》（1916），頁 48-49。

12　《淡水廳志》（1983 成文版），頁 143-151。

13　施添福教授推論 1760 年為民番界址圖繪製之可能時間。

14　施添福，〈清代台灣地區的土牛溝和區域發展，一個歷史地理學的研究〉，《台灣風物》40（4），1990：1-68。「鹿場」詳見頁 27。

15　張德南，〈十八尖山發展探尋〉，《竹塹文獻雜誌》28，2003，頁 30-41。「土牛紅線」詳見頁 34。

16　范明煥，〈回首漫漫來時路：細說歷史長河中的十八尖山〉，《竹塹文獻雜誌》28，2003，頁 8-29。「土牛紅線」詳見頁 28。

17　1867 年，清政府明令十八尖、虎頭山等官地為義塚，「十八尖」之名稱，首次出現於官方告示之中。可見十八尖山的第一次土地利用就是墓地。

之界，可稱之為「多元內容的分界線」，[18] 可以說赤土崎在十八尖山的懷抱之中，但因為有土牛紅線與義塚區，赤土崎的邊陲性格所顯現的歷史現場如墓場、牧場、鹿場、戰場等，到後來翻轉成「因邊陲而中央」的歷史現場如高球場、燃料廠、競馬場與工業新竹等。

表 4-1　新竹地區的土牛紅線

土牛紅線	現在地點	說明
鳳山崎	湖口鄉新豐村地區，湖口工業區	新竹平原與湖口台地接壤之丘陵稱鳳山，竹北二堡鳳山崎庄。
枋寮	新埔鎮的上寮里與下寮里一帶	本區有義民廟
犁頭山	竹北市東北部（東興里、東海里一部分）	頭前溪與鳳山溪的分水嶺
十塊寮	竹北市北部區域	部分在新竹市北區，中寮里、南寮里、海濱里的一部分
芒頭寮	竹北市東南區域（中興里、十興里、東平里、鹿場里、隘口里等里的一部分）	原東興庄（芒頭埔莊）、新竹郡竹北庄現六家街道
番仔寮	竹北市六家高鐵特定區公三公園，東平里東南方	原東興庄城外東廂、現土牛紅線為為公園步道
隘口	竹北與新竹市交界	竹北一堡隘口莊（縣東十里，戶 35，丁口 159）城外東廂 竹北市隘口村、現留有隘口堤防（1929/11/15 完工） 新竹郡竹北庄
七份仔	竹中地區	四百甲圳之主幹線
員山仔	竹東鎮頭重埔與芎林鄉下林村 [19]	番界外招租給洪名顯、劉承豪
金山面 [20] 和柴梳山接壤處	科園里（科學園區污水處理場）	金山面地區包含今金山、仙水二里
埔頂	龍山國小附近	陸軍威武營區 206 師師部
石頭坑	清華梅園東側小溪	文獻中本地區：野溪縱橫
雞蛋面	仙宮里西北的十八尖山後坡，清華仙宮校區	曾為義塚地，十八尖山共同墓地，新竹第一公墓

18 張德南，〈十八尖山發展探尋〉，《竹塹文獻雜誌》28，2003，頁 33。
19 吳學明，《頭前溪中上游開墾史暨史料彙編》（新竹縣：新竹縣文化中心，1998），頁 29。
20 在新竹市東緣和竹東鎮柯湖里交界的地方，有一座山丘，稱五步吼山（五步哭山）。向西地遞成水仙崙、坪埔頂、風吹輦崎、十八尖山和枕頭山；向北北西延伸為柴梳山和黃金洞山；在這兩條成「人」字狀的小山陵之間，則鋪蓋著一片向西北傾斜，但坡度平緩的地面。自竹塹城眺望，其狀「形開金面」，故名金山面。陳鸞鳳，〈新竹地區代表性地名〉，網址：http://www.nhcue.edu.tw/~agrec/landname2.htm。

土牛紅線	現在地點	說明
蜈蚣窩	交大一部、科學園區一部	曾為義塚地，十八尖山共同墓地，陸軍新兵第二訓練中心（陸軍威武營區），交大光復校區
巡司埔	新竹火車站調車場南方區域（包括竹蓮、寺前、南大與頂竹四里）	巡檢司民壯所開墾之埔地。

資料來源：施添福，〈清代台灣地區的土牛溝和區域發展，一個歷史地理學的研究〉，《台灣風物》40（4），1990：1-68。作者整理。

第一節　生命終結的歷史現場

　　清代竹塹城東南區是最晚開墾的地方，原為泰雅族與賽夏族三十餘社所居，他們時常出草，燒殺搶掠竹塹城的南方庄社。1826 年（道光六年），淡水廳同知李慎彝為了防番保民兼拓墾，於竹塹城南邊的石碎崙（新竹市柴橋里）新設立官隘，但同時委由金廣福經營竹塹城東南沿線的官隘，包括鹽水港、南隘、茄苳湖、雙坑、大崎、金山面、圓山仔等官隘。[21] 大隘防禦線，形成大隘地區（現新竹縣北埔、峨眉與寶山），同時也設置義塚，如北埔義塚（1884）、二寮口坪塚、月眉塚等。

　　清朝時期，許多移民（羅漢腳）先偷渡過黑水溝來到台灣瘴癘之地，乾隆期間開禁，更多人渡台，加上各種災害達 181 次，包括 18 次震災、21 次饑饉、七次疫癘，[22] 造成更多人死亡，[23] 當時習慣運送棺木回到彼岸的故鄉，例如 1759 年（乾隆 24 年），台灣知縣夏瑚曾捐款協助運送棺木回鄉，[24] 運送船隻名為「太平號」，以廈門為「往生口岸」，並先寄存於海蜃寺。咸豐年間，總兵林向榮也曾捐助那些長期停柩於廟宇卻無法歸鄉者。但對沒有能力於死後回故鄉者，葬在義塚就成為常民的選項。因此在 1777 年起大量設置義塚，勒碑定界。不過台灣最早的義塚為 1695 年的台灣縣寧南坊之南，即台南桶淺盤（又稱鬼仔山）墓區，為現在南山公墓的前身。[25] 表 4-2 中列出清朝時的義塚，共有 220 處，多設於乾隆（34）、嘉慶（17）與道光（21）年間，而且主要由民間捐置 192 處（87%），官方捐置為 26 處（11.8%）。其中淡水廳的中塚與枕頭山塚為官設，也在竹塹地區。新竹縣的 71 處，官設有兩處：土地公坑埔頂義塚與香山南勢山義塚。義塚需要有單位或管理人（日治時期的共同墓地管理人）協助管理墓地，單位包括廟宇、善堂等，

---

21 吳學明，《金廣福墾隘研究》（新竹縣：新竹縣文化中心，2000），頁 35-36。
22 盛清沂，〈清代本省之災荒救濟事業〉，《台灣文獻》22（1），1971，頁 132。
23 號稱十人來台，六亡、三在、一回頭，留台率 30%。
24 夏瑚於 1758 年擔任台灣府台灣縣知縣，管轄範圍包括現高雄北部、台南市、嘉義市與嘉義縣。
25 林怡伶，《清代台灣義塚之探討》（台中：東海大學歷史系碩論，2013），頁 20。

有名者如鹿港的敬義園（1778-1936），買店出租以雇用義塚管理人與實行義葬或購義塚。[26] 而在新竹「明善堂」即有助葬措施，包括僱工修復凋敝之無主墳、收葬飄浮屍、懸賞盜墓賊等，[27] 加上地方士紳捐助之義塚事宜，例如大郊商吳振利捐獻香山南勢山義塚等，亦反應出陰騭思想：累積陰德與陰功。[28]

不過最終還是產生了「空間摩擦」，即開墾地與墓地間的摩擦，先霸佔平地，再進入山埔地，最後侵占義塚，換句話說，空間互動的過程由陰陽有分、陰陽不分到占陰為陽。此種在文化上號稱破壞風水的事（如果是龍脈就更不得了），持續引起了民眾與官府的重視，才有普設義塚、介入爭訟、立碑禁墾之舉。例如香山南勢義塚先有佔墾糾紛，官府立為塚牧之地，接著由鄭用錫（建竹塹城的城工總董）等籌款購塚地，成為官山。[29]

表 4-2　清朝台灣的義塚一覽表

地區	義塚數	說明
台灣縣	8	
鳳山縣	24	
諸羅縣	15	
彰化縣	8	
淡水廳	16	
澎湖廳	5	
噶瑪蘭廳	4	
新竹縣	36	竹塹堡
	4	竹南堡
	5	竹北堡
	3	樹杞林堡
	12	頭份堡
	11	新埔堡
恆春縣	4	
基隆廳	1	三處
苗栗縣	42	
雲林縣	22	
小計	220	

資料來源：林怡伶，《清代台灣義塚之探討》，頁 21-32、頁 33 之表二。

26 同上註，頁 34-37。
27 台灣銀行經濟研究室，〈明善堂開銷義舉條款碑〉，《新竹縣采訪冊》卷 5（台北：大通書局，1987），頁 191-193。
28 李維修，《從素封家到社會菁英：日治時期新竹地區士紳的社會角色變遷》（新竹：新竹市文化局，2015），頁 41。
29 林怡伶，《清代台灣義塚之探討》，頁 51。

　　依《新竹縣志初稿》，1894 年（光緒 20 年）竹北一堡改稱竹塹堡、竹北二堡改稱
竹北堡、竹南一堡改稱竹南堡。竹塹堡當時共有 36 處義塚，其中有 17 處義塚位於竹塹
城的南邊與東南邊，沒有北邊的義塚，最近的為南門外的巡司埔塚與縣城東南邊枕頭山
塚。如前述，義塚都會勒碑定界，以避免被盜用亂葬，例如 1867 年（同治 6 年）巡司埔
尾塚曾由淡水廳同知嚴清金清理塚界，發現五件盜用為田園埔地，面積達 4.8 甲，究責
並令恢復原狀。[30] 各種佔用、盜墓、私移墳墓等現象層出不窮，例如種樹導致樹根破壞
墳墓、遷塚詐騙集團、牛車壓墳墓、開墾水淹墳墓等，當時情況為：名為義塚，實為私
山；號曰牧場，變為己業。[31] 因此各種勒碑以禁令為多，包括憲禁塚碑、示禁碑、義塚
碑、塚牧禁碑等。[32] 例如依 1859 年的「憲禁塚碑」，竹塹堡的六個義塚設於 1777 年（乾
隆 42 年），包括清華園內的雞蛋面地區與附近的枕頭山、十八尖山等，那時起墓場已成
為清華園的歷史現場。

表 4-3　新竹地區（竹塹堡）義塚分布表

義塚名	地區（縣城中心）	說明（設立年）
巡司埔尾塚	南 1 里	淡水廳同知嚴金清清塚界 現竹蓮寺地區或竹蓮里 （1777）
中塚	南 2 里	巡司埔義塚之西，現新竹市竹蓮里 （1777）
枕頭山塚	東南 1 里	東門外，乾隆年間官獻 （1777）現新竹公園，標高 55 公尺
土地公坑埔頂塚	東南一帶	2690 丈，官購土地爭訟之地為義塚。現新竹市東區埔頂
虎頭山塚	南 2 里	（1867）南門外，現新竹市建華里
十八尖山塚	南 3 里	（1867）學宮之案山
雞卵面塚	南 4 里	（1777）現新竹市仙宮里，清華南校園仙宮校區
仙公坑塚	南 5 里	
蜈蚣窩塚	南 4 里	（1777）現新竹市仙宮里與高峰里
內外獅塚	西南 3 里	（1777）新竹市東香里
香山牛埔塚	西 7 里	（1759）香山南勢山義塚，在客雅山另一邊
雙溪塚	南 8 里	現寶山鄉雙溪村
大崎塚	南 9 里	大崎官隘，現寶山鄉大崎村
石碎崙塚	南 9 里	現新竹市柴橋里

30 陳朝龍，《新竹縣采訪冊》卷 3（台北：台灣省文獻會，1999），頁 178。
31 同上註，頁 206。
32 同上註，頁 200-202。

義塚名	地區（縣城中心）	說明（設立年）
牛埔塚	西 8 里	現新竹市香山區東部
茄苳湖塚	西南 8 里	茄苳湖官隘，現新竹香山區大湖里的大部分地區 三高有茄苳交流道
隘寮前塚	東南 9 里	（1827）郭棠棣捐獻，金廣福墾號最南端的隘寮。現新竹市南隘里
金山面塚	東南 10 里	（1827） 金川面官隘，現新竹市令山甲 前稱土地公埔義塚
其他官山塚地		外較場、出粟湖、青草湖、芎蕉灣、崎頭、中心崙、頭埔、二埔、隙子山、楝榔等

資料來源：《新竹縣志初稿》，頁 66-67。《新竹縣採訪冊》，卷 3，頁 176-210。

在《淡水廳志》[33] 中出現的義塚共有 13 處，在廳治附近者有中塚（巡司埔尾）、枕頭山塚、土地公埔塚（金山面）三處。[34] 到竹塹堡時代，主要義塚有 15 處（如表 4-3），但最接近竹塹城的仍為巡司埔尾塚、中塚、枕頭山塚、土地坑埔頂塚。墓地買賣也成為商業標的，由其買賣契約來看，一定出現風水的字眼，或自稱風水一穴，還有惜賣之因，例如本要自用，但路途遙遠，不易祭祀等。其墓地價格在 1847 年為四大圓，1890 年為六大圓。[35] 當時的地契買賣土地，價格約 80-120 大圓之間。

在官方的勸進之下，自清中葉以降，在地商人自城市郊商至街庄的舖戶，時常會與地主、士紳等地方有力人士，共同參與義渡、義倉、義塚等社會事業。如在 1855 年（光緒 11 年），李陵茂、吳萬吉、鄭永承、鄭恆升、鄭吉利、黃珍香、魏泉安、曾昆和、高恆升、陳振合等商號，共同為義塚事具稟。[36]

日治時期的 1904 年，香山牛埔義塚改稱牛埔山共同墓地，國府期間改稱新竹市第四公墓。金山面義塚改稱金山面共同墓地，國府期間改稱新竹市第一、第二、第三公墓，清華校園內主要的為新竹市第一公墓。清華在雞蛋面地區清塚時，發現了在人社院後方墓區內的清朝時期的土地公廟（福德祠），經遷移到現址改建後，從墓地管理者成為庇佑清華師生的守護神，原來的左右對聯為：「福臨瀚海佑眾生，德門有慶耕書田」，上聯為：「福慧積厚德」。但是該廟於 2015 年 7 月 10 日改建之後的左右對聯為：「福臨清華來國士，德被寶山蔭眾生」，上聯則為：「清華土地公」。[37] 考試期間，清華的土地公廟會迎

---

33 《淡水廳志》於 1817 年始修，1870 年重修，1871 年刊行。
34 《淡水廳志》（1983 年成文版），頁 194-195。
35 臨時台灣土地調查局，《台灣土地慣行一斑（第二編）》（台北：南天書局，1998），頁 32-36。
36 林玉茹，《清代竹塹地區的在地商人及其活動網絡》（台北：聯經出版，2000），頁 89。
37 「一個校長的思考」，〈清華土地公開廟典禮致詞〉，網址：https://bit.ly/3rJLVem。

來許多考生，據稱獻上肯德基炸雞桶最有效。[38] 同樣的，原陽明交大北校門口外的土地公廟偏好仙草蜜，而台大的土地公廟位於校內土地公小徑則偏好狀元餅。[39] 大學校園的土地公廟庇佑考生與師生們，成為佳話。此外，除了原有的宗教功能，清華土地公廟還有社會與經濟功能，即提供「土地公周轉金」的服務，開放小額借款，且在 24 小時內撥款，沒有利息。其程序只需去清華土地公廟向土地公稟明原因，擲出聖杯後，拍照並上網填表單，土地公就會匯 2,000 元到你的戶頭，幫助你度過困難。但需在兩週內還給土地公，免得壞了天人之間的信用。[40] 總之，清華園的土地公廟也「由陰轉陽」了。

第二節　火葬場、葬儀堂

1777 年清朝中葉起，土牛紅線的枕頭山、蜈蚣窩、雞蛋面等地設為義塚，1867 年清政府再擴大義塚區至十八尖山、虎頭山等。1896 年日本治台第二年在考量衛生情況下，也開始規劃火葬場與葬儀堂，並開始整理那些義塚使成為共同墓地（如表 4-4），包括 1901 年整理了十八尖山共同墓地與 1904 年設置內地人共同墓地等，當時的地址為竹北一堡赤土崎庄 105 番地，管理人為陳得福。[41]

新竹廳廳長里見義正（任期：1901-1909）曾在廳治所在的枕頭山規劃一座曹洞宗之廟（新竹寺）與火葬場，並採用官地放租與民間經營的模式，規劃地點為枕頭山下新竹停車場（現玻工館）附近丘陵上。該廟為了紀念北埔事件受難者，並已有一些捐款，包括北埔 5,000 圓、松本徒爾 1,000 圓等，新竹本願寺更願意提供相對捐款，[42] 但因故未成。之後於 1910 年在南門外巡司埔舊大眾廟附近，由陳信齋租用公有土地 20 年設置了火葬場與葬儀堂，並成為該共同墓地的管理人，[43] 該火葬場面積 36 坪（建築 10 坪），以煉瓦築成，門楣處有萬字佛號。室內設窯兩座，高六公尺餘，經費 9,000 餘圓。[44] 1917 年 7 月，總督府土木局所製作的「新竹市區計畫變更圖」中，已出現了共同墓地與火葬場。

---

38 〈清華土地公：這裡不拜仙草蜜，拜肯德基〉，網址：https://bobee.nownews.com/20180910-24644。

39 〈台灣大學土地公廟〉，網址：https://zh.wikipedia.org/wiki/台灣大學土地公廟。主祀竹仔林福德正神，位於尊賢館旁，於 2006 年 11 月迎回台大，又稱伯公亭。

40 蘇怡娗，《是土地公還是文昌公？──交大土地公的角色加乘》（新竹：清華大學台灣研究教師在職進修碩士學位班學位論文，2017）。

41 新竹廳告示 107 號。明治 43 年 12 月 25 日。

42 《台灣日日新報》，1908 年 1 月 17 日。

43 國史館台灣文獻館，「官有地使用許可ノ件（陳信齋）」（1910-09-01），〈明治四十三年台灣總督府公文類纂十五年保存第三十卷地方〉，《台灣總督府檔案・總督府公文類纂》，典藏號：00005291014。

44 《台灣日日新報》，1910 年 3 月 31 日。

　　1921 年〈新竹市區改正圖〉之中，在枕頭山地區也出現了共同墓地、葬儀堂、火葬場，位置在往北埔道路（現寶山路）的兩邊。而葬儀堂、火葬場的建設日期為 1921 年 4 月 1 日。在其街（新竹街）有財產之中，列有葬儀堂（木造平家）35 坪（2,987 圓）與火葬場（煉瓦造）6 坪（713 圓）。[45] 該兩設施曾向總督府預借 10,000 圓（現值約 1,000 萬元），分十年攤還，設於內地人（日本人）共同墓地附近。而上述的巡司埔大眾廟（地址為枕頭山腳 96 番地），或稱南壇，為義塚或共同墓地的陰廟或厲壇，曾作為寄棺停柩所與後來的寄放金斗甕之處，由於累積太多，多數無人認領，因此再於巡司埔義塚西邊號召捐款再設一塚，稱為中塚，而捐款最多者為板橋林家來台第一代的林平侯，捐銀 100 圓。[46]

　　1921 年 4 月 1 日所設置的火葬場與葬儀堂，地址分別在客雅 350 番地與枕頭山腳 89 番地，皆經過多次整修續用，這些設施即為《新竹市要覽》中的〈新竹市鳥瞰圖〉出現的共同墓地、火葬場與葬儀堂（竹蓮街淨土寺[47]旁，原地名校場埔[48]）。新竹街當時火葬費一人 1 圓，葬儀堂使用費一次 2 圓，比起其他地方屬低價位，例如台南火葬費一等 10 圓、二等 8 圓、六歲以下半價，葬儀堂則一樣為一次 2 圓，[49] 而台北更貴，上等 12 圓、中等 9.5 圓與下等 5 圓。[50] 1928 與 1929 年新竹街火葬次數分別為 64 與 88 次，新竹街葬儀堂使用次數分別為 24 與 37 次，[51] 仍以日人為多。到了 1941 年時，使用費已調高至一次 10 圓，並依例納入「新竹市方面委員事業助成會」中，成為貧民救助的預算，而當年為 1,200 圓，也就是一年使用次數已達 120 次。[52]

　　惟周圍人口逐漸增加，因此葬儀堂於 1937 年移至黑金町 450 番地與火葬場並鄰，由新竹市方面委員會的事業助成會提案並支持部分經費，包括買收土地 350 坪、購買靈柩車、新建 108 坪的葬儀堂（可容納參加者 500 人之規模）等，總預算 39,000 圓，葬儀堂改稱「新竹修禮堂」，並有一條道路連結到火葬場與共同墓地，該堂於 1941 年 4 月 1 日開始使用。光復後該殯儀館之住址為西大路 41 號，而南門火葬場於 1918 年遷到雞蛋面

45 新竹街役場，《新竹州街庄要覽輯存》（新竹：新竹街役場，1926），頁 86-87。
46 林怡伶，《清代台灣義塚之探討》，頁 64、73。
47 淨土寺住址為黑金町 553 番地。
48 又南門外有「校場埔」，顧名思義，為清代官員點校營兵場所，亦兼做刑場之用，同樣地名也出現在彰化、嘉義與新店廣興里。另見卓克華，〈新竹市竹蓮寺歷史調查與研究〉，《普門學報》39，2007。
49 國史館台灣文獻館，「新竹市葬儀堂及火葬場移轉改築資金借入ノ件」，〈昭和五年國庫補助永久保存第二卷地方〉，《台灣總督府檔案・國庫補助永久保存書類》，典藏號:00010557003。
50 台北火葬場先由永壽社經營，採用住友的技術與規格（八弘社經營），當時為最先進的火葬技術。見胎中千鶴，《葬儀の植民地社會史》（東京：風響社，2008），頁 76-77。
51 國史館台灣文獻館，「新竹市葬儀堂及火葬場移轉改築資金借入ノ件」，〈昭和五年國庫補助永久保存第二卷地方〉，《台灣總督府檔案・國庫補助永久保存書類》，典藏號：00010557003。
52 新竹市役所，《新竹市社會事業要覽》（新竹：新竹市役所，1941），頁 49。

附近的仙宮里，就在清華南校區的大草坪南緣地區：新竹南門遷到清華南門，也成為清華校園特別的歷史現場。而該火葬場一直用到 1990 年代，例如 1976 年清華總務處保管組主任王遠詮因病去世，經親屬與治喪委員會決定，先火化，再假新竹市立殯儀館舉行告別式，[53] 其火化地點即在服務的未來校園內。原為雞蛋面共同墓地（新竹市第一公墓）一部分的仙宮校區自 1993 年起成為清華新校區，面積 17.44 公頃，接著公墓的其它部分也陸續成為清華園，號稱「靈魂校園」。

　　1922 年的地方制度改正為州街庄制，新竹州州令規定墓地由街庄經營管理之，以前的委託私人經營的模式不再合法。同年並以新竹州告示 115 號公告新竹街管轄的共同墓地名稱與位置（如表 4-4）。可知赤土崎、埔頂與金山面地區從清朝義塚到日治時期的共同墓地，一直都扮演著「生命終結」的場域。而十八尖山共同墓地（雞蛋面）主要在現清華校園內。在雞蛋面地區，風水之說盛行，例如地形如元寶，最高點為現在的台積館，氣場也在此區域。又「風吹輦崎」：[54] 地形如皇帝的輦子，綿延小山坡稱之為黃金洞，一路連到枕頭山（現新竹公園），為號稱龍脈虎頭山的右龍。雞蛋面地區作為義塚早有歷史記錄，但枕頭山卻自 1896 年才作為日本的陸軍公墓，且由 1902 年 6 月的公文可知，還收購了 1308.94 坪的土地。[55]

　　台灣總督府於 1906 年 4 月 1 日起施行府令第八號「墓地火葬場及火葬取締規則」，以整頓喪葬的亂象，內容包括墓地與火葬場的增廢或擴大申請、墓地規模的規格、土葬／火葬許可制、管理人制度、喪葬的衛生規定等，違反者罰金 10 圓以下與強制執行，[56] 同時前各廳縣所發布的相關條例一律作廢。1911 年，台北廳制定前述總督府規則的施行細則，規範更嚴格，[57] 因為台北喪葬為企業經營，因此在 1911 年將火葬場納為公共建築。另外的模式如台中，是由台中公共團負責，該團將衛生組合、消防組及町總代整合在一起，年收入 7,274 圓，包括火葬場營收。[58] 不過火葬主要為日本人，台灣人還相當排斥火葬，只有因傳染病病死者後來強制火葬，不分籍貫。不過也有以身作則的指標人物，例如基隆顏家顏雲年過世，其火葬日選在 1923 年 2 月 11 日（日本的紀元節），地點為基隆蚵殼港火葬場，送葬者 500 人，另擇 2 月 21 日公祭。[59] 也有新竹在地的例子，新竹公學校張麟書老師帶著三年乙班學生去參加鄭元璧老師父親的喪禮（日記原文為火葬

53 總務處保管組主任王遠詮，中央大學肄業，投考空軍，以空軍上校退役，轉任清華。《清華校友通訊》58，1977，頁 84。
54 高木正信，《新竹大觀》（1928）。
55 亞洲歷史資料中心，〈土地保管轉換の件〉：https://bit.ly/3uIowLV。
56《台灣日日新報》，1906 年 2 月 7 日。
57 同上註，1911 年 5 月 12 日。
58 同上註，1911 年 5 月 20 日。
59《漢文台灣日日新報》，1923 年 2 月 13 日。

式）。[60] 另外，黃旺成父親陳送於 1921 年 4 月 8 日過世，遺言要求火葬，留下了移風易俗的典範。[61] 在此脈絡下，黃旺成推動的新竹青年會於 1928 年 4 月 25 日成立了「葬儀改良會」。[62]

　　依 1932 年的《新竹州警務要覽》（下），其表 113 列出了墓地及火葬場，在新竹州共有 596 處墓地、76 處傳染病墓地及八處火葬場。只有新竹街（1903-1930）的墓地與火葬場當時由仍新竹州警務署管轄，其它則由庄管轄。因此新竹街下轄五處共同墓地、一處染病墓地與一處火葬場（表 4-4），[63] 從新竹廳（直轄廳）分區開始，共同墓地管理人皆為該區區長、庄長或保正擔任管理人，當時新竹街分五區：新竹、香山、舊港、六張犁和樹林頭，[64] 故枕頭山墓地由新竹區街長陳信齋（任期：1906-1918）管理，牛埔山共同墓地則由香山區長陳雲如（兩任任期：1900-1920、1931-1935）管理。[65] 金山面共同墓地由庄長吳金昌擔任管理人，赤土崎的兩個墓地則由庄長沈其祥管理之，沈為赤土崎人，其地址為：竹北一堡赤土崎庄 41 番地。[66] 此外，枕頭山塚的一部分自 1896 年起曾作為日本軍人墓園，[67] 直到合祀於圓山的台灣神社，但另一部分為內地人共同墓地以及火葬場。1935 年町名改正，枕頭山塚由赤土崎庄改屬黑金町。因此 1939 年 10 月 1 日，愛國婦人會新竹分會號召 116 人，到黑金町的內地人共同墓地去清掃，平常該墓地已成為牧牛與牧羊的場所。[68]

　　因為有了管理人，下葬與遷葬皆要申告，下葬需有埋葬單。有些管理人提議每墓每年交 10 錢（約 100 元）或 20 錢的管理費，以善加管理之，但並未執行。另外，有傳說：墓頭需有註明子孫名與住址，以示該墳有主，避免被視為無主墳。一時之間，新竹的共同墓地竹標與旗幟飄揚，蔚為奇觀。[69] 至於葬禮的情況又如何？新竹鄭家族長鄭如蘭於 1914 年 2 月 25 日出殯，喪主為鄭拱辰、鄭神寶兩兄弟，主祭者為當時新竹廳廳長家永泰吉郎（任期：1910-1914），[70] 參加者多名流士紳如辜顯榮等，會葬者代表為新竹廳

---

60 中研院台史所，《黃旺成先生日記》，台灣日記知識庫，1912 年 12 月 10 日。

61 同上註，1921 年 4 月 7 日。

62 同上註，1928 年 4 月 25 日。

63 新竹州警察文庫，《新竹州警務要覽》（1932），下冊，頁 435，表 113。

64〈新竹廳〉，網址：https://wiwiki.kfd.me/zh-tw/。新竹廳為直轄廳，另有 10 個支廳。

65 陳雲如即為日方所屬意的各地氏族或國語傳習所畢業生者，他主持過省軒書房，後來於 1898 年畢業於新竹廳下國語傳習所甲科，之後歷任警察、第二區區長、香山區區長等職。

66 新竹廳告示第 49 號，1906 年 5 月 25 日。其第二任期居然是取代被當局換下來的弟弟陳揚鏡。

67 埋葬戰死與病死的軍人，第一批為乙未戰爭死亡軍人 926 人，官階最高者為渡部進大佐（上校）。《台灣日日新報》，1896 年 7 月 11 日。

68《台灣日日新報》，1939 年 10 月 7 日。

69 同上註，1906 年 12 月 5 日。

70 家永泰吉郎曾於 1902-1910 年間先擔任苗栗廳廳長。

參事陳信齋、姻戚代表黃鼎三，送葬行列繞市區一周，走完耗時兩個鐘頭，中午停柩於竹蓮寺，下午才入土安葬。[71] 其中兩點值得注意，其一鄭的喪禮沒有用到火葬場與葬儀堂，依照日方當時的調查：禁止辮髮及矯正纏足為台人最忌者，尤其懼怕者為日本方式之火葬，[72] 可見火葬在當時受排斥的狀況。其二當時竹塹社會網絡（社會圈）的三位最主要的中心人物皆在現場，他們是陳信齋、黃鼎三與鄭拱辰，[73] 雖然鄭拱辰為喪事之當事人。而更早之前的 1896 年，日軍入竹後所成立的保良局時代，陳信齋與鄭拱辰皆為當時的成員，[74] 保良局轉成紳商俱樂部之後，陳信齋仍為部長。又如 1907 年的新竹製糖會社籌設的發起人也包括前述三位竹塹社會社會圈的主要人物，可見連主流社會人士仍然反對火葬。[75]

　　除了傳統的共同墓地與傳染病墓地外，還有台北天主教共同墓地、[76] 台南基督教共同墓地、[77] 番社共同墓地等特別的墓地，例如台中州東勢郡，為打破原住民葬於室內的舊習，而聯合番社頭目，以向祖靈報告的祭典於 1923 年 11 月設立羅布果番社共同墓地。[78] 花蓮太魯閣原住民也在 1924 年設立了富世共同墓地，並將祖靈以儀式邀請集合。[79] 到 1943 年時，花蓮郡的銅門、榕樹與銅文蘭三個番社的共同墓地更已成為純日式墓地。[80]

表 4-4　日治時期新竹街之共同墓地

名稱	地區	面積（公頃）	墓數（1926之新墓）	設立時間	管理人
新竹內地人共同墓地	枕頭山腳	2.6265	37	1904/5	陳信齋[81]
牛埔山共同墓地[82]	香山牛埔	41.1176	1,662	1904/5	陳雲如

71 李維修，《從素封家到社會菁英：日治時期新竹地區士紳的社會角色變遷》，頁 29。
72 〈新竹支廳機密報告〉，《公文類纂》乙類永久第 12 卷，1896。另見李維修，《從素封家到社會菁英：日治時期新竹地區士紳的社會角色變遷》，頁 50。
73 陳百齡，〈從歷史人物到地方社會脈絡：皇恩碑史料搜集與呈現〉，《竹塹文獻雜誌》44，2009，頁 8-32。「竹塹社會網絡（社會圈）中心人物」詳見頁 24。
74 李維修，《從素封家到社會菁英：日治時期新竹地區士紳的社會角色變遷》，頁 47。
75 同上註，頁 128。
76 1910 年由大稻埕的天主教會申請設立，地點在大加堡朱厝崙庄 60、66、68 三處地號。《台灣日日新報》，1910 年 3 月 2 日。
77 台南基督教共同墓地在台南市三分子 113 番地，由長老教會管理之，1933 年改為財團法人營運之，設有條例（六款）以茲遵循。《漢文台灣日日新報》，1933 年 6 月 30 日。
78 《台灣日日新報》，1923 年 11 月 15 日。
79 同上註，1924 年 4 月 29 日。
80 同上註，1943 年 9 月 15 日。
81 陳信齋（1868-1935），清代秀才，開設北門恆吉商號。日治後歷任保良局員、新竹廳 1901 年首屆參事、新竹街長、新竹帽蓆公司理事等。也是竹梅吟社（後復名為竹社）成員、竹社社長。任社長期間，常與台北瀛社、桃園桃社聯吟，每逢竹社值東，往往於鄭氏家宅北郭園集會。
82 〈新竹廳告示 107 號〉，明治 43 年 12 月 25 日。當時名稱為頂大坪山墓地，地址為竹北一堡香山庄 107 番地，管理人為楊石。

名稱	地區	面積 （公頃）	墓數 （1926之新墓）	設立時間	管理人
十八尖山共同墓地	赤土崎	25.6976	1,699	1901/12	沈其祥
金山面共同墓地	金山面	4.5065	228	1904/12	吳金昌
埔頂共同墓地	埔頂	4.5	103	1904/12	黃增水
金針圓山傳染病墓地	赤土崎 虎頭山	1.0	12	1903/12	沈其祥
小計	6	74.5802	3,741		

資料來源：《新竹州街庄要覽輯存》（1926），頁239-240。

　　1903年11月，新竹廳警務課與樹林頭區區長鍾青一起到南門外虎頭山，議定一處獸疫（鼠疫病）埋葬地，又到枕頭山圈定火葬場用地。在此兩處用地內的墳墓需於一個月內前遷離，近日內將到街庄內鳴鑼示眾，提醒清塚之事，[83] 而該獸疫（鼠疫病）埋葬地即為「金針圓山傳染病墓地」，推測為傳染病強制火葬前的土葬權宜措施。後來於1909年出現新竹傳染病隔離所（後稱新竹避病舍）位於新竹市崙子地區，原來由新竹廳的公共衛生費支持。1921年移給新竹街管理，並在1925年以預算一萬圓重新裝修之後，改稱城西醫院，亦可收容一般病人，入院費一天頭等1圓、一般50錢[84]。當時的院長為下村八五郎、特約醫師為連煥明、護士為許秀鳳。[85] 傳染病曾是台灣的致命傷，例如1896-1917年間的鼠疫（Pest，日文稱百斯篤）流行、[86] 1906-1911年的瘧疾居台灣死亡率之冠、[87] 霍亂於1919年曾猖獗一時，被列為霍亂流行地區，[88] 改善衛生條件成為日治時期的優先施政項目。到了1920年代，傳染病已大幅減少，如表4-5為新竹州的傳染病資料，部分死亡者即葬於赤土崎的金針圓山傳染病墓地，並嚴格規定例如因鼠疫死亡者之埋葬須深入地平線下一丈等。此外，捕鼠也成為全民運動，且有收購制度。1919年11起的流感，台灣共有超過70萬人受感染，其中2.5萬人死亡，當時媒體的報導標題為：冰、藥和火葬場一起大發利市。[89] 12月在台北的火葬場（七爐，一爐輪修）共有94人，其中

83《台灣日日新報》，1903年11月21日。

84 新竹街役場，《新竹街庄要覽輯存》（1926），頁236。

85 台衛新報社，《台灣衛生年鑑》（1922），頁438。

86 1897至1901五年間，鼠疫病患者有10,175人，死亡者7,922人。其後五年（1902-06）年，鼠疫流行達到頂峰時，患者13,343人，但死亡者下降至1,063人，主要來自港口的通商。

87 因瘧疾而死亡者，1903年有13,544人。1916年死亡人數也超過10,000人。

88 1902-1906五年間，台灣霍亂病患者747人，死亡者614人。1919年霍亂流行最嚴重，是由中國船客帶來病原，患者3,836人，死者2,693人。蔡承豪，〈流感與霍亂：台灣傳染病情個案之探討（1918-1923）〉，《台灣學研究》15，2013，頁119-170。「1918-1920年間台灣流感與霍亂疫情概況」詳見頁125，表1。

89《台灣日日新報》，1918年11月9日。

八成為流感病逝者，必需日夜都燒。[90]

表 4-5　新竹街傳染病發生一覽表

	發生數	死亡數
1921	101	22
1922	58	10
1923	43	9
1924	22	3
1925	23	5

資料來源：《新竹街庄要覽輯存》（1926），頁 243。

另外，傳染病才是 1895 年乙未戰爭時日本的最大敵人，日軍在基隆獅球嶺建了軍人軍屬火葬場，用船從舊港（新竹）、梧棲（台中）、鹿港（彰化）、布袋（嘉義）、安平（台南）送來三坑千人塚火葬之，大部分皆因傳染病喪生，並於 1895 年 11 月設「軍人軍屬火葬場之碑」。[91] 稍早的 1895 年 3 月，日本先派艦隊佔領澎湖，戰場傷亡輕微，計死亡 3 人，受傷 27 人。但是爆發了霍亂傳染病，患者有 1,945 人，其中病死者達 1,247 人。這些傳染病病死者合葬的墓地如上述也稱為「千人塚」。[92]

第三節　黃旺成日記中的傳染病

如前述在赤土崎有一處金針圓山傳染病墓地，黃的日記中也觸及傳染病相關的記事，有些還是其自身的同事及家族成員。從他任教的新竹公學校校長高木平太郎染上腸病毒（傷寒，日文名稱腸窒扶斯）而病情危急，[93] 及其子繼圖染上登革熱，心亂如麻等，[94] 因為黃的四男繼周在 1918 年 12 月 9 日死於流感大流行。黃並提及作為新竹傳染病病院的城西醫院，[95] 當時特約醫師有連煥明。甚至台灣民族運動大將的蔣渭水，也因傷寒

---

90 同上註，1920 年 1 月 7 日。

91 鍾志正、張建豐，《乙未戰爭研究：你不知道的台灣保衛戰》（台北：海峽學術出版社，2009），頁 200-201。

92 當時日軍動員總數為 6,194 人。范燕秋，〈醫療衛生歷史篇：日治時期〉，網址：https://tme.ncl.edu.tw/tw/醫療衛生歷史篇。另見范燕秋，《疾病、醫學與殖民現代性：日治台灣醫學史》（新北：稻鄉出版社，2010）。

93 中研院台史所，《黃旺成先生日記》，台灣日記知識庫，1913 年 12 月 2 日。

94 同上註，1922 年 11 月 18 日。

95 同上註，1929 年 12 月 18 日。

於 1931 年 8 月 5 日病逝，因此依規定在當天火化。[96] 在傳染病頻繁的年代，黃連上修身課，也要談及大家聞之色變的傳染病故事，[97] 連借小說看也找了和瘟疫有關的《白髮鬼》。[98] 當然，預防傳染病的注射也出現在其日記中，例如 1923 年 2 月 21 日，黃和其妻（林玉盞）抱著幼子繼緒去公會堂種痘（預防天花），而且看人多而沒有排隊，由邊門進入，留下「曾經插隊」的歷史記錄。[99] 他也提及：南寮疑似發生霍亂（船員染病在船上過世），禁止賣魚。[100]

第四節　清塚：陰宅變陽宅

清塚的工作一直在進行著，特別當遇到空間改變時，例如 1916 年籌建新竹公園、1924 年籌建十八尖山遊覽公園、1934 年建新竹高爾夫球場，因此在這個地區的中塚、虎頭山塚、枕頭山塚、十八尖山塚就執行清塚。[101] 當 1928 年昭和天皇即位時，到處興起了「御大典紀念事業」，於是各地更吹起了清塚風，以推動新的建設。例如台北的三年計畫預備蓋市立公會堂、台中州以 65,000 圓的預算蓋州立圖書館、台南州 80,000 圓預算的大運動場計畫、嘉義的行樂場計畫等。而台南州的大運動場計畫即在南門外墓地區，企圖清除 9,758 座墳墓。該大運動場計畫之中除了有運動場、網球場、游泳池之外，居然還包括一處高爾夫球場。高爾夫球俱樂部被視為是台灣最大的社交機關（參閱本書第三章），並非為一般民眾的休閒運動。主要推動者就是台南州內務部長與三井支店長等 30 多位俱樂部會員們。因為缺少公共性，市民代表陳情企圖改為大音樂堂不果。之後更進一步將墓地區劃入 30 年大台南都市計畫區，企圖開闢住宅區，日人住城內，台人住城外。由於該大運動場計畫受到市民關切，共有 33 個團體具名反對，包括蔡培火的民眾黨聲明書主張：要讓市民歡喜同意，市民不歡喜，因此最後無疾而終。[102] 1933 年嘉義的行樂場（遊園地）計畫預計清塚 13,000 座墳墓，也是引起市民恐慌，各姓氏宗親會推

---

96 同上註，1931 年 8 月 5 日。

97 同上註，1912 年 7 月 9 日。

98 同上註，1932 年 6 月 9 日。該書原著為英國小說家 Marie Corelli 出版於 1886 年。後有日文版，由黑岩淚香（1862-1920）翻譯之，並用他於 1892 年創立的《萬朝報》來連載，再於 1893 年出版。詳見〈黑岩淚香〉，網址：https://ja.wikipedia.org/wiki/黑岩淚香。

99 中研院台史所，《黃旺成先生日記》，台灣日記知識庫，1923 年 2 月 21 日。1906 年制定「台灣種痘規則」，強制執行。

100 蔡承豪，〈流感與霍亂：台灣傳染病情個案之探討（1918-1923）〉，《台灣學研究》15，2013，頁 119-170。「發生在南寮的霍亂」詳見頁 151。

101 張德南，〈十八尖山發展探尋〉，《竹塹文獻雜誌》28，2003，頁 36。

102 另見胎中千鶴，《葬儀の植民地社會史》（東京：風響社，2008），頁 123-133。另見《漢文台灣日日新報》，1928 年 6 月 7 日。

派代表向市尹（市長）陳情，要求先新設墓地與納骨塔之後再來清塚。為此加開臨時市協議會，決議清塚延後執行，行樂場區域內延三年，其它區域延五年。[103] 另外，各地清塚也造成金斗（骨灰罈）價格暴漲，原來一個 1.5 圓，而當時漲成 2.8 圓（約現值 2,800 元）。[104]

表 4-6　黃旺成日記中的清塚與墓場記事（例）

日期	日記的行程	說明
1919/2/7	一行四人登虎頭山之家墓	1931 年的新竹市赤土崎虎頭山（在今新竹市境內，十八尖山下的建華國中一帶）。因其在清代時曾設為義塚，1924 年時為興建森林遊覽公園而進行清塚，1929 年，對大量廢墓地的無主埋骨修建納骨塔（萬靈塔），以安慰幽魂，並在十八尖山設置三十三座石觀音柱雕刻，並舉行開光典禮。
1919/2/19	往赤土崎為先母洗骨	
1919/2/23	木屐往赤土崎山，先母進金	
1919/3/2	乃往赤土崎見做風水	
1919/4/28	往赤土崎山頂土治公宮	
1919/11/12	各處近將清塚，市民惶惶奔走插界	
1921/8/26	晚上山看三弟風水，明日便可竣工，似頗周至，來往人力車至松嶺山腳	四個月之間，父亡弟死妹病事繁。
1922/3/19	縱貫道路清塚白骨纍纍，令人慘目傷心	
1922/12/20	七星山遊記	參訪墳墓之旅，烈堂君先祖景山先生夫婦合葬佳城（林奠國於 1918 年與正室賴貴娘）、吳子瑜氏家族墓地（吳鸞旂墓園亦稱吳家花園）、[105] 子瑾氏先墳（林子瑾之父林染春）。
1925/4/11	為其弟陳乞食（1905-1926）就職新竹公園的日傭（工友）事請託	新竹公園於 1916 年公告建造，經過土地徵收和清塚後，旋即開始公園的整地與建設。1920 年由於地方改制，公園改由地方公共團體經營，隔年移交新竹街管理，直至 1926 年才正式對外開放使用。園中設有游泳池、運動場、涼亭、水池、兒童遊園地等設施，與當時的十八尖山森林公園同為公園的一部分。

103《漢文台灣日日新報》，1933 年 5 月 13 日。
104 同上註，1933 年 5 月 8 日。
105 吳子瑜（1885-1951）字少侯，又字東碧，號小魯，吳鸞旂之子。開設春英會社，亦為大東信託會社的重要股東和副社長。櫟社成員。

日期	日記的行程	說明
1925/11/16	州要遷廢墓地	1925/11/8 新竹州令第 17 號規定：位於新竹街赤土崎 126-1、126-8、210、210-1 內的墳墓，必須在 1925 年 11 月 30 日之前「改葬」（遷塚）。參見《新竹州報》第 532 號，1925 年 11 月 8 日。
1925/11/17		新竹州協議會員鄭肇基在北門外自宅開會討論「墓地貸下（出租）」暨遷塚善後辦法，參加者有新竹街長藏田壽吉、香山庄長張式穀及陳信齋、蔡煌、李濟臣、鄭雅詩等。九點閉會後，鄭肇基和張式穀兩人與藏田一同拜會新竹州內務部長內田隆，向其陳情。參見《台灣日日新報》，1925 年 11 月 23 日。
1925/11/18	往青年會聽式穀君報告向官廳交涉廢墓地顛末，敘述了一段廢墓地復興運動的必要性	只是遷塚的範圍變小而已。據 1925 年 11 月 19 日發布的新竹州告示 154 號宣布，同年 11 月 8 日新竹州令第 17 號所規定的改葬範圍，「新竹街赤土崎 126-1 的林野」改為「新竹高等女學校（後為新竹中學校的新校地）敷地境界外三十間（一間為 1.18182 公尺）以內（自新竹高等女學校建地界線起算 54.546 米以內）」
1927/3/22	下午全家族十數人上客雅山獻紙五處，外祖父墳要清塚了	清了黃旺成兩位祖父黃金瓜與陳勝之墓，遷往客雅山（經過松嶺）。
1928/6/10	此期的《民報》好似台南墓地問題的專號	台南市民反對清塚之特別報導。
1930/3/27	午後一時半率圖、德知、繼緒三人至大爺街塚、外獅掛紙，但找不到三弟陳乞食的墓	內外獅山義塚。
1933/1	陳家祖墳也在內。葉國霖通知，德先來商量遷墳事宜。	清塚公告包括赤土崎 126 之 32、埔頂 136 與牛埔 226-1 等墓地地號。限定遷塚時間分別為赤土崎三月底、牛埔六月底及埔頂 10 月 15 日止。
1934/8/15	因為水源地地區要設高爾夫球場而必需清塚	清塚的數目為 1934 年 10 月 31 日前 1,180 座、1934 年 11 月 31 日前 1,600 座，總共 2,780 座墳墓要從赤土崎地區清除掉。

資料來源：中研院台史所，《黃旺成先生日記》，日記知識庫，作者整理。

　　除了清塚還有移墳，1929 年 11 月由於入贅祖先黃金瓜的墳墓浸在水中，因此移到三弟陳乞食（1905-1926）的墓邊，以致黃家祖先大多集中在客雅山的墓地。例如 1930 年 3 月 27 日，黃攜後輩們掃墓掛墓紙，先後到大爺街塚（原巡司埔尾義塚，後改為十八尖山共同墓地）與外獅山（原內外獅義塚，改為牛埔山共同墓地），但是這一次就是找不

到三弟（陳乞食）的墓等。[106] 1931 年 3 月 28 日掃墓，先到原祖先陳勝與入贅祖先黃金瓜兩人的墓，再到黃的二弟陳辛庚（1895-1921）與三弟陳乞食的墓。

　　新竹的大遊園地計畫於 1932 年，以整理成耕地為由進行清塚，例如 1933 年 1 月的清塚公告包括赤土崎 126 之 32、埔頂 136 與牛埔 226-1 等墓地地號，限定遷塚時間分別為赤土崎三月底、牛埔六月底及埔頂 10 月 15 日止。[107] 1934 年為了設立高爾夫球場（現清華大學中段，含梅園），赤土崎庄實施了清塚，黃旺成的日記中也記載了該行動：因為水源地地區要設高爾夫球場而必需清塚，[108] 其祖墳也在其中。清塚的數目為 1934 年 10 月 31 日前的 1,180 座及 1934 年 11 月 31 日前 1,600 座，總共 2,780 座墳墓要從赤土崎地區清除掉。[109] 由此回到 1930 年 3 月 28 日的掃墓作一對照，當天黃家直系家屬和黃澤臣[110]一起叫了一輛計程車，由村家草厝仔（現清華大門口東側）出發先旅遊再掃墓，首先遊車河繞新竹公園一周，再上森林公園（現十八尖山公園）的山頂，讓車子回去，一行人在山頂看風景及參觀三十三觀音，[111] 之後由後山到倒地木（蜈蚣窩墓區，現高峰里），[112]先掃大弟（陳灶生）之墓，於仙公宮（稱翠盤岩或翠碧岩，當年地址為赤土崎 192 號番地，現高翠路 6 號）稍事休息，再經北埔路（現寶山路）掃母親（黃氏偷）之墓，[113] 中午並在此吃中飯（祭品），下午先進入村頭，過大坡（現梅園山坡），旺成獨自掃祖母之墓，再於水道頭（水源地，後來高爾夫球場，現清華體育場、梅園一帶）掃雙連墓（旺成祖父陳降與祖母洪進治合葬之墓），然後上水源地走走（部分地區也是後來的高爾夫球場），三時半回家。[114] 由上可知，黃旺成的祖母之墓、陳祖與陳媽合葬之雙連墓與黃旺成三弟陳乞食（1905-1926）之墓，皆屬於 1934 年為興建高爾夫球場而被清塚的對象。

　　不過盜墓的事件仍時有所聞，赤土崎、牛埔山與金山面等公共墓地，外觀稍微美觀者常被盜。例如新竹名人的黃鼎三夫人墳墓、北門街 220 番地的林義雄之父的墓以及赤

106《黃旺成先生日記》，1937 年 3 月 27 日。

107《漢文台灣日日新報》，1933 年 1 月 6 日。

108 黃旺成著，許雪姬編註，《黃旺成先生日記（二十）：一九三四年》（台北：中研院台史所，2019），頁 262-266。1934 年 8 月 15 日，陳家祖墳也在內。葉國霖通知，德先來商量遷墳事宜。

109〈總督府府報 2189 號〉，1934 年 8 月 31 日。〈府報 2191 號〉，1934 年 9 月 4 日。

110 黃澤臣為黃旺成子繼圖的新竹中學同學。

111 1929 年設置的新竹西國三十三觀音靈場，類似日本四國的八十八靈場巡禮或遍路。

112 倒地木為風水之說，地形如倒下來的樹木：倒地木需有起伏，木有曲彎，有出節苞撞者，貴無比。

113 推測為風吹草輦墓地，在現清華與陽明交大新校區交界處。清朝年代，由竹塹城至金山面地區共有二條路線，一是出南門後沿南勢溪（在高峰、新光里）東上（此徑現已拓建為寶山路），二是出東門後至東勢沿石頭坑經草厝仔東南行（此路已廢，在現清華校區西方處）。而此二條路線就是在風吹輦崎會合，因該地地勢高亢，每於秋冬之際，東北季風盛行，風由石頭坑、崩埔溝及潭後溝（皆在現清華校區）等缺口灌入，風勢凜冽，加以路徑坡度陡峻，故名風吹輦崎。詳見〈風吹輦崎〉，網址：https://www.godata.tw/place/風吹輦崎 /#.X_UwGi1DjOQ。

114《黃旺成先生日記》，1930 年 3 月 28 日。

土崎共同墓地的林黃氏之墓等同一段時間先後被盜，墓內的貴重金屬消失一空，[115] 引起警察注意，因此捕獲住在南門外的莊姓嫌疑人送辦偵訊。[116] 另葬在赤土崎雞蛋面共同墓地的盧天生墓被盜，其為盧添壽（桃園街長美 139 番地）父之墓，警方抓到了盧水欽（南門外 228 番地）、曾鎂泗（樹林頭 121 番地）、劉金溪（南門外 316 番地）以及收買盜墓品的吳金水（南門 170 番地），且盧水欽為有盜墓前科四次的累犯，[117] 本則新聞詳細到連住址都揭露。此外，偶而牧塚之地也會火燒山，例如 1926 年 12 月 19 日，赤土崎十八尖山墓地附近的草原，因牧童燃燒牧草而導致 2,000 坪的火燒山，且差點波及官有相思林地。[118] 由於共同墓地屬「鄰避設施」，平常人煙罕至，因此也成為流動賭場，墓地抓賭也成為警察的任務了。[119]

在新竹，由於枕頭山義塚最接近市街與車站，因此在 1925 年時以需要各種建設而陸續開始清塚。例如 1925 年 4 月的清塚令乃為了要興建高等女子學校（現新竹女中），因此公告四筆地號計 200 多甲的墓地。但隔年的 1926 年 4 月校舍轉移給新竹中學校（即現新竹中學）。此舉引起市民關切，因此由新竹青年會、貿易商會、市協議會代表們加上藏田街長、清水源次郎與鄭肇基一起向古木州知事陳情。新竹州從善如流，發布州令 17 號，公告清塚範圍只在 126-1 番地，即新竹中學校（新竹郡新竹街赤土崎段）預定校地外加 30 間（54.5 公尺）的範圍與水道用地，其他暫不清塚。[120]

另一方面，當新竹公園開始規劃時，枕頭山腳的義塚墓地也被徵收納入公園預定地（表 4-7），共佔了徵收用地中的 70.4%。1927 年又因新竹水道的建設，對赤土崎共同墓地（正式名稱為十八尖山共同墓地）清塚，對象為地號 126 號的 1,300 餘座墳墓。[121] 清塚作業茲事體大，因此當地的清塚公告也會在新竹的報紙出現，以提醒後代子孫注意。過了遷塚公告時間，無主墳墓則由各姓氏宗親會聯合會出面處理。還有華僑（國籍為中華民國者）清塚的情況，例如 1934 年在嘉義旗竿湖清塚時，由嘉義中華會館的福州同濟會分五區對嘉義一市六郡的福州人展開募款，以用於墓地整理與納骨塔之興建。[122]

115《台灣日日新報》，1927 年 12 月 13 日。
116《漢文台灣日日新報》，1927 年 12 月 19 日。
117《台灣日日新報》，1933 年 10 月 27 日。
118《漢文台灣日日新報》，1926 年 12 月 20 日。
119《台灣日日新報》，1913 年 9 月 3 日。
120《漢文台灣日日新報》，1925 年 11 月 29 日。
121 同上註，1927 年 1 月 13 日。
122 同上註，1934 年 11 月 19 日。

表 4-7　枕頭山腳的義塚墓地納入公園預定地

地號	面積（甲）	徵收用地
18	0.1269	共 15.2396
23	0.9440	
36	3.5025	
37	0.8977	
35	0.4420	
30	4.7635	
20	0.0520	
小計	10.7286	70.4%

資料來源：《新竹街庄要覽輯存》，頁 243。

　　竹塹城建城時，以東南邊的金山面山為少祖山（城市靠山），自竹塹城遠望，風水之說為「雙人形而開金面」（五行屬金）。[123] 一人形由此山系向西綿延至水仙崙、鹿仔坑、坪埔頂、風吹輦崎、十八尖山和枕頭山，另一人形向北則綿延至風空、柯壢山、柴梳山、黃金洞山。其中風空與風吹輦崎等地名與東北季風有關，即和新竹被稱為「風城」有所呼應。既為風水寶地，則或成陽宅、或為陰宅。而在漢人入竹塹移墾時，郭、陳、蘇在金山面地區開墾，卻引起多年的墾權紛爭，1829 年以買下他們的墾地作為義塚，而結束了長年的紛爭，陽宅成為了陰宅，即土地公坑以東的大崎、雙溪口、金山面橫直三千丈以為義塚。[124] 而之後出現在《新竹縣志初稿》中的有土地公坑埔頂塚、金山面塚、大崎塚、雙溪塚等，後於日治時期的 1904 年成為金山面共同墓地。既為風水寶地，許多家族爭相以此為祖墳，例如北門鄭家從乾隆起到光緒年間，死後葬在金山面的至少有 32 人。此外，尚有各種「名穴」散布其中，例如後述的「燕子入巢穴」等。[125]

　　陽明交通大學光復校區有一座 1866 年的盧源水古墓，就是在當年的金山面共同墓地範圍內，據說盧家獲高人指點之，在金山面點此穴（燕子入巢穴）給先祖建墓。盧家（盧襟祥）後來在宜蘭以「十三行」郊商發跡經商致富，其頭城烏石港的盧宅，當年船隊就泊在自家門口，之後從政，成為宜蘭縣的首任民選縣長，其孫子盧逸峰也接棒擔任省議員與立法委員等，頭城有一條「襟祥路」以紀念盧家在頭城的貢獻。1988 年交大光復校區擴校而徵收不果，盧家號稱：「燕子入巢穴」一旦遷墓，將影響他們家族的發展。

---

123 新竹市政府，「土地志」，《新竹市志》卷 1（新竹：新竹市政府，1966），頁 19、64。吳慶杰，〈金山面地名緣起、義塚濫觴與地理名穴〉，網址：https://blog.xuite.net/wu_0206/twblog/134477285。

124 陳朝龍，《新竹縣採訪冊》（台北：台灣省文獻會，1999），頁 264-265。

125 吳慶杰，〈金山面地名緣起、義塚濫觴與地理名穴〉，網址：https://blog.xuite.net/wu_0206/twblog/134477285。

最後保留盧家古墓，成為陽明交大校園的特殊景觀。

　　相對之下，清華園的舊校區內本來就有兩座新墳墓，一座為被稱為梅園的梅貽琦校長（1889-1962）之墓，其二為光明頂上的唐明道教授（1927-1972）之墓，唐墓已撿骨納塔，但留下了墓基，還有蔣中正總的題字：明道同志千古　軫惜英才。至於南面新校區的仙宮區與西側新增區當年皆為義塚區與土牛紅線區，該義塚在清朝時稱為雞卵面塚、十八尖山塚，到了日治時期的 1901 年將雞卵面義塚與蜈蚣窩義塚合稱十八尖山共同墓地，面積 25.6976 公頃，為當時共同墓地中最人者，光復後改稱雞蛋面墓區並命名為第一公墓。

第五節　探查靈魂校園

　　由上可知，新竹市府於 1991 年變更都市計畫，將有 214 年歷史（1777-1991）的雞蛋面塚（第一公墓）墳地變為文大用地：陰宅變陽宅，於是清華與交大兩校的新增校區開始執行「梅竹清塚」行動（見本書彩圖集圖 E1、E2）。清華因此於 2001 年進行兩期六年的調查，由中研院史語所李匡悌主持，號召了清華人類所、台大人類所、中原大學建築所的研究生與大學生參與調查：清塚田野。初期的調查估計地上墳有 6,000 多座，埋在地下三公尺者有 2,000 多座，即所謂疊葬。依據收集的墓碑，雞蛋面墓區發現最早的墓為 1772 年（乾隆 37 年）者，堂號為饒邑（廣東饒平），比設立義塚年的 1777 年還早五年。另有清嘉慶三座、道光八座、咸豐六座、同治十座與光緒九座的古墳。[126] 乾隆年代者比陽明交大上述的清同治年盧家祖墳還要久，應是新竹地區年代最久的墳墓，並挖出一批文物，包括青花瓷與陪葬品。清查時，發現了兩座有官銜的墓：武信郎與修職郎，並出現了清光緒年間新竹地方仕紳林汝梅「曾經之合葬墓」。其中武信郎李存軒之墓下葬於 1870 年（同治 9 年），在 1880 年移葬過程中留下了青花瓷碎片而被注意到，共出土 3,859 片，這些碎片在陪葬時的器物包括碗、盤、杯、湯匙等，主要的紋飾有 16 種，例如花草紋、壽字紋、山水紋等，產地絕大部分來自福建德化窯。[127] 其它陪葬品包括玉鐲四件、玉戒指二件、硯台五件與銅幣 53 枚。陪葬銅幣一直是華人社會的傳統，53 枚銅幣中，清朝者為多數，但還有越南銅幣（景興與光中通寶）與日本的寬永通寶，多少顯示往生者生前的國際化脈絡。[128]

　　至於上述林汝梅的合葬墓，雖然墓早已遷葬，但留下了結構，其墓碑由右到左為：[129]

---

126 李匡悌，《靈魂與歷史的脈動》（新竹：國立清華大學出版社，2004），頁 35。
127 同上註，頁 49-70。
128 同上註，頁 71-79。
129 同上註，頁 94、106。

昭和己卯夏修
恒
附葬林義炳
林公汝梅暨妣周氏、王氏夫人墓
茂
林公汝梅暨妣周氏、王氏夫人墓
附葬林義煥同蘇氏孺人
孫　傅元傅春
傅枝傅暉
立石

一般而言，墓碑上會有堂號，標示其源頭，堂號有三種：郡號堂號（出身原籍）、自立堂號（祖先功績）與地望堂號（商號等）。林汝梅祖先來自福建同安，堂號應為銀同或銀城，但林汝梅使用了地望堂號，即「林恒茂」（經營鹽務之恒茂課館）。林汝梅（1834-1894）過世於 1894 年（光緒 20 年），但在 1939 年（昭和 14 年）夏天重修墓，成為「林恒茂」第六與第七代家族合葬墓，除了兩位夫人外，還附葬了兩個兒子義炳（知義）與義煥，二兒子林義煥的夫人蘇氏孺人（七品官銜夫人的稱號）也同葬，而第五代四位傅字輩的孫子則一起具名立石。[130]

林汝梅（1834-1894）為林占梅之弟，來台第三代林紹賢（1761-1829）之孫，[131] 曾開墾南莊（庄）與三灣地區，亦協助建設大甲溪橋。1891 年（光緒 17 年）曾設「金恒勝」商號，經營苗栗南庄的製腦業。晚年推動道教，號稱新竹的天師府。1888 年，竹蓮寺重新確立了業主權，並冠上「義山」兩字，成為「義山竹蓮寺」的名號，並發給丈單為憑。竹蓮寺從此據以收租，給與收執為照。而竹蓮寺並將義山收租之管理經營委由新竹林家林汝梅，土地丈單也交由林家世代保管。[132] 清代中葉以降便和台灣樟腦開發密不可分的基隆顏家、霧峰林家、北埔姜家、新竹鄭家、黃南球、陳慶麟、劉緝光、黃春帆等，甚至共同參與了幾家輕便軌道線（手押台車線）的經營，軌道沿線或終點站即為樟腦與蓪草產地，[133] 而更早之前黃南球還參與了 1885 年清朝在台灣的鐵路興建，他和陳瑞

---

130 林玉茹，《清代竹塹地區的在地商人及其活動網絡》，頁 422，附表 3。另李匡悌，《靈魂與歷史的脈動》，頁 32-34。

131 林家開台祖為林三光（1633-1710），由同安渡台，先後落腳於台南與嘉義，直到林紹賢才遷居竹塹。

132 卓克華，〈新竹市竹蓮寺歷史調查與研究〉，《普門學報》39，2007，頁 20。單行本，頁 42。

133 陳家豪，〈殖民政府、地方開發與台灣人資本〉，《台灣史研究》22（3），2015，頁 97-138。「台灣樟腦開發」詳見頁 120。

昌、林紹堂等人負責枕木的砍伐、製作、運送等工作，石材則委由新竹的林汝梅負責。另外竹塹義倉於 1867 年（同治 6 年）設於南門外，共有 18 間倉庫，由在地家族與商號共同興建，包括「林恒茂」家族，即潛園林家的七世子孫，由林紹賢代表之（林汝梅與林占梅的祖父），故「林恒茂」為鹽務之店名，也是林氏祭祀公業的名稱，而鄭家也是以祭祀公業的名稱「鄭永承」出面共襄盛舉。其他商號有翁貞記、恆隆號、鄭同利號、鄭吉利號等。

雞蛋面墓區內山堂號的調查，應證了閩粵生前混居與死後混葬的情況，生前混住的例子如蜈蜞窩（現仙宮里內）的地名，蜈蜞為蚯蚓的閩南語，而窩則為山間小盆地的客語。死後混葬的堂號雖然比例上還是閩籍為多，例如螺陽（福建惠安）、銀同（福建同安）、永定（福建永定）、南靖（漳州府南靖）等。而粵籍則包括饒邑（廣東饒平）、陸邑（廣東陸豐）、鎮邑（廣東嘉應鎮平）等。最有趣的是一個在地化的例子，以「竹塹」為墓碑堂號，該墓在 1941 年（昭和 16 年）下葬，墓主為鄭賀，雖然不在竹塹七姓內，不無可能為竹塹社漢化之後的道卡斯族族人。[134] 其他特別的墓碑堂號還有浯江（金門）鄭家（推測為鄭崇和）、武功（陝西鄭縣）、龍山（山東龍山縣）、燕山（北京燕山）等。[135]而唯一留存的墓誌銘則為 1933 年（昭和 8 年）的吳太孺人（吳氏便：1864-1933，丈夫連梯雲）誌銘，雖經遷葬，但因疊葬之故，該墓誌銘深埋於墓地之下方，未被移走，而成為珍貴的文化資產。[136] 該墓誌銘除了敘述其兒孫的事蹟外，並拼湊出水田吳家、連家與李陵茂家族（族長李錫金）的關係，並連接了李錫金之孫李雪樵（1878-1944）等歷史人物。另外，該墓誌銘出現了「安厝於赤土崎共同墓地」之語，[137] 不過正確的名稱應該是「十八尖山共同墓地」，而其地點在赤土崎地區。

無獨有偶，北京清華在 1950、1990 及 2010 年代的校園建設時，也陸續發現古墓群，2019 年建土木館時，發現 95 座古墓，也成為「靈魂校園了」。[138]

小結

因為土牛紅線劃過了赤土崎西邊的石頭坑與十八尖山，分隔了中央與邊陲，使得號稱風水寶地的雞蛋面在山的另一邊成為了義塚，二百多年後，陰宅轉成陽宅地，雞蛋面

---

134 1786 年逢林爽文民變，竹塹社與貓裡社的道卡斯族原住民協助清朝平亂，因此由肝隆皇帝賜七個姓氏，號稱竹塹七姓或七姓公，這七個姓為：潘、衛、三、錢、廖、金、黎。

135 李匡悌，《靈魂與歷史的脈動》，頁 36-37，表 2。

136 同上註，頁 37。

137 同上註，頁 120-121。

138 清華大學新聞，〈清華大學校內發現 95 座古墓〉，2019 年 6 月 1 日。

轉變為清華園的仙宮校區與西側新增校區，這片雞蛋面歷史現場將成為一處「充滿靈魂的所在」或「靈魂校園」（見本書彩圖集圖 E3）。由於西側新增校區（3,000 多座墳墓）還在遷葬過程之中，仍待調查與處理，但是之前交大光復校區與清華仙宮校區已清塚的無主骨骸，已陸續安置於香山大坪頂納骨塔中，該納骨塔中的兩堂分別由兩校出資興建，清華建納骨塔稱為「華嚴堂」，而交大建納骨塔稱為「通天堂」，梅竹兩校也成為擁有納骨塔的大學，照顧「墓園成校園」的逝者，安慰他們的靈魂，視他們為校友，更是兩校責無旁貸的大學社會責任（USR）。要說清華園選擇了赤土崎，不如說土牛紅線與雞蛋面選擇了清華園，因此彰顯其中的歷史現場與歷史人物更是清華的使命。

第五章
宜蘭南機場吹的神風[1]

　　清華有一處歷史現場在宜蘭，2007 年劉炯朗校長和宜蘭縣劉守成縣長合作推出「清華宜蘭分校」，以原來的宜蘭南機場為校區，本來構想是推動學士後（如建築、社造、法律等專業）以及大一、大二不分系在宜蘭。後來教育部未通過而改成宜蘭園區（參閱本書彩圖集圖 F4、F5），並以自籌經費為主，又遇校長更替，清華校方漸漸失去興趣，於 2014 年宣布放棄，交由在地的宜蘭大學，以致成為清華在宜蘭的歷史現場。該現場留下了一塊奠基的紀念石頭碑、一棟綜合大樓及清華路、清華一路、清華二路與大學路（見本書彩圖集圖 F6）。奠基的紀念石碑可以移往他處，綜合大樓可以改名，大學路成為通稱，但是清華路卻不能改，因為沿路的戶籍與地籍資料無法輕易更改，於是三條清華路成為清華在宜蘭的歷史見證。不過往前追溯，宜蘭南機場又是一個更大的歷史現場，因為它是日治時期的海軍神風特攻隊的飛行場（機場）。[2]

第一節　神風與特攻的脈絡

　　所謂「神風」（Shimpu 或 Kamikaze），原指 1274 年（文永 11 年）和 1281 年（弘安 4 年），成吉思汗之孫元世祖忽必烈的艦隊兩次企圖佔領壹岐（壹歧）島與對馬島（現長崎縣外海），再登陸北九州，但皆遇上大颱風，而使得日本免遭入侵，當時的日本人認為這是神的旨意：神吹的風。而這種神風思想後來結合了古代中世紀的日本武士、武家當政及武士道精神，加上近代的明治維新，確立了強兵富國型的軍國主義，又經 1936 年的 226 兵變，更進而成為法西斯軍國主義，[3] 而神風特攻隊則被視為該極端思想的代表行

1　本文初稿早於 2005 年發表於個人部落格〈抓地文俠〉，藉本次出版，大幅度加筆改寫，承蒙宜蘭員山機堡創意總監楊基山先生審閱，並提供相關書籍，特此申謝。
2　當時日本沒有空軍，因此陸軍與海軍皆各有飛行師團與機場。
3　226 兵變又稱「昭和維新」，發生於 1936 年的 2 月 26 到 29 日間，青年將校 1,483 人，主張一君萬民的準民主制度（天皇親政），因此企圖清君側（尊皇斬奸），以武力除掉天皇旁邊的元老重臣。兵變主要發起人包括野中四郎、香田清貞、安藤輝三陸軍步兵大尉（上尉）以及民間思想家如西田悅與北一輝等人。主要襲擊對象為岡田啟介首相（1868-1952，海軍上將，第 31 任總理大臣），但因認錯人，槍殺了總理官邸的祕書官松尾伝蔵以及三位部長。詳見〈二・二六事件〉，網址：https://ja.wikipedia.org/wiki/二・二六事件。

動，甚至神風（Kamikaze）最後居然成為了英語的外來語。[4]

5-1-1　特攻兵器的出現

太平洋戰事急轉直下，窮途末路的日本當局期望神風再次顯靈，以挽救其命運，因此展開特攻決策，而其脈絡則來自 1943 年 6 月 29 日，當時日本海軍省軍令部航空本部的侍從武官城英一郎（1899-1944）大佐（上校）在會議上提出籌組「身體攻擊特殊航空隊」的構想，並自願成為隊員。當天航空本部總務部長大西瀧治郎中將回應：讓搭乘員（飛行員）死亡自殺攻擊的時候未到。7 月 17 日，城英一郎侍從武官完成了〈特殊航空隊編成說帖〉，並以「肉彈攻擊」稱之。1944 年 3 月，軍令部決定試作特殊奇襲兵器，先以水上及水中特攻為主，共九種，包括了海龍、震洋、回天與震海。[5]當時還多方研擬脫出裝置（攻擊後人可以離開）與回收裝置（攻擊後回母艦），後來戰局直轉而下，才成為「必死兵器」，試作的其中有五種完成如表 5-1。而更早的 1934 年，即有特殊潛航艇的試作，一共有甲乙丙丁四型，五艘甲型雙人潛水艇（或稱甲標的）還曾參加了 1941 年 12 月 8 日偷襲美國珍珠港的戰役，九人戰死，一人被俘。[6]依照記錄，兩艘丙型潛水艇曾於 1945 年 1 月進駐高雄港，而特殊潛航艇丁型即為表 5-1 中之「蛟龍」，因遇戰敗而沒能服役。此外，還有號稱滑翔炸彈的海軍「櫻花」，由母機（飛機與潛艇）中脫離而展開發射攻擊，陸續生產出櫻花 11、21、22、33、43（甲／乙）、K1、K2 型等，其中以櫻花 11 量產的 755 架最多，其次為 22 型的 50 架，其它則為試作機。[7]

表 5-1　海軍水上及水中特殊奇襲兵器

名稱	功能與主要攻擊目標	說明
海龍	兩人座的有翼潛水艇，正前方安裝 600 公斤炸藥，18 艘 目標：輸送船	神奈川縣三浦半島的油壺訓練基地與六處前線基地 第一特攻戰隊（橫須賀突擊隊、第 11 突擊隊） 未能參戰

4　石濠瑞，《日治時期宜蘭地區神風特攻隊之空間運用歷程探討》（宜蘭：宜蘭大學建築與永續所碩士論文，2012），頁 24。因 311 東日本大震災，海嘯（津波：Tsunami）亦成為另一個英語的外來語。

5　〈特殊奇襲兵器〉，網址：http://www.asahi-net.or.jp/~un3k-mn/tokkou-keifu.htm。

6　〈特殊潛航艇戰史〉，網址：http://www.asahi-net.or.jp/~un3k-mn/tokusen.htm。參與珍珠港突襲的五艘甲標的名稱為橫山艇、岩佐艇、古野艇、廣尾艇、酒卷艇。參見特攻隊戰沒者慰靈平和祈念協會，《特別攻擊隊全史》（2008），頁 18。

7　〈櫻花〉，網址：https://ja.wikipedia.org/wiki/桜花_(航空機)。

名稱	功能與主要攻擊目標	說明
蛟龍（特殊潛航艇丁型）	有母艦的兩人座潛水艇，正前方安裝 600 公斤炸藥，500 艘 目標：輸送船、戰艦	廣島縣倉橋島基地與五處配備基地 第 1、5、6、8、10 特攻隊，101、102 突擊隊，奄美大島隊，舞鶴突擊隊，大浦突擊隊，小豆島突擊隊 未能參戰
伏龍	人肉炸彈 單人攜帶魚雷裝備（人間魚雷，手持魚雷棒）、10 人一組，3,000 裝備 目標：敵方登陸舟艇	橫須賀基地 伏龍特別攻擊隊（第 71 突擊隊、第 81 突擊隊、川棚突擊隊、舞鶴突擊隊）共 1,500 人 未能參戰
震洋	自殺快艇 前方裝載 250 公斤炸藥的小型木造魚雷艇，製造 6,197 艘 一型單人座、五型雙人座 目標：輸送船、大型登陸用舟艇	長崎縣川棚基地與 38 處前線基地（含台灣六基地） 震洋特別攻擊隊（第 1 到 146 震洋隊） 2,557 人戰死
回天	人間魚雷（人在魚雷內） 防止聯軍本土登陸 目標：航空母艦、戰艦、輸送船	山口縣大津島訓練基地與 18 處回天基地 潛艇回天隊（菊水、多聞、千早、多良、轟、金剛、天武、振武隊） 基地回天隊（1-18 回天隊） 1,363 人戰死

資料來源：維基百科，作者整理。

　　1944 年 6 月 19-20 日的馬里亞納海戰失利，包括參戰的千代田航空母艦城英一郎艦長，更加強他正式提案「肉彈攻擊」的動機。同時間，第二航空艦隊直屬的 341 航空隊隊長向司令官福留繁中將（1891-1971）建議儘速成立 300 架身體攻擊的特殊部隊。6 月 25 日的「奪回塞班島」作戰會議中，軍令部總長伏見宮博恭王也建議使用特殊兵器。接著 7 月提出了「特殊兵器緊急整備計畫」，並成立「特殊兵器整備促進班」。7 月 21 日軍令部發布「大海指 431 號令」，在捷號作戰項目下，出現了奇襲作戰、特殊奇襲兵器、局地奇襲兵力等特攻字眼。7 月底，試作兵器中的「回天」率先完成並成立菊水隊。8 月 6 日，以戰鬥機突擊的提案出現。8 月 16 日，人間爆彈櫻花開始製造（神雷部隊）。10 月 8 日，軍令部決定採用「身體與飛機一體的攻擊」模式。隨即 10 月 13 日的大海機密第 27917 號電報，首次出現了「神風攻擊隊」，因此 10 月 21 日編成的「神風特別攻擊隊敷島隊」成為首支特攻隊。直到 1945 年 1 月 18 日，最高戰爭指導會議下令「全軍特攻化」，台灣也刮起了日本軍國主義的神風。

　　1944 年 10 月日本在雷伊泰灣（Leyte）慘敗於麥帥手下後，日軍的海空力量受到很大損失，其處境日益困難。而之前的台灣沖空戰（1944 年 10 月 12-16 日）也被視為是造

成雷伊泰灣戰失利的前因，台灣沖空戰為太平洋戰爭中的最後一場傳統大型空戰，之後皆為神風戰。該空戰日軍共出動 1,251 架戰機與轟炸機，其中有駐在台北的第八飛行師團與高雄的第二航空艦隊。美軍則出動 17 艘航空母艦（第三艦隊的 38 特遣隊），以由艦上起飛的戰機對戰之。戰果為日軍損失了 312 架戰機，而美軍則損失 89 架戰機及兩艘受重創的巡洋艦。[8]

此外，回天曾隨著伊 47 號潛水艇在 1944 年 11 月 20 日，於烏利西環礁攻擊了美軍供油艦（USS Mississinewa , AO-59），引發了連環爆炸而沉船。當時船上滿載燃料，包括 153 萬公升的航空燃料（2,000 機次補給量）、140 萬公升的柴油（四艘護衛驅逐艦的補給量）以及 1,400 萬公升的重油（15 艘驅逐艦的補給量）。[9] 2001 年該船體被美國潛水隊發現，但隨即被密克羅尼西亞聯邦指定為「神聖海底墓區」（50 位殉船美軍），以避免干擾後可能產生的漏油造成海洋污染。2003 年美軍派遣專家前往抽油，共抽出 7,600 立方公尺（200 萬加崙），送往新加坡拍賣，每加崙售 0.5 美元，以貼補高達 1,100 萬美元的打撈工作費。這個故事曾被拍成三部電影以及一本專書出版，該書的作者（Michael Mair）的父親即為該船的倖存者之一：John（Jack）A. Mair（1924-2005）。[10]

5-1-2　震洋在台灣

海軍水上特攻的震洋特攻隊有 12 小隊駐在台灣的六個地點，共有 570 艘特攻艇（佔總數的 9%），基地人員 2,221 人，每隊平均 185 人。原型艇於 1944 年 5 月 27 日（海軍日）完成，且為木造艇，陸續量產八型，計有雙人座（震洋 5 型）、夾板船身（震洋 6 型）、金屬船身（震洋 7 型）、加裝魚雷（震洋 8 型）、火箭推進型（震洋 7、8 型）等，被海軍視為兵器而非艦艇。震洋雖然由海軍主導設計製造，但配合捷字號作戰，陸軍也一起使用，並改名為「四式肉薄（迫）攻擊艇」，成立了陸軍海上挺進戰隊，加入捷號作戰，即代號為⊙的海上聯合奇襲作戰。[11] 震洋共組成了 146 隊，其中有八隊全軍覆沒，台灣就有兩隊：43 與 101 隊，隊員們結訓和震洋特攻艇搭船到台灣的途中，被美軍潛水艇擊沉，兩隊共 330 人因「海沒」而解隊，佔了台灣震洋戰死者的 85%。[12]

8　鍾堅，《台灣航空決戰》（台北：麥田出版社，1996）。另見〈台湾沖航空戦〉，網址：https://ja.wikipedia.org/wiki/台湾沖航空戦。

9　美軍 Mississinewa 供油艦，詳見〈ミシシネワ_(AO-59)〉，網址：https://ja.wikipedia.org/wiki/ミシシネワ_(AO-59)。

10　Michael Mair, *Oil, Fire and Fate* (Santa Ana: Steven Locks Press, 2007).

11　〈震洋特攻〉，網址：https://ja.wikipedia.org/wiki/震洋，它是兵器還是艦艇，在陸海軍之間有不同看法。1945 年 8 月 16 日雖已終戰，但第 128 震洋隊仍繼續出擊，但於坑道中，不慎引發震洋的炸彈爆炸，炸死 111 人。

12　特攻隊戰沒者慰靈平和祈念協會，《特別攻擊隊全史》（2008），頁 112-120。

表 5-2　海軍震洋特別攻擊隊在台灣

震洋隊分隊	編成		震洋艇		基地員人數	戰死
	基地	時間	一型	五型		
20	高雄左營	1944.10.20	50		184	9
21	高雄左營	1944.10.20	55		183	
24	馬公漁翁島	1944.11.05	68		183	
25	馬公漁翁島、基隆	1944.11.05	50		184	44
28	海口	1944.11.15	53		191	3
29	高雄	1944.11.15	54		191	
30	海口	1944.11.15	54		191	
31	高雄左營	1944.11.15	55		187	
43	海沒解隊	1945.01.08	52		167	167
101	海沒解隊	1945.01.18		26	183	163
102	淡水江頭（關渡）	1945.01.18		25	191	2
105	淡水江頭（關渡）	1945.01.18		28	186	2
小計	12		491	79	2,221	390

資料來源：〈震洋特別攻擊隊戰史〉，[13] 頁 100-111。特攻隊戰沒者慰靈平和祈念協會，《特別攻擊隊全史》，頁 112-120。

第二節　神風特攻隊簡史

1944 年 6 月 19-20 日，日本與美國海軍在馬里亞納海戰（塞班島附近）以 24 艘航空母艦（9 對 15）對戰，日本敗北而損失三艘航空母艦（翔鶴號、大鳳號、飛鷹號），使得日本號稱的「絕對國防圈」崩潰。因此在日本第一航空艦隊司令大西瀧治郎中將的建議下，於軍中組織「神風特攻隊」，被稱「第一神風特攻隊」，以面對菲律賓之戰，後續由第二航空艦隊編組而成的稱「第二神風特攻隊」，而第一連合基地航空部隊編組而成的則稱「第三神風特攻隊」。當時因為日本每天都有飛行員在訓練航艦甲板起降的時候發生意外而死亡，大西認為與其死在自己的甲板上，不如死在敵人船艦的甲板上，且用飛機攜帶炸彈故意撞擊，不但命中機率較高，造成的損害也較大。

隨即關行男上尉被任命為指揮官，[14] 依日本一首古歌的歌詞成立了敷島隊、大和隊、朝日隊、山櫻隊，後面追加了菊水隊、若櫻隊、初櫻隊、葉櫻隊、慧星隊，這些隊即被統稱為前述的「第一神風特攻隊」。他們於 1944 年 10 月 21 日展開第一次出擊，由於天

---

13 〈震洋特別攻擊隊戰史〉，網址：http://www.asahi-net.or.jp/~un3k-mn/sinyo-his.htm
14 關行男（1921-1944）上尉為海軍兵學校（海軍官校）第 70 期，出身愛媛縣。

候不佳且未見敵方艦隊目標，於是被通知返航，結果兩架失蹤，其中一架迫降，於幾天後回基地，另一架朝日隊的久納好孚中尉未見蹤跡，直到後來在澳洲海軍史中查到原來同一天「澳州號」巡防艦在該海域受到日本飛機撞擊損傷，因此久納好孚（1921-1944）[15]中尉在日本軍事史中被稱為「第一神風特攻男」。1944 年 10 月 25 日神風特攻隊在雷泰伊灣的戰役中，關行男上尉所帶領的「敷島隊」共九名飛行員自殺攻擊陣亡。總計第一神風特攻隊共戰死 39 人，其中出現兩位文學校的特攻隊員，「第一神風特攻男」久納好孚畢業於法政大學，另一位植村真久少尉（1919-1944）則是立教大學的畢業生，他們也是神風特攻隊中最早犧牲的兩位大學畢業的隊員。[16]

而號稱特攻首波的菲律賓地區特攻行動「捷一號」（1944 年 10 月 17 日 - 1945 年 1 月 8 日），[17] 共出動 463 機次，其中 417 位隊員殉國，戰果則為美軍損失 122 艘軍艦（直接命中 70 艘）。[18] 不過該戰役中，日本的瑞鶴航空母艦卻受到三波飛機計 416 架次的攻擊而沉沒，約 850 位生存者由護衛驅逐艦初月號與若月號救起返航日本，不過途中初月號又遭受聯軍攻擊而沉沒，只有若月號安全回到日本的吳軍港，並在一個月後，原瑞鶴號成員被送到山口縣大津島基地參與人間魚雷回天特攻隊的編組：由海上空母到水中特攻。[19]

直到大戰結束（1945 年 8 月 15 日）為上，海軍神風特攻隊總共出擊 290 梯次，犧牲 2,500 多人。大戰的最後一天（8 月 15 日）雖聽到了投降詔書，神風特攻隊仍作了困獸之鬥，分別由日本本土的百里原、木更津與大分基地出動 19 架特攻機，等於是故意的殉國行動。其中大分基地起飛的慧星隊七架慧星機由宇垣纏中將率領，往最後的戰場沖繩特攻，成為「戰敗後不願投降的特攻隊」。

5-2-1　最後的沖繩特攻

沖繩之戰，聯軍（美、大英國協）與日軍共有近 10 萬的死亡人數，聯軍中的美軍傷亡與失蹤者達 84,000 餘人，其中 14,000 多人陣亡，為硫磺島的兩倍。大英國協軍陣亡 85 人，傷者 82 人。而日軍有 15 萬平民、8 萬軍人喪生，平民傷亡高於軍人，他們被志願與非志願的動員，一半戰死，而一半則是自殺身亡。2006 年依「平和の礎」之計算，沖繩之戰的軍民死亡人數合計為 24 萬 383 人。[20] 不管那一種計算方式，沖繩之戰為一

---

15 久納好孚（1921-1944）中尉，出身愛知縣，畢業於文學校的法政大學，也是甲飛 11 期。

16 特攻隊戰沒者慰靈平和祈念協會，《特別攻擊隊全史》（2008），頁 130-131。

17 捷一號為菲律賓地區，捷二號為台灣與九州南部地區，捷三號為本州、四國、九州北部，捷四號為北海道地區。

18 〈比島作戰〉，網址：http://www.asahi-net.or.jp/~un3k-mn/hitou.htm。

19 〈航空母艦瑞鶴〉，網址：http://www.asahi-net.or.jp/~un3k-mn/ren-zuikaku.htm。

20 2006 年之軍民戰死者計算，詳見〈沖繩戰の犧牲者數〉，網址：https://ja.wikipedia.org/wiki/沖繩戰の犧牲者數。

場非常慘烈的戰爭，特別是人民受害的部分。戰爭後期，日本喊出「一億總特攻」的口號，沖繩則成為初次適用之地，先後發布「國民勤勞動員令」、「義勇兵役法」，依法籌組護鄉隊、防衛隊、國民義勇戰鬥隊、少年兵學徒隊，其中學徒隊的「鐵血勤皇隊」由12所在地學校的14-17歲的少年學生組成，共有1,780人被送上戰場，其中有890人戰死。[21]少年女學生則「志願」被編組，成為代理護士（看護要員），共有九隊的學徒隊，包括姬百合、白梅看護隊等。「姬百合隊」主要由沖繩師範的240名師生（含18名老師）組成，分配在陸軍醫院40個坑道中的各科工作，其中第三外科坑道，受到美軍黃磷手榴彈攻擊，共犧牲136人，還有其它原因90人，該隊幾乎全軍覆沒。[22]他們都算在上述15萬或24萬餘陣亡的平民當中，其它還包括赴外地避難（疏開）而被擊沉的「對馬號」上的1,500位學童、疏開地感染霍亂的3,647人（被稱戰爭霍亂）、隨軍撤退南下的死亡平民數萬人及集體自殺1,000人等。

　　日方當時的疏開計畫中，包括本土八萬人以及台灣二萬人，結果有14,044人避難到台灣，[23]其中以來自宮古島者最多人，其次為本島的沖繩，最少者為石垣島，其中的2,564人到了台南佳里地區、170人到大溪地區等。而第24回石垣島往台灣疏開的兩艘船：一福丸與友福丸，共180人，於1945年7月3日，在釣魚台地區遭到美軍攻擊，一心丸沉沒，由受創的友福丸撐帆漂流至釣魚台上岸，自力救濟展開求生行動，8月12日，由一個九人小組自製小舟，於14日駛向石垣島求救。隔天，軍部要求宜蘭南機場的軍機到釣魚台空投物資，而那一天就是終戰日，可視為宜蘭南機場最後的和平任務，以空投物資取代炸彈。依沖繩縣史的數據，此事件有75人罹難。[24]疏開不久後即敗戰，留在台灣的沖繩人還組成了同鄉會連合會，[25]爭取回鄉，國府卻以輸出台灣米與糧食作為交換條件，由聯合國出面折衝。依當年12月的統計，已有1,162位沖繩人因病死在台灣，國府文書並將他們稱為難民，直到1946年才陸續分八批遣返回其故鄉。折衝期間，許多沖繩人已利用漁船偷渡的方式回鄉，其中於1945年11月1日還發生偷渡漁船榮丸號觸礁沉沒，100餘人溺斃的事件。[26]

21　1,780人的少年學徒隊，詳見〈鉄血勤皇隊〉，網址：https://ja.wikipedia.org/wiki/鉄血勤皇隊。

22　姬百合學徒隊，詳見〈ひめゆり学徒隊〉，網址：https://ja.wikipedia.org/wiki/ひめゆり学徒隊。

23　另有三個疏開者人數，12,939人《沖繩県疎開者調》、12,447人《台灣統治概要》、1萬人《第十方面軍台灣軍管區》。

24　石垣島台灣疏開之釣魚台事件，詳見〈尖閣諸島戰時遭難事件〉，網址：https://ja.wikipedia.org/wiki/尖閣諸島戰時遭難事件。

25　連合會的事務所地址為台北市兒玉町2-33之南風原病院，即副會長南風原朝保醫師的診所。

26　西日本新聞，〈「琉球難民」台湾で生活苦　終戦後も一時留め置かれ〉，網址：https://www.nishinippon.co.jp/item/o/182686/，2015年7月17日。另參見松田良孝，〈台湾沖縄同郷会連合会の実態と今後の研究課題：「台湾疎開」に焦点を当て〉，《白山人類學報》14，2011，頁81-102。

　　歷史再往前一步的 1943-1944 年間，曾出現了台灣與沖繩角色倒轉的場景，當年美軍的對日戰略有兩項選擇方案，由兩位美國五星上將各自支持，一為擔任美國遠東軍區陸軍司令與盟軍西南太平洋戰區司令的麥克阿瑟上將或麥帥（1880-1964）其「推進日本，登陸本土」戰略。另一為美國太平洋艦隊總司令尼米茲上將（1885-1966）的「佔領台灣，切斷日軍補給線」戰略。第一項戰略，麥帥先達成了光復菲律賓：我將回來，再跳島至沖繩，往本土逼進投下原子彈。第二項戰略，美軍預計 1944 年 12 月佔領台灣，為此美海軍籌組了「台灣研究室」，和哥倫比亞大學與耶魯大學合作，培養了 50 位軍官級台灣專家，並出版了 11 冊的台灣島內手冊，厚達 1,364 頁，[27] 以備佔領並治理台灣。最後由羅斯福總統拍板，選擇了麥帥的方案。也因此最後的戰場就改成沖繩，而非台灣了。

5-2-2　陸海軍特攻

● 天字號作戰

　　1945 年 3 月 26 日，日軍發布了天字 1 號作戰（起死回天），企圖以海軍聯合艦隊的航空兵力阻止美軍在沖繩登陸，包括聯合艦隊、第一基地航空部隊、第五基地航空部隊（台灣）、九州基地特攻隊等。前後七次（天字 1 號到天字 7 號）如表 5-3。而艦艇的回天特攻也有兩梯次的參與，多良隊（伊號潛四艘）與多聞隊（伊號潛六艘）。[28] 另外，震洋版陸軍特攻艇（四式肉薄攻擊艇：レ）也在美艦航路間出擊。

表 5-3　阻止美軍沖繩登陸的日本海軍天字號作戰一覽表

天字號作戰	時間（1945年）	戰鬥機	特攻機（含）	損失（特攻）
天字 1 號	3 月 26 日	108	19	25（14）
天字 2 號	3 月 29 日		2	2（2）
天字 3 號	4 月 1 日	94	35	16（10）
天字 4 號	4 月 2 日	159	44	7（6）
天字 5 號	4 月 3 日	172	73	34（21）
天字 6 號	4 月 4 日	41	12	1（1）
天字 7 號	4 月 5 日	61	7	2（2）

資料來源：《魂魄の記錄》，作者整理。

● 海軍菊水與陸軍總攻擊特攻

　　1945 年 4 月 1 月，盟軍登陸沖繩島，為了還擊，日本特別將沖繩島海軍神風特攻隊

---

27 George H. Kerr 著，吳昱輝等譯，《面對危機的台灣》（台北：前衛出版社，2007），頁 109-111。
28 回天特攻的沖繩參戰，詳見〈沖繩戰〉，網址：https://ja.w ikipedia.org/wiki/沖繩戰。

的敢死作戰行動定名為「菊水特攻」（表 5-4），其命名來源為「水上菊花」：14 世紀初日
本著名武士楠木正成所佩帶的紋章，當時楠木在敵我懸殊的作戰中，與敵人同歸於盡。
1945 年 4 月 6 日傍晚，日本開始了沖繩戰役中十次菊水特攻中規模最大的第一次「菊水
1 號」作戰。共出動 355 架自殺飛機。至 6 月 21 日沖繩戰役結束時，日軍共進行了十次
菊水特攻行動，累計出動飛機 3,700 多架次，其中自殺飛機 1,506 架。在日軍孤注一擲的
攻擊下，盟軍有 36 艘艦船被擊沉、368 艘受傷，損失飛機 768 架。不過，其中第二艦隊
的「海上特攻」企圖「困獸鬥」，採取「單程燃料」出海，結果被擊沉六艘戰艦，其中有
大和旗艦，共陣亡 3,721 人。同一時期，陸軍也展開了前特攻及航空總攻擊（表 5-5），
共戰死了 1,036 位神風特攻隊隊員。

表 5-4　沖繩作戰海軍的菊水特攻一覽表

作戰代號	時間（1945年）	特攻戰死者	說明
菊水 1 號	4 月 6-11 日	380	
第二艦隊海上特攻	4 月 7 日	3,721	六艘戰艦被擊沉，包括大和號，史稱「大和海上特攻」。
菊水 2 號	4 月 12-15 日	231	含八架櫻花
菊水 3 號	4 月 16-17 日	213	
菊水 4 號	4 月 22-29 日	96	
菊水 5 號	5 月 3-9 日	151	
菊水 6 號	5 月 11-17 日	155	
菊水 7 號	月 24-27 日	109	
菊水 8 號	5 月 28-29 日	18	
菊水 9 號	6 月 3-7 日	8	
菊水 10 號	6 月 21-22 日	64	
玉碎	6 月 25 日 - 8 月 13 日	35	菊水後
本土特攻	7 月 25 日 - 8 月 15 日	68	菊水後

資料來源：《魂魄の記錄》，頁 240-241，作者整理。

表 5-5　沖繩作戰陸軍 11 次特攻一覽表

代號	時間（1945年）	戰死者
前特攻	3 月 26 日 - 4 月 5 日	91
第一次航空總攻擊	4 月 6-11 日	109
第二次航空總攻擊	4 月 12-15 日	73
第三次航空總攻擊	4 月 16-18 日	62
第四次航空總攻擊	4 月 22-27 日	68

代號	時間（1945年）	戰死者
第五次航空總攻擊	4月28日-5月1日	66
第六次航空總攻擊	5月3-10日	79
第七次航空總攻擊	5月11-21日	89
第八次航空總攻擊	5月24-27日	218
第九次航空總攻擊	5月28日-6月2日	57
第十次航空總攻擊	6月3-11日	99
第十一次航空總攻擊	6月21日-7月19日	25

資料來源：《魂魄の記錄》，頁240-241，作者整理。

● 「高教軍」的特攻年輕飛行員

陸軍與海軍海神風特攻隊由開始（1944年10月25日）到結束（1945年8月15日），不過十個月，先後參加特攻的4,615（另一說為3,898）名年輕飛行員成為戰爭的殉葬品（表5-6），其中陸軍以特別操縱見習士官（特操）以及少年飛行兵（少飛）為主力，而海軍則以飛行專修予備生徒（專修）與飛行予科練習生（予科練）為主力，各軍種的前者（特操與專修）對象為大學與高專的畢業生與在校生。陸軍的特操以縮短就學期間來配合徵召，前後四期，共徵召7,000人，受訓期的階級為曹長，之後以少尉官階服役。

前述之陸軍少飛與海軍予科練其對象為14-18歲少年，最後階段皆以特攻戰死收場。以海軍專修予備學生為例，一共有16期的大學與高專畢業生加上三期在學學生之徵召，前面十期，人數從個位數（第一期六人）到兩位數（第十期100人），第13期（1943年9月30日入隊）因應戰事增加至5,199人，接著14期（1944年2月1日入隊）反應了1943年12月的「學徒出陣」，共徵召5,520人（生3,323、徒2,197），經過9個月的訓練即上戰場，正好遇上困獸之鬥的特攻風，13與14期因特攻戰死者共648人，佔了海軍特攻總戰死數的25.6%（表5-6）。[29]

神風特攻剛開始命中率很高，後來美軍有了對策，因此整體特攻的命中率其實僅達16%。又遭到廣島與長崎兩顆原子彈重創的結果之後，終於在1945年8月15日，日本天皇宣布無條件投降。至於「零戰」特攻機，其生產總數為10,815架，目前全世界僅存30架。雖然號稱在台灣日方交接時還有983架飛機，[30] 其中亦有81架零戰，但台灣並未保存留下任何一架。

29〈海軍飛行科予備生〉，網址：https://www.asahi-net.or.jp/~un3k-mn/yobi-hikou.htm。
30 郭亮吟，〈尋找1946消失的日本飛機〉，《台灣日報》，2002年2月28日。另見陳咨仰《戰後台灣地區海軍的接收與重整（1945-46）》（台南：成大歷史所碩士論文，2013），頁38。

表 5-6　陸海軍神風特攻隊戰死地區與人數

地區	陸軍	海軍
菲律賓周邊	258	419
蘇門答臘、印度	69	
賽班島周邊		11
硫磺島周邊		45
烏利西環礁（Ulithi Atoll）		54
台灣周邊	5	18
沖繩周邊	935	1,598
滿洲	51	
九洲南東海面		324
日本本土（本州、關東）	17	67
合計：3,898	1,362	2,536

資料來源：大刀洗和平紀念館。

第三節　神風在台灣

　　台灣由於地理位置處於南方與本土之間，在沖繩之戰前，戰略由守轉攻，且以空戰作為主軸，當時台灣軍已轉成第十方面軍，且包括沖繩守備隊（第 32 軍），陸軍的航空主力為第八飛行師團（誠 18901 部隊：台北與台南），海軍則為第 29 航空戰隊、[31] 北台海軍航空隊（新竹）與南台海軍航空隊（台南），北台海軍航空隊分設台北、淡水、宜蘭、台中、新高（現清水）、石垣、宮古派遣隊，其中宜蘭派遣隊有 560 人，加上基隆防備隊宜蘭派遣隊的 720 人，海軍軍人就有 1,280 人。[32] 南台海軍航空隊則分設台東、恆春、東港、岡山、大林、虎尾派遣隊，而馬公方面特別根據地隊也分設花蓮港、台東、恆春、東港派遣隊。上述海軍航空隊或派遣隊人數最多者如下：岡山派遣隊（3,322）、台中派遣隊（3,112）、北台海軍航空隊（2,997）與南台海軍航空隊（2,719）。[33]

　　在此脈絡下，先設有 8 處海軍飛行場與 19 處陸軍飛行場（圖 5-1）。其中台中、台南、新竹、宜蘭（南機場）四處設置海軍神風特攻隊，虎尾為海軍訓練基地。龍潭、八塊（現八德）、花蓮港併設陸軍神風特攻隊基地機場，宜蘭由於有三個機場，因此北機場駐有陸軍神風特攻隊的派遣隊。不過到了戰爭後期，台灣的戰略位置突然重要起來，開

---

31 第 29 航空戰隊隊部在新竹，但下轄第 132 海軍航空隊（虎尾）、第 205 海軍航空隊（台中）、第 765 海軍航空隊（岡山）。

32 陳咨仰《戰後台灣地區海軍的接收與重整（1945-46）》（台南：成大歷史所碩士論文，2013）。

33〈台灣軍〉，網址：https://www.wikiwand.com/zh-mo/台灣軍。

始於各地徵收土地來興建機場，依過去的不同資料與算法，[34] 台灣的飛行場（不含澎湖）從 27、31、[35] 52、[36] 54、56、[37] 63、[38] 64、[39] 71[40] 到最高的 74 座機場不等，不少機場是在 1944 年戰況急轉直下，台灣地位從後方變前線時興建之，故產生了是否用到與是否列入接收名單的問題。不管如何，55 到 65 之間是較客觀的數目，就算是 55 處機場，仍是單位面積的世界記錄，和目前台灣的超商密度有異曲同工之處。

　　1943 年 10 月底日本海軍在台灣徵召 44 名特攻隊員，計高雄 24 名、台南 20 名，以「新高特別攻擊隊」之名以有別於其他特攻代號，[41] 據稱可能在岡山航空工廠組裝特攻機。不過取名新高，並未見台灣籍隊員出現，縱使有灣生，也會使用其本籍。1945 年 1 月 15 日首次自台中公館機場起飛，海軍第一次新高隊特攻機（第一新高隊），由森岡光治一飛曹（甲飛 11 期）駕駛零戰，進行了自殺攻擊任務，戰死於馬公海面，成為台灣起飛的第一架特攻機。1945 年 1 月 21 日，神風特攻隊新高隊（指揮官西田幸三中尉，海兵 72 期）由台南機場出發，針對美軍第 38 任務部隊[42]的台灣行動進行反制，兩架特攻機命中美軍航空母艦提康德羅加號（USS Ticonderoga, CV-14），[43] 第一架貫穿甲板，引發飛機機庫的連環爆炸，第二架衝向艦橋。美艦艦長受重傷，但仍然進行了災害管控行動，避免了風向延燒與彈藥庫爆炸。那一次的 1 月 21 的行動，出動了新高隊（第二新高隊與第三新高隊），共有 17 人戰死。[44] 嚴重損壞的 Ticonderoga 航母，於 2 月 15 日返回美國修理，6 月又加入戰局，執行了多次的日本本土空襲。

　　其間陸軍於 1944 年 6 月在台中成立第八飛行師團，隸屬第十方面軍，另有第 9 與第 22 飛行團加入師團，計出動神風特攻隊 30 隊，戰死者達 245 人。其中發現泉川正宏

34 不同資料與算法，機場數目亦有差別，例如澎湖的機場算入與否、偽機場、未列在接收名單、複數機場的算法等。

35 1945 年 4 月之〈台灣飛行場配置要圖〉。

36 台灣警備總司令部編《台灣警備總司令部軍事接收總報告》（1946）。

37 1945 年之〈向進駐軍提出之日本軍航空基地圖〉。

38 劉鳳翰，《日軍在台灣：1895 年至 1945 年的軍事措施與主要活動》（台北：國史館，1977）。

39 洪致文，〈二戰時期日本海陸軍在台灣之飛行場〉，《台灣學研究》12，2011，頁 43-64。

40 何鳳嬌，〈戰後初期台灣軍事用地的接收〉，《國史館學術集刊》17，2008，頁 167-199。

41 日人稱玉山為新高山。

42 第 38 或 58 任務部隊為美軍主力的航母艦隊，如歸屬第三艦隊就稱 38，第五艦隊則稱 58。一般編組為四群，每群有兩艘航母與兩艘巡洋艦改航母，共八艘正規航母與 8-10 艘改造航母。詳見〈第 38 任務部隊〉，網址：https://ja.wikipedia.org/wiki/第 38 任務部隊。

43 Ticonderoga 航空母艦：https://ja.wikipedia.org/wiki/タイコンデロガ_(空母)。為美國 Essex 級航空母艦，1942-46 年間共有 23 艘服役，Ticonderoga 為第十艘服役者（1944 年 5 月 18 日），該艦以美國獨立戰爭時期的古戰場要塞（紐約州北部）命名。該艦排水量 27,100 噸，搭乘士官兵 3,448 人，搭載 152 架戰機。

44 〈帝国海軍：台湾よりの神風特別攻擊隊戰没者〉，網址：http://kamikaze.wiki.fc2.com/wiki/，昭和 20 年 3 月 22 日 - 同年 8 月 15 日。

（1923-1944）為苗栗縣銅鑼人，陸軍軍曹伍長（少年飛行兵 11 期），[45] 為陸軍神風菊水隊（飛行第 74 戰隊）隊員，[46] 駕著百式重爆機，[47] 於 1944 年 12 月 14 日於菲律賓黑人島（Negros Island）撞擊敵艦身亡，得年 22 歲，同一天與同一個地區（菲律賓黑人島），菊水隊的飛行第 74 與 95 戰隊全滅，共 47 人戰死。泉川戰死的消息曾刊登於 1945 年 7 月 2 日的《台灣新報》。有些受訓但因終戰而未參加任務者，例如頭份的台籍陸軍神風特攻隊員邱逢德。另外，曾有人上日本網站尋找當時為神風特攻隊員的親人盧健珍（陸軍軍曹蘆原徹，1944 年戰死）。另一位受完訓但因終戰而未上戰場者為鄭連德（口名為賀川英彥：1926-），他於 1944 年 4 月獲選為陸軍飛行兵特別幹部候補生（第三期），赴日大刀洗陸軍飛行學校受訓，於 1945 年 6 月獲乙等飛行執照，軍階為伍長，兩個月後終戰，於陸軍航空士官學校勤務中解散。[48] 顯見 1942 年的「特別志願兵制度」徵兵之後，台籍人士的正式（軍人）兵種多樣化，包括特攻隊。

　　另外，在少年飛行兵 10 期的名單中發現兩位台灣籍者，一位為大島守，於 1944 年 4 月 17 日戰死於緬甸，另一位塚本登祐，從飛行學校轉到通訊學校。而在少年飛行兵第 15 期中，發現有九位韓國籍者，也值得探討。[49] 還有幾位在戰死公報中出現的「出身台灣」者，第一位為陸軍 103 飛行戰隊的坂元巖中尉，他於 1945 年 4 月 28 日戰死在沖繩之戰，該飛行戰隊於 1945 年 2 月起先後移駐日本本土鹿兒島最南部的知覽與稍北的都城飛行場，更再往南進駐德之島（沖繩北方）飛行場，參加了沖繩作戰，擁有 40 架「四式疾風」戰機，主要任務為掩護特攻機與確認回報戰果。第二位台灣出身者為松永敏比古少尉，中央大學畢業，隸屬於海軍「第一護皇白鷺隊」，駐守於鹿兒島的串良基地，他於 1945 年 4 月 6 日戰死於沖繩周邊（菊水一號作戰），同隊一共 16 人同日戰死，其中 15 人為大學畢業生，包括早稻田大學三人、中央大學二人、關西大學二人，其他學校有龍谷大學、大阪第二師範、日本大學、立教大學、拓殖大學、愛媛師範、橫浜高商、廣島高商等。這兩位「出身台灣」者因為只有日文姓名，而且是軍官，是否有可能是灣生（在台灣出生的日本人）？容後論述。

　　由於是否屬於特攻，屢有爭議，但因為出現了「準特攻」的定義，因此「出身台灣」者突然增加 48 位。他們屬於第一期 500 人的高砂族陸軍特別志願兵，[50] 先集中到

45　少年飛行兵前後 20 期，共有 45,000 人。少飛第 11 期有 50 人，屬於大刀洗陸軍飛行學校的知覽教育隊，訓練期間為 1942 年 7 月 1 日到 1943 年 3 月 30 日。知覽特攻慰靈顯彰會，《魂魄の記錄》（2004，初版），頁 28。
46　特攻隊戰沒者慰靈平和祈念協會，《特別攻擊隊全史》（2008），頁 259。
47　陸軍 100 式重爆機，暱稱吞龍。
48　鄭連德，《最後的雄鷹》（台北：秀威資訊科技公司，2021），頁 538-540。鄭後來成為牧師，並引進「生命線」系統。
49　知覽特攻慰靈顯彰會，《魂魄の記錄》，頁 49-55。
50　1942 年 3 月先有 500 位原住民以「高砂族挺身報國隊」的軍伕名義赴菲律賓展開叢林戰，後

新竹湖口受基礎軍訓，再受中野學校的游擊戰特訓，其中分出了薰空挺隊（並非空降跳傘部隊）。[51] 日軍於 1944 年 10 月 20 日起在菲律賓雷伊泰島（leyte）之戰陷入膠著時，[52] 決定以「義號作戰」派遣空降部隊強行降落該島的 Burauen 機場，企圖搶回機場。薰空挺隊共 60 人（四小隊，每小隊 15 人：三人為日籍幹部，12 人為高砂族隊員），其中共有 48 位台灣原住民，由中重雄中尉隊長帶領由宜蘭機場出發，先飛到菲律賓巴達雁州（Batangas）的里巴機場（Lipo）待命，[53] 第四航空軍的司令官富永恭次中將（1892-1960）[54] 還親來勉勵。11 月 26 日行動當天，由飛行第 208 戰隊以四架零式運輸機 [55] 運送薰空挺隊，強行降落 Burauen 機場，結果一架因故障迫降瓦倫西亞（Valencia）[56] 機場，該機隊員們隨即加入了第 26 師團，後來該師團於 1945 年 2 月和美軍交戰後，師團長（山県栗花生中將，1890-1945）與大部分士兵皆戰死，殘部退至山中，直到戰爭結束。另外三架運輸機再也沒有消息，由於全滅，不知是否空降中被殲滅，還是三架飛機被擊落。總之，「義號作戰」以失敗收場，所有陣亡的上等兵隊員被視為特攻隊，而記入一筆，可惜 48 位原住民戰士只有日文姓名，但是在同一頁戰報中出現了 48 次台灣。[57] 而曾提及本事件者為卑南族 Kelasay（陳德儀，日文名字岡田耕治：1921-2018）當年的日記，[58] 他和薰空挺部隊同屬於第一梯次 500 人的高砂族陸軍特別志願兵，再由陸軍中野學校訓練，[59] 屬於特種部隊：第一與第二游擊中隊（後來的輝第二游擊隊），Kelasay 隸屬於第二

改稱「高砂義勇隊」（1942-1944）前後八期，共 3,800 人，其中 500 人加入「高砂族陸軍特別志願兵」，再分發成為特殊部隊，例如齊藤特別義勇隊、薰空挺隊等。主要被派往南方戰場（叢林戰為多），以軍屬（軍伕）擔負軍人的工作。

51 日本的空降部隊稱為挺進部隊，主要為第一挺進集團司令部（日本宮崎縣川南與菲律賓），雖然也用空挺，例如高千穗空挺隊就是傘兵部隊，但薰空挺隊卻是飛機強行登陸的部隊，並非跳傘部隊。

52 菲律賓雷伊泰島之戰，詳見〈レイテ島の戦い〉，網址：https://ja.wikipedia.org/wiki/レイテ島の戦い。日軍戰死八萬人，損失 72 艘軍艦與一半的航空兵力。

53 另一說為該梯 500 位志願兵南下高雄，搭船到馬尼拉，再分配任務，而薰空挺隊就飛到 Lipo 機場待命。

54 富永恭次中將（1892-1960）陸軍士官學校 25 期，陸軍大學 35 期，歷任駐蘇聯大使館武官隨扈、參謀本部課員與部長、關東軍司令部課長、陸軍省人事局長、陸軍省次長、第四航空軍司令官。在菲律賓雷依泰之戰（1944 年 10 月 20 日 -12 月 31 日），富永成為爭議性人物，還曾於 1945 年 1 月退到台灣，待在北投溫泉。

55 日本海軍的主力運輸機，以美國道格拉斯 DC-3 客機為原型，由中島與昭和飛行機共同設計製造，海軍編號 L2D，美軍稱為 Tabby，1941 年啟用，共有五型，量產 416 架，可搭乘 21 人。

56 菲律賓南部東內格羅省的一個小都市，人口 3.5 萬人，擁有地熱發電廠，供應該地區數個城市的用電。

57 特攻隊戰沒者慰靈平和祈念協會，《特別攻擊隊全史》（2008），頁 469。

58 台東大學南島文化中心，《一位高砂志願兵的摩洛泰島戰記》（2017）。陳柏棕，〈一位台東卑南族人 Kelasay 的戰地見聞〉，張隆志主編，《跨越世紀的信號 2：日記裡的台灣史（17-20 世紀）》（台北：貓頭鷹出版社，2021），頁 232-265。

59 校本部在東京都中野區，故以地名稱之，為日本的諜報祕密作戰（游擊戰）的培訓學校，通稱

游擊中隊（川島部隊）的第一小隊，薰空挺隊為第一游擊中隊（神田部隊）。而在日記中描述因任務而在碼頭分離的場面，提到互勉故鄉見的族人穗積與倉田（第一游擊中隊：神田部隊，分別為現南王村與大安村人），但其名字並未出現在薰空挺隊的 48 位原住民名單之中。不過也出現了另外的見證，由於 Kelasay 和 Suniuo（李光輝，日名中村輝夫）為同一單位：輝第二游擊隊，因此在日記中以逃兵的身分談及了李光輝。[60]

另一件準特攻案為陸軍的「海上挺進戰隊」，共編組 30 個戰隊，其中有 11 個戰隊採用特攻而戰死，其他戰隊則被箝制而轉成地面戰鬥後戰死。在 30 個戰隊 1,470 人的戰死名單中發現三位的出身地註明台灣者（表 5-7），全部都是特幹一：特別幹部候補生第一期。該期為 1944 年 12 月的徵召，募集 15-19 歲者經考試合格者，分四期。第一期全編進海上挺進戰隊，全員戰死。

表 5-7　海上挺進戰隊準特攻台籍戰死者

戰隊名	姓名	訓練	戰死日期	戰死地
第 10 戰隊	高島景三	特一	1945 年 8 月 2 日	菲律賓
第 11 戰隊	伊藤長男	特一	1945 年 4 月 19 日	菲律賓
第 13 戰隊	富田時夫	特一	1945 年 6 月 1 日	菲律賓

資料來源：《特攻隊全史》，頁 450-467。作者整理

在討論台灣籍或灣生的議題時，得了解日本為屬人（相對於美國的屬地）的戶籍制度，因此灣生者皆以本籍作為出身地，而非出生地。灣生在 1920 年時（有可能被徵召而成為特攻隊的年代）共有 38,591 人，出生地前三名為台北州（16,043）、台南州（7,740）及台中州（4,772）。他們的本籍前三名為鹿兒島（4,089）、熊本縣（4,149）及福岡縣（1,963），[61] 如果他們用台灣為出身地（非出生地），那麼個位數的台灣籍特攻隊員（不算準特攻的薰空挺隊的 48 位原住民）不符合比例原則，當然另一個原因是台灣籍者以當軍屬、軍伕、工員為大宗，而且派駐地點可以去南洋（但避免去中國）。[62] 軍人直到後期的志願兵和徵兵制度出現時才有。因此可推測灣生用其本籍服兵役，出現少數的台

東部 33 部隊。設立於 1937 年，先後稱為防諜研究所、後方勤務要員養成所，1940 年再改稱中野學校。前後共訓練八期的「情報員」畢業生 150 人（如含二俣分校共 2,131 人），而正期生中以東京大學的畢業生最多，號稱當年一所「百無禁忌」的學校，學英文（敵性語）、穿便服、留長髮、批時局等。詳見〈陸軍中野学校〉，網址：https://ja.wikipedia.org/wiki/陸軍中野学校。

60 張隆志主編，《跨越世紀的信號 2：日記裡的台灣史（17-20 世紀）》（台北：貓頭鷹出版社，2021），頁第八章，頁 211。

61 〈灣生〉，網址：https://ja.wikipedia.org/wiki/灣生。

62 林正芳，《宜蘭的日本時代》（宜蘭：蘭陽博物館，2016），頁 204。

灣籍者皆改成了日本姓名，如表 5-7。

由於各種數據不一，表 5-8 中，依《魂魄の記錄》與《特別攻擊隊全史》兩書的彙整，得出由台灣的機場飛出去而戰死的特攻隊員共 283 人，其中陸軍 166 人、海軍 117 人。其中只有宜蘭兩軍併用（另一說陸軍特攻隊駐北機場[63]），以作為沖繩之戰台灣的窗口，如果包括宜蘭的石垣分遣隊的 31 人，則宜蘭佔了 40%（共 114 人）。縱使排除石垣分遣隊，戰死最多人的還是以宜蘭機場（南北機場）最多共 83 人，佔所有戰死特攻隊員人數的 29%。其次為新竹海軍機場的 35 人。

表 5-8　台灣陸海軍機場特攻戰死者（1944 年 1 月 15 日 - 1945 年 8 月 15 日）

基地	陸軍	基地	海軍	小計
宜蘭	37	宜蘭	46	83
台中	31	台中	14	45
八塊	32	台南	22	54
桃園	15	新竹	35	50
花蓮港	15			15
竜潭	5			5
石垣	31			31
戰死者計	166		117	166

資料來源：知覽特攻慰靈顯彰會，《魂魄の記錄》（2004），頁 71。石垣派遣隊屬宜蘭。

1945 年的前半年，由台灣起飛的特攻隊，相繼派往硫磺島、沖繩島參與戰役，特別是沖繩島從 1945 年 4 月 5 日到 6 月 22 日間發動的「菊水作戰」（1-10 號），等於是美日決戰，台灣與九州兩地距沖繩島 370 海浬，也成為派飛機支援作戰的基地。孤注一擲的日軍新成立「神風特攻櫻花神雷部隊」推出了櫻花木製的火箭推動自殺滑翔機，攜帶 1,800 公斤的炸藥，加掛在戰鬥機的腹部，由一人乘坐操縱，在六千公尺高度，距目標二萬公尺時發射，如同櫻花花瓣的散落，故稱「散華」。該部隊在 1944 年 9 月成軍，先在鹿島神宮附近的神池基地，後來移防鹿屋基地，號稱「特攻機下的特攻機」。在菊水作戰中，共有 40 架櫻花發射，也就是 40 位隊員的犧牲。例如菊水 2 號作戰，16 架一式陸攻機（母機）掛了櫻花，[64] 由 50 架戰鬥機掩護，當天發射出八架櫻花。另有 223 位隊員以傳統特攻而犧牲，該作戰有 231 位隊員「散華」。

63　林惠玉編，《宜蘭耆老談：日治下的軍事與教育》（宜蘭縣：宜蘭縣立文化中心，1996），頁 149。

64　由三菱重工業製造的高速攻擊機，使用期從侵華末期、真珠港襲擊到太平洋戰爭，被日本人暱稱「葉卷」，共有三型：一一型（G4M1）、二二型（G4M2）與三四型（G4M3），後來也成為櫻花的母機。共生產 2,479 架。

表 5-9　捷號與菊水作戰（沖繩戰）在台灣的特攻隊參加表

隊名	機型	機場	沖繩戰之時間、任務
海軍神風特攻第一新高隊	零戰	台中	馬公 195 度 150 浬的機動部隊 1945/1/15（捷一號比島作戰）
海軍神風特攻第二新高隊	零戰	台南	1945/1/31
海軍神風特攻新高隊	彗星艦爆	台南	台東 115 度 60 浬附近的機動部隊 1945/1/21（捷一號比島作戰）
海軍神風特攻第二新高隊	零戰	台南	台灣東方的機動部隊 1945/1/21（捷一號比島作戰）
海軍神風第一航空艦隊零戰隊	零戰	台南	台東 93 度 93 浬機動部隊 1945/1/21（捷一號比島作戰）
海軍神風特攻忠誠隊	彗星艦爆	新竹 台中 台南 宜蘭	1945/3/25（阻止登陸） 1945/4/6（菊水 1） 1945/4/16（菊水 3） 1945/4/28（菊水 4） 1945/5/4（菊水 5） 1945/3/25（阻止登陸） 1945/5/3（菊水 5） 1945/5/4（菊水 5） 1945/5/13（菊水 6）
海軍神風特攻歸一隊	天山艦攻	新竹	1945/4/16（菊水 3） 1945/5/3（菊水 5）
海軍神風特攻振天隊	九九式艦爆 九七式艦攻	新竹 宜蘭	1945/5/3（菊水 5） 1945/5/13（菊水 6） 1945/5/29（菊水 8） 1945/5/4（菊水 5） 1945/5/29（菊水 8）
海軍神風特攻第一大義隊	零戰爆裝 零戰直掩	石垣（宜蘭分遣隊）	宮古島南方的機動部隊 1945/4/1（阻止登陸）
海軍神風特攻第二大義隊	零戰爆裝	石垣（宜蘭分遣隊）	沖繩方面機動部隊 1945/4/2（阻止登陸）
海軍神風特攻第三大義隊	零戰直掩銀河 銀河直掩 彗星直掩	新竹 台中 石垣	1945/4/3（阻止登陸）
海軍神風特攻第四大義隊	零戰爆裝	石垣	沖繩南方機動部隊 1945/4/4（阻止登陸）
海軍神風特攻第五大義隊	零戰爆裝 零戰直掩	石垣	宮古島東方機動部隊 1945/4/5（阻止登陸）
海軍神風特攻第九大義隊	零戰爆裝 零戰直掩	台中 石垣	與那國島南方的機動部隊 1945/4/13（菊水 2）

隊名	機型	機場	沖繩戰之時間、任務
海軍神風特攻第十大義隊	零戰爆裝 零戰直掩	石垣（宜蘭分遣隊）	沖繩周邊艦船 1945/4/14（菊水 2）
海軍神風特攻第十二大義隊	零戰爆裝	石垣（宜蘭分遣隊）	台灣東方的機動部隊 1945/4/17（菊水 3）
海軍神風特攻第十五大義隊	零戰爆裝	宜蘭（石垣）	宮古島南方的機動部隊 1945/4/28（菊水 4）
海軍神風特攻第十六大義隊	零戰爆裝	宜蘭（石垣）	宮古島南方的機動部隊 1945/4/28（菊水 4）
海軍神風特攻第十七大義隊	零戰爆裝 零戰直掩	宜蘭（石垣）	宮古島南方機動部隊 1945/5/4（菊水）
海軍神風特攻第十八大義隊	零戰爆裝 零戰直掩	宜蘭	宮古島南方機動部隊 1945/5/4（菊水 5）
海軍神風特攻第二十一大義隊	零戰爆裝	宜蘭（石垣）	宮古島南方機動部隊 1945/6/7（菊水 9）
海軍神風特攻第三龍虎隊	九三式中練	宜蘭（宮古）	1945/7/29（紅蜻蜓特攻）
陸軍神風特攻勇武隊	銀河陸爆	台中 台南	1945/3/25（阻止登陸） 1945/4/6（菊水 1）
陸軍特攻 19 戰隊	飛燕	宜蘭	1945/4/11（一總攻）
陸軍特攻 105 戰隊 誠 20 飛行隊		宜蘭	1945/4/3（前特攻） 4/9（一總攻） 4/11（一總攻）
陸軍特攻誠 33 飛行隊	四式戰機	桃園 台中	1945/5/9（六總攻）
陸軍特攻誠 119 飛行隊		桃園	1945/4/28（菊水 4）
陸軍特攻誠 34 飛行隊		台中	1945/4/28（菊水 4）
陸軍特攻 23 獨立飛行中隊 誠 26 戰隊	三式戰機	花蓮港	1945/4/12（二總攻） 1945/5/1（五總攻）
陸軍特攻 17 戰隊、204 戰隊		花蓮港	1945/3/26（前特攻） 1945/6/5（十總攻） 1945/7/19（十一總攻）
陸軍特攻 20 振武隊	天山	龍潭	1945/4/1（前特攻）
陸軍特攻誠 102F 120F、 誠 31F、 誠 204F、誠 19F 誠 31F	隼 水偵	八塊（八德）	1945/5/4（六總攻） 1945/5/12（七總攻） 1945/5/13（七總攻） 1945/5/20（七總攻） 1945/7/19（十一總攻）

資料來源：神風戰史：http://www.asahi-net.or.jp/~un3k-mn/sinpu-his002.htm，作者整理，海軍神風任務為阻止登陸與菊水 1-9 號特攻作戰（略稱菊水），陸軍任務為前特攻與 1-11 次航空總攻擊（略稱總攻）。作者整理。

　　表 5-9 中，綜觀從台灣基地出動的海軍特攻隊，出擊架次最多者，首推新竹機場，次為宜蘭。但如就沖繩島十次的「菊水作戰」，則新竹參與七次，出動 32 架次；台南參與一次，出動八架次；宜蘭參與三次，出動 46 架次，總共陣亡 86 人。從表 5-9 中可以看出各飛行場與陸海軍間的連動關係，例如海軍神風特攻忠誠隊的基地在新竹的海軍飛行場，但卻有台中、台南與宜蘭的分遣隊，而宜蘭又有石垣與宮古島的分遣隊。

　　特攻隊的創始人大西中將，菲律賓撤退後（所謂捷一號作戰），於 1945 年 1 月 8 日曾帶領日本第一航空艦隊的飛行中隊移防新竹機場，並訓練指揮特攻隊，準備接下來的沖繩特攻作戰。當時台灣已成前線（宜蘭更是）。在戰爭結束前的最後一年，由包括台灣在內的各航空基地起飛的神風特攻隊，是日本困獸之鬥所能提供的最大作戰支援之一，即所謂捷二號作戰（台灣與南西諸島），主責部隊為第二航空艦隊與第八飛行師團。另有捷三號（本州、四國與就九州）與捷四號（北海道），以強化其「新國防要域」，替代已崩潰的「絕對國防圈」。接著天字 1 號航空決戰、海軍菊水特攻 11 次、陸軍航空總攻擊 10 次、玉碎作戰等，最後的沖繩之役，台灣扮演了最後與最沉重的角色，宜蘭更有其歷史定位。而神風特攻隊的創始人大西中將也在日本宣布戰敗的隔天（1945 年 8 月 16 日）切腹自殺，追隨在戰爭中「散華」的數位神風特攻隊隊員們。

第四節　文學校吹神風

　　本節探討文學校學生的兵役徵調與大量入伍的文學校畢業生，包括神風特攻隊隊員。和文學校相對的軍校則相對單純，例如海軍的海兵學校、海軍機關學校，加上因應航空而產生的甲飛、乙飛、丙飛（甲乙丙種飛型預科練習生）以及飛練（下士官）、操練、偵練等。而陸軍的陸軍士官學校（陸士：陸軍官校）加上特操以及幹候（徵兵的幹部候補生）、少飛（少年飛行兵）、特幹（15-19 歲特別幹部候補生）等。因此會看到在戰死名單中有一群大正 15 年（1926）與昭和 3 年（1928）之間出生的 16-18 歲的伍長，多出身於少飛與特幹之中，甚至有陸士 57 期的 19 歲年輕少尉。

　　戰爭徵召也不只是男生的議題，女性也在各個層面成為軍屬，支援後勤的軍品生產、食品生產、護理、燃料廠文職人員（例如六燃）。由表 5-10 中可知軍屬佔了 61%，成為大宗，但戰死者則以軍人為大宗。而由軍屬變軍人的情形則多所發生，例如日本的燃料廠技術人員（軍屬）被徵召就地從軍（軍人），高砂義勇隊本為軍屬，後來也加入戰鬥，成為軍人。阿美族 Attun Palalin（李光輝、中村輝夫）即為高砂義勇隊，躲在印尼叢林中 31 年（1943-1974）才被發現，他原為軍屬，後來加入了陸軍志願兵，受訓加

入「輝第二游擊隊」而赴南洋參戰，[65] 該游擊隊共有 524 人，其中台灣原住民就有 434 人。[66] 台灣的陸軍特別志願兵制度開始自 1942 年，第一次招收 1,000 人，報名人數達 425,961 人，命中率只有 0.2%，第二次更多人報名（601,147 人），競爭非常激烈。海軍特別志願兵制度的第一回招收 3,000 人，報名者也超過 30 萬（316,097）人。台籍戰死者中的 26,000 人合祀於東京的靖國神社，其他人（含行蹤不明者）則祭祀於新竹縣北埔的濟化宮。[67] 另一說為濟化宮祀有 33,000 人，也含靖國神社的 26,000 人。

表 5-10　台灣人日本軍屬、軍人一覽表

項目	人數	戰死者數	比例
軍屬	126,750		61%
軍人	80,433 陸軍志願兵 5,500 海軍志願兵 11,000		39%
小計	207,183	30,306	14.6%

資料來源：https://ja.wikipedia.org/wiki/台灣人日本兵。

　　此外，因缺兵員而陸續修正了兵役制度（如表 5-11），以致徵兵年齡下降，受緩徵的文學校學生也因兵役制度的改變而陸續入伍，加上 1943 年 12 月的「學徒出陣」，更是全民皆兵。[68] 文學校的畢業生因專長的不同，有些學生成為技術將校，例如燃料專業，成為技術中尉等，有些接受飛行訓練，就成為後來的軍官級特攻隊隊員。

表 5-11　二戰時期日本文學校學生兵役變遷表

時間	依據	說明
1920 年	陸軍省陸普第 207 號令	・可延期入營，並可緩徵至 25 歲 ・畢業生更可選擇僅服役 1 年之短期現役兵 ・在學之軍事教練課程可折抵 6 個月役期 ・實際服役時間僅約半年
1938 年	兵役法修正	・廢除半年的折抵期 ・原有 1 年役期 延長為 2 年（1940）
1942 年	陸軍特別志願兵制度	・5,500 人
1943 年 5 月	海軍特別志願兵制度	・1,1000 人
1943 年 6 月	台灣徵兵事務規則	・9 月 23 日發布，1945 年起全面徵兵
1943 年 10 月	在學徵集延期臨時條例	・享有緩徵權利

65　阿美族 Attun Palalin（李光輝、中村輝夫），詳見〈中村輝夫〉，網址：https://ja.wikipedia.org/wiki/中村輝夫＿(軍人)
66　張隆志主編，《跨越世紀的信號 2：日記裡的台灣史（17-20 世紀）》，頁 253。
67　〈台灣人的日本兵〉，網址：https://ja.wikipedia.org/wiki/台灣人日本兵。
68　鄭政誠，〈戰時體制下台南師範學校學生的軍事訓練與動員（1937-1945）〉，《國史館館刊》41，2014，頁 157-186。

時間	依據	說明
1943 年 10 月	徵兵適齡臨時條例	・役男年齡從 20 歲調降為 19 歲
1943 年 10 月 21 日	學徒出陣	・77 所大專院校 ・台灣於 11 月 22 日舉行（新公園）
1944 年 9 月	徵兵制度實施	・1945 年全面施行
1944 年 10 月	兵役法施行規則	・年滿 17 歲以上之學生編入兵籍 ・含殖民地台灣、朝鮮
1945 年 3 月	決戰教育措置要綱	・自 1945 年 4 月起至翌年 3 月 31 日完全停止上課

資料來源：鄭政誠，〈戰時體制下台南師範學校學生的軍事訓練與動員（1937-1945）〉，頁 170-172。作者加筆整理。

　　表 5-12 與表 5-13 分別彙整了美日沖繩之戰從台灣的機場出擊的陸海軍特攻隊戰死名單（宜蘭另表），重點為這些人都畢業自文學校，首先由表 5-12 可知他們 30 位全部的官銜皆為陸大尉（上尉），也有可能是戰死之後追贈一級者，但確定為同一時期的受訓者。他們出生在 1922 年（大正 11 年）及 1923 年（大正 12 年）左右，戰死於 1945 年，即大學畢業的隔年，因此他們受的飛行訓練為特操一期：特別操縱見習士官（軍官）班一期，同時間的軍校畢業生為陸士 57 期，因此常見特攻中文武同時隕落。特操一期的名單中則出現了一位台灣籍軍官，名字為草間宏榮，畢業於拓殖大學。[69]

　　另在表中的畢業學校中出現了台北高商與台北農專（舊制的高等學府），台北高商為 1919 年由日本所設立的舊制專門學校，原名稱為：台灣總督府高等商業學校（1926-1929，校址在現永福國小），1926 年改稱台北高等商業學校，以呼應台南高等商業學校。後來歷經台北經濟專門學校（1944）、台灣省立台北商業專科學校（1945）、台灣省立法商學院（1946）、國立台灣大學法學院商學系（1947）、台大管理學院（1987），並非現在的國立台北商業大學。[70] 另一所台北農專，為 1919 年創辦的「總督府台北農林專門學校」（台北農專），校舍就在現台大的行政大樓。1922 年時轉稱為「總督府台北高等農林學校」，且實施教育新制（本科三年、大學預科三年），1928 年台北帝大成立，該校併為台北帝大的農林專門部（台北農專），1943 年才分離成為總督府台中農業專科學校，後來改稱台灣省立農學院與中興大學。[71] 簡言之，這兩所總督府的高商與高農學校，最後融入了台大與興大，成為台灣高教的養分。

　　此外，校名中除了出現了前述朝鮮的京城藥專，也出現了日本舊制專校的善鄰高商，後者全稱為「善鄰協會專門學校」（1935-1950），校址位於現東京都的新宿區，成立

---

69 知覽特攻慰靈顯彰會，《魂魄の記錄》，頁 60。
70 〈台北高商〉，網址：https://zh.wikipedia.org/wiki/ 台北高等商業學校。原校地就是在徐州路的台大法學院。和台北商業大學無關，也和同名的台灣省立法商學院（台北大學）無關。
71 〈台大曾併過三所高校，其中一所竟獨立成知名大學？〉，網址：https://udn.com/umedia/story/12762/3871360。

於 1935 年。之後校名陸續改為：善隣高等商業學校（善隣高商：1939）、善隣外事專門學校（1944）、善隣專門學校（1947）、新制的善鄰大學、日本商科大學（1949），但隨即於 1950 年廢校。[72]

最特別的是出現了非常有歷史感的舊制五高（第五高等學校），為一所 1887 年設立於熊本的官立高校，屬於舊制「號碼高校」系統，後來成為熊本大學。號碼高校一共有八所（如表 5-14）。它們在 1922 年的教育新制下陸續轉型成為大家熟悉的新制大學，不過還是有許多人保留號碼高校之稱呼並成暱稱，例如三高有最多的諾貝爾獎得主，指的就是京都大學。

表 5-12 從台灣機場出擊（宜蘭另表）的陸軍特攻隊文學校畢業者名單例

特攻隊名	戰死者姓名	畢業學校	出擊機場
飛行第 10 戰隊	福井正雄大尉	台北高商	八塊
飛行第 26 戰隊	稻葉久光大尉	法政大學	花蓮港
飛行第 26 戰隊	汴俊作大尉	富山師範	花蓮港
飛行第 26 戰隊	白石忠大尉	善鄰高商	花蓮港
飛行第 17 戰隊	齊藤長之進大尉	日本大學	花蓮港
飛行第 17 戰隊	佐田通安大尉	京城藥專	八塊
飛行第 17 戰隊	福森靜二大尉	早稻田大學	八塊
飛行第 20 戰隊	宮田精一大尉	金沢高工	竜潭
飛行第 20 戰隊	島田治郎大尉	明治大學	竜潭
獨飛第 23 中隊	片山勝義大尉	明治大學	花蓮港
飛行第 204 戰隊	小林脩大尉	香川師範	八塊
飛行第 204 戰隊	織田保也大尉	台北農專	花蓮港
誠第 26 飛行隊	今野靜大尉	法政大學	花蓮港
誠第 31 飛行隊	五十嵐榮大尉	東京外語大學	八塊
誠第 31 飛行隊	高畑保雄大尉	關西大學	八塊
誠第 33 飛行隊	石原正嘉大尉	上智大學	桃園
誠第 33 飛行隊	持丸多嘉夫大尉	法政大學	桃園
誠第 33 飛行隊	內田雄二大尉	明治學院大學	桃園
誠第 33 飛行隊	天野博大尉	明治大學	桃園
誠第 33 飛行隊	草場道夫大尉	明治大學	台中
誠第 34 飛行隊	安東愛明大尉	中央大學	台中
誠第 34 飛行隊	北原賢一大尉	福岡第一師範	台中
誠第 34 飛行隊	荒木周作大尉	東京第三師範	台中

72〈善隣高商〉，網址：https://ja.wikipedia.org/wiki/ 善隣協会専門学校 _（旧制）。

特攻隊名	戰死者姓名	畢業學校	出擊機場
誠第 34 飛行隊	砂畑耕作大尉	早稻田大學	台中
誠第 34 飛行隊	新山喬夫大尉	早稻田大學	台中
誠第 34 飛行隊	小林富男大尉	法政大學	台中
誠第 35 飛行隊	古本嘉男大尉	中央大學	台中
誠第 35 飛行隊	淺井良脩大尉	京都帝大	台中
飛行第 17 戰隊	富永幹夫大尉	明治大學	八塊
誠第 119 飛行隊	森興彥大尉	五高（現熊本大學）	桃園
誠第 120 飛行隊	畠山富雄大尉	明治大學	八塊

資料來源：《魂魄の記錄》，作者整理。註：大尉即上尉。

表 5-13　從台灣機場出擊（宜蘭另表）的海軍特攻隊文學校畢業者名單例

特攻隊名	戰死者姓名	畢業學校	出擊機場	殉戰別
勇武隊	根本道雄中尉	法政大學	台南	菊水 1
忠誠隊	國防大丈夫中尉	德島高工	新竹	菊水 4
歸一隊	土山忠英中尉	石川師範	新竹	菊水 5
振天隊	森本茂中尉	甲陽高商	新竹	菊水 5
振天隊	森本賜中尉	明治大學	新竹	菊水 5
振天隊	堀家晃中尉	大阪高工	新竹	菊水 5
振天隊	居村豐中尉	盛岡高工	新竹	菊水 5
振天隊	植竹靜男中尉	中央大學	新竹	菊水 6
振天隊	笠井至中尉	拓殖大學	新竹	菊水 8
振天隊	古川正崇中尉	大阪外語大學	新竹	菊水 8

資料來源：《魂魄の記錄》，作者整理。

表 5-14　舊制「號碼高校」系統一覽表

舊制號碼高校	創立時間	所在地	新制大學
一高	1886	東京都	東京大學
二高	1887	仙台市	東北大學
三高	1886	京都市	京都大學
四高	1887	金沢市	金沢大學
五高	1887	熊本市	熊本大學
六高	1900	岡山市	岡山大學
七高	1901	鹿兒島市	鹿兒島大學
八高	1908	名古屋市	名古屋大學

資料來源：https://ja.wikipedia.org/wiki/ナンバースクール。

第五節　神風特攻隊在宜蘭

　　二次大戰期間，台灣成為日本的資源供應站與戰爭中繼站，在台灣戰線上，日本認為宜蘭是美國登陸的地點，因此沿著竹安河口、冬山河口和蘭陽溪口一帶海岸線部署了第一條防線，由稱之為「敢部隊」（番號 128822 的第 66 師團宜蘭派遣隊）者修築之，以後又沿著平原的宜蘭、羅東和蘇澳三大郡來部署，修築了第二條防線，當時做了港口和南北兩個機場的工事。還有第三條防線，主要是山區的坑道（員山地區），由「雷神部隊」負責（番號 138556 的獨立混成 112 旅），也因此員山的神風特攻隊機堡被構築。可知是一系列「面對太平洋」的軍事佈局，包括三座機場：南機場（戰備機場：現宜大城南校區）、北機場（訓練機場：現金六結營區）[73] 與西機場（也稱再連機場，為一秘密機場，現為部分的金車酒廠）（參閱本書彩圖集圖 F1、F2）。[74] 也由於特攻隊的大量編組，建造機堡與機場跑道的工作，就迫在眉睫。因此日本當局下令宜蘭農林學校（現宜蘭大學）全校停課，一年級生也不例外，全員參加機場趕建工作，當時工資一天八角。工作主要為搬運及奠基，有人車軌道（台車）自河邊運來石塊。後來又從台北州調來各學校的公工（當時稱公共工程的工作或工員為「公工」）（參閱本書彩圖集圖 F3），最多時總數有 8,000 人，包括學生、受刑人等，當時台北公工總隊長就是辜振甫。各路人馬在宜蘭時，也曾為女生爭風吃醋而發生一次暴動。1945 年日軍節節敗退，局勢越來越緊張，宜蘭農林學校學生宿舍改為特攻隊臨時軍營，學生徵召為學生兵。指派學生兵擔任觀測敵機的任務。爬上大樹頂端，找茂密樹葉做掩護，遇有敵機來襲，迅速發出警告，呼叫地面，聯繫防空單位，發出空襲警報。

　　如就沖繩島十次的「菊水作戰」，宜蘭參與三次，主要由後半段的「菊水 4 號」開始，這三次任務計出動 46 架次，總共陣亡 46 人，「散華率」100%。[75] 飛行員的最大特色

---

73 北機場未被陸軍徵用前，稱為宜蘭飛行場，自 1936 年 7 月 15 日起開場成為民用機場（含客運與貨運），先後由日本航空運輸株式會社、大日本航空株式會社營運，當年還開設有台灣循環航線。

74 石濠瑞，《日治時期宜蘭地區神風特攻隊之空間運用歷程探討》（宜蘭：宜蘭大學建築與永續所碩士論文，2012），頁 39，表 4-1。相關設施分布在兩個鄉鎮的六個地點，出現了和新竹一樣的「枕頭山軍事脈絡」。兩地皆有軍事坑道，並和神風特攻隊有關，兩地皆為海軍飛行場，不過宜蘭的枕頭山是大本營。另見林惠玉編，《宜蘭耆老談：日治下的軍事與教育》（宜蘭縣：宜蘭縣立文化中心，1996），頁 209。1944 年 12 月時，共有 16 座秘密機場被規劃與興建，宜蘭西機場即為其中之一，它們作為南北來往的戰機轉場與整補之用，當時南下增援菲律賓的軍機數量非常龐大，僅 1944 年 11 月，自日本南下途經台灣的戰機就達 1,000 架以上。參見杜正宇、謝濟全，〈盟軍記載的二戰台灣機場〉，《台灣文獻》63（3），2012，頁 372-374。「宜蘭西機場」詳見頁 351-353。

75 神風特攻隊集體戰死最常用「散華」，意指櫻花同時花開、同時花謝或花散，因此一起戰死即如櫻花一起花散。

是多大學軍官者，包括名校早稻田大學、慶應義塾大學、法政大學與日本大學。1945 年 6 月 7 日台灣最後特攻機由海軍第 21 大義隊的橋爪知美一飛曹與柳原定夫二飛曹自南機場轉石垣起飛，結束了他們的生命以及神風特攻隊在台灣的悲劇性歷史。另一說為，宮古島（宜蘭隊派遣）以練習機紅蜻蜓出擊的玉碎行動（1945 年 7 月 30 日），上飛曹三村弘、一飛曹佐原正二郎與庵民勇等三人，才是沖繩之戰台灣神風的最後註腳。另外，敗戰之後再自殺的特攻隊中，有一位在 1945 年 8 月 20 日於龍潭飛行場舉槍自盡，他是陸軍 116 誠隊的栗原良人軍曹。[76]

　　表 5-15 列出了宜蘭出擊的特攻隊員具文學校背景的戰死者，其特別之處在於陸軍與海軍皆有，自從捷字號作戰以來，依據 1944 年 7 月 24 日的「捷号航空作戰ニ関スル陸海軍中央協定」，航空基地的使用原則為：陸軍主用，海軍共用，因此在台灣的共用機場名單有宜蘭第一（南機場）、花蓮港、台東與恆春等飛行場。[77]宜蘭有三處機場，但第一則為南機場。如前述，宜蘭南機場加上石垣分遣隊，共戰死 114 人，文學校（大學院校）畢業者共有 30 人，比率為 26%，每四位特攻隊隊員，就有一位文學校的畢業生，說明了越到後期，其「窮兵」的情況愈加嚴峻，即大學畢業的第二年，人生也畢業，更連結到日本人通用的黑話：到靖國神社再見。[78]

　　文學校名單中又出現了前述京城藥專的另一所朝鮮的舊制高校：京城法專。而在日本部分出現了興亞專校，該校與興南學院南方語學校（1941 年開學）皆由財團法人興亞協會經營，這三個單位都是為了當時的大東亞共榮圈國策而設立，從更早的國士館專門學校的興亞科（1939）到獨立成為興亞專門學校，設有滿蒙支科、南方科、內地科。[79]1945 年改名為日本經濟專門學校，1973 年成為了亞細亞大學。興亞專校只維持了四年（1941-1945），也是教育的歷史現場。其中興亞畢業生的柿本茂少尉，派駐宜蘭南機場，為神風忠誠隊隊員，參與了菊水 6 號作戰，於 1945 年 5 月 17 日殉國。而同期被徵召的同學還有田中六助（1923-1985），海飛 13 期，派到鈴鹿海軍航空隊，擔任特攻隊教官，在出任務那一天玉音放送，日本投降，因而存活，後來成為了興亞最有名的校友，他歷任八屆眾議員、自民黨祕書長、通商產業大臣（部長）與內閣官房長官（內閣祕書長，總理與副總理之下）。[80]興亞專校實際營運雖然只有四年，但在亞細亞大學的校史中，仍然視興亞專校為其創校歷史的源頭。

76 特攻隊戰沒者慰靈平和祈念協會，《特別攻擊隊全史》，頁 471。
77〈捷號作戰〉，網址：https://ja.wikipedia.org/wiki/捷号作戰。
78 J. A. Parker 著，楊玉雲譯，《神風特攻隊 Kamikaze》（台北：大明王氏出版社，1976），頁 27。
79 追悼集刊行委員會，《藤原繁追悼集》（1979），頁 15-20、361-362。藤原繁（1907-1978）為興亞專校實質的創始者。詳見〈ウィキペディアへようこそ〉，網址：https://ja.wikipedia.org/，支wiki/興亜專門学校_(旧制)。
80〈田中六助〉，網址：https://ja.wikipedia.org/wiki/田中六助。

　　比起已經成為歷史名詞的興亞專校，龍谷大學就更歷史悠久了，該校起源於 1639
年西本願寺所成立的僧侶學寮，之後歷經學林講堂（1695）、大教校（1879）、大學林保
（1888）、佛教大學（1900）、龍谷大學（1922）等階段。在當時的國策下，龍谷大學於
1943 年亦曾設立興亞科。[81] 還有一所東京藥專，先以東京藥舖學校之名成立於 1880 年，
再改稱東京藥學校（1883），於 1917 年依專校令改制為東京藥專，1949 年成為東京藥科
大學。[82]

表 5-15　宜蘭南機場出擊陸海軍神風特攻隊具文學校背景的戰死者

時間	特攻隊名	戰死者	出身	文學校名	戰役
陸軍					
4 月 18 日	飛行第 19 戰隊 *	根本敏雄大尉	千葉	法政大學	二總攻
5 月 18 日	飛行第 19 戰隊	飯野武一大尉	福岡	京城法專	七總攻
4 月 11 日	飛行第 19 戰隊	山県徹大尉	岡山	岡山師範	一總攻
4 月 11 日	飛行第 19 戰隊	大出博紹大尉	大阪	日本大學	一總攻
5 月 28 日	飛行第 19 戰隊	田村忠中尉	和歌山	慶應大學	九總攻
5 月 18 日	飛行第 19 戰隊	中村憲二大尉	埼玉	明治大學	七總攻
6 月 1 日	飛行第 20 戰隊	猪股寬大尉	宮城	秋田礦專	九總攻
6 月 6 日	飛行第 20 戰隊	及川真輔大尉	宮城	中央大學	十總攻
5 月 13 日	飛行第 26 戰隊	須藤彥一大尉	岩手	岩手師範	七總攻
4 月 28 日	飛行第 105 戰隊	小堀忠雄大尉	大阪	大阪工專	五總攻
5 月 4 日	飛行第 105 戰隊	原仁大尉	岩手	盛岡工專	六總攻
4 月 1 日	飛行第 17 戰隊 *	國谷紅潤大尉	富山	龍谷大學	前特攻
4 月 1 日	誠第 17 飛行隊 *	久保元治郎大尉	千葉	金沢大學	前特攻
4 月 1 日	誠第 17 飛行隊 *	西尾卓三大尉	東京	東京商大	前特攻
3 月 26 日	誠第 33 飛行隊 *	芝崎茂大尉	埼玉	中央大學	前特攻
3 月 26 日	誠第 17 飛行隊 *	川瀬嘉紀大尉	石垣	米沢高工	前特攻
海軍					
4 月 28 日	第 16 大義隊	今野惣助中尉	宮城	仙台高工	菊水 4
5 月 4 日	第 17 大義隊	谷本逸司中尉	廣島	廣島高工	菊水 5
5 月 9 日	忠誠隊	久保良介中尉	富山	大連高商	菊水 5
5 月 9 日	振天隊	片山崇中尉	廣島	慶應大學	菊水 5
5 月 9 日	第 18 大義隊	黑瀬順齋中尉	富山	金沢高工	菊水 5
5 月 13 日	忠誠隊	阿部仁太郎中尉	北海道	法政大學	菊水 6

81〈龍谷大學〉，網址：https://ja.wikipedia.org/wiki/龍谷大学。
82〈東京藥科大學〉，網址：https://zh.wikipedia.org/wiki/東京藥科大學。

時間	特攻隊名	戰死者	出身	文學校名	戰役
海軍					
5 月 15 日	忠誠隊	岩雄唯明中尉	福岡	法政大學	菊水 6
5 月 15 日	忠誠隊	深津進少尉	愛知	日本大學	菊水 6
5 月 17 日	忠誠隊	柿本茂少尉	福岡	興亞專校	菊水 6
5 月 15 日	振天隊	沖山文忠中尉	東京	早稻田大學	菊水 6
5 月 15 日	振天隊	鈴木達也中尉	千葉	東京藥專	菊水 6
5 月 15 日	振天隊	岸圭弍中尉	東京	廣島師範	菊水 6
4 月 2 日	第 2 大義隊 *	伊藤喜代治中尉	東京	室蘭高工	上陸阻止
4 月 1 日	第 1 大義隊 *	酒井正俊中尉	岐阜	長岡高工	上陸阻止

資料來源：《魂魄の記錄》，頁 211-216。＊為宜蘭石垣分遣隊，作者整理。

　　表 5-16 彙整了 1945 年 4 月到 5 月間從宜蘭出擊的神風特攻隊，也就是沖繩之戰（1945 年 3 月 26 日到 6 月 23 日）的期間，見識到了陸海軍雙方的神風特攻隊從海軍宜蘭飛行場出擊，但並未見聯合編組（陸海軍混合），兩個月間，宜蘭基地共有 13 隊出擊，其中海軍八隊、陸軍五隊。表中有兩次攻擊值得討論，即除了特攻機之外，還出現了直掩機（掩護機），例如 1945 年 5 月 9 日的任務，出擊的戰機配置為：戰爆七（零戰三），戰爆為「零戰爆裝」的簡稱，即以零戰飛機 52 型加裝 500 公斤的炸藥或機腹加上「櫻花滑翔炸彈」，由於載重而速度慢，因此需要有掩護機，戰爆七架，有三架掩護機。此次任務攜帶 3,500 公斤的炸藥，通常是目標已確定，該次的目標即為英正規航空母艦的無畏號（HMS Formidable, R67），[83] 無畏號屬於英太平洋艦隊，該艦隊旗下有喬治國王級戰艦兩艘、航空母艦五艘、巡洋艦五艘、驅逐艦 15 艘。因為該艦隊在南西諸島（九州以南，台灣東北之間的島嶼群）執行任務，也成為日本 205 海軍航空隊（台中為主要基地，隊長為玉井淺一上校，1902-1964）的目標。該航空隊在宜蘭飛行場駐有派遣隊，其一為石垣島派遣隊，統稱神風特攻隊大義隊，先後編組第 1 到第 12 大義隊。其二則為宜蘭派遣隊，編組 13 到 21 大義隊。另外，每次神風出擊，前述的直掩機（掩護機）會有紀錄：「戰果報告機」回報神風戰果。可知，新竹及台中當時皆有派遣隊到宜蘭及石垣，但最後飛出機場皆算為宜蘭。

　　當時無畏號隨艦的戰地記者 Denis Warner（1917-2012）[84] 先在 5 月 4 日見證了日本神風特攻隊「不要命的攻擊招術」，包括垂直升空、超低飛閃高射炮、垂直急墜攻擊等。

---

83 無畏號（1940-1947）為英國的 Illustrious 級六艘航空母艦中的一艘，該級以裝甲航母見稱，滿載排水量 28,661 頓，可搭載 1,200 人與 54 戰機。

84 Denis Warner, Peggy Warner and Sadao Seno, *Kamikaze: The Scared Warriors* (Oxford：Oxford University Press, 1982)。日文翻譯版：尾妹作太男譯，《ドキュメント 神風：特攻作戰の全貌》（東京：德間文庫，1989）。

當天的直衝甲板，造成了 11 架戰機毀壞、機庫 8 人戰死，50 人受傷。還好該級以「裝甲航母」見稱，因此甲板未被貫穿，但卻破壞了蒸氣管與燃料庫，導致航母有一段時間失去動力。接著 5 月 9 日兩架特攻機再度鎖定無畏號，仍然主衝甲板，造成 29 架戰機毀壞。兩次受到特攻攻擊，無畏號傷痕累累，不得不退出戰線，駛回雪梨修理，還換了甲板，直到 7 月 16 日再度回到艦隊。無畏號航母並在 8 月 9 日（日本投降前一週）於女川灣 [85] 和美軍一起執行聯合空襲作戰，擊沉了七艘艦艇，包括天草號與大濱號艦，無畏號則損失了兩架飛機（一架海盜戰機：Chance Vought F4U Corsair[86] 與一架噴火戰機：Supermarine Spitfir），[87] 駕駛員一人被俘，一人戰死（Robert Hampton Gray），後者成為二戰期間最後戰死的加拿大人。[88]

表 5-16　從宜蘭出擊的陸海神風特攻隊例（1945 年 4 月 - 5 月）

時間	飛行隊	特攻機（掩護機）	指揮官	美方戰報【日方】
1945/4/11	陸軍特攻 19 戰隊	飛燕五	陸大尉 大出博紹	護衛驅逐艦（USS Manlove, DE-36）損傷
1045/4/22	陸軍特攻 19 戰隊	彗星四	陸少尉 渡辺国臣	驅逐艦（USS Hudson, DD-475）【一機至近】
1945/4/22	陸軍特攻 誠 119 戰隊	彗星四	陸少尉 竹垣全	驅逐艦（USS Wadsworth, DD-516）【一機至近】
1945/4/28	神風特攻 第十六大義隊	戰爆二	二飛曹 和田文蔵	輸送病院船（USS Pinkney, APH-2）【一機命中】
1945/4/28	陸軍特攻 105 戰隊	彗星四	陸中尉 中村伊三雄	輸送病院船（USS Pinkney, APH-2）【一機命中，艦種不詳三艘起火】
1945/5/4	神風特攻 第十七大義隊	戰爆三（零戰五）[89]	中尉 細川孜	佈雷驅逐艦（USS Shaw, DD-373）【櫻花至近】

85 女川灣位於宮城縣中部的海灣，當時設有橫須賀鎮守府的女川防備隊。311 曾受到海嘯的襲擊。

86 Chance Vought F4U Corsair 為美製海軍戰機，生產了 12,571 架，英國與紐西蘭海軍也是用戶。詳見〈F4U（航空機）〉，網址：https://ja.wikipedia.org/wiki/F4U_(航空機)。

87 Supermarine Spitfire 為英製空軍戰機，號稱「救國戰鬥機」，量產 20,351 架，戰後仍有敘利亞與愛爾蘭使用之。〈スーパーマリン スピットファイア〉，網址：https://bit.ly/3Jhjme0。

88〈無畏號戰史〉：https://ja.wikipedia.org/wiki/フォーミダブル。

89 戰爆為零戰爆裝的簡稱，以零戰飛機加裝 500 公斤的炸藥稱之。例如神雷部隊，以零戰 52 型

時間	飛行隊	特攻機（掩護機）	指揮官	美方戰報【日方】
1945/5/4	陸軍特攻19戰隊	戰爆二	陸少尉長沼不二人	掃海驅逐艦（USS Hopkins, DD-6)【損傷】
1945/5/9	神風特攻振天隊	九九艦爆二	中尉片山崇	護衛驅逐艦（USS Oberrender, DE-344）【一機命中】
1945/5/9	神風特攻忠誠隊	九九艦__	中尉久保良介	英正規航母（HMS Victorious, R38）【二機命中】
1945/5/9	神風特攻振天隊	戰爆七（零戰三）	少尉黑瀨順斎	英正規航母（HMS Formidable, R67）【一機命中】
1045/5/13	神風特攻忠誠隊	九六艦爆六	中尉元木恒夫	驅逐艦（USS Bache, DD-470）【一機命中，巡洋艦一艘擊破】
1945/5/13	陸軍特攻誠20戰隊	九七艦攻三	陸少尉藤嶺圭吉	護衛驅逐艦（USS *Bright*, DE-747）損傷【艦種不詳六艘起火】
1945/5/17	神風特攻忠誠隊	九六艦爆一	少尉柿本茂	驅逐艦（USS *Douglas H*. Fox DD- 779）【一機命中，巡洋艦一艘、其他二艘擊破】

資料來源：日本神風特攻隊戰果一覽表網站。[90] 陸為陸軍，其他為海軍。

　　上表中的最後一欄有一部分並列了盟軍與日本戰果，常見不一致之處，特別是日方誇大戰果，以 1945 年 5 月 17 日為例，日方戰果為四艘，美方只列出一艘。由總戰果的數據觀之，日方特攻機共擊沉 81 艘盟軍軍艦，但實際上只有 34 艘。如論特攻兵器「回天」的戰果，日方宣稱共擊沉 40 艘盟軍艦艇，但事實上是三艘，一艘油輪、一艘驅逐艦與一艘商船，但是日軍卻損失了八艘伊號潛水艇，900 人戰死。[91]

機，加上 500 公斤的炸藥，常有機腹加上櫻花滑翔炸彈者。由於載重，速度慢，因此需要有掩護機，三架戰爆，有五架掩護機。

90 〈神風特別攻擊隊戰果一覽表 07〉，網址：https://kamikaze.wiki.fc2.com/wiki/神風特別攻擊隊戰果一覽表 07（昭和 20 年 5 月 1 日～同年 5 月 31 日）。〈神風特別攻擊隊戰果一覽表 06〉，網址 https://kamikaze.wiki.fc2.com/wiki/神風特別攻擊隊戰果一覽表 06（昭和 20 年 4 月 1 日～同年 4 月 30 日）。

91 J. A. Parker 著，楊玉雲譯，《神風特攻隊 Kamikaze》（台北：大明王氏出版社，1976），頁 201。

　　由於宜蘭飛行場（另有石垣及宮古基地）最接近號稱「最後戰場」的沖繩（Okinawa），因此陸海軍的神風特攻隊集結於宜蘭，可以得知兩軍的軍機同時在宜蘭海軍飛行場，從此基地出擊。當時因制空權落入盟軍手裡，日本的戰機大量耗損，最後不得不連練習機（海軍 93 式中間練習機與陸軍 95 式一型與三型中等練習機）也上戰場，這型飛機因橘色塗裝，被暱稱「紅蜻蜓」,[92] 不過最後上戰場的全被塗裝成墨綠色成為「綠蜻蜓」，且作了改裝，包括酒精燃料桶、可以載運 250 公斤炸藥、馬力增強及強化機身強度等（表 5-17）。

　　盟軍（英美澳軍）的沖繩之戰（1945 年 3 月 26 日到 6 月 23 日）戰況慘烈，日方的特攻機即折損 1,895 架,[93] 其中日方有幾次大規模的特攻行動，例如 4 月 6 日，海軍出動 16 隊、陸軍 9 隊，共有 273 架戰機（海軍 211 架、陸軍 62 架）有去無回。另一次的 4 月 16 日，海軍出動 21 隊、陸軍 11 隊，這次折損 206 架戰機（海軍 153 架、陸軍 53 架）。這兩次就佔了折損特攻機的四分之一。沖繩之戰當然也包括了由宜蘭出擊（1945 年 7 月 29 日與 30 日）的如前述之木製複葉紅蜻蜓特攻機，建制名稱為「第三龍虎隊」。該隊先於 1944 年 11 月成為「石垣島派遣隊」，從事該地區海面的偵察與潛哨任務，沖繩之戰開始的當年 5 月，該派遣隊併入在新竹基地的第 132 海軍航空隊（主要機種為彩雲與紫電）[94] 的龍虎隊，所有隊員轉成特攻隊隊員，接著部分隊員參加了 4 月 28 日的 4 號菊水作戰與 5 月 3 日的 5 號菊水作戰的偵察任務。

　　上述特攻隊以龍虎隊命名，推測應與虎尾基地有關,[95] 之前就曾移到虎尾海軍飛行訓練場（1944 年 5 月 15 日開隊、1945 年 3 月 1 日解散），解散之日即為「全軍特攻」之日，當時所有 600 架的紅蜻蜓的訓練機轉成特攻機。本來派遣隊成員的執行任務時數都在 300 小時上下，比一般特攻隊員的 100 小時要來得高，派遣隊轉特攻隊也就理所當然了。紅蜻蜓（或綠蜻蜓）特攻的特色為夜間低空飛行，避免被敵艦的雷達偵測。除原派遣隊隊員外，又另外徵召正在基地等候原戰機修復的飛行員們加入，一共分成三隊，由虎尾移防新竹與宜蘭，留下了大合照。第一龍虎隊（八機）於 1945 年 5 月 20 日與第二龍虎隊（八機）於 1945 年 6 月 9 日分別由虎尾出任務，因為攜帶著 250 公斤的炸藥與天候關係，陸續在宮古島、石垣島與與那國島降落,[96] 攻擊行動失敗。第三龍虎隊（八機）

92 紅蜻蜓（赤とんぼ）也是一首日本人耳熟能詳的童謠，採用詩人三木露風（1889-1964）的詞，由山田耕筰（1886-1965）作曲，自 1921 年開始流行，對於在外作戰的神風特攻隊隊員而言，紅蜻蜓就是鄉愁的化身。1989 年獲故鄉歌曲第一名，2003 獲最喜歡的童謠第一名。

93 〈沖繩之戰〉，網址：https://ja.wikipedia.org/wiki/沖繩戰。

94 〈132 海軍航空隊〉，網址：https://ja.wikipedia.org/wiki/第一三二海軍航空隊。該隊主要任務為偵察，本來基地在台南，但於 1945 年 4 月 17 日移防新竹。

95 日本歷史中的戊辰戰爭（1868），亦曾出現龍虎隊。

96 當時石垣與宮古屬第十方面軍北台海軍航空隊（新竹）管轄，石垣與宮古分設海軍派遣隊，石

於 7 月 28 日由虎尾基地經新竹與宜蘭，先到石垣基地加油，再飛往宮古島（跳島），於當晚 11 時由八機執行任務，隊長（三村弘）引擎故障返航，一架（佐原正二郎）機輪故障，無法起飛，另外一架（吉田節雄）引擎故障燈亮起，回程於飛行場邊的田地中迫降重傷，成為該隊唯一的倖存者，[97] 三村及佐原於 7 月 30 日再度出擊而殉國。後來吉田節雄在自家庭院建了第三龍虎隊七位犧牲隊員的慰靈碑，另一塊慰靈碑則在最後起飛的宮古島。

　　第三龍虎隊的紅蜻蜓出擊時間已經是日方投降的前兩週，也是台灣特攻隊出擊的最後一梯次。依據受到攻擊沉沒的美軍驅逐艦（USS Callaghan, DD-792）的後續報告，該艦連同 Cassin Young（USS Cassin Young, DD-793）[98] 與 Pritchett（USS Pritchett, DD-561）[99] 兩驅逐艦待命該地區，準備隔天返回美國。但在 7 月 29 日的午夜 12 時半左右，日機距離美軍艦 200 公尺時才被發現（低空且木製），因此紅蜻蜓載著 250 公斤炸藥直衝該艦機關室，引爆彈藥庫，該艦連同 47 名海軍於 29 日早上 2 時 35 分沉沒，也成為二戰期間神風特攻隊擊沉的最後一艘盟軍軍艦。[100] 30 日早上三時兩架（三村弘與佐原正二郎）再雙飛攻擊了 Cassin Young（USS Cassin Young, DD-793），造成了船隻損壞與 67 人的傷亡，7 月 30 日當日為台灣神風的最後任務，三村弘與佐原正二郎也成為最後兩位出擊犧牲的特攻隊隊員，凸顯出戰爭的殘酷。由宜蘭駕著紅蜻蜓轉宮古島的第三龍虎隊的隊員們全部是練習生，戰死名單如下表 5-17：

表 5-17　紅蜻蜓最後跳島特攻隊　宜蘭（宮古島）第三龍虎隊戰死名單

軍階	姓名	期別	時間
上飛曹	三村弘	航空局委託練習生	1945 年 7 月 30 日
一飛曹	庵民勇	丙種飛行予科練習生第 16 期	1945 年 7 月 29 日
一飛曹	近藤清忠	甲種飛行予科練習生第 12 期	1945 年 7 月 29 日
一飛曹	原優	甲種飛行予科練習生第 12 期	1945 年 7 月 29 日
一飛曹	松田昇三	甲種飛行予科練習生第 12 期	1945 年 7 月 29 日

　　垣 288 人、宮古 494 人。第十方面軍的陸軍第八飛行旅團，亦有宜蘭的石垣分遣隊與宮古跳島任務。詳見〈台灣軍〉，網址：https://www.wikiwand.com/zh-mo/台灣軍。

97 〈紅蜻蜓最後跳島特攻隊〉，網址：https://ja.wikipedia.org/wiki/九三式中間練習機。

98 該艦以 Cassin Young（1894-1942）命名，並於 1986 年成為美國文化資產。詳見〈カッシン・ヤング (驅逐艦)〉，網址：https://ja.wikipedia.org/wiki/カッシン・ヤング_(驅逐艦)。

99 該艦以 James M. Pritchett（1835-1871）命名。

100 神風特攻隊擊沉的最後一艘盟軍軍艦，詳見〈キャラハン (驅逐艦)〉，網址：https://ja.wikipedia.org/wiki/キャラハン_(驅逐艦)。該軍艦以 Daniel Judson Callaghan 海軍少將（1890-1942）命名，參與過一戰與二戰，弟弟為海軍中將，曾擔任密蘇里軍艦艦長。詳見〈ダニエル・J・キャラハン〉，網址：https://ja.wikipedia.org/wiki/ダニエル・J・キャラハン。

軍階	姓名	期別	時間
一飛曹	川平誠	甲種飛行予科練習生第 12 期	1945 年 7 月 29 日
一飛曹	佐原正二郎	甲種飛行予科練習生第 12 期	1945 年 7 月 30 日

資料來源：〈帝国海軍台湾よりの神風特別攻擊隊戰没者〉，昭和 20 年 3 月 22 日～同年 8 月 15 日：https://kamikaze.wiki.fc2.com/wiki/，作者整理。

　　表 5-18 列出了曾在宜蘭南北兩機場出現的 12 種戰機或特攻機，包括零式、一式陸攻、飛燕、銀河、新司偵、天山、吞龍、鍾馗、彗星與紅蜻蜓等。它們都有正式編號與暱稱，而對手的盟軍也同樣的為敵機命名。其中銀河因為性能關係，被自己人稱為「國破銀河在」，甚至連盟軍的暱稱也由男性（Francis）改為女性（Frances）。1944 年時，陸軍的三架軍機還成為了一首歌，歌名即為直白的「鍾馗吞龍新司偵」，由國王唱片出品，可謂「苦中作樂」了。

　　依照戰後日方交接給台灣的飛機清單，宜蘭留下有 29 架，包括零戰 27 架、96 式艦爆一架與紅蜻蜓一架。但有兩個問題值得探討，日本在台灣到底留下了多少架零戰？以及留下了多少架紅蜻蜓？零戰在戰後成為各國軍事博物館努力收集的文化資產，當時（1945 年 9 月）除了上述的宜蘭有 27 架零戰外，還有新竹一架、台中 26 架、台南七架、新社 20 架，總計 81 架，結果台灣連一架都沒有保留。至於紅蜻蜓共交接了 166 架，其中 147 架出現在虎尾（日軍方稱為コビ飛行場：Kobi），17 架在新社機場（日文 Tose：東勢）。而在一張美軍的空照圖中，出現了以日文發音的該地區機場，[101] 包括 Toyohara West（豐原西）、Toyohara（豐原）、Shishoshi（新庄子）、Taichu（台中）、Taichu East（台中東）、Tose（東勢）與 Takuran（卓蘭）等，其中新庄子就是大肚山機場。[102] 在戰史中不常出現的日本陸軍東勢機場，戰後留下了七種類的 44 架戰機（其中零戰 20 架），僅次於台南的 10 種類 49 架，惟先不計單類 147 架紅蜻蜓的虎尾。就零戰而言，現在全世界博物館中共收藏 24 架，美國 5 架、日本 8 架與其它國家 11 架。台灣當時接收的 81 架零戰中，推測也有幾架被美國接收，因為美國主導了 983 架飛機的處理事宜。

---

101 杜正宇、謝濟全，〈盟軍記載的二戰台灣機場〉，《台灣文獻》63（3），2012，頁 372-374。另見〈新社（Tose）飛行場踏查〉，網址：http://andersonplus.blogspot.com/2014/04/2014316.html。

102〈大肚山飛行場平面圖〉，網址：http://taiwanairpower.org/blog/?tag=新庄子。

表 5-18　宜蘭南北機場出現過的十二種機型一覽表

機型	編號與代號	說明
慧星[103]	海軍艦載俯衝轟炸機，編號 D4Y 盟軍稱為 Judy	1940 年 11 月由海軍航空技術廠生產，共 2,253 架，計有 11、12、22、33、43 型（神風機專用）
零式[104]	又稱零戰，為日本海軍的空中主力攻擊機，編號 A6M 盟軍稱為 Zeke 與空中打火機	由三菱與中島[105]共同自 1939 年生產製造，1940 年（皇紀 2600 年，後兩字為 00，故名零式）由海軍採用，產量 10,449 架，共有 11 型。
隼[106]	陸軍一式戰鬥機，編號キ 43 盟軍稱為 Oscar	由中島生產製造的輕型戰鬥機，可收放式起落架，更高速且耐長飛。1939 年起服役，共生產四型 5,751 架。
96 式艦爆[107]	海軍艦上爆擊機，編號 D1A2 盟軍稱為 Susie	由愛知飛行機生產製造的複葉艦上爆擊機，1936 年起用，共生產 428 架。
一式陸攻[108]	海軍雙引擎陸上轟炸機，編號 G4M 盟軍稱為 Betty	由三菱重工業研發的陸上爆擊機，1941 年起服役海軍，1945 年並搭載 MXY-7「櫻花特攻機」，共生產 2,435 架，共有 16 型。
飛燕[109]	陸軍三式戰鬥機，編號キ 61 盟軍稱為 Tony	由川崎重工研發製造，是戰時日軍唯一一款量產的水冷式活塞引擎戰機，1942 年起量產，共有 3,200 架，計有飛燕一與二型，共八款。
銀河[110]	海軍一式陸攻的後繼機，編號 PIY 盟軍稱為 Frances	由海軍航空技術廠生產的急降下爆擊機，1942 年起量產 1,101 架，共有 10 型。
新司偵[111]	陸軍 100 式司令部偵察機，編號キ 46 盟軍稱為 Dinah	由三菱重工業開發生產的戰略偵察機，1940 年起量產 1,742 架，共有四型。號稱二戰期間的最美軍機。
天山[112]	海軍 97 式攻擊機，編號 B6N 盟軍稱為 Jill	由中島生產製造的艦上攻擊機，裝有機上雷達，活用於夜間攻擊，1943 年起量產 1,266 機，共有四型。

103〈彗星艦上轟炸機〉，網址：https://zh.wikipedia.org/wiki/彗星艦上轟炸機。
104〈零式艦上戰鬥機〉，網址：https://zh.wikipedia.org/wiki/零式艦上戰鬥機。
105 全名「中島飛行機株式會社」（1917-1945），由中島知久平創立，具有獨立研發生產飛機引擎與機體的能力，當時為東洋最大的飛機製造公司。成為公司前的名稱為「日本飛行機製作所」、「中島飛行機製作所」，通稱中島。二戰期間，中島為陸海軍生產了不同機型的 29,925 架。中島後來轉型為汽車生產，廠牌為速霸陸。當時的飛機製造單位還有三菱重工、川崎航空機、立川飛行機、日立航空機、愛知航空機。
106〈一式戰戰鬥機〉，網址：https://ja.wikipedia.org/wiki/一式戰鬥機。
107〈九六式艦爆機〉，網址：https://ja.wikipedia.org/wiki/九六式艦上爆擊機。
108〈一式陸上攻擊機〉，網址：https://zh.wikipedia.org/wiki/一式陸上攻擊機。
109〈飛燕〉，網址：https://zh.wikipedia.org/wiki/三式戰鬥機。
110〈銀河〉，網址：https://ja.wikipedia.org/wiki/銀河_(航空機)。
111〈新司偵〉，網址：https://ja.wikipedia.org/wiki/一〇〇式司令部偵察機。
112〈天山〉，網址：https://ja.wikipedia.org/wiki/天山_(航空機)。

機型	編號與代號	說明
吞龍[113]	陸軍 100 式重爆擊機，編號キ 49 盟軍稱為 Helen	由中島開發生產，共量產 819 架。1941 年成為陸軍制式重爆機型，並在太平洋戰爭爆發後取代 97 式重爆機。
鍾馗	陸軍二式單座戰鬥機，編號キ 44 盟軍稱為 Tojo	由中島研發生產，擁有陸軍戰機前所未有爬升力、加速力、急降力，1942 年起量產 1225 機。
紅蜻蜓[114]	海軍九三式中間橘色塗裝練習機（陸上與水上）編號 K5Y 盟軍稱為 Willow 陸軍 95 式一型中等練習機 編號キ 9 盟軍稱為 Spruce	海軍紅蜻蜓由川西航空機研發生產，早於 1934 年即量產，共生產 5,770 架，戰後仍提供給印尼空軍使用。陸軍紅蜻蜓由立川飛行機製造，量產 2,618 架。

資料來源：台灣與日本維基百科，作者整理。

可見宜蘭在面對沖繩島戰役時所扮演的吃重角色，當時駐紮在南機場的神風特攻隊隊員被稱為「白蝴蝶」，報考神風特攻隊，被錄取而必須離家前夕，母親們對她們兒子說如果今生不能再見面的話，無論如何要化成白蝴蝶飛回家，讓媽媽見最後一次面。而轉成神風特攻隊機的九三式中間練習機也被叫作「紅蜻蜓」：橘色戰鬥機加上機翼上的紅色日本國徽，[115]因此南方澳的造船廠也成為「紅蜻蜓」的臨時強化所，紅蜻蜓的出現也代表著日本的困獸之鬥，採用練習機上戰場，而其主要基地即為最接近沖繩戰場的宜蘭與石垣基地。

當時宜蘭也成為美軍轟炸的主要目標，公工用竹子編了許多假飛機，都漆成紅蜻蜓模樣，放在南北機場的跑道上或機堡外，引誘美軍飛機來炸。為紀念此一史實，南機場附近的育才國小曾製作一架竹製紅蜻蜓，懸掛於校園。許多參與過機場公工的人都記得興建時的情形，包括使用軌道與台車運送石頭與資材建機場、協助推飛機進出機堡、搬炸彈、製作欺敵竹飛機、挖戰壕／坑道與建設機堡等。[116]雖然沒能留下飛機，但宜蘭留下了 14 座有蓋機堡、一件壓路滾（碾壓機場跑道的石輪）、飛行員懷錶以及相關的故

---

113 〈吞龍〉，網址：https://ja.wikipedia.org/wiki/一〇〇式重爆擊機。
114 〈海軍紅蜻蜓〉，網址：https://ja.wikipedia.org/wiki/九三式中間練習機。〈陸軍紅蜻蜓〉，網址：https://ja.wikipedia.org/wiki/九五式一型練習機。
115 93 式中間練習機（編號 K5Y1），塗成橘色，暱稱「紅蜻蜓」，共生產 4,700 架，同型把輪子換成滑水器，就成為水上中間練習機（K5Y3）。陸軍也有同型的練習機，編號為 95 式一型，生產 2,448 架。
116 蘭陽文教基金會，《宜蘭縣日治時期軍事設施第一階段調查計畫（下）》（宜蘭：蘭陽文教基金會，1997），頁 284-296。

事。14 座有蓋機堡中有六座位於南機場範圍內，也就是當時清華的宜蘭園區，現在的宜大城南校區，

跑道的盡頭是太平洋，當年在機場送別很多年紀輕、畫著紅妝的神風特攻隊隊員，他們（白蝴蝶）駕著飛機（紅蜻蜓）向龜山島的方向加速、起飛，一去不返。隔日即將出征的飛行員，他們年輕生命的放浪與最後一夜可能在員山熱水窟仔飲酒作樂，有藝旦招待，或去崇聖街七裏香酒家（後來的中華旅社）、開化樓、喜樂亭、杉崎旅館（法院附近）[117] 與塗師尾旅館（台銀前噴水池附近），遠一些還有礁溪溫泉鄉的樂園旅館與西山館等。[118] 想像其中一位特攻隊隊員高田豐志於 1945 年 5 月 13 日的前一晚，可能先寫好了遺書之後，到了上述地點進行了「人生最後的享樂」。

74 年後的 2019 年 10 月，78 歲弟弟高田登到宜蘭找尋其兄最後一夜的歷史現場。列在《魂魄の記錄》一書第 194 頁的高田豐志少尉（1925-1945），為少飛（少年飛行兵）13 期，隸屬陸軍飛行第 26 戰隊，於 1945 年 5 月 13 日那一天駕駛一式戰機「隼」，[119] 特攻了沖繩外海的美軍艦隊，一去不返。依特攻戰報，該天出擊有四隊，兩隊海軍（忠誠隊與振天隊）與兩隊陸軍（20 戰隊與 31 戰隊），前述表 5-16 記載了戰情，即命中美國驅逐艦（USS Bache, DD-470）與護衛驅逐艦（USS *Bright*, DE-747）。而飛行 26 戰隊是於 5 月 17 日由花蓮港出任務，命中了美國驅逐艦（USS *Douglas H.* Fox DD-779），不管如何，亡者已逝，高田豐志少尉的魂魄所化成的白蝴蝶隨著哥哥的探訪而回鄉吧！

小結

第二次世界大戰結束後的 1946 年時，一批由國民政府所接收 983 架中 29 架的日本飛機消失在台灣的宜蘭南機場上。據稱飛機被拆解作成鋁鍋，比高雄的拆船業更有歷史，不過背後的理由其實是美軍的堅持拆解。當年在宜蘭的金成興金物店（現在的五金行）工作的葉風鼓先生曾經以軍方拆解標售出來的日本戰鬥機機材，作成了鋁鍋臉盆出

---

117 杉崎旅館位於宜蘭街，當時電話 55 番。

118 石濠瑞，《日治時期宜蘭地區神風特攻隊之空間運用歷程探討》（宜蘭：宜蘭大學建築與永續所碩士論文，2012），頁 71-78。

119 一式戰機「隼」於 1939 年起陸續配置於飛行第 204、77、59、64、30、48、50、54、24、25、33、26 等戰隊，投入過南方與中國的戰場，曾擊落美軍 B-24、B-25 轟炸機，戰績顯著，曾被拍成電影。〈一式戰鬥機〉，網址：https://ja.wikipedia.org/wiki/一式戰鬥機。日本陸軍的飛行戰隊編號至 248。出任務前一天（5 月 12 日），高田少尉到了宜蘭街上的一間旅館，和旅館主人的女兒一起騎自行車飆車，還被警察攔查。中田芳子於 2012 年出版的《十四歲の夏》一書，記載了這一段故事。

售。[120] 從 1946 年之後，宜蘭的南機場就荒廢不用，但是除了雜草掩蓋掉的部分，整個機場的跑道、飛機掩體與機堡大都完整保留著，後來就成為清華的宜蘭園區的歷史現場，當時在規劃會議上，曾為了呼應「南機場吹的神風」，提出了兩項建議，一為將機場部分跑道切割成為「神風磚」或「公工磚」，作為募款標的。其二為原來機場跑道兩邊加上 LED 跑馬燈，營造「起飛」往龜山島方向的意象。

120 張文義、沈秀華採訪整理，《噶瑪蘭二二八》（台北：吳三連台灣史料基金會，2013）。

第六章
那些院們清華人的歷史現場[1]

　　兩地清華園有一些類似的傳統彰顯在生活之中，其中之一為教授宿舍的命名，依方位命名為東西南北院，有新建者，在前加上新字，例如北京清華園[2]的新西院與新新南院、新竹清華園的新南院與新東院等，但未見如東南院、西北院等的命名。由於以方位命名雖有便利性，卻少了學術味。於是北京清華園依其歷史脈絡（如西南聯大）曾由朱自清將南院稱照瀾院（舊南院的諧音），之後新南院稱為新林院（新南院的諧音）、新新南院稱為普吉院。而曾住在宿舍內的名人學者就真的族繁不及備載了（例如國學院的四大導師、人間四月天的男女主角等）。另一方面，學生居住宿舍則以「齋」命名之，北京清華園早期學生住在 2、3 院，[3] 後來男學生居住於新、平、明三齋，而女學生居住於靜齋與古月堂（暱稱胡堂），[4] 不過西南聯大時期的南院則為女生宿舍。[5] 新竹清華園的學生宿舍共有 25 齋，新、平、明三齋一樣為男生宿舍，靜齋也一樣為女生宿舍。不過，因應實施「住宿書院」（清華學院），實齋為 co-ed 制，男女生同在一棟，但分樓層住。以下分別探討北京與新竹清華園的那些院們的歷史現場與歷史人物（參閱表 6-1-1），他們的專業與博雅兼備，其所產生的社會影響力，曾被稱為「清華學派」。

第一節　北京清華園

　　1707 年起，作為清朝皇家園林的熙春園，在 1852 年改名清華園，1911 年的清華學堂開啟了皇家園林成為大學殿堂的契機，而工字廳（殿）、古月堂與怡春院就成了清華大

1　本章初稿由許明德校友審閱，特此申謝。
2　北京與北平之地名在歷史中多所更迭，從北平郡、北平縣、北平府、順天府、京兆地方、京都市等，中華民國創立定都南京，1912 年 3 月袁世凱將臨時政府（北洋政府：1912-1928）遷往北平，稱北京，後又改稱北平特別市。1937 年日軍佔領北平，又改稱北京（相對於東京），八年抗戰後又改稱北平。1949 年中華人民共和國成立，再改稱北京，並成為首都。清華大學在北洋政府時期成長，當時稱北京，因此本文通稱北京清華園。
3　2、3 院皆有食堂，另有合作社與古月堂小食堂。見林公俠，〈初進清華園〉，《清華校友通訊》43，1973，頁 5-6。
4　1930 年代清華園的學生宿舍，分為舊大樓、一院、二院、四院、五院、六院與七院。見蘇景泉，〈回憶 20 年前在北京清華園的大學生活〉，《清華校友通訊》6，1963，頁 13。後來四院改稱明齋、五院善齋、六院新齋、七院平齋、女宿靜齋。一院為高等科宿舍、辦公室與教室、二與三院為中等科。
5　周明道，〈聯大生活拾零〉，《清華校友通訊》11，1965，頁 27。

學最初的學術、生活與文化空間。工字廳內的小客廳陸續被稱作西客廳、西花聽、還讀軒、藤影荷聲之館、空軒等，道盡了歷史人物們如梁啟超、吳宓、趙元任、王國維、陳寅恪等人的點點滴滴。此種「常川駐堂（院、校）」的安排持續至後來的國學院以及新竹的清華學院（住宿書院）。而國學院籌備主任的吳宓則長期居住於由他命名的藤影荷聲之館。2012 年 4 月 30 日，國學院導師梁啟超、王國維、李濟的後人來訪問清華學院，論述古今清華的「宿學」。2013 年 3 月，陳寅恪的七位後人也曾來訪新竹清華園。

表 6-1-1　北京清華園的教師宿舍

教師宿舍區	興建年	說明
工字廳 古月堂 怡春院	原皇家園林 原園主書房 （1916 加建） 原皇家園林	單身教師與單身外籍教師 國文單身教師與眷屬、女生宿舍（1928） 王國維（1925）、梁啟超、朱自清 總（庶）務長住宅
北院	1911	17 戶西式洋房，外加一間俱樂部 先期外籍教師住所，號稱美國地或小租界 2 號：梁啟超（1924-1937） 4 號：蒲薛鳳（1924-1937） 7 號：葉企孫（1925-1952） 11 號：葉公超（1924-1937） 9 號、16 號（1933）：朱自清 16 號：蔣廷黻、朱自清
甲乙丙所 丁所	1917-1919 1927	三戶西式別墅（如） 甲所：校長宿舍（梅貽琦 :1931-1948）* 乙所：副校長／教務長宿舍 （馮友蘭 :1930-1952）* 丙所：祕書長宿舍 成志小學校舍（現清華附小）
南院 1934 舊南院 1946 改名照瀾院	1921	各 10 戶中西造型。清華校門南邊（二校門的原校門）、有小運動場與兩個網球場 趙元任：1 號（1925） 陳寅恪：2 號（1926） 梅貽琦：5 號（1922-1928） 馬約翰：16 號
西院（現舊西院）	1924	20 戶中式宿舍 45 號：朱自清 王國維：16、18 號（1925 秋） 陳寅恪：36 號，1890-1969 聞一多：46 號 王貞明：18 號（王遺書）
新西院	1933	10 戶中式宿舍，在原西院南邊

教師宿舍區	興建年	說明
靜齋	1933	女師生宿舍，原來在古月堂與工字廳單身宿舍（男女老師宿舍）
新南院 （新林院）	1934	30 戶花園別墅，在原南院以南 葉企孫：7 號 梁思成：8 號（文化資產） 陳寅恪：52 號 周培源：2 號
新新南院 （普吉院）	1937	10 戶職員宿舍 西南聯大小住宅 10 棟於大普吉鎮，命名之
勝因院	1948	命名來自抗戰期間（1937-1945）的昆明的勝因寺[6] 40 戶，復員之後新建
昆明北院、南院	1937-1946	西南聯大時期[7] 遷昆明後，清華特種研究所 5 所：農業（1934）、航空（1936）、無線電（1937）、金屬（1938）、國情普查（1938）之研究人員宿舍
36 所	1946	單身教師與助教宿舍

資料來源：作者整理。另：清華大學校史編寫組，清華學校時期重要建築一覽表，《清華大學校史稿》（北京：中華書局，1981），頁 61。＊：本表包含南遷西南聯大時間的 9 年（1937-1946）。

6-1-1　北京清華園北院

北院為北京清華園最先興建的教師宿舍，初期（1911-1920）由外籍教師與眷屬居住，直到留學的「海歸們」回國任教後，才陸續由本國籍教師與眷屬進住。外籍教師主要以美籍教師為主，雖然出現了兩個華人姓名：北院 13 號的王文顯與北院 14 號的趙士北夫人，其中王文顯為英國籍，而趙士北夫人為美國籍，所以初期全由外籍教師居住的說法完全正確，再按門牌號碼說明之。

北院除了名人住戶的故事外，並有住戶們「北院 7 號飯團」的故事，7 號住戶葉企孫（1898-1977）[8]為 1918 級清華學校校友，也是梅貽琦的學生，留美先後畢業自芝加哥

6　小園香徑、森林木、寂寞沙洲及秋塵編，《人生何處不相逢》第 2 集，（Bloomington：iUniverse，2012），頁 13-14。

7　西南聯大時期，因有三所大學，因此宿舍依學院而有不同區位，但也有聯大新建共同宿舍區，例如西倉坡（10 間：清華住過者包括吳宓、聞一多、潘光旦、馮友蘭）。清華自行租用處還有唐家花園舊戲樓（單身宿舍：朱自清、陳福田、陳岱孫、金岳霖）、學士巷 1 號、龍院村（任之恭）、大普吉鎮（包括新新南院、陳家營）等。參見張友仁，2012，西南聯大教授在昆明的幾處宿舍：https://www.tsinghua.org.cn/info/1023/30970.htm。

8　岳南，《大學與大師：一九一〇至一九三〇，民初學人如何在洪流中力挽狂瀾》（台北：時報出版社／新竹：國立清華大學出版社，2019），頁 251。

大學與哈佛大學（1923），回國應東南大學之聘，擔任物理學系副教授，1925 年由梅貽琦邀請回清華來創立物理系，成為創系系主任。因此葉企孫於 1925 年搬進北院 7 號，並一直住到 1952 年，成為北院最久的住戶（中間 1937-1946 西南聯大）。葉企孫剛住北院時仍然單身，因此請了廚師作飯，並邀請同為單身的教授們來一起用餐，同時討論大學教育改革的理念與作法。這群飯團改革派者包括同住北院 1 號住戶的兄弟檔薩本鐵（化學系）、薩本棟（物理系）、11 號葉公超（外語系）、9 號錢端升（政治系）、16 號蔣廷黻以及非北院住戶的施嘉煬（土木系）、陳岱孫（同住 7 號：經濟系）、金岳霖（哲學系）、張奚若（政治系）、周培源（物理系）。相對的掌權派團體則以工字廳餐廳為討論空間，被稱為「五兇飯團」，成為被改革對象。[9] 北京清華園北院的名人住戶多如過江之鯽，許多人更是清華校友，相關文本多所描述，因此本文特別挑選和台灣有關者。

　　北院 2 號：梁啟超（1873-1929）以飲冰室主人見稱，[10] 被視為百科全書式人物，也是博雅典範人物，一生著述豐富多元，跨越了許多領域，以《飲冰室合集》集大成，共 40 冊 149 卷，超過 1,400 萬字，於 1936 年出版，[11] 其文章風格號稱「策士文學新文體」。[12] 梁啟超 12 歲中秀才，在學海堂書院[13] 苦讀四年後於 17 歲中舉人，18 歲受教於康有為之萬木草堂，兩人合稱「康梁」。1840 年的鴉片戰爭後，「師夷制夷說」出現，西學為用，但堅持中學為體的洋務運動與自強運動展開，1894 年的甲午之戰，敗給日本，簽下馬關條約，激起了政治改革的浪潮，號稱改良派或維新派，梁追隨康有為成為維新運動的主要推動者之一。梁受到《萬國公報》的啟迪，持續辦報以明志，連在北京和康一起辦報時，居然也用了《萬國公報》的名稱，被抗議後，才改稱《中外紀聞》，其他還有《時務報》、《強學報》、《知新報》、《新民叢報》、《清議報》及《國風報》等，其中《清議報》和《國風報》則為逃亡日本時所辦。

　　而當梁擔任時務報主筆時，王國維則是該報的書記員。除辦報還辦學（時務學堂）作為思想基地，以擴大維新變法的影響力。在其間，《萬國公報》與《時務報》因為引用歐美各報之消息而出現了「東亞病夫」的論戰，本指突厥（土耳其）與其他國家已是病夫，現東亞又出現了另一病夫，病夫並非針對人民，而是國力衰弱的國家（病國）。

9　姚雅欣、董兵，《識廬：清華園最後的近代宅與名人故居》（北京：中國建築工業出版社，2009），頁 21。

10　梁啟超當年居於天津河北街 46 號，為其書齋取名飲冰室，建於 1924 年。

11　另有《飲冰室合集》的集外文，三大冊，共 450 篇文章，由夏曉虹編，2005 年由北京大學出版社出版。

12　楊瑞松，〈想像民族恥辱：近代中國思想文化史上的「東亞病夫」〉，《病夫、黃禍與睡獅：「西方」視野的中國形象與近代中國國族論述想像》（台北：國立政治大學政大出版社，2016），頁 17-67。

13　該書院於 1820 年開辦，當時號稱廣東三大官辦書院之一，1903 年廢院，未採山長制，改採學長制（八人），並反對科舉之學。詳見〈學海堂〉，網址：https://zh.wikipedia.org/wiki/學海堂。

梁啟超因而在 1900 年書寫〈中國積弱溯源論〉一文探討之，該文可視為清朝的「體檢報告」，細數病徵包括民力亦弱，以致成為世界第一病國：東亞病夫國。直到其新民說，才連結到個人虛弱之身體，包括吸食鴉片、重文輕武、纏足等，[14] 因此康梁乃成為各地「不纏足會」的創始者，另加上廣設女學校以培力女性們。不過後來更進一步連結到個人的健康體能，例如後述的南院 16 號住戶馬約翰，推動清華體育不遺餘力，體育不及格者不能留學等。

當時和康一起展開上書運動（公車上書）的其他主要人物有譚嗣同、嚴復等人。1898 年 6 月 11 日，大清帝國光緒皇帝下詔變法，共有五大項，包括政治改革。直到 1898 年 9 月 21 日清朝發生戊戌變法的西太后事變，事敗後康有為逃亡至香港，而梁啟超受前日本首相伊藤博文之助逃亡到日本，當時孫文也逃亡在日本，並先後訪問台灣。之後戊戌六君子在北京被處決，百日維新雖畫下句點，但卻成為後來五四新文化運動與起義革命的起點。1911 年終於民國成立，梁以進步黨身分加入「人才內閣」，並於 1913 年出任司法總長，接著於 1916 年出任北洋政府段內閣的財政總長，隔年 11 月段內閣下台，梁從此退出政壇。

他於擔任司法總長時（1914）受邀到清華學校演講，講題為「君子」，因而由《易經》中引出了清華的上一段校訓：自強不息，厚德載物。1914 年的「君子」演講後，梁暫居清華工字廳著述寫書，前述之「還讀軒」即由梁為其居處所命名。1922 年起任教清華，但直到就聘國學院四大導師（1925-1927）時，才於 1925 年 9 月 8 日住進北院 2 號，家人包括 1891 年結婚的夫人李蕙仙（1869-1924）與 1903 年成為側室的王桂荃（原為李蕙仙嫁過來的兩位丫鬟之一：1886-1968），李、王共生了 15 位子女（九男六女），其中六人早夭，成年的有九個子女（李二女一男，王二女四男），[15] 如果一起進住，應該是清華園各院中人丁最旺的一戶。但就文獻觀之，梁啟超自身倡議新文化的「一夫一妻」之運動，側室並未能上檯面，因此部分家人也有可能仍留在天津自宅或住在北京東城區北溝沿胡同 23 號的梁宅，[16] 但至少長子梁思成（1901-1972）曾提及年輕時曾隨父親住過北院與北溝沿胡同 23 號。後來梁思成也到清華任教，先後住在新林院 8 號（原新南院）與勝因院 12 號。

梁的子女中最出名的是「人間四月天」中的梁思成與其夫人林徽因（號稱最漂亮的清華太太）的故事，兩人同為 1923 年級清華校友，梁思成和其弟梁思永（1904-1954）同為 1948 年首屆中研院院士的兄弟檔，傳為佳話。[17] 不過四大導師之一的王國維卻在

---

14 梁啟超，〈中國積弱溯源論〉，發表於 1901 年 5 月 28 日。後列入《飲冰室文集》之中。
15 梁啟超生平中的子女，詳見〈梁啟超〉，網址：https://zh.wikipedia.org/wiki/梁啟超。
16 王建傳，《北京都市空間中歷史文脈傳承》（北京：中國社會科學出版社，2016）。
17 吳其昌，《梁啟超傳》（台北：東方出版社，2009）。

1927 年 6 月 2 日投湖自盡，1929 年同為國學院導師的陳寅恪（1890-1969）為王國維（1877-1927）立碑寫文，提及之「獨立之精神，自由之思想」則成為了清華下一段的校訓。陳寅恪當時借住南院 2 號的一半，另一位導師趙元任住在 1 號加上 2 號的一半，陳寅恪則在趙家搭伙。

　　更早的 1902-1906 年間，在台灣的林獻堂出任台中霧峰區長，受林幼春（1880-1939）[18] 的推介，開始閱讀《萬國公報》及 [19]《新民叢報》[20] 等相關文章（內有梁啟超文）。1907 年，林獻堂初訪日本，曾到橫濱的新民叢報館訪梁未遇，後在古都奈良再經安排「巧遇」梁啟超，討論了台灣民族運動的走向，確定了後來的溫和非暴力路線，策略上以日本本土的政治力量來牽制台灣的統治階層。1910 年，林獻堂帶兩個兒子（林猶龍、林雲龍）赴日就學時，更專程到神戶的雙濤園拜訪梁，促成梁來台訪問。1911 年 3 月 28 日至 4 月 11 日，梁啟超和女兒梁令嫻（學名思順：1893-1966）、湯覺頓[21] 從日本搭笠戶丸來台灣訪問，在台北的主要活動為 4 月 1 日於東薈芳的歡迎會，[22] 隔天赴台中，在萊園五桂樓小住幾天。梁提醒：不可以文人終身（不能只有櫟社），因此提供東西書單凡 170 種，[23] 鼓勵研究政治、經濟與社會思想。在此脈絡下，梁啟超成為了林獻堂的思想啟蒙導師，也等於影響了日治時期台灣的民族與民主運動。

18 林幼春為霧峰林家成員，林獻堂堂侄，日治時期台灣文學家與社會運動家，在文學方面，和丘逢甲、連雅堂並稱台灣三大詩人。在社會運動方面，台灣文化協會、台灣議會期成同盟會等組織的共同籌組人，後者的結社因違反治安警察法而遭逮捕起訴，最後 13 人被判刑，包括蔣渭水、蔡培火等人，林幼春則被判刑三個月，史稱「治警事件」。林幼春參加社會運動被判入監，結果促成獄中文學。詳見〈林幼春〉，網址：https://zh.wikipedia.org/wiki/林幼春。
19 萬國公報（1874-1883:1889-1907），本為美國傳教士林樂知（Young J. Allen）所辦的教會新報（1868-1874），改名之後的後期（1889-1907）成為教會所創之廣學會（同文學會：SDK 或 CLS）的機關月刊，開始加入西學，包括政治思潮，受到維新人士支持，曾是清朝發行量最高的刊物。後期主要人物是另一位傳教士李提摩太（Timothy Richard：1845-1919），維新運動的精神導師，1895 年 10 月，康有為、梁啟超拜訪了他，梁啟超還義務擔任其私人祕書，當時編出了〈西學書目表序例〉。後來康有為創立強學會，李提摩太還成為創始會員。
20 新民叢報（1902-1907）取自維新我民，為梁啟超逃亡日本期間，於橫濱所創之半月刊，共出 96 期，該報為改革派立場，和革命派的《民報》常有論戰。詳見〈新民叢報〉，網址：https://bit.ly/3gEHcEd。
21 湯覺頓（1878-1916）為孫文的革命夥伴，和梁啟超為萬木草堂同學，師從康有為。和梁一起流亡日本，民國成立，歷任財政部顧問、中國銀行總裁。袁世凱鼓吹帝制，梁啟超起草異議文，連夜交待湯覺頓帶往北京，登於《京報》。1915 年袁世凱稱帝後，湯號召武裝起義，雲南、貴州宣布獨立，梁草擬廣西獨立宣言後，廣西、廣東也宣布獨立。獨立的軍隊稱為護國軍，湯覺頓代表護國軍赴海珠島協調未果，在會上遭開槍擊斃，且另有多人死亡與受傷，史稱「海珠慘案」。詳見〈湯睿〉，網址：https://zh.wikipedia.org/wiki/湯睿。
22 當年台北大稻埕著名的四大旗亭：江山樓、東薈芳、春風得意樓、蓬萊閣。東薈芳創立於 1884 年，另有西薈芳在台南。東薈芳原股東不合，吳江山因此於 1921 年創江山樓，1927 年東薈芳倒閉，原址新開蓬萊閣。簡言之，東薈芳生出了江山樓與蓬萊閣。
23 梁啟超，〈西學書目表序例〉，《飲冰室文集》（北京：中華書局，1936）。

　　1913 年林赴北京訪問梁啟超後，再轉東京去連結「日本本土的政治力量」，面見了日本明治維新推手之一的板垣退助（1837-1919），[24] 共推非暴力策略的「台灣同化會」。1914 年板垣退助以高齡 78 歲兩度訪台，擔任該會總裁，成為合法組織，共有會員 3,178 人（日人 44 人），其中以台中的 1,109 人最多，台北、新竹與台南各約 500 人，爭取台人的平等待遇，惜於 1915 年年初被迫解散。同樣時間，林獻堂號召各地台籍人士爭取籌設台中中學（現台中一中），供台人就讀，於 1915 年開學，被視為爭取教育權的民族運動。接著台灣文化協會的成立（1921）、發行《台灣民報》（1932）、台灣議會請願運動（1921-1934）等一系列非暴力運動，可謂相當程度受到梁啟超的啟發。

　　北院 4 号：浦薛鳳（1900-1997）號逖生，為 1914 年入學的清華學校校友（辛酉 21 級），和吳國楨、聞一多同學，1921 年留美，先後就學於美國明尼蘇達州的翰墨林（Hamline）大學與哈佛大學，1926 年回國執教於清華大學政治系，並曾擔任《清華學報》主編，1937 年執教於西南聯大。1939 年到 1946 年間，浦從政擔任國防最高委員會參事。1949 年來台，擔任連續四任（1948-1954）的台灣省政府祕書長、教育部政務次長（部長為梅貽琦），期間也擔任了清華復校的籌備委員會委員。1955 年浦受命陪同梅校長巡迴台灣各地十天，找校地與校友，之後擔任政大教務長兼政研所所長。浦於 1962 年赴美先後任教於橋港大學（Univ. of Bridgeport）與聖若望大學，著有政治思潮相關專書與三冊回憶錄，[25] 夫人為陸佩玉，曾擔任台灣省議員，其次子浦大邦（加大柏克萊物理博士），曾擔任行政院指導委員，協助成立同步輻射研究中心（在清華南門外）。幼子浦大祥（伊利諾大學應用數學博士）在 1970 年代曾在新竹清華任教。浦薛鳳的三本自傳《萬里家山一夢中》、《太虛空裡一遊塵》與《相見時難別亦難》，在 1980 年代由台灣商務印書館出版。

　　北院 5 號：麻倫（另稱馬龍）（Carroll. B. Malone：1886-1973）於 1909 年畢業於美國密西根大學研究所，1911-1927 年間任教於北京清華園，但他於 1918 年返美結婚，當年他和新婚夫人 Alma LaVerne Ear 就住進新蓋不久的北院 5 號，內部四房一廳加廚房。之後他先在哈佛修習另一個碩士學位，後再獲伊大歷史博士學位。1930 年起先後任教於史丹福大學與科羅拉多大學，在 1955 年退休。之後的 1955-1958 年曾到台灣的東海大學歷史系任教，1959 年東海舉行第一屆畢業典禮時，由麻倫教授帶領畢業生們繞行校園，留下了珍貴的鏡頭，[26] 且梅貽琦當時以主管官署教育部長的身分到場致賀，於是在大清宣

---

24 板垣退助當時為日本有名的自由民權運動家，歷任自由黨黨主席（1891）、內務大臣（1896、1898），而 1898 年的再入閣，為首次的政黨內閣，號稱「限板內閣」（大隈重信與板垣退助聯合內閣），戰後 50 錢的政府紙幣與日本銀行 100 圓券採用其肖像。詳見〈板垣退助〉，網址：https://ja.wikipedia.org/wiki/板垣退助。

25 詳見〈浦薛鳳〉，網址：https://zh.wikipedia.org/wiki/浦薛鳳。浦薛鳳著有三本自傳。

26 麻倫教授（Carroll. B. Malone：1886-1973），網址：https://bit.ly/3sqPWU0。

統元年（1909）第一期留美的梅貽琦與宣統三年（1911）即已在北京清華園任教的兩位
終於在台灣見面了。1955-59 年時，清華正在籌備復校，辦事處設在台北，因此麻倫兩度
和梅校長相見，例如 1957 年 1 月 13 日曾一起共進晚餐、1959 年 7 月 11 日老清華校友
40 多人為麻倫舉行的餞行會。[27] 但是 1970 年 10 月 25 日，麻倫教授再度來到了新竹清華
園時，卻是到梅園去獻花致敬，已天人永隔。

　　北院 11 號：葉崇智筆名公超（1904-1981），在八歲時即先後赴英國與美國就學，中
途回國就讀中學，1920 年再赴美國留學，先後就讀三所博雅學院：Urbana College、Bate
college 及 Amherst College，之後再赴英國劍橋大學攻讀文學碩士。葉於 1929 年任教於清
華西文系（西方文學系），當時的系主任為王文顯（北院 13 號），直到 1936 年轉任北京
大學外語系。此外，葉也是新月派（師法泰戈爾的新月集）或新格律詩派（1923-1931）
的代表人物之一，由於徐志摩飛機失事，葉成為最後一任總編輯，還分別用多個筆名寫
作來增添內容。1929 年初到清華任教的單身時期有一陣子住在吳宓的藤聲荷影之館，之
後住進北院 11 號，南窗外種了毛竹，並取名為「竹影婆娑室」，內有號稱清華最舒服的
沙發加好茶、堆到天花板的書以及百科全書式的聊天。居住期間的 1931 年 6 月 30 日，
葉公超與袁永熹（淑惠）[28] 結婚，北院 11 號又多了「喜歡看書的女主人」與「新婚套書
的裝飾品」，該套書是由胡適號召朋友一起送的紅色燙金《蘭姆全集》與《蘭姆傳》。[29]
1932 年女兒在清華園出生，取名彤，源自詩經：彤管有煒，接著 1937 年出生的兒子名
為煒。[30] 同年，葉以北大教授名義赴長沙臨時大學（西南聯大前身），[31] 其文學院設於南岳
市的聖經學校，葉為北大外文系主任兼臨大外語系主任。隨著抗戰情勢的嚴峻，1928 年
教育部下達遷校到昆明的命令，另辦西南聯大，這就產生了 1,663 公里的遷校行動：湘
黔滇旅行團（1938 年 2 月 20 日到 4 月 27 日）。[32] 葉公超擔任西南聯大外語系主任，但當
時的文學院不在昆明，卻在百公里外的蒙自，[33] 直到一學期後才遷回昆明，當時吳宓、錢
鍾書也在同系。

27　趙賡颺編著，《梅貽琦傳稿》（台北：邦信文化資訊公司，1989），頁 228。
28　袁永熹（1906-1995）畢業於燕京大學物理系，詳見〈袁永熹〉，網址：https://zh.wikipedia.org/
　　wiki/袁永熹。
29　Edward Verrall Lucas（1868-1938）所編的全集（七冊）：*The Works of Charles and Mary Lamb*
　　(London: Methuen, 1903-1905)。另一套則是由 Alfred Ainger 所編的 *The Life and Works of
　　Charles Lamb*（12 冊，1899），印了 675 套，如果是紅色書面有燙金邊者應該是後者。
30　符兆祥，《葉公超傳》（新北：懋聯文化，1994），頁 69。
31　同時期也有一所西北聯大，成立於 1938 年 4 月 3 日，先由西安臨時大學開始（1937）。學校包
　　括北京大學、北京師大、北洋工學院、河北女師院、北京研究院。後來又分三獨立校：西北大
　　學、西北醫學院、西北師範學院。其它聯大還有華西協合大學等。
32　符兆祥，《葉公超傳》（新北：懋聯文化，1994），頁 83。
33　現為中國雲南省紅河哈尼族彝族自治州的首府。

　　葉於 1930 年代末從政，歷任中宣部國際宣傳處駐馬來西亞專員、駐英大使館參事、外交部參事／歐洲司長／政務次長、外交部長（1949-1958）、駐美大使（1958-1961）、政務委員、總統府資政等職。除參與了 1952 年〈中日和約〉與 1954 年〈中美防禦條約〉的簽訂外，更擔任 1954 年 9 月聯合國第九屆大會的首席全權代表，同期還有清華園北院 16 號住戶的蔣廷黻亦為全權代表。不過作為「悲劇的外交人」，葉公超自 1961 年 10 月到 1977 年 12 月被「關」在台灣，不能出國，成為有務（特務跟著）無政（政事）的政務委員。[34] 此期間，1962 年曾擔任台大與師大的兼任教授一個學期，接著編英文教科書與重編國語辭典等的教育工作與文化工作：故宮副主委，甚至受邀擔任新埔工專（現聖約翰科技大學）董事長。至於與新竹清華園的緣分，例如 1976 年，08 級（1936 年畢業）畢業 40 年捐建清華成功湖畔的八角涼亭，邀請葉公超題匾命名「八極四秩」（8 級 40），也連結到當年聯合國臨時總部的地名成功湖（Lake Success）。2013 年新竹清華園成立了「葉公超講座」，首任講座教授由亞洲政策中心主任的前 AIT 處長司徒文擔任。

　　北院 13 號：王文顯（1886-1968）出生於英國倫敦，1915 年畢業於倫敦大學，1921 年到清華學校任教，先後擔任系主任、教務長、副校長、代理校長（1920-1922）。他利用 1926 年休假時間，赴美國耶魯大學戲劇系，成為培格（G. P. Baker）的弟子，創作出暴露中國高等學府腐敗現象的《委曲求全》和揭露袁世凱稱帝的《夢裡京華》（或北京政變）等劇本，皆以英文發表，並在耶魯大學首演。1928 年升格為清華大學後，持續擔任西洋文學系系主任，依其師培格的脈絡，開設「西洋戲劇大綱」課程，後來成立戲劇系，本身也成為諷刺劇作家，並因此培養不少清華人成為劇作家，例如曹禺（本名萬家寶）、熊式之等。[35] 1937 年當大部分清華教師因抗戰轉到西南聯大時，他轉到上海的聖約翰大學，之後移居美國，任教於密西根大學。[36]

　　北院 14 號：白薇熙（Bornstein）及趙士北（1871-1944），趙士北於 1884 年赴美完成各階段教育，獲哥倫比亞大學法學博士。後來趙成為孫文的革命夥伴，革命成功後的民國建立，趙被推舉為臨時議會議長，於 1912 年 1 月 1 日代表授璽給臨時大總統孫文。之後歷任臨時參議院議員、唐山路礦學校校長、粵漢鐵路管理局局長、軍政府法務部司長、大理院院長、立法院立法委員、廣州市地方法院院長等公職。[37] 趙士北夫人白薇熙（Bornstein）為德裔美籍，為通曉多國語言的醫學博士（康乃爾大學），1914 年全家搬到北京，白薇熙任教於清華，女兒趙麗蓮（1899-1989）任教於北京女高師（現女師大），同住於北院 14 號。趙麗蓮後來先後任教於台灣師大與台大，主持頗受歡迎的電台「空中

---

34 符兆祥，《葉公超傳》（新北：懋聯文化，1994），頁 184-185。

35《清華校友通訊》58，頁 14-15。

36〈王文顯〉，網址：https://zh.wikipedia.org/wiki/王文顯。

37〈趙士北〉，網址：https://www.itsfun.com.tw/趙士北/wiki-0098588-5138358。

英語教室」與電視「鵝媽媽教室」，退休後繼續任教於多所大學，包括清華研究所。[38]

　　北院 16 號：蔣廷黻（1895-1965）於 1911 年受洗為基督徒後赴美留學，先唸中學，再於 1914 年就學於歐伯林（Oberlin）學院，[39] 1918 年畢業後到法國擔任戰地華工服務一年，1919 年入學哥倫比亞大學，於 1923 年獲歷史學博士。其夫人唐玉瑞（1895-1979）為 1914 年清華留美的首批十位女學生之一，亦入學哥倫比亞大學修習社會學，兩人因此認識結緣，1923 年在學成回國的船上由船長證婚。蔣先在南開大學任教六年，1929 年受羅家倫校長之邀到清華大學主持歷史系，後來擔任文學院院長。住北院六年期間，常和其他住戶打網球與玩橋牌，包括前述 4 號住戶的浦薛鳳，夫人們（蔣夫人唐玉瑞、浦夫人陸佩玉、王文顯夫人）常串門子，子女們亦多有交流，號稱清華園生活的黃金時代。蔣廷黻於 1935 年 12 月從政，歷任行政院政務處長、駐蘇聯大使、救總署長、駐聯合國常任代表（1945）、安理會代表、駐美大使（1961）等職。[40] 惟蔣因橋牌而婚變，原配曾到聯合國前舉牌抗議，要求人權委員會出面解決婚姻糾紛，還如影隨行，出現在蔣廷黻的公務場合，[41] 使得內政成為外交。之後，朱自清也進住過北院 16 號（詳見西院 12 號）。

6-1-2　北京清華南院（照瀾院）

　　當北院住滿外籍教師的時候，本國籍教師籌組了「華員公會」（後來的清華教職員公會），爭取教師公平的權益，促成了為本國籍而建的南院，於 1921 年落成，南院住戶也在上述精神下成立了「南院教職員住宅代表會」，一年一屆讓更多住戶可以參與社區的公共事務。第二屆的會長選出了 5 號住戶梅貽琦（居住期間 1921-1931），委員中有積極推動清華體育的馬約翰（南院 16 號）。由於是教職員宿舍，因此當然有職員入住，例如 9 號住戶徐志誠為文案處職員，就在南院成婚，許多教職員都前往祝福且鬧洞房。[42] 此種同仁相處與交流的情誼成為一種校園文化，從居家（at home）茶話會到南院夫人們發起的「母親俱樂部」，促進家政的影響力，這個俱樂部甚至辦起了食堂：小橋食社，讓學生也來報名吃飯，還說服大陸銀行辦理了清華到市內的公共汽車。[43] 小橋食社在 1925 年代，和清華國學院同樣吸引外校學生來清華園朝聖，享用物質與精神食糧，曾號稱「最

38〈趙麗蓮〉，網址：https://factpedia.org/index.php?title=趙麗蓮&variant=zh-hant。

39 Oberlin 學院創立於 1833 年，為美國最古老的博雅學院，也是第一所接收黑人學生（1835）與女學生（1837）的學院。詳見「Oberlin College」，網址：https://en.wikipedia.org/wiki/Oberlin_College。

40〈蔣廷黻〉，網址：https://zh.wikipedia.org/wiki/蔣廷黻。

41 蔡登山，〈風雲才略繫興亡：也談蔣廷黻的婚姻悲劇〉，《全國新書資訊月刊》10 月號，2009，頁 20-25。

42 姚雅欣、董兵，《識廬：清華園最後的近代宅與名人故居》，頁 35。

43 楊步偉，《雜記趙家》（台北：傳記文學，1972）。趙元任著，關鴻、魏平主編，《從家鄉到美國：趙元任早期回憶錄》（上海：學林出版社，1997）。

美味的大學食堂」。而其中最的主要成員為南院 1 號住戶趙元任夫人楊步偉醫師（婦產科），她後來更成為中餐食譜作家。1945 年時，兩人曾經一起簽書 *How to Cook and Eat in Chinese*，送給了李榦校友夫婦，後來李榦校友將一批書送給了在新竹的清華大學（另見本書第八章〈圖書章中的歷史現場與人物〉），該書真正成為了新竹清華園的「精神食糧」，更是名副其實的「家庭版」：楊步偉提供架構與內容、趙元任提書名與加註、大女兒趙如蘭（1922-2013）負責文字，且因此創造了「炒」（stir-fry）這個英文字。

此外，南院 18 號甚至還曾成為了女生宿舍（1931-1932），清華於 1914 年就有直接留美的十位女生，但真正入學自 1928 年始（北大早在 1919 年就有女生入學），錄取 11 位加上三位轉學生共 14 位女生，號稱第四級（成立大學之後的第四屆）。她們先住在古月堂作為暫時的女舍，直到 1932 年專用女舍靜齋完工，[44] 但 1932 年秋入學 28 位女生，其中 15 人安排到南院 18 號。[45] 在當時女學生們的一篇的回憶文中，出現了馬約翰與梅貽琦，馬約翰出入頻繁，能見度最高，而曾是南院 5 號住戶的梅貽琦和夫人曾來訪視。[46]

南院 1 號（和 2 號的一半）：趙元任（1892–1982）為 1910 年庚子直接留洋學生班第二期（號稱史前 2 期清華校友），共錄取 70 人，趙元任名列第二，胡適也在同一班（名列 55），他們後來有了不少合作，例如 1922 年翻譯《愛麗絲漫遊奇境記》，書由胡適命名。趙元任赴美後先入康乃爾大學學習數學與哲學（也涉獵物理、語言及音樂），1915 年入學哈佛大學，於 1918 年畢業獲博士學位，在美國教一年書（康乃爾大學物理講師）後回國到清華任教，1925 年 5 月加入成為清華國學研究院四大導師（梁啟超、王國維、陳寅恪、趙元任），當時趙元任已住在南院 1 號，陳寅恪於 1926 年受聘為清華國學院導師，當時 36 歲單身，先住在工字廳單身宿舍，之後陳寅恪單身入住南院 2 號，趙元任向他借了一半的空間，陳寅恪就在趙家搭伙了，號稱「趙夫人管兩家」。南院 1 號因為有了女主人楊步偉醫師，就產生了一些生活合作事業，例如三太公司（三位太太組成）教導製作手工品、[47] 小橋食社師生餐廳等，讓清華園的宿舍生活多采多姿。

但國學研究院只維持了四年，趙於 1929 年受聘為中研院史語所研究員，1932 年還曾接替梅貽琦擔任過留美中國學生監督。1938 年移居美國任教，擔任加大（柏克萊）教授，從趙在美國的大學任教以來，統計到 1958 年，清華人在美任教者計有 80 人，

44 本來學生宿舍也稱院，經 1935 年第 96 次校務會議改名成齋，例如四院（明齋）、五院（善齋）、六院（新齋）、七院（平齋）、女舍稱靜齋等。齋名來自《大學》。

45 朱俊鵬，〈清華園內第一批入校女生〉（2018），網址：http://www.tsinghua.org.cn/publish/alumni/4000382/11739849.html。另姚雅欣、董兵，《識廬：清華園最後的近代宅與名人故居》，頁 36-39。

46 曠璧城，〈南院 18 號〉，莊麗君編，《世紀清華》（北京：光明日報出版社，1988）。

47 姚雅欣、董兵，《識廬：清華園最後的近代宅與名人故居》，頁 113-114。

包括計入「小清華」成志小學畢業的趙如蘭。[48] 趙元任非常「博雅」，不但是世界知名的語言學家，精通英、法、德、日等多種文字，會講 33 種中國方言。英國哲學家羅素（Bertrand Russel）於 1920-1921 年受邀到中國各地演講，趙即以當地的方言替他翻譯。而且趙元任的音樂造詣頗高，能歌能作曲，例如大家耳熟能詳的《教我如何不想她》（劉半農作詞）[49] 與《海韻》（徐志摩作詞）等歌曲，並曾在夏威夷大學講授音樂，不要忘了他的《趙元任音樂作品全集》。[50] 趙元任於 1921 年和楊步偉（號韻卿）結婚：無儀式婚禮，又再次和胡適合作了，胡簽名擔任了證婚人。該無儀式婚禮通知信寫著：我們已在 1921 年 6 月 1 日下午三點鐘、東經百二十度、平均太陽標準時結了婚，賀禮絕對不收，但例外之一為可以收書信、詩文或音樂曲譜等；例外之二是歡迎捐款給中國科學社。楊步偉（1889-1981）於 1913 年赴日本學醫，畢業於東京女醫專（現東京女醫大），最後兩年曾和台灣第一位女醫生蔡阿信（在校期間：1917-1921）同校。她於 1919 年學成回國，在北平創設「森仁醫院」，[51] 為中國最早的婦產科醫師之一。就是在清華園期間，楊也開了個小小家醫診所，不過遇大病仍要找校醫（Dr. La Force：北院 15 號），甚至她在城內也開設生產限制診查所（節育避孕），每星期兩天看診。這個診所連帶的成立「數人會」，大家高談闊論，引領思潮，帶動國語的訂定。[52]

　　趙元任於 1948 年當選中研院院士，胡適則於 1958 年 11 月回台擔任中研院院長。1959 年初，趙元任受台大之邀來台灣講學三個月，又學會了閩南語。在台灣和證婚人胡適相見歡，並參加了李抱忱指揮之合唱音樂會，最後還在台灣採購了九大箱的東西和瓷器，運回美國。回台期間免不了造訪新竹清華園，趙氏夫婦並和梅校長在行政大樓走廊合照，趙夫人為該合照題了字，當年九牛二虎的三個牛在新竹清華的合照。也在梅校長官邸的東院 10 號前合照，由趙夫人照相，當時入鏡的有孫觀漢全家福、梅校長、趙元任與彭傳珍等人。後來又到台北福州街和趙家兩位女兒的親家們合照，梅校長也在現場，不過此張照片卻成為趙氏夫婦和梅校長最後的合照。後來講學的演講系列於於 1968 年由台灣商務印書館出版成《語言問題》一書。1968-1969 年趙氏夫婦於環遊世界途中，1968

48 吳長賦，〈曾在美國各大學任教的清華人〉，《清華校友通訊》65，1978，頁 49-52。
49 劉半農（1891-1934）自 1920 年留學英國與法國，於 1925 年獲法國國家文學博士，1926 年回國，歷任任北大教授、中研院史語所研究員、輔仁大學教務長、北京大學院長。《教我如何不想她》為劉於 1920 年在英國所作的一首詩，詩中以英文中的 She 創造了「她」，特別用於女性，該詩後來收入 1926 年出版的《揚鞭集》詩集。劉還翻譯了《福爾摩斯偵探案全集》。
50 1981 年 1 月 18 日，趙元任夫婦接受校友會代表張宗復（物理 74B 級）的訪問，沒想到楊步偉於訪問後一個多月因中風而過世，趙元任也於 1982 年 2 月往生。本訪問成為兩位連袂最後的受訪，特別值得紀念。張宗復，〈訪問趙元任楊步偉：四十年後記〉（1981），網址：http://alumni.site.nthu.edu.tw/p/406-1346-173786,r4272.php?Lang=zh-tw。
51 三位一起留日的同學，姓中有木，但其中一位早逝，故以「三人成森，只剩兩人」取名森仁醫院。
52 楊步偉，《雜記趙家》（台北：傳記文學，1972），頁 45-46。

年 10 月由香港再訪台灣，本來 10 月 18 日一早預定訪問清華，因總統召見而稍延後，一結束搭查良釗[53]的車趕去清華。之後的 10 月 22 日，趙意外的參加了史語所的 40 週年紀念會（1928-1968），在台灣和沈剛伯、錢思亮、張岳軍、李濟之、劉紹唐[54]等人相見。趙元任一向拒絕行政職，例如中央大學與清華大學校長，但卻一直掛名擔任中研院史語所第二組組主任（1929-1973），彰顯其語言學精神領袖的角色。

　　不過趙元任留在台灣最重要的語言貢獻則是「注音符號」，來自國府 1928 年成立的「教育部國語統一籌備會」，由吳敬恆（吳稚暉）帶領一個 31 人組成的委員會（趙元任、胡適、蔡元培、林語堂皆為委員），改「注音字母」名稱為「注音符號」，1930 年 5 月，教育部派趙元任、郭有守等為推行注音符號籌備委員，設立「推行注音符號籌備委員會」，並在全國全力推行。[55]在新竹清華園，名人堂入口處有著梅貽琦校長與四大導師的浮雕像，而「清華名人堂」建築的題字則以胡適墨寶集字而成。

　　南院 5 號：梅貽琦（1889-1962）於天津嚴館私塾打下了國學基礎，[56]1904-1908 年就學於南開中學（敬業中學），為首屆畢業生。1909 年考取了第一期的庚子直接留洋學生班（史前 1 期清華校友或 09 級），47 名中排名第六（報考者 630 人）。留學美國後先後就學於於麻州 Groton 的勞倫斯學院與伍斯特理工學院，並於 1914 年畢業於後者的伍斯特理工學院，獲電機學士學位，母校於 1940 年頒發梅榮譽博士。前者勞倫斯學院為 1793 年設立的新制男女合校高中（相對於拉丁文法學校），學生住校（現為 46%），每年只收 100 人（9-12 年級）。該校的校園文化包括入學前的夏令營、全校登山、校園捉迷藏（Spoon-hunt）等，[57]例如夏令營教導如何學、如何思考與如何合作。雖然不到一年，但可能對梅貽琦產生巨大的文化震盪（cultural shock），並連結到接著入學的伍斯特理工學院：[58]積極學習、積極參與、並成為基督徒，呼應了該校的教育理念「理論與實踐」。1921 年再度留美入學芝加哥大學，隔年獲機械工程碩士學位。1921-1931 年間，梅貽琦住進了南院 5 號，雖然期間有再留美與擔任留美學生監督。由於梅於 1919 年和韓詠華

53 查良釗（1897-1982）為 1917 級清華留學預備班校友，1918 年留美，先後就讀於芝加哥大學與哥倫比亞大學，歷任北京師大教務長、河南大學校長、西南聯大訓導長等，來台後擔任台大心理系教授與訓導長，武俠小說家金庸的堂兄。詳見〈查良釗〉，網址：https://zh.wikipedia.org/wiki/查良釗。
54 劉紹唐（1921-2000）為西南聯大校友，《傳記文學》共同創辦人，號稱「野史館館長」。
55 「推行注音符號籌備委員會」，網址：http://terms.naer.edu.tw/detail/1306565/?index=5。
56 嚴館後來發展成為南開學堂與南開大學。
57 勞倫斯學院（LA），本名為 Groton 學院，1838 年改名勞倫斯學院，以紀念主要捐助人 Amos Lawrence。詳見 "Lawrence_Academy"，網址：https://en.wikipedia.org/wiki/Lawrence_Academy_(Groton,_Massachusetts)。
58 伍斯特理工學院，詳見 "Worcester Polytechnic Institute"，網址：https://en.wikipedia.org/wiki/Worcester_Polytechnic_Institute。

（1893-1993）結婚，當年除了梅五哥配上韓五姑的「五五之合」外，還有「月涵必需悅韓」之說法皆成為美談，因此「五五之合」保留續住南院 5 號，梅夫人就在南院扶養小孩。[59] 1933-1935 年間，韓詠華還成為清華的旁聽生，實踐終生學習。西南聯大時期，梅夫人號召其他教授夫人組成自助組（有合作經濟之實），販賣「定勝糕」，成為聯大傳說。

　　梅貽琦在伍斯特理工學院同校畢業最特別的校友就是其獨子梅祖彥（1949 年畢業），父子同校。另外還有 1921 級（清華學校）的薩本棟（1902-1949），[60] 他於 1927 年獲博士學位，回物理系任教，和其兄薩本鐵（1900-1987）同為清華學校（1912 級，改名第一期）與伍斯特理工學院校友（大學部：1920-1922），他於 1926 年獲威斯康辛大學博士，回清華化學系任教，兄弟同校就學、同校任教，且同住於北院 1 號，且兄弟檔的網球雙打很出名（當時清華園宿舍風行橋牌與網球）。化學系同事張子高接著梅貽琦住進了南院 5 號，因為 1931 年梅貽琦接任清華校長而住進了甲所。不過談到兄弟檔，最出名的應該是同在清華的四兄弟：梅貽琦，梅貽琳，梅貽璠和梅貽寶了。

　　梅貽琦於 1915 年開始與清華結緣，並從清華學堂的物理與數學教師作起，之後成為兩地清華共同的校長，歷任教務長（1926）、清華留美學生監督（1928）、校長（北京清華：1931-1948，西南聯大：1938-1946，新竹清華：1956-1962）、紐約華美協進會常務董事（1949-1954：管理庚子留學生獎學金）、清華研究院籌備主委（1955：原子科學研究所）、教育部長兼原能會主委、國科會副主委（1959-1961）、中央大學地球物理研究所籌備主委（1962）。當年推動的教授治校（含校長遴選）與教授休假制度，一直沿用至新竹清華園。其中華羅庚的例子[61] 則延伸至現在的「拾穗招生制度」，例如招收自主學習者。其博雅教育的理念也在新竹清華園發揚光大，1991 年清華成立了台灣首見的通識教育中心。而其名言：「所謂大學者，非謂有大樓之謂也，有大師之謂也。」「大師」也在新竹清華園繼續延伸出大愛[62] 及大樹（清華景觀委員會以保護校園樹木知名）等理念，國學院的「常川駐校」精神也延續至清華學院的住宿書院制度。[63] 梅校長 1962 年於台灣過世，葬在原為高爾夫球場[64] 最高點的清華梅園，從那裡可以看到台灣海峽與整個新竹清華園。

　　南院 16 號：馬約翰（1882-1966）一家從 1921-1948 年間都住在 16 號（扣除西南聯

---

59 1909-1921 年，梅貽琦租在香爐營頭條處（前為紹興會館），長女與次女皆在此出生，週末才回家，平常住在清華園工字廳單身宿舍。

60〈薩本棟〉，網址：https://zh.wikipedia.org/wiki/薩本棟。1941-1945 年擔任廈門大學校長，過世後也葬在廈大校園內。

61 華羅庚（1910-1985）當年被破格錄取、破格出國留學（1936）、破格直升清華數學系教授（1937）。

62 賀陳弘的〈校長的話〉提及大愛，詳見〈校長的話〉，網址：http://www.nthu.edu.tw/about/presidentMessage。如延續梅校長的大師說，清華還有大樹及大愛。

63 王俊秀，〈宿學與共學：清華學院的化學實驗〉，《通識最前線》（台北：政大出版社，2012）。

64 日治時期的新竹高爾夫球場（ゴルフリンクス：Golf Links），參見本書第三章。

大時間），之後在勝因院 31 號直到 1966 年過世，為南院最久的住戶。南院 16 號是一處山字型的中式四合院，中間有一個很大的客廳，南接餐廳與廚房，兩邊有臥室。馬家除愛運動外，也喜歡音樂與攝影，因此客廳也擺有鋼琴，另設有暗房。[65] 馬約翰於 1915 年和戴聘恩結婚，育有四子四女，長子與長女因病早逝，因此說馬家的六位子女在清華園出生長大一點也不為過，且馬約翰擔任過成志小學（號稱小清華）校長，那些院的小孩們（包括馬的子女們）都就讀於此，其中包括楊振寧、趙如蘭等人。馬的其中一位子女馬陪倫就學於燕京大學音樂系，通學於清華與燕京之間，1950 年她在東京與錢明年結婚，僑居日本七年，和當時駐日代表團的清華校友與家族常有交流，包括團長朱世明、裴元齡、翟克恭等人。另外，馬約翰夫人戴聘恩也參加了前述趙元任夫人所號召成立的「母親俱樂部」，其他成員還有南院 10 號虞振鏞夫人、[66] 南院 17 號教務長張憶臣夫人、丁所何林一夫人、[67] 北院 15 號校醫 W. B. La Force 夫人等。南院 10 號住戶虞振鏞曾引進 13 頭乳牛，成立了「北京模範奶牛場」，前述北院 13 號王文顯家可俯瞰該奶牛場，因此被稱為「望牛樓主」。

馬約翰畢業於上海的聖約翰大學化學系（1904-1911），1925 年赴美春田學院攻讀體育碩士。馬在大學期間展現運動天分，參加多項球類與田徑代表隊，在田徑場上屢屢獲獎，包括 1905 年上海萬國田徑運動會一英哩賽冠軍、1910 年首屆全國運動會 880 碼賽冠軍等，1936 年擔任中國代表團總教練，參加了柏林奧運會，終生以對抗東亞病夫為職志。馬約翰於 1914 年到清華任教，體認到：公費留學者就是國家代表隊，不可以被看成東亞病夫，因此在清華園大力推動體育與運動家精神（sportsmanship），包括增建體育設施與體育館[68] 及建立體育傳統與校園文化，例如每天下午 4-5 時為全校運動時間（各種空間皆關閉）、不過五關（100 碼、跳高／跳遠、攀繩、橫槓翻越／擲鉛球與游泳）[69] 不得留

---

65 姚雅欣、董兵，《識廬：清華園最後的近代宅與名人故居》，頁 123-124。

66 虞振鏞（1890-1962）畢業自聖約翰大學，1911 級清華學堂校友，留美先後就讀於伊利諾大學與康乃爾大學，獲畜牧學碩士，1915-1928 年任教於清華，兼農場主任，於 1921 年創立農學系，直到 1928 年廢農學系，轉到北京大學農學院任教。1920-21 年，虞振鏞再度赴美德州農工學院（現 Texas A&M 大學）專攻乳牛學。詳見〈虞振鏞〉，網址：https://bit.ly/3HLiGxg。

67 何林一（1844-）為留美碩士，曾在中國公學任教，1915 年之後擔任周詒春校長英文祕書兼清華英文文案處主任。夫人張麗珍（真）為為清華校友，熱心擔任成志小學的音樂志工，他是清華校歌作曲者，趙元任合唱編曲，西山蒼蒼作詞者為汪鸞翔，為清華國文教師。

68 1919 年 4 月，清華體育館落成，造價 24.5 萬，比圖書館（17.5 萬）與大禮堂（15.5 萬）都高。內有籃球場、游泳池、淋浴設備、懸空跑道（22 圈一英哩）。1933 年後館增建完成，有六個網球場、三個排球場、男女浴室、戶外國術場。

69 依據 1919 年清華實施的體育檢驗標準，共有五項：跨欄（與胸同高）、攀繩 15 尺（五公尺）、魚躍滾翻（立定空翻）、跳遠 14 尺（4.67 公尺）、百碼（91.4 公尺）13 秒、游泳 20 碼（18.3 公尺）。1924 年的全國運動會百米記錄為 12 秒（換算百碼約 10.9 秒）。

學。換言之，體育過五關成為清華的畢業門檻，體育零學分必修也成為傳統。[70] 當時有一種說法；北大有胡適，清華有體育館，可知當年體育風氣之盛。

在體育過五關方面，當年國學院主任的吳宓[71] 與梁實秋[72] 都是差一點被體育課程耽誤的清華校友。吳宓跳遠差一英呎，延畢一個學期後才出國留學，還因在體育訓練中微笑（嬉皮笑臉）而被記過兩次，而梁實秋的游泳一項不及格而補考勉強游完 20 碼。[73] 運動家精神與體育道德的強調更是清華特色，而南院 16 號則是馬約翰當年（1930）號召北大、燕京、輔仁、北師大與清華五所大學的體育老師們，成立「五大學體育會」與商定比賽規約（體育道德）的所在，此種精神並一直延伸到在台灣的梅竹賽。新竹清華園成功湖連接到湖中央寄梅亭（湖心亭）的橋稱為「克恭橋」，為 1943 級校友翟克忭[74] 為紀念其兄翟克恭（1904-1957）而捐款興建，翟克恭為 1926 級清華校友，當年是清華足球隊與華北足球代表隊的中鋒球員，曾受到馬約翰的感召，而成為有運動家精神的選手。後來他留美獲賓大商學碩士，曾在駐日代表團工作，成為眾多清華外交學人的一員。[75] 2013 年 5 月 3 日，新竹清華園舉辦「馬約翰教授紀念座談會」，邀請了馬教授孫子的馬教授（馬迅）前來分享祖父的體育清華，並延續在兩地清華的馬約翰精神。

6-1-3　北京清華的西院與新西院

西院 20 戶於 1924 年落成，共四排（每排五戶）分庚辛戊己類，新西院則在西院的空地上連接興建，於 1933 年落成，共有十戶中式院落宿舍。首批新西院住戶雖然以理工科教師為主，包括動物學與植物學老師，但也出現四大導師之一的王國維（西院 16 號及 18 號）與朱自清（西院 12 號）。

西院 16 號及 18 號：從秀才變帝師（南書房行走）的王國維（1877-1927）雖曾於

---

70 有馬體育，〈一個體育老師如何影響了中國現代學術史〉，《每日頭條》，2017，網址：https://kknews.cc/news/y8vjevb.html。

71 吳宓（1894-1978）為 1911 級清華學堂校友，1917 赴美留學，先後畢業於維吉尼亞大學與哈佛大學，1921 年回國後任教於南京高師、東南大學，期間創辦《學衡》雜誌，號稱學衡派。1925 年受聘籌辦清華國學研究院，聘任四大導師，名噪一時，之後也隨往西南聯大。1944 年後，任教於燕京大學、四川大學、中華大學、西南師範學院等校。被稱為「中國比較文學之父」、紅學開創人、清華國學院開創人等。詳見〈吳宓〉，網址：https://zh.wikipedia.org/wiki/吳宓。

72 梁實秋（1903-1987）為 1915 級清華校友，1923 年留美就學科羅拉多學院與哈佛大學，獲文學博士，歷任東南大學、青島大學、北京師大教授，1949 年後赴台灣，一直任教於師大。他最為人知的學術工作為獨立完成《莎士比亞全集》的翻譯，並於 1967 年出版。其他軼事包括：與魯迅的長年論戰，與徐志摩、聞一多合開新月書店，再娶韓菁清（本名韓德榮）為妻。詳見〈梁實秋〉，網址：https://zh.wikipedia.org/wiki/梁實秋。

73 詳見〈馬約翰〉，網址：https://zh.wikipedia.org/wiki/馬約翰。

74 翟克忭在新竹經營大達化工廠，為製造食用膠的先端工廠。

75 有關駐日代表團工作的清華外交學人，參見本書第八章〈圖書章中的歷史現場與人物〉。

1901-1902 年留日，卻未獲學位，自學成功。先後任教於江蘇師範學堂、倉聖明智大學、北大（國學通訊導師）。1925 年受聘為清華研究院國學科（通稱清華國學院）四大導師，小辮子成為這一位國學大師的招牌，4 月王國維一家人入住西院，家人有繼室夫人潘麗正與九位子女。[76] 西院建築為典型的北方四合院，主要生活空間在 18 號，16 號作為書房與書庫，院子成為師母的花草創作區，西院兩年也是王國維人生的最後兩年。當時慕名討教的學術客人與傍晚在西院 18 號外面散步的王國維，也成為當時清華園的風景之一。之後，王國維退了 16 號，續留 18 號一年，趙元任曾邀請王家子女們到南院 1 號和趙家子女們一起補習功課。[77]

　　1927 年 6 月 2 日，王國維投湖自盡，前一年的 9 月其長子王潛明才因病去世。[78] 6 月 6 日，吳宓（國學院主任）、陳寅恪（四大導師）與親家羅振玉就在西院 18 號商討追悼會事宜。王國維過世 20 年後的 1948 年，王家排名老五的王紀明先隨國府赴台，轉任高雄海關。同一年 7 月，夫人潘麗正、老三王貞明、老六王東明、老八王松明、老九王登明搭太平輪來台投靠王紀明，不過王登明馬上又回中國。1983 年曾與兄弟在香港見面，1990 年曾回北京清華園探尋其父親投湖處。潘麗正於 1965 年病逝於台灣，長女王東明出生於日本京都，後來定居於台灣新北市的永和。[79]

　　西院 19 號：楊振寧的童年就在西院 19 號度過，其父楊武之（1896-1973）任教於算學系（後改名數學系），他在清華研究院（數學研究所）的學生陳省身（1911-2004）接著老師住進了 19 號。楊武之於 1928 年獲美國芝加哥大學數學博士，長年任教於清華及西南聯大數學系，學生中主要有陳省身及華羅庚等人，且為陳省身媒人（陳省身夫人鄭士寧）。陳省身生於 1911 年，因此號「辛生」（辛亥革命年出生），為清華數學研究所的首位研究生（1934 級碩士），後赴德國漢堡大學留學，於 1936 年獲博士學位，回國後任教於清華及西南聯大，1948 年成為中研院第一屆院士。之後赴美長期任教於芝加哥大學及加大柏克萊分校（1949-1979）。陳及夫人過世後，葬於南開大學校園。[80]

　　西院 12 號：朱自清（1898-1948）於 1922 年和俞平伯等人一起創辦《詩》月刊，俞平伯（1900-1990）後來於 1928-1946 年任教於清華，號稱白話文新詩與新紅學的開拓者，曾居住在南院 7 號與新南院 4 號。朱自清於 1917 年從原名自華改為自清，以示不同流合污，其散文〈背影〉曾先後收錄於兩地中小學教科書之中。1925-1948 年朱任教於清

76　王國維與莫氏於 1896 年結婚，莫氏於 1907 年病逝，生有三個兒子、後來潘麗正生了 3 個兒子與五個女兒（兩個夭折），一共九位子女。

77　姚雅欣、董兵，《誠盧：清華園最後的近代宅與名人故居》，頁 107-108。

78　王國偉長子娶羅振玉女兒羅孝純。

79　〈王國維〉，網址：https://zh.wikipedia.org/wiki/王國維。

80　〈陳省身〉，網址：https://zh.wikipedia.org/zh-tw/%E9%99%88%E7%9C%81%E8%BA%AB。

華與抗戰中的西南聯大中國文學系，[81]先後居住於西院 12 號與北院 16 號。其女兒朱采芷曾在成志小學三年，自謙不是清華人，後來和王永良（1943 年級校友）結婚，加入了清華同學會。[82]

　　西院 6 號、14 號：西院住戶的其中兩位和台灣及新竹清華園特別有關係，他們是西院 6 號的徐賢修與西院 14 號的閻振興，先後擔任新竹清華大學的校長。閻振興（1912-2005）於 1969-1970 年擔任清華校長，之後調任台大校長（1970-1981）。歷任教育廳長、教育部長（兼原委會主委）、青輔會主委、原能會主委、中科院院長。[83]而徐賢修接著於 1970-1975 年間擔任清華校長。

　　西院 16 號：顧毓琇（1902-2002）號一樵，1915 級清華學校校友，清華在學期間，與梁啟超兒子梁思成、梁思永同在清華園，因此常受邀去北院 1 號的梁宅用餐，並拜梁啟超為師。1923 年留美，於 1928 年獲 MIT 電機博士，號稱「博雅全才」，顧除了是一位專業科學家外，他也是劇作家、詩人、音樂家、禪學家。他於 1932 年和聞一多同時受聘回清華，他們（還有梁實秋等人）當年同為「清華文學社」的發起人，顧曾以「犯人」為筆名，在《清華週刊》寫了短篇小說〈離別〉以送別聞一多留美，回信時聞一多也自稱「罪犯」，物以類聚成為好友。[84]留美期間的 1925 年，他曾和梁實秋、謝冰心與聞一多一起編英文平劇〈琵琶記〉粉墨登台公演之。

　　和文學好友聞一多同時於 1932 年回母校任教，顧擔任電機系主任與工學院院長，先租屋於西門外的達園，隔年才搬進西院 16 號，家庭成員有顧夫人王婉靖（1901-2006），他們育有五子二女，當時一起住在西院者有長子、次子、三子與長女。在校期間最後兩年的 1936 及 1937 年，顧毓琇號召清華為前線官兵製作了 17 萬個防毒面具。他於 1938 年初出任教育部政次，歷任上海教育局局長、中央大學校長、政治大學校長、國立音樂學院院長等職。抗戰期間擔任蔣委員長特使，曾和陳誠見面，種下了後來台灣三七五減租的農地改革制度。抗戰勝利，顧毓琇代表出席日本的受降典禮。1949 年 5 月 9 日，顧與家人搭中興輪來台，隔年才赴美任教（MIT 及賓大），[85]並於 1959 年當選中研院院士。[86]顧在政治立場上屬於國民黨 CC 派，和台灣有深厚關係，並於 1972 年受聘為台大客座教授。但他從 1973 至 1991 年間曾七度訪問中國，包括 1973 年見周恩來、1983 年見鄧小平、1985 年見江澤民（顧毓琇在交大授課微積分的學生）等，因此觸怒了國府蔣

---

81 〈朱自清〉，網址：https://zh.wikipedia.org/wiki/朱自清。

82 朱采芷，《清華校友通訊》24，1968，頁 65。

83 〈閻振興〉，網址：https://zh.wikipedia.org/wiki/閻振興。

84 聞立雕，〈聞一多和顧毓琇的情誼〉，《炎黃春秋》，2002，網址：http://www.yhcqw.com/27/830.html。

85 顧毓琇長期任教賓大，其子女中有四人由賓大畢業。

86 〈顧毓琇〉，網址：https://zh.wikipedia.org/wiki/顧毓琇。

家政權，在 1992 年之前被禁止入境台灣，且取消院士資格（1999 年才又恢復）。

　　新西院 36 號與新林院 52 號：陳寅恪（1890-1969）自 13 歲起留學諸國 20 餘年
（1910、1918 年兩度公費留學），期間還和表弟俞大維同窗七年，[87] 但陳是一位沒有獲得
學位卻自學有成的學人，36 歲單身的陳於 1926 年受聘為清華國學院導師，暫住在工字
廳的西客廳（吳宓主任家），當時體育老師郝更生也在工字廳單身宿舍。陳之後搬入南
院 2 號，成家之前都在南院 1 號趙元任家搭伙。陳寅恪終於在 1928 年 8 月與唐篔（1898-
1969）結婚，[88] 此段姻緣由一幅署名「南注生」的畫牽出了唐景崧的台灣線，牽線人（媒
人）為郝更生（1899-1975）與其夫人高梓（1902-1997）。[89] 郝於 1925 年應聘到清華大
學，還記得趙元任夫人楊步偉號召的「母親俱樂部」，其教授夫人成員們所開設的「小
橋食社」，第一天開張時，首任跑堂就是郝更生，馬約翰夫人也是六位工作人員之一。[90]
1949 年郝更生夫婦一起隨國府赴台，夫人高梓於 1949 起接任了已成為歷史現場的竹師
附小校長（現清華附小）八年，留下了課後輔導、35 人班級規模、營養午餐與興趣分組
等制度。[91]

　　1930 年國學院結束，陳寅恪合聘於歷史系與中文系，先在 1932 年春全家搬進南院
8 號，接著在 1933 年時搬到新西院 36 號，在清華園期間，三位女兒陸續於 1929、1931
與 1937 年出生，[92] 其中兩個女兒的名字和台灣與澎湖有關：陳流求、陳小彭，[93] 么女陳美
延則取名自荀子：美意延年，三人都是清華園小孩，有著難忘的童年。回憶錄中甚至畫
出了新西院 36 號工字型的平面圖，描繪出當年的生活空間，除了書房的重點外，還有
男工（佟忠良）與女工（王媽）居室，他們支持了家庭事務中的幫傭與廚務，冬天有煤
爐、夏天有大冰塊以及自營堆肥花圃等。[94] 當時陳寅恪的月薪 480 元為清華教授最高的

87　俞大維娶陳寅恪的妹妹陳新午。
88　唐篔為唐景崧（1841-1903）四子唐運澤的女兒，唐景崧為末代台灣巡撫（1894），台灣民主國
　　總統（1895），當時陳寅恪舅舅俞明震擔任內務大臣。唐篔畢業於天津女師範，擔任過小學老
　　師，後來公費學體育，也成為體育老師。
89　莊瑩，《江山半壁人離亂——抗戰中的文人私事》（台北：秀威資訊科技公司，2013），頁 86-
　　88。兩人皆為早期留美學體育者，郝更生留美哥倫比亞大學修習土木工程，後轉到也是馬約翰
　　母校的春田學院改攻體育，雖然馬約翰較資深，但至 1925 年才畢業，因此郝更生成為第一位
　　留美學體育者。郝更生於 1929 年和高梓結婚，夫人高梓於 1922 年畢業於威斯康辛大學，先後
　　任教於北平女高師（女師大）、東北大學等。來台後，郝更生歷任體育司司長、亞運代表團團
　　長、中華奧會常務委員等，也是紀政邁向國際體壇的推手之一。
90　楊步偉，《一個女人的自傳》（桂林：廣西師大出版社，2014）。
91　小菩，〈向高齡挑戰的高梓〉，《台灣光華雜誌》9 月號，1980，網址：https://bit.ly/34yZGDM。
　　國立教育資料館，《教育愛：台灣教育人物誌》，頁 96。
92　前兩位女兒出生地在北平姚家胡同 3 號。
93　莊瑩，《江山半壁人離亂——抗戰中的文人私事》，頁 87-88。
94　陳流求、陳小彭、陳美延，《也同歡樂也同愁》（北京：三聯書店，2010），頁 92-93。

薪水，又配有新宿舍，清華園不失為一處研究講學的理想環境。

　　抗戰期間，陳隨清華南遷西南聯大，1942 年榮獲部聘教授，1946 年復員回清華園，住進新南院（新林院）52 號，附近有京張鐵路的清華園車站。陳宅斜對面又見前新西院的老鄰居雷宗海一家人：新南院 41 號。[95] 當時陳已失明，因此將其書房命名為「不見為淨之室」，課堂就在家中，教學助理由北大與清華聯合支持。回憶錄中再見新林院 52 號的空間示意圖，見到了左邊長房間作為上課教室，而其中一位汪姓助教（北大支援教師）就住在黑板後面的布簾隔間。另外，還有其夫人個性化的空間營造，在門口處種植了各種的花草蔬果，後院還有小菜園，多少影響了二女兒小彭後來唸園藝系。[96]

　　直到 1948 年因夫婦健康之因素，陳寅恪受聘於嶺南大學。[97] 1949 年曾由傅斯年（1895-1950）以中研院史語所名義，為專任研究員／第一組主任陳寅恪一家人申請入境台灣工作未果。後來其所堅持的「獨立之精神，自由之思想」卻成為他文革受害的原因，最後只能成為他的墓誌銘。不過 2013 年 3 月 11 日，陳寅恪的三位千金與孫女們共七人一起訪問了新竹清華園，留下了美麗的註腳。[98]

6-1-4　北京清華園新南院（新林院）

　　新南院 8 號：梁思成與林徽因，梁思成（1901-1970）在父親梁啟超流亡日本時出生於東京，並住了 11 年。1915 年入學清華學校（1923 級：癸亥級），同級同學有顧毓琇、梁實秋、孫立人等人。林徽因（本名音）（1904-1955）於 1920 年 4 月隨父遊歐洲，立定了學建築的志向，並因此影響了梁思成。1924 年 4 月，他們一起接待了印度詩人泰戈爾（1861-1941）。當時徐志摩也寫了〈偶然〉一詩來追求林徽因，這故事大家耳熟能詳。1924 年 6 月梁及林兩人一起留學美國學建築，先後就讀於康乃爾大學、賓州大學、耶魯大學與哈佛大學，最後於 1927 年畢業於賓大（梁為建築系、林為美術系），隔年 3 月結婚，8 月並一起受聘東北大學，創立了中國第一個建築系。1946 年梁受梅校長之邀，回清華大學創辦營建系（現為建築系），住進新南院 8 號，一直持續有下午茶的聚會傳統，而這種「社會沙龍」早在 1930 年代梁家居住於北京北總布胡同 3 號時即已開始。[99]

　　而於 2000 年在台灣、中國與香港播出的〈人間四月天〉連續劇，又再度推動「民國文學」的熱潮，[100] 將梁思成、林徽因、徐志摩、金岳霖等幾位主角聚在一起。其中金岳霖

95 同上註，頁 210-211。

96 同上註，頁 219-222。

97 姚雅欣、董兵，《識廬：清華園最後的近代宅與名人故居》，頁 117-121。

98 陳力俊，《清華行思與隨筆》（台北：致出版社，2020），頁 163。

99 汪修榮編，《民國風流》（台北：新潮出版社，2011），頁 27-33。

100 　　　王力堅，〈民國文學抑或現代文學〉，《21 世紀雙月刊》150，2015，頁 35-46。

（1895-1984）為清華學堂校友，於 1914 年留美，先後就學於耶魯大學、賓州大學與哥倫比亞大學，於 1920 年獲博士學位（哲學），1926 年起任教於清華哲學系，擔任系主任與文學院院長。[101] 透過徐志摩，金岳霖加入了北京北總布胡同 3 號梁家的「社會沙龍」（又稱太太的客廳），從此與梁家長相左右，梁思成與金岳霖更同為首屆中研院院士。金首先搬到了梁家北京北總布胡同 3 號的後院（1932-1937）加上搭伙中晚餐，接著的西南聯大時期，他又搬進了梁氏夫婦在昆明郊外一起設計的房子（1939）旁邊，最後抗戰勝利，金岳霖和梁家一起搭飛機回北平，又一起住進清華園新林院，令先後住進 9 號、71號與勝因院 36 號。1955 年林徽因過世，金岳霖在追悼會上所寫的輓聯其下聯字句：「萬古人間四月天」。2000 年，上述歷史人物們又一起登上了〈人間四月天〉的舞台，而清華園新南院 8 號作為當年社會沙龍的歷史現場也隨片再現。

　　新南院 6 號：蕭公權（1897-1981）為 1918 級清華學校庚申級校友，同屆者有後來於 1962-1969 年擔任新竹清華代校長與校長的陳可忠（1898-1992）。1920 年留美先就讀於密蘇里大學，從新聞學轉向政治哲學與思想史，之後於 1926 年獲康乃爾大學博士，先後任教於南方、國民、南開、清華、燕京、東北、四川、光華、華西、政治等多所大學，於 1947-1948 年應聘來台灣大學任教，1948 年當選中研院首屆院士，1949 年赴美國華盛頓大學（西雅圖）任教（1949-1968）。[102] 在清華任教的期間為 1932-1938 年，同事還有浦薛鳳、張奚若、錢端升等人。1941 年國府實施了「部聘教授」制度，前兩批一共選了 45 人，蕭公權是唯一的政治學部聘教授。蕭公權所研究的康有為材料（未出版稿）亦送給中研院近代史研究所，後來由其弟子汪榮祖翻譯成《康有為思想研究》，列入《蕭公權全集》之中。

　　新南院（新林院）72 號：聞一多（1899-1946），1912 年清華學校校友，在校期間，積極參與五四運動與新文學運動（新月派）。1922 年留美，先後就讀芝加哥美術學院、科羅拉多大學、紐約藝術學院等校，1925 年回國先任教於北京藝專、青島大學。1932 年回母校清華中文系任教，當時的系主任為朱自清。抗戰期間，前往西南聯大任教，反對國民黨的一黨專政，1946 年 7 月 15 日聞一多居然被特務暗殺，此次事件被視為國民黨失去政權骨牌效應的開始。聞一多和顧毓琇於 1932 年同時受聘到清華園，先租屋於西門外的達園，隔年搬進西院 46 號（新號），1934 年 11 月再搬至新南院 72 號，為 30 戶中最大的三戶之一，房間格局共有 14 間，戶外有草坪及魚池。聞一多為其書房命名為「匡齋」，效法西漢經學家匡衡的學問，發表的作品也常冠上匡齋之筆名。[103] 被暗殺後，其摯友兼同事的朱自清編了《聞一多全集》（四卷）。

101〈金岳霖〉，網址：https://zh.wikipedia.org/wiki/金岳霖。
102 蕭公權，《問學諫往錄》（台北：傳記文學社，1971）。
103 姚雅欣、董兵，《識廬：清華園最後的近代宅與名人故居》，頁 143-144。

那些院們除了是教授的生活空間外，它們也是教室（陳寅恪）、餐廳（七號飯團）、女生宿舍（南院 18 號）、花圃菜園等，最特別的是成為學生的避難所。1936 年 2 月 2 日，國府頒布「非常時期維持治安緊急辦法」，於 29 日派 500 餘憲警入清華園抓在黑名單上的 27 位共產黨員，計抓到了三人，押在工字廳。之後抵抗的學生們衝入工字廳救人，並燒毀警車。當天下午國府更出動武裝軍隊 3,000 人再入清華園抓人，校方通知黑名單同學們緊急避難到教師與校長宿舍，例如梅貽琦（甲所）、馮友蘭、朱自清（西院 12 號）、葉公超（北院 11 號）等。

6-1-5　日據北京清華園時期

日本侵華引起的八年抗戰（1936-1945）亦被稱之為「日據民國」或「日佔中國」，當時中國先後有八個省完全淪陷、13 個省部分淪陷、五個直轄市淪陷，還有滿洲國（1932-1945），未被佔據者只有八個省和一個直轄市（重慶）。西南聯大（1938-1946）所在的雲南省也有三個縣淪陷，而清華園所在的北京於 1937 年 7 月 29 日淪陷，成為「日據清華園」。該段期間，清華園的建築物被破壞的情況由 40% 到 100%、設備損失 100%、未及南遷之圖書損失 79% 等。[104] 當時留校的教職員工們組成了五人的「清華大學保管委員會」，下轄 40 位保管員，一起保護校產。至於那些院們的下場又如何？外籍教授宿舍被封閉、保管委員會先後被迫遷到明齋南院 18 號（現照瀾院）、校外騎河樓 39 號。

甲乙丙所被佔領，且蘆溝橋事變發起人的日軍聯隊長牟田口廉也（1888-1966）就住進甲所。1939 年春天，日軍野戰 152 病院進駐清華園，系館全成了病房，圖書館也成了治療室與手術房。體育館地板拆除成為日軍廚房的材料，館內成為馬廄，此外南院也一樣由教授宿舍改成「禽獸宿舍」的馬廄。更糟的是，新南院居然成為軍妓館。[105]

1945 年復員時，清華組「北平校產保管委員」逐步收回校產，當時清華園內居然有高達 4,241 名傷兵和 1,355 名醫院相關職工。沒想到國軍也順勢將日軍的 152 病院改成 38 兵站醫院，清華園繼續受到破壞，直到 1946 年 7 月遷出為止。面對此情況，曾住過乙所與西院 12 號的馮友蘭曾下了一個註腳：北大四壁琳琅，清華四壁皆空。[106] 清華園復員之後，校地從原先的 64 公頃擴大到 106 公頃，還反過來接收了日據時期設立的土木工程專校（頤和園東部），並在新南院旁增購土地興建了勝因院與普吉院兩處教師宿舍。[107]

---

104 朱俊鵬，〈百年清華記憶：日寇占領下的清華園〉，《百年清華》，2010，網址：https://www.tsinghua.org.cn/info/1952/17601.htm。

105 同上註。牟田口廉也當時為中國駐屯兵第一聯隊（比平上校）聯隊長。

106 朱俊鵬，〈百年清華記憶：日寇占領下的清華園〉，《百年清華》，2010，網址：https://www.tsinghua.org.cn/info/1952/17601.htm。

107 趙賡颺編著，《梅貽琦傳稿》（台北：邦信文化資訊公司，1989），頁 112。

第二節　新竹清華園

梅校長受命復校事宜之籌辦期間，於 1955 年 11 月到各地勘查設校校地，[108] 甚至包括八卦山雀雲坵及大貝湖，最後候選地有陽明山、南港與新竹，其中無需價購的陽明山（現文化大學）還是由蔣中正總統推薦，當時主管機關的陽明山管理局局長周象賢為清華 1910 年校友允諾全力支持。南港則是企圖合體中研院，並成為該院的大學部。但由於原子爐設置周圍五百公尺須淨空而作罷。最後選中了由中油接收、有天然瓦斯供應的原海軍第六燃料廠新竹支廠福利地帶一部分作為校地[109]，當時在勘察時，發現十八尖山之麓，有一小山丘，這個小山丘最後因緣際會，從陽宅變陰宅，成為梅園。

可望遍全城及中國大陸遠影，全校也歷歷在目。梅校長當時稱：此地將來最好修造校長住宅。[110]

校地規劃期間，又出現了熱心支持的校友：中油新竹研究所副所長朱樹恭（1936 級）與金開英（1924 級），後者還是主管機關中油的總經理。除了由代表中油的新竹研究所讓出土地外，還接受了部分縣有土地（其中即有日治時期的新竹高爾夫球場），共約 78 公頃，前後兩任新竹縣長朱盛淇（主秘韓圃仙）與鄒滌之（主秘張任寰）協助玉成清華園的初期校地。

籌備復校事宜的台北辦事處先於 1956 年 1 月設在中華路 77 號，首批元老級的工作人員如表 6-2-1，[111] 不計梅校長與查公關長，共有八位，而借調彭傳珍擔任總務長已是 1957 年 6 月 24 日的事情。之後該批人員並在 7 月 12 日由彭總務長帶領回新竹，但在台北先留下趙賡颺與章亮楨辦理第二屆研究所之招考事宜，在梅校長 1957 年 7 月 30 日的日記中，見到「先生指導卜學鈴講師打試題」之內容。[112] 此外，張昌華建築師（1908-2009）為清華 1929 級土木系校友（大學部第一屆），從一開始就協助館舍與原子爐之建設，[113] 包括清華首棟辦公大樓（舊行政大樓）、百齡堂、東院、西院、舊體育館、紅樓圖書館、台北金華街的月涵堂等。[114]

---

108 參見王俊秀，〈梅開新竹：那些年我們一起尋找的校地〉，《清華通識人物演講系列專題：梅貽琦》（新竹：國立清華大學通識中心，2022），頁 7-21。
109 當時梅校長的目標仍是光復原北京清華園，因此只設一所（北京清華園沒有的原子科學所）、不設大學部、減少基金利息之使用，但增本金、恢復出版《清華學報》。
110 趙賡颺編著，《梅貽琦傳稿》（台北：邦信文化資訊公司，1989），頁 429。
111 同上註，頁 144-145。
112 同上註，頁 185。
113 同上註，頁 182-183。
114 陳力俊，〈新竹清華建築第一人是誰？他有那些代表作？〉，《清華 100 問》，2014：http://lihjchen1002.blogspot.com/2014/03/blog-post_12.html。

表 6-2-1　復校初期（1956 年）的元老級工作人員（教師未計入）

姓名	職務	說明
梅貽琦	籌備委員會共同主委	另一位主委為張其昀（時任教育部長）
查良釗[115]	公共關係（義務協助）	1917 級校友，時任考試委員
趙賡颺	籌備處秘書	教育廳專門委員借調
石讓齋	總務主任	北京清華園農事股職員、金防部上校福利社經理（製酒）
林爾芬	庶務	
郝學儒	會計主任	電影檢查處主計
劉師武	出納	
李守志	書記	
廉誌玖	事務員、廚役	
章亮楨	雜務	

資料來源：《梅貽琦傳稿》，頁 144-145，作者整理。

　　雖有了中華路的台北辦事處，但梅校長仍暫住於台大錢思亮校長公館，且正積極尋找能久居的多功能處所，因此購買了台北金華街的清華辦事處（1963 年校友集資新建後稱為月涵堂），[116] 梅校長於 1957 年 2 月 22 日遷入，當時受邀同住於辦事處者為查良釗（1897-1982）：清華同學會會長，同時清華信封的住址即為金華街 110 號（電話：3218744），也是非正式的清華同學會會所。由於需要台北新竹兩邊通勤，因此買了兩輛美國順風牌（Plymouth）進口轎車，其中一輛為二手車，之後梅校長希望在台灣買一輛能巡視工地的吉普車，不過最後還是又買了一輛雪佛蘭（Chevrolet）二手轎車。[117]

　　1956 年清華在新竹赤土崎地區復校，分七期建設，「宿院建設」分散各期，第一期為通用大樓（行政大樓）與東院十戶的老師宿舍（老東院）。通用大樓位於現在的校門口化學館，當時校址為光復路 397 號。[118] 第二期將日治時代海軍第六燃料廠福利地帶留下來的軍官俱樂部舊建築整修為南院，其中六戶教職員宿舍，被稱作南甲；另外一棟用竹籬和泥土、木材為材料的房舍，整修成 18 個房間的研究生宿舍，就被稱作南乙，康樂室和乒乓球室也在其中；南丙與南丁則作為工警宿舍。第四期為新南院（教授與客座教

---

115 查良釗（1897-1982）為清華留美預備學校校友，於 1918 年留美，先後就讀芝加哥大學與歌倫比亞大學，返國後陸續擔任河南大學校長、西南聯大教授兼訓導長、昆明師院院長。赴台後，歷任台大教授兼訓導長、第二至四屆考試委員。擔任清華校友會會長期間（1963），集資改建金華街辦事處，命名月涵堂。

116 原屋主為警備總部副總司令紐先銘中將（1912-1996），其夫人謝承美為西南聯大借讀生，亦屬校友，因此割愛。趙賡颺編著，《梅貽琦傳稿》（台北：邦信文化資訊公司，1989），頁 166。

117 趙賡颺編著，《梅貽琦傳稿》（台北：邦信文化資訊公司，1989），頁 487。

118 1980 年代，校址改改成光復路 855 號，電話 226121-226129。

授住宅 12 戶與單身教師住宅一棟）、第六期再添建新南院教授住宅兩戶，[119] 最後總共 18
戶。當時教授很少，雖然有一些從國外回來，但是大部分是兼任。因此，南院的甲乙丙
丁宿舍通稱為「老南院」，以有別於原子爐落成以後興建的新南院。[120] 1959 年落成的新
南院為教授眷屬宿舍，室內兩房一廳，衛浴、瓦斯爐、熱水器、電話分機等設備一應俱
全，在當時艱困的大環境中，實屬不易，提供了教師能安心在新竹清華園研究及教學的
環境。所以順序為先東院、次南院、再新南院，新南院還有俱樂部，因此 1963 年級全體
畢業同學的謝師茶會即此舉辦（6 月 19 日）。而 1963 年校慶前完成的大草坪更讓清華
園綠草如茵，完全合乎英文校園（Campus）的內涵，同時大草坪到 1972 年前也作為足
球場。不過最近居然發現以「清大南院」為名的成德路建案被推出，覺得很有歷史感。

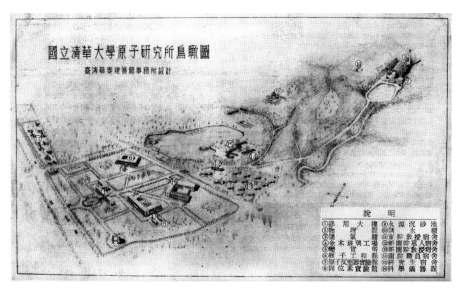

圖 6-2-1　1960 年清大原子所鳥瞰圖
來源：清大圖書館特藏室，華泰建築師事務所。

119〈本校研究院原子科學研究所概述〉，《清華校友通訊》1，頁 13。
120〈陳榮初先生訪談稿〉，2009 年 11 月 20 日，陳華教授、倪瓊湘女士、梁秀賢女士、吳孟青同學
　訪問。

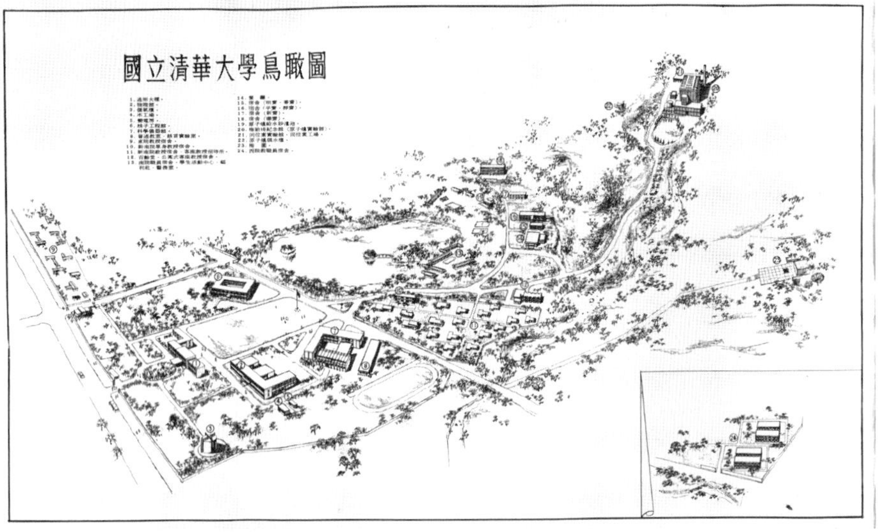

圖 6-2-2　1969 年清大校園鳥瞰圖
來源：清大圖書館特藏室。

圖 6-2-3　1960 年代校園鳥瞰照片
來源：清大圖書館特藏室。（數位上色版見本書彩圖集圖 G1）

　　文獻中出現的第一批教職員有：王顯榮、孫觀漢、陳可忠、錢積彭、梅貽琦、張齡佳、郝學儒、李育浩、楊毓東、彭傳珍、星兆鑫、朱樹恭等。另外，1955 年，梅校長著

手進行清華大學新竹復校事宜，即確定先以發展原子科學為主。自 1956 年起，梅校長在國內外網羅學有專精之青年學者至校任教，包含在軍事機關服務的幹員、在企業機構的技術工作者、在國外短期進修者等，並組成小組參加原子爐興建設計工作。而初期由梅貽琦校長選送留美，一起創建原子爐的幹部名單共十位，[121] 包含楊毓東、錢積彭、鄭振華、戈寶樹、曾德霖、王顯璨、李名立、李應庚、楊德禮、林嘉熙，多人負責了原科所的分組工作。其中就有六位同仁居住在新南院，之後又遷到西院[122] 與東院。

表 6-2-2　1960 年代初期時原科所的組織表

組織結構	職稱	說明
所長	陳可忠（教務長兼）	孫觀漢兼代
物理學組	錢積彭代理	
化學組	朱樹恭代理	
核子工程組	戈寶樹代理	亦負責原子爐之資訊組
反應器及同位素實驗組	鄭振華代理	
研究計畫委員會	楊毓東	
儀器選購分配委員會	錢積彭	
原子爐		
原子爐試行運轉控制室	林嘉熙 曾德霖 林光華	原子能總署派駐 另有海外顧問、觀察員（五國與台電）
保健物理組	李名立	
行政組	劉仲凌	

資料來源：《梅貽琦傳稿》，頁 238。作者整理。

　　而復校期間，蔣總統數次到清華巡視，關切原子爐進度，例如 1959 年孫觀漢應聘為清華大學客座教授時，蔣總統來新竹視察時，就由孫簡報進度，又例如 1959 年 6 月 14 日，蔣家三代四人更一起來清華巡視[123]。當年，蔣中正總統以反攻大陸為己任，又逢中共核子試爆成功，因此企圖研發原子彈，但配合「中美合作研究原子能和平用途協定」，優先成立了原子能委員會（1955）與清華大學研究院（1956），亦可視為當年任務導向的結

121 趙賡颺編著，《梅貽琦傳稿》（台北：邦信文化資訊公司，1989），頁 163-165。為了延續原子爐的採購工作，楊毓東、王顯璨、錢積彭三人在研習結束後想繼續留在美國，皆由梅校長親自出面。

122 西院建於 1963 年，首批的 16 戶（西院 1-16 號）仍在西院校門旁，最後西院共有 326 戶。由於西院還在，不屬於歷史現場，故未多著墨。惟可詳見許明德，〈西院〉，《清華文藝復興》（新竹：國立清華大學出版社，2021），頁 117-121。

123 趙賡颺編著，《梅貽琦傳稿》（台北：邦信文化資訊公司，1989），頁 228。

果。清華成為特別的「一校一所」，下分核子物理組（後來的物理系）、核子化學組（後來的化學系）、核子工程組（後來的核工系與工科系），並連接到後來的「新竹計畫」與「桃園計畫」，所以和中科院的關係密切，因此北院早期即由中山科學院的人員居住。顯見當年某些專長的老師集中在軍事院校，因此早期一般大學即從軍事院校聘用師資，最有話題的則為「四大皆空」：台清交成四校的老師們從空軍通訊學校邀請之，特別是電子、通訊與核子物理等專業，例如清華有李育浩與唐明道兩位教師。[124]

表 6-2-3　新竹清華園的教師宿舍

宿舍名稱	興建年度	說明
東院 網球場	1956	10 戶（王大閎建築師） 1 號：郝學儒 2 號：趙人欽 3 號：朱樹恭、孫方鐸 5 號：孫觀漢、王松茂、毛高文 7 號：陳可忠、張去疑 8 號：張齡佳 9 號：洪 同、何世延 10 號：梅貽琦、徐賢修
新東院		李曾逿（先住西院 105 號，1963） 1968 到東院 楊覺民 劉遠中 唐明道、閻愛德教授（閻振興的兒子、物理系） 三棟六家（打蛇的故事）[125] 唐明道：29 號
南院 （現大禮堂地區） 籃球場	原六燃軍官俱樂部 1945 中油接收 1957 修整南院教師宿舍六間（甲）、研究生宿舍（乙）、工警宿舍（丙丁）	甲所：6 戶教師宿舍 乙所：18 間研究生宿舍 丙所：工警宿舍 丁所：工警宿舍
新南院 現綜三館	1959-	14 戶（10 戶本籍教師宿舍及 4 戶訪問學人宿舍）、單身宿舍、俱樂部，之後又增建 4 戶
西院	1963	16 戶，現已擴大到 326 戶
北院（向台銀承租）	1972-2006	32 戶（會館、游泳池）

124 陳華教授於新竹保順療養院訪談，詳見〈徐道寧教授訪談稿〉，2009 年 5 月 11 日。
125「陳華教授、倪瓊湘女士、吳孟青同學訪談」，詳見〈李曾逿教授訪談稿〉，2012 年 6 月 29 日。

6-2-1　新竹清華園老東院

　　東院為 1956 年復校時的第一期工程，和行政大樓同時興建，其中 10 號也成為校長宿舍，以下逐號敘述之。

　　東院 1 號：郝學儒（1911-1976），1931 年畢業於北平財商專校，先在省級政府財稅部門工作，後陸續轉到中央博物館與同濟大學的會計部門，再調到其它學校如北平助產學校、海南島北平臨時中學等校主理會計。1948 年後隻身來台，1950 年起，歷任基隆中學、內政部電影檢查處的會計工作。1955 年清華復校工作啟動，郝由校友趙賡颺推薦給梅校長，1956 年起擔任會計室主任，住進東院 1 號，與夫人陳彩蓮、子承惠一起度過清華園生活。[126] 1965 年曾和蘇雍松教授，號召清華、交大、聯工所，一起組成聯合平劇社。[127]

　　東院 3 號：朱樹恭（1911-2015）為 1936 級化學系清華校友，1950-1955 年先在中油新竹研究所（副所長／代理所長）與經濟部聯合工業研究所（研究員），在新竹研究所期間，還擔任該所民眾反共自衛隊獨立中隊隊長，帶領隊員們接受兩週之訓練。[128] 在所期間最為人津津樂道者，包括鼓勵同仁們養來亨雞、鑽研佛法與打橋牌，並成立平劇社、口琴隊、歌詠隊（合唱團）、攝影社與各種球隊等。例如朱所發起的橋牌三角對抗賽，其中二角為中油台北總公司及苗栗台灣油礦探勘處，或約新竹空軍的藍天橋牌隊來友誼賽等。[129] 之後組成橋牌社，還和台肥五廠聯名發起新竹市橋藝聯賽，邀請六隊參賽。[130]

　　當清華於 1956 年 1 月籌備處成立後，轉任到清華擔任工務處主任，即由原中油新竹研究所（日治時期的總督府天然瓦斯研究所）走路到清華接新職，由於新竹研究所的宿舍在原新竹六燃軍官宿舍（現光明新村），因此研究所同仁每天走過清華校園去上班。朱實際執行了清華初期校地 78 公頃的土地取得與建校工作，之後除了在化學系任教外，並曾在 1964-1976 年間擔任清華教務長，於卸任的同一年退休。2011 年的清華創校一百週年暨在台建校 55 週年慶大會上，朱樹恭作為百歲校友（1911-2011）連同夫人夏情迫出席，[131] 引為美談。他因有捐書給清華，留下了印記，參見第八章〈圖書章中的歷史現場與人物〉。

　　東院 3 號：孫方鐸（1914-1989）一家本來居住於新南院 15 號，後來接朱樹恭退休之後的 3 號宿舍。孫為清華第十級（1938）機械系航空工程組校友，畢業後曾從軍加入

126《清華校友通訊》58，1977，頁 84。
127《清華校友通訊》12，1965，頁 31。
128《石油通訊》1，1951，頁 28。
129《石油通訊》9，1952，頁 33。
130《石油通訊》10，1952，頁 42。
131 朱樹恭夫人夏情迫曾任新竹中學教師，後來為照顧在台北讀書的子女而辭掉教職。

航空機械工作：空軍高級機械班第四期，[132] 之後留美獲密西根大學博士，先後服務於美國科學院及麻州大學數學系。[133] 早在 1958 年起即任教成大機械所時，就曾著有《人造衛星六講》一書，為華人學術界的第一本，期間亦協助航空研究院（院長顧光復將軍）的火箭研發，[134] 並於 1960 年 9 月 1 日首次試射成功。孫方鐸於 1971 年應聘回台創設清華應用數學所，其次子孫以瀚則隨父親從美國轉到新竹中學就讀。[135] 1977 年共創力學學會，擔任第三、四、五屆理事長，至今仍有「孫方鐸教授力學獎章」。另外，成大建築系校友吳美保因在高中聽到孫方鐸演講「腳踏地球，心向太空」，深受啟發，而在 2013 年捐贈雕刻作品給航太系：足踩地球，心向太空。[136]

東院 5 號：孫觀漢（1914-2005）為 1936 年清華庚子賠款留美公費留學生，獲匹茲堡大學博士，歷任柯達公司、西屋公司研究員、主任與所長。於 1958 年受聘來清華協助建設原子爐與擔任首任原科所所長，居住於東院 5 號。當時梅校長為教育部長，每次來新竹清華園時，總帶來土產、水果、雪茄、書畫等，還提供校長座車讓孫所長使用。孫如到台北公出，則住於金華街清華辦事處，和梅校長比鄰而住，晚上請管家廉誌玖拿出好酒，兩人一起品酒暢談。[137] 1982 年自美退休後，擔任原科所顧問，居住於西院自強樓，由清華校友小牛（許素朱）協助照應，傳為美談。

東院 5 號：毛高文（1936-2019）畢業於台大化工系，1970 年獲美國卡內基美隆大學化工博士，畢業後擔任美國通用汽車公司（GM）研究工程師，於 1974 年受徐賢修校長之邀回清華任教，歷任工化（工業化學）所所長與工學院院長，後接長台灣工業技術學院（現台科大）院長，於 1981-1987 年接掌清華。任內籌設台灣大學中首見的人文社會學院與生命科學院、校長期發展委員會（現校發會）、校研發委員會、校傑出教學獎與研究獎等，並支持與帶領清華的電動車計畫，[138] 爭取到 6,000 萬的研發經費。

東院 7 號：陳可忠（1898-1992）為清華學校庚申（1920）級校友，同級同學有蕭公權、陳岱孫、薩本鐵等人，公費留美先後獲耶魯大學（學士）與芝加哥大學（碩士、博

132 孫方鐸，〈十級的回顧〉，《國立清華大學十級（1938）畢業 50 周年紀念特刊》，1988。
133 蘇雲峰編撰，《清華大學師生名錄資料彙編 1927-1949》（台北：中研院近史所，2004），頁 317。
134 顧光復中將（1912-2000）畢業於交大機械系（1933），之後報考清華公費留美考，1936 年獲 MIT 航空工程碩士，名副其實的梅竹校友。
135 孫方鐸教授與夫人朱玲珠育有三子，孫以濱、孫以瀚、孫以濬，孫以濱任職於洛杉磯市公共工程局、孫以濬曾擔任鼎漢公司董事長、台北捷運總經理，孫以瀚則曾任國科會副主委。
136〈藝術家吳美保捐贈成大土木、航太系雕塑品〉，《台灣好新聞》，2012 年 10 月 12 日：https://n.yam.com/Article/20121011880525。
137 孫觀漢，〈清華和酒〉，《清華校友通訊》12，1965，頁 7-8。
138 國立清華大學圖書館，《高瞻遠矚的毛高文校長：毛高文校長紀念集》（新竹：國立清華大學圖書館，2020）。

士）的學位，在學期間即和九位同學於 1925 年成立了中華化學會。回國後歷任國立編譯館組長、副館長與館長（1932-1948）、廣州中山大學校長（1948-1949），來台後任師大理學院院長，於 1957 年回清華擔任教務長，襄助梅校長，1962 年梅校長過世後，陳代理校長到 1965 年真除，擔任校長直到 1969 年。長清華期間設立四個學系與三個研究所，其中的物理研究所設有博士班。[139] 當年曾發生女學生（鄭月李：核工 69 級）騎自行車跌倒，陳校長以校長座車接送看醫生的溫馨故事。

　　東院 7 號：張去疑（1918-2010）為清華第 11 級（1938）電機系校友，在學中從軍加入空軍通訊隊，畢業之後先後就職於航空委員會與任教於空軍電信電子學校，之後隨學校撤退來台灣岡山，任教於海軍官校、海軍機校及成功大學。並共同創設交大電子研究所（實驗組主任），歷任該所主任、教務長（1965）。1972 年起任教於清華動機系，同年和唐明道合譯《水下音響學》的教科書，並於 1973-1975 年間擔任清華總務長，居住於東院 7 號。1977 年徐賢修任國科會主委時推動新竹科學園區，邀請張去疑擔任副主委（1976-1983），一起推動竹科計畫，該計畫下分三組，設計開發組召集人即為張去疑副主委，學校聯繫組召集人為清華張明哲校長，外商獎勵投資組召集人為經濟部張光世次長（1935 級清華化學系校友），而以上的「竹科推手」都是清華人。

　　東院 8 號：張齡佳（1908-1991）於 1929 年入學東北大學體育系（郝更生創設），1932 轉校成為 1935 年級清華心理系校友。大學期間參加過三次全國運動會與兩次遠東運動會，並曾是第十屆柏林奧運代表。1933 至 1956 年間為十項全能記錄保持人，接手的就是楊傳廣。1936 年留美先後入學春田學院（也是馬約翰、郝更生母校）與愛荷華大學。1937-1952 年間先後受聘赴玻利維亞美國學院任教，並擔任玻國教育測驗研究所所長與移民局局長等，1952-1956 年間擔任玻國駐美軍購團使節。因此於 1956 年在美國遇到受命籌備清華復校的梅校長，受邀於 9 月回台協助復校事宜，他與朱樹恭、洪同一起執行實際復校工作，因此張與洪兩人被暱稱為「地下校長」。張齡佳先後擔任圖書館館長與體育主任（1964-1972），並兼福利社主任，照顧師生生活。並且負責搬遷圖書：從原來行政大樓的圖書館到新建的紅樓圖書館（1968-2008）。作為體育人，張先後於 1965 年建設 200 公尺田徑場（稱為可人中心，現教育館）、1968 年露天游泳池（現體育館）、1969年棒球場、1971 年體育館（現桌球館）及田徑場。也因此開始承辦各項大專比賽，特別的是 1969 與 1970 年兩年陸續提供棒球場給七虎與巨人少棒隊集訓，例如 1970 年的巨人隊集訓自 7 月 7 日到 19 日，除了練習與食宿安排外，還邀請兩位師母與女教官，於每日上午講授英語、唱遊及生活規範等。[140] 而該巨人隊隊員內即有後來任教清華的吳誠文與

---

139 清華大學校友服務中心編著，《人物清華》（新竹：國立清華出版社，2011）。
140《清華校友通訊》37-38，1971，頁 40。

擬聘任的徐生明。而在校內，自 1965 年起舉辦校園路跑與校慶運動會迄今，已成校園文化。

此外，1956 年清華復校蓋的首棟樓就是行政大樓（現在的化學館位置），它的二樓是開架圖書館，當時偏重原子科學的圖書，近 4,000 冊，該館編目採用美國國會圖書館的系統，直到 1967 年蓋了外牆內毯皆紅的紅樓，圖書館才終於有獨立的空間，仍由張齡佳教授擔任館長，[141] 當時負責中文編目的館員顧敏先生，後來擔任國家圖書館館長。

更因去梅園的路程中會經過圖書館，圖書館也「順道」成了觀光景點，前述「內外皆紅」的內部都鋪了紅色的地毯[142]，外面還有噴水池，紅樓後來就成了人文社會學院，有一個傳說：李亦園院長在院時，就會噴水，事實是，後來噴水池故障了，也就不噴水了，但是當時李亦園院長還是每天努力上班，規劃成立新系所以及推動通識教育講座。

東院 9 號：洪同（洪綬曾：1915-2007）為清華第十級（1934 年入學，1940 延遲畢業）經濟系校友，[143] 學號 2389，在北京清華園期間展現了演講與話劇表演的長才，也致力於學生會組織與學生運動，包括校內反拖屍（Toss）運動，後來曾因發起罷課而被記大過兩次，可說是非常特殊的學運經歷。[144] 在南遷西南聯大期間，曾擔任初期長沙臨時大學（清華於 1935 年在長沙嶽麓山下所建的分校）[145] 學生代表會主席，歡送過一批批的從軍清華人，洪同自己也從軍到西北參加陸軍政戰工作，但中間的 1940 年曾重回西南聯大完成學業，之後再回西安的青年團工作，並在 1945 年和譚味蘭成婚，隔年隻身赴東北的保安司令部工作，擁有少將軍階。1948-1952 年追隨校友孫立人將軍來台，任職於陸軍政戰部與軍人之友社。1962 年受邀來清華協助復校工作，1962-1972 年間擔任清華總務長兼代訓導長，洪號稱「五朝元老級」訓導長，歷經梅貽琦、陳可忠、閻振興、徐賢修及張明哲等五任校長。1973 年，洪帶隊「清華教授金門訪問團」，還曾在太武山上「勿忘在莒」的石勒旁發現了清華校徽，經追查發現是周希超與董桐孫兩位校友於 1972 年的傑作，[146] 不知是自行創作還是報備創作？洪與夫人譚味蘭與三位子女文萃、文江與文蓉居

---

141 張館長身兼圖書館館長、體育室主任，還有福利社主任。學校就稱洪同訓導長與張館長二位是地下校長。「陳華教授、倪瓊湘女士、梁秀賢女士、吳孟青同學」，詳見〈劉朝勝先生訪談稿〉，2009 年 1 月 20 日。

142「陳華教授、倪瓊湘女士、梁秀賢女士、吳孟青同學」，詳見〈常東萍女士訪談稿〉，2009 年 11 月 20 日。

143 洪同，〈清華、清華人與我〉，《清華校友通訊》138，2001。記兩次大過的緣由為跨校學生組織救國會反對「冀察政委會」的成立，被校務會視為鼓動而遭記過。

144 陳寶仁〈憶洪同〉，《百年清華》，2009，網址：https://www.tsinghua.org.cn/info/1954/13917.htm。

145 1936 年時，曾從清華園火車站（平綏線）曾南運好幾列車的教學研究的圖書、儀器等到漢口，指揮同學為物理系的小熊：熊大縝。

146《清華校友通訊》58，1977，頁 41。《清華校友通訊》62，1978，頁 3。

住於東院 9 號宿舍，[147] 就在梅校長隔壁。1985 年退休，改任月涵堂台北辦事處主任與校友通訊社社長。[148]

東院 9 號：何世延（1928-2021）為兵工學校 13 期（1948 年班四年制大學部）應用化學系畢業生，1949 年 13 期學生隨校遷來台灣花蓮，1954 年畢業任兵工中尉，先後任職於 44 兵工廠及兵工工程學院應化系助教、第一軍團司令部兵工組參謀、馬祖司令部、兵工署，並曾於 1955 至 1956 年赴美兵工學校受訓。何於 1963 年申請赴美留學，1967 年獲德州大學奧斯汀分校化學博士。同年 8 月受聘於清華大學化學系，　家入住東院 9 號（夫人嚴定蕙與兩位女兒，三女兒 1969 年在清華園出生），後來遷到新東院 30 號。當時化學系系主任為王松茂，同事還有鄭華生、徐聖煦等人，共有五位老師與三位助教。何歷任化學系系主任暨所長、校研究發展委員會主任委員及主任秘書，退休後任考試院第八屆考試委員。

東院 10 號：作為主要的校長宿舍，由首任校長梅貽琦住進之後（參見前述北京清華園南院 5 號），後續校長們陸續進住，但仍有例外，例如第二任校長陳可忠校長住在東院 7 號，因為在擔任教務長即住在 7 號，當時梅校長住 10 號，陳可忠在梅貽琦校長過世後代理校長到 1965 年才真除，就留在 7 號。閻振興擔任校長時（任期：1969-1970），曾住進 10 號。毛高文（任期 1981-1987）也曾住過東院 5 號，再進住 10 號。徐遐生校長（任期 2002-2006）因為企圖起動東院再生計畫，而未進住校長宿舍，所以住在西院第二招待所。陳文村擔任校長時（任期 2006-2010），曾整修 10 號的校長宿舍後進住，之後接任的陳力俊校長亦進住四年（任期 2010-2014），繼續維持東院 10 號作為校長宿舍的傳統。直到高為元校長住進竹師校長宿舍（南大校區），並將東院 10 號轉成托兒所。

第三任校長閻振興（1912-2005）為 1934 級土木系校友，留美於 1940 年獲愛荷華大學水利工程博士，曾任教於北京清華，因此曾居住於北京清華園的西院 14 號，當時也任教的徐賢修則住在西院 6 號。閻於 1969-1970 年間接任清華第三任校長，前後擔任成大（1957-1965）與台大（1970-1981）校長，並於 1982 年獲選第 14 屆中研院院士。從政經歷分掌過教育廳、教育部、青輔會及原能會等單位，特別在教育部長任內促成「九年國教」。[149] 任清華校長時期住進東院 10 號（夫人戴銘辰），其子閻愛德後也在清華任教，因當年留學並未同住於 10 號。除了校務外（包括大禮堂動土），也爭取清華加入設於台大的化學研究中心（國科會的四大研究中心之一）。另外，閻振興有高爾夫球的興趣，曾多次參加清華校友盃的友誼賽事，1969 年曾在剛開幕的新豐高球場揮桿，詳見第三章〈揮

---

147 洪同，〈匆匆一瞬又十年〉，《清華校友通訊》63，1978，頁 69-71。
148 蘇雲峰編撰，《清華大學師生名錄資料彙編 1927-1949》（台北：中研院近史所，2004），頁 202。
149〈閻振興〉，網址：https://zh.wikipedia.org/wiki/ 閻振興。

桿 Link 清華：新竹高爾夫球場〉。

第四任校長徐賢修（1912-2001）為 1935 級清華數學系校友，1948 年獲美國布朗大學數學博士，曾居住於北京清華園的西院 6 號。1961 年回台創設清華數學系，在 1962年的校慶大會中還受邀演講，題目為：從清華園到新竹。徐於 1970-1975 年接任閻振興擔任清華校長，成立工學院。1979-1989 年任工研院董事長，倡議科學園區，工研院接任者為張忠謀。徐賢修之子徐遐生則於 2002-2006 年間擔任遴選出線的清華校長，父子同為清華校長，傳為佳話。[150] 徐賢修在北京清華園就學期間的「宿舍混住」，四位室友系別為數學、化學、物理與文學，其中一位為化學系張明哲（1914-1999），成為接任徐賢修的清華校長，同寢室又先後接棒擔任清華校長的數學概率理論上不高，但是它確實發生了，說明了「人材密度」極高的情況，也是另一段佳話。徐校長倡議科學園區之餘，也籌劃成立了竹科雙語實驗小學與中學，當時清華由何世延代表出席，達成了協議：教育部出名、國科會出錢與管理。

第五任校長張明哲（1914-1999）為 1935 級化學系校友，與金開英校友等人號稱「燃料清華人」，先後擔任中油新竹研究所所長（任期：1946-1950）、高雄煉油廠（原六燃高雄廠）廠長（任期：1950-1955）、聯合工業研究所所長（另參見本書第八章〈圖書章中的歷史現場與人物〉）。長清華期間（1975-1981），成立電機系、中語系與外語系，[151] 並邀請楊英風設計了竹簡造型的新校門。

上述五任校長皆為北京清華的校友，徐賢修與張明哲兩位校長在清華就學期間還曾同住一間宿舍。其中的三位校長曾任教於北京清華園，並住在「那些院們」之中，例如梅貽琦住過的甲所與南院 5 號、徐賢修的西院 6 號、閻振興的西院 16 號。兩地的「那些院們」也產生過交流：新竹清華園東院支持北京清華園西院，例如顧毓琇（北京清華園西院 16 號）的科學論文集於清華創校 60 週年時集資出版，在新竹清華的校友們 28 人捐款支持，東院住戶包括徐校長賢修（10 號）、閻振興（10 號）、張去疑（7 號）、洪同（9號）、朱樹恭（3 號）等。[152]

6-2-2　新竹清華園的老南院

南院為 1945 年由中油接授收的原日本海軍第六燃料廠福利地帶的原有建築：軍官俱樂部，這就是沈君山在 1956 年陪梅校長勘查校地時所描述的「幾座鐵皮屋」：

150〈徐遐生〉，網址：https://zh.wikipedia.org/wiki/ 徐遐生。
151 陳力俊，《水清木華：清華的故事》（台北：致出版社，2020），頁 199。
152〈舍弘光大：兩岸清華學人手札展：顧毓琇〉，2017 年 4 月 20 日至 5 月 10 日，網址：http://www.lib.nthu.edu.tw/events/NTHU_Letters2017/work/work3-1.html。

——雜草叢中，一條小徑，通到一個湖（註：六燃消防湖，後來成為成功湖），湖邊幾座鐵皮屋，是廢棄的糖廠（註：應為六燃廠）留下來的，在往裡走，就沒路了——[153]

另《何世延回憶錄》亦有記載：

成功湖有蓮花、荷花——湖邊有幾棟日式瓦房，稱為老南院，為行政職員宿舍。[154]

原來的舊建築再加上後來的增築改建而成南院，因此屬於清華園早期的教職員生宿舍，當時歷屆研究生皆居住於此，被形容為：一棟 S 型之木柱竹牆平房。遇有暑期講習班時，不得不使用教室做寢室。1956 年清華復校時，當時有八位專職工作人員（趙賡颺秘書帶領）和幾位教師與助教（朱樹恭教授、卞學鈐講師、沈君山助教等），[155] 他們大半住過南院。後來 1964 年 3 月才建設完成新宿舍、新餐廳、講習班或訓練班學員宿舍、研究生宿舍（三樓），女研究生宿舍在三樓（靜齋），男生宿舍為一樓的新齋與二樓平齋。

趙賡颺（1908-2000）為 1934 級清華中文系校友，比朱樹恭[156] 高一班，早在畢業後就擔任清華祕書科職員，後來陸續擔任教育廳專員、教育部高教司督學。1955 年 12 月行政院的「清華大學研究院籌備委員會」中，趙（台灣省教育廳專門委員）和高教司司長同為籌委會祕書。復校初期，亦協助編輯《校友通訊》與《清華學報》。之後並曾主編1985-1987 年版的高中國文閱讀文選六冊（台灣開明書局），校訂者何容（1903-1990）為國語日報共同創辦人，何容曾和趙元任共事，例如 1941 年的教育部國語推行委員會，何為專門委員，後來並以此身分於 1946 年和家人來台灣。趙復校初期擔任梅校長祕書兼籌備處副主任，也曾在台北辦事處六年，之後的 1959-1973 年擔任師大教授，期間推出有名的「每日一字」。[157]

卞學鈐講師（1921-1994），為津門八大家族中的天津卞家隆順號（含藥材、布莊等）的第八代後人，家居天津英租界睦南道（香港道）81 號，[158] 家有 13 位兄弟姊妹，

153 沈君山，〈清華與我〉，《清華校友通訊》139，2001，頁 19-24。
154 何世延，《何世延回憶錄》（自行印製），2007。書中 63 頁亦有記載：百齡堂當時已經有了，學校中心地帶圍牆裡新建十棟平房學人宿舍。稱為新南院。
155 沈校長文稿，〈從吳大猷院長的講稿談起〉，網址：https://bit.ly/3swY45w。
156 當時朱樹恭任職於中油新竹研究所，就近擔任復校建設的新竹工務處主任，後來擔任教務長。
157〈何容〉，網址：https://zh.wikipedia.org/wiki/ 何容。
158 1919-1926 年間，天津英租界規劃與改建了五大道地區：馬場道、大理道（新加坡道）、睦南道（香港道）、常德道（可倫坡道）、重慶道（愛丁堡道）、成都道（倫敦道）等。而名人故居則以睦南道最多。

排行五子，畢業於北平輔仁大學化學系，1946 年到台灣，在清華復校時擔任唯一的專任教師。1958 年留美，曾任教於美國哈佛大學。在台灣的輔仁大學，卞氏夫婦一起捐贈了「范繁與卞學鈴獎學金」，其兄卞學鑛（1919-2009）為西南聯大的清華校友，MIT 航太博士，為趙元任女兒趙如蘭的丈夫，父女同為中研院院士。因此在柏克萊加大的趙元任捐贈檔案中，亦可見到趙元任和卞家幾位兄弟的通信，包括卞學鈴。[159]

　　廉誌玖（1921-2007）為河北人，家族營商，共有四兄弟，他排行老二，被稱為二爺，抗戰期間因到處抓兵，廉輾轉到台灣，曾短暫入伍傘兵部隊，之後在台北遇梅校長，以事務員職稱擔任梅的隨從與管家，照顧梅單身住在台北的起居，包括日常三餐，並同住在台北宿舍（現月涵堂）。當時梅校長常因公出國，特別是美國，因此常需要申請外匯美金，而交由廉保管，但又不便隨身攜帶，因此就放在垃圾桶之中，成為另類的「梅金庫」。之後廉於 1961 年和鍾來春結婚，再於 1963 年西院落成時住進校內（西院 8號），繼續擔任總務處事務員，包括梅校長在新竹的相關事務，也因此 1959 年 6 月 14 日蔣介石來清華視察原子爐工程時的大合照，廉先生也在內。廉在清華以急公好義聞名，除了睡覺外，很少待在家中，包括協助接送、各種維修與緊急支援，例如唐明道教授車禍的現場支援等。廉退休後仍以專案方式到台北金華街的月涵堂服務，特別協助僑生校友們回台參加校慶事宜，而這源於廉和僑生們的長年情誼。[160]

　　沈君山（1932-2018）在 1956 年時，即擔任過梅校長助理與吳大猷助教，1973 年起到清華任教，於 1994-1997 年間擔任清華首位遴選校長。上述的清華設校時的幾位專任者，除廉誌玖外，趙賡颺祕書、卞學鈴講師和沈君山助教都曾住在南院。而早期研究生皆住在南院乙所（南乙），例如陳文村、鄭國揚、王九逵、胡門昌等，因此南院曾設有康樂室供師生使用，例如 1958 年的 6 月 9 日，梅校長與研究生假康樂室為客座教授劉易舉行惜別會。[161] 而住過南院教師宿舍（南甲）的包括葉錫溶、李宗仁、王企詳、王松茂、何世延、李怡嚴、王唯農、謝世哲、丁肇中等。後來因新南院宿舍落成，南甲後來也住學校的行政主管們，例如蘇主任、林主任與徐主任，[162] 甚至牟宗三也短期住過。南丙與南丁則為工警宿舍，包括王育同、謝孟勤、黃秀山、賀惠甲等早期校警，[163] 其中黃秀山為隊長。另外，當年的醫務室也設在南院，配置有三位輪職的吳、周、馬姓軍醫與一位曹崇德護士。[164]

　　王松茂（1923-2002）屏東車城人，師大理化系化學組畢業後，曾擔任陳可忠教授

159「柏克萊加大的趙元任檔案」，網址：https://oac.cdlib.org/findaid/ark:/13030/c83b64nb/entire_text/。
160〈鍾來春女士（廉誌玖夫人）訪談〉，2021 年 9 月 28 日。
161 趙賡颺編著，《梅貽琦傳稿》（台北：邦信文化資訊公司，1989），頁 216。
162〈鍾來春女士（廉誌玖夫人）訪談〉，2021 年 9 月 28 日。
163 1957 年 5 月 21 日，梅校長剛從美日兩地返台，隔天即赴新竹，規劃學生宿舍與整修員警宿舍（即南院丙所與丁所），並於 8 月 20 日表達整修進度太慢的關切。趙賡颺編著，《梅貽琦傳稿》（台北：邦信文化資訊公司，1989），頁 180。
164〈鍾來春女士（廉誌玖夫人）訪談〉，2021 年 9 月 28 日。

（師大理學院院長）的助教。1956 年清華大學在台復校，梅貽琦為校長，邀請陳可忠由師大轉到清華擔任教務長兼化學教授時，王松茂也跟著來當助教。幾年後，王到美國匹茲堡的杜肯（Duquesne University）大學深造，於 1966 年取得化學博士，當時已是清華校長的陳可忠邀他回校，籌組化學系所並擔任系主任兼所長（化學所原為原子科學研究所的化學組）。王松茂後來擔任過清華總務長及教務長，兩次的國科會副主委（1983-1984、1987 -1993），之後回到清華退休，清華化學館設有王松茂演講廳。

　　南院與新南院 17 號：王企祥（1931-2008）原名王載德，高中即留美，畢業於加州理工學院，為晶體專家，先受邀赴中國任教，後以父病為藉口轉到香港，1958 年 10 月 19 日由香港到台北，台大校長錢思亮也到機場歡迎。但王先到交大，交大首屆電子所畢業時，全校老師五位，包括王企祥。後來於 1961 年到清華任教，直到發生 1979 年的解聘風波。王先住進新南院的單身宿舍，後來娶了名伶徐露，1966-1972 年間先住在南院（甲所），號稱有 400 坪的院子，當時沈君山、丘宏義（夫人陳正萱）為其鄰居，之後再搬進新南院 17 號。他們的婚禮在當時可轟動一時，1966 年 1 月 11 日，王徐兩人在台北地方法院公證結婚，男方證婚人為清華大學校長陳可忠，而女方證婚人是中國文化學院俞大綱教授（俞大維之弟），[165] 因為徐露當年保送到由俞大綱創設並擔任系主任的文化戲劇系，成為第一屆的學生。

　　清華大禮堂還沒落成（1973）前，就有校慶京劇的演出傳統，那時候王企祥與徐露住進南院甲所。既然清華眷屬出了名伶，京劇更盛，因此借用公誠新村（現光明新村）的大禮堂，例如於 1966 年演出「貴妃醉酒」，旁邊需要有跑龍套的宮女，就由四個同仁擔任，包括原科所的林憶仁、醫務室的曹崇德、文書組的謝修娟與常東萍，留下了「大白臉」的共同回憶。因為有「大白臉」的同仁登台，大家踴躍觀賞，那天還客滿。[166] 有一年物理系吳秀錦老師也和徐露一起演出《拾玉鐲》，1971 年 5 月 2 日的校慶演出了「慶頂珠」與「大登殿」兩齣劇，主戲的大登殿還邀請了周正榮來和徐露搭配演出，場面很大，因此「徵召」了八位教授夫人和職員同仁擔任宮女，號稱「清華戲班子」，其中只有陳正萱（丘宏義教授夫人）有京戲底子，另外八位教授跑龍套。[167] 原來丘宏義於 1971 年 2 月到 7 月從美國 NASA 回台講學，擔任清華物理系客座教授，也在台大開課，

165 俞大綱（1908-1977）為徐志摩新月派的成員，和清華國學導師陳寅恪有親戚關係（表兄弟），來台後創設中國文化學院戲劇系，在京劇部分，郭小莊、徐露、胡陸蕙皆曾受教於他。詳見〈俞大綱〉，網址：https://zh.wikipedia.org/wiki/ 俞大綱。
166「陳華教授、倪瓊湘女士、梁秀賢女士、吳孟青同學訪談」，詳見〈常東萍女士訪談稿〉，2009 年 11 月 20 日。
167 王安祈，〈訪談篇〉，《台灣京劇 50 年》下冊（新北：文建會，2002），頁 508。另見，《清華校友通訊》37-38（合期），1971，頁 51。

推動台灣的天文物理，舉辦暑期天文研習營，並協助設立了清華的天文台與天文社，[168] 因此和他夫人陳正萱因緣際會參與了前述 5 月 2 日的「大登殿」演出。因緣際會的還有另兩位數學系客座副教授楊國勝（清華數學所校友）與李宗元，他們於 1971 年 2 月 -1973 年 7 月間正好在清華客座，1973 年 8 月起楊到淡江大學、李到中央大學學專任，因此們也參與了大登殿的演出。其詳細演出名單如表 6-2-4：

表 6-2-4　1971 年的校慶演出《大登殿》演員名錄

劇中角色	演員	說明
薛平貴	周正榮	名鬚生
王寶釧	徐 露	王企祥夫人
代戰公主	陳正萱	丘宏義夫人
王 允	尚永慶	圖書館工友
蘇 龍	李宗元	數學系客座
老旦（王夫人）	劉鐘鼎	數學系
魏 虎	郝學儒	會計室主任
馬 達	丘宏義	物理系客座
江 海	道良能	數學所客座
車夫	葉 文	
龍套	王企祥 沈君山 楊覺民 李怡嚴 楊銀圳 楊國勝 謝世哲 曹思義	物理所 物理系 核工系 物理所 物理系 數學系客座 物理系 共同科國文老師
宮女	趙 晨 郎 棣 曹崇德 林懿德 常東萍 謝寧秀 謝秀娟 賴世敏	道良能夫人 物理系 衛保組主任 原科院院長祕書 文書組行政人員 沈君山夫人 文書組行政人員 李守志夫人

資料來源：《清華校友通訊》，37/38 合期，頁 51，1971。作者整理。

168「清華大學天文台」，網址：http://140.114.80.246/homepage/tw/about。 另見《清華校友通訊》37-38，1971，頁 40。

另一個發現為科學與平劇的相遇，原來大登殿的清華戲班子之中，有幾位和《科學月刊》有密切關係者，例如陳正萱翻譯了 1962 諾貝爾獎得主 James D. Watson 的著作，以〈雙螺旋：生命的絞鍊〉為題，從 1970 年 6 月號連載到 1971 年的 6 月號，後來並集結出書，對生物科學與醫學發展產生了長期的影響。

如果回到《科學月刊》第零期（1969 年 9 月試印本），發起人中有數位清華人：顏晃徹、楊覺民、陳蔡鏡堂、張昭鼎、李怡嚴，之中有兩位戲班子成員。該期並有李怡嚴譯介的〈愛因斯坦自傳性的札記〉以及沈君山的〈中國古代天文和現代天文的關係〉。接著《科學月刊》創刊號（1970 年 1 月號），戲班子成員有三篇，沈君山的〈3°K 黑體輻射〉與〈書評的標準〉，楊銀圳的〈實驗證實由其他星體來的重力波〉。接著 1970 年的 2 月號，丘宏義的〈波霎：自然之謎〉、李怡嚴的〈這可能是劃時代的大發現，可是……〉、沈君山的〈評地球古今談〉。接著，1970 年 3 月號：沈君山評〈物理定律的特性〉、1970 年 8 月號：丘宏義的〈宇宙之演化〉、1970 年 10 月號：丘宏義的〈科學的精確性〉、沈君山的〈關於星震〉等。一年內，大登殿戲班子的五人在科學月刊中發表了文章，而且李怡嚴還先後擔任發行人、社務委員會主委、督印人及讀者信箱回應人，楊覺民則擔任工程組審稿人，而沈君山負責書評等。

此外，在南院與新南院有用餐之緣的蔣亨進，為美國卡內基美隆大學物理博士，於 1968 年到清華任教，曾兩度擔任物理系系主任兼所長。蔣為沈君山的物理系同事與棋友（圍棋六段），曾帶領新竹清華同學參加 2019 年 9 月的兩岸清華盃圍棋賽，以 8-0 勝北京清華。[169] 在奕園（2013 年 6 月 1 日開幕）造景的倡議中屢有著力，收集到了六位圍棋大師們的墨寶與經典棋局，並配合沈君山捐贈條件中：建在校園內且不得砍樹。[170]

6-2-3　新竹清華園百齡堂

當年還有被稱為百齡堂的招待所，內分甲乙丙丁所，提供給單身教授與短期客座教授住宿之用，例如數學所的柯慧美曾居住於甲所，而王九逵客座教授曾住在丁所等，而這樣的安排成就了後來的一段良緣。[171] 又例如 1962 年創立數學所，1964 年設暑期研習

169〈柯潔現身清華杯，一對四指導選手代表〉，網址：https://kknews.cc/zh-tw/sports/vlle6my.html。
　　2003 年開始第一屆比賽，輪流主辦。
170 陳力俊，《一個校長的思考（2）》（台北：致出版社，2019），頁 132。
171 徐道寧，〈清華奇緣〉，《清華校友通訊》66，1979，頁 47-50。

班，陸續以美國傅爾布萊特講座經費的支持，邀請樊畿、[172] 楊忠道、[173] 葉玄、[174] 徐賢修、郭文光、聞人乾、施家輝、道良能等華人教授，還有的客座則以清華（庚子）基金聘請，例如徐道寧母校的德籍數學教授馬克（Willim Maak）曾先後於 1964 年與 1967 年兩度前來客座。[175] 如果有家人一起來，也會安排在新南院的四戶客座教授住宅（或稱學人宿舍），例如楊忠道 1963 年 5 月偕同夫人與三千金一家人、1964 年 2 月李宗基偕同夫人與兩位千金、1966 年徐賢修及夫人等。[176] 依據統計，1956 年秋到 1965 年春，梅校長在專任師資難求的情況下，共邀約 22 人次的海外學人來清華短期任教，有些人居住於百齡堂，有些（有家眷者）居住於新南院，他們包括袁家騮、吳大猷、鄧昌黎、孫觀漢、陳省身、徐賢修與國際原子能總署支持的歐美日師資。[177]

其中聞人乾原畢業於南京的中央大學（1941），後來入清華數學所，1947-1949 年曾任教於湖南師院，趕上了民國最後一批公費留美，於 1949 年入學 UCLA，同年中共建國時被迫選擇：馬上回國或留下來，聞選擇留下，並於 1953 年獲數學博士，之後在加州大學長島分校任教。施家輝與施家昭為數理才女姐妹檔，同時就讀於康乃爾大學，當時和沈君山、李登輝、高英茂同校。[178]

6-2-4　新竹清華園新南院（1957-1981）

作為復校第二期的重要建設，由校友張昌華建築師所設計，新南院不但是吸引人才的安居誘因，也成為校慶安排參觀的對象。另外更有一項象徵意義：原子爐的安全性（新南院位於原子爐及行政大樓之間）。院區內除了有長住型家庭宿舍（先十戶，再增建

---

172 樊畿（1914-2010）為 1936 級北大數學系校友，1938 年錄取法國庚子留洋獎學金，1941 年獲法國巴黎大學數學博士，1945 年之後先後任職於美國普林斯頓高等研究院、聖母大學（1947-1960）、維恩州立大學（Wayne State Univ.）、西北大（1960-1965）與加大聖塔芭芭拉分校（1965-1985）。1964 年中研院第五屆院士、中研院數學所所長（1978-1984）。詳見〈樊畿〉，網址：https://zh.wikipedia.org/wiki/ 樊畿。
173 楊忠道（1923-2005）先擔任中研院數學所，1949 年留美，並於 1952 年獲杜蘭大學博士，之後擔任賓大數學系教授（1956-1991）。1968 年中研院第七屆院士、中研院數學所所長（1992-2004）。詳見〈楊忠道〉，網址：https://zh.wikipedia.org/wiki/ 楊忠道。
174 葉玄（1916- ）畢業於交大，為第六屆清華留美公費生，獲 MIT 博士，後任教於賓州大學。並成為工研院共同創辦人兼能礦所所長。1970 年中研院第八屆院士，當時的院士名錄中，清華人有 34 位，超過半數。詳見〈葉玄〉，網址：https://zh.wikipedia.org/wiki/ 葉玄。
175 陳華等訪談，〈徐道寧教授訪談稿〉，2009 年 5 月 11 日於新竹保順療養院。馬克老師和陳省身老師在漢堡大學是同學，並且是同一天考上博士位。他為德國哥亭根大學數學所教授兼所長，清華徐道寧與台大繆龍驥均為其弟子。
176 陳力俊，《水清木華：清華的故事》（台北：致出版社，2020），頁 200。
177 趙賡颺編著，《梅貽琦傳稿》（台北：邦信文化資訊公司，1989），頁 162。
178 劉漢壽，《從失學少年到太空科學家》（台北：秀威資訊科技公司，2010），頁 47。

四戶）（表 6-2-5），[179] 還有短期客座家庭宿舍（四戶）、單身公寓宿舍，並加上生活所需的俱樂部（1 號旁邊）、醫務室與福利社、羽球場／溜冰場（在 6 號旁邊）等。在早期只有十戶時，更形成小小農莊與動物園，[180] 每一戶後院都有葡萄架，每家種十棵葡萄樹，還各挑自己喜歡的品種，開發每戶的小菜園及果樹。此外，養兔子的有 3 號及 5 號、養鴿子有 3 號和 6 號、前院挖池塘養魚是 7 號和 8 號與養狗的 7 號等，門房也養了兩隻狗，套句現代流行語，當年新南院的「生物多樣性」比起一般的住宅高出甚多。

　　1960 年代的副教授與教授薪水分別為本薪 2,600 元與 3,200 元，學術加給 1,000 元，有一段時期還加上校款（庚子基金利息）每月 1,350 元，但是免費提供住宅、瓦斯、水及電 50 度。[181] 當然每戶附有熱水瓦斯爐，以新竹盛產的天然瓦斯為燃料，卻常因故而蒸氣爆，也成為當年住戶們的共同回憶。由於新南院位於校園中心位置，除住戶互相串門子之外，師生來院聚餐討論似乎也成了校園文化，而師母們雖沒有如北京清華園院們的「母親俱樂部」，但仍善盡校園的社會責任，例如 1963 年校慶舉辦了校歌比賽，主要評審都來自新南院，包括錢積彭夫人梁笑陽、劉仲凌夫人聞在德、林嘉熙夫人施純芬、溫吉士夫人。

　　1955 年，梅校長著手進行清華大學新竹復校事宜，即確定先以發展原子科學為主。同時期（1956），交大也復校，設電子研究所，當時還討論清華的原子是否改成核子。1958 年 1 月 20 日，梅校長到芝加哥羅致原子科學人才，在鄧昌黎博士家召開說明會，當天有十人參加了說明會，後來全部承諾來清華任教，成為清華人。十人名單包括楊毓東、錢積彭、鄭振華、[182] 戈寶樹、[183] 王顯璨、[184] 李名立、[185] 李應庚、[186] 楊德禮、[187] 林嘉熙、曾德霖、朱克昌等。[188] 除了林嘉熙（第一屆原科所）與楊德禮（第二屆原科所）畢業

179 由於在訪談與文獻資料中出現過 18 號，但並未增建八戶，合理推測學人（客座教授）四戶之後也加入編號，如再加增建四戶，共有 18 戶，外加單身宿舍。
180〈錢善恒（原新南院住戶）的 line 筆述記錄〉，2021 年 9 月 21 日。
181 何世延，《何世延回憶錄》（2007），直到 1970 年 8 月就停止補助。
182 鄭振華畢業於大同大學電機系，服務於台電公司，由梅校長選拔借調，1956 年甄選赴阿岡研習，之後主持清華原子爐安裝計畫，陸續擔任反應組主任、原科院院長、原委會秘書長。
183 戈寶樹畢業於震旦大學電機系，曾服務於台電公司。1956-1959 先後在阿岡與西屋研習，之後任職於清華核工組主任。
184 王顯璨畢業於交大航空工程系，曾在空軍服役，後經原委會甄選赴美阿岡研究，之後任教於清華，一起參與原子爐設計工作。
185 李名立當天人在北卡，未趕到，以電話問候參加之。
186 李應庚畢業於美國史丹福大學機械工程系，服務於陸軍兵工學院，1956 年由原委會甄選赴阿岡研習，1958 年再赴美留學獲碩士學位，回清華服務與任教於於原科所核工組。
187 楊德禮畢業於中央大學航空工程系，後考入清華原科所（第二屆），在學期間被選派赴美阿岡研究所接受訓練，1959 年回清華服務，任教於核工組。
188 曾德霖，〈懷念同窗好友〉，《錢所長積彭先生紀念文集》（自行印製，1988），頁 5。

自清華外，其他人分別隸屬空軍、聯勤、台電等，當時大多選派赴美國阿岡國家實驗室（Argonne National Lab：ANL）[189] 的國際核子科學工程學院（ISNSE）修習。回台後陸續參加清華原子爐興建設計之工作。當時原子爐經費 110 萬美元，美國依原子能和平用途法案補助 35 萬美元，其餘 75 萬美元預支庚子基金的利息支付。[190] 上述十人之中即有六位居住於新南院。

此外，新南院住戶們的小孩們也留下了一些共同回憶，其中最難忘記者為成功湖釣魚以及圍撈由湖流出的「溢出魚」，當時成功湖還未設溢流管，一下大雨，湖中的魚便大量溢出到路上來，用撈的即可，連老師們也加入，例如錢積彭教授曾帶著錢家兩兄弟與鄰居小孩們，拿著畚箕與臉盆到各地去圍撈。或於平日挑一段水溝，兩端堵住，用臉盆將水滔出，即可在泥濘的溝中抓泥鰍與黃鱔。[191] 而平常於成功湖釣魚，一樣需要準備各種魚餌，釣多少回家加菜就各憑本事了，否則就要編出「漁獲量連人三百斤」的藉口了。當年孩子們最喜歡跟隨號稱「清華工頭」的許春福，他可是釣魚高手，並曾用魚籠捕蝦，再用高粱酒浸泡，使成醉蝦了。不只成功湖，也去河裡（石頭坑溪）抓魚然後再烤來吃，甚至去偷人家種的蕃薯，再來烤蕃薯，[192] 這些都成為新南院另類的兒時回憶。

當時小朋友上學的學校主要有兩所：東園小學與竹師附小，前者走路上學，後者接送先有聯工所（即 1973 年後的工研院）的「順風交通車」、後有 1961 年起清華自己的交通車，而搭聯工所順風車上車地點在光明新村。談到交通車，最常出現在新南院的就是每天早上從門房外出發的買菜巴士，接送眷屬們到東門市場買菜，後來有住戶開始買機車（Honda C65）與汽車，就自行前往買菜。不過當時最常見的是三輪車，1960 年時，光復路上有 150 部三輪車，招呼站主要在清華、光復中學與聯合工業研究所、眷村入口處等，三輪車夫也有地盤，光復路屬外省籍退伍軍人，而市區內則屬本省籍。[193] 依照口述歷史，2 號住戶林嘉熙買了新南院第一輛汽車：裕隆青鳥。除了買菜車，還有一輛裕隆的吉普公務車，負責運送原子爐的同位素到各地，假期中還兼作旅遊專車。

住在學人宿舍的美籍教授馬慕伯（Marlboro）曾經在羽球場舉辦了美國國慶煙火晚會，仍讓當時的小院士們津津樂道永難忘懷，為了 7 月 4 日的晚會，馬慕伯教授還特地到台北的美軍 PX（圓山地區）去購買煙火及食品、飲料，小院士們首次吃到了熱狗、喝到了冰涼的可口可樂、看到了絢爛的煙火，其中有人從此愛上熱狗與可口可樂，直到

---

189 阿岡國家實驗室（Argonne National Lab：ANL）為美國能源部下的國家級實驗室。

190 趙賡颺，〈清華園雜憶〉，《清華校友通訊》35，頁 20。

191 錢善恒，〈爸！您好走〉，《錢所長積彭先生紀念文集》（自行印製，1988），頁 93。錢善恒（原新南院住戶）的 line 筆述記錄，2021 年 9 月 21 日。

192〈李艾琳（原新南院住戶）的 line 筆述記錄〉，2021 年 9 月 21 日。

193 林樹、潘國正等著，〈經濟生活的細部描述〉，《新竹市眷村田野調查報告書：竹籬笆內的春天》（新竹：新竹市文化中心，1997），頁 241。

現在。[194]

表 6-2-5　新南院住戶名單

新南院住戶號碼	教授（眷屬）姓名	接續住戶（眷屬）或說明
1	陳蔡鏡堂（郭蒙猗） 蘇青森（李桂珍） 王唯農（曹美芳）	張昭鼎（黃麗嬌） 黃光治（鄭碧珠） 李怡嚴
2	林嘉熙（施純芬）	徐聖烜（李江東）
3	錢積彭（梁笑陽）	馬步原（狄毓勤）
4	李名立（夏沉沉）	翁寶山
5	李育浩（江如華）	蘇青森（李桂珍） 黃鎮台（孫璐西）
6	劉仲凌（聞在德）	
7	莊聯陞	徐道寧
8	葉錫溶（黃碧秋）	
9	楊毓東（潘自強）	韓覺非總教官
10	曾德霖（鍾蔚蘭）	
四戶學人（客座教授）宿舍（前未編號，之後加入編號 11、13、15、17）	美籍教授 Marlboro：馬慕伯[195]等 M. H. Stone：1965/3 Donald Charles Rung：賓大：1967/9-1968/8 千葉 廉：東工大[196] 緋田吉良：東大 濱口 博：東教育大	溫吉士、杜蘭 劉易：1957 小谷正雄：1958/7 錢家騏[197]及夫人、兩位兒女：1958/6-9 李德曼：1958/12 楊忠道及夫人、三位女兒：1963/5 李宗基及夫人、兩位女兒：1964/2 徐賢修及夫人：1966
13	李遠哲（吳錦麗）	1966-1967 年期間
17	王企祥（徐 露）	
15	孫方鐸（朱玲珠）	
18	王唯農（曹美芳）	楊毓東（潘自強）

資料來源：《清華校友通訊》各期，作者整理。

194〈劉佑渤（劉仲凌公子）電話訪談〉，2021 年 10 月 27 日。
195《清華校友通訊》12，1965，頁 57。1965 年 2 月 28 日林爾康獲匹茲堡大學博士的慶祝會即在馬慕伯（Marlboro）家中舉行，林為海軍機校造船 43 年班，曾任中研院物理所所長。馬慕伯一家曾來清華客座一年，馬夫人還學了一手好菜。馬慕伯（Marlboro）為美國西屋公司的核能專家，受孫觀漢所長之邀來清華客座。
196 千葉廉（1927-），畢業於東北大學物理系，留學美國威斯康辛大學，歷任日本原子力事業株式會社（已併入東芝），1960 年代初期，開始任教於東京工業大學物理系。詳見網址：https://bit.ly/3rSR4kb。
197 錢家騏畢業於上海交大物理系，參加 1936 年清華大學留美公費生考試，錢為四位上海交大錄

　　新南院門房：可以讓新南院動起來的人，社會學稱之為「熟悉的陌生人」，第一位就是鍾同鉢（老鍾：1913-1980），鍾和曾德霖教授同為江西同鄉與小學同學，因緣際會先後到台灣來，並一起在新竹清華園工作，鍾同鉢為工友，居住於新南院門房，養了兩隻狼犬，善盡守望之責。此外，還協助維修水電設備、栽種花草、抓蛇等工作。守望文化還延伸到農曆過年時的看家行動，由留守的家庭成員分睡其它不在的住戶家，住戶家也會提供好吃的點心、糖果以表謝意，而巡邏之責還是要依靠老鍾。他退休後仍居住於梅園旁的臨時宿舍，直到中風倒下，住進醫院（竹東榮總），照顧事宜亦由曾教授號召協助，直到老鍾的兒子從中國來將他帶回落葉歸根。[198] 另一位為許春福工友，大家暱稱他「清華工頭」，凡是新南院的疑難雜症都由他帶工人來解決，例如 6 號住戶劉仲凌教授家的鴿子籠藏有一條 1.5 公尺的蛇，就由他活捉裝進麵粉袋帶走。[199]

　　新南院學人宿舍：四戶的學人宿舍成為短期來台講學外籍教授的居住處，其中一位為美國數學家 Marshall Harvey Stone（1903-1989），他於 1965 年 3 月進住新南院。Stone 教授人如其名，一路「堅定如石」只就讀哈佛，並以 23 歲之姿於 1926 年獲哈佛大學博士學位，先後任教於耶魯大學、哥倫比亞大學與哈佛大學，1946-1952 年間被挖角擔任芝加哥大學數學系主任，1968 年轉至麻州大學直到退休。他本人在數學界留下了幾項以他命名的學術貢獻，例如 Stone 對偶性、Stone 布林代數表示定理、Stone 空間等，他在芝大期間也有學術服務的貢獻，大力網羅全世界的優秀數學家，讓數學系風華再現，他們包括波蘭數學家 Antoni Zygmund（1900-1992）、法國數學家 André Weil（1906-1998）、出生於匈牙利的美籍數學家 Paul Halmos（1916-2006）、美籍數學家 Saunders Mac Lane（1909-2005）以及華人數學大師陳省身（1911-2004）。[200] 他任滿系主任後，仍留在芝大任教，期間來清華講學，住進了已成歷史現場的新南院。

　　另一位外籍學者為緋田吉良，歷任京都大學基礎物理研究所（基研）與東京大學原子核研究所（核研）的研究員。[201] 1946 年日本物理學會成立時，即設有七個分科，其

　　取者之一。

198〈訪談原新南院 10 號住戶曾德霖教授女兒曾瑜文〉，2020 年 23 日下午，於東院 58 號 1 樓。

199〈錢善恒（原新南院住戶）的 Line 筆述記錄〉，2021 年 9 月 21 日。

200「M H Stone」，網址：https://en.wikipedia.org/wiki/Marshall_Harvey_Stone。Antoni Zygmund 創立了芝加哥數學分析學派、Saunders Mac Lane 為範疇論的創立者，Paul Halmos 為概率論的專家，André Weil 專長於數論與代數幾何，陳省身則為微分幾何學專家（陳類、陳公式、定理等）。陳為清華 1934 年碩士校友，1936 年獲德國漢堡大學博士學位，隔年回清華任教，並曾隨清華遷至西南聯大。以上數位數學大師的另一項共同點為有被命名小行星，例如陳省身星、289085 Andreweil 等。

201 東京大學原子核研究所（核研）設立於 1955 年 7 月，和京大基研一樣，定位為全國共用研究所，也會有貴重的研究儀器與設備，核研於 1997 年和東大中間子科學研究中心、高能物理研究所整合而改名為高能加速器研究機構（KEK）。

中之一為「素粒子論分科」（粒子物理學或高能物理學），並從 1948 年起發行《素粒子論研究》（素研）紙本期刊，持續到 2012 年的 119 卷，但從 2009 年起改成電子版，重新編號。學會分科置有領域代表、副代表與營運委員，緋田吉良教授擔任 1964 年的營運委員[202]，並於 1965（31 卷 2 號、4 號）、1968（37 卷 3 號）的研究會上作了報告，當時的工作單位已是「核研」。基研（京都大學基礎物理學研究所：RIFP）本為湯川秀樹紀念館（1949 年諾貝爾物理獎），後於 1953 年在該館成立研究所，由湯川博士擔任首屆所長（1953-1970），促進開放式共同研究。1961 年時，該研究所共有 13 位研究者（四位教授、四位助教授及五位助手），緋田也在內，他於 1958-1964 年間擔任素粒子組的助手，[203]之後轉到東京大學原子核研究所（核研），該所於 1955 年 7 月成立，和基研一樣，也是具指標性的日本全國性共同研究機構，擁有粒子加速器等先進設備。成立兩年後的 1957 年 11 月 15 日，梅校長和張昌華建築師特別在赴美採購原子爐行程（1957 年 11 月 14 日 -1958 年 4 月 8 日）途中，安排一天半的時間參訪東海原子力研究所與東大核研。[204]

　　新南院 1 號：陳蔡鏡堂，台大物理系畢業，復校第二屆研究所的畢業生（1957-1959），在校上課時，複姓的陳蔡曾被孫觀漢所長點名 Miss，以為他冠夫姓。[205]留學美國華盛頓大學（聖路易），於 1964 年獲博士學位，回台前曾在匹茲堡舉辦校友歡送餐會，參加者有孫觀漢夫婦、唐明道、馬步原、林爾康等人。[206]陳蔡為新竹清華園學成回國服務者的第一號，入住 1 號相得益彰。[207]曾得過十大傑出青年獎，夫人郭菉猗為畫家，陳蔡教授退休後赴美國加州定居，熱心清華校友會事務，曾協助起草南加州校友會新會章，並擔任過兩屆（1986、1989）的南加州校友會會長。[208]

　　新南院 1 號：黃光治（1943-1999）台大機械系畢，留學加拿大，1971 年獲阿爾伯他大學機械工程博士學位，1972 返台後先在成大任教一年後，再轉清華動機系。歷任系主任、所長、總務長與工學院院長。黃於 1973-1983 年帶領一個 90 人的團隊研發電動車，發展八種車型，共製造了電動車 150 輛，為此還借調到唐榮公司的電動車裝配廠擔任廠長。接著於 1985-1994 年研發清華 2 號與 3 號磁浮列車。黃和夫人鄭碧珠與兩位公子一起在新南院 1 號生活，二兒子楓南出生於新南院。

202「日本物理學會素粒子論領域」，網址：http://www.pt.div.jps.or.jp/sewanin_kako.html。
203「京都大學基礎物理研究所」，網址：https://www.yukawa.kyoto-u.ac.jp/contents/about_us/history。
204 趙賡颺編著，《梅貽琦傳稿》（台北：邦信文化資訊公司，1989），頁 192。
205〈李育浩訪談〉，2020 年 6 月 12 日。
206《清華校友通訊》9，1964，頁 35。林爾康海軍機校 43 年班，美國匹茲堡大學物理博士，先後任教於清華與台大物理系，中央研究院物理研究所研究員兼所長。
207《清華校友通訊》8，1964，頁 26。
208 清華校友服務中心，〈南加州清華大學校友會，第 108 週年校慶〉，網址：http://alumni.site.nthu.edu.tw/p/404-1346-157207.php?Lang=zh-tw。

新南院單身宿舍與新南院 1 號：李怡嚴於台大電機系肄業，即前往美國西北大學就學，於 1964 年獲密西根大學博士，回清華任教，曾擔任原科所物理組主任，後於 1982-1989 年間接任教務長。長期參與林孝信推動的《科學月刊》發行工作，為 11 位發起人之一，曾獲 1969 年的「十大傑出青年」榮譽，退休後仍常出現於圖書館總館與人社分館，致力於終生學習。

新南院 2 號：徐聖煦，兵工工程學院（中正理工學院）[209] 14 期化學系畢業，考取 1960 年第一屆中山獎學金的化學系學門，赴美留學（王唯農為同期的物理學門），獲美國明尼蘇達大學博士，回清華服務。退休後曾回家鄉浙江平湖，擔任恒豐農藥公司總經理，並於 2004 年設立「徐聖煦慈母清寒獎學金」，發放助學教育券。

新南院 2 號：林嘉熙（1930-2020）於 1953 年畢業於台大物理系，接著擔任該系助教，隨後就職於台電公司，後於 1956 年考上清華第一屆原子科學研究所，2 年後經教育部選送，由國際合作總署中國分署資助赴美深造，在「艾森豪世界原子能和平用途訓練所」從事中子方面的研究工作，共 1 年 10 個月 [210]。之後任教於清華原科所，擔任反應器組主任，入住 2 號。後來於 1970 年 1 月受聘至聯合國的國際原子能總署（IAEA）工作，擔任視察員，持有聯合國護照。該署於 1957 年成立，總部設於奧地利維也納，總署實驗室位於奧地利 Seibersdorf。另外，1989 年正好是台中一中第 30 級同學畢業 40 週年，林嘉熙的名字曾經出現在紐約的同學會記錄中。[211]

新南院 3 號：錢積彭（1923-1987）於 1947 年畢業於國立西北工學院航空工程系（西北聯大系統），[212] 畢業後再投考空軍機校高級班（修復組），1948 年與梁笑陽於杭州結婚。1949 年隨空軍來台，歷任官校教官、航空研究院（結構研究組）[213] 中尉副研究

---

209 兵工工程學院前身為兵工學校，於 1930 年代末成立五年制大學部，校址在重慶市郊，與中央大學與重慶大學同一區域。兼任教授來自中央大學、重慶大學、各大型兵工廠（24 與 15 兵工廠）、兵工署彈道研究所等。

210 〈從事原子科學研究的青年林嘉熙自美學成返國〉，1959 年 11 月 3 日，網址：https://cnaphoto.culture.tw/home/zh-tw/CulturePic_52/316625。

211 林莊生，《在北美遇到的同學，一個海外台灣人的心思》（台北：望春風出版社，1992），頁 98。

212 戈武，〈懷念同窗好友〉，《錢所長積彭先生紀念文集》（自行印製，1988），頁 35。大家比較熟知西南聯大，但其實還有一所西北聯大，為抗戰之後由北京大、北師大、北洋大、東北大在西安所設立，後再改組為西北大學與西北工學院（西工），共有九個學系，校園位於陝西城固郊外的七星寺。

213 航空研究院原為 1939 年成立的航空委員會航空研究院，1949 年遷來台中市公園路 2 號，並於同年 11 月併入航空工業局，成為航空研究室。1952 年又擴編為航空研究院，接著陸續改編為空軍技術局、空軍航空工業發展中心（航發中心），後來航發中心先後轉型成為國營事業與公有民營企業，即漢翔公司。而航空研究院改組為中科院第五所。詳見〈漢翔航空工業〉，網址：https://bit.ly/34Ev6sx。

員與上尉電信研究官，錢夫人則任教於台中宜寧中學。1957 年 6 月至 1958 年 8 月間，錢考上了艾森豪總統原子能和平用途專案（Atom for Peace），代表我國赴美接受核能訓練，獲首張原子爐操作執照。他也參加了芝加哥的梅校長招才說明會，於是回台後於 1958 年 9 月 1 日，舉家（梁師母與善恒、善華）赴新竹清華園履新，住進新南院 3 號，其間女兒錢玲出生，錢夫人則任教於新竹省商。1966 年時先遷住中科新竹宿舍（前北院），接著再遷往同事一起自建但被同學笑的「新竹愚莊」，[214] 直到 1975 年才遷往龍潭的石門逸園。[215]

錢曾擔任原子科學研究所所物理組（後來的物理系）主任與核工組（後來的核工系）代理主任。後來於 1962 年由清華推薦再度留美，在 1965 年獲密西根大學核工博士學位，回台後於 1966 年接中科院第一所的籌備處主任（新竹計畫），[216] 1969 年中山科學院成立時，錢是首任的核能研究所所長，1970 年核能所轉至行政院原能會（桃園計畫），1984 年任中科院計畫評審委員會主委。當時中科院最先設三所，第一所（核能）、第二所（火箭）及第三所（電子），後來陸續加入第四所（化學）與第五所（航空）。當時第一所號稱「天下第一所」，直接向蔣介石總統父子報告。因此流行一種說法：中共有兩錢，台灣也有兩錢，台灣指的就是錢思亮與錢積彭。過程中，美國氫彈之父泰勒（Edward Teller：1908-2003）在 1960 與 70 年代曾五次秘密訪台，對口即為第一所的錢所長，並留下在日月潭旅遊的合照。

還記得 1979 年 1 月 9 日，首任原科所所長孫觀漢回到了一別 13 年的新竹清華園，當天晚上，孫到新東院 29 號作客，東道主人是唐明道教授（1927-1973）與其夫人孔筱芳女士，陪客有劉仲凌總務長、曾德霖教授夫婦及錢積彭教授夫婦等，唐曾多次前往美國西屋公司進修，[217] 當時孫觀漢擔任美國西屋公司放射線與核子研究所所長，而受邀來清華客座的馬慕伯（Marlboro）當時也在西屋公司任職。

---

214 愚莊地址為博愛街 49 之 4 號。武心雄，1988，《錢所長積彭先生紀念文集》，自印本，頁 79。另見錢玲，〈給我愛的爸爸〉，《錢所長積彭先生紀念文集》（自行印製，1988），頁 97。
215 但有一說為取逸仙之逸（中山科學院），甚至中科院當初的石園籌備處也稱逸園籌備處。
216 王丰，《刺殺蔣介石：美國與蔣政權鬥爭史》（台北：時報出版，2015），頁 418-434。1962 年時，U2 陸續照到中國大陸西北部（甘肅、新疆）的幾處核子設施，同年成功試射東風二型導彈成功，1964 年中共成功核子試爆。國府決定發展核武以茲抗衡，於 1963-1988 年間秘密發展核武，接觸人為唐君鉑將軍（中科院籌備主任），邀請了以色列核彈計畫主持人的柏格曼（Ernst David Bergmann：1903-1975）秘密訪台並聘為科技顧問，之後仿照以色列模式，成立專責機構：中科院，石門籌備處成立之年為 1965 年，正逢孫中山百歲冥誕（1866-1965），故正式名稱以中山為名，該地區也稱逸園（取逸仙之逸）。另參見張憲義，〈叛國與愛台〉，《自由廣場》，2017 年 1 月 17 日。張憲義參與台灣核武研發（1967-1988）工作時，也同時是清華副教授，曾擔任核研所副所長。
217《清華校友通訊》，1979 年 2 月 1 日。

　　新南院 3 號：馬步原（1920-1973）於 1942 年畢業於浙江大學電機系（1938 級），曾是首屆清華原子研究所的正取生、交大電子研究所備取第三名，[218] 除軍籍後再考入原科所第三屆，1958-1961 年留美獲賓大電子博士，隨即回台任教於清華核工系，先後擔任系主任與電子所所長。馬家在錢積彭家遷到中科新竹宿舍（前北院）之後進住。

　　新南院 4 號：李名立（1932-2011）為寧波幫「小港李家」的第五代「名」字輩，從高中起就赴美國就學，[219] 先後畢業於曼哈頓學院與伊利諾易大學。李於 1953 年回台曾加入空軍，後就職於台電，亦奉派赴美參與艾森豪總統原子能和平用途專案（Atom for Peace），1959 年受邀回清華服務，專長為保健物理，當年更追到交大美女夏沅沅，婚後一起住進新南院 4 號，又為「梅竹情緣」添一椿美事，女兒李怡出生於新南院。李為 1958 年初梅校長赴芝加哥網羅的十人之一，也是清華創建原子爐的團隊成員。當時李騎著一部義大利進口的偉士牌機車，成為清華園的「移動人標」。李名立曾擔任保健物理組主任，並致力推廣膠片佩章。[220] 1962 年國際原子能總署（IAEA）派遣保健物理專家布雷（Frank J. Bradley）來清華，於 5 月 21 日至 6 月 1 日期間，他和李名立環島訪問所有的輻射用戶並作改善的建議。[221] 1964-1968 年間李再赴美 MIT 攻讀博士，同時任職於美國紐約愛迪生電力公司，前後 25 年，曾被提拔為旗下印第安角核電廠的總經理，這也是該公司有史以來的第一位華裔高級主管。2004 年退休後，李舉家遷往德州 San Antonio。[222]

　　新南院 4 號：翁寶山（1931- 2009）於 1949 年高二那年從廈門渡台，考上台中一中，畢業後考上台大土木系與海軍官校，翁選擇就讀軍校，服役期間的 1960 年考上了清華原科所（第五屆），[223] 住在南院乙所的研究生宿舍（現大禮堂地區）。同一屆後來留學後又回清華的有三位；翁、楊覺民與陳家威。留學前也請教了「四大皆空」主角之一的唐明道老師，留學期間擔任了四年的保健物理（輻射防護組）助教，學到經驗，於 1966 年獲美國德州農工大學（Texas A&M）核工博士，回清華後接了保健物理組主任，之後

---

218 交大電子研究所（交大前身）初期的台北辦事處在羅斯福路 3 段 202 巷 3 號。

219〈李名立寧波小港李家坤房『承、高、厚、祖、名、維、汝』的第五代〉，網址：https://kknews.cc/n/kkzjnyq.html。

220 膠片佩章的對象為為全台灣的輻射工作人員，包括醫療人員、X 光從業人員，測量他們再工作時所受的輻射劑量是否超過規定，為輻射防護的重要工具。當時的工作同仁還有技術人員許俊男（1964 年 1 月 27 日到清華服務），後來赴日東北大學的鹽川研究室留學，轉任教學，先後在清華服務 42 年。見陳華，〈許俊男教授口述歷史訪談稿〉，2009 年 10 月 16 日。

221 翁寶山，《輻射歷史懷往》（新竹：國立清華大學出版社，2003）。

222 "Min Li Lee（ 李 名 立 ）OBITUARY"， 網 址：https://www.dignitymemorial.com/obituaries/san-antonio-tx/min-lee-4810846。

223 當時清華原科所的報考人數皆超過 200 人，錄取 20 人。但從 1960 年起分組，設核子物理、核子工程組及核子化學組等。

接任核工系系主任（1967-1969）。經歷過輻射屋事件、校園輻射污染事件等，並曾協助美國核子動力船 Savannah 號訪台時的輻射防護。[224] 翁寶山為虔誠的基督徒，長期在清華對面的勝利堂服事工，獲長老稱號。1997 年退休後，歷任核能資訊中心董事長、輻射防護協會理事長，還再次擔任《清華校友通訊》總編輯。

新南院 5 號：首位住戶李育浩（1922-）畢業於北平輔仁大學物理系，研讀期間響應十萬青年十萬軍的號召加入空軍，後入空軍通校高級班 6 期（36 年班），[225] 並前往美國伊利諾州阿岡原子科學研究所與各國專業人士共同研究學習核子科技，於 1958 年應邀加入清華大學原子科學研究所，成為台灣第一台核子加速器安裝者，[226] 同年清華大學新南院教授住宅完工，李育浩舉家遷入新南院 5 號。1964 年清華大學部恢復後，李教授在核子工程系及研究所開設「放射線度量」課程，由於一口流利的京片子字正腔圓聲音鏗鏘有力，號稱「李將軍」。1966 年李育浩應國防部之邀參與核能研究所籌備工作，1968 年原子能委員會成立核能研究所，並委託中山科學研究院代為運作。李育浩接任核能研究所副所長職位，當時就由新南院遷出搬至中科院新竹區宿舍（即前北院），隨後蘇青森一家遷入新南院 5 號。1977 年 10 月 1 日奉行政院核定，中山科學研究院核能研究所歸建行政院原子能委員會。1979 年李育浩離開核能研究所前往行政院原子能委員會任職，後擔任閻振興副手（第六任任期：1981-1990）。[227] 另外，李育浩與唐明道兩人同為「四大皆空」中的軍中支援清華的師資。[228] 期中逢台灣十大建設中的核電廠，李育浩致力於推動核能事務，並且提供中興大學高能量 X 射線和原子爐內的 Gamma 射線作為蟲害防治的研究。李於 1986 年卸任原子能委員會秘書長職位後離開公職，之後旅居加拿大正式退休。

新南院 5 號：蘇青森（1930-2018）為海軍機校造械系第三期畢業生（43 年班），[229]

224 陳華、倪瓊湘訪談，詳見〈翁寶山教授訪談稿〉，2008 年 9 月 25 日。

225 空軍機械學校（1938 年成立）與空軍通信（電子）學校（1944 年成立）於 1996 年合併為空軍航空技術學校，2002 年再改制為空軍航空技術學院。1940、50 年代，通校分高級班（大學）與正科班（專科）。空軍通校也培養了首批的電子官，並參與了位於新竹的黑蝙蝠中隊。

226〈李育浩訪談〉，2020 年 6 月 12 日。

227 閻振興（1912-2005）於 1969-1975 年間擔任中科院文人院長，閻後來擔任兩任（第四任與第六任）原委會主委，第四任時還以教育部長兼任之。兩任之間擔任台大校長（任期：1970-1981）。

228 四大皆空指的是四所文學校（台清交成）的師資由軍校如空軍通訊學校、空軍機械學校借將而來。

229 海軍機校 1954 年級甲組全班 50 人之中，考上清華原科所碩士班，畢業後出國留學拿到博士學位的，共有伍法岳、郭子斯、林爾康、蘇青森、鍾平樂、劉重慶等六位。當時海軍曾設立「國立研究所進修補習班」，輔導報考台大物理所、清華原科所、交大電子所、成大機研所、中央地球物理所，該進修補習也被戲稱「逃兵研究所」。見伍法岳，〈丘八學人（2）〉，《大波士頓區中華文化協會 E 通訊》24，2015，頁 41-49。

於 1961 年入清華原科所，當時專任老師有博士學位的老師只有王企祥以及所長孫觀漢博士。但邀請了不少海外的客座教授來授課，包括徐賢修。當研究生時居住於南院乙所（竹屋），一間住八個人。李遠哲當助教時也住在南院。蘇畢業後留美於 1967 年獲壬色列大學（RPI）博士，當時王唯農與錢積彭也在。蘇青森歷任科儀中心主任、原科系主任、原科院院長、原能會副主委等。[230]

新南院 6 號：劉仲凌（1915-1990）於 1938 年畢業於交通大學機械工程學系，之後從軍，先後擔任空軍配件總廠製造工場主任、航空發動機製造廠副總工程師、[231] 航空研究院原動力組組長、空軍技術局品質管制處副處長。任清華教授後，歷任儀器組組長、聯合國短期技術顧問（1965）、總務長（1979）、國家實驗研究院科技政策研究與資訊中心（STPI）主任（1982-1985）等。1968 年 4 月 21 日，交通大學機械工程學系的 30 週年聚會就假清華百齡堂舉辦，並留下當時在門口與宴會廳內的合照。

新南院 7 號：首位住戶為莊聯陞（1926-2018）一家（夫人與兩男一女），莊為屏東東港人，於 1950 年畢業於台大物理系，之後於 1952 年留美就讀於堪薩斯與華盛頓大學（聖路易）獲物理學雙碩士。回台後先任教於台灣師大，於 1958 年到清華園的原科所任教，並進住 7 號，當時成為新南院首位養狗的住戶，小孩子們多了一隻玩伴。莊於 1962 年就舉家搬去香港，開始任教於中文大學的崇基學院，[232] 擔任物理講師，當時物理講師有 15 位，分散在三個學院，隔年的 1963 年中文大學正式成立，設物理系。1967 年，莊獲東京教育大學物理博士[233]，之後升任教授，先後任教於該系 28 年（1962-1990），平常以打高爾夫與網球自娛，當年還曾得過數次中大盃高球賽冠軍。退休後被邀請到香港科大繼續任教兩年（1990-1992）。

在中大任教期間的 1982 年，香港陶瓷收藏家楊永德先生捐款一百萬港元，以其父姓名成立了「楊瑞生熱釋光實驗室」，以鑑定古陶瓷年代，由莊擔任實驗室主任。並將牛津大學發展的熱釋光斷代法，製成一套電腦化的新方法，提供價格親民的服務。[234] 莊退休後赴美定居，之後由徐道寧入住。

新南院 7 號：徐道寧（1923-2021）畢業於北平師大數學系，於 1946 年隨父親來台，先後任教於蘭陽女中、台北師大附中（當時師院附中）、省立師範學院。於 1957-

230 陳華、倪瓊湘等訪談，詳見〈蘇青森教授訪談稿〉，2012 年 6 月 15 日。
231 1950 年，美軍認為可以提供飛機，台灣不需要自製航空發動機，因此出現了「新生車計畫」，即將航空發動機裝在軍車上，由航空發動機製造曲副廠長和劉仲凌副總工程師總規劃。
232 崇基學院創辦於 1951 年，1956 年遷至現校區，並設有大學站，1963 年香港中文大學正式成立，崇基學院為創始三學院之一。另兩個學院為新亞學院與聯合學院。
233 東京教育大學為現筑波大學。日本有學術博士制度，以研究成果的論文申請之，推測可能為學術博士。
234 麥耀翔，〈楊瑞生熱釋光古陶瓷斷代實驗室〉，《中文大學校刊》4，1986，頁 18-20。

1961 年間獲 DADD 獎學金赴德國哥丁根（Gottingen）大學攻讀數學博士，成為台灣第一位女性數學博士，1962 年起任教於清華數學系所，並於隔年住進新南院 7 號。她回憶中的老南院（現大禮堂地區），是由竹子為牆與屋頂的房子。那時候除了短期請來的學者如孫觀漢先生等人外，都是外地來兼課的，所以師生之間較少互動。到了後來新南院建了十棟有著磚牆、木門窗、平頂的房子，專門供專任教師居住，另有一排兩層樓的平房，給單身教師居住。接著又蓋了四棟專門招待外國學者，是有壁爐的平房。學生也都住到學生宿舍裡面，校內有餐廳。因為師生住在幾乎是與外界隔絕的校園裡，所以師生互動也越來越頻繁。1962 年獲聘時初期仍住在台北，有課的時候到新竹來，當時就在招待所過夜。到了 1963 年初搬到新南院，新南院房子有兩個臥室、一個大客廳、有衛浴、還有瓦斯爐、熱水器、電話分機等，這對於從台北搬來的人而言，簡直是意想不到的好環境。[235]

新南院 8 號：葉錫溶（1927- ）先後畢業於台大化學系、加州大學化學碩士與辛辛那提化學博士，1959 年起任教清華，1965 年擔任原科所副所長兼同位素組主任、所長與原科院院長，1990 年曾協助處理校園輻射污染事件。葉於 1967 年獲教育部學術獎，為清華第一位獲獎者，亦曾獲國家長期發展委員會聘為年度講座教授，可額外申請兩萬元的研究經費，另外每月加發 4,000 元的獎勵薪資，後來搬到新東院。葉和蔡長書一起編著的《放射化學》教科書，已到 2020 年的第四版，繼續嘉惠學習者。

新南院 9 號：楊毓東（1920-1999），畢業於北平輔仁大學物理系，低李育浩一屆，1955 年由兵工研究院甄選赴美 AEC 參加原子爐反應訓練，訓練完畢本應回台，但隔年梅貽琦校長透過和軍方交涉，支持楊繼續到伊利諾理工學院留學。之後一路參與原子爐採購、規劃至興建完成，其間的 1957 年 12 月，梅校長和楊毓東、張昌華還在美國參觀了各種范式加速器，並連絡上了四家廠商。後來楊也加入中研院物理所的低溫固態物理組，並曾代理所長。在採購原子爐過程中（1956 年 5 月 9 日起），楊為梅校長日記中最頻繁出現者之一。

新南院 9 號：韓覺非（1934- ）河南萬寧縣人，1960 年代擔任復校後的首任清華總教官，他於楊毓東一家搬到 18 號之後曾短暫居住。韓後來歷任 1970 年代東海大學與 1980 年代輔仁大學的軍訓室總教官，之後 1992 年擔任退輔會台東農場場長（池上大同合作農場），再於 1996 年擔任退輔會馬蘭榮民之家主任，繞了一圈回新竹，韓於 1998 年接掌新竹榮民之家，退休之後移民加拿大溫哥華。

新南院 10 號：曾德霖（1922-2013）畢業於中央大學電機系，之後服務於國防部兵器研究所，抗戰後隨政府遷台繼續工作，原單位更名為國防部兵工研究院。當時國家致

235 詳見「陳華於新竹保順療養院」，〈徐道寧教授訪談稿〉，2009 年 5 月 11 日。

力研發原子科學，1957 年考上公費留學於賓州取得電機碩士，再於 1958 年被選上赴美國密西根州阿岡國家實驗室，接受核能技術基礎訓練，經梅校長赴美邀請於 1959 年返國後參與清華大學原子爐建造計畫。原子爐完工後，1964 年被清華推薦至美國密西根大學核工系攻讀博士學位，三年後畢業回清華核工系任教。曾歷任清華核工系系主任（1969-1970，1977-1983）及原子科學院院長、台電核能訓練班主任、輻射防護協會四任理事長等。1973 年時，曾德霖和黃海永等人一起為故宮博物院收藏的幾件青銅器從事了中子活化分析。1981 年搬到東院 58 號，曾師母（鍾蔚蘭）常會號召曾教授的導生們來家吃麵食，特別是那些假期中沒有家可以回的同學們。[236]

新南院 13 號：李遠哲（1936-），台大化學系畢業，為清華原科 61 級校友，加大（柏克萊）化學博士，在清華就學期間，師從葉錫溶、張昭鼎、王企祥、濱口博[237] 等教授。之後歷任美國芝加哥大學、加大（柏克萊）教授，期間受徐賢修校長之邀請，前來清華擔任客座教授一個學期，住進了新南院 13 號的學人宿舍。

新南院 15 號：孫方鐸（1914-1989），詳見前述之東院 3 號。孫家先住新南院，之後接朱樹恭退休之後的東院 3 號。

新南院 17 號：王唯農（1934-1980）畢業於兵工工程學院（中正理工學院）15 期化學工程系（1956）與清華原科所第二屆（1960），後於 1960-1965 年留美獲 Rensselaer Polytechnic Institute（RPI）核子物理博士，同年回清華任教，先住進 1 號，之後再搬到中研院物理所特別加蓋的 17 號。王當時擔任長發會國家客座副教授（另一位為林爾康），並任首任物理系主任與物理所長，且合聘於中研院物理所，[238] 之後歷任該所副所長與所長、青輔會主委、成大校長。當年他還曾是國民黨改革派的指標人物，曾任青工會首任主任與省黨部主委。也曾推出科學算命。[239]

在書寫過程中，透過各種管道，陸續連絡到曾經住過新南院的院士們（含師母們）與多位小院士們，特別是小院士們仍有連繫的網絡，有機會透過 E-mail 與 Line 諮詢當年新南院的點點滴滴，其中兩位自述了新南院的情況，一位為新南院 5 號住戶李育浩教授的女兒李艾琳，另一位為新南院 10 號住戶曾德霖教授的女兒曾瑜文。因此以下之篇幅以楷體字的方式，將他們的自述文與手繪圖照錄。

236〈清華人話世界 23 集：吳全富博士〉，寰宇廣播電台，2015 年 10 月 18 日。〈曾師母及曾瑜文西院訪談〉，2020 年 6 月 26 日。曾雙文，《念故人：憶父親二三事》，頁 1-4。

237 濱口博（1915-2000）東京帝大畢業（1937）、理學博士（1943），歷任東京文理科大學、東京教育大學與東京大學教授，以放射化學的研究獲獎與勳章。他於任教於東京教育大學期間，來清華客座，指導了李遠哲的碩士論文，並住進新南院的學人宿舍。

238 當時清華合聘者還有林爾康和楊毓東。

239 呂一銘，《台灣走向科技的那些年：關鍵的人與事》（高雄：巨流，2018），頁 263-267。

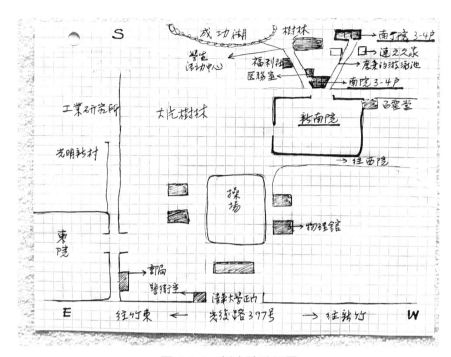

圖 6-2-4　新南院地區圖

手繪者：李艾琳（新南院 5 號住戶）

　　依據當年居住於新南院 5 號李育浩女兒李艾琳的「共筆」[240]，對於當年居住過的新南院有如下的描述，並且提供手繪平面圖，原文以楷體照錄。

　　新南院是名建築師，清華校友張昌華先生採用美式理念設計的教授住宅於 1958 年完工。父親李育浩在 1959 年初帶著我們舉家遷入新南院 5 號。當時院內有 10 棟獨立的花園洋房供本籍專任教授居住，4 棟外籍客座教授住宅以及一排專為單身教師提供的公寓式住宅。院內附設俱樂部，位於新南院 1 號的東邊，見附圖。此乃百齡堂未興建之前教授聚會或是校方宴客外賓的場所，由西餐大廚李師傅主持。

　　新南院的大門朝南，見圖 6-2-4，院前有條東西向的馬路，右方通往原子爐左方通往操場。大門正前方有兩叉路，左叉路通往南院，醫務室[241]，以及當年的學生活動中

---

240 透過數學系辦公室，聯絡到新南院 7 號徐道寧教授在美國的公子，再找到當年的新南院小孩們，經過電子信箱，本文與手繪圖由李艾琳女士書寫與繪製，並獲同意共筆之。

241 清華園本來並無醫務室，因此師生們就到在大門口對面的診所去，後來透過校方邀請該診所的醫生兼任校醫，即該診所就是校醫務室，等到學校醫務室成立，初期的校醫還是對面診所的醫生。此外，李的高中同學後來當了北京清華的校醫，還幫當時的校長手術。〈李育浩教授訪談〉，2020 年 6 月 12 日。

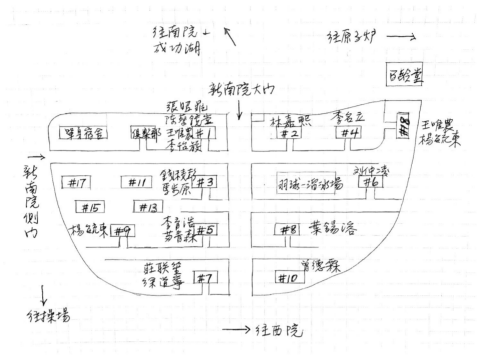

往南院↑
成功湖

往原子爐　→

日驗堂

新南院大門
↓

張眼罷
陰瑩鐙堂
王唯農 #1
李怡嚴

林嘉熙
#2

李名立
#4

#8

王唯農
楊兆東

新
南
院
側
門
→

單身宿舍

俱樂部

#17

#11

錢積彭
李志原 #3

羽球-溜冰場

劉中濤
#6

#15

#13

楊兆東 #9

李育浩
蘇青森 #5

#8　葉錫溶

莊聯聖
梁道導 #7

曾德霖
#10

往操場
↓

往西院　→

圖 6-2-5　新南院平面圖
手繪者：李艾琳（新南院 5 號住戶）

心，對面則是成功湖跟福利社提供理髮，洗衣服務與零食販賣。正右方路則通往南丁院。南院及南丁院住戶均為當時任職於清華大學的職員或技工。

新南院還有一側門朝東靠近操場。進入側門左邊就是連排的單身教授公寓，對面有 4 棟專門為外籍教授提供的豪華住宅（見圖 6-2-5）。碧綠的草坪襯托著白色的別墅，客廳裡懸掛的美麗吊燈，飄著臘香的櫸木拼花地板，舒適的家具與當年最現代化的廚浴設備都讓我們這些小土包子彷彿進到了大觀園一般。印象最深的是 1960 年代住在我家右後方的美籍教授 Marlboro。他有個小女兒 Joyce 與我們年齡相仿迅速成為好朋友，學了一口流利的中文經常跑來串門特別愛吃我家的白切五花肉。他們搬回美國幾年後家父出差再度拜訪，因為沒有機會練習她已經完全不會說中文了。

本籍教授的洋房室內面積比外籍教授的稍小，沒有綠草如茵但是前院兩側均設有花園以及寬敞的後院。校方特別安排工友老鍾住在新南院大門右側的一個小屋裡，每天忙著院內各式各樣的修護工作。老鍾身形高大非常和氣經常看他高興的舉著鋤頭

耕地，一邊揮汗一邊跟我們閒聊。[242]

扶桑花或是茉莉花牆圍起的各家各戶前門朝北，明窗淨几室內全是磨石地板光亮無比。進門玄關矗立著與屋頂同高的長方形木櫃，見圖 6-2-6，靠大門的那一面有門，裡面隔上下層放置衣帽鞋，靠客廳的那一面做成開放式書架，既實用又美觀。寬敞的客廳一邊通往三個房間，第一間是小孩臥室中間是現代化的三配套磁磚浴室，主臥在後。兩間臥房一樣大，靠浴室的那面牆裝置一排櫥櫃其中一半可掛長衣，另一半下面有四個抽屜上面掛短衣非常方便。客廳的另外一邊是廚房備有流理台與洗菜台，飯廳，浴室，還有傭人房。廚房角落裡有個高大圓筒型熱水爐，熱水無缺一開就來。同學們特別喜歡到我家來玩因為當年的新竹根本沒有這樣的房子，甚至連校長選擇性的家庭訪問時挑的都是我們這幾個住在清華大學東院或新南院的學生。

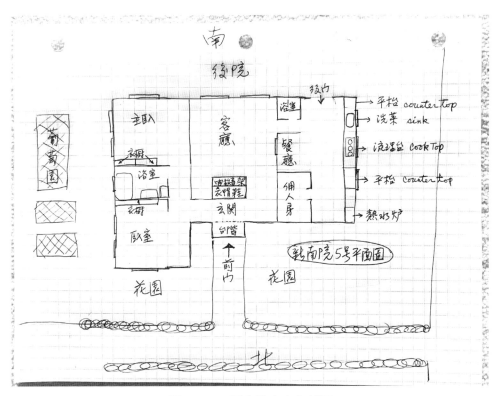

圖 6-2-6　新南院宿舍內部圖

手繪者：李艾琳（新南院 5 號住戶）

---

242 老鍾為新南院的門房，也是李教授所稱的花匠，協助新南院的住戶們種花、澆水。〈李育浩教授訪談〉，2020 年 6 月 12 日。

許多教授請老鍾在房屋外圍開闢菜園，或者種木瓜樹，搭葡萄藤架，還挖了小魚塘。教授們白天任教下班後大家聚在一起聊天作興。新南院6號邊有一個球場可以打羽毛球或是溜滑輪。想當年家父李育浩可是羽球高手，跟其他教授比賽時小輩們在一旁計分加油，殺他個片甲不留，好不歡樂！

1966年我們一家離開了新南院5號，遷入美軍顧問團的宿舍（清華北院）。數十年過去了我們這些在新南院成長的小院士互相建立了深厚的友誼，雖然分散各地這麼多年來我們一直保持著密切的聯繫，回憶往事分外甜美！

新南院10號住戶曾德霖教授的女兒曾瑜文在接受訪談後自述如下，原文以楷體照錄：[243]

我母親（鍾蔚蘭原名新屋娣）於1949年跟著陳饋部隊與我爺叔自大陸渡海來台。從高雄登岸後乘火車到鶯歌暫住家父同學家三個月又租屋半年，後兵工研究院配住台北保安街1號五年又搬到婦聯二村半年，期間因家父公費赴美留學受到梅校長貽琦邀請而搬到清華居住至今。家母自幼生長在農家務農為生，為人勤快守則，雖未受過教育，對外熱誠守禮，對內節儉持家，家父所掙薪資均全數交家母打理，不僅侍奉我爺終老，友誼弟弟，善待親友，並拉拔我兄弟姊妹五人成長，煮飯洗衣自不在話下，更每日勻出時間勤念經書。來清華後，生活較前寬裕許多，接待親友探訪之餘，母親還跟著教授夫人們學做糕餅、打毛衣、做衣衫。

導生制度是清華一項非常有人情味的傳統。每年都會將學生平均分給各個老師帶領，可以了解學生學習、生活上的困難，並幫助同學畢業後留學、工作上的推薦。家父的導生每年有兩次來家中餐敘的機會，家母對學生的愛護也不亞於家父，不單做大餐請他們吃，如果有學生受傷（如梅竹賽踢足球被踢傷），家母也會幫他們用田七（作者註：田七又稱三七，號稱「金不換」，為活血化瘀的藥材）推拿。但來我家吃飯的同學一定要跟學校上圖書館的規矩一樣（不能穿拖鞋、不能披頭散髮）服儀要整齊。每次吃飯不一定菜色如何都會變化，如吃中餐肯定會有叉燒包、蓮藕燒肉、滑水魚、炒三鮮等大菜。我們也烤過肉、吃火鍋等等，吃完還喝咖啡進入訪談時間，有時談到快10點才放他們回去宿舍。家父學生甚至還認乾媽，時常回來探望者有之，寄送水果鮮魚者有之。

---

243 曾瑜文自述書寫，經同意後以楷體字全文照錄。

6-2-5　新竹清華園的中山科學研究院新竹宿舍時期（前北院）（1966-1972）

中山科學研究院成立於 1965 年，當時大部分的核能研究者集中在清華，為此研究院就租了原美軍顧問團宿舍的一區作為主管與研究員宿舍：中科北院。進住者包括唐君鉑（1910-1999）院籌備處主任、[244] 核能所首任所長錢積彭、副所長李育浩、劉光霽、[245] 電子所籌備主任劉曙曦、[246] 電子所控制組組長韓光渭（1930-2019）、[247] 二所（火箭所）材料小組許樹恩 [248] 等人。他們每天去石門上班，過程中的 1968 年錢唐劉李等清華同事還一起購地自建，稱為新竹愚莊。[249] 之後遷往龍潭院區的石園（另稱石門）宿舍區，[250]

---

244 唐君鉑（1910-1999），黃埔軍校九期兵工科，劍橋大學機械系學士與碩士，歷任兵工署署長、陸參校長、國防部次長、陸軍供應司令，於 1963 年奉派出席國際原能總署年會，接觸以色列核彈之父，代蔣介石邀請來台，展開了台灣核彈研發之路以及中科院的籌備，唐即為籌備處主任。但首任院長卻是由當時的台大校長閻振興擔任，企圖以文人院長掩飾其核武研發的目的，而由唐擔任實際操盤的副院長。唐的配偶為唐玉芬，並育有三子。詳見〈唐君鉑〉，網址：https://thereaderwiki.com/zh/ 唐君鉑。

245 劉光霽為交大碩士，歷任第一所副所長（1984-1987）、原能會副主委（1982）、原能會秘書長（1987）、泰興公司董事長、核能學會理事長、同步輻射中心副主任。2016 年，劉光霽與向鍾瑞夫婦曾在所住之安養院舉行金婚儀式，出現在新聞媒體上。

246 劉曙曦（晞）（1926-）為海軍機校 41 年班，美國海軍研究院電機博士。在中將軍備局長任內兼任第三任中科院院長（任期 1989-1995），當時發展擎天計畫，研發中程導彈以及機密的「宏全計畫」。1988 年晉升海軍二級上將。2014 年，劉曙曦、張祖詒、郝柏村、羅光瑞（前榮總院長）四人組隊打高爾夫球，當年四位年齡加起來合計 374 歲的長者，以揮桿、步行球場 18 洞球道的方式，企圖挑戰金氏世界紀錄。

247 韓光渭（1930-2019）為海軍機校 44 年班，1958 年海軍選派公費留美，1961 年獲海軍研究院電機博士，號稱「雄風飛彈之父」。1966-1955 年間，服務於中山科學研究院，歷任電子所控制組組長、電子所副所長、雄風飛彈計畫主持人、系統發展中心副主任，為中研院院士：https://zh.wikipedia.org/wiki/ 韓光渭。參見韓光渭，〈得到永生的錢積彭先生〉，《錢所長積彭先生紀念文集》（自行印製，1988），頁 14。另見張力、韓光渭，《學習的人生：韓光渭回憶錄》（台北：中研院近史所，2010）。

248 許樹恩，《材料也神奇》（台北：秀威資訊科技公司，2004），頁 131-140。許樹恩（1928-），海軍機校 42 年班，獲美國史丹福大學材料博士，參與中科院籌備（二所材料小組）、材料研究發展中心任中心主任、國營事業中央印製廠總經理，後轉任台大教授。退休後出任旭陽公司總經理。

249 〈李艾琳（原新南院住戶）的 line 筆述記錄〉，2021 年 9 月 21 日。原來住新南院的四家人，一起購地自建，四家（錢唐劉李）為錢積彭、唐明道、劉仲凌、李育浩。但是劉唐兩家從未搬進愚莊，而是把房子租給外國人，例如聯合國協助台灣的專家或是傳教士。

250 石園舊址為當年石門水庫的美國工程師與眷屬所住的社區，後來擴大為中科院在龍潭的員工宿舍，1971 年還增建 24 戶公寓，後區分為一村二村三村。一村獨棟型社區，為高軍階等級或高階主管的宿舍區，還有畫室、書法教室與游泳池。二村為公寓型社區，則有幼稚園、運動場、籃球場與兩塊大草坪。石園宿舍附近的餐廳有金蘭活魚餐廳、環翠樓等。

幾位同事還採新竹愚莊模式自建石門逸園。[251]

在北院前期的中科院新竹宿舍（圖 6-2-7），原住戶李艾琳的共筆描述如下：。

中山科學研究院成立於 1965 年，父親受聘為核能研究所副所長，我們家在 1966 年初離開清華大學新南院搬入中科院安排的美軍顧問團宿舍，當時的門牌地址是：新竹市東美路 26 號。一進小區入口左邊第一棟就是「招待所」性質跟新南院的俱樂部一樣，也許中山人覺得招待外賓的地方稱之為招待所更實至名歸。招待所的開放式車庫設有桌球，每天打的不亦樂乎！

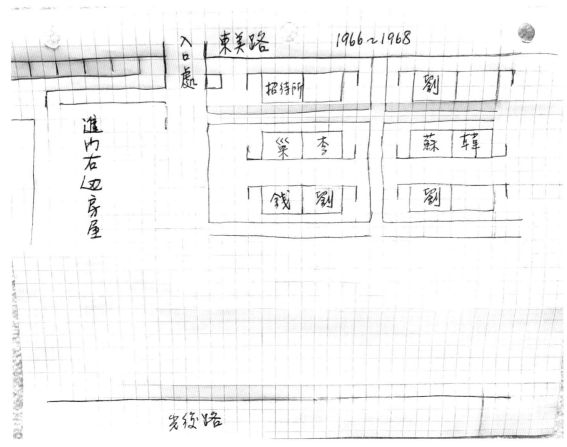

圖 6-2-7　中科院新竹宿舍（前北院）平面圖

手繪者：李艾琳（前中科北院住戶）

---

251 〈原新南院住戶錢善恒 Line 筆述記錄〉，2021 年 9 月 21 日。新竹愚莊比新南院建築的晚多了，新南院第一批十棟約 1959 完成，而愚莊約 1968 完工。我家在新竹的居住史：新南院、東美路（台銀原來美軍宿舍）、愚莊、石園。在石門的逸園也是同事們購地自建，只有錢積彭夫婦曾進住，其它戶則一直出租。

小區左右兩邊的房型不一樣但是都有草坪，各家之間沒有籬笆或圍牆分界。那時候的住家全是中科院的人，住在進門右邊房子裡的人比較年輕，很多單身，結了婚有孩子的年紀也比較小尚不及學齡。

進門左邊的房屋都是獨棟平房，設計為車庫分別在左或右的兩式房型。下面這張Facebook（清華北院）房屋照片中的房型跟我家一樣只是我家車庫在左側。這張照片顯示最左邊的3個窗戶分別是主臥室跟兩間臥房，中間是前門，雙面大窗內是客廳，右邊車庫牆後則是廚房跟備人房加浴室。煙囪之下就是客廳裡的壁爐（圖6-2-8）。

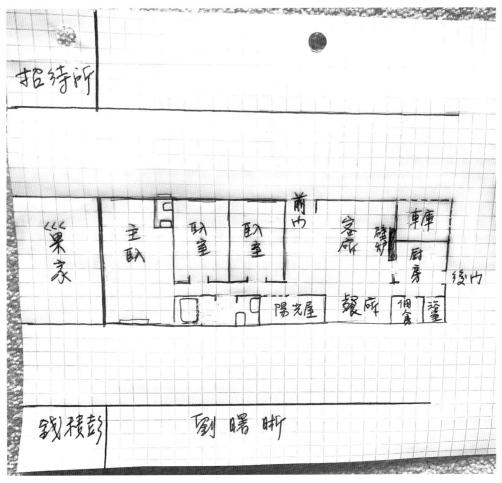

圖 6-2-8　中科院新竹宿舍（前北院）內部平面圖

手繪者：李艾琳（前往中科北院住戶）

6-2-6　清華北院（1972-2006）

接續中科院新竹宿舍，清華向台銀承租原美軍顧問團宿舍（位於清華園外的西北邊），改稱北院，以呼應清華的教師宿舍的命名脈絡。本來在 1990 年台銀就準備停租，因此不再接受申請入住。校方先將第一期的住戶們安排進住新建完成的兩棟西院電梯社區大樓。不過後來因台銀未能及時處理該案，1990 年起又續租給清華，北院才有第二期住戶，其間在地文化團體竹掃把行動聯盟，曾企圖將北院以原美軍顧問團宿舍的身分，提報文資保存未果，直到 2006 年賣給建商，住戶們才陸續申請搬入校內宿舍。北院除了前後有十餘位管理員，協助日常門禁管制與巡視外，還有一年一任的院長（包括兩位幹事），前五任院長為葛明、陳可崗、瞿寧若、劉兆玄及胡德，[252] 一、二期住戶名錄如表6-2-6。

表 6-2-6　清華北院居住教師名錄 [253]

北院	1期姓名 1972-1990	續住者	系所	2期姓名 1990-2006	續住者	系所
門房	梅祥林、王俊泉、吳福如、劉修衡、苗振海、馮明和、宋印誠、黃金成、曾梅溪、王正德、王寬卿、尚滿長					
1 號	傅衣信 蘇綏蘭	李大中	材料、數學	黃仲陵 賴淑英	王俊秀 徐妙齡	電機、社人／通識
2 號	葉君棣 承家嫻		化學	周定一 史美晶		物理
3 號	李昭仁 劉惠麗	黃能富 楊秋玉	化工、資工	吳隆庸 陳芬芳		動機
4 號	楊振忠 林月香		生科	江永進 張春凰	曾繁根 張幼儀	統計、工科
5 號	田中謙輔 *	江銘添	數學、材料	蘇豐文 游娜賢	蔣小偉 周 鈺	資工、動機
6 號	邱紀良 于寧		化學	張寶塔 洪千惠	江國寧 鄭富玲	經濟、動機
7 號	李雅明	王國明 俞貞波	電機、工工	桑慧敏 莊榮宏		工工
8 號	張華 喻錢莉		化學	鐘太郎 蘇雅文		電機
9 號	陳可崗 李恕穎	黃提源 王嶽陽	物理、應數／統計	洪哲文 洪麗敏	張智星 黃淑華	動機、資工

252〈北院日誌〉，王嶽陽保存。
253 本表由黃提源教授夫人王嶽陽老師協助彙整，特此申謝。

北院	1期姓名 1972-1990	續住者	系所	2期姓名 1990-2006	續住者	系所
10 號	許濬 闕燕玲	于其康 吳志新 黃大仁 連秀美 葉孟考 李佳蓉	電機 分醫 化工 動機	廖炳惠 林書帆		外語
11 號	舒瑞元	孫如意 李家華 解立亞 張婉琪	化學 動機 經濟	陳飛龍 郭麗玉		工工
12 號	牟兆生	鄧克俊 許蒞彥 謝雪英 陳壽安 畢傳治	體育 物理 工工 化工	周卓輝 林文玲	鄭博泰 胡少南	材料、電機
13 14	1965 年因火災而拆除，成為小公園。					
15 號	劉兆玄 錢明賽	林文偉	化學 數學	趙啟超 譚鳳珠		電機
16 號	胡德 陳允潔	唐傳義 楊惠娟	化工 資工	胡紀如 呂秀美	牛惠之 沈琪	化學、科法
17 號	黃提源 王嶽陽	葉銘泉 許臨高 萬其超	應數 動機 化工	祈忠勇 李儀德	丁照棣 曹順成	電機、生科
18 號	江銘添	鄭國順 葉錦鳳 周基樹	材料 應數 化學	黃朝熙 翁淑苓		經濟
19 號	吳克昭	倪維斗 羅瑞香	材料 物理	賀陳弘 連明香		動機
20 號	許貞雄 葉桂	金重勳 鐘榮利	物理 材料	呂忠津 張雅玲	黃嘉宏 傅麗華 林文源	電機、工科 通識
21 號	呂秀雄	印萬里 黃玲 儲三陽 田靜逸	動機 數學 化學	林數均 蔡雅芳	陳素芬 梁益埕	材料、教育

北院	1期姓名 1972-1990	續住者	系所	2期姓名 1990-2006	續住者	系所
22 號	林定平	林光華[254] 林文雄 陳樹景 凌永健	生醫 工科 數學 化工	周若珍	吳見明 鄭英桃	統計、材料中心、原科
23 號	黃大民	李家維 胡蝶蘭	物理 生科	王俊秀 徐妙齡		社人／通識
24 號	林聰源 曾蘭英		數學	黃嘉宏 傅麗華	陳俊顯 王淳玉	工科、化學
25 號	瞿寧若 梅茵		化工	王晉良 方淑美		電機
26 號	薛敬和 李淑容		化工	王信華 趙梅如	賴尚宏 崔憶秋	數學、資工
27 號	王永祥	許文星 施明英 吳克昭 盧棟生 林洪志 朱寶淑	工科 電機 材料 工科 化工	林永隆 李綺芸	周嗣文	資工、經濟
28 號	顏孝欽	呂輝雄 洪錦蓮	工化 數學	徐清祥 鄭亭玉	王庭基 郭瓊蓮	電機、資工
29 號	葛明	林正雄 葉玉莉 張俊盛 林翠芬 洪益夫 沈美麗	化工 材料 資工 醫環	張樹城 蘇招僖	劉銀樟 林芳蘭	數學
30 號	陳壽安 畢傳治	陳華 蔡玫芬	化工 歷史	劉志明 申仲柔	林志侯 姜潤芳	工工、生醫
31 號	薄善萍	孫琪 於有文 楊真嵐	工化 生科 核工	張達文 林淑端	俞鐘山 游淑蘭	物理、原科
32 號	劉國雄 范梅英		材料	許志侅 何代蓉	范建得	原科、科法
33 號	鐘崇燊 王蘭錯		化學	陳建祥 陶幼麗		動機

---

254 林光華為 1959 級原科所校友，曾擔任原科所講師，並在原子爐控制室服務，在表 6-2-2：1960年代初期時原科所的組織表之中，林為唯一曾居住於北院者。

北院	1期姓名 1972-1990	續住者	系所	2期姓名 1990-2006	續住者	系所
34 號	顏晃徹 金明明		物理 工科	張平 游萃蓉 陳啟雲	黃居正 莫素微	材料中心、歷史、科法

資料來源：西院、北院歷年名錄。

附註：為眷屬名字，住戶因有內部搬遷，前後會有重覆的現象。

＊為日籍客座教授。加底線之人名為眷屬。

● 北院的故事

　　北院 1 號的傅衣信曾指導過「台清交讀一輪」的張懋中院士，張院士台大機械系學士、清華材料碩士、交大電子博士，有趣的是，張懋中和其夫人的文定舞會就是在清華北院傅教授家舉行，開啟了北院 1 號的幸福傳奇。之後，傅與夫人蘇綏蘭於 1979 年移民美國，開始了傳承傅家餐館的旅程，後來蘇綏蘭成了有名的美食家，也出版食譜，更在費城開了家自己的餐廳。[255] 情節很像當年北京清華園南院 1 號住戶趙元任夫人的楊步偉醫師，她後來也成為中餐食譜的作家，兩個 1 號南北呼應，也是另類傳奇了。

　　北院的廚房面對車庫，住在入口處的住戶，在準備晚餐時，都會看到哪一戶的老師回來了，因此有一個排行榜，誰會準時回來？又誰會晚回來？例如 2 號老師會在下班後去打籃球，且週間五天每天打球，列入「望你早歸」的名單中。而 4 號住戶被公認為歡笑滿人間的代表，號稱笑聲傳遍北院，男主人楊振忠教授還曾發表「碗盤推疊論」，縱使還未清洗，也可排列整齊。

　　26 號薛敬和教授家栽種櫻花樹，原先樹況不佳，移往化糞池邊後，花況大好，成為北院景點，後來由 20 號住戶金重勳教授移往其新建住家，續「北院之櫻」的緣份。當時另一處花開景觀為 15 號前的鳳凰樹開花時。除了花草樹木，當然也造就了良好的生態系，因此有青蛙、昆蟲類、蝙蝠、鳥類、蛇類、螢火蟲、田鼠等。令人避之唯恐不及的蛇還曾出現在衣櫥中，不過身為蛇毒專家的楊政忠教授之子，果真虎父無犬子，挽起衣袖捕蛇，還煮起了蛇湯，成為北院傳奇。有住戶在後院養雞，長大了有了感情不敢殺（自殺），只好送給別人（他殺）。此外，院內除了人的交流，也有狗的交流，狗兒們串門子，吃到好吃的，回家不肯吃狗飼料。[256]

　　至於北院小孩們又如何？元宵節提燈籠、萬聖節戴面具到各戶要糖、中秋節烤肉、

---

255 〈蘇綏蘭〉，網址：http://homepage.ntu.edu.tw/~history/public_html/09news/ourlecture_120220.html。蘇畢業於台大歷史系，畢業後赴美，獲匹茲堡大學圖書館學碩士。而傅衣信則獲卡內基梅隆的材料博士，該大學也在匹茲堡。

256 〈北院聚會錄音訪談〉，2020 年 8 月 14 日。

聖誕節晚會的表演等，他們擁有北院的共同回憶，到如今都還保持聯絡。北院有個「咖啡黨」，黨主席為 4 號楊師母，遇到開花、母雞生蛋等值得慶賀之事，必招黨員喝咖啡聊是非，一時黨業興隆。另有「太太俱樂部」（傳承北京清華園的「母親俱樂部」），每次由兩家舉辦，揪團展開戶外休閒活動，最近的當然是十八尖山健走，甚至曾到光明新村去野餐。有了汽車後，旅遊圈（range）擴大，老北院（第一期）的化學系住戶們還曾遠遊中橫，更因道路塌方被困在梨山三天，留下深刻回憶。新北院們則曾到過苗栗南庄、陽明山、台北一日遊（順道新東南海產店聚餐）。不過在院內會館或戶外草坪聚會，倒是不分期別了，也特別受到號稱小院士們（住戶們的小孩們）的歡迎。其中沈君山校長曾來參加北院的戶外聚會，留下了珍貴的照片。

如前述新南院時代，小孩子們上學時（竹師附小）曾先後有聯工所的順風交通車與清華自己的交通車。北院時代，則安排了元慶遊覽車公司的通學交通車往返園區實驗中學，上學路線由北院開始（早上 7 時），經過西院、校門口、東院，放學（平日下午 4：20 出發，週三 12：10）路線仍先回到北院，接著西院、校門口、東院等，搭車同學每人每月 400 元。[257]

1970 年代的清華北院仍共用一條電話線，[258] 需要總機轉接，因此發生緊急事情時，常讓人手足無措，例如 2 號師母生產時，電話佔線，還好毛高文正好開車進來找同事，趕緊支援送到博愛醫院（現中華路國泰醫院），毛院長還強調：要忍要忍不要生在車內（按照傳統：一輩子免費搭車），送去兩個小時後的晚上六點順利生產，母子均安。另外，由〈北院日誌〉亦可以知道北院生活，包括生產小孩，例如 1984 年的 8、9、11 月，北院的 30、27 與 12 號陸續有新生兒的誕生，計一男二女。當然生活也有不如意之處，北院由於為獨門獨院，因此數次遭小偷，例如 1985 年農曆過年期間，7、8 與 24 號就被闖空門，有現金遭竊而報警處理。因此北院在 1985 年 5 月 29 日，由院長葉銘泉（動機系）上簽要求設置連線警鈴與防盜開關，費用為 10 萬 6 千元，每戶自費 1,500 元。更早的 1981 年，當時的院長楊振忠（生科）就曾上簽防止小偷入侵，要求校方協助維護與加高圍牆的鐵絲網、排水溝入口處加鐵欄杆、加裝路燈及修整樹木等。[259]

● 清華電動車計畫的北院清華人

清華團隊分別於 1973 年與 1989 年展開電動車與磁浮車的研發計畫，為此校友還集資於楊梅設了一個電池廠，名稱很校訓：厚德電池公司。[260] 1974 年 10 月 15 日，由黃光

---

257 〈北院日誌〉內之通知副本，王嶽陽保存。

258 當時的清華有九條電話線：226121-226129，北院為其中一條線，每戶有分機號碼，原則上為戶號加上 20，例如 2 號住戶，其分機號碼為 21，但有 5-6 戶沒有規則。

259 〈北院日誌〉內之簽呈副本，王嶽陽保存。

260 陳華、倪瓊湘等訪談，〈萬其超教授訪談稿〉，2012 年 9 月 7 日。

治教授擔任駕駛，「清華一號」電動車從新竹清華校園以每小時六十公里的速度駛入台北市區（月涵堂），引起了全國話題。[261] 參與電動車與磁浮車計畫的教授有電機系、動機系、化工系、材料系及工工系的教授們，包括毛高文、黃光治、萬其超、[262] 孫如意、王國明、汪積昌、金重勳、王詠雲、蕭德瑛、王偉中、王培仁、宋震國等人（北院參與者：表 6-2-7）。接著，清華二號到六號電動車陸續在國人期待中問世。更進一步，1977 年 10 月 8 日清華 3 號的 11 輛郵政電動車實用化，還曾一起擺在清華大草坪上。[263] 最後，由唐榮量產了 30 輛電動車（清華 5 號），[264] 並隨著孫院長的中南美出訪，還送了兩輛清華 3 號車給哥斯大黎加。

表 6-2-7　清華電動車計畫與磁浮計畫北院住戶參與表

北院	住戶	系所	說明
7 號	王國明	工工	6 人研製小組成員、總務組長（兼資料小組）、電動車生產組長
11 號	孫如意	動機	6 人研製小組成員、車身機械、電動車生產顧問
20 號	金重勳	材料	磁浮計畫
22 號	林文雄	數學	FRP 組
32 號	劉國雄	材料	車身機械顧問

資料來源：清華電動車計畫。清華百年校慶叢書，《綠能清華》。

● 北院與李長榮化工廠環保運動

此外，北院教授們更帶動且參與了一次發生於戒嚴期間的環保運動：李長榮反污染自力救濟運動，[265] 該運動是由新竹在地大學師生與居民一起抗爭而成功的台灣首例。成為污染受害者的清華（校園與北院）與交大（宿舍），先由清華在 1986 年由張昭鼎與當時北院院長黃提源組成「清華教授聯誼會」，再集合了 355 位大學教授的連署，向行政院院長俞國華陳情不果，後來在 1987 年成立了新竹市公害防治協會，134 多位創會會員

261 當時清華 1 號電動車，先後改良馬達與鉛酸電瓶，因此一次充電可行駛 95 公里，而足以挑戰新竹到台北（80 公里），當天隨行的有工學院毛高文院長，帶著技術人員與工具，另開一部車陪同。參見黃光治，〈電動車發展中的一些軼事及展望〉，《清華校友通訊》61，1977，頁 19-23。
262 萬其超主修電化學工程，就被當時工學院院長毛高文邀請回國加入他主持之電動車計畫。動機系的黃光治教授是實質的總工程師兼管機電控制，孫如意教授負責車體，而萬教授則協助毛院長開發電池，並成立以校訓為名的「厚德電池公司」。
263 宋震國主編，《綠能清華》（新竹：國立清華大學出版社，2011）。
264 電動車「清華 5 號」是以國產速霸陸（三富好運）的底盤為基礎。詳見〈速霸陸 Sambar〉，網址：https://zh.wikipedia.org/wiki/ 速霸陸 Sambar。
265 王俊秀，〈清華大學的抓地力：社會運動二三事〉，《竹塹文獻雜誌》59，2015，頁 2-23。

有社區居民（溫漢柱先生等人）、大學教授、中學老師、醫生、科學園區工程師等，其中就有 70 位大學教授，還包括了前中研院院長李遠哲、前新竹市長蔡仁堅、小兒科醫生林聖哲等人。當時的〈北院日誌〉留下了以下的資訊（表6-2-8）：

表6-2-8　清華〈北院日誌〉中的反李長榮污染資訊例

日期	內容
1983 年 9 月 30 日	北院召開睦鄰晚會，決定陳情新竹市長，改善李長榮化工廠之空氣污染問題，並將陳情書於 10 月 3 日以限時信寄至市政府、市議會、省政府、環保局、監察院與各報社（民生、聯合、中時等）。
1983 年 11 月中旬	由於情況沒有改善，會同交大鄭教授再度向市長陳情，以存證信函寄至市長辦公室。
1983 年 12 月 5 日	經過環保局與各方壓力，李長榮化工廠被勒令停工。
1984 年 1 月	污染情況又惡化，由劉兆玄院長（理學院：1982-1984）打電話指責，李長榮化工廠陳廠長與凌先生到李昭仁宅（3 號）了解狀況。
1984 年 1 月 31 日	李昭仁（北院院長）會同劉兆玄院長、楊覺民訓導長，前往李長榮化工廠實際了解情況，並勸之遷廠。
1984 年 3 月 31 日	睦鄰晚會推下屆院長六位候選人，由黃提源教授接任，繼續處理李長榮化工廠污染事宜。
1984 年 11 月 17 日	睦鄰晚會由劉兆玄（13 號）與胡德主持

資料來源：〈北院日誌〉，王嶽陽老師收藏。作者整理。

抗爭過程中，李長榮化工廠因生產福馬林、二甲基甲醯胺等化學物質，魚腥味飄進社區（北院首當其衝）與校園，為此清華金陽和教授上課帶防毒面具，這個畫面不僅上了報紙頭版，而且後來被收錄進《新竹市志》中。當時田裡流入白濁的水，讓赤腳農夫的雙腳膝蓋以下潰爛，其它農夫更發現李長榮暗埋水管，穿過田地，直接進入頭前溪，而該地區是水源、水質、水量保護區，因此才稱為水源里。居民最後不得不以水泥封住李長榮化工廠大門，並埋鍋造飯，持續抗爭 425 天，以『反公害不反工廠，要環境不要回饋』為訴求，成功逼使李長榮化工搬廠，當年市長為任富勇（任職期間：1985-1989），他原為清華的體育老師，因此在此反污染運動中，成為另類的夥伴關係。

反李長榮運動當年主要推手為北院 17 號住戶的黃提源教授，號召受害地區的社區居民（例如 清華北院、交大建新路宿舍、水源社區）、大學校園師生，並特別組織大學師生，包括前述之連署、清華環保社團協助民意調查等，另有清華自發性「物理系 89 級公害觀察小組」也積極從事調查、開公聽會。當時清華北院宿舍共有 32 戶，一公里範圍內有中油油庫以及新竹臭三角：李長榮化工、新竹化工、台肥，北院多數住戶後來陸續搬進清華西院宿舍。能在戒嚴時期（1949/5/19-1987/7/15）合法成立民間團體，彰顯出環

境公害問題的嚴重性，新竹市公害防治協會也成為新竹第一個民間的環保團體，黃提源擔任創會理事長，接著由第二屆林聖哲醫師、第三、四屆清華社會所王俊秀接棒傳承，陸續關心在地的環境問題，包括新竹化工變更地目案（現在為愛買量販店）、香山濕地案等，甚至在新竹市東門國小舉辦台灣第一次的跳蚤市場。戒嚴時期很難籌組全國性倡議型的環保團體，但因為李長榮的公害促使了新竹市公害防治協會的成立，當年公害防治協會的理事長與會員們也陸續成為台灣環保聯盟的學術委員與會長，例如張昭鼎教授為首屆的環盟學術委員，黃提源教授為首屆顧問，王俊秀教授為學術委員及第 20、21 屆會長（2008-2012）。換言之，反公害運動催生了許多關心環境的地方人士、學者專家與學生，例如台大學生會就參與了反杜邦運動、反杜邦也促成了彰化縣公害防治協會、反三晃運動促成了台中縣公害防治協會等。一路走來，新竹市公害防治協會陸續參與老樹保存、科學園區污染監督，後來也加入竹掃把行動聯盟，一起產生對新竹的抓地力。[266]

● **風華半世紀，北院長相憶：1956-2006**

　　1956 年台銀因配合新竹美軍顧問團宿舍而興建，到 2006 年台銀因配合民營化而標售拆除（見本書彩圖集圖 G2、G5、G6-G8），前後半世紀，歷經美軍顧問團宿舍（1956-1966）、中科院新竹宿舍（1966-1972）與清華北院宿舍（1972-2006），累積許多共同記憶與故事，配合北院的落幕，2006 年 6 月 17 日舉行了再見北院活動（表 6-2-9），也邀請了歷年北院住戶與北院結緣人作最後的巡禮。該系列活動，始於 6 月 14 日下午的北院孩子兵團綁黃絲帶（樹木）與紫絲帶（房子：清華校色）。[267]

　　活動當天的早上重現了美軍顧問團住戶們當年輪調時，各戶所舉辦的車庫拍賣（Garage Sale），而它所拍賣的 Snoopy 漫畫、康寧餐盤、兒童自行車更延伸出冷家的生命故事（另見本書美軍顧問團宿舍章），見證人冷媽媽張立慶女士在下午回到歷史現場來分享，她也是當年火災的見證人。黑蝙蝠中隊的李崇善上校則回憶當年受邀參加游泳池邊的烤肉會，見證了新竹機場穿著軍服（MAAG）與便服（CIA）的兩個美國單位在北院相見，後來黑蝙蝠中隊紀念館的建築則採用了原北院 4 號的外觀（見本書彩圖集圖 G3）。此外，北院首任與末代管理員的出現見證了北院有始有終的歷史。更特別的是，在北院出生的第一個小孩李智晃（1973 年出生：北院 3 號）抱著最後一個出生的小孩鄭映澄（2006 年出生：北院 12 號），又是另一種有始有終的傳承，這張照片還登上了在地

---

266 陳國璋主編，〈黃提源教授專訪〉，《清華大學數學系五十周年紀念文集》（新竹：國立清華大學數學系，2013），頁 53-71。另見王俊秀，〈清華大學的抓地力：社會運動二三事〉，《竹塹文獻雜誌》59，2015，頁 2-23。
267 在家門上繫上黃絲帶（Yellow Ribbon），代表歡迎久別歸來的親人。北院黃絲帶行動歡迎各期住過北院的住戶們（MAAG、中科院與清華）回家，紫絲帶則特別指出作為清華宿舍的脈絡。

表 6-2-9　風華半世紀，北院長相憶活動（2006 年 6 月 17 日）

時間	內容	說明
10:00-15:00	車庫拍賣（garage sale）：北院擺攤	美國搬家文化的一環
15:00-15:15	迎賓	
15:15-16:00	回憶感言	首任管理員（1956-1961）：梅祥林先生；末代管理員（1994-2006）：尚滿長先生 游泳池 party 參加者（1967）：黑蝙蝠中隊李崇善上校 garage sale 與火災見證者（1965）：冷媽媽張立慶女士 新竹市眷村文史工作者：潘國正特派員 北院住戶爸爸、媽媽、孩子兵團代表
16:00-16:15	再見儀式	院樹新生、北院之瓦簽名、贈送北院之瓦
16:15-16:30	大合照	
16:30-17:00	北院巡禮	原住戶北院泥土裝罐、拆門牌儀式、北院酒甕時間膠囊
17:00	美乃斯的祝福	美援、MAAG 與美國飲食文化脈絡

資料來源：「風華半世紀，北院長相憶」活動籌委會

的媒體（見本書彩圖集圖 G4）。

　　揮別北院當然是生命關卡，需要各種儀式來通過，因此院樹新生、北院之瓦簽名、贈送北院之瓦、拆門牌儀式等，最後並一起將各種紀念物品裝入北院酒甕時間膠囊，預計在 2026 年的 6 月 17 日再度開甕。

　　清華北院被拆除，在新竹產生了竹掃把文化資產保存的行動，並進而影響了在台北陽明山（文化大學附近）美軍顧問團宿舍的保存。原在清華北院的樹木除了移植到住戶的新家（例如金重勳及陳飛龍教授）外，不少樹木移植到苗栗縣卓蘭余燈銓美術館。至於建築構件與材料，有 17 棟拆除後以貨櫃運往日本，成為溫泉旅館的一部分，一棟仍在新竹市溪州橋下的倉庫中。本來為了興建黑蝙蝠中隊文物館，採用北院外觀，因此留下一棟（包括馬桶、消防栓、洗石子水槽等）在慈雲路的橋下空間，後來文物館只採用了外觀，使用水泥新建的方式，該批材料最後竟因此違反了廢棄物清理法，只好處理掉，但部分檜木建材製作成傢俱。最特別的是，60 根北院柱子，被送到大甲，成為大甲德化里黃清波故居（1924）古蹟修復的材料。[268] 清華北院除了留在原住戶的心中外，其形象

268〈黃志成先生口述歷史〉，2023 年 4 月 27 日。黃為《薰風雜誌》負責人，自購並修復名人故居，包括大甲德化里黃清波故居與頭城盧纘祥故居。

與材料還以黑蝙蝠中隊文物館外觀、日本溫泉旅館、北院傢俱、大甲德化里黃清波故居等型式存在著，繼續述說北院的新舊歷史。

小結

那些院們雖已消失而成為歷史現場，但在其中所發生的生活故事，卻是一般大學學術史所未見者。而教授宿舍是由一戶一戶的家庭所構成，至少夫妻與子女們的角色也不會見諸大學歷史中，更不用說其他「熟悉的陌生人」，例如管理員、校工等。因此本章也盡量凸顯師母或師丈們共同經營家的角色，再描述各家家人在那些院們的交流故事，為道貌岸然的大學增添了另一種生活溫度。

第七章
清華北院：新竹美軍顧問團宿舍的歷史現場[1]

新竹清華園承北京清華園的宿舍命名傳統，命名了原新竹美軍顧問團（MAAG）宿舍為清華北院，該院在 2006 年走入歷史，新竹美軍顧問團宿舍和清華北院先後成為歷史現場。美軍顧問團到底如何和台灣與新竹結緣？又產生了什麼故事？留下什麼美國文化給新竹？本章探討時序在六燃丁醇化學合成工廠與清華北院之間的歷史現場：新竹美軍顧問團宿舍。

第一節　MAAG 的來龍去脈

1950 年由於韓戰（1950-1953）爆發，台灣突然成為第一島鏈重要的反共堡壘，美國宣布台灣海峽中立化，接著再採用前「租借法案」[2]的精神，1951 年起再繼續對台的美援計畫（1951-1965），同年簽定「中美互助協定」，5 月 1 日成立了「駐台軍事援助顧問團」（下簡稱美軍顧問團或 MAAG）（參閱本書彩圖集圖 H1），由美陸軍少將蔡斯（William C. Chase）出任首任團長。[3] MAAG 在台的 27 年 10 個月（1951-1979）期間，共有 14 任團長，其中 10 位陸軍、三位空軍及一位海軍，而最重要的顧問則超過 2,000 人，例如 1955 年時的最高數據為 2,347 人。除了團本部，MAAG 其下大分四組：陸軍組、海軍組、空軍組與聯勤組。加上 1955 年 11 月成立的美軍協防台灣司令

---

1 本文初稿：王俊秀，〈美軍眷村在新竹：口述歷史的觀點〉，《竹塹文獻雜誌》37，2006，頁 52-75。本章再大幅改寫，再由柳逸照先生審閱，特此申謝。再此也向改寫前的口述訪談人再一次申謝。
2 租借法案（Lend-Lease Program：1776 號法案）為 1941 年的美國法案，意指美國不介入戰爭，但提供戰爭物資給同盟國成員，這也造成了美國軍火產業的興盛，或稱戰爭經濟。1941 年 4 月加入中華民國，共 38 國，總值 480 億美元。
3 MGEN William C. Chase（1895-1986）為美國退役少將，出生於羅德島州，1916 年畢業於布朗大學，在校中即參加了國民兵，因緣際會進入軍隊，參加過兩次世界大戰，歷任旅長、參謀長等，於 1951-1955 年間擔任首任 MAAG 團長。蔡斯非常關心台灣民主，曾支持當時的高玉樹市長。詳見〈William C. Chase〉，網址：https://en.wikipedia.org/wiki/William_C._Chase。

部（USTDC：1955-1979），包括美國的三軍與海軍陸戰隊，特別是有名的第七艦隊，[4] USTDC 的首任司令浦賴德中將（Alfred M. Pride）即為當時的第七艦隊司令，而 MAAG 團長就是陸軍的領導人。由上可知，當時美援、美軍、美顧問全都進到台灣了，也因此美國第七艦隊於 1955 年 2 月 8-14 日掩護及協助了大陳島的撤退任務，包括部隊 13,000 人與居民 18,416 人，史稱金剛計畫。[5]

美援的金額約為每年（1951-1965）一億美金（另一說為 125 專案：每年 1.25 億美金），其項目當然包山包海，主要分四大類：物資援助、工程建設援助、技術援助與配合軍援，[6] 例如基礎工程建設如西螺大橋、德基水庫、天輪發電廠、中橫公路、麥帥公路、大學建築（如東海大學）等。當時各種基礎建設經費中的 74% 來自美援。在新竹就包括內灣線、台肥新竹五廠、[7] 新竹變電所、新竹玻璃公司等美援案。美援初期，曾以年度「工業復興計畫」的型式，提出各種計畫書來爭取。之後則以「四年經濟計畫」的方式而有了更加整體的考量，而前述四大類的實際作業（如草案提出、制度改良）[8] 則由懷特公司來執行，包括扶植私營企業如生產 PVC 的台塑公司（原名福懋塑膠廠），這也是為何懷特公司也位在美援大樓中的原因了。

當然美援也帶來了美國文化與生活方式，例如美援進口的麵粉、小麥與大麥，就造成了「麵食替代米飯」的食生活改變：米麵共食，而麵粉袋製成的中美合作內衣褲，也成為「美援世代」的共同回憶。另外，大家耳熟能詳的甜甜圈（Donut）也是其中的產物，它的名稱從多福餅、環餅、幸福餅、油煎圈餅、炸麵圈、道納司（音譯）、多拿滋（音譯）等，後來由甜甜圈西餐廳隨著「小甜甜」卡通影片打響了它的名號與定位。[9] 而在新竹的美乃斯麵包店也在此「美」食文化的傳播中扮演了不可或缺的角色。

4　第七艦隊（1943-）曾參與過二戰（如菲律賓的雷伊泰灣海戰）、韓戰、823 炮戰（補給艦護航）、越戰與波灣戰爭等，當情勢緊張時，常巡弋於台灣海峽。該艦隊約有 60 艘上下的艦艇及 350 架戰機，滿額編制為六萬人，但平常的人員只有兩萬人。現役主要有一艘雷根號航空母艦，過去服役的航空母艦包括列辛頓號、中途島號、小鷹號與獨立號。詳見〈第七艦隊〉，網址：https://zh.wikipedia.org/wiki/ 第七艦隊_(美國海軍)。

5　金剛計畫中的美軍出動了五艘航空母艦，裝載 400 多架戰機，掌控了撤退航線的制空權。詳見〈大陳島撤退〉，網址：https://zh.wikipedia.org/wiki/ 大陳島撤退。

6　林炳炎，《保衛大台灣的美援》（台北：台電株式會社資料中心，2004），頁 140。

7　接收時，由四個單位併成台肥公司（1946 年 5 月 1 日成立），它們是：台灣電化株式會社、台灣肥料株式會社、台灣有機合成株式會社、日窯產業株式會社台北支店。台灣有機合成株式會社的新竹廠改為台肥五廠，生產氰氮化鈣。台肥因接受美援，一樣也改良了現代化的會計制度。

8　三期的公益事業視導團，由美國派來的會計專家把脈，理念為：接受美援，包括制度，因此也引進了現代化的會計制度，例如針對台電的視導，提出了 33 點的意見。參見林炳炎，《保衛大台灣的美援》（台北：台電株式會社資料中心，2004），頁 228-230。

9　劉志偉，《美援年代的鳥事並不如煙》（台北：啟動文化，2012），頁 20-32。

　　MAAG 的到來可視為美援最重要的軍事援助：軍事美援，在軍備、制度（如士官制度、三段五級保養制度）、教育訓練（含預官）、改編與建制（如兩棲部隊司令部、特戰部隊司令部、海軍陸戰隊司令部、飛彈部隊、空降部隊、神龍小組、反潛作戰）等，其中尤以軍備最受矚目，例如海軍陸戰隊率先全面更換為美式裝備，包括 M-41 華克猛犬式戰車、M-42 野戰防空炮車等[10]。陸軍也不遑多讓，陸續接收 OH-6A 型直升機、M41-A1 戰車、各種火炮（如 155 公釐火炮）等軍備。

　　至於軍機換裝，美方陸續軍援 T-6 雙座教練機、T-33A 噴射教練機、P-47N 雷電機、F-84 雷霆機、F-86 軍刀機、F-100 超級軍刀機、F-104 星式超音速戰機等，後續還有 AT-6 與 PT-19 教練機、B-17 轟炸機、C-47 運輸機等。由於美軍也駐在台灣，尤以空軍為多數，因此在清泉崗機場也陸續出現各種不同的機型，例如 SR-71 黑鳥偵察機、KC-135Q 空中加油機、F-4D 戰機、F-102 三角劍戰機、RF-101 巫毒偵察機、B-57 轟炸機、F-100 超級軍刀機等。

　　而軍援各型飛機的交接儀式主要由 MAAG 團長（有時由組長）代表美國政府執行（表 7-1），例如 1953 年 6 月接收了 F-84G 戰機 76 架，空軍進入了噴射機時代。1955 年起換裝 F-86 軍刀機、1960 年換裝 F-104 星式超音速戰機，更正式進入超音速的時代，相關的技術與後勤支援也由 MAAG 設置供應處負責，而在過程中建立標準化、程序化與制度化。而當時駐防新竹的是第 11 戰術轟炸大隊，曾以 P-47 雷電機協防大陳島撤退，1955 年才換裝 F-86 軍刀機，外加響尾蛇飛彈。同時期新竹基地還有第八大隊，接收了 50 多架的海軍 PB4Y-2 轟炸機以換裝原來的 B-24 轟炸機，執行海上偵巡任務。後來飛行員被徵調換裝了 C-119 型運輸機，[11] 更有不少隊員參與了第 34 中隊，即知名的電子偵測特殊部隊的黑蝙蝠中隊。[12] 不過黑蝙蝠中隊與黑貓中隊的主導單位為 CIA（美國中情局），[13] 其他美方單位則支援與配合，包括支援特種任務的美國第 374 戰術空軍聯隊，擁有四個中隊約 80 架的 C-130E 運輸機，駐在台中清泉崗基地，[14] 該基地曾是遠東最大的空軍基地，在越戰期間，共有美軍一萬人上下，該隊也協助黑貓中隊（U-2）的部分任務，[15] 也包括同樣由 CIA 主導的黑蝙蝠中隊。

10 國防部，《美軍顧問團在台工作口述歷史》（台北：國防部史政編譯室，2008），頁 104-105、113-121。
11 同上註，頁 168-169。
12 國防部，《北斗星下的勇者：黑蝙蝠中隊（空軍 34 中隊）口述歷史訪問記錄》（台北：國防部史政編譯室，2004）。另見王俊秀，《黑蝙蝠之鏈》（台北：聯經出版，2011）。
13 衣復恩，《我的回憶》（台北：台北立青文教基金會，2000）。翁台生、Chris Pocock，《黑貓中隊》（台北：聯經出版，1990）。
14 國防部，《美軍顧問團在台工作口述歷史》，頁 210-221。該聯隊（374 聯隊）附屬於 327 航空師，於 1971-1973 年派駐清泉崗基地，接替 314 聯隊，成為當年亞洲戰場運輸機的主要基地，當然也支援越戰。374 聯隊下有四個中隊：21、50、345、776。
15 國防部，《美軍顧問團在台工作口述歷史》，頁 212。

表 7-1　MAAG 移交的空軍戰機與飛彈（例）

機型	交接時間	MAAG代表
P-47N	1952 年 11 月 1 日	第一任團長蔡司少將 MGEN William C. Chase
F-84G	1953 年 6 月 15 日	第一任團長蔡司少將 MGEN William C. Chase
F104 星式	1960 年 5 月 26 日	第四任團長杜安少將 MGEN L. L. Doan
6 吋自走炮	1958 年 10 月 17 日	第四任團長杜安少將 MGEN L. L. Doan
F104G	1964 年 2 月 26 日	MAAG 空軍組組長 平克斯頓准將 BGEN Gladwyn E. Pinkston
鷹式防空飛彈	1964 年 4 月 10 日	第六任團長桑鵬少將 MGEN Kenneth O. Sanborn
F5 自由鬥士	1965 年 12 月 9 日	第七任團長江森少將 MGEN Dwight G. Johnson
C-54	1974 年 1 月 29 日	第十一任團長那水德少將 MGEN Slade Nash

資料來源：《美軍顧問團在台工作口述歷史》，作者整理

　　在海軍部分，美援透過 MAAG 陸續提供 DD（驅逐艦：陽字號）、DE（護航驅逐艦）、PF（巡防艦：山字號）、PCE（護航驅潛艦）等艦艇，從事海軍艦艇的汰舊換新，還包括一批兩棲作戰艇、APD 快速運輸艦、登陸艦 [16] 等。首批美國援助的 DD 驅逐艦包括洛陽、漢陽、咸陽、咸陽 II、南陽號等，1967 年之後又陸續接收 30 艘。[17] 例如曾參與 1945 年沖繩之戰，並受到神風特攻隊攻擊的美國羅得曼號（USS Rodman, DD-456）[18] 於 1955 年 7 月移交成為海軍咸陽號驅逐艦（DD-16）。另一艘美國驅逐艦金伯利號（USS Kimberly, DD-521) 於 1967 年 6 月移交給海軍，改稱安陽驅逐艦（DD-918），該艦參與過菲律賓的雷伊泰戰役、沖繩之戰與韓戰，1945 年 3 月 26 日亦和神風特攻隊對戰過，[19] 並

---

16 國防部，《美軍顧問團在台工作口述歷史》，頁 104-105。

17〈陽字號驅逐艦〉，網址：https://zh.wikipedia.org/wiki/ 陽字號驅逐艦。

18 美國羅得曼號曾參與 1945 年的沖繩之戰，於 4 月 6 日下午三時，在伊平屋島與沖繩本島之間的海域受到神風特攻隊攻擊，直衝甲板，造成 16 死 20 傷。同行的另一艘驅逐艦（USS Emmons, DD-457）也受攻擊，60 死 70 傷，最後沉船。詳見〈USS Emmons〉，網址：https://en.wikipedia.org/wiki/USS_Emmons_(DD-457)。沉船地點現在成為潛水參觀的熱門海下景點。

19 受到九九艦爆（愛知 D3A 機）的自殺攻擊，造成 4 死 57 傷。詳見〈USS Kimberly〉，網址：https://en.wikipedia.org/wiki/USS_Kimberly_(DD-521)。

在 9 月 4 日護衛受降簽字艦的密蘇里戰艦（USS Missouri, BB-63）返回美國。

MAAG 派駐各軍種，例如第九軍就有 50 位顧問，他們除了顧問外，也顧門口（監視與監督），防止軍方反攻大陸，各軍種每個營級單位以上皆派有常駐顧問，也會到部隊去清點傘具與武器裝備。[20] 雖然所有演習都有 MAAG 的足跡，但亦曾發生故意不讓美方知道的演習（如 1965 年的國光作戰計畫），但還是被 MAAG 發現且被嚴重關切。[21]

又因為越戰（1965-1972），台灣除了成為了軍備維修的中心外，MAAG 也成立了多處官兵度假中心，包括了招待所與俱樂部。招待所如聯勤台北第一美軍招待所[22]、自由之家、中國之友社、墾丁美軍招待所、清泉崗美軍招待所與麥考利海灘（McCauley Beach）[23] 等，甚至台北站旁的天成飯店其前身也是勵志社的美軍招待所（17 間客房），[24] 最多時全台有超過 25 家的美軍招待所，但有些稱呼各異，例如嘉義的招待所稱為「外事招待所」，英文名稱為 Hostel、台南的「美軍第一招待所」，其英文為 Marco Polo Hostel，高雄的美軍第二招待所改稱自由之家大旅社等。至於俱樂部，主要有各軍種的軍官俱樂部（O Club 或 open mess）[25] 與士官俱樂部（NCO Club）[26] 例如美國軍官俱樂部[27] 美軍第 13 航空隊的士官俱樂部（NCO Club）、[28] 美國 MAAG 軍官俱樂部（U.S. MAAG Club）、[29]

---

20 國防部，《美軍顧問團在台工作口述歷史》，頁 38。

21 同上註，頁 319。

22 台北第一美軍招待所，原為聯勤第二招待所，聯勤第一招待所（原稱蘭圃招待所，曾作為 MAAG 首任團長蔡斯的官邸）在改建為國賓飯店後，由聯勤第二招待所升格為第一招待所，該招待所建於 1963 年 8 月，共有 62 間客房。本供駐台美軍使用，但越戰後亦提供駐越美軍來台度假用，MAAG 並因應越戰官兵之度假需求，新建墾丁美軍招待所與清泉崗美軍招待所。

23 參考利海灘和位於萬里，麥考利營則轉成現在的金山活動中心，兩者皆由 HSA 管理營運。台南還有一個 MAAG 海灘。

24 勵志社為黃埔軍官俱樂部，仿日本陸軍的偕行社與海軍的水交社而成立。勵志社成立於 1929 年，其南京的總社（307 俱樂部）由陸根記營造廠建設，成為當時的地標之一，擁有網球場、運動場兼跑馬場，曾舉辦足球賽，美軍援華時期，勵志社旗下有 30 處招待所。國府退守台灣，勵志社也來台展開類似業務，也成為美軍的招待所之一。日治時期的偕行社有三處：台北、北投與台南。台北偕行社為後來的婦聯會（現長沙街一段 27 號）；北投偕行社現為北投溫泉路私人住宅；台南偕行社在台南市北區公園南路 21 號，2007 年登錄為台南市歷史建築。天成飯店前身的勵志社台灣分社（美軍顧問團）招待所：中正西路 57 號，接收自日產的昭南閣旅社。

25 軍官或士官俱樂部，除 Club 外，也稱為 mess 或 open mess，mess 指稱軍人社交之地方，例如台南的軍官俱樂部的英文為：Tainan Air Base Officers' Open Mess。

26 NCO 為士官（Non-Commissioned Officers）之簡稱。

27 位置在酒泉街和中山北路口。

28 越戰期間，美國的太平洋空軍司令部在六個國家部署，在台灣者為第 13 航空隊，隊部在公館地區（現台大管理學院地區），其士官俱樂部位在羅斯福路上。

29 位於前美國在台協會斜對面。

美國海軍俱樂部（U.S. Navy Club：暱稱海龍俱樂部）、[30] 63 俱樂部、[31] 林口俱樂部、[32] 台中的士官 36 俱樂部、台南與台中的 Airman 俱樂部等。其中尤以 MAAG 的 63 俱樂部特別有名，[33] 並成為現在的美僑俱樂部，63 俱樂部採會員制每月會費五美金，還送會員各種漂亮的打火機，並有男人之夜：即脫衣舞表演，當時的入場票比到 PX 託買東西還熱門，號稱「脫衣舞外交」，該俱樂部並發行會刊，兼作汽車買賣。63 俱樂部的名稱也用在新竹的 MAAG 俱樂部，但不知是否也有男人之夜。其他地方有美軍或 MAAG 的地方就會有俱樂部，例如清泉崗空軍基地、台南空軍基地、左營海軍基地等，更有在墾丁的美國海陸士官兵俱樂部。[34] 台南的美軍軍官俱樂部、士官俱樂部、CAT 俱樂部當時在南門路底的區域，已被拆除而先後改建為勞工中心及松柏育樂中心，附近的大同路當時還有一家「福美容之家」，聘請了 10 位穿制服的美容師，專門為美軍與家屬們服務。[35] 不過當時的台南各俱樂部的位置與名稱持續在 Taipei Air Station 的網站上引起當年駐台美軍們的討論 [36]，例如 MAAG 俱樂部或軍官俱樂部到底那一個稱之為 Magambo Club？連停在俱樂部前的福特野馬跑車也一併討論之。

　　此外，MAAG 並和台灣政府當局合作認證了一批酒吧與觀光旅館，當時台北有 32 間認證酒吧、高雄有八家認證旅館等。以台北市美軍特區附近的酒吧地圖為例，出現了一批「地名酒吧」，如美利堅、US、紐約、倫敦、邁阿密、台北、夏威夷、香港、九龍、上海等，而電影名稱與角色也成為酒吧名字，例如卡薩布蘭加（也是地名）、[37] 蘇絲黃 [38] 等，而前者更常態性的播放卡薩布蘭加的電影與音樂。另外，台南的麗娜、維娜、黑貓與查理等酒吧，高雄的王子、白馬、快樂、幸運、國際、第一、藍星、LU TAW TAW 沙龍等也出列。當然也不要忘記基隆（港），它可是美軍、美軍顧問家庭與他們的

---

30 中山北路大同總公司入口右邊巷子內。

31 位於圓山飯店附近的北安路，現為美僑俱樂部（ACC），1970 年代時也稱中國海俱樂部。

32 當年尚未有民族東路，該俱樂部就位於現民族東路路口處（海霸王餐廳南側）。

33 63 Club 的正式名稱為：MAAG NCO Open Mess，不分軍官與士官，採會員制，但是 MAAG 於 1973 年 6 月 28 日結束俱樂部的經營，轉給海軍。

34 〈台灣美軍招待所故事〉，網址：https://dadanono458.pixnet.net/blog/post/118307445。

35 該美容院的英文名稱為 MR. FUS 當時的地址為大同路 361 號，電話為 27976。

36 "Taipei Air Station"，網址：http://taipeiairstation.blogspot.com/2013/10/the-magambo-club-at-tainan.html。

37 1942 年的電影，原名稱就是卡薩布蘭加（Casablanca），台灣譯成「北非諜影」，它就在盟軍拿下該城市的一週後於全美放映，造成了轟動。該片獲 1944 年奧斯卡的最佳影片、最佳導演與最佳改編劇本獎（八項提名，三項獲獎）。該片也創造了大學的一項傳統，它已成為哈佛大學考試週的必放電影，直到今天：https://zh.wikipedia.org/wiki/ 北非諜影。

38 蘇絲黃的世界（The World of Suzie Wong）是一部以香港為背景的電影，改編自 1957 年的同名小說，電影於 1961 年出品，女主角關南施（關家蒨：1939-），為著名建築師關頌聲的姪女。詳見〈蘇絲黃的世界〉，網址：https://zh.wikipedia.org/wiki/ 蘇絲黃的世界。

家當（含汽車）進到台灣的主要港口，更是美國艦隊維修與補給的基地，雙港（高雄與基隆）的酒吧文化自不待言了，例如在基隆的幸福、基地、浪子、Lily、花花公子等。簡言之，當年有 50 萬參與越戰的官兵，至少有 21 萬人到過台灣度假，[39] 創造與見證了繁華一時的俱樂部與酒吧文化。

在台北以中山北路三段 HSA（台北美軍總部勤管司令部）東營區的兩家海軍販賣部與超市（NEX 與 NCS）為中心，附近地區成為了酒吧區，1970 年有牌的酒吧有 32 間，地下的更無法計算，其他縣市也興起了酒吧行業，迎接來台度假的越戰官兵們，從開始的兩萬人到 1970 年代的 20 萬人，[40] 造成了「酒吧外匯」或「風月外匯」的現象，當然也產生了不少社會成本。因此當時的 MAAG 顧問之中有軍法官，負責處理相關案件，包括性虐殺、謀殺以及 524 劉自然事件等。[41] 不過因為 MAAG 工作人員擁有治外法權（外交豁免權）之故，因此造成許多不公平的審判結果，也引起台灣人的不滿。而值得注意的是，另有「駐軍地位協定」，在台美軍若在非執勤時間犯下殺人、強暴、持械搶劫等重大案件時，必需以「嚴重意外」案通知台灣政府，以判定管轄權，因此會由當地管轄法院審理之，但由 MAAG 的軍法官到庭，以「審判觀察員」的身分了解是否受到公平審判。[42]

至於 MAAG 宿舍區，前述駐在清泉崗基地，支援特種任務的美國第 374 戰術空軍聯隊，其隊員和家眷則居住於台中的 MAAG 宿舍。類似的個案，派駐高雄的顧問們有一部分住在八德路一處 20 戶的眷舍，包括當時 12 歲（1963）的楊甦棣（Stephen M. Young：2006-2009 年的 AIT 處長）一家人，隨著父親楊恩上校（Mason J. Young, Jr.）到高雄，其父擔任 MAAG 第二軍團顧問組（SAAT）的副首席顧問，[43] 但楊就學於台南的美國學校。[44] 還有更多的美軍與顧問們住在陽明山、天母、新竹、高雄與台中的眷舍，他們的社會史、生活史也和軍事援助史一樣值得探討。例如大家耳熟能詳的全聯福利中心

39〈台北美軍招待所〉，網址：https://zh.wikipedia.org/wiki/ 台北美軍招待所。

40 周明峰，〈駐台美軍與台灣風月〉，網址：https://www.taiwanenews.com/doc/emerson1099.php。

41 524 劉自然事件發生於 1957 年 3 月 20 日，事件地點為陽明山美軍（含 MAAG）眷舍內，美軍顧問團上士雷諾（Robert Reynolds）在其眷舍內槍殺「革命實踐研究院」的打字員劉自然，因為外交豁免權之故，而由美軍自行審判，雷諾謊稱劉自然擅入其宅，偷看其妻洗澡，為了自衛而誤殺，因此獲無罪開釋。其實是因為轉售美援藥品分贓不公時起了爭執，雷諾為了獨吞而槍殺劉自然，嫌犯急忙於 5 月 24 日搭乘軍機離台，造成眾怒，圍堵並衝入美國大使館、包圍台北市警察局，導至當天戒嚴，派出軍隊開槍鎮壓，造成 1 死 32 傷的慘劇，最後居然是國府道歉賠償。同前周明峰文。

42 國防部，《美軍顧問團在台工作口述歷史》，頁 273-276。

43 同上註，頁 313-322。

44 台南的美國學校（1953-1976）位於開元路振興公園，先後名稱為台南 MAAG 學校、JMW（Jonathan M. Wainwright）學校等，同一地區也有一處美軍宿舍區。詳見〈台南美國學校〉，網址：https://zh.wikipedia.org/wiki/ 台南美國學校。

的英文名稱居然為 PX Mart，原來美援時期的 PX（Post Exchange）暱稱美軍福利社，[45] 隨著 PX 風，國防部陸續於 1964 年與 1975 年設立國軍福利站與軍公教福利中心，但卻影響了民營事業。於是 1989 年軍公教福利中心結束公教部分，公教部分先改由全國聯合會（全聯社），再由企業化之後的全聯經營之，[46] 就成為現在的台灣 PX 了。

美軍福利社常常「福利外流」，甚至包括即期品或過期品（例如美國牛肉）與 Playboy 雜誌等，成為當時舶來品的主要來源之一，也促進了不少委託行或 XYZ 賣場，在台北市就集中於晴光市場的地區，創造另類地下經濟，以美金乘以 100 大概就是台幣的黑市價格，例如 50 美分就是 50 元、一美金就是 100 元。另外如台南的勝興美軍傢俱行，主動出擊到大同路二段的美軍宿舍區去敲門，以一句口頭禪（I buy everything and give you good price）形成了另一種的「中美合作」模式，認識的老美們也願意到 PX 與 NEX（台南有兩處）多買一些（雖然每個月有限額），亦可先指定買酒或蘋果等，依定價加 50% 賣出，賺些外快，如要調走，傢俱、電氣用品與汽車也就找勝興來處理了。[47] 台南的 PX 在台南機場內，而 NEX（名稱為 US Navy Tainan Exchange）與 NCS（海軍超市）在機場外（後來的萬客隆大賣場），海軍除了有兩家店之外，還有男女理髮廳、員工餐廳與大停車場等。NEX 在台南的開店時間為平日的 10:30 到 17:30，週六的 9:30 到 14:30，所販賣的時尚品如衣服、衣料、手錶、寶石、手飾外，居然也賣槍。[48] 不過其中最有特色的 PX 就是位於陽明山美軍眷舍區的美軍福利社了，也是唯一一家設於眷舍區的 PX，現在也以同樣名稱被登錄為文化資產[49]。

表 7-2 彙整了美援、美軍與美顧問團期間主要的歷史現場，而以中山北路三段的兩邊最為集中，稱為台北美軍總部勤管司令部（HSA）的東營區與西營區，不過也有文獻稱為美軍專區或 MAAG 團本部，因為 MAAG 的招牌非常明顯的出現在中山北路三段的路邊之故。在美軍專區之前，還有日治時期的歷史現場，當時因為 1901 年台灣神社（後稱神宮）的興建，[50] 後來成為台灣的諸神社中神格最高者：官幣大社，號稱「台灣總鎮守」，周邊設施包括增設淡水線車站（宮之下站，現劍潭站）、明治橋（現中山橋）、整建

---

45 美國空軍所稱之基地販賣部（BX: Base Exchange），美國陸軍稱 PX（Post Exchange）、海軍稱 NEX（Navy Exchange）或 NCS（Naval Commissary Store）、海陸稱 MCX、海防稱 CGX。如各軍種都有的駐地，則看主事者或併用之，常以 PX 統稱，暱稱美軍福利社。

46 〈全聯〉，2018 年 8 月 17 日，網址：https://www.facebook.com/Dailycold/posts/2089166554489070/。

47 〈李坤龍（老李）與其女兒李鳳美口述歷史〉，2021 年 2 月 16 日：台南的勝興美軍傢俱行即為現在大同路上的老李電器行。

48 〈Julie 朱小姐口述歷史〉，2021 年 2 月 16 日：曾擔任 NEX 三年的秘書。

49 該美軍福利社的地址為：台北市長春街 6 巷 2 號。

50 1901 年時，台灣只有三座神社，其它兩座為台南的開山神社與瑞芳的黃金神社。詳見〈台灣神宮〉，網址：https://ja.wikipedia.org/wiki/台灣神宮。台灣神社興建時，還施壓了大稻埕地主與遷了法國領事館。初期台灣神社現為初期的圓山大飯店（後棟），神宮則為現圓山聯誼會。

勅使街道（或稱御成街道，現中山北路），[51] 因此使得台灣總督府與台灣神宮連成一線，勅使街道也被稱為宮道或神道，顯見圓山地區（日稱圓山町）的重要性。之後在勅使街道之東（美方的 HSA 東營區、台方的花博公園美術園區）設了圓山苗圃公園（1939）與南方資料館主館與別館（1940）等，而茶商陳朝駿於 1914 年落成的別莊（亦稱圓山別莊，現台北故事館）就特別顯眼。勅使街道之西（美方的 HSA 西營區、後來的中山足球場與花博公園爭豔館）則有圓山公園的運動場等設施。特別的是，圓山公園頗具指標性，於 1897 年開園，號稱台灣首座公園，也是編號一號的都會公園，該公園內有圓山動物園、兒童遊園地、圓山運動場等，公園內還有陸軍墓地與忠魂堂。圓山運動場（1923-1941）亦為台灣夏季甲子園野球（棒球）決賽的場地，1931 年的嘉農（Kano）跨過了「濁水溪障礙」，在此運動場獲冠軍，代表台灣出賽獲得第 17 屆高中甲子園的亞軍。[52] 後來運動場改建為台北衛戍病院圓山分院與戰後的臨時戰俘營（現中山足球場）。更特別的是，日軍顧問團（白團：1949-1969）[53] 居然比 MAAG 早成立（1949 年 7 月），而且就設在圓山，隨後「圓山軍官訓練團」成立，直到 1952 年 MAAG 團本部也鎖定圓山，白團轉出到石牌改稱實踐學社，最多達 83 位顧問，號稱「地下國防大學」，曾培訓了兩萬多位台籍軍官。不過有邦交的 1952-1972 年間，日本大使館（原晴園）也設在圓山地區（現中北北路與農安街口，匯豐商業大樓）。此外，還有德國軍事顧問團（1963-1975）以「明德小組」與「明德赴德專案」的名義，培訓軍官。[54] 上述的美德日三團號稱三大軍事顧問團（暱稱三軍顧問團），而白團更積極協助國府反攻大陸，美團 MAAG 則積極監視避免國府反攻大陸，形成了美日在台灣的角力，而德團則致力於人才培訓。

　　圓山地區成為美軍專區之後，它以 HSA 的後勤來分區突顯了美軍的系統觀，即 HSA 用來支援在此地區的所有單位，包括美軍協防台灣司令部（USTDC）與 MAAG，美軍協防台灣司令部為三軍協同作戰，MAAG 為三軍協同顧問，但 MAAG 團長為協防陸軍的當然指揮官。USTDC 的司令官階為中將，MAAG 團長官階主要為少將，所以 USTDC 為軍方發言人。簡言之，USTDC 負責鎮守台灣：軍事門神，MAAG 負責軍援台灣，所以門神擁有攻擊武器，但軍援台灣只有防禦武器，且看守台灣不得冒進。但因為 MAAG 比較多元（無所不在），故使用 MAAG 團本部的名稱來稱呼該美軍專區也可以理

51〈勅使街道〉，網址：https://ja.wikipedia.org/wiki/ 勅使街道。

52 嘉農（Kano），詳見〈嘉義農林棒球隊〉，網址：https://zh.wikipedia.org/wiki/ 嘉義農林棒球隊。

53 日本軍事顧問團的團長為富田直亮（1899-1979），為日本陸軍少將與中華民國陸軍上將（1972），由於其化名為白鴻亮，因此該團也稱白團，白鴻亮過世後其一半的遺骨納入了樹林的海明禪寺：https://ja.wikipedia.org/wiki/ 富田直亮。另參見中村祐悅，《白團》（東京：芙蓉書房，1995）。

54「明德小組」與「明德赴德專案」，詳見〈德國軍事顧問團〉，網址：https://zh.wikipedia.org/wiki/ 德國軍事顧問團。

解，而且 MAAG 的標章也常出現於該地區的軟硬體之中，例如教堂入口處即有 MAAG 的招牌、63 俱樂部的招牌也有 MAAG 字樣，連所使用的 50 分代幣上就有 MAAG 等。更不用說美國專區的電話簿封面也使用 MAAG 的稱號、美軍的臂章常見 MAAG 等。此外，由一張當時的英文台北市地圖之中，在該區（HSA 東西營區）只見三個名詞：MAAG、PX 與軍官俱樂部。另一張局部地圖，以國賓飯店與統帥飯店間的中山北路為主，標出了 26 家酒吧，加上林口俱樂部（現民族東路路口）以及它對面的 MAAG，最特別的還有台南的 MAAG 海灘與在台北民權東路的 MAAG 教堂，可知 MAAG「無所不在」的特性顯示其重要性。

　　1979 年台美斷交，MAAG 的許多相關事務就進入大家熟知的信義路三段的美國在台協會（AIT）了，而當 AIT 的新處所在 2019 年新建於內湖區金湖路後，又新增了一處歷史現場。

表 7-2　美援、美軍與美顧問的主要歷史現場

單位	歷史現場	現在地點
行政院美援運用委員會（CUSA）、[55] 經濟合作總署（ECA Mission）分署、[56] 懷特公司、[57] 美新處（USIS）、農復會（JCRR）、MAAG	美援大樓（Big Building）[58]　寶慶路與懷寧街交角	寶慶路 3 號（國發會）

---

55 行政院美援運用委員會（CUSA：Council of United Stated Aid）成立於 1948 年，再於 1963 年改組為經合會、1973 年的經設會、1977 年的經建會，直到 2014 年的國發會。美援會對台灣的首筆援助，為 1948 年 9 月 1 日宣布：台鐵 150 萬美元、台電 250 萬美元（後增加為 600 萬）。1949 年 6 月 2 日，在美援大樓內的懷特公司召開「台灣美援聯合會」的第一次會議。

56 美國經濟合作總署（Economic Cooperation Administration：ECA）為執行 1948 年美國的經濟合作法（馬歇爾計畫的母法），並於受援國家設分署：ECA Mission to ROC。後來陸續改稱共同安全總署（MSA）、國外業務總署（FOA）、國際合作總署（ICA）與國際開發總署（AID）的台灣分署。

57 懷特公司（J. G. White Co.）為美援主要的簽約工程公司，實際執行眾多的美援案，其主要人物為狄卜賽（1915-2009，或稱狄寶賽：Valery Sergei de Beausset），後人捐出了「狄卜賽文書」，提供了另類的觀點。懷特公司於 1948 年 10 月和 ECA 與 CUSA 簽約成為美援的工程顧問公司，後來隨著潰敗的國府轉到台灣，1950-1957 年間擔任該公司企劃經理，實際參與規劃與執行，例如中橫公路。狄寶賽夫人（Constance Lee *Stanton* de Beausset）還參與了東海大學的建校，擔任首屆董事（董事之中還出現了日治時期受林獻堂資助赴日留學的蔡培火與林的女婿高天成醫師），她也是廣播英語教學的先驅。詳見〈狄寶賽〉，網址：https://zh.wikipedia.org/wiki/ 狄寶賽。另見：林炳炎，《保衛大台灣的美援》（台北：台電株式會社資料中心，2004）。

58 林炳炎，《保衛大台灣的美援》（台北：台電株式會社資料中心，2004），頁 386。

單位	歷史現場	現在地點
MAAG 辦公室 海軍輔助通信營區（Naval Auxiliary Communications Center，NACC）：CIA 台北站	總統府（1951-1952） 美國在台協會 AIT（1979-2019）	信義路三段 134 巷 7 號
MAAG 團本部	中山北路三段美軍專區	花博美術公園
美軍協防台灣司令部（USTDC）	日治時期的南方資料館[59] 位於 HSA 東營區 圓山，入口處近基隆河，即美術館停車場入口處。	台北美術館後面
美國戰略司令部台灣信號支援局（USSTRATCOM Signal Support Agency, Taiwan）	日治時期的南方資料館 位於 HSA 東營區 和美軍協防台灣司令部連棟	台北美術館後面
台北美軍總部勤管司令部（HSA），又稱海軍供應處	東營區：美軍第一招待所（FASD 招待所）[60]後來的彩虹賓館）、美軍俱樂部、NEX、[61]海軍超市、戲院、圖書館、運動場、汽車工坊等。 西營區：教堂、保齡球館、大使館販賣部、車輛租借與維修廠等。	台北美術館（1983） 花博公園美術園區（2010-） 憲兵司令部 中山足球場（1989-2010） 花博爭艷館（2010-）
本區通稱 Taipei Air Station（TAS）[62] 美國空軍第 327 航空師 第 13 航空隊	公館 空軍電信監聽所 MAAG 空軍組	台大管理學院
美國第七艦隊	司令官即為美軍協防台灣司令部（USTDC）的司令	台北美術館後面
海軍醫院	天母	榮總東院區
西方公司[63]	CIA 政策協調處在台灣的窗口，後來交接給 NACC	圓山

資料來源：維基百科、InDetail 網站[64]、Taipei Air Station 網站，作者整理。

59 南方資料館為配合南進政策而設，由台灣煉瓦王後宮信太郎（1873-1960）捐助百萬日元興建之，該館的五萬多冊書籍連同總督府圖書館的館藏後來一起納入了台灣圖書館。後宮信太郎也是台灣高爾夫俱樂部會員，另參見本書第三章。同時詳見〈後宮信太郎〉，網址：https://ja.wikipedia.org/wiki/ 後宮信太郎。
60 FSAD（Foreign Affairs Service Department）成立於 1951 年，起初專門對應 MAAG 的需求，當時還有草山招待所，許多美軍顧問居住該處。
61 海軍超市亦稱 Navy Commissary Store 或 NEX（Navy Exchange）。
62 TAS 對照台大校園，當初的美軍建物有：Motor Pool 修理汽車的工廠（現在的台大幼稚園）、New gate（新大門）、教堂、士官俱樂部（New Non Commissioned Officer Club）：台大精品店、Air Defense Headquarters (AD HQ) 等。洪致文，〈台大校園內 Taipei Air Station 遺跡〉，2008，網址：https://blog.xuite.net/hung.chihwen/wretch/152077356。
63 翁台生，《西方公司的故事》（台北：聯經出版，1991）。
64 InDetail 網站：〈美軍顧問團 MAAG 在圓山〉系列 01，網址：https://www.indetail.com.tw/

第二節　美軍顧問團宿舍起建緣起：新竹篇

　　隨著協防台灣，1951 年進駐的 MAAG 也負責為美軍、美援與美顧問（含眷屬）等相關人員興建宿舍，以圓山地區（中山北路三段兩邊）的美軍專區為中心，由 MAAG 陪同沈祖海建築師搭乘直升機勘察建地，決定了陽明山的山仔后與天母地區。因此於 1952 年率先興建陽明山美軍宿舍群，以美援經費徵收農地與墓地（C-1 區），共興建了 217 棟的紅磚平房，包括 PX 與俱樂部。該宿舍群共分七區（C-1, C-2, E, F-1, F-2, H-1, H-2 區），F-1 與 F-2 區的街道命名隨著 F 的發音成為愛富一街與二街，C 與 E 區配給尉級軍官，F 區配給校級軍官，而 H-2 區則配給將官級。因此該宿舍群會依階級而有不同的大小與格局，例如將官級為獨棟、校級與尉級為雙拼等，其中還有美援會的職員宿舍。整個陽明山美軍宿舍群（原有 217 棟）留下的 100 多棟於 2008 年以文化景觀的型式，登錄為文化資產。1953 年於天母地區（現中山北路六段與七段）再興建 200 多棟美軍宿舍，目前只保留一棟稱「天母白屋」者，也已登錄為文化資產（台北市定古蹟）。MAAG 除了在台北的團本部（美軍專區與信義路三段辦公室）外，另在新竹與台中設有指揮分部，故亦先後興建 MAAG 宿舍，也被稱為美軍眷村，附設的美國學校早期也稱為 MAAG 學校。

　　日治時期的後期，當時新竹地區有海軍飛行場（北台海軍航空隊、第六十一海軍航空隊、第二十九航空戰隊）、第三五魚雷調整班、海軍第六燃料廠新竹支廠、高雄海軍施設部新竹支部、第一航空艦隊司令部派遣隊、陸軍第九師團等，其中新竹的北台海軍航空隊與台南（歸仁）的南台海軍航空隊為台灣最主要的兩大海軍航空單位，部隊人數共有 5,716 人（新竹 2,997 人）。[65] 1943 年 11 月 25 日，駐華美軍的第十四航空隊（下轄中美混合聯隊的飛虎隊）計畫空襲的三個目標：高雄港、台南基地與新竹基地，最後挑了防空較弱的新竹下手，當時也提及將六燃作為目標，因此轟炸新竹機場與六燃周邊。1945 年 4 月 4 日再度轟炸新竹市區，第六燃料廠也無法倖免，總計起來，新竹市在二次大戰期間遭到盟軍飛機轟炸的每平方公里落彈量，排名全台第一，數量為 2,340 噸，而高雄 2,290 噸、台南 1,860 噸，正好是前述的三大目標地，而被盟軍判斷為「防空較弱」的新竹最嚴重。新竹的美軍顧問團宿舍早期為日本海軍第六燃料廠的丁醇化學合成工廠，被轟炸夷為平地後成為稻田，後來有一大部分成為退輔會的大同農場（赤土崎分

---

archives/31238。

〈美軍顧問團 MAAG 在圓山〉系列 02，網址：https://www.indetail.com.tw/archives/31429。

〈美軍顧問團 MAAG 在圓山〉系列 03 –【汽車篇】，網址：https://www.indetail.com.tw/archives/31604。《公園地景百年流轉》：曾短暫成為「美軍屬地」的花博公園美術園區，詳見網址：https://www.thenewslens.com/article/135119。

65 駐地的新竹郡北打鐵坑，在現新竹縣新埔鎮。

場），新竹 MAAG 宿舍建好後，附近的大同農場仍繼續耕作。

國府來台，中油負責接收，以此地抵押借款，後成為中國商業銀行的產權，再賣給台銀，因應美軍顧問團設有新竹指揮分部的需求，行政院（美援會）要求台銀興建宿舍，台銀以 40 元一坪之價格向中國商銀購買，於 1955 年招標興建，由陸根記營造廠得標，[66] 新竹地區承造者為孫福記營造廠，承包價 318.2 萬元，1956 年新竹的美軍顧問團宿舍完工進住。想必為了慶祝中美合作（中美建功）（參閱本書彩圖集圖 G9、G10），該宿舍三邊分別命名為建中路、建美路與建功路加上一條東美路（現公道五），東美路亦隱含在「東方的美國」之意。當時北院門牌號碼為：東美路 26 號，面對六燃大煙囪，延續其燃料廠脈絡。新竹宿舍一共興建 34 戶（13 號及 14 號兩戶於 1965 年燒毀），後來美軍顧問團再增建游泳池、俱樂部（包括醫務室、圖書館與電台）與地下貯水槽，而該電台則為美軍海岸線雷達系統之一環，對面（現創世紀靠中油處）還增建簡易壘球場，第七艦隊的球隊曾在此和新竹的 MAAG 隊舉行友誼賽。

後來大門（29 與 31 號側）正對現在之公道五，門牌號碼改為東美路 45 號。美軍顧問團來新竹，也是攜家帶眷，每兩年轉調一次，以空軍為多數，亦有幾位陸軍，擔任陸軍軍團龍潭兵團司令部及新竹機場的顧問。官階較高者為上校，有幾位士官。當時新竹地區的美軍軍官俱樂部在現玻工館，MAAG 的 63 俱樂部新竹分部在火車站附近，士官俱樂部（也稱為 36 俱樂部）在光復路與食品路交叉口附近。[67] 由於附設販賣部（PX: Post Exchange），因此也是生活與社交的中心。當時每家至少請兩位幫傭，一位打掃、一位作飯，薪水每月 5 塊美金，後來一個月 300 元台幣，[68] 吸引眷村的婦女們來工作，貼補家用，並以東大新村為大宗。每逢感恩節與美國國慶日，MAAG 宿舍照例會舉行活動，並邀請華人同事一起慶祝。

由於宿舍為美軍顧問團量身打造，因此有車庫與壁爐／煙囪，再加上六燃的大煙囪，北院成為全新竹「煙囪密度」最高之處。車型大多為轎車與旅行車，常由美國用軍艦運來「一起服役」，且免關稅、牌照稅、過路（橋）費。有部分美軍在台灣買新車或二手車，需要換發台灣的駕照，由交通部公路總局派駐 HSA 分所核發之，除本來的英文

---

66 北台與南台海軍航空隊，詳見〈台灣軍〉，網址：https://www.wikiwand.com/zh-mo/ 台灣軍。

67 陸根記營造廠由陸根泉（1898-1987）於 1929 年創立，和國府關係良好（或稱戴笠團隊），先後承造上海百樂門（遠東第一樂府）、南京國民大會堂、南京勵志社大樓、昆明大戲院、陸軍大學等地標建築，甚至特務頭子戴笠的陽宅與陰宅，號稱「民國建築大亨」，1949 年移居香港，但營造事業轉戰台灣（1951 年 10 月 26 日登記：1951-1982，資本額 900 萬），當時為台灣三大營造廠（另兩家為大陸工程與工信工程），因此承建了各地的 MAAG 宿舍與要人行館，包括慈湖行館等，不過讓一般人印像深刻應該是中華商場了。詳見〈陸根記營造廠〉，網址：https://chshoppingyard.com/project/ 陸根記營造廠 /。

68 在台北的軍官俱樂部稱為 63 俱樂部，士官俱樂部則稱 36 俱樂部。

姓名之外，由辦事員依姓氏的發音也順便核給一個中文姓（沒有名），例如 L. H. Deese, Jr. 就寫上狄斯，比較像綽號了。另外更發現同一個人，去申請三項證件，名字全不一樣，例如 Gary J. Neff 在 1962-64 年間申請了駕照與識別證，名字卻分別為奈佛、聶富與萊佛，[69] 除了「成佛」兩次外，只有聶富比較像姓名，這其實是一次讓老美擁有中文姓名與台灣回憶的絕佳機會，算是失敗的中美合作了。申請駕照的地方（HSA）與基隆港下船處更是買賣美國車的談判與交易場，包括新車或轉調時的預售二手車，當時美國新車的到港價為 1,300-1,500 美元，連法國進口車寶獅也壓在 1,575 美元，例如新竹 MAAG 的 Rayle 中校就在美國買了一部 1957 年 Dodge Coronet 的新車，隨船來台。預售二手車則是期約售車，在轉調離台時才交車，例如 Sarj Bloom 的例子，1961 年在美國以 900 美元買了一輛 1957 年的雪佛蘭二手車，運到台灣使用，在 1964 年離台時賣了 650 美元。[70] 由於不少車流入市面，後來賣車需要許可證，因此內部轉賣又成為大宗。

依當時的車牌識別系統，「協」字車牌為美軍協防台灣司令部的公務車、「軍」字車牌則為美軍各軍種的公務車、其他自行使用的車輛則掛「賓」字車牌，包括摩托車，有些公務車上直接噴漆寫上 USTDC 與 MAAG。例如出現在新竹 MAAG 宿舍中的灰色公務車，車號為「軍 5523」，車身上也有 MAAG 的噴漆字樣，而 MAAG 大巴士車號為「軍 5432」，保險桿上亦有 MAAG 字樣，這輛巴士亦用來載美國小朋友們去新竹美國學校上學。

新竹 MAAG 或美國學校（現中華路上的國泰醫院）於 1956 年由瑪利亞方濟各傳教女修會（FMM）所設立，[71] 修女們也擔任教師，更正確的說法應該是：以傳教女修會（FMM）的無玷聖母會院所在的日式房子，順便充當新竹美國學校，讓 MAAG 及菲利浦公司的小孩子來上課，依新竹教區 FMM 的描述：

> 前院有聖堂和會院。長長的走道有美麗的花棚，花園後面有一大排教室、鋼琴室和操場，後院還有一座診所。[72]

---

69 當時軍人士官薪水 200 元，等到升任士官長時，薪水調高至 700 元時，幫傭薪水已到 1,200 元，顯見幫傭有助於家庭的經濟生活。林樹、潘國正等著，〈經濟生活的細部描述〉，《新竹市眷村田野調查報告書：竹籬笆內的春天》（新竹：新竹市文化中心，1997），頁 144-242。

70 InDetail 網站：〈美軍顧問團 MAAG 在圓山〉系列 03 –【汽車篇】，網址：https://www.indetail.com.tw/archives/31604。

71 InDetail 網站：〈美軍顧問團 MAAG 在圓山〉系列 03 –【汽車篇】，網址：https://www.indetail.com.tw/archives/31604。

72 瑪利亞方濟各傳教女修會（FMM）成立於 1877 年，創始人是法籍的苦難瑪利亞修女，總部設於羅馬，成員超過八千人，分布於五大洲 77 個國家。1953 年來台，先後在台北、新竹、南投、高雄與花蓮等地建立會院。詳見網址：https://bit.ly/3sJWeyi。FMM 離開中華路後，現有兩處地方，一為高峰路的納匝肋靈修中心，二為在寶山路的 FMM 米可之家，輔導 13-18 歲經社會局轉介的學生。

　　診所和幼稚園可說是當時天主教堂的主要服務設施，當時寶山與關東橋也有教會設的診所，而在新竹美國學校放學之後，還為在地的學生開辦英文與數學補習班。上述的中華路診所更在耶穌會的合作下，[73] 於 1972 年成為若望 23 世醫院（或稱博愛醫院），為當時新竹地區唯一的教會醫院。後來因故轉賣成為私立宏恩醫院，2002 年才又轉型成為現在的國泰醫院，[74] 其精神也延伸至後來成立的輔大天主教醫院，裡面皆有耶穌會會士的努力，例如費濟時主教（Msgr. Eugene Fahy, SJ：1911-1996），促成了在新竹的美國學校與若望 23 世醫院，也是輔大在台復校時法學院與管理學院的創始單位耶穌會的代表，該校圖書館大樓即以費濟時主教命名。

　　前述那輛「賓 3038」的車輛為 1957 年道奇 Coronet，[75] 車主即為 3 號的 Rayle 中校，他拍照留存一批彩色照片（見本書彩圖集圖 H2），成為了珍貴的 Rayle's Photos File（下稱 RPF），包括在自家的車庫停的道奇車的照片。RPF 之中，還有一輛「賓字 3958」的凱迪拉克的車正路過淹水中的新竹 MAAG 宿舍，該車為 1952 年八缸兩門硬頂式（Couple De Ville），開車的人為 1 號住戶的 Full Colonel Spangler（史賓格上校），家人有夫人 Alice、女兒 Sharon 與兒子 Steven，史賓格上校為新竹 MAAG 宿舍住戶中官階最高者。在當年的新竹街頭，這輛車也該有一陣旋風吧（見本書彩圖集圖 H3）。由於當時汽車或電冰箱等屬於稀有財，轉調時通常會賣掉，曾經促成新竹的小小市場，產生幾家專門收購的公司，例如中美行。至於壁爐與煙囪在冬天為常態使用，白煙裊裊亦成為當時非常獨特的景觀。

　　當年擔任六年台銀新竹美軍顧問團宿舍管理員的梅祥林先生（1928-2010）指認了當年種植的樹，也指認了一棵當年美軍 18 號住戶種植的椰子樹，高度與樹輪可述說其歷史。[76] 由於當時美軍顧問團在新竹主要負責新竹基地，因此有不少飛行教官們居住，其中梅祥林先生印象深刻者有兩件事：7 號上尉飛行教官出任務時，他的夫人每每帶著小孩在院內走路，看來心情緊張不安，直到任務完成才放鬆。其二，當時 1 號住戶美空軍

73 薛照玉，〈瑪利亞方濟各傳教女修會〉，網址：https://bit.ly/36keNS4。

74 耶穌會在 1960 年代，負責新竹教區（後來包括桃竹苗），且依當年在中國傳教時的分區模式，新竹教區也包括了不同國籍的傳教士，非常聯合國，例如匈牙利籍在香山、法國籍在寶山、西班牙籍在竹東與竹北、加拿大籍在關西、義大利籍在湖口與新豐等，而新竹市分為鐵道南北區，北區由美籍神父（原揚州教區）、南區由奧地利神父負責。那就說明了為何北大教堂與中國揚州教堂長得一模一樣，又為何新竹美國學校的出現在美籍神父負責的教區了。另參見林文玲，〈跨文化接觸：天主教耶穌會士的新竹經驗〉，《考古人類學刊》77，2012，頁 99-140。「耶穌會與新竹的關係」詳見頁 101-102。

75 〈新竹無玷聖母會院〉，網址：http://blog.udn.com/fmmtaiwan/19698933。

76 1957 年道奇 Coronet 之車為該車型於 1949 年出廠後的第四代（1957-59），新的 Model 501，採用克萊斯勒的 V8 引擎（5,800cc）有 348 匹馬力。目前舊車行情仍在 25,000 美元上下。詳見〈Dodge Coronet〉，網址：https://en.wikipedia.org/wiki/Dodge_Coronet。

中校的妻子愛上新竹空軍聯隊一位飛行中隊隊長，喧囂一時，後來該空軍中校請調回美國，才結束此一八卦事件。

第三節　Rayle 中校與 Bruce Rayle 父子聯手的歷史記憶

　　新竹美軍顧問團歷史中，特別值得一提的是 3 號住戶的 Rayle 中校（Lieutenant Colonel Roy E. Rayle：1917-1997），他出生於喬治亞州，成長於南卡 Eastover。1938 年畢業於喬治亞理工學院機械工程系，並完成預官（ROTC）培訓課程。之後因二次世界大戰而被徵召入伍，初服役於非洲與歐洲之空軍單位，負責炸彈引信之業務。服役期間在職進修，1949 年獲 MIT 之機械工程碩士，短暫在五角大廈協助炮彈研發工作，包括 280 厘米之核子炮彈。1953 奉派至麻州春田兵工廠（1794 設立，為美國最古老的兵工廠）從事武器研發。其中 M-14 步槍與 M-79 榴彈發射器在 1957 年批准生產。同一年奉派來台灣加入美軍顧問團，擔任聯絡官，主要勤務地點在中壢，工作包括協助國軍物流系統、車輛維護調度、武器維修，他也是當時新竹美軍顧問團宿舍的聯絡官（Provost Marshall），其所居住 3 號宿舍有一具熱線電話（不通外線），直通國軍總司令辦公室，以便緊急應變，如沒事也會每週連絡一次，以確認功能正常。[77] 1959 年調回美國後，居住於維吉尼亞州的阿靈頓（Arlington, VA），並在當地的國防部工作，[78] 繼續武器研發，直到 1963 年退伍。之後轉入位於印第安納州 Richmond 的一家私人公司，擔任工程部主管。退休後，仍持續授課與擔任顧問，1997 年因阿茲海默（Alzheimer）症去世，享年 80 歲。

　　Rayle 中校和家庭成員（夫人 Dorothy 與二男 Brian、Bruce 與一女 Diana 共三個小孩）於 1957 年 4 月間搭機來台，先在天母暫住三個月，接著搬到新竹美軍顧問團 3 號宿舍（1957 年 6 月 -1959 年 4 月）。這個期間，Rayle 中校於 1958 年買了一架當年才上市的日本製 Nikon S3 型的單眼照相機（35mm SLR），使用了傳統的 Kodachrome 底片以及 Ektachrome 高感光度底片，照了不少彩色相片，包括當時在新竹的一些活動與一些地標建築：火車站、國民戲院與北大天主堂，連新竹美國學校也有照片，為新竹留下非常珍貴的彩色映像（RPF）。特別是那些與新竹美軍顧問團有關的照片更大大補充了北院前段的歷史，例如新竹 MAAG 的 97 童子軍團在 1959 年踏青的照片（縱走中央山脈的準備訓練），裡面出現的老美大人與小孩極有可能是當時新竹美軍顧問團宿舍的住戶，因為 3 號住戶 Rayle 中校與其兩個小孩 Brian and Bruce 也在內。RPF 有一張 1959 年 3 月的照片（見本書彩圖集圖 H6），其背景為美國海軍 General J. C. Breckinridge (AP-176) 號軍

---

77 〈梅祥林先生（1928-2010）口述歷史〉，2006 年 5 月 21 日，並以此文紀念梅先生。
78 〈Bruce Rayle 之第一次系列 E-mail 訪談〉，2006 年 11-12 月。

艦（1945-1966），停泊在基隆港，下船的其中一家人（Dosch）正要轉車到新竹 MAAG 報到，Dosch 一家後來居住於新竹美軍顧問團宿舍的 4 號宿舍。[79] Dosch 的家人有夫人 Nancy 與女兒 Karen，而右邊第一輛「賓 3398 號」的車主即為 3 號的 Raye 中校，他和夫人開車到基隆迎接 Dosch 家族，當時 Rayle 夫人正坐在車內。後來在工作上，Dosch 交接了中壢陸軍裝備廠的顧問工作。遺憾的是 Dosch 擔任 MAAG 顧問兩年後回美國，卻因病而英年早逝，Rayle 一家人在 1962 年參加了他在阿靈頓國家公墓的葬禮。[80]

依據 Bruce Rayle 和 Brian Rayle 兩兄弟搭配其父所照的 RPF 之回憶，[81] 在美軍顧問團宿舍的附近就有 12 個國軍眷村，其中四個眷村就在旁邊（包括現公學國宅），住了 942 個國軍家庭，由 RPF 照片中的正門口（當時在東美路 45 號，現公道五），斜對面就是一排眷村的房子以及中國煤礦開發公司宿舍。只要在小學的上下課時間，就會看到小學生編隊，一起走路上下學，當時只有 MAAG 小學生用大巴士或中巴士接送上下學了。

週日早上一家人到北大教堂望彌撒，[82] 並順便到對面的 PX（現北大停車場）去購物，包括買麵包，有時會去露天菜市場去買蔬菜與水果。甚至一個月一次，從新竹開車去台北圓山美軍專區內的 NEX 與海軍超市採購日常生活用品與食物。偶而隨父親去湖邊（現麗池）的軍官俱樂部（原自治會館，現玻工館），該俱樂部還附設旅館與醫務室。1958 年時荷蘭的菲利浦公司來新竹設廠（現荷蘭村），荷蘭籍兒童也去讀美國學校（中華路國泰醫院），當時班上大都是 MAAG 學童，因此只有一位菲利浦公司的女學童，名字為 Margaret。幾位住戶為美國空軍飛機駕駛員，負責培訓在新竹基地的國軍 F-86 軍機飛行員。

當時的宿舍外牆有兩種顏色，一種為暗黃色，另一種為淡綠色，在 RPF 中亦可看見。印象中且常淹水，只要淹水，自來水管就會出現水蟲，當時懷疑是在水塔中，因此住戶們的飲水另外買，自來水只用來洗滌與澆花。在室內，還被要求（或稱期待）懸掛著蔣總統的肖像，提示台灣還是國府的地盤。而在台南基地的沖繩派遣隊入口，於 1969 年時還雙掛尼克森（第 37 任美國總統：1969-1974）與蔣中正（第 1-5 任中華民國總統：1950-1975）兩位總統的相片。北院宿舍泳池與圍牆之間有一間小屋，當時是一間小福利社（snack bar），販賣飲料與零食，加上一小間會議室作為 MAAG 的童子軍開會之用。該群童子軍曾經舉辦過縱走中央山脈三天的活動，從南投的霧社出發，並在花蓮的太魯閣地區的富世村與新城留下了合照。

---

79 美國國防部，通稱五角大廈（the Pentagon），為當地最大的雇主，達 28,000 人。

80 The USNS General J. C. Breckinridge (T-AP-176) 於 1959 年 3 月到基隆，Dosches 一家人轉往新竹。

81 〈Bruce Rayle 之第一次系列 E-mail 訪談〉，2006 年 11-12 月，採用以照片說故事的方式。

82 〈Bruce Rayle 之第二次系列 E-mail 訪談〉，2019 年 9-10 月，更多照片的出現，繼續採用以照片說故事的方式。

　　美軍家庭的 Amah（阿嬤）或幫傭們當然也有英文名字，例如 3 號的 Lin、Shirley，平常住在廚房邊的傭人房中，[83] 週末穿著漂亮衣服放假外出。此外，MAAG 小朋友們除了隨家長去教會、PX 之外，他們自己也會組隊去十八尖山或去附近探索，例如受到轟炸的台肥工廠廢墟，還發現好幾戶就住在裡面並養著雞。此外，曾參加 1959 年元宵節的提燈籠，Bruce 的哥哥 Brian 以軍艦造型的花燈和在地的小孩們合影留下了照片。

　　新竹的美國學校由天主教的 FMM 女修會支持，但是一大半的 MAAG 學童並非天主教友，不過那是當時唯一可用英文授課的單位，因此全由修女擔任教師，共有四位老師（包括校長），且採併班上課，即 4-7 年級一起上，當時教 Bruce 的老師為菲律賓籍修女，名字為 Sister Isabel（伊莎貝爾：M. Isabel Angela, FMM），而當時校長也是修女，來自加拿大法語區，名字為 Sister Marie（瑪麗：Marie Louis Agnes, FMM），她也教三年級，另有一位中國籍（教一年級）與一位德國籍的修女教師，在教學中，FMM 承諾不會傳教。依照他們的回憶，當時的新竹美國學校沒有任何一位美國籍教師，但仍然是多元文化教育的一環。

　　如前述出現在新竹宿舍中車身上有 MAAG 的噴漆字樣的灰色公務車，其車號為「軍5523」，該車型為 1957 年出廠的 Chevrolet Suburban，司機的綽號為 Slim，為因公受傷而退役的蛙人，他聲稱可以將該車開得又快又猛，而操到電壓破表，說得 MAAG 的小朋友們半信半疑，因而留在他們的回憶中（見本書彩圖集圖 H5）。汽車在 1950 年代，大量由美軍帶入，不過仍是稀有的交通工具，當時在新竹最常見的是自行車與三輪車，也沒有交通號誌。

　　依文獻探查，出現了數位美軍顧問、西方公司的姓名，其工作活動地點為新竹，有幾位曾居住於新竹 MAAG 宿舍，有些人住在陽明山的美軍宿舍，但常搭 C-47 交通專機來新竹工作，住在美軍招待所（現東大路黑蝙蝠文物館與公園區域）與軍官俱樂部附設旅館（現玻工館）。[84]

　　再由 Bruce 提供表 7-3 中的新竹 MAAG 宿舍的部分當年住戶名單，當時有兩戶為非裔美國軍官，包括 2 號的 Jefferson。新竹 MAAG 宿舍共有六排 34 戶，每排有六戶（原則上每兩戶雙拼），第五排只有四戶，因為後面有游泳池與水塔，但只有第六排中間的兩戶為獨棟。當年住戶編號，從正門（現公道五）側的宿舍以英文 A 到 Z 編號，還出現了AA、BB 與 CC 的編號，而第六排則以 1-4 編號，後來新大門開在 1 號側的建中路（住址為建中路 100 號）。

---

83 北大教堂於 1958 年完成啟用，之前利用 PX 附近的社區活動中舉行彌撒，並且觀賞電影。
84 該傭人房到了北院期間大都成為儲藏室與玩具室。

表 7-3　新竹 MAAG 眷舍初期（1957-1959）住戶名單（部分）

屋號（北院）	住戶姓名	軍種	說明
1（1）	Colonel Spangler	陸軍	官階最高者：上校
2（2）	Officer Jefferson	陸軍	夫婦兩人，沒有小孩
3（3）	Lt Col. Rayle	陸軍	一家五口
4（4）	Colonel Dosch	陸軍	1959 年 3 月來新竹，接替 Rayle 的顧問工作
Z（5）	Officer Stevenson	陸軍	
W（8）	Capt. Stevens	空軍	F-86 軍機飛行員
E（33）	Capt. Watson	空軍	F-86 軍機飛行員
K（28）	不明	空軍	F-86 軍機飛行員
X（9）	Major Armstrong	空軍	或為 R. C. Long
Y（10）	Officer Palmer	陸軍	
S（12）	Captain William Sands	陸軍	
B（30）	不明	空軍	一家四口
U（16）	Officer Brass	陸軍	
N（19）	LTC Joseph Manguno	陸軍	
不明	Maj Boyle	陸軍	
不明	Officer Mundt	陸軍	
不明	R. C. Long	不明	

資料來源：Bruce Rayle，2021 年 2 月，Email 訪談

第四節　黑蝙蝠中隊與美軍顧問團的偶遇[85]

　　由於衛星時代的來臨，1967 年 7 月停止大陸偵測，黑蝙蝠中隊的任務也轉向東南亞，美方人員也開始撤回。依 Donald Jackson（1959-1962 年派駐新竹之 CIA 主管）的訪談確認：黑蝙蝠中隊（西方公司）與美軍顧問團為兩不同系統。因此 1967 年 7、8 月間黑蝙蝠中隊的幾位隊員與美方人員曾經受邀至新竹美軍顧問團宿舍參加池畔 party 乃極為難得的偶遇，參加 party 者全是男生，白天游泳，喝酒聊天，晚上吃飯。依據李崇善上校的印象，參加者有 Davis, Edward, 桑德斯、Cock、Hackens、Steven 與 Hagerling, 都為黑蝙蝠中隊的電子組成員，例外的是 Steven 機械士官，他曾擔任美國空軍參謀長李梅將軍

---

85 王俊秀，《黑蝙蝠之鏈》（台北：聯經出版，2011）。

專機的機務長。[86] 其中 Hagerling（海軍陸戰隊備役中校）為西方公司電子主管，我方對口即為電子官李崇善上校。

不少西方公司美方人員住在台北陽明山美軍顧問團宿舍，依任務搭乘 C-47 交通專機來回，週一下午來，週五中午回，就住在西方公司樓上的招待所（黑蝙蝠中隊隊部 2 F），但併用作為新竹美軍招待所，另一處招待所為軍官俱樂部附設旅館（現玻工館）。但西方公司美方人員（穿便服）並未居住於美軍顧問團宿舍，由於美軍顧問團包括各軍種，但在新竹仍然以陸軍與空軍（新竹基地）為主。

黑蝙蝠中隊所接觸的美國人，大部分來自號稱「地下美軍顧問團」的西方公司，也就是游擊隊與情報員的大本營，1951 年 2 月，西方公司在美國匹茲堡市正式註冊成立，初期的負責人是查理詹斯頓（Charles S. Johnston），此人曾任美國陸軍第 90 師軍法官，是中情局創始人杜諾萬將軍的老同事，而在台灣的負責人為 William Ray Peers（1914-1984），[87] 也是 CIA 的成員。1951 年 3 月，西方公司的雇用人員抵達台灣，將總部設在台北市中山北路，靠近圓山飯店，1955 年初結束運作，轉交任務給海軍輔助通信中心（Naval Auxiliary Communications Center，NACC)，即 CIA 的台北分部。

NACC 負責情報偵測，其中一位電子主管為 D. A. Jackson，曾在聯合國駐守山海關時，擔任海軍陸戰隊少尉排長，因此有機會在天津與北京活動，當時號稱他迷上了「雞絲拉皮」。而由李崇善上校提供的老照片中也發現台北總部的 MAAG 空軍組長 James Coat 上校。當然國安會副秘書長蔣經國與 CIA 台北站站長克萊恩先生也是照片的主角，他們在重要晚會（如 8 月 16 日隊慶、授勳、聖誕節與中秋節）時，都會出席，蔣方良女士也數度出現於照片中。其中 1959 年的一次活動還特別安排中美同仁看電影：魯爾水霸轟炸記，反應出其任務如同電影情節，而坐在前排的「黑蝙蝠夫人」更讓人印象深刻，但讓人遺憾的是三分之二的先生們不久就為國犧牲了。

當年因為任務關係而有機會接觸老美，更進而邀請至家裡訪問，因此李崇善上校也從事了難得的「國民外交」，[88] 一般眷村房舍較小，因此邀請家訪的機會其實不多，因此

---

86 李梅將軍（Curtis Emerson LeMay：1906-1990)，美國空軍四星上將，俄亥俄州立大學畢業，並加入 ROTC（預官），參與過二戰，最終擔任空軍參謀長，他還是 1968 年美國總統大選的副總統候選人。詳見〈柯蒂斯‧李梅〉，網址：https://zh.wikipedia.org/wiki/ 柯蒂斯‧李梅。

87 William Ray Peers（1914-1984）中將於 1937 年畢業於 UCLA，並參與了 ROTC，後來加入二戰期間的情報機構：戰略情報局（OSS），在南中國、印度與緬甸地區負責抗日游擊隊之訓練，二戰後加入 CIA，參加過韓戰、越戰。他之後負責越戰美萊村（My Lai）1968 年 3 月 16 日屠殺事件的調查，該事件中美軍 23 步兵師的一個連屠殺了該村 900 人中的 568 人，包括婦女與嬰兒，他主張嚴懲處罰。詳見〈William R. Peers〉，網址：https://en.wikipedia.org/wiki/William_R._Peers。

88〈李崇善上校口述歷史〉，2006 年 5 月 22 日。王俊秀，〈美軍眷村在新竹：口述歷史的觀點〉，《竹塹文獻雜誌》37，2006，頁 52-75。

這些中美「國民外交」的故事與照片格外珍貴。例如 1960 年時 Cock 夫人與威爾夫人參觀天公壇、海埔新生地與青草湖。更讓李崇善上校一家人難忘的是 1968 年 2 月 4 日的農曆新年，受邀訪問在陽明山美軍宿舍的 Sidney W. Hagerling（夫人 Ruth）家，李家孩子們吃到生平第一次的美國爆米花，又在社區電影院看了美國電影，成為一輩子難忘的兒時回憶。

第五節　家務服務與美軍顧問團：鄭媽媽、董媽媽與曾媽媽的故事

　　美軍顧問團來台不但是軍事史，也是社會史，其中美軍家庭在台如何生活更是重要的社會史。當時協助家庭們日常生活細節的女性家務服務者通稱為 Amah（阿嬤），[89] 而且不分年齡。另一方面，男性家務服務者大都為兼任性質，處理庭園、水電等雜務，稱呼為 Yard Boy 或 House Boy，陽明山的 MAAG 宿舍的服務還包括了當年的文化學生。2006 年出版的〈美軍眷村在新竹：口述歷史的觀點〉一文中初步探討了鄭媽媽在新竹 MAAG 宿舍的家務服務，後來 2006 年新竹宿舍被拆，連動了全台相關的美軍宿舍的文化保存運動。加上網路的風行，美軍宿舍家務服務的故事陸續出現，例如陽明山美軍宿舍的董媽媽（Jenny）、[90] 台中清泉崗美軍家庭家務服務曾媽媽（Ron Curl 夫人）與小鄭、阿英、秀美、小劉等。[91] 本文以新竹（鄭媽媽）與 Lin、Shirley 為主，再配合陽明山（董媽媽）與台中（曾媽媽）為輔，企圖更全面地了解當年在美軍家庭之中家務服務的面向。

　　當年在新竹美軍顧問團從事家務服務的鄭媽媽，[92] 她服務的美軍顧問雇主為 R. C. Long，被稱為龍先生[93] 或暱稱 Morris，家人還有夫人與一男一女兩個小孩，鄭媽媽從事家務服務的時間為 1958-1977 年。Lin 與 Shirley 則是在 3 號的 Rayle 家服務，期間為 1957-1959 年之間，但她們兩位是年輕的小姐，依當年受照顧小孩 Bruce Rayle 的回憶，

---

89 聘請用以照顧家中小孩及打理家中雜務者，為幫傭者的一種稱呼。詳見〈Amah〉，網址：https://en.wikipedia.org/wiki/Amah_(occupation)。

90 吳承瑾，〈人物專訪：董金鳳女士美軍宿舍幫傭紀實〉，2011，網址：http://yeswecan.org.tw/?p=228。

91 曾明財，〈我的大姊是台傭〉，《眷村想想專欄》，2015，網址：https://www.thinkingtaiwan.com/content/4446。她們當時都是新生補校的同學，該校地點在台中市中華路與民生路口，白天工作，晚上上課。

92 鄭媽媽：司徒婉玲女士，為鄭錫基夫人。

93 在 Bruce Rayle 所提供的 1957-59 年初期住戶名單中未見 R. C. Long，有兩個可能性。一為 R. C. Long 可能是 9 號住戶 Major Armstrong 之誤，二為 R. C. Long 確實在，但不在 Bruce 的記憶中（該表只列出 16 位）。

媽媽交待不能對她倆下命令，因此比較像陪伴的大姐姐，平常住在廚房邊的傭人房，配合 Rayle 家的作息，但週末休假。在陽明山美軍家庭的董媽媽其服務期間為 1962-1975 年，而在台中服務美國軍醫家庭與其它家庭的曾媽媽則為 1967-1973 年。美軍顧問團在 1979 年劃下句點，但曾媽媽成為當年清泉崗機械士官 Ron Curl 的夫人，遠嫁美國，育有兩個女兒。當年一起在台中幫傭的朋友之中，還有小鄭與阿英也先後嫁給美國人[94]，促成另類的台美合作。

美軍家庭的家務服務採簽約模式，服務內容包括整理房子、照顧小孩、準備餐食、陪同購物及看家等。在整理房子部分：曾媽媽服務的對象為駐清泉崗的軍醫夫婦，她列出：整理客廳和房間、用大型洗衣機洗衣服，換洗床單及熨燙，董媽媽更進一步回憶起漿洗熨燙軍服的功夫，由於軍官對服裝要求很高，洗好後上漿，等到曬乾後就像塊木板一樣硬，接著用噴霧器微微噴濕，然後用布包起來稍待片刻，等衣服軟化後再一部分一部分的熨平，燙好後可以立在地上，一套軍服往往要燙上一個半小時。[95]

照顧小孩部分：Ayah 或 Nanny[96] 的稱呼則用於英治印度時期，一個小孩有一位 Ayah 照顧，未達學齡的小孩則更是整天（工作時間）都是幫傭們的責任，下課的小孩子會出去在社區和其它小孩們玩，等到晚餐再被呼叫回家。董媽媽曾服務過一家共 11 人的家庭，照顧小孩就成為主要工作了。

準備餐食部分：三餐是家務服務的標準配備了，男主人通常中午不會在家用餐，如果女主人沒有在外工作，她常會一起備餐，當年小孩子們大多在小學學齡，因此上課時還會帶午餐：美國便當。新竹鄭媽媽就提出了讓人印象深刻的記憶，就是看到美國小朋友上學，由於美國學校在車站附近（現中華路國泰醫院處），有著 MAAG 標記的軍用綠色巴士會沿途停幾站接送小朋友上下車。只見小朋友穿著五顏六色的衣服，用綁書袋吊著兩本書，再帶著一牛皮紙袋，以為要去遠足。鄭媽媽後來告訴好奇的小孩，美國小朋友沒有制服、書都在學校，還有牛皮紙紙袋就是「美國便當」，裏面是 Amah 媽媽們每天為小孩準備的三明治、一包餅乾、一顆蘋果與一盒果汁。 此外，曾媽媽曾參照「傅培梅食譜」的中華料理，每週三下午教女主人一道菜。陽明山董媽媽學會西餐，偶而提供中餐，讓餐點多樣化。備食的工作在晚餐後的洗碗後劃下句點，有些幫傭下班回家，有些住在一起，依照不同的簽約內容而定。幫傭們也會隨著美國節日提供或學習製作應景的餐點，董媽媽還學會製作復活節烤火雞、南瓜派、節慶餅乾等。當年物資尚缺乏，但透

---

94 曾明財，〈我的大姊是台傭〉，《眷村想想專欄》，2015，網址：https://www.thinkingtaiwan.com/content/4446。五人中有三人嫁給美國人，選擇了不同的人生。

95 吳承瑾，〈人物專訪：董金鳳女士美軍宿舍幫傭紀實〉，2011，網址：http://yeswecan.org.tw/?p=228。

96 Nanny 之語意來自 Nurse，再演譯至 Wet Nurse（包括餵奶的小孩照顧），類似的意義在華人社會稱為 Amah 或奶媽。詳見〈Nanny〉，網址：https://en.wikipedia.org/wiki/Nanny。

過雇主龍先生與夫人，鄭媽媽亦能分享美國蘋果、巧克力等稀有食品給家人。董媽媽也提及除了前述的復活節烤火雞、南瓜派會分享外，平常晚餐如牛排、水果如蘋果等也會多準備一些分享給幫傭們的家人，視「幫傭如家人」是三位媽媽們的共同回憶。例如過年時，美軍曾送給董媽媽家人們每人美金一元硬幣作為壓歲錢。[97] 在新竹，美軍偶而會舉行 party 招待雙方相關人員，鄭媽媽除了張羅食物飲料外，也要幫忙龍夫人打點行頭，因此也數度陪同前往永光行訂製旗袍，當時永光行在現在市內三角公園交通銀行斜對面。現場也看到其他美軍眷屬與黑蝙蝠中隊的夫人們訂製旗袍，晚會除了在顧問團宿舍舉辦，也會在西方公司舉行，蔣經國先生與夫人也常來參加，而當時蔣夫人也穿旗袍。

陪同購物部分：帶著 Amah 到 PX 或 NEX（海軍超市）購物應該是當年美軍在台時的風景，大半情形為女主人在週間日（週一到週五）時帶著去，雖然陽明山的美軍社區有一處 PX，但還是常有機會到美軍專區（圓山 HSA）的大賣場。購物有一定的限制，但還是有不少物資轉賣而流進黑市（委託行等），如果沒有限制，就會出現比 PX 還大的黑市大賣場了。縱使有限制，Amah 有個特權，就是在限制內託買給家人，如蘋果、日用品、巧克力等，有時他們會主動分享。由於鄭媽媽居住於東大新村（空軍十村），離機場不遠，也見證「福樂牛奶專機」運送牛奶、雪糕、冰淇淋到新竹機場，讓人大開眼界。這些物資當然送到軍官、士官俱樂部與 PX（皆由美憲兵看守），鄭媽媽大都隨龍夫人進場採購，遇國慶日，也開放小朋友進場，看到大型冷凍櫃裝著冷凍雞、罐裝汽水等，場內還有吃角子老虎，讓人印象深刻。後來因應美國物資的需求，美乃斯與新復珍也成為美國食品委託行，美乃斯更擴大營業，成為美國物品小百貨。

看家部分：曾媽媽曾在暑假期間，因為軍醫夫婦回美國休長假，而留守看家，被告知可以找親戚朋友作陪，共同體驗一下有美國味的宿舍。其他時間就是幫忙看家，傍晚即可下班。幫忙看家還有一種情況，就是遇美軍家庭有晚上的活動，例如看電影、打保齡球、參加舞會等，則幫傭必須看家，直到主人回來，這樣幫傭回家時間常常就在半夜十二點以後了，例如董媽媽如遇晚上他們的活動到半夜，回家時已凌晨二時，但是七時又要準時上班。[98] 不過遇此情況，都算加班，因此會按一小時一塊美金付加班費。

薪水：董媽媽 1969 年的月薪為 8,000 元（美金 200 元：1 比 40 的時代），當年被派

---

97 吳承瑾，〈人物專訪：董金鳳女士美軍宿舍幫傭紀實〉，2011，網址：http://yeswecan.org. tw/?p=228。1972 年的美金一元硬幣又稱為艾森豪硬幣，有三型，除了金屬差異外（含銀 40% 的銀幣），主要的差異在於老鷹面左上方圓圈內的美國地圖，這個地圖彰顯的是 1969 年 7 月人類首次登陸月球時從月球照到的美國，在硬幣上的展現為一及三型清楚看到佛州西測（墨西哥灣）的三個小島，而第二型則以月球角度看地球，因此三個小島不是重點。該硬幣的行情在 4-75 美元之間。

98 吳承瑾，〈人物專訪：董金鳳女士美軍宿舍幫傭紀實〉，2011，網址：http://yeswecan.org. tw/?p=228。陽明山美軍社區內就有軍官俱樂部，常常舉辦晚上的活動。

到台灣的美軍顧問團們，每天有 45 美元的海外加給（每月 1,350 美元）以及依軍階而不同的月薪（暫以 500 美元計），[99] 即每月有 1,850 美元的薪水，其中的 10.8% 作為家庭服務的薪水，游刃有餘。新竹 MAAG 宿舍的 3 號住戶還請了兩位 Amahs。依照契約，每星期有一天休假（不一定週末，也可以是週間日），休假就代表沒有薪水，想有鐘點費收入的人，就必須探聽消息到別家去打零工，因此就形成了「Amah 互聯網」，互相介紹，肥水不落外人田，曾媽媽的互聯網更特別，以新生補校的同學為核心，同學間互通訊息。而在新竹美軍顧問團部分，則以透過司機介紹為多，也就是國軍脈絡，因此司機皆為陸與空軍服役者。在新竹的家務服務者大多為空軍眷村的家屬，如鄭媽媽與其副手謝太太，甚至美軍顧問團轉售的二手家電也由司機們牽線出售。至於陸軍眷村介紹的家務服務則以雜工（Yard Boy）與電工為多。

　　一般而言，家務服務的簽約以兩年為原則，不過也有例外，例如龍先生轉調美軍顧問團台北總部，鄭媽媽也隨同前往，住在天母的顧問團宿舍，離家更遠了。但獲得龍家人的許可，鄭家小朋友利用暑假到天母看鄭媽媽，一方面準備投考軍校，也順便幫鄭媽媽做些家務，清掃環境。龍夫人後來知道了，拿了一本 PX 或 NEX 的購物目錄，要他在裏面挑選禮物，也送鄭家一隻他們家哈士奇 Lucky 生的小狗。[100] 如此另類的「中美合作」，卻是生活上面的回憶，也成為三位媽媽們非常特別的人生際遇。

第六節　美乃斯麵包店與美軍顧問團

　　美乃斯麵包店於 1953 年在新竹中正路現址開始營業，由羅家四兄弟經營。不過更前面的緣起來自當年的愛夢樂大酒家（現新竹牧場）兼營的一樓麵包店，其店名 Venus 則由一位在圖書館工作的朋友所取，採日文發音，故為美乃斯，而非「維納斯」，不過原意的女神多少呼應前身的愛夢樂大酒家。本來專營麵包，後來因應美軍顧問團來台與美國物資的流入與需求，乃開始兼營其他美國食品，甚至受法國神父之託製作法國麵包。當時新竹吹起了麵包風，看電影配麵包、遠足帶麵包、生日吃蛋糕，而食材的麵粉與奶油等，還透過 MAAG 向美援單位收集用剩的材料。之後連新竹市的學校營養午餐中的麵包也由美乃斯供應，當時的盛況號稱：北有義美，竹有美乃斯。

　　美乃斯後來規模越來越大，居然成為「美國貨委託行」，除了食品外，還有當時很稀奇的紙尿布、電毯、廚房雜貨、衣服等，而食品則包括起士、花生醬、整桶冰淇淋、酸

---

99 當時美軍少尉月薪為 280 美元，校級就會到 500 美元。

100〈鄭炳熹先生口述歷〉，2006 年 5 月 23 日。王俊秀，〈美軍眷村在新竹：口述歷史的觀點〉，《竹塹文獻雜誌》37，2006，頁 52-75。

瓜（Pickle）、牛排等。其貨源來自台北晴光市場，有時遠至基隆港與高雄堀江市場，顯然大部分的貨源是由美軍顧問團各地的 PX 流出。至於客源主要為美軍眷屬、教會等外國機構、我空軍眷屬與菲利浦等外商公司，還有好奇美國食物與文化的在地新竹人。尤其當看電影與吃麵包結合時，許多的在地新竹人將買麵包視為看電影的一項儀式了，更將美乃斯與斜對面的國民大戲院連在一起，因此那一段的中正路也被稱為「麵包路」。

經營美乃斯的羅安雄先生回憶說，1967-1970 年間，他負責外務，包括外地採買與外送，當時曾多次進出美軍顧問團宿舍，甚至包括對面的中國煤礦開發公司的宿舍。一般而言，美軍眷屬或幫傭除親自到 PX 採買外，也會到店裏採購，請求外送。另外，以電話定貨，再集中外送。有時外送至東美路 45 號大門警衛室，再由其轉送。有時宿舍俱樂部（ZZ 號，後來的 6 號）叫貨，他就直接送給廚房湯師傅，後來湯師傅居然成為轉賣二手貨冰箱與烤箱的商人，當時的店在現培英國中對面，而汽車則由當時「中美汽車」收購販售。如果要辦理 party，則連雞尾酒也委請美乃斯麵包店代辦，由羅安雄先生送到現場。由於俱樂部前有游泳池，因此 party 常在游泳池畔舉行。

當年羅安雄先生送貨所開的汽車，上有英文 Venus 及一隻美國流行的「太空飛鼠」，[101] 也應該稱得上那時期新竹的「行動地標」，一方面太空飛鼠與空軍或 MAAG 的連結，另一方面也產生了「美乃斯」就是「美國 Nice」的連想，就讓它成為美麗的誤會吧！[102]

第七節　三輪車與 Snoopy 之戀

美軍顧問團宿舍在新竹的期間，其東美路 45 號大門對面有中國煤礦開發公司的宿舍，由大倉庫改建，約有 60 戶。當時公司總經理余物恆一家四口與新竹礦區主任張炳武總工程師一家皆居住於此宿舍區。由於美軍顧問團宿舍為一封閉型社區，因此頗具神秘性，被視為「租界」。張立慶女士與其童年玩伴常騎著腳踏車自光復補校（現中學）那頭的大斜坡（現建中路）衝下來，然後停下來，隔著圍牆看著美國小孩玩鞦韆與在游泳池內玩水（見本書彩圖集圖 H4），留下深刻的印象。總經理余物恆一家曾在美國居住，因此認識了美軍顧問團宿舍的幾戶人家，余總經理太太還曾教他們中文。另外，張媽媽的朋友陳媽媽當時在裏面幫傭。因此當美軍顧問輪調時，會舉行車庫拍賣（garage sale），

---

101 1942 年開始的美國卡通：Mighty Mouse，服裝造型以超人為模仿對象，藍色服裝，紅色斗篷及「S」胸前英文標誌，被設定為一隻扶弱鋤強的「超鼠」，1955-1979 間大為流行，也差不多是 MAAG 在台灣的時間。詳見〈太空飛鼠〉，網址：https://zh.wikipedia.org/wiki/ 太空飛鼠。
102〈羅安雄先生口述歷史〉，2006 年 5 月 27 日。2005 年後的經營者為羅富雄先生。王俊秀，〈美軍眷村在新竹：口述歷史的觀點〉，《竹塹文獻雜誌》37，2006，頁 52-75。

也會透過余總經理太太與陳媽媽通知，因此距離最近的中國煤礦開發公司的宿舍就成為主要購買者，也只有車庫拍賣時，才有機會進入美軍顧問團宿舍，當時初中（竹二女，現培英國中）的張因此也數度進入。

車庫拍賣（garage sale）為美國人的一種生活方式，特別在搬家時會舉辦。美軍顧問團宿舍的車庫拍賣也不例外，依張的印象，拍賣的東西擺在車庫與路邊，有時也擺在室內，因此有幾次「登堂入室」，進入其客廳。拍賣的東西五花八門，對應當時的台灣社會，也是一種文化震盪（cultural shock）。當時對面煤礦開發公司的宿舍內，幾乎每一戶都有車庫拍賣的東西，大至傢俱，小至衣服，例如張初中時期穿的洋裝以及現在仍在使用的康寧碗盤等，因此美軍的車庫拍賣成為她人生難忘的經驗。當然，高一時（1965），見證到美軍顧問團二棟宿舍（當時 BB 與 CC 棟，後來的 13 與 14 號）失火，也是生第平第一次看到火災。

張記得某次車庫拍賣時，張媽媽以台幣 250 元買了一輛三輪車，三個大輪子配上鍊條，成為當時最拉風的兒童「座騎」。張立慶女士騎完之後又傳給堂兄弟姊妹們，其間三輪車還曾「進廠檢修」，由當時煤礦開發公司的總務維護並新裝輪胎，讓三輪車「重新出發」。二十年後，三輪車居然又回到張立慶的女兒冷靜的手中。一輛美國三輪車跨越母女兩代，真是「三輪車，兩代情」。

某一次美軍顧問團輪調搬家時，留下一些書籍，其中也包括兩本 Snoopy 漫畫書，[103]張媽媽在內幫傭的朋友陳媽媽將這兩本漫畫書送給立慶，張當時看了看就留下來，並未迷上 Snoopy，但她後來卻迷上了貓王。等到張嫁給冷爸爸後成為冷媽媽，並且先後生下冷靜與冷彬兩姊妹，兩本 Snoopy 漫畫書成為冷媽媽說故事的材料（床邊故事），從此「一發不可收拾」，冷媽媽為台灣培養了兩位 Snoopy 的愛好家與收藏家。Snoopy 50 週年時，台灣也舉行慶祝活動，冷靜與冷彬兩姊妹當然不能缺席，並擔任義工，由於他們對 Snoopy 如數家珍，每天穿著各地收集而來的 T Shirt，她們的故事才開始被傳頌。冷靜小姐長年收藏，說擁有一間「Snoopy 博物館」也不為過，冷彬小姐更走入漫畫世界，翻譯兩本由遠流出版的 Snoopy 漫畫書。而這些令人感動的故事就緣起於當時的美軍顧問團宿舍的車庫拍賣。[104]

103 Snoopy 首先於 1950 年 10 月 4 日出現在多家報紙上的花生漫畫專欄上（1950-2000），當時只不過是一隻普通的小獵犬，1952 年 3 月 27 日，作者 Charles Monroe Schulz（1922-2000）賦予 Snoopy 語言思考能力，之後在 1957 年 6 月 28 日，它開始可以直立行走。1965 年 4 月 9 日 Snoopy 和它的四位夥伴們（包括查理朗）登上了時代雜誌的封面。最後的漫畫（2000 年 2 月 13 日），還是由 Snoopy 打字的一封與讀者訣別信。詳見〈Snoopy〉，網址：https://en.wikipedia.org/wiki/Snoopy。
104〈冷媽媽張立慶女士口述歷史〉，2006 年 5 月 27 日。王俊秀，〈美軍眷村在新竹：口述歷史的觀點〉，《竹塹文獻雜誌》37，2006，頁 52-75。

第八節　眷村童年的美軍顧問團宿舍印象

　　距離美軍顧問團宿舍最近的眷村就是陸軍公學新村，主要由陸軍 32 師與裝甲第 1、2 師的眷屬所構成。1954 年時，蔣夫人帶領婦聯會在全台展開募捐興建眷村，由於本眷村募款來源主要為公立學校的教職員，因此取名「公學」，1954 年開工，1956 年完工，約 490 戶（後來增建 3 次，最多達 620 戶），共有三種規格：甲種 11 坪、乙種 9 坪、丙種 7 坪。顯然，陸軍公學新村與美軍顧問團宿舍同步興建，同年（1956）完工。公學新村本來是完整的布局，為配合中油油罐車通到光復路，才有建中路將其分為東西區，東區較多甲種眷舍，又稱「大房子」，西區較多丙種眷舍，則稱為「小房子」。小房子隔著建功一路，正對著美軍顧問團宿舍的「神秘大大房子」。有一陣子軍方把「金馬獎」的眷屬安排進住「公學新村」，又多了許多學齡兒童，而他們所讀的小學就是「建功國小」。

　　吳慶璋先生記得 1964 年，當時小學五年級時，在上課時聽到轟隆聲音，聽老師說才知道附近原海軍第六燃料廠大廠房的屋頂垮下來，一下課一群人迫不及待跑到現場，發現壓死了一堆本來棲息在裏面的鳥，有不少同學撿回家「加菜」。當然爬海軍第六燃料廠的大煙囪，也是難以忘懷的童年回憶，當時鐵梯可到達大煙囪的半途，爬到時發現大煙囪彈痕累累，還留有美軍大轟炸的痕跡。

　　當年公學新村小朋友的「遊程」（range），其範圍到達汀甫圳與口琴橋、[105] 清華原子爐、新竹煤礦局。[106] 汀甫圳與口琴橋是他們學游泳的地方，清華原子爐附近可以抓魚，煤礦局內有原六燃支線的鐵軌直通新竹空軍基地，火車頭也可以爬。當然神秘的美軍顧問團宿舍是他們上下學必經之處，印象中曾有直昇機降落到建功國小，美國駕駛員跑下來問路，問的就是美軍顧問團宿舍。當時美軍顧問團宿舍的對面（現創世紀社區）有簡易棒壘球場、小型溜冰場與台銀管理站，也從事換美金的服務。曾幾次看到美國雙頭螺旋直昇機在簡易壘球場降落，並帶來球隊與美軍顧問團比賽，後來聽說美國雙頭螺旋直昇機來自第七艦隊的航空母艦。小朋友有興趣的不是比賽，而是賽完留下來的冰塊與罐裝飲料，有備而來的還會準備鋁盆或其他容器，帶回家分享。吳的第一口啤酒就是在這個場合嘗試的，當然也發現含糖的罐裝飲料加上冰塊非常好喝，讓他們印象深刻。

---

105 汀甫圳取水自頭前溪與冷水坑溪，為隆恩圳的左圳，原名泉興（林泉興家族），後轉手改名何勝圳（何錦泉家族），早期為自用兼收水租。1924 年公有化再加以整修延長，由磯田謙雄技師主持，本命名為昭和圳。後為紀念末代圳長（即何家次子何汀甫），故定名為汀甫圳。流經十八尖山與香山後入海。汀甫圳在赤土崎地區經過建功一路 104 巷、新源街與水源街，當時其中之一的口琴橋位於建功一路 104 巷附近，因此成為附近小朋友游泳戲水之處，最有名的口琴橋在客雅溪，也就是李澤藩 1979 年的筆下作品。可以說汀甫圳流經清華園與南大校區，隨圳附送口琴橋。詳見〈汀甫圳〉，網址：https://zh.wikipedia.org/wiki/ 汀甫圳。

106 新竹煤礦局下轄嘉羅排礦場、那羅灣礦場、尖石煤礦、桃山煤礦等，分布在新竹縣內灣縣之東的馬武督地區，內灣也成為礦工們的主要消費之處，1958 年時礦工的每日薪資為 38.73 元。

　　除了 1965 年美軍顧問團二棟宿舍火災時，吳曾隨救火車進來之外，莫松源先生的回憶中有幾次與同學爬牆進來，看到大小游泳池，老美小孩快樂玩水，好生羨慕。由於莫的家正對著美軍顧問團的水塔，因此也看到了當年的火災。在冬天時，也看過美軍顧問團宿舍各家煙囪冒煙。但是最讓他終生難忘的是看到美軍顧問團在美國國慶日放的煙火，也看到老美爬上水塔施放。當年中美合作如火如荼，但顯然兩邊小孩少有互動，3 號小孩 Bruce 與 Brian 製作提燈去參加元宵節活動，可視為很特別的例子。 因此兩邊小孩偶而「互相觀看」，偶而「中美對抗」。吳與同學曾有幾次用彈珠與在內的美國小孩「開戰」，莫也記得拿彈弓打鳥，常失去準頭，因此當時鄰建功 1 路（1-4 號、Z 與 AA 號，後來的 1-6 號）的玻璃窗常常遭殃。另外留下印象的是，當時美軍顧問團宿舍的垃圾場在建中路與建中一路的交叉口，眷村的大人小孩常去「尋寶」，常能找到堪用品，例如尚未使用的吉利刮鬍刀片等。[107]

小結

　　新竹市有 46 個國軍眷村，以「竹籬笆的春天」表現其文化基調，累積了不少有新竹脈絡的故事，因而成立了全台灣第一處眷村博物館，豐富了新竹市的多元文化內涵。而 MAAG 美軍眷村的出現，一方面補充了「新竹市眷村史」的缺角，另 一方面，也為新竹市的「文化多樣性」多一個註腳，包括文化震盪。當時美軍顧問團宿舍隔著建功一路就是陸軍公學新村（490 戶後增建至 620 戶），過建中路的新源街是陸軍赤土崎新村（219 戶），隔著建美路是北赤土崎新村（15 戶）與空軍忠貞新村（218 戶），周圍還有更多的「國軍眷村」，如陸軍文教新村（98 戶）、陸軍北精忠新村（31 戶）、陸軍南精忠新村（69 戶），再外圍還有陸軍貿易二與八村、陸軍金城新村、敬軍新村、日新新村等。[108]換言之，一個 34 戶的美軍眷村被周圍至少 12 個國軍眷村包圍，最近的一圈有四個國軍眷村，共 942 戶，待遇顯然天壤之別，以眷舍空間而言，國軍眷村的甲種 11 坪，而美軍眷村的標準型為 120 坪（屋內 65 坪，前後院 55 坪），其他如薪水、戶戶汽車、電冰箱、有幫傭、PX 福利等，都是文化震盪。由於美軍顧問團是冷戰時期的產物，因此其與國軍眷村的交流鮮為人知，相對於國軍眷村的「竹籬笆的春天」，美軍眷村可稱之為「水泥牆的冬天」。

107〈吳慶璋先生與莫松源先生口述歷史〉，2006 年 6 月 18 日。王俊秀，〈美軍眷村在新竹：口述歷史的觀點〉，《竹塹文獻雜誌》37，2006，頁 52-75。
108 新竹市政府都市發展局編，《眷村人的生命故事：新竹市眷村人文史料調查彙編：輯一》（新竹：新竹市政府都市發展局，2002）。

第八章
圖書章中的歷史現場與人物[1]

　　新竹清華園主要歷史現場中的清華研究院、竹師、六燃與天研，因為從事研發工作而有了圖書室、圖書庫與圖書館。雖然隨著歷史演變，人事已非、空間已摧、機構已了，但是在圖書內的「圖書章們」與「捐書章們」卻繼續述說著不同年代的不同故事，這些圖書章見證了朝代更替、圖書主權轉移、機構名稱的演變、捐書的歷史人物、借書者的前世今生等。換言之，浩瀚的圖書藏書中，深藏著歷史現場、歷史人物與歷史故事，書香因而不平凡，可謂：我書，故我在。

第一節　六燃與天研

　　1945 年日本投降，中華民國政府派員來台接收，先由經濟部台灣特派員辦公室「石油事業接管委員會」負責，監理委員金開英負責接管日本帝國石油、日本礦業、海軍第六燃料廠及南方拓殖會社。[2] 但由於中油公司（直屬於資源委員會）於 1946 年 6 月 1 日創立於上海，[3] 綜理原來的甘肅油礦局、四川油礦採勘處、日治時期台灣與東北的石油事業，因此接收業務由「石油事業接管委員會」改由中油接手，當時接管主任委員為金開英，委員有李達海、沈覲泰、陳尚正、楊玉璠、張芳賽等人。其中在新竹的天然瓦斯研究所（天研）與日本海軍第六燃料廠（新竹六燃或六燃合成部）也一起由上述剛成立的資源委員會中油（見台灣中油 logo 中的資字）接收，三者合併（加上原六燃新高化成部）改稱中油新竹研究所，成為代表接受單位。1947 年時的人事資料顯示如下表，其中警衛人數達 145 人，占總數 397 人中的 36.5%，而新竹六燃區則高達 75 人，交接後廠區仍有大量資材，成為偷竊的熱點。而和本章最有關係者的圖書，當時留有日文圖書 3,300 冊，西文圖書 4,500 冊之外，該所又開始添購書籍。[4]

1　本章感謝初稿審閱人陳力俊院士。
2　陸寶千、黃銘明，《金開英先生訪問記錄》（台北：中研院近史所，1998），頁 107-115。接收對象有礦場與煉油廠（燃料廠），兩家公司有七個礦場，陸續成為後來改稱的：高雄煉油廠、台灣油礦探勘處（主要在苗栗）、嘉義溶劑廠、新竹研究所和台灣營業所等。當時該接管委員會在苗栗設有礦場管理處，由另一位監理委員張芳賽監理，後由楊玉璠接任。
3　資源委員會為 1932-1952 年間負責工礦發展的政府機構，前身為國防設計委員會，先後隸屬於經濟部、行政院，現改組為國營事業委員會。中油已改名台灣中油公司，但 logo 仍是 1946 年者，下有資字，即代表資源委員會。
4　新竹研究所，《資源委員會中國石油有限公司新竹研究所概況》（1954）。後續六燃圖書章研

表 8-1-1　1947 年新竹研究所人事概況表

職稱	所本部（天研）	新竹工場（新竹六燃）	新高工場（新高六燃）
技術人員	33		
職員	9	12	3
技術工	85		
普通工	16	78	16
警衛	24	75	46
小計	167	165	65
總計	397		

資料來源：《資源委員會中國石油有限公司新竹研究所概況》（1954），頁 1。

　　1955 年 12 月，清華在台復校的「清華大學研究院籌備委員會」中委員有張其昀（時任教育部長）、梅貽琦（史前一期）、蔣夢麟（留美津貼生，西南聯大校務委員）、錢昌祚（1919 級，時任經安會秘書長、經濟部常次）、陳雪屏（西南聯大教師、時任教育廳長）、錢思亮（1931 級，時任台大校長）、浦薛鳳（1921 級，時任政大教務長）、金開英（1924 級，時任中油總經理）、洪紳（1920 級）諸校友及四部會代表，張與梅為共同主委，而陳可忠為籌備主任，高教司孫宕越司長與趙賡颺（1934 級）為祕書，籌備處設於清華大學台北辦事處（先租於中華路 77 號，後購金華街 110 號）。以上兩個委員會的交集委員就是金開英（1902-1999），為 1924 級（甲子級）清華學堂校友，留美先後在威斯康辛與哥倫比亞大學修習化學工程與燃料工程，長年致力於油礦燃料的發展事務，可稱為「燃料清華人」，[5] 他於 1949-1961 年期間擔任中油總經理，對其母校清華在台復校與取得校地大有助益，[6] 被譽為：石油事業奠基者。[7] 此外，燃料梅竹史也值得一提，凌鴻勛號竹銘（1894-1981）為 1948 年首屆中研院院士，曾於 1951-1971 年擔任中油董事長，而金開英為 1949-1961 年的中油總經理，有十年的期間（1951-1961）一起為中油打拼，顯

　　究，另見王俊秀，〈我書故我在：圖書章中的燃料故事〉，《活隱喻．活博物館系列三》，2022，頁 176-196。

5　《金開英先生百年誕辰紀念文集：1902-2001》，頁 174-176。金開英自稱：碳分子化學人，在清華學堂時所學為經濟，留美後才接觸燃料，因此連清華化學人也謙辭不用。

6　〈水木清華雜憶〉，《金開英先生百年誕辰紀念文集：1902-2001》（2001），頁 102-103。當時梅校長在台北近郊的南港地區找地，但未見寬廣者，另許多縣市也願意提供校地，但離台北較遠。此時，金開英建議提供中油接收的原新竹六燃部分土地（光復路南邊的六燃福利地帶），由於光復路北邊的工廠區已轉給中國銀行（現中國國際商業銀行）償還借貸，如早一年，整個六燃區可能都屬於清華，因此後來才會往南擴張，擁有難蛋面超過十萬墳墓的義塚區。當時的校地乃透過經濟部與教育部以轉帳方式處理之（私人用地有價購），成立只有一個研究所的大學。

7　金開英號公弢（發音為濤），因此產生了不少相關的紀念物與活動，例如苗栗台灣油礦陳列館與中油嘉義訓練所的半身銅像、公弢樓（嘉義中油訓練所、高雄煉油廠國光中學、中油探採研究中心／所、聯合工專等）與公弢盃高爾夫球賽（首屆賽從新竹出發，最近又回到新竹來比賽）。

然凌鴻勛董事長也支持了清華校地的提供。而竹銘獎（1962）與英才獎（1985 年由金開英捐贈 30 萬元成立），從那時起，已經有了另類梅竹賽。

夏勤鐸（1914-1981）為 1933 級化學系校友，[8] 第一屆（1933）留美公費留學生，同船同學有 1934 級校友錢學森，一同入學 MIT。夏曾和前述的金開英校友一起籌劃創建資委會的重慶動力油料廠（原名稱為植物油提煉輕油廠），該廠共有六位清華人參與，其中一位則為後述的朱樹恭。夏勤鐸先後擔任駐美採購團組長，中油公司駐美代表（1945-1958），過程中曾爭取由美國海灣公司代訓中油技術人員。1950 年代，台灣的肥料多從日本進口，後來 1959 年 11 月 11 日錦水 38 號井鑽獲每日 100 萬立方公尺以上的大量油氣，當時中油建議政府製造肥料，也透過中油駐美代表夏勤鐸，洽得美商美孚公司來台投資創設液氨尿素廠。後來清華設了夏勤鐸先生紀念獎學金，夏勤鐸也捐了交大的夏以儉電子所獎學金，又是另類的梅竹交流。

8-1-1　六燃圖書章

由於新竹六燃的圖書在接收後集中到新竹研究所（原天研），第一個歷史現場的紅印圖書章清楚的刻上：第六海軍燃料廠合成部圖書庫，說明了作為燃料生產工廠仍有圖書庫來支持研發，又因為是合成部，就更能確定是新竹六燃。雖然只搶救到兩本六燃的書，其中一本由《園區生活雜誌》黃鈞銘發行人所提供，他與夫人何乃蕙（雜誌總編輯）都是竹掃把行動聯盟的夥伴，他們促成了河口充勇《台灣矽谷尋根》一書的出版，並由何乃蕙的父親何連生先生翻譯之，可視為在地人參與地方學的經典故事。

● 松本重一郎

首先，原六燃工作者松本重一郎（1920-2000）所贈的書特別有歷史感，他於 1942 年畢業於東京大學理學部化學科，接著以海軍技術大尉（上尉）入伍，他也就是在本書第二章中所探討的「技術將校」，被派到新竹的六燃合成部。1945 戰敗後，重回東大就讀研究所，獲博士學位，先在農林省水產試驗場（後來的水產廳水產試驗所）擔任技師，1962 年隨著上智大學創設理工學部的機會，就任該校教授並致力於水產化學，期間積極參與日本水產學會，直到 1987 年退休，先後受邀至九州大學、京都大學、御茶水女子大學兼任教職。並兩度獲得日本水產學會賞（1960）與功績賞（1981）。退休後協助家族企業的森村學園，[9] 擔任 18 年的理事長、學園長等職。

8　夏勤鐸當年為清華足球隊隊員，1929 年獲華北體育聯合會第六次足球賽冠軍，此冠軍翻轉了馬約翰的降職降薪事件。

9　森村學園是日本企業家（森村財閥）第六代森村市左衛門（1839-1919）於 1910 所創立，森村開作（七代市左衛門）的義子森村義行（1896-1970）其二女婿即為松本重一郎。森村義行的

　　松本重一郎簽名所寄贈的書為《南方有用植物圖書》，出版於 1943 年，當時是剛出版不到一年的新書，寄贈日期為 1944 年 12 月 14 日，所蓋的寄贈圓戳章其單位為合成部：新竹六燃的主要業務部門。該書的第一作者鈴木梅太郎（1874-1943）為農業化學學者，以研究米糠治療腳氣病而聞名，號稱「理學研究三太郎」中之一人。[10] 他於 1896 年畢業於東京帝大之農業化學系，1896-1901 年留學德國柏林大學，回國後歷任盛岡農林高校、東京帝大與東京農大教授、理化學研究所主任研究員等。期間陸續發現副營養素，特別是維他命 B1，也發明了「利久合成清酒」，為帝國學士院會員（院士）及德國學士院院士，在過世前五個月獲日本文化勳章。[11] 第二位作者百瀨靜男（1906-）為植物學者，持續於《植物研究雜誌》發表論文，[12] 並在 1967 年由東大出版社出版了一本厚達 627 頁的《日本產菇類的の前葉體》一書。惟前述之《南方有用植物圖書》卻成為第一作者鈴木梅太郎的最後作品，他於出版當年 1943 年的 9 月 20 日過世。

表 8-1-2　天然瓦斯研究所圖書章

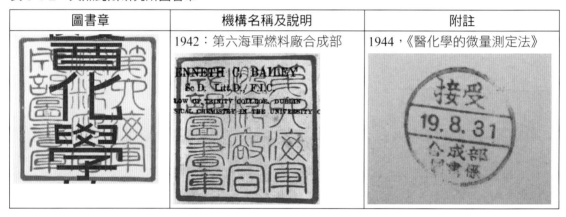

圖書章	機構名稱及說明	附註
	1942：第六海軍燃料廠合成部	1944，《醫化學的微量測定法》

生父為松方正義（1835-1924），曾兩度擔任日本總理大臣。

10 理學研究三太郎的另外兩位為長岡半太郎（1865-1950）與本多光太郎（1870-1954），前者（物理學）歷任大阪帝大校長、帝國學士院院長，以土星型原子模型、長岡係數等之提出獲文化勳章。後者（材料工學）曾任東北帝大、東京理科大校長，以發明「磁性鋼（KS 鋼）」獲文化勳章。本多光太郎為長岡半太郎在東京帝大的弟子，他曾在 1932 年獲諾貝爾物理獎之提名。也是蔡仁堅前市長序中「細大不漏」的題字人。

11 〈鈴木梅太郎〉，網址：https://ja.wikipedia.org/wiki/鈴木梅太郎。

12 《植物研究雜誌》由被稱為「日本植物學之父」的牧野富太郎博士（1862-1957）於 1926 年所創始，他的出生日（4 月 24 日）被定為日本的「植物學之日」，故鄉高知縣設有牧野植物園。詳見〈牧野富太郎〉，網址：https://ja.wikipedia.org/wiki/牧野富太郎。而該雜誌由津村研究所出版。津村研究所由津村順天堂製藥公司成立的研究部門，產品中以「中將湯」而聞名，因為藥材和植物非常相關，故成立研究所。詳見〈ツムラ〉，網址：https://ja.wikipedia.org/wiki/ツムラ。

圖書章	機構名稱及說明	附註
	六燃松本重一郎技術大尉（上尉） 寄贈	1943，《南方有用植物圖書》，成美堂 1944/12/14 寄贈
	1936：天然瓦斯研究所	1921, *Proceedings of American Chemical Society* (ACS), USA
	長條圖書章	1926, *Journal of American Chemical Society* (ACS), USA

圖書章	機構名稱及說明	附註
	1938：台灣總督府天然瓦斯研究所 日文圖書圓戳章（1938/6/15）	詳見圖 8-1-1 及圖 8-1-2
	英文圖書章（1941/4/28）	1941, *Journal of American Chemical Society* (ACS), USA
	藤本藏書章（同一套書）	1921, *Journal of American Chemical Society* (ACS), USA
	1945：資源委員會中國石油有限公司新竹研究所（六燃加天研）圖書章 1948 購入章（1941 年德文書籍）	

圖書章	機構名稱及說明	附註
PRINTED IN U.S.A. 2M-50	新竹研究所浮刻圖書章	1954, *Modern Chemical Processes* 購入 43年9月15日 購客第 4463
中國石油有限公司新竹研究所圖書室	1945：資源委員會中國石油有限公司新竹研究所 長方型圖書章	1935, *Journal of American Chemical Society* (57), USA 400
中國石油有限公司新竹研究所圖書室	新竹研究所橢圓型圖書章	1951, *Photosynthesis*
經濟部聯合工業研究所資料室圖書	1954：經濟部聯合工業研究所	1945, *Journal of the Acoustical Society of America* (ACA), USA 購入 中華民國46年10月29日收到 購字第 6144 號
聯合工業研究所存覽 沈覲泰捐贈	接收委員沈覲泰贈書，被稱為台灣石油之父	1955, *Minimum Requirement of Antibiotic Products*
Pingkuo Pennsylvania State College Oct. 1934	清華校友賓果及俞慶仁捐書章原來簽名	俞慶仁

圖書章	機構名稱及說明	附註
	經濟部聯合工業研究所 工程材料研究室（工材室） 圓型圖書章	1959, *Engineering Manual*
	經濟部聯合工業研究所 工程材料研究室 橢圓型圖書章	
	1982：工業技術研究院化學工業研究所（1991/2/28）	
	工業技術研究院聯合工業研究所	

圖書章	機構名稱及說明	附註
	工業技術研究院技術經濟資料室	
	工業技術研究院 圖書條碼	
	工業技術研究院 台北工業技術資料館 圓形圖書章	1976, *Man Made Fiber Processing*
	（工研院）報廢章 第六海軍燃料廠合成部之圖書	1943，水叢書第四卷，《工業廢水》
	日文書著者章例	柴田三郎

圖書章	機構名稱及說明	附註
VOLUME I 報廢 BALTIMORE 1925	（工研院）報廢章 台灣總督府天然瓦斯研究所 （1940/5/1）	1925, *Chemical Reviews*, ACS, USA

● 沈覲泰

　　1948 年時，金開英仍為接管委員會主委，並同時為中油駐台灣辦事處主任（中油協理）。當時負責高雄煉油廠的接收人員為沈覲泰（1911-1985），他是清代名臣沈葆楨的後代，接收之後曾擔任接收廠長（中油成立前），中油公司成立後，改調嘉義溶劑廠廠長（原台拓嘉義化學工廠），[13] 高雄煉油廠首任廠長則由賓果（1909-1950）接任，連同新竹研究所所長張明哲（第二任廠長），他們都是清華校友：燃料清華人。不過早在 1946-1947 年間，當金開英奉派去東北接收時，高雄煉油廠也是交由沈覲泰負責。1947 年 4 月，高雄煉油廠第二蒸餾工廠開爐，每天提煉 5,000-8,000 桶原油，原油來自伊朗，並開始有自己的油輪，包括永洪號、永澤號、永清號與永顯號等。[14]

　　而在 1952 年 9 月到 1954 年 6 月，金開英接任經濟部首任國營事業司（原資源委員會）司長時，中油總經理的職位也由沈覲泰代理之。1957 年沈覲泰擔任交大在台復校籌備委員會委員。同為沈葆楨孫的沈覲鼎（1894-2000），擔任過駐日代表團副團長，曾於 1949 年 10 月 1 日代表朱世明團長接見林獻堂。[15]

● 賓果

　　賓果（1909-1950）字質夫，為 1923 級清華化學系校友，美國賓州大學燃料化工博

---

13 台拓嘉義化學工廠為國策企業，當時的規模為遠東第一，相對之下，當時的中國完全沒有相關工廠，該廠採用蕃薯生質原料，生產丁醇、丙酮、乙醇。
14 許毓良，《台灣在民國：1945～1949 年中國大陸期刊與雜誌的台灣報導》（台北：前衛出版社，2018），頁 454。
15 林獻堂著，許雪姬等註，《灌園先生日記（二十一）一九四九》（台北：中研院台史所，2011），頁 375。

士，在北平的地質調查研究所的泌園燃料研究室時代，[16] 即在金開英主任手下工作，負責將植物油提煉成輕油，因此後來受邀來台灣擔任高雄煉油廠首任廠長，亦兼油廠國小校長，中油人傳統之一的賓果遊戲，也可以說是紀念他的一種方式（雖然當時一陣子改為兵果），且當時可能是由賓果廠長從美國帶回賓果遊戲的。但在 1950 年 5 月 5 日，從事提高汽油辛烷值（80）實驗時，和俞慶仁一起因公殉職。俞慶仁為 1925 級清華化學系校友，擔任高雄煉油廠廠化驗室主任，之後俞慶仁夫人王琇（1912-2007，1935 級校友）在1950 年接任第三任油廠國小校長。後來每年的 5 月 5 日，高雄煉油廠同仁皆會在「盡瘁流芳紀念碑」前舉行儀式，紀念兩位因公殉職的中油人：燃料清華人。

表 8-1-3　圖書章中的其他歷史現場

圖書章	機構名稱及說明	附註
	1937：滿洲合成燃料株式會社	1932, Hoyer-Kreuter, *Technological Dictionary*
	1946：東北煉油廠錦州工場	
	橢圓形圖書章 新京本店	1932/6/1

---

16 地質調查研究所的泌園燃料研究室為紀念金開英祖父所捐助建築。

圖書章	機構名稱及說明	附註
	圓形入庫圖書章	1936/4/18
	1954：新竹玻璃製造公司[17]	 《石膏石灰便覽》，技報堂
	1964：中國玻璃工業研究所由	
		1977/3/12
	1979：美國在台協會商務圖書館	1984, *Dun's Business Rankings*

---

17 新竹玻璃公司由陳尚文（1897-1969）於 1954 年成立，並在 1964 年設中國玻璃工業研究所。陳尚文當年為接收委員，六燃與天研皆為其接收範圍，過程中和大內三一技師有玻璃方面的交流。

8-1-2　滿洲合成燃料株式會社

　　滿洲合成燃料株式會社設立於 1937 年（滿洲國康德四年），[18] 是一家資本額 5,000 萬圓的公民合營公司，由滿洲國政府（1,700 萬）、三井（1,700 萬）、滿碳（800 萬）、滿鐵（500 萬）與滿石（300 萬）所集資成立，以阜新礦的煤為原料，採用德國的費氏合成法，進行液化石油的生產，第一年生產三萬瓲，預計年產 10 萬瓲。[19] 出資者分別擔任理監事，皆為日人，但監事中出現一位華人：三江省民政廳長趙汝棋。三江省是由原黑龍江與吉林省所分出的新省份，後來改成合江省。天研圖書館中出現滿洲合成燃料株式會社的書，推測可能是隨著接收東北煉油廠的圖書時，也接收了日治時期的書，並帶到台灣。

表 8-1-4　滿洲國時期的燃料企業

企業名稱	出資者	項目	地方	成立年
滿洲合成燃料	滿洲國政府、三井集團、滿鐵、滿石、滿碳	人造石油	錦州	1937
滿鐵石炭液化工場	滿鐵	人造石油	撫順	1936
滿洲油化工業	滿洲國政府	人造石油	四平街	1940
吉林人造石油	日本窒素	人造石油	吉林	1942
滿洲石炭液化研究所	滿洲國政府／神戶製鋼	人造石油	奉天	1944（康德 6 年）
滿洲豐年製油	豐年製油	航空機潤滑油	錦州	1945
滿州石油	滿鐵、滿洲國政府、日本民間石油業者	石油	大連	1935

資料來源：峰毅，「化學企業滿洲進出表」，《中華人民共和国に継承された滿洲化学工業》（東京：東大大學院經濟學研究科博士論文，2007），頁 55，表 2-1。8-1-3：東北煉油廠

8-1-3　東北煉油廠

　　日本在 1931 年侵略東北，建立滿洲國（1932-1945），就曾興建數間煉油廠，包括大連煉油廠、撫順油頁岩煉油廠、錦西煉油廠、錦州合成燃料廠、四平街煤氫化廠、永吉煤低溫乾餾及合成甲醇廠。1946 年接收後將後四間合併為東北煉油廠，總部設在錦西，下有錦州（合成燃料廠及煉油廠）、四平街（人造石油廠）與永吉（人造石油廠）三分廠。[20] 國府的接收在 1946-1949 年間，因此東北煉油廠圖書章的出現非常特別，推測是接

18 滿洲國於 1932 年成立時，年號大同，1934 改稱滿洲帝國時，又改元為康德。
19 《滿洲日日新報》，1937 年 8 月 7 日。
20 柳克述，《我國石油工業的過去現在與前途》，頁 18。柳克述曾擔任交通大學在台復校的籌備委員。馮宗道，〈初履台灣身歷二二八事變——乘槎浮海尋客夢，海島風雨增鄉愁〉，《楓林山

收者金開英或團隊的人帶到新竹研究所。

8-1-4　誰來借書：天研篇

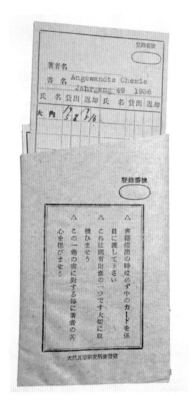

圖 8-1-1、8-1-2　天研的書卡及借書者

　　這是二張天然瓦斯研究所圖書室的借書卡，該卡的卡袋的說明有三點：借書時須將本卡交給圖書管理員；本書為國有財產，請小心借閱使用；要對每一本書作者的苦心心存感念。最後一點尤其特別。借書卡則包括了作者姓名、書名與借閱者姓名及借還時間。以第一張卡為例，借書者為大內一三技師（1905-2005），他是創立天然瓦斯研究所的主要推手，在 1944 年 5 月 8 日借了該本德文的化學書籍。

● 大內一三技師

　　大內一三技師於 1929 年畢業於東京理科學校（後來的東京理科大學），專長為化學，擔任過兩年的中學理科老師後，於 1931 年到北海道大學理學部擔任富永齊教授所主

居憶往錄》（洛杉磯：千禧年自行印製，2000）。

持「物理化學講座」的專任助手，協助玻璃工場的管理營運與參與附近地區火山天然氣的研究等。[21] 在日本南進政策與燃料脈絡下，獲得富永齊教授有關天研的資訊提供。話說 1934 年日本學術會議在台北召開，談及日本石油與日本礦業兩間公司捐款五萬圓，希望設立研究所來研發利用台灣的天然瓦斯。以此為契機，富永齊推薦大內一三到台灣總督府的籌備處，於是大內於 1935 年 9 月到總督府殖產局礦物課的籌備處履新。籌備委員 11 人，主委即為後來的所長小川亨博士（1932 年畢業之京都大學理學博士，另見技術將校章），大內和其他五位技手（技士）成為籌備的主力，而當時職稱亦為技手的大內成為被委以重任的建設工頭，包括找土地與建設研究所。

由於主要研究對象的天然瓦斯其生產地在新竹州苗栗郡的錦水與竹東郡的竹東，[22] 於是大內技士就在這兩處之間找用地，因此和新竹連接上了一段緣分，當時的候選地包括關東橋與赤土崎之間的地段、新竹神社（現松嶺路地區）附近地區、刑務所隔壁等，但最後卻選中了赤土崎地區的 3,400 坪土地，[23] 並將籌備處由總督府八樓搬到新竹產業會館，當時有兩位台籍員工：洪萬龍、許金水。之後負責招商（土木建築請負業組合的河村仙十）[24] 建設了六棟建築以及接通兩條瓦斯管，包括本館、別館與工場等，本館有兩層樓，分成前後屋，前屋二樓為所長室、大內一三、松井明夫（第一部部長）、[25] 永井弘之技手室，圖書室與書庫則位於後屋的二樓，前屋一樓則有塩見賢吾研究室、小倉豐二郎研究室、絹卷照研究室及庶務／會計單位。主要的實驗室也在本館後屋一樓，而當時圖

21 1939 年，官營企業台灣高級硝子（玻璃）工業株式會社特別挑選在天研旁邊設立，連結了天然瓦斯與玻璃產業，大內一三與北海道大學的富永齊教授持續擔任該公司的無給職顧問，對新竹的玻璃產業發展有所貢獻。

22 因為用量比產量（四萬立方公尺）少，當時苗栗有所謂「三不關」：水不關、電不關、瓦斯爐火也不關。

23 大內一三前後為天研購地三次，第二次（1940）2 萬坪，第三次（1943）5 萬坪，總計 73,400 坪。

24 當時的土木建築請負業組合（合作社）共有 33 家，包括新竹市、苗栗街、桃園街、三灣庄、大湖庄、大溪街的業者，新竹市在地業者有 20 家，河村仙十拿到了天研的標，號召其他組合員一起協助，其住址為東門外 3 番地，電話 234。河村仙十在新竹市蓋了不少建築，包括新竹車站官舍 25 棟、香山圳幹線第七區擴張工事、新竹州廳入口增築、新竹市營住宅 19 棟、新竹州街庄吏員講習所等，其中尤以 1934 年完成的新竹信用組合（現新竹第一信用合作社，新竹市大同路 130 號），已被指定為市定古蹟。詳見〈新竹信用組合〉，網址：https://zh.wikipedia.org/wiki/ 新竹信用組合。由於 1913 年的「產業組合」通過之後，可知當時的組合（合作社）被大力推動，而號召成立有限責任信用組合的新原龍太郎，還參與經營新竹拓殖軌道株式會社、新竹土地建物株式會社、新竹劇場株式會社（新竹座）、台灣藺草拓殖株式會社、朝日建築購買信用組合及其本店新原泰生堂（紙店、印刷業、度量衡量器、文具）。

25 松井明夫（1897-1968）於 1936-1943 年間在天研工作，擔任第一部部長，除了研究外，最重要的成績就是處理圖書的分類整理。後來擔任理化學研究所的光學玻璃工場場長，興趣為推動圍棋，自己為四段。天研工作者（天研人）於 1968 年所成立的赤土會，松井明夫即為首任會長。

書室還和會議室共用。[26]

　　天研成立之後先由殖產局局長兼任所長、礦物課課長為主祕，直到直屬於台灣總督府後，才由小川亨博士接任所長，當時的員額為所長 1 人、技師 14 人、技手 24 人、屬（職員）2 人。[27] 而不佔員額的台灣籍的工作同仁共有 83 位，配屬於研究室者 23 人，例如受訪的陳培基就在大內一三研究室、林文喜則在庄野信司研究室（第二部部長）等，還有一批人分布在玻璃工場（1）、機械工場（11）、水電解工場（2）、木工場（3）、合成石油工場（11）、碳工場（6），另有物品倉庫（2）、庶務課（8）、會計（2）、守衛（1）等，[28] 最高峰時，天研的工作同仁達 120 人上下（其中日籍 30 人）。

　　第二張借書卡則有三人，借了《美國化學學會期刊》的 1936 年 2 月號。其中佐多敏之還在三個月內借了兩次。以下介紹借書者們。

表 8-1-5　1945 年前借書者例

借閱者	借閱期間	借閱書籍、期刊
大內一三 鵜島	1944/5/5-5/16 1943/6/16	1937, *Angewandte Chemie* (50)
大內一三	1944/5/8-5/16	1936, *Angewandte Chemie* (49)
淺香全	1943/5/31-6/9	*Angewandte Chemie* 400 316 1505
淺香全	1943/11/23-1944/1/13	1938, *Angewandte Chemie* (51) 400
野元堅一郎	1944/5/12-5/14	1931, *Journal of American Chemical Society* (53-2), USA 400 280 1470
永井弘之	1944/4/22-5/29	1932, *Journal of American Chemical Society* (54), USA 400 340 1604
永井弘之	1944/11/7-11/15	1932, *Journal of American Chemical Society* (54), USA 400 340 1604
永井弘之	1943/11/13-12/23	1936, *Journal of American Chemical Society* (58), USA 400
足立義明	1943/9/20-11/13	1936, *Journal of American Chemical Society* (58), USA 400

26 河口充勇，《台灣矽谷尋根》（新竹：園區生活，2009），頁 74-75。日文原文增添版於 2019 年出版：河口充勇，《覚醒される人と土地の記》（東京：風響社，2019）。另見大內一三，〈天然瓦斯研究所發足の經緯と思い出〉，《赤土會會誌》4，1984，頁 1-5。

27 依勒令第 826 號〈台灣總督府天然瓦斯研究所官制〉第二條。在開所時，所長一人、技師 4 人、技士 7 人、屬員 1 人、僱傭 24 人。當時所長為總督府殖產局局長兼任。

28 〈特別會員〉，《赤土會會誌》1，1968，頁 42-44。

借閱者	借閱期間	借閱書籍、期刊
佐多敏之	1944/5/16-5/11	1936, *Journal of American Chemical Society* (58), USA 400

作者搜尋與整理。

● 佐多敏之

　　借書者之一的佐多敏之（1921-2010）曾先於 1941 年暑期在天研的永井（弘之）研究室實習一個月，次年畢業後，將原先滿洲鐵道的煤炭液化研發工作讓給了同研究室的中國崔姓留學生，又回到新竹的天研來就職，負責航空燃料的研發。他經歷了 1944-1945 年間美軍沿著十八尖山的空襲，造成天研同仁的死傷與研究設備的破壞，更見證天研旁邊「台灣高級硝子工業株式會社」的煙囪被炸掉。因此實驗室也不得不「疏開」到竹東（另有關西），使用木碳卡車數趟將設備運過去。疏開期間，還記得曾在頭前溪游泳與釣魚，最後於疏開地山洞外面的帳篷內聽到了天皇的投降宣告。[29] 佐多敏之後來擔任東京工業大學教授，以工業材料之研發見長。當時的天研人後來在學術界者還有庄野信司（日本大學）、塩見賢吾（東京大學、東邦大學）、太田賴常（神戶大學、武庫川女子大學）、松村久（熊本大學）、大賀健太郎（宮崎大學）、日下部善雄（德島縣立農業大學）。此外，天研在研究過程中，也和台北帝大的野副鐵男研究室[30] 與大山義年研究室成為夥伴關係，[31] 野副鐵男接手加福均三教授，擔任台北帝大的「有機化學講座」，而加福均三（1885-1948）即為天研的發動者之一，且他也出現在本書第三章〈揮桿 links 清華：新竹高爾夫球場〉中，因為加福亦為台灣高爾夫俱樂部的會員。[32] 而在 1936 年的 8 月 27 日開所時，當時加福均三教授也是參加開幕的貴賓之一。另外，大山義年教授回日後也參加了「赤土會」，並在 1968 的創刊號上留下了交流的文章。

---

29 佐多敏之，〈天研時代の思い出と近況〉，《赤土會會誌》4，1984，頁 28-29。

30 野副鐵男（1902-1996），於 1926 年畢業於東北帝國大學，同年渡台先後就職於總督府專賣局、中央研究所，1929 年就任台北帝國大學化學科助教授（1937 年升等教授），以有機化合物的研究見長，特別是以台灣檜木為研究對象，留任台大至 1948 年，之後任東北大學教授。其研究先後獲朝日文化賞、學士院賞及文化勳賞，1979 年亦獲台灣的文化獎。此外，日本化學會於 2016 年的第七回化學遺產認定之中，野副鐵男的「非苯類芳香族化合物相關資料」獲認定第 36 號化學遺產。

31 大山義年（1903-1977）畢業於東京帝大工學部造兵學科，1931-1940 年間擔任台北帝大助教授，號稱當時粉末工學的第一人，之後歷任東京工業大學教授、理化學研究所主任研究員、東京工業大學校長、國立公害研究所所長、原子力委員會會長等職。詳見〈大山義年〉，網址：https://bit.ly/3JicMUD。

32 加福均三任教於台北帝大前，曾擔任中央研究所技師。當時他也是台南工學院（現成大）八大創設委員之一。

● 永井弘之、淺香泉、足立義明

　　表 8-1-5 的永井弘之為借書次數最多者，天研一開所時永井弘之為技手，先在小倉豐二郎技師的研究室工作，研發主題為分解天然瓦斯來製造合成石油。後來永井升任技師，有自己獨立的研究室與團隊。另一位借書者淺香全技手亦為永井實驗室的一員，[33] 和其他兩位單身（包括單身赴任）的同仁（松下千代春、[34] 市丸典次）[35] 暫住在天研俱樂部內，當時的天研雖然租用了在附近的花園町市營住宅多棟（表 8-1-6），[36] 計所長用一棟、技師用三棟、判任官用一棟、乙種六棟、丙種六棟及獨身用一棟（即竹友寮），但顯然仍不夠用，因此有同仁管野租在東門町的民房，而有人就住在俱樂部內。足立義明、佐多敏之、田中勝三人皆為永井弘之研究室的同仁，主要負責海陸軍的燃料業務，足立義明、佐多敏之和永井弘之所借的書一樣，只是期數不同。不過，在 1944 年出版的《天然瓦斯研究所報告》第 14 期中，借同一期刊的佐多敏之和永井弘之曾一起發表有關丁烯（butylene）合成油與天然漂白土之研究結果，而前述的大內一三也在第十期發表了有關台產天然瓦斯壓縮度的研究報告。

表 8-1-6　日治時期新竹市的公營住宅與共榮住宅一覽表

名稱	戶數	總建坪	完工日期	租金
花園町市營住宅	18 棟 36 戶	548	1933 年 1 月 30 日	16.5-27 圓
赤土崎市營住宅	22 棟 40 戶	694	1937 年 5 月 31 日	12-50 圓
田町市營住宅	19 棟 41 戶	668	1937 年 5 月 10 日	12.5-50 圓
錦町市營住宅	16 棟 22 戶	619	1938 年 5 月 10 日	13-72 圓
新興町市營住宅	24 棟 43 戶	817	1940 年 9 月 30 日	33 圓
東山市營住宅（五十座）	50 棟 100 戶	10,000	1941 年 7 月 30 日	28-35 圓
黑金町共榮住宅	2 棟 8 戶	不詳	1941 年	1.5-3 圓
新富町共榮住宅	4 棟 40 戶	270	1936 年 4 月 15 日	1-3 圓

資料來源：《新竹市社會事業要覽》（1942），頁 32-37。

---

33 淺香全，1917 生，於 1939 年畢業於熊本藥學專校，同年渡台在總督府殖產局工作，1940 年升任總督府技手。

34 松下千代春，1912 年生，1935 年畢業於中央大學法學科，同年渡台在總督府官房會計課任職，1939 年調任天研。

35 市丸典次，1915 年生，1933 年畢業於佐賀工業學校，1936 年先以日雇方式來天研工作，直到 1938 年成為天研正式雇員，並於 1940 年升任技手。

36 該市營住宅本來住址於赤土崎，後來新竹市區內改成 15 個町，該住宅的住址也成為花園町 103 番地。

● 野元堅一郎

　　野元堅一郎於 1938 年從台北廳鐵道工場調任天研，負責工場的金屬部門，但隨即應召入伍至台灣步兵第一聯隊，轉戰中國、菲律賓、爪哇，於 1943 年 1 月退伍再回到天研，加入大內研究室，[37] 負責實驗工場的整備。返回日本後，野元堅一郎一直任職於故鄉的鹿兒島縣工業試驗場，擔任場長，並曾於 1968 年獲鹿兒島第一屆 MBC 賞，表彰他對鹿兒島工業與窯業（例如薩摩燒）發展的貢獻。[38]

　　值得一提的是，野元堅一郎於天研工作的四年期間，在新竹結婚，長女淳子為灣生（或竹生）。而另一位 1940 年由總督府調任的松下千代春，[39] 長男松下宏也是灣生。還有同事富永一郎 1944 年在台北結婚後，[40] 赴天研就任，住進市營宿舍，左鄰即為野元堅一郎（後來大內一三進住），富永的女兒京子在天研宿舍出生，又是另一位竹生或天生（在天研宿舍出生）。日本戰敗後，天研還有幾位受中油新竹研究所張明哲所長之邀請而留用者，其中有上述之富永一郎與松村久（第四研究室主任），直到 1948 年 12 月搭上返日最後一班遣送船：航海王丸。也因此松村久的女兒於 1948 年 3 月出生，成為日治之後的灣生與竹生，惜因急性肺炎於 5 月病逝新竹醫院，松村久後來擔任熊本大學教授。

● 田川鎮雄、日下部善雄

　　不過還真的有在天研工作的灣生（平鎮出生）：田川鎮雄，他於 1938 年就讀台北工業學校時，參加了天研的暑期實習，住在平田博彌家，留下聽留聲機（電蓄）日本演歌的深刻印象，隔年正式到天研上班，配屬於松井明夫的第一部，主要工作為攝影（研究論文與表格的照相、屋頂攝影）。1940 年回日本入學長岡高工（現新潟大學），畢業後被徵召成為技術將校，在馬來半島服役，在軍中也擔任照相工場主任。[41]

　　另一位永井研究室成員的日下部善雄，[42] 1940 年 3 月到天研工作，因為單身而和一群同樣單身的同仁住在竹友寮，當時寫了日記與留下一些信件，還有他們所編名為《雜

37 野元堅一郎，〈天研の思い出〉，《赤土會會誌》4，1984，頁 5-6。

38 「鹿兒島 MBC 賞」，網址：http://hatanaka.mbc.co.jp/prize/list.html。由南日本放送（MBC）所成立的公益財團法人基金會，1968 年起設立 MBC 賞，表揚對故鄉鹿兒島有貢獻的各界人士。直到 1984，野元堅一郎仍有著作《薩摩燒年表》，由鹿兒島縣歷史資料中心的黎明館出版。

39 引用資訊：國史館台灣文獻館，「羽場茂也（解新竹師範學校舍監）」（1940 年 11 月 01 日），〈昭和十五年十月至十二月判任官以下進退原議〉，《台灣總督府檔案》，典藏號：00010267075。該批調任 14 人至天研，其中 12 人為技手。

40 富永一郎，1917 年生，雖然本籍在鹿兒島，但從小學到大學都在台灣完成，小學：台北市旭尋常小學校，初中：台北州立台北工業學校應用化學科，高中：台南高工應用化學科，大學：台北帝大農學部化學科，1940 年起任天研技手。

41 田川鎮雄，〈天研時代と私〉，《赤土會會誌》4，1984，頁 11-13。

42 日下部善雄，1918 年生，1939 年畢業於京都高等蠶絲學校蠶種科，隔年渡台，任職於總督府殖產局，後調任天研技手。

草》的同仁雜誌。因此同仁結婚的消息也成為大家祝賀與談論的信件內容，包括土井、井出、植月（竹友寮寮長）、高山等，後來他自己也娶了灣生：園子。更提及天研的生活點滴，例如一起赴新竹公園的游泳池游泳、一起跑 1,500 公尺、週日外出寫生（天研俱樂部由露本辰治指導）、十八尖山獵兔等。[43] 其中天研所所長小川亨之子小川宣曾在新竹度過十年（1936-1946）的青春歲月，母校為新竹中學，回憶中包括吃過米粉、在水量豐富又乾淨的頭前溪游過泳、釣過魚等，[44] 還有偶而在天研正門右前方的赤土崎競馬場買馬票賭一下，[45] 這些回憶被稱之為「我們在赤土崎的青春」。

　　而天研俱樂部正是其中一處創造回憶的重要平台，俱樂部為位於天研西北角的和式建築，原來是六燃將校食堂，[46] 由於天研和六燃都是「燃料型機構」，因此在人員、書籍、研究方面一直有交流。後來由六燃將校食堂轉型的天研俱樂部，仍然繼續提供六燃和天研之間的交流空間，就好像新竹水道俱樂部和新竹高爾夫俱樂部共用會館一樣。該俱樂部管理者為號稱「小父與小母」的仮屋園夫妻，除負責餐點外，也照顧住在俱樂部的單身者，例如從總督府會計課調來的松下千代春等。俱樂部提供麻將、象棋、圍棋、撞球、網球、桌球、電影、俳句、歌謠與社團活動等，也辦理球類比賽、崎頂海岸家族親睦會、十八尖山／高爾夫球場獵兔活動等，更特別的是天研還有棒球隊，[47] 而網球場則在竹友寮（市營單身宿舍）的旁邊。

　　1945 年前的天研圖書室借書者並未發現台籍人士，推測是當時台籍人士的工作主要在實驗室助理與工場操作，研究者主要以日籍人士為主，但台籍人士常在緊急任務時發生效果，例如大內一三於 1940-1942 年之間執行陸軍「馬場菌」丁醇發酵副產品處理之研究案，就曾徵召了不少台籍員工加入 24 小時輪班的實驗工作。[48]

第二節　新竹清華園

8-2-1　新竹教育大學

　　2016 年與清華大學合校之後，96 歲（1940-2016）的竹教大也成為了歷史現場，但是「竹師精神」永遠存在。由於歷史悠久，從師範、師專、師院到竹教大，更經歷了日治時期的最後五年（1940-1945），期間因應六所師範整併為三所，故於 1943-1945 年間併

43 日下部善雄，〈我が青春〉，《赤土會會誌》4，1984，頁 13-17。
44 小川宣，〈32 年ぶりの台灣印象記〉，《赤土會會誌》3，1978，頁 33-37。
45 岩本友一，〈感想〉，《赤土會會誌》3，1978，頁 33。
46 富永一郎，〈赤土會會員訪台の旅〉，《赤土會會誌》3，1978，頁 5-12。
47 田川鎮雄，無題，《赤土會會誌》2，1974，頁 22。
48 河口充勇，《台灣矽谷尋根》（新竹：園區生活，2009），頁 100-101。

入台中師範學校第二部：校園在新竹的台中師範，直到 1946 年的 12 月 9 日才獨立為省立新竹師範學校。不過其「台灣總督府新竹師範學校」的圖書章說明了 1940-1943 年間有過獨立的「府立」新竹師範學校，校史需從那時算起。

依照台灣總督府諸學校官制改正令（第 223 號：1940 年 3 月 30 日），本來的師範學校只有兩所：台南與台中，該改正令的第三條則將兩所增加為四所，新增新竹與屏東師範學校。接著該改正令更提出諸學校職員定員表（員額表），共有九所學校，台北帝國大學另有專則。九所學校中有三所高等專門學校（後來的成大、台師大及興大）以及六所師範學校，只有高等專門學校比照台北帝大有教授、助教授與助手的員額，其它師範學校則只有教諭和訓導的員額。依此，新竹師範學校的 34 名員額如下：校長 1 名、教諭 12 名、訓導 18 名、書記 3 名（表 8-2-1）。和屏東師範學校的員額一樣少，兩校員額敬陪末座。最多者為台南師範學校，共有 56 個員額。而訓導比教師多更是新竹與屏東的特色，雖然知道師範學校採行全校住宿制度，但管理卻比教育的比重高，有一些歐美學院住宿導師的味道。

竹師的首任校長矢野速吉（1892-?）於 1912 年先畢業自島根師範學校本科第一部，再於 1916 年畢業於東京高師（現筑波大學）物數化學科，同年 3 月一舉拿到修身科、教育科、物理科與化學科的教師資格，4 月起任教於三重縣四日市立高女，隔年就出版了《衣食住行日用理科講義》一書。矢野於 1918 年 9 月 17 日抵達台灣報到，先後任教於台灣總督府工業學校（台北第一工業學校）（現北科大）、[49] 州立台北二中（現成功高中）教師，任教至此，矢野的身分地位為：正六位，勳六，高等官四等，四級俸下賜，它們由四個不同單位負責：內閣（文官級）、宮內省（敘位）、賞勳局（勳等）與台灣總督府（俸級）。接著於 1933 年接任州立台南二中（現南一中）的第三任校長（任期 1933-1937）。當時的派令為：任台灣公立中學校長，敘高等官四等，補台南第二中學校長，[50] 身分地位也進了一級：正五位，勳五等，高等官三等，五級俸。[51] 之後於 1937 年 4 月 5 日回任台灣總督府視學官（督學：高等官三等），[52] 再於 1940 年的 4 月 1 日擔任新竹師範學校校長，[53] 同一天，坂上一郎接任屏東師範學校校長。矢野速吉與坂上一郎皆為分類派令：

49 台灣公立實業學校是依 1919 年台灣教育令而設的一種學校分類，公立實業學校共有 26 所，私立實業學校只有一所：開南工業／商業學校。台北工業學校在 1921 年分成北一工（日人學生）與北二工（台人學生）。詳見〈實業學校〉，網址：https://zh.wikipedia.org/wiki/實業學校。也因此，派任也以該分類為之，例如矢野速吉當時的派令：任台灣公立實業學校教諭，敘高等官七等，八級俸下賜，台北第一工業學校勤務命令。

50 引用資訊：國史館台灣文獻館，「矢野速吉任公立中學校長、官等、俸給、勤務」（1933 年 04 月 01 日），〈昭和八年四月至六月高等官進退原議〉，《台灣總督府檔案》，典藏號：00010074016。

51 引用資訊：國史館台灣文獻館，「矢野速吉任台灣總督府視學官、敘高等官三等」（1937 年 04 月 01 日），《台灣總督府檔案》，典藏號：00010090007X001。

52 同上註。

53 引用資訊：國史館台灣文獻館，「矢野速吉（任台灣總督府師範學校長；新竹）」（1940 年 04

台灣總督府師範學校長，接著矢野為四級俸下賜，補新竹師範學校長，坂上為五級俸下賜，補屏東師範學校長。[54]

表 8-2-1　總督府新竹師範學校部分初期教職員

名稱	姓名	官等/俸級	簡歷（前一個教職）	教學科目
校長	矢野速吉	3/3	島根師範（1912） 東京高師（1916） 台灣總督府視學官	修身、教育、物理
教諭兼教務主任	林政市[55]	6/6	合歌山師範（1915）、東京高師（1919） 高雄商業學校教諭	修身、教育、公民
教諭兼附屬公學校主事	細貝廣作[56]	7/2	日大高等師範部（1926） 屏東中學	教育、公民
教諭兼舍監	羽場茂也[57]	7/6	東京高師（1929） 愛媛縣女師、長野伊那高女教諭 台南一中（1934）、台北二中（1937）教諭	農業教育、修身、博物
教諭兼舍監	田村輝雄	4	東京帝大文學部（1935） 台南師範學校	國語、漢文
教諭	川井善藏	3	東北帝大理學部（1935） 台北工業學校	數學
教諭兼舍監	堀部岩雄	4	東京高師（1933） 高雄高女教諭（1934） 　　　1937-1939 兵役徵召	體操、教練 修身、教育 生理及衛生
教諭兼舍監	高野榮次郎		東京高師（1933） 東京文理科大學畢（1938） 長野縣飯山中學校（1938）、福島縣立女師教諭（1939）	柔道、修身 體操、教育 生理及衛生

　　月 01 日），《台灣總督府檔案》，典藏號：00010103003X001。

54 台灣總督府府報 3851 號，1940 年 4 月 3 日。

55 引用資訊：國史館台灣文獻館，「林政市（任台灣總督府師範學校教諭；敘高等官六等；六級俸下賜；補新竹師範學校教諭）」（1940 年 04 月 01 日），〈昭和十五年四月高等官進退原議〉，《台灣總督府檔案》，典藏號：00010103080。

56 引用資訊：國史館台灣文獻館，「細貝廣作（補新竹師範學校附屬公學校主事）」（1940 年 04 月 01 日），〈昭和十五年四月至六月判任官以下進退原議〉，《台灣總督府檔案》，典藏號：00010265039。

57 引用資訊：國史館台灣文獻館，「羽場茂也（補新竹師範學校舍監）」（1940 年 05 月 01 日），《台灣總督府檔案》，典藏號：00010265a44X001。

名稱	姓名	官等/俸級	簡歷（前一個教職）	教學科目
教諭兼舍監	櫻井恒太郎			
教諭兼舍監	有川武夫 [58]	4	東京高師（1931） 新竹中學（兼舍監）	圖畫、手工
教諭兼舍監	松隈生雄	8	鹿兒島高等農林學校農學科畢（1932） 小倉高女	實業、理科
教諭	中川彌一	5	京都帝大（中退）、台北帝大（1931） 高雄市旭公學校訓導 台南一中（1939）	心理與論理
教諭	福富吉廣	5	東京高師（1941）	修身、教育 公民、歷史
教諭	西谷統三郎		台北第一師範（1937）	
教諭	山崎勝次	4 （105 圓）	東京文理大（1939） 基隆中學	物理、化學
教諭	丸龜金作	4	東京帝大文學部（1933） 朝鮮總督府歷史編修會	歷史
教諭兼舍監	江頭清音 [59]	6/7	東京高師（1927） 基隆高等女學校	
書記	松本武	6	長崎農學校（1919） 總督府文教局 由北一師（1932）調竹師調屏師	1944/6/28 由竹師調屏師
書記	舊原久太郎	月俸 42 圓	奈良正氣書院（1932） 總督府文教局學務課	
書記	浦本日出雄		由北一師（1937）調竹師	1944/6/28 到職（接松本武）
囑託	石川與市	月俸 130 圓	愛知	
囑託	北鄉泰屋	月俸 90 圓	廣島	

資料來源：國史館台灣文獻館，《台灣總督府檔案：台灣總督府職員錄》（1940）。作者整理。

---

58 引用資訊：國史館台灣文獻館，「有川武夫（補新竹師範學校舍監）」（1940 年 10 月 01 日），〈昭和十五年十月至十二月判任官以下進退原議〉，《台灣總督府檔案》，典藏號：00010267020。

59 引用資訊：國史館台灣文獻館，「〔台灣公立高等女學校教諭〕江頭清音（任台灣總督府師範學校教諭、敘高等官六等、七級俸下賜、補新竹師範學校教諭、補新竹師範學校舍監）」（1940 年 11 月 01 日），〈昭和十五年十一月至十二月高等官進退原議〉，《台灣總督府檔案》，典藏號：00010108026。

　　回到有著台灣總督府的竹師圖書章（表 8-2-2），本書書名為《和獨辭典》（日德辭典），由東京南山堂書店於 1935 年出版，厚達 1,073 頁。南山堂書店創立於 1901 年，和東京大學同在文京區，是一家專門出版醫學與藥學圖書的書店，也同時出版各種工具書的辭典，例如本書，但更多的是醫藥學辭典，例如德英法俄語已發行了 34 版的《標準醫語辭典》、口袋版《日英醫學用語辭典》22 版、《南山堂醫學大辭典》20 版（50 週年時發行至今）等。並先後發行雜誌月刊，包括《治療》、《藥局》、*Recipe Plus*（*RP*）等。[60] 該辭典共編者為澤井要一與辻善定，澤井要一（1866-1934）於 1877 年東京帝大醫學部入學，但於 1879 轉學到東京外語大學德文系。歷任學習院助教授、司法省（部）勤務後，於 1906 年以文部省公費赴德國留學，回國後擔任陸軍炮工學校教授。[61]

　　另一位編者為辻善定（1887-1937），五高[62] 畢業後入京都大學德文科，畢業後歷任八高（名古屋）、山口高、靜岡高的德語教師，1923-24 年赴德國留學，期間還在柏林的東洋語學校教日文。[63] 之後兩人合作編製超過千頁的《日德辭典》，但是 1935 年出版時，澤井要一已過世，隔年辻善定也過世。該書的橢圓形圖書章記載著 1940 年（昭和 15 年）10 月 19 日入庫，編號為新字第 542 號：採購入庫的第 542 本書，很有歷史意義，即設校那一年（1940）所購之書。

表 8-2-2　竹師圖書章

圖書章	機構名稱及說明	附註
	1940：台灣總督府新竹師範學校 出現在《和獨辭典》的 A（第一頁）開頭	1943 年曾併入台灣總督府台中師範學校，成為預科。 1945 年改為台灣省立台中師範學校第二部。 1946 年台灣省立新竹師範學校

---

60 「南山堂書店（1901-）」，網址：http://www.nanzando.com。

61 多澤井要一，摩靈園（23 區，1-42），詳見〈澤井要一〉，網址：http://www6.plala.or.jp/guti/cemetery/PERSON/S/sawai_yo.html。

62 用號碼編號的日本舊制官立高中，採全校住宿制度，一高在東京、二高在仙台、三高在大阪、四高在金沢、五高在熊本、六高在岡山、七高在鹿兒島、八高在名古屋。詳見〈旧制高等学校〉，網址：https://ja.wikipedia.org/wiki/ 旧制高等学校。

63 上村直己，〈ゲルマニスト長江藤次郎の留學〉，《日本独學史學會》1-33，2003，頁 22。

圖書章	機構名稱及說明	附註
	橢圓形圖書章 1940 年 10 月 17 日入庫	《和獨詞典》，東京南山堂書店
	1946：台灣省立新竹師範學校 橢圓形及長方形圖書章	
	1965：台灣省立新竹師範專科學校 	
	新竹師專 長方形圖書章	
	1987：台灣省立新竹師範學院	

圖書章	機構名稱及說明	附註
	1991：國立新竹師範學院	
	2005：國立新竹教育大學	
	捐書運動之章	新竹市中山路德興書店所捐之《居禮夫人傳》
	2016：合校的圖書	竹教大成為歷史現場《檳榔嶼志略》

此外，竹師還發現了耶穌會院捐贈的圖書（表 8-2-3），天主教的耶穌會離開中國教區後，台灣新竹是其傳教的重鎮。新竹市民耳熟能詳的是北大教堂（聖母聖心主教座堂）與其旁邊的耶穌會會院。耶穌會會院是會士們生活作息之處，包括圖書室，它們同在 1957 年落成。圖書章中所出現的耶穌會會院圖書館，地點在台北蓬萊新村 8 號，連結了耶穌會士的台大教書史。話說 1951 年，身為天主教友的外文系主任英千里，[64] 在師資青黃不接時，邀請耶穌會士來系任教，因此美國籍的牧育才神父成為首位在台大任教的耶穌會會士，接著多位會士也被陸續邀請任教，並且集中居住於一處日式宿舍，被命名為伯達樓，[65] 隔年的 1952 年，耶穌會買下了蓬萊新村，成為修士宿舍與課後輔導之處，最後於 1963 年才移到大家耳熟能詳的耕莘文教院。蓬萊新村位於台北市泰順街 60 巷，8 號為耶穌會會院（圖書館），同一段時間，2 號為南懷瑾的淨名學舍，講授儒學與佛學，也有不少書，不知當時兩邊的圖書和人員是否有交流？

1951-1999 年間在台大任教的耶穌會會士總共有 34 人（含六位華人），最高峰時一年達 13 人，1979 年之後，會士們陸續回到輔仁大學任教與服務。不管在新竹北大教室、伯達樓、蓬萊新村與耕莘文教院，除了是會士的宿舍外，一定有教堂與圖書館，這些地方通稱耶穌會會院。也有可能台北和新竹會院間有圖書的交流，不過耶穌會會院捐書給竹師的脈絡不明，值得繼續探討。

表 8-2-3　竹師其他圖書章

圖書章	機構名稱	附註
	新竹天主堂圖書館	
	耶穌會會院圖書館	

---

64 英千里為 1948 年 12 月 14 日搶救學人計畫中的一人，該日同機者還有胡適、陳寅恪等人。
65 紀念殉道的中國籍神父張伯達。

　　竹教大與清華合校後，竹師附小也成為歷史現場，但仍可以從圖書章中見證其各個階段的歷史（表8-2-4）。師專附小（或竹師附小）成立於專科學校時期（1949），首任校長為高梓，她的先生郝更生（1899-1975）為北京清華的體育教師，所以高梓也是清華眷屬。高於1922年畢業於威斯康辛大學，先後任教於北平女高師（女師大）、東北大學等。而其夫婿郝更生歷任體育司司長、亞運代表團團長、中華奧會常務委員等，也是紀政邁向國際體壇的推手之一。高梓擔任八年校長，留下了課後輔導、35人班級規模、營養午餐與興趣分組等制度。[66]

　　童書、繪本與國語日報是附小圖書館的特色，例如4、5年級生共同回憶的《諸葛四郎與真平》系列漫畫書。該系列漫畫書由葉宏甲執筆，於1958年開始連載，共有六項作品34冊，其中《大鬥雙假面》有六冊，並於1962與1978年拍成真人電影，且1962年的電影還是台語片，當時飾演真平角色的演員為傅清華。接著以「四郎與真平」為名的華語電視連續劇於1985年在華視頻道上演，[67]男主角和1978年電影一樣，都由衛子雲出演。漫畫家葉宏甲（1923-1990）為新竹人，第一公學校（現新竹國小）畢業後留學日本的川流美術學校，在台灣的時候即參加日本漫畫家協會所辦的函授學校，並和同好組成了新高漫畫集團（1938）與新新雜誌（1945），主打以「評論漫畫」針貶社會情勢。[68]之後，葉宏甲受邀主筆《漫畫大王》以諸葛四郎為主角的連載漫畫，結果造成大轟動，成為許多人的共同回憶。

　　《名偵探柯南》（名探偵コナン）為日本漫畫，由青山剛昌於1994年6月起於《週刊少年Sunday》連載。台灣由青文出版社代理，附小館藏者為第八冊初版24刷。之後柯南漫畫展開了多樣化的發展包括小說、動畫、電視劇與命名，尤其在命名部分，原作者青山剛昌為鳥取縣人，因此其主要機場改名為「鳥取砂丘柯南機場」，將縣的兩大特色（人和地）納入機場名稱內，另有柯南大橋、柯南大道等，甚至成為2008年G8高峰會的大會手冊封面人物。[69]

　　附小館藏書中發現有老師戴承萱的贈書章，所贈的書為1982年版的《中華百科全書》的前幾冊。該書由第五任教育部長（任期1954-1958）[70]與文大創辦人張其昀（1901-1985）發起編纂，共十冊，1981年起陸續出版，到1983年完成，並在1999年起將《中

---

66 小菩，〈向高齡挑戰的高梓〉，台灣光華雜誌，1980年9月號。詳見網址：https://bit.ly/34yZGDM。國立教育資料館，《教育愛：台灣教育人物誌》，頁96。但附小因辦學成功，不得不擴大招生，因此一班常超過五十人。

67 〈諸葛四郎〉，網址：https://zh.wikipedia.org/wiki/諸葛四郎。

68 「葉宏甲數位博物館」，網址：http://folkartist2.e-lib.nctu.edu.tw/collection/yeh/index/index.htm。

69 「名偵探柯南」，網址：https://ja.wikipedia.org/wiki/名探偵コナン。

70 梅貽琦校長接續為第六任教育部長。而張和梅為「清華研究院籌備處」的共同主委。

華百科全書》數位化。[71] 戴承瑄為 1950 年代竹師附小的國語教師，當年同事還有數學老師張炳智及地理老師鹿寶琛，都住在宿舍裡。當時由湖口搭火車通學的林彰宏曾短暫借住戴老師宿舍，因此也有機會向其他老師討教。林彰宏為湖口仁春診所（新竹縣湖口鄉民族街 106 號）林維李醫師（1915-1977）的兒子，林維李由小學教師轉讀醫師，畢業自日本大學醫學院。兒子林彰宏也是醫師，曾在台北徐外科醫院（長安西路 140 號）擔任過外科主任。[72]

表 8-2-4　竹師附小圖書章

圖書章	機構名稱及說明	附註
	省立新竹師範專科學校附設實驗國民小學（1965）	1992，葉宏甲，《諸葛四郎大鬥雙假面》。
	國立新竹師範學院附設實驗國民小學（1991）	
	新竹教育大學附設實驗國民小學（2005）	2012（初版 24 刷），《名偵探柯南》

71〈中華百科全書〉，網址：https://zh.wikipedia.org/wiki/ 中華百科全書。

72 徐外科醫院是由徐傍興所創設，高雄也有醫院，除了醫術高超外，他還曾共同創辦高雄醫學院並擔任中山醫專校長 11 年。

圖書章	機構名稱及說明	附註
	清華大學附設實驗國民小學（2016）	簡稱清華附小
	戴承瑄贈書	1982，《中華百科全書》。

8-2-2　清華大學

　　在燃料史觀的脈絡下，新竹六燃、天研與清華有著密切的關係，空間上，它們都在赤土崎地區竹東街道（現光復路）的兩側，新竹六燃的南區（福利地帶）42公頃成為清華立校的首期校區，前身為天研的工研院光復院區隔著水源街就是清華西側，清華西門對著工研院東門，上下班時還曾對開兩門以疏解交通（曾通過清華校園）。更因為日本戰敗後的國府接收，新竹六燃和天研兩者一起處理，六燃的圖書也送到天研來，因此方有機會在後來工研院光復院區的圖書館中找到新竹六燃與天研早期的圖書，再由圖書章中找到了歷史現場（表8-2-5）。而由圖書內的借書卡，也找到了當初借書的歷史人物，如前述日治時期的大內一三技師、國府時期的童勝男（前新竹市長）、陳援陵（工研院資通所所長）以及清華的師生們等。而天研與清華的人物交流更值得一提，例如前新竹研究所長張明哲，跨了天研、六燃（於當時位於高雄的六燃本部任第二任高雄煉油廠廠長）與清華。而前新竹研究所副所長朱樹恭，則由天研直接轉到清華，不如說由天研直接走到清華接新職。

表 8-2-5　清華大學圖書館

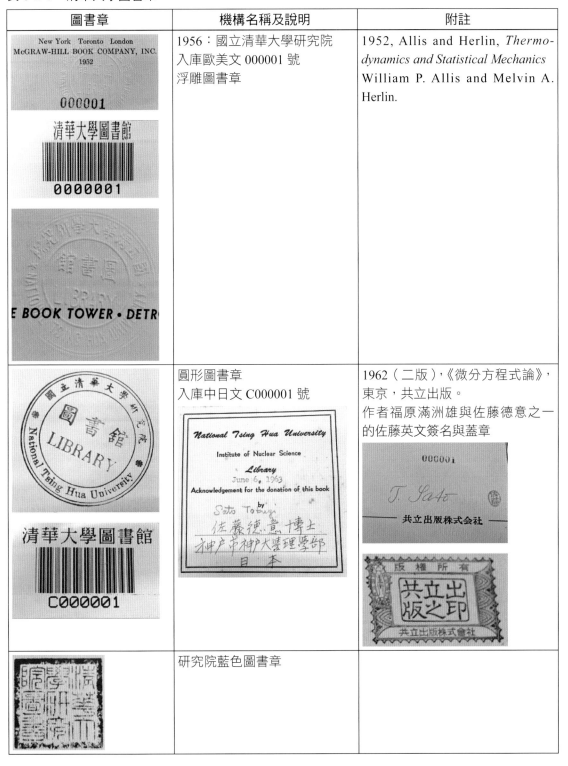

圖書章	機構名稱及說明	附註
	1956：國立清華大學研究院 入庫歐美文 000001 號 浮雕圖書章	1952, Allis and Herlin, *Thermo-dynamics and Statistical Mechanics* William P. Allis and Melvin A. Herlin.
	圓形圖書章 入庫中日文 C000001 號	1962（二版），《微分方程式論》，東京，共立出版。 作者福原滿洲雄與佐藤德意之一的佐藤英文簽名與蓋章
	研究院藍色圖書章	

圖書章	機構名稱及說明	附註
	國立清華大學	
	不同色之圓形圖書章	
		1936, *Theory of Elastic Stability*
	清大收書章及阿崗實驗室	
	1984：清華大學人文社會學院圖書分館 S001300	《歷代人物年里碑傳綜表》

圖書章	機構名稱及說明	附註
	清華大學工學院圖書章 林垂宙贈書章 Polymer Conversion	
	動機、材料科學	
	清華數學系 	1949, *Principles of Mechanics*
	1934 級校友黃開祿捐書章	*Labor in USA*
		1932, *International Handbook of By-product Coke Industry*

圖書章	機構名稱及說明	附註
		The Efficient of Fuel 1965，《螯合物（Chelate）滴定法》（日文書第 11 版） 1961，《理論有機化學》
	顧毓琇校友捐書 	1968，《岡陵集》 1966，《蓮歌集》
	1920 級李幹校友贈書 	*The Savannah Cook Book* 1949, *Point of No Return* *Caleb My Son*（1970/3/4）
	葉榮鐘先生贈書	《日本小辭典全集》 《國民百科新語辭典》 《日本外來新語辭典》 《日本人名辭典》 《辭淵》 《辭源》 《中國成語大辭典》

圖書章	機構名稱及說明	附註
	巢慶成教授 2003.10.11贈於清大 清華動機系教授（任教期間 1977-1995）	*Boundary Layer Theory*
Presented by THE ASIA FOUNDATION 贈敬會協洲亞	亞洲協會	*Chemistry in Nuclear Technology*
KAMIL SEDLÁČEK P.ROSTĚJOV Kosteleck3 11 Československo	李方桂院士贈書	和前蘇聯科學研究院東方學研究所的交流 To Profesor Li Fang-Kuei with kindest regards Kamil Sedláček 4.11.190?
BRITISH LIBRARY DOCUMENT SUPPLY CENTRE OFFICIAL PUBLICATIONS 17 MAY 1990	英國領事館文書中心	
PROPERTY OF LIBRARY ARGONNE NATIONAL LABORATORY ANL APR 17 1953 PROPERTY OF PRATT & WHITNEY FOX PROJECT	ANL ANL FOX BRANCH LIBRARY 美國阿岡國家實驗室（ANL）	*Design for Refrigeration Systems for Air Conditioning*

圖書章	機構名稱及說明	附註
行政院國家科學委員會補助人文及社會科學研究圖書計畫 歐美漢學研究 I：英國漢學研究		
	欽泉藏書	1987, *College Reader*
	梅貽琦校長贈書章 MEI	*Three Grows in Brooklyn* *Dictionary of Word Origins* 1951, *Patent Law for Chemists, Engineers and Executives*
	裴元齡簽名贈書 1955, Books by Robert Ruark 系列 1959, *The Ugly American* （1973/8/11 入庫）	The Ugly American
LAVOISIER LIBRARY EXPERIMENTAL STATION E. I. du PONT de NEMOURS & CO. WILMINGTON, DELAWARE	1938-1939, *Journal of Electrodepositors' Technical Society*	North Hampton Polytechnic Institute, Lonton

圖書章	機構名稱及說明	附註
	浦薛鳳贈書	
	中山科學研究院贈書	*Nuclear Explosions-A World-wide Hazard*
	清華大學原子科學研究所贈書章	美國伊大化學與化工系（1964/4/4）

圖書章	機構名稱及說明	附註
	1961, USA Book Exchange（1961/5/15）	交換的美國圖書館例
	清華南院 1 號	丘宏義
	清華化工所系圖書室 工業化學系 	
CANEL LIBRARY	1954, *The Theory of the Photographic Process*	PROPERTY OF U. S. GOV'T. CANEL LIBRARY
	日文書刊審查合格證	
		《辭源》

● 張明哲

　　張明哲（1914-1999）為 1935 級清華化學系校友，[73] 當年（1941）在西南聯大任教之後就和國府的西南運輸處展開連結，開始了和燃料的不解之緣。[74] 1945-46 年到中油高雄煉油廠（原為高雄六燃總廠）報到，為最早參加復舊工作的八個人之一。先後擔任新竹研究所所長（1946-1950）、高雄煉油廠廠長（1950-1955）與天研後身的聯合工業研究所所長，後來於 1975-1981 年擔任清華校長，接著於 1981-1984 年擔任國科會主委。任清華校長期間特別敦請楊英風設計了新校門，留下了古書竹簡造型的地標，而上面的字體則來自原來北京清華的校門題字，[75] 200 公尺之外的赤土崎公園則留下了楊先生的梅花鹿銅雕（另見第一章第三節鹿場篇），換句話說楊英風的創作連接了新竹六燃與清華，也連接了鹿場與燃料廠的歷史現場，因此從校門口（或建功路）到建新路的光復路段可稱之為「赤土崎楊英風之道」了。[76] 另外，任職高雄煉油廠廠長期間的 1950 年 5 月，還支持發行了以譯作為主的「拾穗月刊」油人同仁雜誌，張明哲和胡新南擔任發行人，直到 1998 年 2 月停刊。而清華自 2015 年起，推出了特殊選才的「拾穗計畫」，兩者呼應似有巧妙之處。

● 朱樹恭

　　朱樹恭（1911-2015）為 1936 級化學系清華校友，1950-1955 年先在任職於中油新竹研究所（副所長／代理所長）與經濟部聯合工業研究所（研究員），並於 1956 年 1 月清華復校籌備處成立後，轉任到清華擔任工務處主任，實際執行了清華初期的 78 公頃（中油 42 公頃、新竹縣 33 公頃、校購地 2 公頃）土地取得與建校。[77] 在 1945-1949 年間，中華民國政府曾經同時統治過台灣與大陸，中油公司於 1946 年在上海成立，和中國銀行有貸款業務往來，中油被派來台灣接收燃料相關設施，因債務關係（借 500 萬美金，支持高雄煉油廠復業），將光復路對面的 200 多公頃抵押給了中國銀行，1949 年後後由台灣銀行接收。如果早知道，整個新竹六燃廠區可能都是清華校園，[78] 因為清華校友金開英不但是燃料相關接收委員會的主委，還是復校籌備委員會的委員。朱樹恭之後除了在化學

---

73 張明哲口述、陳佩璇執筆，《一個人的塑造──張明哲教授的生之追尋》（台北：宇宙光，2006）。國立清華大學校慶系列叢書，《人物清華》。

74 〈張明哲〉章，清華大學校友服務中心，《人物清華》（國立清華大學出版社，2011），頁 24。

75 許明德，〈校園新意象〉，《校友園地》。該六個字是由前第一任國民政府主席譚延闓所題，他是前監察院院長陳履安的外祖父。

76 〈張明哲〉章，清華校友服務中心，《人物清華》（國立清華大學出版社，2011），頁 23-27。楊英風共有三件作品在清華，除校門外，另有昇華與鳳凰兩件。

77 另一說為 86 公頃：40+33+13，自購校地 13 公頃。

78 陳華、倪瓊湘，〈朱樹恭教授訪談稿〉（2008）。

系任教外，並曾在 1964-1976 年間擔任清華教務長，卸任同一年退休。2011 年的清華創
校一百週年暨在台建校 55 週年慶大會上，朱樹恭作為百歲校友（1911-2011）連同夫人
夏情迫出席，引起話題。

　　同時，朱樹恭教授也成為圖書章中的歷史人物，他在退休那一年的 1976 年 6 月 21
日捐了一批圖書給圖書館，留下了印記，捐書卡說明了他是 1936 級的校友，其中只有一
本英文書有其藏書章，該書（1932, *International Handbook of By-product Coke Industry*）
有簽名及親筆註記：民國 35 年（1946）10 月 12 日購於北平東安市場，當時他擔任北
京石景山鋼鐵廠煉焦科科長。另有幾本為作者簽名贈給朱樹恭的書，包括占部則明（押
下日期：昭和 43 年 3 月 21 日）、[79] 金長振、[80] 上野景平。[81] 其中金長振稱朱樹恭教授為樹
公，並以舊屬自稱。

8-2-3　清華研究院

　　由於天研和新竹六燃的圖書一起被接收，而得以保留於現工研院光復院區的圖書館
之中，雖經數次報廢作業，但仍留下了一批日治時期購買的圖書期刊，特別是化學與化
工類為多，因此在清華建校初期，許多清華師生利用該圖書館，並在借書卡上留下了足
跡，連同各種圖書章成為另類的歷史現場。1955 年 12 月成立的「清華大學研究院籌備
委員會」，決定校地於赤土崎、先設原科所，圖書儀器費由清華基金支付，接著清華陸續
由研究院圖書室、系／學院圖書室到校級圖書館。最初的校級圖書章：國立清華大學研
究院，見證了當年清華「一院一所」的發展，[82] 甚至被稱為「一所大學」：只有一個研究
所的大學。[83] 且當時的圖書是由庚子賠款所設立的清華基金所購買，也就開始了圖書總
歸戶的編號，直到 1968 年 3 月新圖書館（紅樓）落成，圖書終於有了家，圖書章中的
「國立清華大學研究院」也就成為歷史現場。

79　占部則明，《定電位電解法の有機化合物への應用》，1951 年起擔任熊本大學藥學部教授
　　（1960 年升等教授），1966 年主聘轉到工學院合成化學系。又因位核子醫療，1960 年占部教
　　授也擔任該大學放射性同位素委員會委員，並獲得放射性同位素處理的證照。
80　金長振，《理論有機化學》（1961）。
81　上野景平（1920-1994）為熊本工業大學、九州大學工學部教授，1976 年出版《螯合物
　　（Chelate）化學》一套六冊，1985 年擔任日本分析化學學會會長。退休之後，致力於化學的
　　推廣，1988 年出版《分離の科學》，1990 年出版《教養の化學》，1993 年還為講談社出版了科
　　普本《為何會發生化學反應》，是本暢銷書，1994 年又來一本《S 高校化學俱樂部日記》，成為
　　他的最後著作。
82　依清華官網的大事記，詳見網址：http://www.nthu.edu.tw/about/memorabilia，又有一所的原科
　　所先設核工組與物理組，後設化學組。
83　陳力俊院士，《清華 100 問》部落格，網址：https://lihjchen1002.blogspot.com/2014/01/。

● 中日文第一號的圖書

　　清華圖書館中，有著「國立清華大學研究院」圖書章的中日文第一號的圖書為 1962 二版的《微分方程式論》，由東京的共立出版社出版，作者為福原滿洲雄與佐藤德意，第一作者福原滿洲雄（1905-2007）先後擔任北海道大（1931-37）、九州大（1937-1948）、東大（1948-1963）、京都大（數理解析研究所：1963-1967）、津田塾大教授（1967-1973）與東京農工大校長（1973-1978），並四度接任日本數學學會理事長，也因為微分方程式的卓越研究，在 1961 年獲第 51 回日本學士院獎，被稱為世界十大數學家之一。第二作者佐藤德意（1913-1983）是福原滿洲雄教授在北海道任教時「數學教室」第二期的學生，後來擔任神戶大學理學部教授。[84] 該書是由佐藤德意在書上簽名蓋章，並於 1963 年 6 月 6 日贈送給清華研究院圖書館，並在 1963 年的 6 月 21 日第一次被借出，當年開始出借時，借書表只有時間，未有人名，直到 1974 年起才有人名，因此本書借書表中首次出現的人名為沈禮，[85] 1975 年的 10 月 27 日借，而於 12 月 1 日還。

● 歐美文第一號的圖書

　　有著「國立清華大學研究院」圖書章的歐美文第一號的圖書則為 William Phelps Allis（1901-1999）以及 Melvin A. Herlin（1923-2013）的 *Thermodynamics and Statistical Mechanics*，第一作者 Allis 為 MIT 的物理學教授，第二作者 Herlin 為 MIT 博士，合著當時為 MIT 的助理教授，之後並從事長達 44 年之久的雷達研究，本書為 McGraw-Hill 出版的國際純物理與應用物理系列叢書 35 本中的一本，由於按姓的字母順序，Allis 列在第一本，已被圖書界列為重要的稀有圖書之一。在館藏本書的封面書目打開的內頁中，左頁為前述之系列叢書書目，右頁則為書名、作者、出版者頁，有兩個清華研究院的圓形圖書章，其中之一為浮雕章，而 000001 的編號就在該章下方。該書自 1966 年 1 月 6 日首次被借出，共被借出 30 次（條碼出現之前），其中有出現於第六章〈那些院們清華人的歷史現場〉的閻愛德教授曾於 1985 年借出，借書卡出現了最後一批讀者有七人，最後一位為楊建裕，現擔任中央大學機械工程系教授。徐萬泰為電機 90 級校友，先後擔任台灣晶技技術長與美國 Micrel 微機電技術長。其中陳慶緒（物理 87 級：1983-1987）借了兩次，現為嘉義大學電子（應用）物理系教授，第一次 1985 年 12 月 24 日借，12 月 28 日還，第二次為 1986 年 1 月 12 日借，1 月 22 日還。兩本第一號書中的借書者也成為圖書章（清華研究院）歷史現場中的歷史人物了。

84「北海道大學理學部」，網址：https://www.math.sci.hokudai.ac.jp/general/history_fukuhara.php。
85 沈禮為清華核工系校友，後來曾擔任原能會核能管制處副處長與處長，亦曾擔任核能學會監事。

● 清華之最書

　　最大本：《欽藏英皇全景大典》。1793 年英國馬戛爾尼勳爵（Earl Macartney）帶著喬治三世所精心準備的 590 件國禮，以祝壽為名前往觀見乾隆皇帝，其中第十件為圖冊（展現英國在各方面的文明成果，主要有建築、城市地圖、風景畫、地質景觀等），本來藏於圓明園，但卻因故消失，直到 2005 年在中國的國家第一檔案館被發現。這套再被命名為《欽藏英皇全景大典》的復刻版，共印製 500 套，之後由 LV（路易威登）台北書店於 2008 年 6 月在台灣展覽，[86] 當時還邀請了清華黃一農院士演講。復刻版售價 315 萬元，之後清華圖書館於 2008 年購買了編號第 67 號的套書，[87] 放在人社院圖書館，該套書共有 9 卷 16 冊，總計 2,108 頁，人社院圖書館曾在 2016 年 5 月 27 日舉辦演講來介紹該「最大本館藏」，由歷史所校友游博清擔綱。[88] 本館藏中的最大本為其第二冊，書長 75 分，為一般書籍的三倍。

第三節　捐書者

　　清華圖書館館藏中有不少捐書者，留下了不同的印記，有個人捐贈者，如早期校友（例如朱樹恭校友、裴元齡校友、李斡校友等）、師長（梅貽琦校長、劉炯朗校長等）、近期校友（王學中、工化系 79 級校友、王榮福等）、作者捐贈（占部則明、金長振等）、退休教授（巢慶成[89]、林朝枝）[90] 與家屬捐贈者（例如作家葉榮鐘藏書）。也有機構捐贈者，如中山科學院、亞州基金會、ANL（美國阿岡國家實驗室）。當然更有趣的是「捐贈者前的捐贈者」，例如贈書給李斡校友的前贈書者，就意外出現了趙元任。除前述之朱樹恭校友外，還有華人首位語言學家李方桂院士與顧毓琇（一樵）院士。此外，李斡校友與裴元齡校友，他們號稱「清華的外交學人」。[91] 以下分段說明之。

● 李方桂

　　李方桂院士（1902-1987）為 1924 級清華學校校友，[92] 留美獲芝加哥大學語言學博

86 LV 也開書店，巴黎（2005）、台北（2006）與香港（2011）三家。
87 復刻版 1 號收藏於台灣首府大學。
88「中興大學歷史系助理教授——游博清」，網址：https://bit.ly/34Jwb20。
89 巢慶成教授為清華動機系教授。
90 林朝枝教授先任教於交大應數系，後轉任於清華工業工程系。
91 謝小芩、方天賜、張棋 、李雅雯、張筱梅，《經略四方，縱橫全球：清華外交學人小傳》（新竹：國立清華大學出版社，2018）。「李斡校友」詳見頁 95-96；「裴元齡校友」詳見頁 159。
92〈李方桂院士〉，網址：https://zh.wikipedia.org/wiki/ 李方桂。李院士的祖父、外祖父與父親都是進士。李方桂在清華學校讀的是醫學預科，留學到了美國密西根大學的醫學預科，大三才轉到

士，曾進行中國西南地區語言學的田野調查，包括壯侗傣語族、上古漢語、古藏語等，他於 1948 年當選中研院首屆院士，[93] 後來先後任教於美國西雅圖的華盛頓大學（1949-1969）與夏威夷大學（1969-1974），並曾在南港中研院史語所服務。李院士贈送給清華圖書館的書是《僮漢詞匯》初版，於 1958 年由廣西民族出版社出版。1950 年代李在廣西展開僮語調查時，蘇聯科學院東方學研究所有一位格謝爾久琴科教授來華擔任中國科學院語言研究所和中央民族學院的顧問，同行者還有一位蘇聯研究生莫廖沙。[94] 首先，莫廖沙的名字以鉛筆字出現在該書的封面上，接著書背有 1963 年 4 月 11 日手寫署名贈給李院士的英文字句，捐贈者似乎為格謝爾久琴科教授。封面上同時有「李方桂院士贈書」章，而該書圖書章顯示於 1987 年 12 月 11 日入庫（李院士於 1987 年 8 月 21 日逝世），可能由家屬代表捐贈給清華。

● 顧毓琇

　　顧毓琇（1902-2002）為清華學校癸亥級／清華 1923 級校友（1915-1923），畢業時為電機學士，1923 年留美時，顧和吳文藻、梁實秋與謝冰心同乘傑克遜總統號輪船赴美國，並成為吳謝的「紅郎」。吳文藻和謝冰心夫婦曾出現在前述的清華外交學人的駐日代表團中。顧後來獲 MIT 博士，1932 年回清華任教，居住於西院 16 號。[95] 為慶祝顧的 60 歲生日，清華校友 23 人集資出版其著作《顧一樵全集》12 冊，於 1961 年由台灣商務印書館發行，該全集惜未見作者簽名，但是「誰來借書」就見到了借書者的親筆簽名了。王唯農在 1968 年 1 月 17 日借閱、孫方鐸在 1971 年 11 月 23 日借閱。王唯農（1934-1980）為清華原科所第二屆（1960）畢業生，留美獲核子物理博士，於 1965 年回清華任教，並合聘於中研院物理所，擔任副所長與所長，後接任成大校長。孫方鐸（1914-1989）為清華第十級（1938）機械系航空工程組校友，於 1971 年應聘回台創設清華應用數學所。1958 年時曾著有《人造衛星六講》一書，為華人學術界的第一本。借閱者所借的圖書皆非其專業背景的圖書，而作者本身以文理兼備聞名於世，顧與孫皆在清華校友通訊中有多首詩詞創作。

　　但 1968 年同樣由台灣商務印書館出版的《岡陵集》與 1970 年出版的《梁溪集》，皆有顧贈書給清華圖書館的簽名。而 1966 年的《蓮歌集》更有簽名贈書給張齡佳教授（1935 級）者，形成了北京清華園西院 16 號贈書給新竹清華園東院 8 號，且留在新竹

　　語言學系。

93　第一屆院士共 81 人，其中清華人 29 人，佔 36%：《清華 100 問》，網址：http://lihjchen1002.blogspot.com。

94　蒙元耀，〈民族語文的社會功能與作用〉，《雲南民族語文》3，1997。

95　詳見第六章〈那些院們清華人的歷史現場〉之西院 16 號部分。

清華園圖書館的美談。[96]

● 李榦

　　李榦（1901-1999）為清華學校 1920 級之校友，留美獲密蘇里大學學士（1922）與哈佛大學博士（1927）。因協助處理對日抗戰的戰爭借款，而踏入外交界，先後出任我駐美大使館的首位商務參事（1940）與駐美技術代表團代理團長（1947）等，最後出任中央銀行副總裁（1961-1975）。他捐贈的書包括一批料理書與小說，料理書之中有一本 1933 年初版的經典著作 *The Savannah Cook Book*，其次，謝文秋（Grace Zia Chu：1899-1999）為一位推動中華料理到美國的重要廚藝作家，她於 1962 年出版了《中餐料烹調的喜悅》一書，並隨即簽書送給了李榦校友與夫人。另一位華人女性主廚作家廖家艾（Joyce Chen : 1917-1994）於 1962 年出版了 *Joyce Chen Cook Book* 一書，她在 1966 年 10 月 1 日以中英文簽書贈給李校友夫婦，本書於 1984 年 5 月 18 日受贈入書庫。更驚人的是趙元任院士（1892-1982）也出場了，[97] 原來趙夫人楊步偉醫師（1889-1981）也是中餐食譜作家，[98] 於 1943 年出版了 *How to Cook and Eat in Chinese* 一書，而中文書名《中國食譜》則由趙元任題字，且本書內容是在兩人於中國各地旅遊的觀察與食譜收集所成。該書陸續再版，並於 1963 年擴大改版，趙元任與楊步偉一起簽名贈書給李校友夫婦。另外，贈書中有一本 1956 年出版的 *Caleb, My Son*，到 2014 年已是第七版。其中一本為 1949 年出版的小說 *Point of No Return*，前 600 本有作者簽名。作者為 John P. Marquand（1893-1960），亦為 1938 年的普力茲獎獲獎者，該書曾獲得紐約時報暢銷書排名第一，共發行六種版本，最新版為 2017 年 11 月。

　　在前述李榦校友捐贈的料理書系列之中，有一本 *Adventures in Cooking* 是由顧獻樑（1914-1979，1935 級外文系校友）所捐贈，[99] 顧校友於 1938-1941 年曾在昆明聯合藝專任教，而和當時在西南聯大就讀的鹿橋（吳訥孫）結緣，還促成了《未央歌》的出版。1947 年赴美後，於 1955 年在紐約與胡適、周策縱、唐德剛、周文中、浦麗琳（浦薛鳳的女兒）等人創立了「白馬文藝社」。1959 年受胡適、梅琦貽之邀回台講學，擔任教育部顧問，和楊英風一起成立現代藝術中心，並在多所大學任教，包括清華，號稱「藝術傳教士」，1959-1979 年的二十年間，顧校友提攜過席德進、影響李雙澤及許多藝術家。

96　北京清華園西院與新竹清華園東院，詳見第六章〈那些院們清華人的歷史現場〉。

97　趙元任院士為語言學專業，和李方桂院士同為首屆院士。趙院士曾任教於北京清華大學，1925-1929 年間擔任國學院的四大導師。詳見〈趙元任〉，網址：https://zh.wikipedia.org/wiki/趙元任。

98　趙夫人楊步偉本職為婦產科醫生，詳見〈楊步偉〉，網址：https://zh.wikipedia.org/wiki/楊步偉。

99　80 年代初，顧校友捐給母校的圖書，曾以專櫃展出，本書可能是當中的一本，入庫圖書章的日期為 1979 年 10 月 19 日。其圖書章有「第十級校友」之稱，1925 新制大學部招生，也稱為第一級，第十級為 1935 年之畢業生。

後來在清華，成立了「顧獻樑先生紀念獎學金」，以支持藝術性社團。

● 裴元齡

　　裴元齡為清華 1938 級經濟系校友，但在西南聯大畢業，[100] 1947 年擔任駐日代表團第二組專門委員（1947-1960），[101] 正式踏入了外交界，當時在代表團工作的清華校友有 16 人之多，多為留美畢業者（亦有留歐者），首任團長朱世明（1902-1965）為 1922 級清華學校校友，[102] 另有吳半農（組長）、[103] 吳文藻（組長）[104] 與夫人謝冰心、[105] 翟克恭、[106] 陳耀庭 [107] 等校友。同時在東京工作的校友，還有遠東軍事法庭的首席審判法官梅汝璈（1904-1973）為 1918 級清華學校校友，[108] 以及代表團檢察官的向哲濬（1892-1987）：1917 級清華學校校友。裴元齡校友後來先後擔任中央信託局駐越南代表（1960-1968）與駐東京代表（1970-1973）。他所簽英文名的贈書，也留下時間與地點，1955 年、1959 年於東京，

100 裴元齡校友與夫人徐燕秋校友同為經濟系同班同學，名單出現在 1938 年 1 月的國立臨時長沙大學的學生名單中，之後「步行」遷往昆明的西南聯大（小說《未央歌》的舞台），共分七段，四段編組步行：193+65+193+237 公里，但徐燕秋校友列在體弱不能步行之名單中。

101 該代表團於 1947 年 4 月 19 日成立，下有四組五處，屬於盟國管制日本委員會的成員，協助盟軍佔領日本總司令部處理中國在日本的外交事務，主要為日本賠償及歸還物資接收委員會。該團後來轉型為駐日大使館，台日斷交後，該館現為中國大使館。

102 謝小芩、方天賜、張棋、李雅雯、張筱梅，《經略四方，縱橫全球：清華外交學人小傳》（新竹：國立清華大學出版社，2018），頁 113。朱世明校友留美先後在文學校的 MIT 以及武學校的維吉尼亞軍校就讀，兩次擔任駐日代表團團長。並曾在 1949 年 11 月 20 日，和林獻堂在東京聚餐，討論台灣情勢。

103 同上註，頁 140-41。吳半農校友為 1929 級經濟系（第一屆大學部學生），曾任經濟部統計長、資源委員會專門委員，任駐日代表團組長之後於 1950 年回中國大陸，曾被下放到五七幹校。

104 吳文藻（1901-1985）為 1923 級清華學堂校友，留美獲哥倫比亞大學博士，先後任教於燕京大學、清華大學、雲南大學、中央民族大學，費孝通為其學生。詳見〈吳文藻〉，網址：https://bit.ly/3v0kkHT。

105 謝冰心為清華眷屬，但於 1931-32 年曾任教於清華中文系，亦為校友，當年民間外交的典範，赴日期間受託書寫司徒雷登傳記（未成）。詳見網址：http://www.tsinghua.org.cn/publish/alumni/4000380/10025806.html。

106 清華成功湖連接湖中央寄梅亭（湖心亭）的橋稱為「克恭橋」，為 1943 級校友翟克忭為紀念其兄翟克恭（1904-1957）而捐款興建，翟克恭也是清華校友（1926 級），留美獲賓大商學碩士。當年是清華足球隊、華北足球代表隊的中鋒球員，曾受到馬約翰的感召。除了駐日代表團的工作，翟克恭還曾擔任中央信託局總會計與中央造幣廠會計處長，並曾創立上海華生電器製造廠，並在 1929 年實施科學管理方法，還被引用於企業管理與公共行政的文獻中，他的一篇論文〈實行科學管理之步驟與必具之條件〉曾納入《中華民國公共行政思想》一書中，此外，他並曾經來台籌辦牛奶加工廠。

107 陳耀庭（1913-2007）為 1936 級政治系校友，德國法學博士，1948-1951 年任駐日代表團專門委員，離任後留在日本經商。謝小芩、方天賜、張棋、李雅雯、張筱梅，《經略四方，縱橫全球：清華外交學人小傳》（新竹：國立清華大學出版社，2018），頁 157。

108 當時職務居處為帝國飯店 288 號房。

正好是裴元齡校友在駐日代表團工作時，而且他在 1959 年挑的書是和他外交工作有關的小說 *The Ugly American*，該書甫出版於 1958 年，而且馬上成為暢銷書，直到今天仍然續印，號稱美國文學界最有政治影響力的小說。雖是小說，背景的鋪陳卻是真的法令與外交系統（USFS），地點在東南亞，描述美國外交如何不了解在地文化與共產黨，只會以骯髒的手法處理之，[109] 因而造成美國外交的挫敗。裴元齡校友在駐日代表團工作似有所感，當時外交工作常常進出盟軍佔領日本的總司令部（SCAP 或 GHQ），並在每週會報上見識到美蘇兩國代表的明爭暗鬥。

● 浦薛鳳

　　浦薛鳳（1900-1997）為 1914 級清華學校校友。話說 1971 年 1 月 27 日晚上，浦校友與夫人陸佩玉參加了紐約清華同學會，席中遇海斯女士（Esther Frayne Hayes），得知她曾居清華園，當時並獲校醫夫婦（Dr. & Mrs. La Force）之邀請，曾在校教音樂與指導合唱團，前後十個月。於是她連同前後旅遊寫成了一本書 *At Home in China*（旅華如居家），於 1931 年出版，書中有三分之一描述當時的清華園印象，並有珍貴照片，例如宿舍及內部擺設之照片。[110] 當晚在浦的要求下，海斯女士決定寄贈一本給新竹的清華圖書館，並由浦在該書空白頁寫下經過，增添了本書的故事性。

● 梅貽琦

　　梅校長（1889-1962）捐了一批小說，分別蓋上紅色藏書章與藍色英文姓章（Mei）。例如其中一本為 1954 年出版的《麥帥不為人知的故事》，作者 Frazier Hunt（1885-1967）曾於兩次世界大戰擔任廣播員與戰地記者，在太平洋戰爭中有機會就近觀察麥帥，因此出版該書。在同一年，作者簽書贈送給梅校長（Dr. Y. C. Mei），並寫上對麥帥表達最高敬意。1954 年時，梅校長正奉派美國擔任「教育部在美文化事業顧問委員會」的主委。

● 巢慶成

　　巢慶成教授（1926-），在 1978 年以空軍上校退役，之後服務於清華動機系，當年也參加了清華的電動車計畫，也因此在 1980 年先後和黃光治教授被唐榮公司聘為顧問。

● 葉榮鐘（作家捐贈者）

　　葉榮鐘（1900-1978）為台灣新文化運動的重要人物，長期擔任林獻堂的祕書，當

---

109 *The Ugly American*：https://en.wikipedia.org/wiki/The_Ugly_American。
110 浦薛鳳，〈欣讀海斯女士昔著：旅華如居家〉，《清華校友通訊》36，1971，頁 15-17。

年蔣渭水、林獻堂一起籌組了台灣民眾黨（1927-1931）。1930 年分裂，兩人分別被除名與退黨，而另組台灣地方自治聯盟（1930-1937），由林獻堂擔任議長，葉榮鐘擔任書記長，爭取實施地方自治，結果促成了第一屆市議員及街庄協議員選舉（1935 年 11 月 22 日）。且地方自治聯盟在六個地方推出 17 名競選，當選了 11 人。[111]

　　葉榮鐘的家族在 2003 年、2014 年兩次捐贈給清華圖書館，並在 2016 年建置了「葉榮鐘數位資料庫」。[112] 圖書章顯示了第一批捐贈圖書（主要為各種中日辭典等工具書），於 2003 年 7 月 4 日入庫，同時有葉榮鐘的紅印藏書章，但是藍色贈書章應為後人代刻印上，而捐贈書中出現的「台灣地方自治聯盟」的圖書章，說明了日治時期台灣人爭取民主的一段歷史。另外，更出現了日治時期的獨立書店「興文齋書局」的圖書章，[113] 由有「台灣甘地」稱號的林占鰲於 1919 年在台南所開設。因為他崇尚印度聖雄甘地的「不合作運動精神」，採取抗日的「五不主義」：不穿日服、不講日語、不讀日書、不改日名、不賣日書，因此可知此書非日文書，而是中文的《詞源》。1923 年 10 月，文化協會總部遷至台南，興文齋書局更成為全台新文化運動與社會運動的中心，與在台北的文化書局、[114] 台中的中央書局、嘉義的蘭記書局相呼應。1930 年 10 月興文齋書局更發行「赤道報」，邀請開元寺的抗日和尚林秋梧擔任發行人兼總編輯，很有批判性，包括批判前述的台灣地方自治聯盟。興文齋書局與台灣地方自治聯盟這兩個圖書章同時出現在蔡榮鍾的贈書中，很具歷史感。

● 吳敬恆

　　吳敬恆（1865-1953），字稚暉，晚清秀才、舉人，後參加同盟會。鼓吹無政府主義，積極提倡國語運動及注音符號，吳稚暉以篆書著稱，與胡漢民、譚延闓、于右任號稱四大書法家。1949 年（二版）由上海青光書局出版的戰後新編《辭淵》，有吳敬恆的題字及紅色章，敘明 85 歲的人生關卡，當時出版的國號中華民國在該年被取代，本書於 2003 年 7 月 11 日入庫。

---

111 Tony 的人文自然旅記（0582）：〈歷史回想・1920 年代「台灣地方自治聯盟」的回顧〉，網址：http://www.tonyhuang39.com/tony0582/tony0582.html。

112 數位資料包括了 2002 年出版的《葉榮鐘全集》，共 9 集 11 冊。

113 當時住址為台南市本町四丁目，現在為台南市中西區永福里民權路 2 段 152 號。

114 1926 年 6 月蔣渭水在原台灣民報的台北大稻埕太平町的文化書局（1916 成立之大安醫院的附隨組織）。大安醫院還有加盟店，台中／北港大安醫院（林麗明）、台南／旗山大安醫院（吳海水），他們醫人更醫國。

小結

縱使新竹六燃、天研、竹師、清華研究院已先後成為歷史現場，只剩某些片段與零碎的文化資產，但是圖書章證明了它們的風華，正所謂：我書（蓋），故我在。更由捐書者與借書者建構了另類的歷史，讓空間、時間、人物與書香的互動留下了無限的想像空間，而歷史現場則在圖書章中成為了現場歷史。

彩圖集

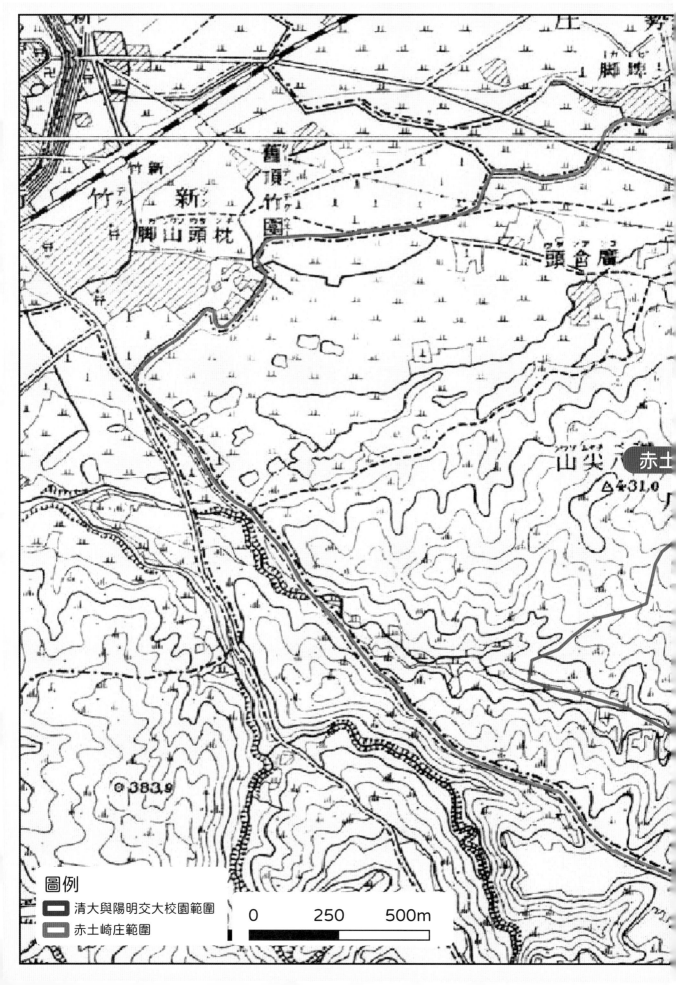

脚勝 上野

竹新 新 舊頂竹 園
竹 脚山頭枕 頭倉廬

山尖八 赤土
△431.0

◎383.9

圖例
清大與陽明交大校園範圍
赤土崎庄範圍

0   250   500m

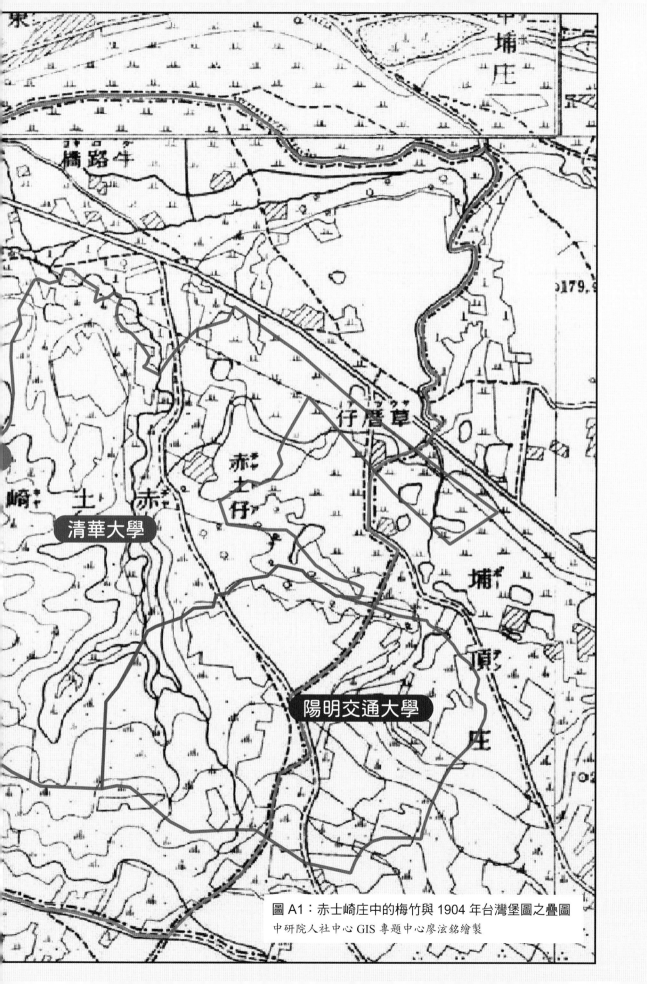

圖 A1：赤士崎庄中的梅竹與 1904 年台灣堡圖之疊圖
中研院人社中心 GIS 專題中心廖泫銘繪製

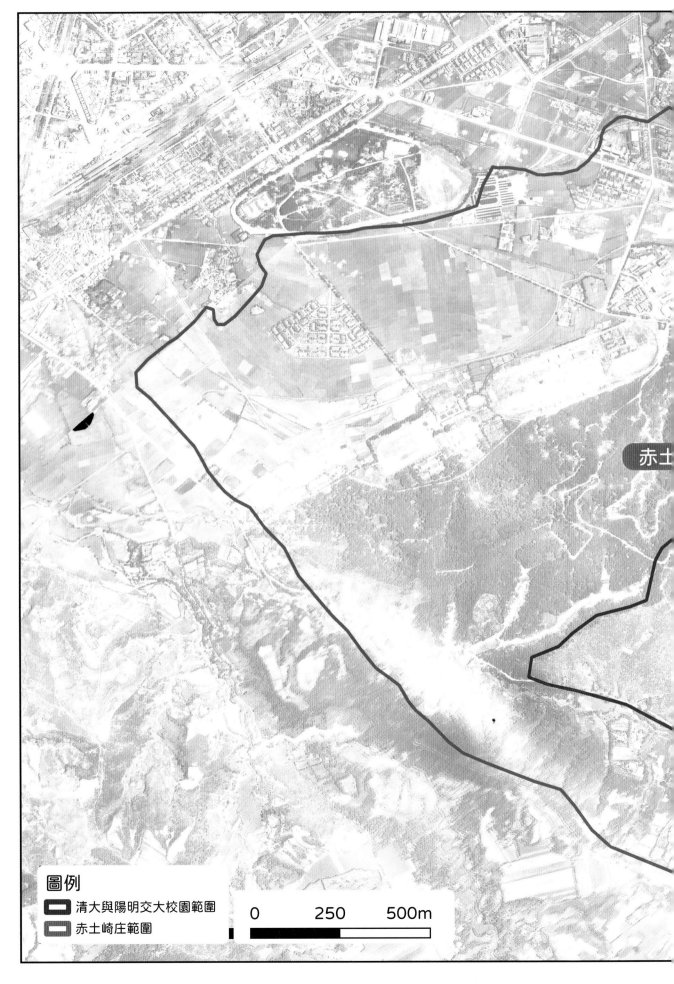

赤土

圖例
清大與陽明交大校園範圍
赤土崎庄範圍

0   250   500m

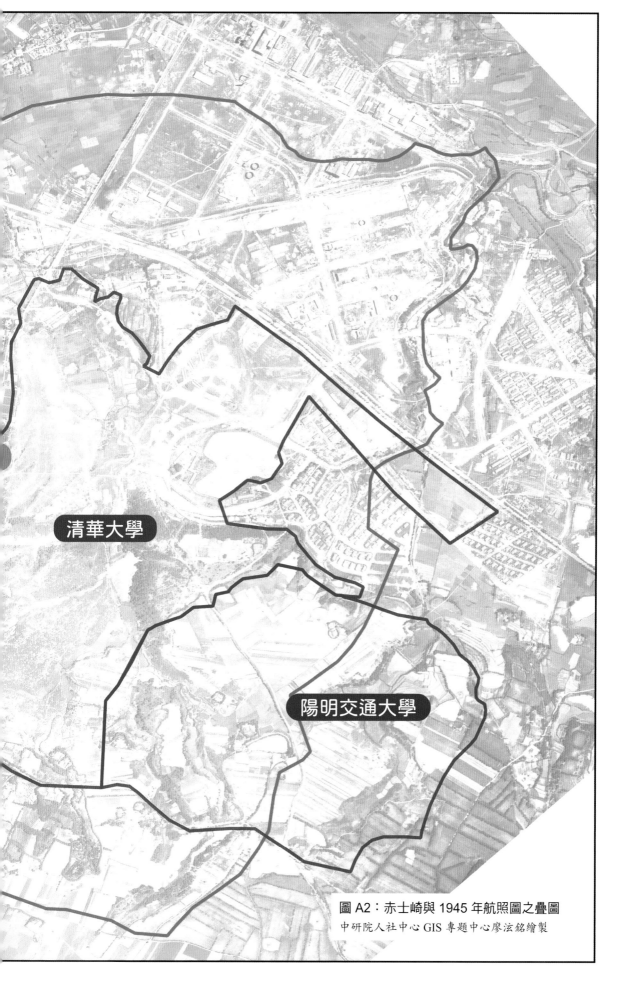

清華大學

陽明交通大學

圖 A2：赤土崎與 1945 年航照圖之疊圖

中研院人社中心 GIS 專題中心廖泫銘繪製

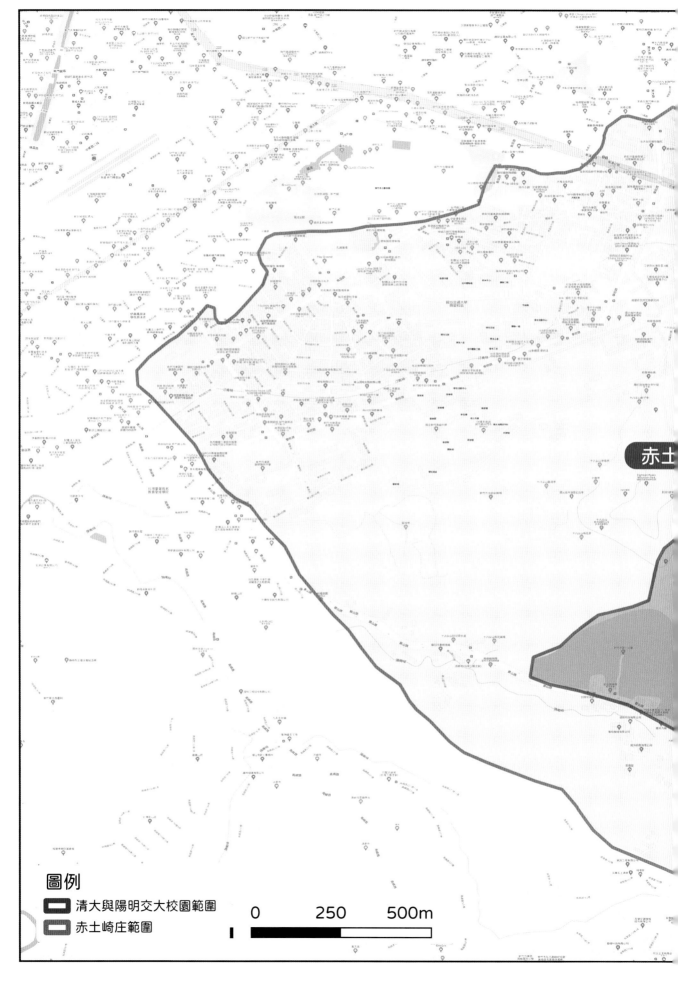

赤土

圖例
清大與陽明交大校園範圍
赤土崎庄範圍

0　　　250　　　500m

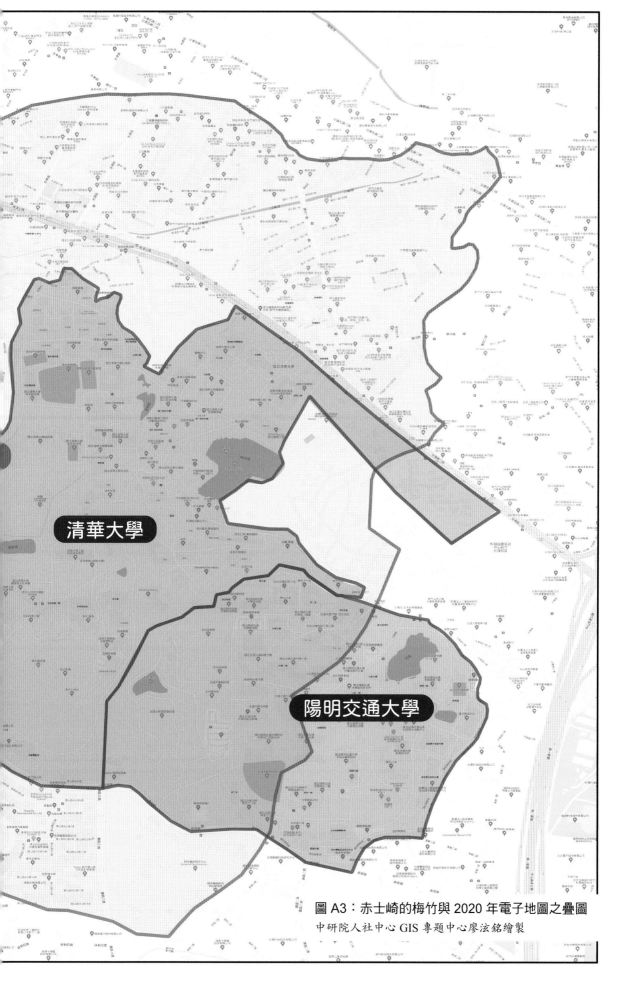

清華大學

陽明交通大學

圖 A3：赤土崎的梅竹與 2020 年電子地圖之疊圖
中研院人社中心 GIS 專題中心廖泫銘繪製

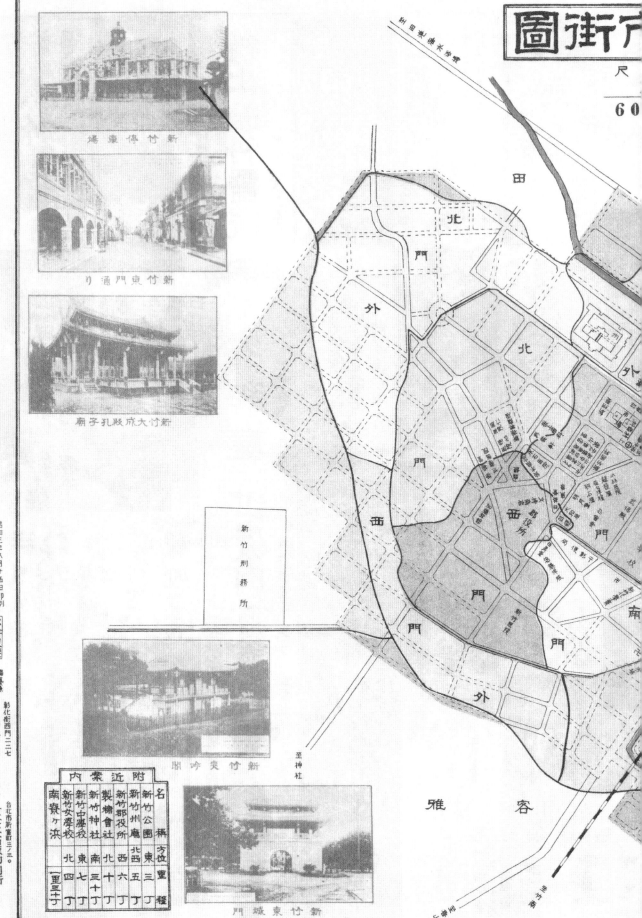

圖街市

尺

60

田

北門外

外北門

新竹停車場

新竹東門通り

新竹府大殿孔子廟

西役所

西門

南門

新竹刑務所

至神社

新竹夾吟照

新竹東城門

容雅

昭和三年八月十五日印刷
昭和三年八月十七日發行

不許複製

編纂兼發行人　佐藤會哲
彰化街西門三二七

印刷所　黃金水石版印刷所
台北市新富町三ノ三。

附近案內

名橋	方位	里程
新竹公園	東	三丁
新竹州廳	東北	五丁
新竹郡役所	北	六丁
新竹神社	西	十丁
製糖會社	北	三十丁
新竹中學校	南	三十丁
新竹女學校	東	七丁
南寮ヶ浜	北	四里至十

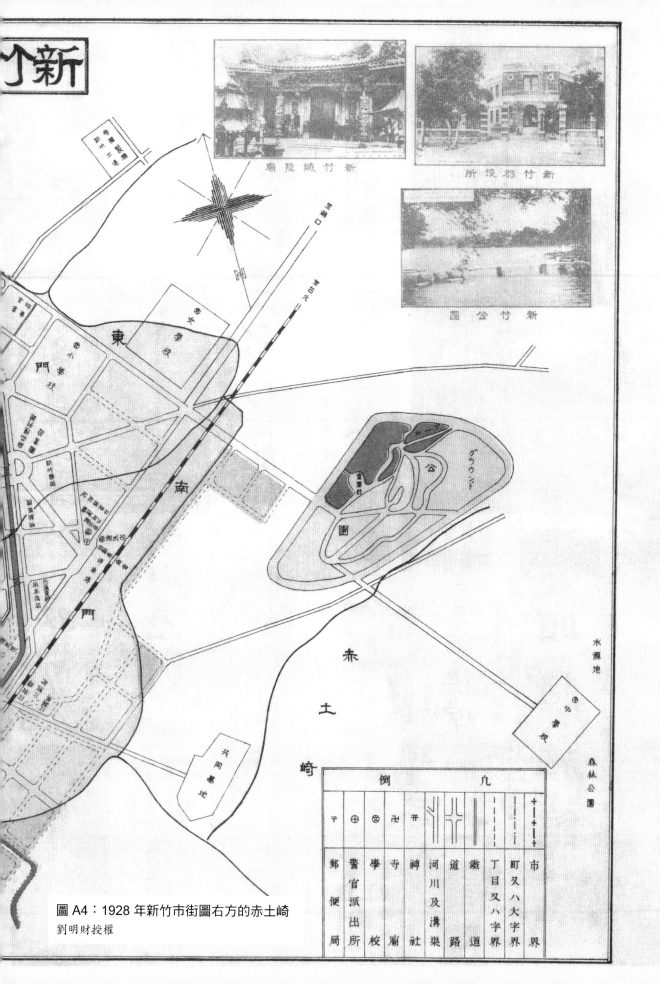

圖 A4：1928 年新竹市街圖右方的赤土崎

劉明財授權

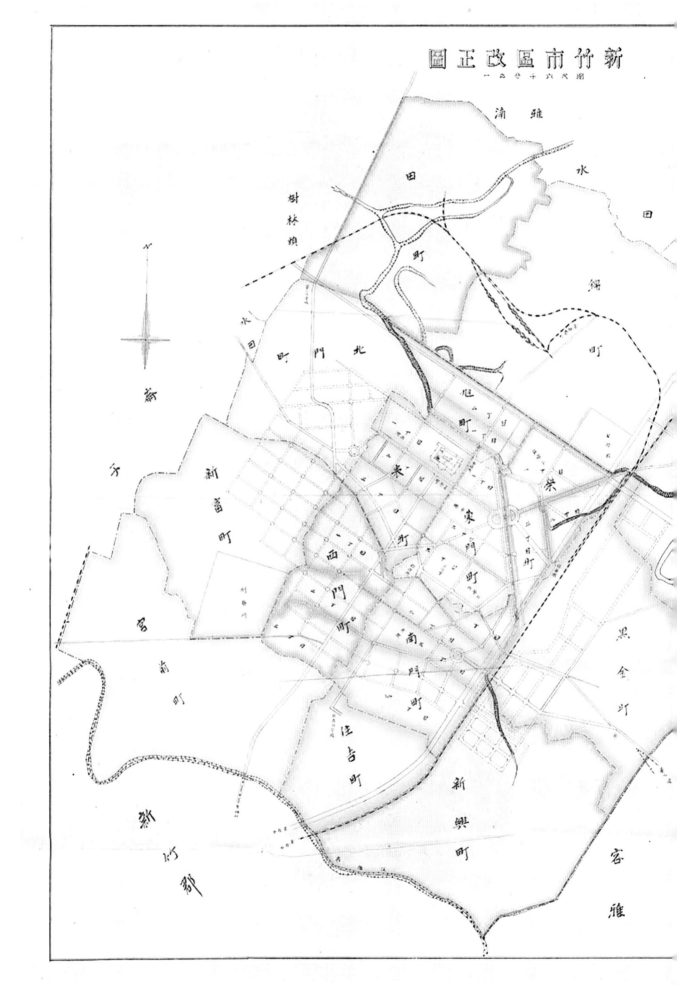

新竹市區改正圖
六千分ノ一

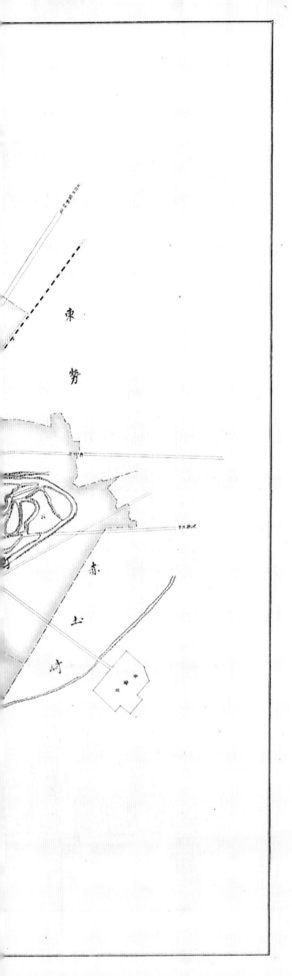

圖 A5：1935 年之新竹市町名圖旁的赤土崎

內 案 家 業

榮文堂書店

明德醫院　臺灣醫學士　何乾欽

上村齒科醫院　（東門市場隣）

紫久

玉川寫眞館（東門市場通り）

彩雲軒商店　店主　陳炳

合資會社　新竹自動車商會（竹東出張所）

平平戶食料品店

越後屋　高橋初麗

エンドウ洋服店

小林醫院（東門八二番地）

加藤旅館

誠德堂

恒心醫院　院主　林港岸

菓子は明月堂

日益堂靴店

雙桃白粉

新振興商行

清水藥行

同仁醫院　鄭國川

合資會社　振揚堂印刷所

新竹齒科醫院

圖 A6：新竹市實業家圖，右下方為新州屋

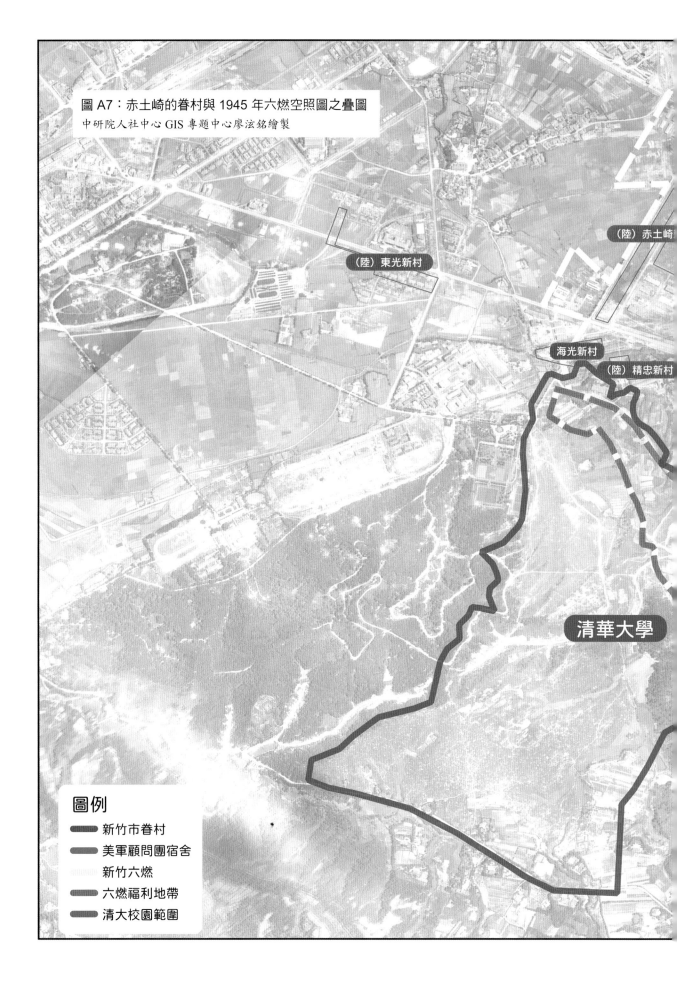

圖 A7：赤土崎的眷村與 1945 年六燃空照圖之疊圖
中研院人社中心 GIS 專題中心廖法銘繪製

（陸）東光新村

（陸）赤土崎

海光新村

（陸）精忠新村

清華大學

圖例

新竹市眷村
美軍顧問團宿舍
新竹六燃
六燃福利地帶
清大校園範圍

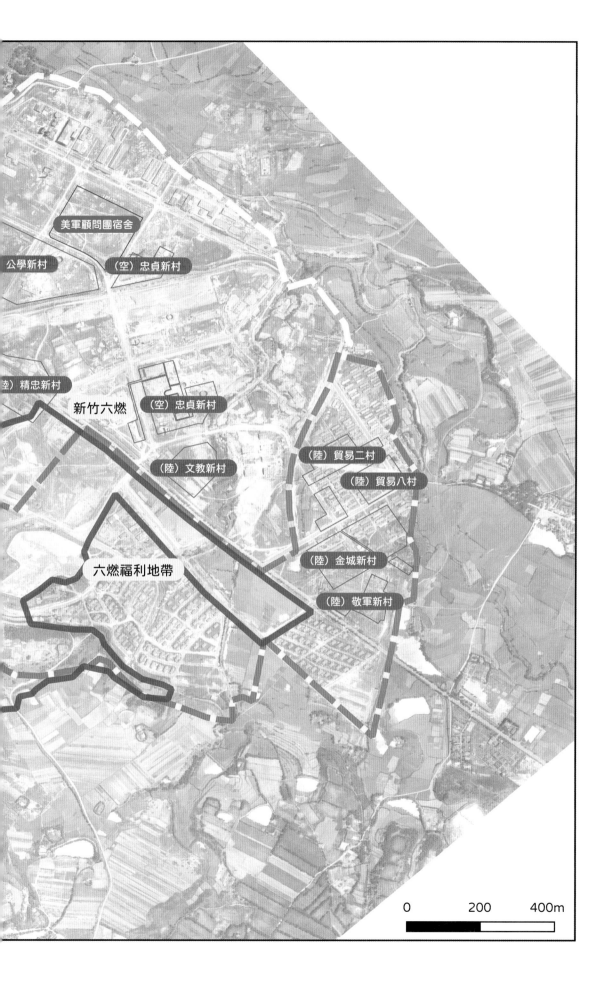

美軍顧問團宿舍

公學新村

（空）忠貞新村

（陸）精忠新村

新竹六燃

（空）忠貞新村

（陸）文教新村

（陸）貿易二村

（陸）貿易八村

六燃福利地帶

（陸）金城新村

（陸）敬軍新村

0   200   400m

新竹火車站

花園町
市營住宅

杉原產業會社
新竹罐詰工場

赤土崎保甲修煉所

臺灣煉瓦會社
新竹工場

南方電器工業會社

新竹公園

赤土崎
市營住宅

天然瓦斯研究所

花園國校

海軍瓦斯試驗所／
台灣鑛業株式會社新竹實驗所

臺灣高級硝子會社

東山市營住宅

競馬場／新竹商業學校

水源地

高爾夫球場

東山國校

新竹中學

新竹牧場

圖 A8：赤土崎西側（現學府路）設施與 1945 年空照圖之疊圖
柳逸照與中研院人社中心廖泫銘共同製作

圖 A9：新竹區梅花鹿鹿場示意圖
〈康熙台灣輿圖〉，國立台灣博物館藏，國家級重要古物

圖 A10：北白川宮能久親王 1895 年攻台地圖

稻垣孫兵衛，《北白川宮》（台北：台灣經世新報社，1937）

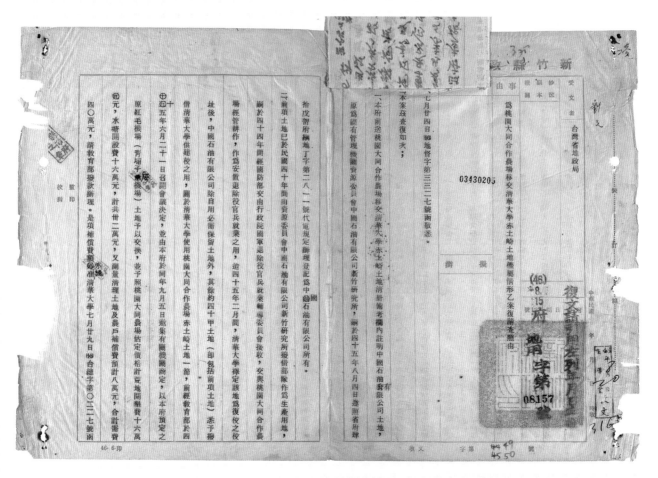

圖 A11：清華校地中的大同農場公文
國史館台灣文獻館授權

圖 A12：赤土崎為名的路名
作者拍攝

圖 A13：梅花鹿雕塑作品的鹿場招喚，所在地為原六燃正門口旁的機槍陣地
作者拍攝

圖 A14：赤土崎二街與梅花鹿雕塑，歷史現場與歷史動物的交會

作者拍攝

圖 A15：赤土崎公園下的停車場

作者拍攝

圖 A16：竹東街道也有的手押台車（輕便車），推車人的職稱為「後押人夫」
Lafayette Digital Repository

圖 A17：新竹檳榔觀光台車站的小心台車號誌
作者拍攝

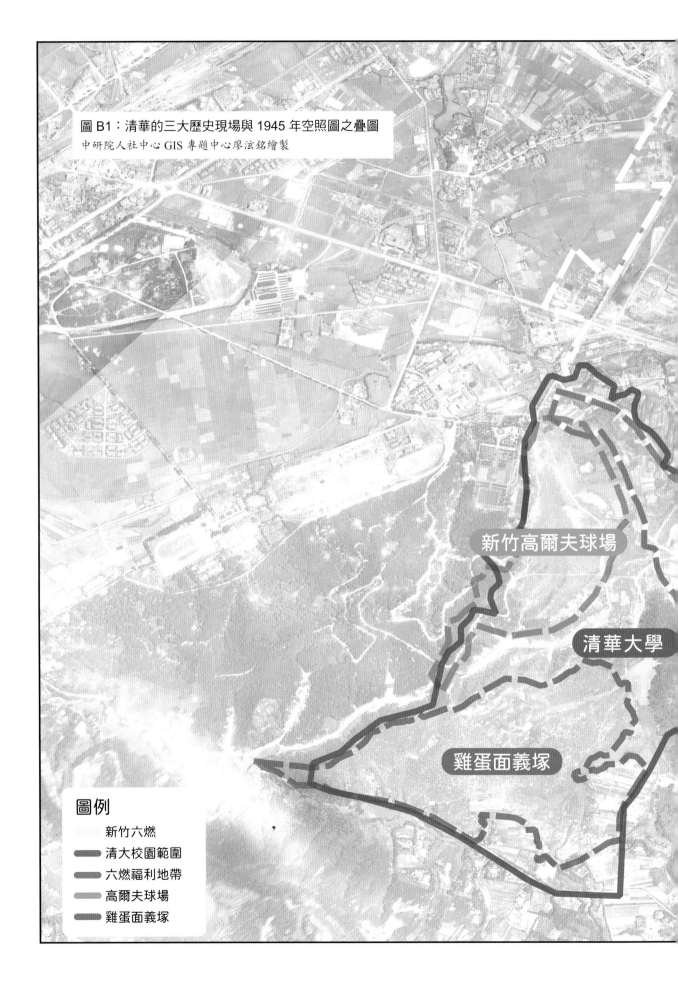

圖 B1：清華的三大歷史現場與 1945 年空照圖之疊圖
中研院人社中心 GIS 專題中心廖泫銘繪製

新竹高爾夫球場

清華大學

雞蛋面義塚

圖例

　　　新竹六燃
　　　清大校園範圍
　　　六燃福利地帶
　　　高爾夫球場
　　　雞蛋面義塚

新竹六燃

六燃福利地帶

0   200   400m

圖 B2：清華的三大歷史現場與 2020 年空照圖之疊圖
中研院人社中心 GIS 專題中心廖泫銘繪製

新竹高爾夫球場

清華大學

雞蛋面義塚

圖例
清大校園範圍
六燃福利地帶
高爾夫球場
雞蛋面義塚

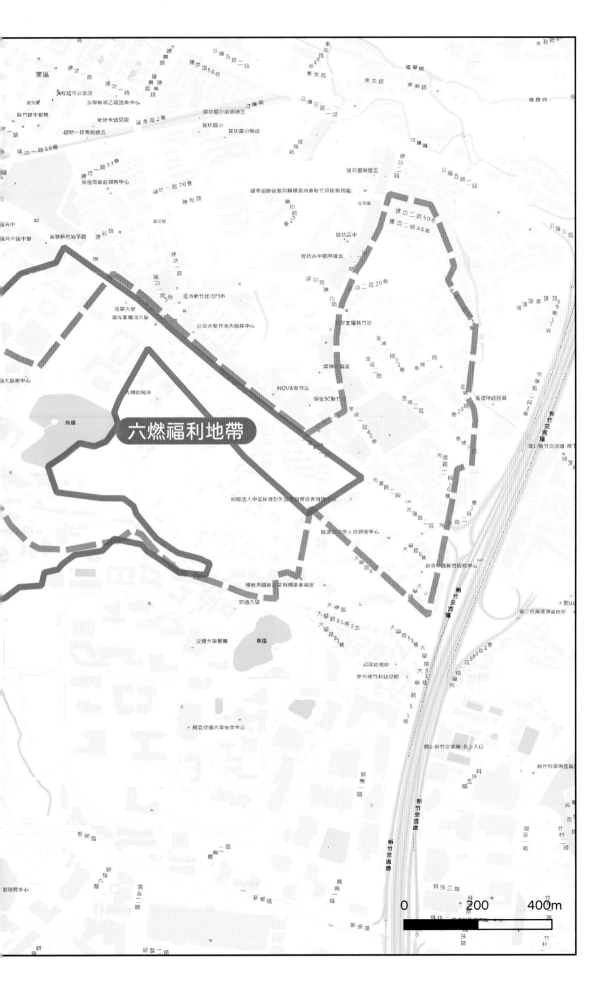
六燃福利地帶

圖 B3：清華的三大歷史現場與 2018 年空照圖之疊圖
中研院人社中心 GIS 專題中心廖泫銘繪製

新竹高爾夫球場

雞蛋面義塚

圖例

新竹六燃
六燃福利地帶
高爾夫球場
雞蛋面義塚

新竹六燃

六燃福利地帶

0　　　　200　　　400m

圖 B4：清華的三大歷史現場與校園設施配置電子地圖之疊圖
中研院人社中心 GIS 專題中心廖泫銘繪製

新竹高爾夫球場

雞蛋面義塚

圖例

六燃福利地帶

高爾夫球場

雞蛋面義塚

0   200   400 m

六燃福利地帶

圖 C1：海軍燃料廠場帽章

維基百科共享資源庫

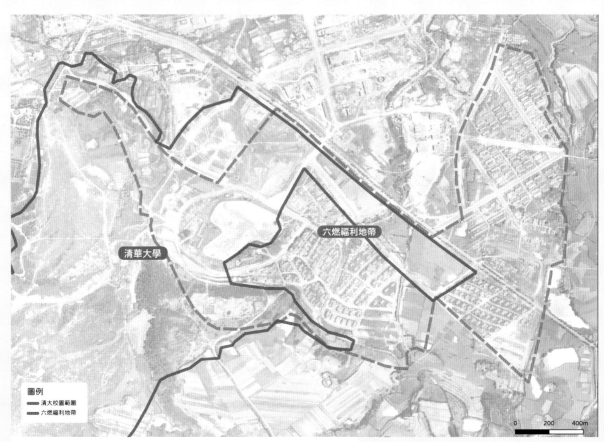

圖 C2：清華園前段六燃福利地帶與 1945 年空照圖之疊圖

中研院人社中心 GIS 專題中心廖泫銘繪製

圖 C3：清華園前段六燃福利地帶與 2018 年空照圖之疊圖
中研院人社中心 GIS 專題中心廖泫銘繪製

六燃福利地帶

清華大學

圖例
清大校園範圍
六燃福利地帶

圖 C4：六燃範圍之現況空照圖
趙家麟，《二戰工業遺址新竹六燃 THEN&NOW》（台北：田園城市出版社，2021）

圖 C5：新竹六燃生產區分區圖
趙家麟，《二戰工業遺址新竹六燃 THEN&NOW》

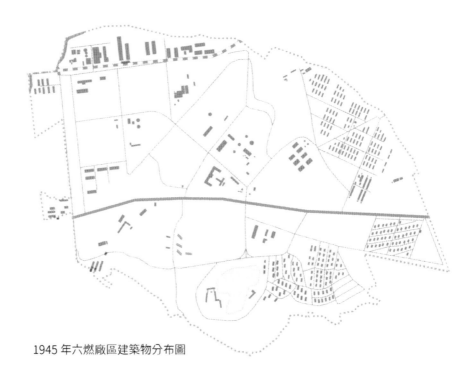

1945 年六燃廠區建築物分布圖

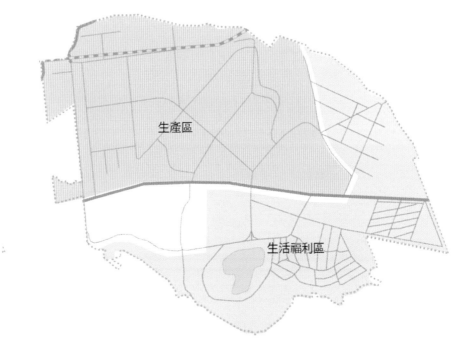

圖 C6：新竹六燃生產區建築物分區圖

趙家麟，《二戰工業遺址新竹六燃 THEN&NOW》

圖 C7：六燃到二燃留學者之合照（含姓名）

王坤玉、李錦上提供，陳宜惠加工製作

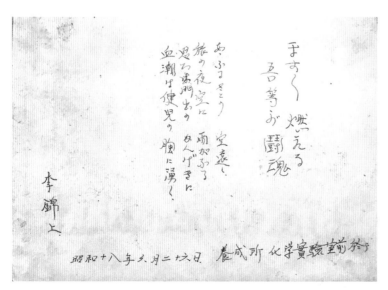

圖 C8：二燃留學生李錦上於 1943 年所作之二燃詩

李錦上提供

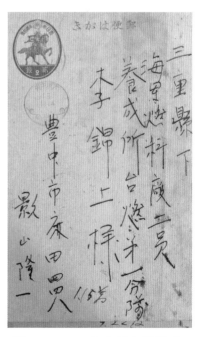

圖 C9：1944 年李錦上留學地
所收到的明信片

李錦上提供

圖 C10：2018 年 6 月 10 日六燃到二燃留學者於大煙囱前合影
左起：傅仰城、王坤玉、李錦上、呂銀海（請參照圖 C7 的團體照）
作者拍攝

圖 D1：台灣鳥瞰圖六大高爾夫球場出列

郭宣宏提供

圖 D2：新竹州鳥瞰圖新竹高爾夫球場與競馬場

郭宣宏提供

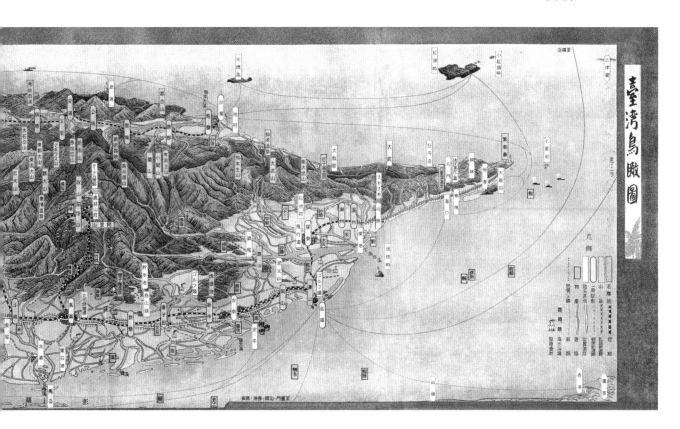

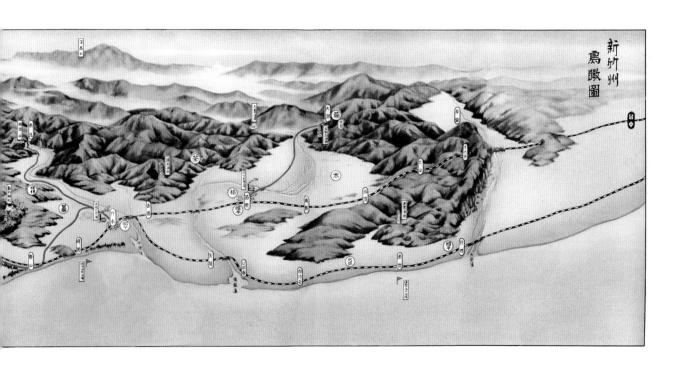

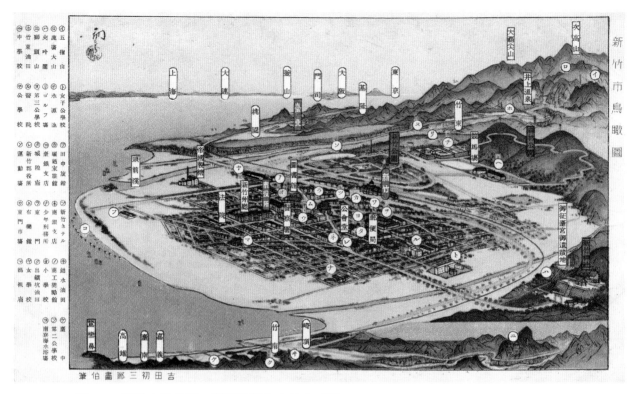

圖 D3：新竹市鳥瞰圖，隱藏片假名中的高球場

聚珍台灣

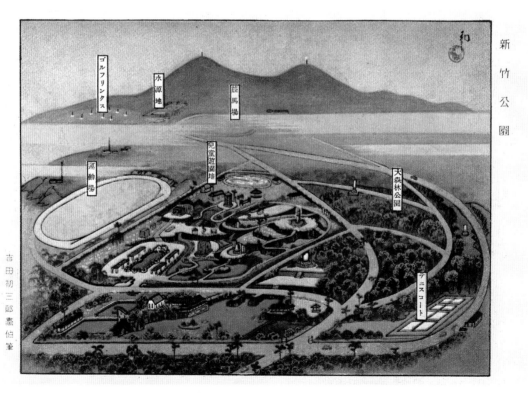

圖 D4：新竹公園鳥瞰圖中的高球場與競馬場

聚珍台灣

ゴルフリンク

圖 D5：新竹高爾夫球場黑白照片
國立台灣圖書館授權

ゴルフリンク

圖 D6：新竹高球場數位上色照片
王子碩數位上色

圖 D7：新竹水源地（紅圈）旁的高球場
中研院人社中心 GIS 專題中心廖泫銘繪製

圖例
━━ 清大校園範圍
▧▧▧ 赤土崎庄範圍

圖 D8：清華校園（紫色）與 1936 年新竹都市計畫圖中高球場之疊圖
中研院人社中心 GIS 專題中心廖泫銘繪製

圖 D9：1936 年新竹都計圖高球場部分與電子地圖之疊圖

中研院人社中心 GIS 專題中心廖泫銘繪製

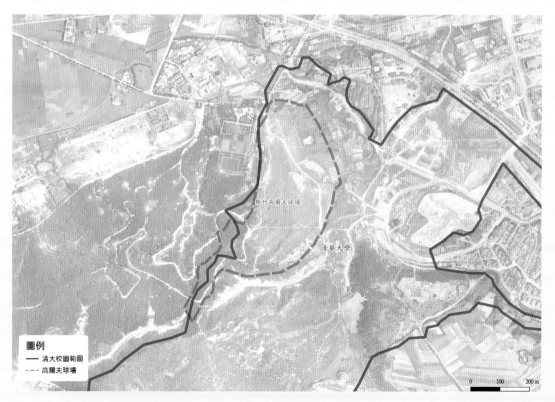

圖 D10：清華園中段新竹高爾夫球場與 1945 年空照圖之疊圖

中研院人社中心 GIS 專題中心廖泫銘繪製

圖 D11：清華園中段新竹高爾夫球場與年空 2018 照圖之疊圖
中研院人社中心 GIS 專題中心廖泫銘繪製

圖 D13：林獻堂家中的萊園迷你高球場
底圖來源：內政部國土測繪中心通用電子地圖。廖泫銘提供

圖 D15：新竹南寮海水浴場鳥瞰圖
國立台灣圖書館授權

圖 D14：新竹南寮海水浴場鳥瞰圖之二
國立台灣圖書館授權

圖 D12：觀光的高雄市鳥瞰圖中的高球場與會館
郭宣宏授權

圖 D16：觀光的花蓮港鳥瞰圖之高球場
陳志銘授權

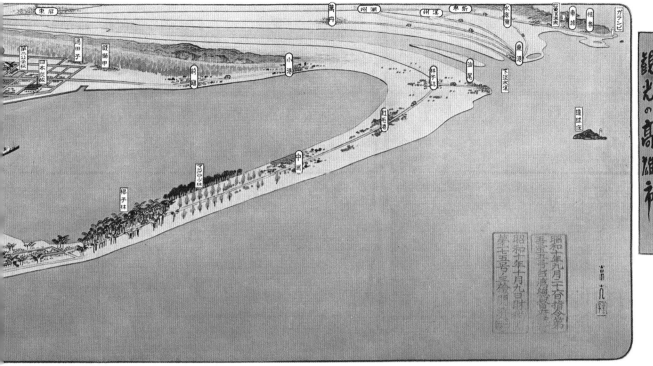

圖 D17：基隆與淡水海水浴場，右方有高球場

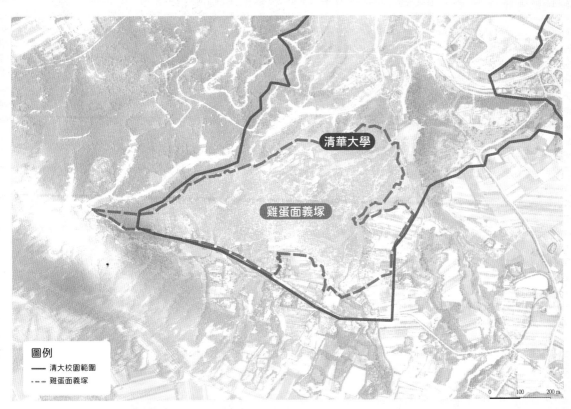

圖 E1：清華園中雞蛋面義塚與 1945 年空照圖之疊圖
中研院人社中心 GIS 專題中心廖泫銘繪製

圖 E2：清華園中雞蛋面義塚與 2018 空照圖之疊圖
中研院人社中心 GIS 專題中心廖泫銘繪製

圖 E3：雞蛋面公車站牌

作者拍攝

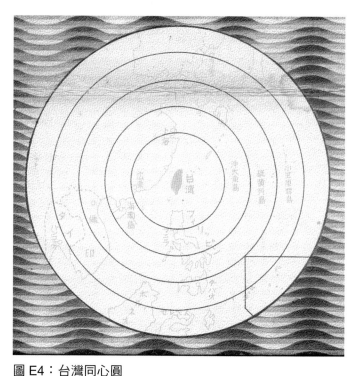

圖 E4：台灣同心圓

「南進の據點台灣」繪葉書（一套五張）之封套圖。廖明睿授權

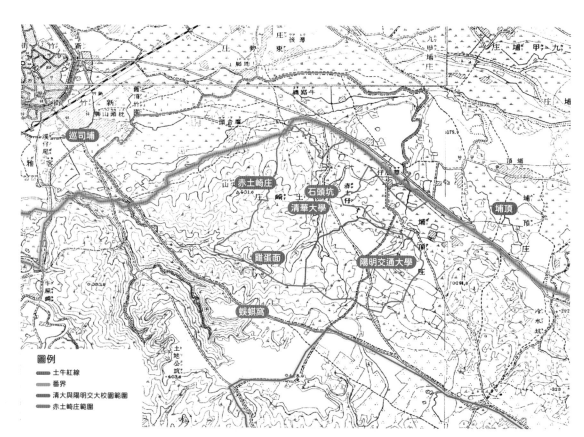

圖 E5：1904 年台灣堡圖赤土崎庄附近的土牛紅線與番界

中研院人社中心 GIS 專題中心廖泫銘繪製

圖 E6：2021 年航照圖中梅竹兩校附近的土牛紅線與番界
中研院人社中心 GIS 專題中心廖泫銘繪製

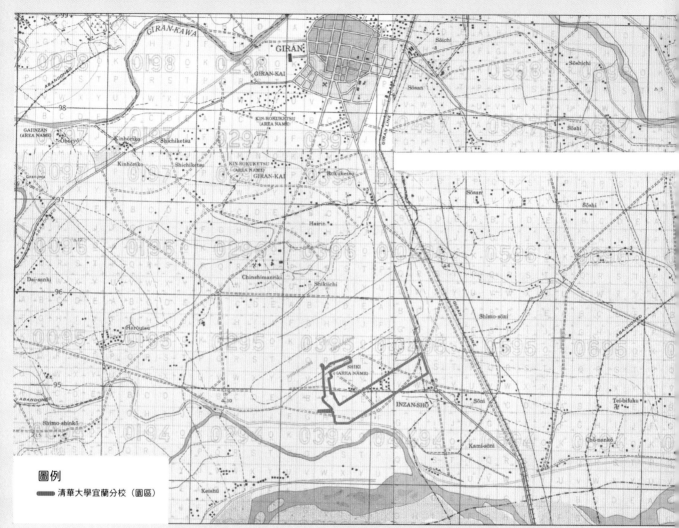

圖例
清華大學宜蘭分校（園區）

圖 F1：清華宜蘭分校（園區）與 1944 年地形圖之疊圖
中研院人社中心 GIS 專題中心廖泫銘繪製

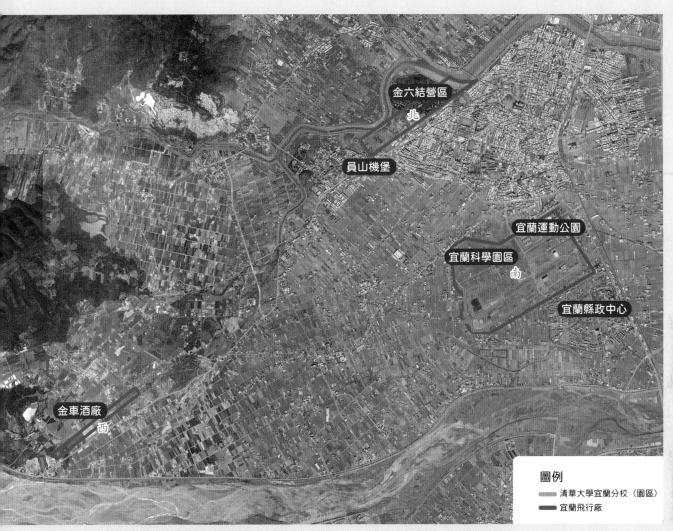

圖F2：日治時期宜蘭的三個機場
中研院人社中心GIS專題中心廖泫銘繪製

圖 F3：南機場公工漫畫示意圖
范綱城建築師事務所授權

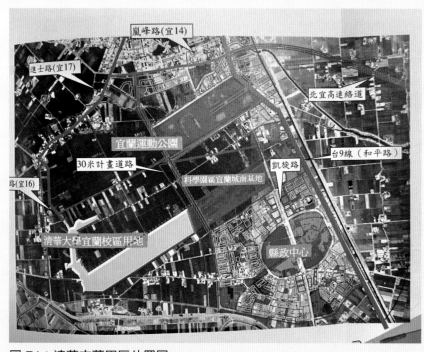

圖 F4：清華宜蘭園區位置圖
范綱城建築師事務所授權

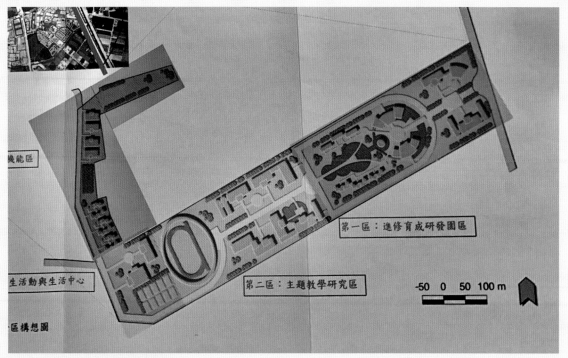

圖 F5：清華宜蘭園區規劃圖
清華校園規劃室

圖 F6：宜蘭的清華路
作者拍攝

圖 G1：1960 年代校園鳥瞰照片（新南院與南院）
清華圖書館特藏室，數位上色王子碩

圖 G2：2006 年拆除前之北院鳥瞰圖

作者拍攝

圖 G3：改紅屋頂後的四號，後來成為黑蝙蝠中隊
文物陳列館的外觀
作者拍攝

圖 G4：北院大抱小：在北院出生的第一個
小孩李智晃（1973 年出生：北院 3 號）抱
著最後一個出生的小孩鄭映澄（2006 年出
生：北院 12 號）
作者拍攝

圖 G5：2006 年 8 月 15 日時拆除中的北院
作者拍攝

圖 G6：2006 年 8 月 23 日拆除後期之北院
作者拍攝

圖 G7：拆除之後連同六燃大煙囪的鳥瞰圖
作者拍攝

圖 G8：從光復社區大樓（原六燃行政總部）遠照
大煙囪與北院拆後所建之大樓（左後方棕色大樓）
作者拍攝

圖 G9：MAAG 脈絡下的中美建功道路命名
（建中路與建功路）
作者拍攝

圖 G10：MAAG 脈絡下的中美建功道路命名
（建功路與建美路）
作者拍攝

圖 H1：在台美軍顧問團團徽

維基百科，共享資源庫

圖 H2：新竹 MAAG 宿舍：Rayle 家（該部汽車亦出現在 H5 圖之中）

Bruce Rayle 授權

圖 H5：1959 年 MAAG 之公務車

Bruce Rayle 授權

圖 H6：The USNS General J. C. Breckinridge (T-AP-176)1959 年 3 月到基隆 Dosches 一家人
轉往新竹 MAAG 宿舍

Bruce Rayle 授權

國家圖書館出版品預行編目 (CIP) 資料

新竹清華園的歷史現場/王俊秀著. -- 初版. -- 新竹市 ： 國立
清華大學出版社, 2023.7
546面 ; 19×26 公分
ISBN 978-626-96325-7-2(精裝)

1.CST: 人文地理 2.CST: 歷史 3.CST: 新竹市

733.9/112.4 111020171

新竹清華園的歷史現場

主　　編：王俊秀
發 行 人：高為元
出 版 者：國立清華大學出版社
社　　長：巫勇賢
執行編輯：劉立葳
校　　對：陳葦珊
封面設計：陳思辰
地　　址：300044 新竹市東區光復路二段 101 號
電　　話：(03)571-4337
傳　　真：(03)574-4691
網　　址：http://thup.site.nthu.edu.tw
電子信箱：thup@my.nthu.edu.tw
其他類型版本：無其他類型版本

展 售 處：水木書苑 (03)571-6800
http://www.nthubook.com.tw
五楠圖書用品股份有限公司 (04)2437-8010
http://www.wunanbooks.com.tw
國家書店松江門市 (02)2517-0207
http://www.govbooks.com.tw
出版日期： 2023 年 7 月 初版
定　　價：精裝本新臺幣 1200 元

ISBN 978-626-96325-7-2 　　GPN 1011102166